UTB 8295

W0335730

Eine Arbeitsgemeinschaft der Verlage

Beltz Verlag Weinheim · Basel
Böhlau Verlag Köln · Weimar · Wien
Wilhelm Fink Verlag München
A. Francke Verlag Tübingen und Basel
Haupt Verlag Bern · Stuttgart · Wien
Lucius & Lucius Verlagsgesellschaft Stuttgart
Mohr Siebeck Tübingen
C. F. Müller Verlag Heidelberg
Ernst Reinhardt Verlag München und Basel
Ferdinand Schöningh Verlag Paderborn · München · Wien · Zürich
Eugen Ulmer Verlag Stuttgart
UVK Verlagsgesellschaft Konstanz
Vandenhoeck & Ruprecht Göttingen
Verlag Recht und Wirtschaft Heidelberg
VS Verlag für Sozialwissenschaften Wiesbaden
WUV Facultas Wien

Reihe
Studienbücher für soziale Berufe
Band 4

Benno Biermann · Erika Bock-Rosenthal ·
Martin Doehlemann · Karl-Heinz Grohall ·
Dietrich Kühn

Soziologie

Studienbuch für soziale Berufe

4., durchgesehene Auflage

Ernst Reinhardt Verlag München Basel

Titelbild: Digital Vision

Bibliografische Information der Deutschen Bibliothek

Die Deutsche Bibliothek verzeichnet diese Publikation in der Deutschen Nationalbibliografie; detaillierte bibliografische Daten sind im Internet über <http://dnb.ddb.de> abrufbar.
UTB-ISBN 3-8252-8295-3
ISBN 3-497-01734-5
ISSN 1614-5399

Einbandgestaltung: Atelier Reichert, Stuttgart
Satz: Computersatz Ute C. Renda-Becker
Druck: Friedrich Pustet, Regensburg
Printed in Germany
ISBN 3-8252-8295-3 (UTB-Bestellnummer)

Ernst Reinhardt Verlag, Kemnatenstr. 46, D-80639 München
Net: www.reinhardt-verlag.de Mail: info@reinhardt-verlag.de

Inhalt

Teil II
Theorien sozialberuflichen Handelns

Vorwort zur vierten Auflage

Es ist sicherlich ungewöhnlich, dass eine Einführung in die Soziologie mit Lehrbuchcharakter für Soziale Berufe die vierte Auflage erreicht. Weil aber dieses Buch fünf Urheber hat, kann es zusätzlich als ungewöhnlich gelten, dass Autorin und Autoren all die Jahre vor und nach Erscheinen der ersten Auflage (1992) bis hin zur vierten Auflage konstruktiv, verständigungsfähig und freundschaftlich zusammengearbeitet haben. Darüber freuen wir uns.

Die Neuauflage wurde »durchgesehen«, d. h., es wurden Fehler berichtigt, in einigen Fällen Entwicklungslinien weitergezogen, Zahlen ergänzt und Literaturhinweise erneuert.

Wieder verbinden wir mit der neuen Auflage die Hoffnung, kritische Gesprächspartner für die Sozialwissenschaften, die sozialberufliche Ausbildung und Praxis zu bleiben.

B. Biermann, E. Bock-Rosenthal, M. Doehlemann, K.-H. Grohall, D. Kühn

Vorwort zur 3. Auflage

Diese überarbeitete 3. Auflage ist und bleibt eine Einführung. Das bedeutet, sie konzentriert sich, wie die bisherigen Ausgaben auch, auf das Wissen und die Überlegungen, welche aus der Sicht der Verfasser die Wissenschaft von der Gesellschaft zur Ausbildung von sozialberuflichen Fachkräften grundlegend beisteuern kann. Obwohl die Verfasser der Auffassung sind, dass die Soziologie über solche Grundlagen, die nicht von modischen Trends und Zeitgeistströmungen abhängig sind, verfügt, wird ein Leser, der die anderen Ausgaben kennt, dennoch einige Neuheiten finden. Es sind besonders drei Gründe, die eine Überarbeitung sinnvoll erscheinen ließen. Einmal ist die schlichte Feststellung, dass sich die gesellschaftlichen Verhältnisse verändert haben, für Soziologen Anlass genug, auch ihre wissenschaftlichen Grundlagen zu diesen Veränderungen in Beziehung zu setzen. Dabei wurden auch gesellschaftliche Daten, soweit das für eine Einführung nötig ist, auf den neuesten Stand gebracht. Zweitens gab es in der Sozialen Arbeit, als relevanter Bezugsgröße dieser Einführung, neue Aufgaben, Themen, Probleme, Entwicklungen und Arbeitsformen sowie organisatorische Veränderungen, die nicht ignoriert werden sollten. Und drittens haben die Autorin und die Autoren in den letzten Jahren mit »ihrer« Einführung an einer Fachhochschule gelehrt und dabei Erfahrungen gesammelt, die nun in die neue Auflage eingeflossen sind. Der Aufbau der Einführung hat sich leicht geändert. Einige Unterkapitel und zu sehr zeitbezogene Überlegungen sind entfallen. Der Lehrbuchcharakter der Einführung wird dadurch noch deutlicher.

Auch mit dieser Überarbeitung verbinden die Verfasser die Hoffnung, kritische Gesprächspartner in der sozialberuflichen Ausbildung und für die Praxis zu bleiben.

B. Biermann, E. Bock-Rosenthal, M. Doehlemann, K.-H. Grohall, D. Kühn

Vorwort zur ersten Auflage

Diplom-Sozialarbeiter, Diplom-Sozialpädagogen und Angehörige verwandter Berufe, für die diese Einführung in soziologische Theorien geschrieben ist, beziehen Anregungen aus vielen wissenschaftlichen Fächern. Selbst sind sie jedoch weder Psychologen noch Juristen noch auch Erziehungswissenschaftler oder Soziologen, sondern deren kritische Gesprächspartner in der sozialberuflichen Praxis. Als solche will sie auch dieses Lehrbuch ansprechen.

Für viele Arbeitsbereiche, Problemstellungen und Situationen in der Sozialen Praxis bietet die Soziologie Hilfen an, und diese sollen dargestellt werden. Ohne systematische Vermittlung eines Fundus an soziologischen Grundbegriffen, theoretischen Orientierungsrahmen und problembezogenen Hypothesen ist das sicherlich nicht denkbar. Ebenso leuchtet aber ein, dass sich die Darstellung nicht nach Art der geläufigen »Einführungen« am Leitfaden einer fachinternen Systematik ausrichten kann. Eher erscheint eine Gliederung nach wichtigen Aspekten der Berufssituation und des Arbeitsfeldes von Dipl.-Sozialarbeitern und Dipl.-Sozialpädagogen dem Vorhaben angemessen.

Wie sollen nun die Probleme geordnet, wie das Wissen strukturiert werden? Gäbe es hierauf eine einzige, zwingende Antwort, so brauchten wir der vielbeschworenen »Theorie der Sozialen Arbeit« nicht länger nachzujagen – wir hätten sie bereits. Und umgekehrt zeigt das beträchtliche Maß von Beliebigkeit in der Zusammenstellung und Anordnung der Beiträge dieses Bandes – und als Folge davon der starke Eindruck, dass man es auch anders hätte machen können –, wie weit wir von einer solchen Theorie entfernt sind.

Die Gliederung des Buchs ist gleichwohl weder willkürlich noch ohne theoretischen Hintergedanken; eine Theorie der Sozialen Arbeit, so könnte man diesen ausformulieren, bleibt einseitig und unvollständig, wenn sie sich lediglich gleichsam reflektierend mit Hilfe und Erziehung als sozialer Rolle und Funktion, mit Institutionen und Organisationen des Sozialwesens, mit gesellschaftlichen Leitbildern und methodischen Konzepten des Helfens und des Erziehens schlechthin befasst. Ebenso unbefriedigend wäre andererseits eine ausschließlich klientenzentrierte Perspektive, in welcher die Theorie der Sozialen Arbeit sich im wesentlichen als eine Sammlung von Aussagen zu verschiedenen gesellschaftlichen Problemfeldern und Adressatengruppen darstellte. Der spezialisierte Blick der Sozialarbeiter und Sozialpädagogen auf soziale Notstände und persönliche Defizite im Klientenbereich muss sich vielmehr mit dem Bewusstsein der eigenen, institutionalisierten Handlungschancen und -restriktionen, mit Sensibilität für berufliche Beziehungen und Fähigkeiten zur professionellen Selbstkritik verbinden.

Unter diesem Gesichtspunkt sind auch die beiden Hauptteile dieser soziologischen Einführung voneinander unterschieden und miteinander verbunden. Jeder bietet dem Praktiker einen Zugang zur Soziologie – und der Soziologie Anschluss an praktische Fragen –, ohne dass einer der beiden Ansätze den anderen ersetzen könnte: Erst in ihrer Kombination lassen sie erkennen, was Soziologie für die Sozialen Berufe bedeutet. Zum einen hat die Soziologie Begriffe, Theorien und empirisches Wissen für die Soziale Arbeit mit Adressaten der unterschiedlichsten Lebens- und Problemfelder entwickelt. Entsprechend befassen sich die »Theorien gesellschaftlicher Problembereiche« unter anderem mit der Familie und anderen Instanzen der Primärsozialisation, mit den verschiedenen Altersgruppen in der Gesellschaft, mit Formen des abweichenden Verhaltens sowie mit Armut und anderen Dimensionen sozialer Ungleichheit. Am Beispiel dieser Arbeitsfelder für Sozialarbeiter und Sozialpädagogen werden elementare Sozialprozesse in der Perspektive soziologischer Begrifflichkeit und Theorie dargelegt.

Der zweite Hauptteil »Theorien sozialberuflichen Handelns« widmet sich stärker den Sozialen Berufen als solchen und ihren Möglichkeiten und Grenzen unter verschiedenen organisatorischen, fachlichen und kollegialen Bedingungen. Mit einer begrifflichen Grundlegung nimmt er die Bereitschaft der Fachkräfte zur Problema-tisierung der eigenen Rolle und zur Reflexion des beruflichen Handelns auf und trägt unter anderem mit dem Professionalisierungskonzept, mit organisationssoziologischen Perspektiven sowie einem systematischen Abriss der gruppensoziologischen Grundlagen methodischer Sozialer Arbeit zu dieser Selbstklärung bei.

Soziologen steht, wenn sie als Ratgeber der Sozialen Praxis auftreten, eine gewisse Bescheidenheit gut an. Bündige Handlungsanweisungen und effiziente Technologien – verstanden als theoretisch fundierte Problemlösungsvorgaben – sind nicht zu erwarten, wohl aber Interpretationsvorschläge und Verhaltensanregungen für viele Situationen, Arbeitsabläufe und Problemzusammenhänge. Die Autoren können und wollen die Soziologie auch nicht als systematisch aufgebautes Begriffssystem und konsistenten Erklärungszusammenhang präsentieren – es wäre ein falsches Bild. Doch sollte die Vielfalt der theoretischen und begrifflichen Auffassungen die Leser nicht verunsichern, sondern im Gegenteil dazu ermuntern, die Vorschläge der Soziologie auch ihrerseits flexibel und mit der Freiheit zu individueller Abwandlung auf den eigenen beruflichen Alltag anzuwenden.

Den Eindruck unerbittlicher Dogmatik vermeidet diese Darstellung soziologischer Theorien und Konzepte vielleicht schon deshalb, weil hier fünf Fachkollegen ihre Vorstellungen zusammengetragen haben. Mit ihren theoretischen und begrifflichen Differenzen (sie sind übrigens nicht allzu gravierend) muss der Leser ebenso leben wie die Autoren selbst, die sie allerdings eher als anregend empfinden. Auch in der Art der Vorstellung der einzelnen Themenbereiche – in der Wahl typischer Praxisbeispiele, der Ausführlichkeit der Darstellung theoretischer Ansätze, dem Gebrauch der Literatur, der Vorliebe für bestimmte

Richtungen in der Soziologie und vielem anderen – gibt es Unterschiede, und deshalb auch findet man über den betreffenden Kapitelüberschriften den Verfassernamen. Erst während der Erstellung der Beiträge wurde den Beteiligten klar, dass eine soziologische Einführung, die ja im allgemeinen nicht eben ein Leseabenteuer verspricht, durch einige Wechsel in der Art der Darbietung nur gewinnen kann.

Auch Entdeckungen einer mehrfachen Erörterung des gleichen Begriffs, theoretischen Ansatzes oder Erklärungsmodells in verschiedenen Problemzusammenhängen sind didaktisch erwünscht und werden durch Querverweise sowie ein ausführliches Stichwortverzeichnis gefördert. Gerade die Vorstellung vielfältiger und verschiedenartiger Verwendbarkeit vermag soziologischen Grundbegriffen Plastizität und Farbe zu geben. Im übrigen können die einzelnen Kapitel, obwohl systematisch angeordnet, auch unabhängig voneinander gelesen werden: Jedes beansprucht, auch für sich allein verständlich und informativ zu sein.

Das Buch bietet soziologische Theorien in Gestalt von Vorschlägen für Beschreibung, Interpretation und Erklärung, die Auswahl und Entscheidung erforderlich machen. Die Fähigkeit, solche Entscheidungen im beruflichen Alltag zu treffen und zu begründen – ein anderer Ausdruck für berufliche Kompetenz –, kann die Soziologie nicht vermitteln. Aber sie erweitert das Spektrum der Optionen, an denen sich berufliche Kompetenz entwickelt und bewährt.

B. Biermann, E. Bock-Rosenthal, M. Doehlemann, K.-H. Grohall, D. Kühn

Teil I
Theorien gesellschaftlicher Problembereiche

1 Soziologische Theorien und soziologische Perspektiven für Soziale Berufe

von Martin Doehlemann

Theorie, insbesondere soziologische, steht weithin in Verdacht, grau, schwer verständlich und für die sozialberufliche Praxis wenig belangvoll zu sein. Wir, die Autoren dieses Bandes, können diesen Verdacht nicht aus der Welt schaffen. Vielleicht aber können wir diejenigen, die ihn hegen, ein wenig in Beweisnot bringen.

1.1 Was sind und was leisten Theorien?

Theorie im Alltagsverständnis

In der Umgangssprache wird »Theorie« oft als eine Bezeichnung für »Gedankliches« verwendet, für etwas »bloß im Kopf« oder »nur auf dem Papier«, das der Vielfältigkeit des handlungserzwingenden Lebens nicht gerecht wird und oft durch »Erfahrung« widerlegt wird. Dieses Bild von Theorie ist sehr undeutlich, enthält aber zwei Hinweise, die wichtig sind. Zum einen: Theorie ist an der (den Sinnen zugänglichen) Wirklichkeit überprüfbar – und unterscheidet sich insofern vom Glauben, dessen Inhalte nach heute landläufiger Überzeugung nicht nachprüfbar sind.

Zum Anderen stellt sich die Frage, ob und inwieweit Theorie und Handeln in Widerspruch zueinander stehen und ob es theorielose Praxis geben kann. Um diese Frage angehen zu können, bedarf es einer deutlicheren Fassung des Ausdrucks Theorie: Theorie meint ein in sich schlüssiges Gefüge von Annahmen über einen Gegenstandsbereich. Es dient dazu, die Sachlagen

Leistungen von Theorie

- zu beschreiben (umgrenzen, unterteilen, benennen)
- zu erklären (und damit auch Vorhersagen zu ermöglichen)
- in ihren Entwicklungen und (Neben-)Wirkungen zu beurteilen

Beispiel Armut

Beispiel Armut: Die Auffassungen gehen weit auseinander, was darunter zu verstehen sei. Wer die »absolute Armut« in Ländern der südlichen Erdhälfte, die millionenfach mit Unterernährung und mit hoher Sterblichkeit einhergeht, zum Maßstab nimmt, wird bei uns kaum Armut entdecken.

Aber auch bei Anerkennung einer »relativen Armut« (bezogen auf den Wohlstand der Bevölkerung) bleibt heftig umstritten, wo die Armutsgrenzen zu ziehen seien: bei 40%, 50% (Empfehlung der Weltgesundheitsorganisation) oder 60% des durchschnittlichen Netto-Haushaltseinkommens pro Kopf oder, in Deutschland, an der Sozialhilfeschwelle? Je nach Beantwortung dieser Fragen ist das Ausmaß von Armut größer oder kleiner.

Armut kann lediglich als materielle, d.h. als Einkommensarmut thematisiert werden, aber umfassender auch als Lebenslage einer bedrückenden Unterversorgung materieller, zwischenmenschlicher, seelischer und kultureller Art, wobei zusätzlich bedeutsam ist, ob der Zeitfaktor berücksichtigt wird: Langzeitarmut hat teilweise andere Ursachen und Auswirkungen als kurzzeitige Armut. Je ganzheitlicher die Sichtweise, desto komplexer wird das Problem in theoretischer und damit auch praktischer Hinsicht. Viele Faktoren (z.B. geringe Ich-Stärke oder Qualifikationsmängel) können sowohl Ursache als auch Folge von Armutsprozessen sein. Je nachdem, ob Armut eher als Ausdruck einer Verteilungsungerechtigkeit im Wirtschafts- und Sozialsystem oder eher als Ausdruck individuellen Versagens gesehen wird, werden die sozialpolitischen und sozialpädagogischen Maßnahmen zu ihrer Behebung (oder Verharmlosung) unterschiedlich ausfallen.

Inwiefern ist der soziale Frieden gefährdet, wenn Armut in einem vergleichsweise reichen Land drastisch zunimmt? Oder wird die gesellschaftliche Atmosphäre durch eine Duckmäuserei bisher mittlerer Soziallagen bestimmt, die Angst vor dem Abstieg haben?

Theorie und Handeln

Wenn, wie gesagt, Theorie als der Versuch umschrieben wird, Sachlagen zu beschreiben, zu erklären und zu beurteilen, dann sind Handlungsentwürfe, Absichtserklärungen oder Verfahrensvorschläge – also alle auf Praxis hin entworfenen Gedankengänge – zwar keine Theorien, aber (fast) immer theoriegeleitet. Handeln folgt Theorien und wird von ihnen begleitet. Die Theoriehaltigkeit ihrer Praxis muss den Handelnden gar nicht immer bewusst sein. Auch im »selbstverständlichen« traditionellen oder Routinehandeln sind übernommene Annahmen über Beschaffenheiten und Ursachenzusammenhänge von Tatbeständen versteckt. Es gibt also so gut wie kein theorieloses Handeln – und sogar stark impulsives Handeln zum Beispiel aus Freude oder Wut ist in der Regel nicht völlig »blind«.

Wissenschaftliche und Alltagstheorien

Zu Theorie in diesem Sinne gehören auch verallgemeinerte Alltagserfahrungen, Lebensweisheiten oder auch Vorurteile (z.B.: »Nichtsesshafte sind arbeitsscheu«). Sie ordnen die Welt und erlauben Erklärungen (die gelegentlich falsch oder ungenügend sind). Theorien lassen sich demnach unterteilen in wissenschaftliche Theorien und Alltagstheorien – wenngleich die Übergänge fließend sind. (So gingen gerade soziologische Begrifflichkeiten und Deutungsmuster in das Alltagswissen ein und vermischten sich dort mit alltagssprachlichen Vorverständnissen und Missverständnissen.)

Wissenschaftliche und Alltagstheorie lassen sich grob folgendermaßen unterscheiden:

Begriffe

- Wissenschaftliche Theorie bedient sich möglichst genau bestimmter, eingegrenzter (»definierter«) Begriffe, die deutlich erkennbar machen, wovon die Rede ist. Im Unterschied dazu sind Ausdrücke im Alltagsgebrauch oft verschwommen oder werden in verschiedenen Kreisen unterschiedlich gebraucht. Begriffe sind für den Wissenschaftler Werkzeuge zur Untersuchung von Realität. Erweisen sie sich als nicht (mehr) tauglich, werden sie verfeinert, verändert oder neu entwickelt.

Wertungen

- Wissenschaftliche Theorie versucht, die in vielen Alltagstheorien enthaltenen Wertungen und Stimmungen zu vermeiden oder aber bewusst zu machen. Bei der Feststellung und den Begründungsversuchen von Tatbeständen enthält sich Wissenschaft in der Regel moralischer oder ästhetischer Wertungen oder trennt deutlich die Sachaussagen von Werturteilen. So verwendet z.B. die Soziologie neuerdings den neutralen Begriff »Einelterfamilie« anstelle des Ausdrucks »unvollständige Familie«, in dem eine Wertung mitschwingt.

- Wissenschaftliche Theorien gelten im Vergleich zu Alltagstheorien oft als wenig erheblich und hilfreich, was anliegende Probleme (z.B. Vandalismus in der Schule) und deren Lösung angeht. Wissenschaftliche Theorien scheinen Handlungsentscheidungen eher zu erschweren als zu fördern. Das liegt an ihrer Vielschichtigkeit, die der vielschichtigen Problemlage gerecht zu werden versucht. Sie werden weiter ausgreifen, tiefer ausloten, verwickelten Zusammenhängen nachgehen und ihre Ergebnisse in gebotener Zurückhaltung darlegen, da vieles noch fraglich erscheint. **Vielschichtigkeit**
  Demgegenüber neigt Alltagstheorie dazu, auf vermeintlich Naheliegendes zurückzugreifen, das rasche Folgerungen oder Entscheidungen zulässt. So werden vandalistische Erscheinungen in der Schule gerne auf einen »Wertezerfall in der heutigen Jugend« oder auf die »schlechten Anlagen« der Beteiligten zurückgeführt – wie überhaupt herkömmliche Alltagstheorie mit Vorliebe auf »Veranlagung« tippt und Erklärungen seltener in den Bedingungen des Zusammenlebens sucht.
- Wissenschaftliche Theorie wird nach anerkannten Methoden nachprüfbar gewonnen, lebt von Zweifel und Kritik und versteht sich als stets vorläufig. Demgegenüber sind Alltagstheorien von unterschiedlicher Herkunft und oft von erstaunlicher Haltbarkeit. Hierzu gehören etwa viele Annahmen zu den Eigenschaften des männlichen und weiblichen Geschlechts. **Nachprüfbarkeit**

Jede Theorie, wissenschaftliche oder Alltagstheorie, ist »abstrakt«. Sie muss absehen von der vielgestaltigen Einmaligkeit einzelner Menschen (z.B. des »schwierigen Schülers Oliver«), Gegenstände oder Ereignisse. Sie bezieht sich auf Kategorien (Klassen, Gruppen, Gattungen) – also eine Vielzahl von Einzelerscheinungen, die unter bestimmten Gesichtspunkten als gleichartig angesehen werden (z.B. Gleichaltrigencliquen in sozialen Brennpunkten).

Abstraktionsgrad

Dabei können Theorien von unterschiedlich hohem Abstraktionsgrad sein. Eine der ersten Aussagen im Kommunistischen Manifest (1848) von *Karl Marx* und *Friedrich Engels* lautet: »Die Geschichte aller bisherigen Gesellschaft ist die Geschichte von Klassenkämpfen«. Der Blick der Autoren scheint von ganz oben zu kommen. Sie scheinen alles zu überblicken und über vieles hinweg zu sehen. Insofern ist der Satz hochgradig abstrakt. Im Vergleich dazu liegt folgendes Forschungsergebnis auf einem niederen Abstraktionsniveau: »Wenn Menschen häufiger zusammen sind, entwickeln sie tendenziell Sympathie füreinander.« Auch hier wird von Einzelmenschen und -situationen abgesehen. Aber die Aussage scheint alltagsnah und erfahrungszugänglich zu sein und kann z.B. auch als eine Begründung für den Jugendaustausch zwischen zwei Ländern oder für Programme gegen Ausländerfeindlichkeit dienen.

1.2 Soziologische Theorieansätze: die Grundlagen

1.2.1 Ursprünge und Entwicklungslinien der Soziologie

Soziologisches Denken ist in allen Versuchen einer »gesellschaftlichen Selbsterkenntnis« enthalten, wie sie sich etwa schon in der Gesetzessammlung des Königs Hammurabi von Babylonien (um 1700 v. Chr.) oder in den geschichtsphilosophischen Ansätzen des Lucretius aus Rom (um 60 v. Chr.) andeutet (vgl. *Heckmann/Kröll*, 1984; 4 – 6).

Soziologie als Wissenschaft

Soziologie in einem engen Sinne, nämlich als einzelwissenschaftliche, systematische Suche nach ordnender Erkenntnis von Gestalten und Verlaufsformen des menschlichen Zusammenlebens, ist späten Datums. Sie ist ein Produkt der gesellschaftlichen Änderungen, die in Europa in der zweiten Hälfte des 18. Jahrhunderts verstärkt einsetzten und sich heute immer noch zu beschleunigen scheinen, und gibt zugleich verschiedenste Antworten darauf.

1.2.1.1 Der gesellschaftsgeschichtliche Rahmen: Rationalisierung, Individualisierung und Globalisierung der Lebensführungen in der Moderne

Den vielgestaltigen und tiefgreifenden gesellschaftlichen Veränderungen der letzten 250 Jahre nachzugehen kann nicht Aufgabe der vorliegenden Arbeit sein. Drei Begriffe müssen genügen, einige jeweils »doppelgesichtige« Wirkungslinien anzudeuten:

- Die *Rationalisierung* des Denkens und Handelns trägt zur Befreiung aus Abhängigkeiten ebenso bei wie zur Vereinseitigung von Sichtweisen und Zersplitterung von Tätigkeiten.
- Die *Individualisierung* der Lebensmöglichkeiten beinhaltet die Verselbständigung des Menschen ebenso wie seine Vereinzelung – und enthält gegenläufige Tendenzen der Standardisierung.
- Die *Globalisierung* der Handlungsauswirkungen wirtschaftlicher, politischer und kultureller Art fördert ein weltweite Vereinheitlichung des Wahrnehmens und Verhaltens ebenso wie eine »transkulturelle« Vielfalt.

Die *Rationalisierung** des Denkens spricht *Immanuel Kant* in einer berühmten Formulierung von 1784 an, wenn er Aufklärung als »Ausgang des Menschen aus seiner selbstverschuldeten Unmündigkeit« begreift, wobei Unmündigkeit »das Unvermögen (ist), sich eines Verstandes ohne Leitung eines anderen zu bedienen.«

Aufklärung

Das Programm der Aufklärung ist das Recht, die Pflicht und die Möglichkeit zum »Selbstdenken«. Unter der Voranname, dass die Menschen frei,

* Außer Betracht bleibt der psychoanalytische Begriff der Rationalisierung, der einen Abwehrmechanismus benennt: den nachträglichen Versuch einer rationalen Begründung für ein (Fehl)-Verhalten, das unbewussten, triebhaften oder affektiv-irrationalen Umständen entstammt.

gleichwertig und vernunftbegabt geboren würden, wurde die Rechtmäßigkeit der jahrhundertelangen Adelsherrschaft in Frage gestellt. Vielfältige Formen des Aberglaubens verloren an Bedeutung. Bevormundungen durch die Kirchen wurden immer weniger hingenommen. Sitten, Bräuche und Traditionen büßten an selbstverständlicher Gültigkeit ein; denn dass etwas »immer schon so sei«, wurde immer weniger als Begründung für dessen Richtigkeit akzeptiert.

Rationalisierung im weiten Sinne

Unter Rationalisierung in einem umfassenden Sinne kann also verstanden werden, dass der prinzipiell vernunftbegabte Mensch als ein Möglichkeitswesen immer mehr »zu sich selbst« kommt – und zwar nicht auf Kosten der anderen, sondern mit den anderen in gleichberechtigter Auseinandersetzung. Dieser Prozess der Rationalisierung, der sich mit Demokratisierung verbindet, kennzeichnet in unterschiedlichem Ausmaß die Entwicklung der modernen Gesellschaften. Der Prozess scheint zwar zeitweilig aufhaltbar oder umkehrbar zu sein (etwa im faschistischen Deutschland), ist aber niemals abschließbar. Denn wann wären die Menschen endgültig »bei sich«? Wann würden sie ihrer Vernunft gerecht werden? Insofern kann der Begriff Rationalisierung nicht nur zur Skizzierung historischer Entwicklungslinien dienen, sondern auch als eine Leitidee für menschliche Möglichkeiten.

Rationalisierung im eingeschränkten Sinne

Von Rationalisierung im umfassenden Sinne ist die produktions-, organisations- und verwaltungstechnische Rationalisierung zu unterscheiden, die unter privatwirtschaftlich-kapitalistischem Vorzeichen die Lebensumstände der Menschen entscheidend verändert hat. Die rationale Planung von Produktionsprozessen und Verwaltungsverfahren, die zunehmende Betonung von Effizienzgesichtspunkten, das unablässige Streben nach höchstmöglichem Arbeits- und Geldertrag bei niedrigstmöglichem Mitteleinsatz führten zu mannigfachen Formen der Arbeitsteilung, -zerstückelung und -normierung – wobei heute Normierungen und Zerstückelungen rückgängig sind zugunsten einer Vielgestaltigkeit von Arbeitsvollzügen; denn das Bildungsniveau der Erwerbstätigen ist deutlich angestiegen und die Arbeitsmotive haben sich verschoben: vom »Malochen« bloß für's Geld hin zu möglichst sinnvoller Arbeit.

Beginn von Rationalisierung

Wie die Jahre 1776, das Jahr der amerikanischen Unabhängigkeitserklärung, und 1789, der Anfang der Französischen Revolution, als symbolische Daten für den Beginn einer Rationalisierung im umfassenden Sinne der Verwirklichung von Menschenrechten stehen, so ist das Jahr 1769 das symbolische Datum für den beginnenden Siegeszug der industriellen Verfahrensrationalität: In diesem Jahr ließ *James Watt* seine Niederdruck-Dampfmaschine patentieren. Da diese Maschine wegen ihrer Kosten und Größe nicht in den Hütten der Handwerker aufzustellen war, wurde der Bau von Fabrikhallen notwendig. In ihnen waren die Arbeitenden auch leichter zu überwachen. Damit war eine Grundlage für die Entstehung einer lohnabhängigen Arbeiterschaft geschaffen und für die Trennung von Wohnstätte und Arbeitsplatz, die wiederum das Familienleben änderte, die Verstädterung förderte und verkehrstechnische Umwälzungen (Güter- und Berufsverkehr) nach sich zog.

Die technische und sozioökonomische Verfahrensrationalisierung hat – nach Perioden größten Elends für Teile der Arbeiterbevölkerung im 19. und beginnenden 20. Jahrhundert – einerseits zu einer Beherrschung von Natur und menschlichen Lebensbedingungen als bedeutender Voraussetzung der materiellen und kulturellen Freiheit vieler geführt. Andererseits scheint die bloße Zweck-Mittel-Kalkulation, die auch den Mitmenschen kaum anders denn als Mittel für eigene Zwecke sehen kann, zur gebräuchlichsten Denkfigur geworden zu sein. Ein solchermaßen verengtes Denken und Handeln kann auch die Umweltzerstörung, die mit der Naturbeherrschung einhergeht, nicht aufhalten. Die »Durchrationalisierung« des Lebens wurde von vielen Menschen als Entzauberung einer Welt erlebt, die ehedem von vielen Geheimnissen, Schrecken und Wundern erfüllt war. Gefühle der Ersetzbarkeit und Entbehrlichkeit sind weit verbreitet, wenn im Gefolge von Produktivitätssteigerungen immer wieder Arbeitsplätze »wegrationalisiert« werden.

Eingeengtes Zweck-Mittel-Denken

Soziologie als Wissenschaft ist insofern ein Produkt des historischen Rationalisierungsprozesses, als sie sich von Anfang an als wissenschaftliche Selbstaufklärung der sich verändernden Gesellschaft versteht. Die Aufklärungs- und Erklärungsversuche fallen im Einzelnen, wie zu zeigen sein wird, sehr unterschiedlich aus. Das Gleiche gilt für die Folgerungen: Wie ist der Wandel einzuschätzen? Wer oder was kann ihn vorantreiben, umlenken, aufhalten oder schlimme Nebenfolgen dämpfen?

Individualisierung

Soziologie ist auch ein Produkt und eine Reaktion auf historische *Individualisierungsvorgänge*. Damit sind zivilisationsgeschichtliche Entwicklungen gemeint, die insbesondere vom Bürgertum des 18. und 19. Jahrhunderts ausgingen und heute auf einen Höhepunkt zuzusteuern scheinen (*Beck*, 2003; 113 ff.): die allmähliche Herauslösung der Menschen aus überkommenen Sozialformen (Stand qua Herkunft, Nachbarschaft, Verwandtschaft, Kirchengemeinde, Familie, Ehe), Sozialmilieus (Arbeitermilieu, Stadtteilmilieu, Volksgruppenmilieu) und Orientierungen (Traditionen, Sitten, Umgangsformen). Das Individuum wird mehr und mehr zum verantwortungsvollen Regisseur der eigenen Lebensgestaltung – und zwar unter den Bedingungen des modernen Arbeitsmarktes, der den »ungebundenen«, flexiblen und mobilen Arbeitnehmer bevorzugt.

Pluralisierung

Wo Entscheidungsmöglichkeiten zunehmen, driften die individuellen Lebensformen auseinander. Wo die Pluralität der Lebensformen sich erweitert, werden immer mehr Menschen mit anderen als den herkömmlichen Lebensweisen konfrontiert. Das reizt zur Auseinandersetzung, zum Überdenken eigener Vorstellungen, zum »Ausprobieren«. So verstärken sich Individualisierung von Lebensführungen und Pluralisierung von Lebenslagen wechselseitig.

Entscheidungsfreiheit und -zwang

Mit der Ausdünnung der Traditionen und der Zunahme der Wahlmöglichkeiten wächst nicht nur die Entscheidungsfreiheit, sondern auch der Entscheidungszwang. Die Verhaltenssicherheit nimmt ab. Die Konfliktlagen mehren sich. Lebensentscheidungen, die in traditionalen Gesellschaften weitgehend festgelegt waren, sind vom Individuum, das auf sich selbst verwiesen ist, zu treffen: Wahl des Berufes, Wohnortes, Arbeitsplatzes, Lebenspartners, der Familienform, Kinderzahl, Freunde, Interessen, Lebensführung, Weltanschauung, Lebensdeutung usw. Die Berechenbarkeit von Lebensläufen geht zurück, die Ungewissheit von Zukunft nimmt zu (vgl. *Doehlemann*, 1996).

Während die einen die Freiheiten und Möglichkeiten der modernen »Multioptionsgesellschaft« (*Gross*, 1994) selbstsicher auszukosten trachten, erleben andere den Individualisierungsdruck als Überforderung und Orientierungsverlust. Wer kein entscheidungsstarkes Ich ausbilden kann, das Konflikte durchsteht und Enttäuschungen verkraftet, wird sich oft auf die Hilfen zur Entscheidung, Sinnfindung oder Verhaltenssicherheit angewiesen fühlen, die neben den klassischen Sinnanbietern (Amtskirchen, Politik) in bunter Fülle ihre Dienste feilbieten: religiöse Sekten, esoterische Geistesgemeinschaften, politische Gruppierungen aller Art, Massenmedien (samt den Glücksbotschaften der Warenwerbung) – und schließlich auch Soziale Arbeit.

Grundvoraussetzungen einer Individualisierung der Lebensweisen sind die Überwindung einer blanken materiellen Not und staatsbürgerliche Gleichheitsrechte. Den Menschen, die hungern und unterdrückt werden, sind Wahlfreiheiten fremd und steht der Sinn meist nicht nach »Selbstfindung«. Die (Sozial-)Bürokratisierung (Verpflichtung zur Gleichbehandlung aller und zur Verhinderung der schlimmsten Armut) wirkt aber nicht nur individualisierend, sondern auch vereinheitlichend; denn in der wohlfahrtsstaatlichen Verrechtlichung ist eine Standardisierung der Betrachtungsweisen von Lebenslagen und Lebensverläufen angelegt, so dass sich viele eigentlich »unvergleichliche« Individuen »über einen Kamm geschert« vorkommen.

Globalisierung

Dass die *Globalisierung* der Güter- Finanz- und Kulturmärkte in der privatkapitalistischen Wirtschaftsweise angelegt ist, haben schon *Marx* und *Engels* im Kommunistischen Manifest von 1848 eindrucksvoll geschildert (1963; 26 f.):

> »Die Bourgeoisie [d.h. das besitzende Wirtschaftsbürgertum, ›die industriellen Millionäre, die Chefs ganzer industrieller Armeen‹] hat durch die Exploitation [Ausbeutung] des Weltmarkts die Produktion und Konsumtion aller Länder kosmopolitisch gestaltet (...) Das Bedürfnis nach einem stets ausgedehnteren Absatz für ihre Produkte jagt die Bourgeoisie über die ganze Erdkugel. Überall muss sie sich einnisten, überall anbauen, überall Verbindungen herstellen (...) Und wie in der materiellen, so auch in der geistigen Produktion. Die nationale Einseitigkeit und Beschränktheit wird mehr und mehr unmöglich, und aus den vielen nationalen und lokalen Literaturen bildet sich eine Weltliteratur.«

Wenngleich *Marx* und *Engels* die automobile und luftfahrttechnische Revolution des Verkehrswesens und die digitale Revolution der Informationsverarbeitung nicht voraussehen konnten, so stand ihnen doch schon deutlich vor Augen, dass der Kapitalismus nichts beim alten lassen kann und im Konkurrenzkampf um Gewinne die Menschen als Konsumenten, denen »die Waren Liebesblicke zuwerfen«, umgarnt und als Erwerbstätige verunsichert.

> »Die fortwährende Umwälzung der Produktion, die ununterbrochene Erschütterung aller gesellschaftlichen Zustände, die ewige Unsicherheit und Bewegung zeichnet die Bourgeoisieepoche vor allen früheren aus. Alle festen eingerosteten Verhältnisse mit ihrem Gefolge von altehrwürdigen Vorstellungen und An-

schauungen werden aufgelöst, alle neugebildeten veralten, ehe sie verknöchern können. Alles Ständische und Stehende verdampft.«

Einzelprozesse der Globalisierung

Mit dem Begriff Globalisierung werden heute (*Albrow*, 1998b; *Beck*, 2001; *Beck*, 2002) verschiedene Prozesse angesprochen, in deren Folge die alten Nationalstaaten an Bedeutung verlieren und auf neue Weise miteinander verflochten werden:

a) die kommunikationstechnologisch ermöglichten Vernetzungen aller Weltgegenden bis in die hintersten Winkel und jede Wohnstube;
b) die Entfesselung des Handels- und Kapitalverkehrs;
c) die Internationalisierung der Arbeitsmärkte (mit weltweit verstreuten Tele-Arbeitsplätzen);
d) die Zunahme massenhafter Migrationen (von Arbeitsuchenden, Asylbewerbern, Bürgerkriegsflüchtlingen) mit erheblichen Folgeproblemen für die Ankunftsländer;
e) die (militärische) Supranationalisierung von Konfliktverhinderungspolitik;
f) weltweite Gefährdungen der natürlichen Umwelt mit unabsehbaren Folgen für die Zukunft allen Lebens (und Weltkonferenzen zur Eindämmung der Probleme);
g) Kenntnisnahmen ehedem abgeschiedener oder weit entfernter Kulturen bzw. Kulturbestandteile durch eine Weltöffentlichkeit und Anzeichen von »Weltkulturen« gängiger Unterhaltung und anspruchsreicher Künste;
h) sich verbreiterndes Bewusstsein, in einer Weltgesellschaft mit Menschenrechten zu leben. Dabei mischt sich die Freude über schier unbegrenzte Gedanken- und Bewegungsfreiheiten mit Gefühlen der Unsicherheit angesichts rasender Veränderungen und der Angst vor den Selbstvernichtungsmöglichkeiten der Menschheit.

Vereinheitlichung und Vielfalt

Globalisierung bringt ebenso eine Vereinheitlichung mit sich wie eine Entfaltung von Vielfalt. Technische Prinzipien und Logiken der Informationsverarbeitung beanspruchen, verbunden mit einer Weltsprache, allgemeine Geltung – und böse Zungen sprechen von einer erdumgreifenden »McDonaldisierung« des Lebensstils und einer Verwüstung des Geschmacks durch Kitsch und crime à la Hollywood. Andererseits eröffnen die Angebote der bunten, streitenden »Multi Kulti« (*Leggewie*, 1993) die Chancen einer »Transkulturalität« (*Welsch*, 1997), in der sich Eigenkulturen und Fremdkulturen anschlussfähig überlappen und das Aufblühen verständigungsbereiter Individualitäten in der »Heimat Babylon« begünstigt wird.

Die Soziologie entstand mit der historischen Enttraditionalisierung der Lebensumstände und begleitet sie analysierend und räsonierend bis heute. Die Selbstverständlichkeiten und Unantastbarkeiten von alten Glaubenswahrheiten, Herrschaftsrechtfertigungen und Lebensauffassungen gerieten im Rahmen von Rationalisierung, Individualisierung und Globalisierung ins Wanken. Die Soziologie entwickelte sich mit den Antworten, die sie einerseits auf die Fragen nach den Bedingungen von gesellschaftlichem Zusammenhalt und Stabilität und andererseits auf die Fragen nach Voraussetzungen und Richtungen des gesellschaftlichen Wandels gab.

1.2.1.2 Überlegungen zur »Natur« der Gesellschaft im 19. Jahrhundert und Antworten auf die »soziale Frage«

Die Wegbereiter und Begründer der Soziologie im 19. Jahrhundert hatten sehr unterschiedliche Ansichten von der Gesellschaft. Nur in einem waren sie sich weitgehend einig: Sie sahen im naturwissenschaftlichen Denken, das in diesem Jahrhundert so große Erfolge verzeichnete und einen weit verbreiteten Fortschrittsoptimismus begründete, das Vorbild für gesellschaftswissenschaftliches Denken. Sie verwarfen theologische und metaphysische Erkenntnisideale und suchten die »natürlichen« Gesetzmäßigkeiten der gesellschaftlichen Dynamik zu ergründen. So will einer der Begründer des »Wissenschaftlichen Sozialismus«, *Karl Marx*, »das ökonomische Bewegungsgesetz der modernen Gesellschaft enthüllen« – und zwar als »Naturgesetz«, wie er im Vorwort zur ersten Auflage von »Das Kapital« (1867) schreibt. Auf *Auguste Comte* (1798 – 1857) geht der Begriff »Soziologie« zurück, verstanden als »Soziale Physik« im Rahmen einer »positiven Philosophie«. Diese will sich nicht mit Erdachtem beschäftigen und weist Spekulationen zurück. Sie sucht nachweisbare »Tatsachen« zu erfassen, zu erklären und zu steuern.

Suche nach »Naturgesetzen« der gesellschaftlichen Entwicklung

Hier können die Werke der verschiedenen Großväter und Väter der Soziologie nicht im einzelnen vorgestellt werden. Statt dessen sollen, stark vereinfacht, zwei entgegengesetzte Sichtweisen von der »Natur« der Gesellschaft und des Menschen skizziert werden, die bis heute nachwirken, nämlich »konservative« und »progressive« Vorstellungen (s. folgende Seite).

Sozialpolitische Folgerungen

Diese entgegengesetzten Gesellschaftsvorstellungen, die natürlich bis heute viele Zwischentönungen enthalten, gehen einher mit unterschiedlichen sozialpolitischen Einschätzungen. So sieht etwa der englische Soziologe *Herbert Spencer* (1820 – 1903) sozialstaatliche Maßnahmen für die Armen und Kranken, Witwen und Waisen als schädlich oder unnütz an; denn er begreift die Entwicklung der Gesellschaften und ihrer Untergliederungen in Analogie zur Evolution der Organismen und glaubt, im »Überleben der Tauglichsten« das Fortschrittsprinzip der natürlichen Auslese zu erkennen. Wer nicht selbst emporkommt, sich nicht aus eigener Kraft zu versorgen oder Vorsorge zu treffen vermag, ist mit weniger Fähigkeiten ausgestattet. Er kann deshalb keine staatliche Unterstützung, die ja nutzlos wäre, erwarten, sondern nur barmherzige Gaben.

Die konservative Sozialpolitik, die den Tüchtigen zum Wohle aller freie Bahn schaffen will, ist bis heute oft taktisch ausgerichtet: so wenige wohlfahrtsstaatliche Leistungen wie möglich, weil sie sich ja nicht »auszahlen«, und so viele wie nötig, um den sozialen Frieden nicht zu gefährden. Der Gedanke, dass die Milderung der Armut mit dem Herrschaftssystem versöhnt und das Risiko »sozialdemokratischer Ausschreitungen« herabsetzt, leitete auch die Bismarcksche Sozialgesetzgebung in den 80er Jahren des 19. Jahrhunderts. Zuvor war die »soziale Frage«, die sich angesichts des weitverbreiteten Elends in der besitzlosen Klasse der Proletarier stellte, erst

Bismarck

	Konservative Sichtweisen	Progressive Sichtweisen
Bild von der Gesellschaft	Ein relativ beharrendes Ordnungsgefüge oder ein System, nicht selten mit einem Organismus verglichen (»Gesellschaftskörper«), zu dessen Bestand alle Organe beitragen	Ein Kampfplatz von Interessengegensätzen privilegierter Minderheiten und benachteiligter Mehrheiten
Was hält die Gesellschaft zusammen	Grundübereinstimmung der Mitglieder und wechselseitiges Angewiesensein aufeinander	Zwang, Indoktrination, ideologische Verblendung
Wie werden Rechte und Privilegien erworben?	Durch Leistung derer, die mit überlegenden Anlagen ausgestattet sind, und durch Delegation	Durch Vererbung, Machtanwendung, »Vetternwirtschaft« und Bestechung (auch in Form kleiner Zugeständnisse nach unten)
Was ist von einer erheblichen Verringerung der Macht-, Rang- und Vermögensunterschiede zu halten?	Nicht erstrebenswert, weil die kleinen Leute Führung brauchen, weil die Tüchtigen sich sonst nicht entfalten können und für niemanden mehr ein Leistungsanreiz besteht	Notwendig, um die allseitige, solidarisch-selbstbestimmte Entfaltung aller zu ermöglichen, ohne dass von oben vorgeschrieben würde, was als Leistung zu gelten habe
Staat und Gesetze	sind vor allem gemeinwohlbezogen	sind vor allem Mittel der Niederhaltung der Unterprivilegierten

einmal mit der Faust beantwortet worden.1878 wurde das »Sozialistengesetz« gegen die »gemeingefährlichen Bestrebungen« der Sozialdemokratie durchgesetzt, in dessen Namen viele Vereinigungen aufgelöst, Druckschriften verboten, Gefängnisstrafen verhängt und Personen des Landes verwiesen wurden. Doch bald wurden diese Unterdrückungsmaßnahmen begleitet von sozialgesetzgeberischen Maßnahmen. Die gesetzliche Krankenversicherung (1883), Unfallversicherung (1884) und Alters- und Invalidenversicherung (1889) sahen vergleichsweise bescheidene Leistungen vor. Sie verfolgten eben auch den Zweck, wie es in der Begründung eines Gesetzentwurfes von 1881 heißt,

> die »besitzlosen Klassen der Bevölkerung, welche zugleich die zahlreichsten und am wenigsten unterrichteten sind«, dahin zu führen, »den Staat nicht als eine lediglich zum Schutz der besser situierten Klassen der Gesellschaft erfundene, sondern als eine auch ihren Bedürfnissen und Interessen dienende Institution aufzufassen« (zit. nach *Belardi*, 1980; 56).

Bestechung des Proletariats

Was die Konservativen hofften, das befürchteten die radikalen Verfechter der progressiven Sichtweisen: dass das Proletariat, durch staatliche Almosen betört, seine sog. historische Mission aus den Augen verlieren könnte. Nach *Marx* und *Engels* bestand diese darin, die bürgerlich-privatkapitalistischen Produktionsverhältnisse und Klassengesellschaft durch Vergesellschaftung der Produktionsmittel zu überwinden, die planmäßige Lenkung der Produktion zu übernehmen (Sozialismus) und langfristig, nach einer Übergangsphase der »Diktatur des Proletariats« zur Bekämpfung bürgerlicher Überbleibsel, die klassenlose, kommunistische Gesellschaft zu verwirklichen

Kommunismus

> als »vollendeten Humanismus« und »wahrhafte Auflösung des Widerstreits zwischen dem Menschen mit der Natur und mit dem Menschen (...), zwischen Freiheit und Notwendigkeit zwischen Individuum und Gattung. (Der Kommunismus) ist das aufgelöste Rätsel der Geschichte und weiß sich als diese Lösung« (*Marx*, 1962; 593/4).

Das klingt – gerade nach den Menschheitserfahrungen mit dem »real existierenden Sozialismus« sowjetischer oder chinesischer Prägung – ebenso erhaben wie weltfremd: eine bedrohliche Utopie. Hier tritt aber wieder die unbegrenzte (Natur-)Wissenschaftsgläubigkeit der sozialistischen Klassiker zutage: Wenn die die Menschen entzweienden Besitzegoismen und die Hemmnisse von Erkenntnis in Gestalt der Ideologie der Herrschenden wegfallen, wird das Rätsel der Geschichte und Gesellschaftsentwicklung lösbar. Die Freiheit besteht dann in der Einsicht in die naturgesetzlichen Notwendigkeiten.

1.2.1.3 »Gemeinschaft«, »Gesellschaft« und das Anliegen des neuen »Kommunitarismus«

Gemeinschaft

Im Jahre 1887 erschien das Buch »Gemeinschaft und Gesellschaft« von *Ferdinand Tönnies*, in dem er Grundarten zwischenmenschlicher Bezogenheit typisiert. Demnach ist »Gemeinschaft« (Elementarformen: Verwandtschaft, Nachbarschaft, Freundschaft) eine organisch gewachsene Einheit aus innerer seelischer Verbundenheit, auf Neigung, Vertrauen und Hilfsbereitschaft beruhend und überkommenen, festen Werten verpflichtet – wobei die Menschen sich einem Ganzen zugehörig fühlen, das mehr ist als seine Teile. Demgegenüber sind es in der »Gesellschaft« Eigeninteressen und Nützlichkeitserwägungen, welche die Menschen in Kontakt miteinander treten lassen. Arbeitsteilig vorangetriebene Zwecke, rationale Kalkulation und Organisation, Über- und Unterordnung, Konfliktaustrag: Trotz einer Vielzahl von Berührungspunkten bleiben die Menschen in der kühlen »Gesellschaft« einander fremd, sogar feindselig.

Tönnies' Gegenüberstellung von Gemeinschaft und Gesellschaft, die in Wissenschaft und Politik einen großen Widerhall fand, war ebenso ein typologischer Ordnungsversuch wie eine kulturkritische Attacke gegen die moderne Welt: Im sozialgeschichtlichen Wandel von der Gemeinschaft, die dem Wesen des Menschen näher und seiner Persönlichkeit förderlicher sei, zur individualistischen Gesellschaft sah er einen Verfallsprozess, den es im Wieder- und Neugewinn gemeinschaftlicher Kräfte umzukehren gelte – und auch der Nationalsozialismus bediente sich später missbräuchlich dieser Denktradition bei der Propagierung der dem Führer verpflichteten »Volksgemeinschaft«.

Die rein typologische Unterscheidung von *Tönnies* erwies sich für die Überlegungen der nachfolgenden Soziologengenerationen als durchaus fruchtbar. So gehen die Versuche, soziale Verhältnisse in »geheiligte« und »verweltlichte« zu unterteilen, Gesellschaften in »geschlossene« und »offene« oder Gruppen in »Primärgruppen« und »Sekundärgruppen« von der alten Gegenüberstellung von Gemeinschaft und Gesellschaft aus. Auch die sog. Orientierungsalternativen des sozialen Handelns (»pattern variables«; vgl. unten Kap. 6.2.1.a) von *Talcott Parsons* (1951) stehen in dieser Tradition

Kommunitarismus

Seit Mitte der 80er Jahre des 20. Jahrhunderts versucht in den Vereinigten Staaten der sozialphilosophische »Kommunitarismus«, den Gedanken an verantwortungsbereite, gemeinwohlbezogene Wertgemeinschaften wieder zu beleben und weiterzuentwickeln (*Walzer*, 1992; *Etzioni*, 1998). Im Zusammenhang mit der zunehmenden Individualisierung der Lebensführungen (vgl. oben Kap. 1.2.1.1) erweist sich für die Kommunitaristen die alte wirtschaftsliberale Idee von der »unsichtbaren Hand«, die sozusagen hinter dem Rücken der eigennützig Handelnden das Gemeinwohl summarisch herstellt, endgültig als trügerisch: Der rücksichtslose Geld- und Besitzprivatismus und der ungezügelte Selbstverwirklichungsindividualismus gefährden die allgemeine Wohlfahrt und die Demokratie.

Demgegenüber möchte der Kommunitarismus das allgemeine Bewusstsein dafür schärfen, dass zu den Rechten der Freiheit auch die Pflichten des Dienens kommen müssen, dass das persönliche Wohl und Wehe nicht unabhängig vom allgemeinen Wohl und Wehe ist, dass in die Kunst der Selbstbestimmung auch die Kunst der Selbsteinbindung eingehen muss. Gegen den Verfall des Gemeinsinnes wird eine (nicht immer nur freiwillige) vereins- und verbandsbezogene Bürgerbeteiligung an allgemeinen Belangen gefordert, oft nach dem Motte einer doppelten Verneinung: Nicht Staat – nicht Markt. Im Raum zwischen diesen beiden soll ein Bürgerhumanismus öffentlicher Tugenden gemeinschaftlich gepflegt werden.

Problematische Neigungen des Kommunitarismus

Der Kommunitarismus tritt in verschiedenen Spielarten auf. Dabei gibt es auch äußerst problematische Neigungen, nämlich solche,

- im Individualismus fast nur Egoismen und Anarchie zu erkennen und in der überindividuellen, vorgegebenen Moral zwanghafter Kollektive religiöser oder nationaler Art die Rettung zu suchen;
- in der »bürokratischen Solidarität« des Sozialstaates mit den Schwachen eine Schwächung der »natürlichen Solidarität« der Gemeinschaften und der Mildtätigkeit der Bessergestellten wahrzunehmen und deshalb die Verrechtlichung von Sicherheitsgarantien für die Bürger rückgängig machen zu wollen, womit Abhängigkeiten und Gefühle von Ungerechtigkeit verstärkt würden;
- mit allen »Gemeinschaften« grundsätzlich wertvolle »Wertgemeinschaften« zu meinen und zu übersehen, dass Familien, Nachbarschaften, Weltanschau-

ungs- oder ethnische Gemeinschaften nach innen unterdrückerisch und nach außen intolerant und feindselig sein können und dass es manchem Gemeinschaftsgeist (von honorigen Bürgervereinigungen, treuen Kameradschaften, glaubensstarken Bruderschaften oder von Bürgerinitiativen – etwa gegen den Bau einer forensischen Psychiatrie oder von Asylbewerberunterkünften) schlicht an Gemeinsinn mangelt.

Soziale Gemeinschaft sozialer Gemeinschaften

Der gemäßigte Kommunitarismus, welcher Liberalismus, Individualismus und Pluralismus als menschheitsgeschichtliche Errungenschaften nicht aufs Spiel setzen möchte, will Gesellschaft als eine »soziale Gemeinschaft sozialer Gemeinschaften« verstehen. Hier beschränken sich Loyalitäten und Verantwortungsbewusstsein nicht auf die eigene Gemeinschaft, sondern umfassen das größere Ganze der verschiedenen, in Toleranz miteinander verbundenen (transkulturellen) Wertgemeinschaften. Dabei befinden sich individuelle Autonomie und gemeinwesenbezogene Inpflichtnahme *nicht*, wie vielfach angenommen wird, in einem Nullsummenverhältnis dergestalt, dass das eine mit dem Ansteigen des anderen sinke und umgekehrt, sondern in einem Verhältnis der »inversen Symbiose«: Bis zu einem gewissen Punkt steigen beide an – und jenseits dieses Punktes fallen beide. So kann *Etzioni* (1997; 19) als goldene Regel der Verantwortungsgesellschaft formulieren: »Achte und wahre die moralische Ordnung der Gesellschaft in gleichem Maße, wie du wünschst, dass die Gesellschaft deine Autonomie achtet und wahrt«.

1.2.2 Moderne soziologische Denkansätze und Streitfragen

Gibt es *die* Soziologie?

Die Frage, was Soziologie nun eigentlich sei und leiste, lässt sich nicht einfach und bündig beantworten. Allgemeine Aussagen lauten, dass sie »die Lehre von den Formen menschlicher Verbundenheit« sei oder »das systematische Studium der Struktur, der Dynamik und der Ergebnisse menschlicher Wechselbeziehungen«. Solche allgemeinen Kennzeichnungen verbergen, dass es *die* Soziologie eigentlich gar nicht gibt – oder nur insofern, als sich die unterschiedlichen Denkrichtungen und Schulen austauschen und über ihre Unterschiedlichkeiten verständigen können und wollen.

Es kann nicht Aufgabe dieser Einführung sein, die verzweigten soziologischen Denkansätze, die erkenntnistheoretischen Kontroversen und die verschiedensten Methoden, der gesellschaftlichen Wirklichkeit habhaft zu werden, im einzelnen vorzustellen. Hier sollen nur eine stark vereinfachende Übersicht und eine ungefähre Einordnung bedeutender soziologischer Herangehensweisen an das schillernde Phänomen »Gesellschaft« versucht werden.

1.2.2.1 Eine Übersicht

Bei der folgenden Übersicht (S. 33/34) darf nicht aus den Augen verloren werden, dass die Einteilungen nicht scharf und die Übergänge fließend sind und dass die (erkenntnis-)theoretischen Probleme eher verdeckt als offengelegt werden.

Mikro- und makrosoziologische Betrachtungsweise

Die Forschungsperspektiven lassen sich grob unterteilen in mikro(»klein«-)soziologische und makro(»groß«-)soziologische (li. Sp.). Erstere gehen von der kleinsten soziologischen Einheit, den Wechselbeziehungen zwischen den Menschen, aus und untersuchen ihre Verfestigungen und Wandlungen in Abhängigkeit von umgebenden gesellschaftlichen Gliederungen. Was erwarten Menschen voneinander aus welchen Gründen in welchen Situationen und wie verhalten sie sich unter welchen Bedingungen tatsächlich?

Institution

Der makrosoziologische Blick kommt sozusagen von oben und umfasst größere gesellschaftliche Gebilde (der Vergangenheit und Gegenwart) und gesamtgesellschaftliche Wirkungszusammenhänge einschließlich der Werte und Ideologien, die sich in den gesellschaftlichen Institutionen niederschlagen. Der Begriff Institution in einem weiten Sinne meint gesamtgesellschaftlich bedeutsame, relativ dauerhafte, erzwungene oder als legitim geltende Ordnungsmuster menschlicher Beziehungen wie z.B. Herrschaft, Privateigentum, Monogamie oder »Ehre«.

»sozial«

Es ist nun angebracht, das Wort »sozial« auf seine unterschiedlichen Bedeutungen hin etwas näher zu betrachten. Es taucht in drei Verwendungszusammenhängen auf, und zwar

- als ethischer Begriff im Sinne von Menschenfreundlichkeit, Nächstenliebe, Hilfsbereitschaft: jemand denkt und handelt »(un)sozial«;
- als politischer Begriff im Rahmen der Antworten auf die »soziale Frage«: »Sozialreform«, »Sozialdemokratie«, »soziale Marktwirtschaft«, »Sozialhilfe«, »soziales Netz«, »Soziale Arbeit«;
- als »sozialwissenschaftlicher« Begriff, der sich als werturteilsneutral versteht, im Sinne von »zwischenmenschlich« (mikrosoziologischer Aspekt) oder »gesellschaftlich« (makrosoziologischer Aspekt). Dieses Soziale umfasst also ebenso das Miteinander (Zuneigung, Zusammenarbeit, Solidarität, Fürsorge) wie das Gegeneinander (Ablehnung, Konkurrenz, Konflikt oder auch Gleichgültigkeit). Der Mensch ist als »soziales Wesen« von Geburt an körperlich, seelisch und geistig auf Mitmenschen angewiesen und kann generell nicht ohne andere existieren. Er braucht andere, um sich selbst zu verstehen.

Es bleibt hinzuzufügen, dass – wie es so oft gedankenlos geschieht – die Begriffe »sozial« und »soziologisch« nicht gleichsinnig gebraucht werden können. Mit Blick auf den gesellschaftlichen Aufbau von »soziologischer« (statt »sozialer«) Struktur zu sprechen ist ungenau. Ein »soziologisches« Problem ist kein »soziales« Problem, sondern kann auftreten beim Versuch, ein soziales Problem gesellschaftswissenschaftlich zu untersuchen.

1.2.2.2 Erklären und Verstehen

Kausales und funktionales Erklären

Bevor wir uns den Erkenntniszielen des »Erklärens« und »Verstehens« (obere Zeile der Übersicht) zuwenden, sei ein kurzer Hinweis auf zwei (durchaus verwandte) Arten des Erklärens gegeben: Das *kausale* Erklären benennt eine mögliche Ursache-Wirkung-Beziehung. (Beispiel: Restriktive Arbeitsbedingungen der Eltern begünstigen einen autoritären Erziehungsstil). Das *funktionale* Erklären, das typisch für systemtheoretisches Denken ist (vgl. in

Erkenntnisziele / Forschungsperspektiven	**Erklären** Naturwissenschaftlich-nomologische Orientierung,...	**Verstehen und Erklären** ... verbunden mit geisteswissenschaftlich-hermeneutischer Orientierung	**Verstehen, Erklären und Verändern** ... verbunden mit politisch-emanzi-patorischer Orientierung
mikro-soziologische, interaktionistische Perspektive	**Austauschtheorie** **1** interpretiert zwischenmenschliche Beziehungen in Analogie zu den Vorgängen auf dem freien ökonomischen Markt als wechselseitigen Austausch von Belohnungen materieller und immaterieller Art (Anerkennung, Zuneigung u. dgl.). Demnach streben die Menschen nach höchstmöglichem Ertrag und wollen Einbußen vermeiden. Am dichtesten, haltbarsten und befriedigendsten sind Beziehungen, in denen sich ein Gleichgewicht eines allerseits maximal gewinnbringenden Austauschs eingependelt hat.	**Handlungstheorie/ Interaktionismus** **3** eine berühmte Grundlegung der verstehenden Soziologie von *Max Weber* 1921 (1964; Bd. I, 3): Soziologie ist »eine Wissenschaft, welche soziales Handeln deutend verstehen und dadurch in seinem Ablauf und seinen Wirkungen ursächlich erklären will. Handeln soll dabei ein menschliches Verhalten (einerlei ob äußeres oder innerliches Tun, Unterlassen oder Dulden) heißen, wenn und insofern als der oder die Handelnden mit ihm einen subjektiven *Sinn* verbinden. Soziales Handeln aber soll ein solches Handeln heißen, welches seinem von dem oder den Handelnden gemeinten Sinn nach auf das Verhalten *anderer* bezogen wird und daran in seinem Ablauf orientiert ist«. Ein Kerngedanke des Symbolischen Interaktionismus: Die Umwelt und Mitwelt der Menschen stellen meist keine eindeutigen Reize für bestimmte Handlungen dar. Die »Bedeutung« von Situationen, Gegenständen, Strukturen oder Verhaltensweisen werden in Interaktions- und Kommunikationsprozessen wahrgenommen, definiert, bestritten und ausgehandelt. Diese Prozesse beeinflussen die Persönlichkeitsentwicklung und machen sinnbezogenes Handeln überhaupt erst möglich.	**Aktivierende Sozialforschung** **5** (Aktionsforschung) strebt über eine unbeteiligte Erkenntnis hinaus die planmäßige Veränderung des Forschungsfeldes und seiner Subjekte an. Sie knüpft dialogisch an die Handlungs- und Denkweisen, die Erfahrungen, Bedürfnisse und Problemsichten derjenigen (z.B. Obdachlosen) an, *mit denen* zusammen und nicht *über die* wissenschaftliche Untersuchungen durchgeführt werden und mit denen zusammen Lösungen für soziale Konflikte und Probleme als Lernprozesse sowohl für die »Forscher« als auch die »Betroffenen« gesucht werden.

Fortsetzung Tabelle S. 33

Erkenntnisziele / Forschungs-perspektiven	**Erklären** Naturwissenschaftlich-nomologische Orientierung,…	**Verstehen und Erklären** … verbunden mit geisteswissenschaftlich-hermeneutischer Orientierung	**Verstehen, Erklären und Verändern** … verbunden mit politisch-emanzi-patorischer Orientierung
makro-soziologische, »Vogel-perspektive	**Struktur-funktionale Systemtheorie** **2** betrachtet Gesellschaften und ihre Teileinheiten (z.B. Organisationen, Gruppen) als soziale Systeme mit dauerhafter Struktur, fußend auf gemeinsamen Wert- und Ordnungsvorstellungen und gegenseitig aufeinander bezogenen Rollenerwartungen, die weitgehend befolgt werden. Verbreitete gesellschaftliche Gegebenheiten (z.B. Familie, Herrschaft, Arbeitsteilung) werden damit erklärt, dass sie funktionale Beiträge zu den Zielen der jeweiligen Sozialsysteme und zur Aufrechterhaltung ihrer Strukturen erbringen (in gewisser Analogie zu den Funktionen von Körperteilen für die Leistungsfähigkeit und Erhaltung der Organismen).	**Sinnstrukturelle Systemtheorie** **4** sieht Gesellschaften zusammengesetzt aus symbolisch verdichteten, dem Verstehen zugänglichen, selbstbezüglichen Sinnsystemen (z.B. Staat, Kirche, Beruf, Familie, »Geld« oder auch »Vertrauen«). Die prinzipielle Unüberschaubarkeit und Unabwägbarkeit der Welt, die verwirrende Vielfalt des (Un-)Möglichen und (Un-)Wahrscheinlichen (»Kontingenz«) zwingen die Menschen zur Konstruktion von halbwegs übersichtlichen Sinnbezirken (»Systeme«). Diese erklären sich also aus ihrer Funktion, Komplexität zu reduzieren, die Welt zu gliedern und jeweils »sinnvolles« Handeln zu eröffnen und einzugrenzen. Mit zunehmender Innenkomplexität (Differenzierung) können Systeme immer mehr Außenkomplexität bewältigen.	**Kritische Theorie** **6** zielt auf die Überwindung der herrschenden instrumental-strategisch halbierten Vernunft, welche Umwelt und Mitwelt nur (sozial-)technokratisch begreifen kann, durch die Förderung einer zunehmend zwangfreien Kommunikationsgemeinschaft aller, die sich über umfassende Lebenswerte verständigen. Als wahr, richtig oder gut kann gelten, was in einem herrschaftsfreien Diskurs aller möglichen Betroffenen, die sich sachkundig machen und ihre Ansprüche abwägend rechtfertigen, einsichtig begründet und in der Ausführung verantwortet werden kann.

der Übersicht strukturfunktionale und sinnstrukturelle Systemtheorie) begründet die Existenz eines verbreiteten und rel. dauerhaften sozialen Sachverhalts mit dessen unabdingbaren Beitrag (»Funktion«) für Entstehung, Erhaltung oder Ziele eines übergeordneten gesellschaftlichen Systems. (Beispiel: Die verbreitete Existenz der Familie wird erklärt mit ihren Funktionen für den Bestand des Gesamtsystems.)

Hinter den Erkenntniszielen des Erklärens und Verstehens stehen graduell verschiedenartige Vorstellungen davon, was soziologisch erforschbar ist und wie an die sozialen Phänomene (z.B. Handlungen, Normen oder soziale Ungleichheit) herangegangen werden kann. Dem Soziologen, der sich einem überkommenen naturwissenschaftlichen Erkenntnisideal (Aufdecken von immer und überall geltenden Gesetzmäßigkeiten) verbunden fühlt, ist methodisch kontrollierte Erfahrung (Empirie) die einzige Erkenntnisquelle zur Überprüfung seiner Gesetzeshypothesen. Er wird sein Forschungsfeld dergestalt eingrenzen, dass es möglichst objektiv und exakt messbar erscheint. Objektivität und Exaktheit bemessen sich danach,

Naturwissenschaftliches Erkenntnisideal

Ein Begriff von Objektivität

- inwieweit die Forschungsmethoden und -techniken (der Befragung, der Beobachtung, des Experiments) dem Gegenstand als angemessen gelten und von (methodisch geschulten) Fachleuten überprüft werden können,
- inwieweit die Erklärungsvariablen quantifizierbar sind und damit Rechenoperationen unterworfen werden können, die Vergleiche und Kontrollen (z.B., ob eine korrelative Beziehung nicht zufällig besteht) erlauben.

Die Methoden bestimmen die Erfahrungsmöglichkeit dieser Erfahrungswissenschaft. Dabei betrachtet sie die gesellschaftlichen Forschungsgegenstände – ähnlich physischen Tatsachen – als unabhängig vom Gutdünken und von den Einstellungen des Forschers, der außerhalb steht. Die wissenschaftliche Beschäftigung mit einem Gegenstandsbereich oder Handlungskomplex verändert nicht dessen Beschaffenheit oder Zielrichtung. Der Soziologe befindet sich sozusagen im dunklen Zuschauerraum vor der Bühne der Welt oder vielleicht auch hinter versteckten Videokameras wie der Kaufhausdetektiv.

Vorläufigkeit von Erkenntnis

Dieser Forscher weiß durchaus, dass die Datenauswahl und -gewichtung theorieabhängig sind, dass also theoretische Vorannahmen den Blick einengen oder falsch lenken können. Die wissenschaftlichen Erklärungen, Prognosen, Gesetzesformulierungen werden prinzipiell nicht als sicher und endgültig ausgegeben, sondern als vorläufige Hypothesen, die immer wieder strengen Prüfungen aus unterschiedlichen theoretischen Blickwinkeln und mit unterschiedlichen Methoden unterzogen werden müssen.

»verstehende Soziologie«

Dem Vertreter einer geisteswissenschaftlich orientierten »verstehenden« Soziologie werden nicht nur die Datenauswahl und -gewichtung zum Problem, sondern schon vorher die *Bedeutung* der Daten. Denn sie sind symbolisch geprägt und mit Sinn besetzt – und zwar keineswegs immer eindeutig. Worte und Handlungen tragen Bedeutungen, die erst nachgezeichnet und verstanden werden müssen und von vornherein mit den naturwissenschaftlichen Methoden der Messung »objektiver« Tatbestände oft nur äußerlich zu erfassen sind. Um etwas sinngemäß auslegen und deuten zu können, wird es nötig, sich in die Forschungsobjekte (die sprechenden und handelnden Menschen, historische Gesetzessammlungen oder auch gewerkschaftliche Forderungen) »nacherlebend« hineinzuversetzen und die jeweiligen Sinnwelten typisierend zu vergleichen. Dabei kann der Forscher sich nicht einfach als teilnahmsloser Beobachter verstehen, der sich und seine vorgängige Einstellung zum Forschungsgegenstand ausklammert. Er wird sich eher als »Mitspieler« beim Theater der Welt sehen, in die er interpretierend eingreift. Das oben gebrauchte Bild des Kaufhausdetektives müsste durch das des Zeugen ersetzt werden, der weiß, dass er durch seine Gegenwart das Verhalten von Mitmenschen mitbestimmt, und durch seine Interpretationen des Verhaltens anderer die Sichtweise Dritter beeinflusst.

Verstehen und Erklären befördern einander

Im einfühlenden Verstehen und Vergegenwärtigen erschöpft sich soziologisches Erkennen meist nicht. Denn Verstehen und erfahrungswissenschaftlich ausgerichtetes Erklären fördern einander gegenseitig. Wenn »Einfühlung« dazu beiträgt, dass die gewählten wissenschaftlichen Untersuchungskategorien dem Gegenstandsbereich angemessen sind und nicht nur äußerlich bleiben, so erlaubt erst die Kenntnis der Vielfalt der kausalen Bedingungen, ihn in vollem Umfang zu verstehen.

Beispiel Geburtenhäufigkeit

All das kann beispielsweise an der Frage nach dem Reproduktionsverhalten (Geburtenhäufigkeiten pro gebärfähiger Frau) in verschiedenen Weltregionen verdeutlicht werden. Mathematische Korrelationen weltweiter quantitativer Daten zeigen einen Zusammenhang zwischen Kinderzahl und allgemeinem Wohlstand eines Landes bzw. gesetzlicher Altersvorsorge: Mit steigendem Wohlstand bzw. mit der Einführung von Alterssicherungssystemen geht die durchschnittliche Kinderzahl tendenziell zurück. Korrelationen stellen noch keine Erklärungen dar, sondern legen sie nur nahe – etwa Folgende:

- Die Konkurrenz der Genüsse und Statussymbole in reicheren Gesellschaften ermöglicht noch andere Freuden als die des Zeugens, stellt noch andere Statussymbole als nur Kinder (Söhne) bereit und macht die zu versorgenden Kinder zu potentiellen Genuss- und Erfolgshemmnissen.
- Alterssicherungssysteme entwerten die Nachkommenschaft in ihrer Funktion als Altersvorsorge.

Solche Erklärungsversuche sind an positivistisch-naturwissenschaftlichen Maßstäben orientiert; denn sie beziehen sich auf »harte« statistische Daten (durchschnittliche Geburten- und Wohlstandszahlen) und auf menschliche Bedürfnis- und Normkonstellationen (Genusssuche, Geltungsbedürfnis, verwandtschaftliche Verpflichtungen), die als universell-naturhaft vorausgesetzt werden.

Bedeutungen von Kindern für die Eltern

Versuche eines »verstehenden« Erklärens sind sicherlich dann angebracht, wenn beispielsweise nach den Bedingungen für unterschiedliche Kinderzahlen von gleichsituierten Familien in modernen Wohlfahrtsgesellschaften gefragt wird – und besonders dann, wenn es um Kinderwünsche bzw. den Wunsch nach Kinderlosigkeit geht. Ein (un-)geborenes Kind kann unterschiedliche »Bedeutungen« haben: Mutterglück, Vaterstolz, Stammhalter,

Weiterleben nach dem Tode, Liebespfand, Visitenkarte, Investitionsobjekt, stellvertretendes Idealselbst, Kuscheltierersatz, Ehekitt, fremdes Wesen, Klotz am Bein, Verzicht, Geldschlucker, Freiheitsberaubung, Karrierehemmung, Bundesgenosse im Kampf gegen den Partner, Faustpfand, überfordernde Verantwortung. Dieses und vieles mehr muss nachempfindend gedeutet, verstehend erschlossen und mit den verschiedenen Lebensbedingungen in Zusammenhang gebracht werden. Die Typisierungs- und Erklärungsversuche werden sich in der Regel kaum auf »objektive«, eindeutige Gegebenheiten und quantitative, »harte« Daten berufen können.

1.2.2.3 Seins- und Sollensaussagen

Die rechte Spalte in der Übersicht (S. 33/34) ist durch einen Doppelstrich abgetrennt. Damit soll die Grenze angedeutet werden, jenseits derer für die Mehrzahl der zeitgenössischen Soziologen außerwissenschaftliches Terrain liegt: Die *Bewertungen* gesellschaftlicher Verhältnisse und politische Praxis (die natürlich jedem Bürger zustehen) sind *wissenschaftlich* nicht legitimierbar.

Tatsachenfeststellung und Werturteil

Die Mehrheit der Soziologen – und unter ihnen besonders die naturwissenschaftlich-nomologisch orientierten – argumentiert in etwa folgendermaßen: Auf wissenschaftslogischer Ebene sind deutlich Seinsaussagen (Tatsachenfeststellungen, Erfahrungswissen) von Sollensaussagen (Werturteilen) zu trennen – was im Handlungsbereich auch auf eine Trennung zwischen der Rolle des erkennenden Wissenschaftlers und der des entscheidenden Politikers hinausläuft. Sollensaussagen sind demnach keine wissenschaftlichen Aussagen, da ihre Richtigkeit empirisch (erfahrungswissenschaftlich) nicht überprüfbar, nicht belegbar und nicht widerlegbar ist. Dabei können Werte und Wertungen (Ideale, Glaubensinhalte, Moralvorstellungen, Geschmacksurteile) durchaus zum Gegenstand der Forschung werden, aber nicht, um sie als (un-)gültig hinzustellen, sondern um sie als soziale Tatsachen z.B. auf ihre Verbreitung und Veränderungen und auf ihre Handlungskonsequenzen hin zu untersuchen.

Dem Einwand, dass ja die Wahl der Forschungsthemen, der Untersuchungsinstrumente und später auch die Verwendung der Ergebnisse wert- und interessengesteuert sein dürften, wird folgendermaßen begegnet: Es sei zu unterscheiden zwischen

a) der Entstehung, Entdeckung oder Gewinnung von Problembewusstsein, Themen und Fragestellungen,
b) der Begründung und Prüfung empirischer Hypothesen,
c) der Verwertung und Wirkung der Ergebnisse.

Dass in die Komplexe a) und c) Werte und Interessen von Forschern, Auftraggebern oder Professionen eingehen, wird nicht bestritten und liegt im Falle c) auch meist außer der Einflussmöglichkeit der Forscher. Entscheidend ist einzig der Komplex b): Hier werden mit offengelegten und nachvollziehbaren Forschungsmethoden (Interview, Beobachtung, Textanalyse) interesselose Wirklichkeitsaussagen getroffen, deren Objektivität sich in dem

Falsifikation

Maße erhärtet, als ernsthafte Versuche der methodisch kontrollierten Widerlegung (»Falsifikation«) gescheitert sind.

Nur nebenher sei erwähnt, dass das sog. Falsifikationsgebot in der Forschungspraxis oft ein frommer Wunsch bleibt. Denn demnach müsste ja der Forscher nicht nur die Forschungsergebnisse seiner Kollegen, sondern auch seine eigenen unaufhörlich zu widerlegen zu versuchen. Tatsächlich wird er in der Regel seine Hypothesen zu belegen trachten.

Ob der Wert der Werturteilsfreiheit im soziologischen Forschungsprozess tatsächlich immer verwirklicht werden kann, ist fraglich. Denn in soziologischen Forschungsgegenständen (z.B. Arbeitslosigkeit, Macht, gesellschaftliche Konflikte) sind – im Unterschied zu naturwissenschaftlichen Gegenständen – oft Gebote zu Stellungnahmen versteckt, die nicht einfach »wertneutral« übergangen werden können. Manchmal bestimmen sie auch unbemerkt den Forschungsvorgang.

Max Weber (1864 – 1920), ein Vater der »verstehenden Soziologie«, war ein strikter Verfechter des Prinzips der Werturteilsfreiheit: Erfahrungswissenschaft kann Tatsachen nicht als wünschenswert hinstellen oder als unerwünscht verurteilen. Diese Aussage war besonders auch gegen seine staats- und kaisertreuen Professorenkollegen gerichtet, die als Mitglieder privilegierter Kreise sich gleichermaßen als Diener der Wahrheit und des Bestehenden sahen.

Verstehen und emanzipatorische Orientierung

Nun stecken aber in der Erkenntnisweise des »Verstehens« Werte, auf die sich die emanzipatorisch orientierte Soziologie berufen kann. Denn Verstehen heißt ja, die Beweggründe des Handelns als bemerkenswert, begreiflich und überzeugend zur Kenntnis zu nehmen (was nicht mit »billigen« verwechselt werden darf). Die Mitmenschen werden eben nicht nur in ihrer Eigenschaft als Exekutoren von Gesetzmäßigkeiten betrachtet, sondern ernstgenommen als möglicherweise »eigensinnige« Betreiber der menschlichen Geschichte. (Unveränderliche Gesetze haben genaugenommen keinen »Sinn«; denn ihr Ursprung kann nicht im absichtsvollen Handeln entscheidungsfähiger Menschen liegen.)

Max Weber schrieb: »Eine empirische Wissenschaft vermag niemanden zu lehren, was er soll, sondern nur, was er kann und – unter Umständen – was er will« (1973, 150). Dieser bekannte Satz, der für Werturteilsfreiheit eintritt, kann auch emanzipatorische Anstöße geben. Was jemand *soll*: Kaum ein Sozialwissenschaftler dürfte sich heute noch – wie ehedem *Marx* und viele Nachfolger – der Bewegungs- und Entwicklungsgesetze der Gesellschaft so sicher wähnen, dass er damit politische Handlungsanweisungen für Gesellschaftsmitglieder (z.B. für die Arbeiterklasse, die Intelligenz) rechtfertigen könnte.

Gesellschaftliche Bedingungen von Können und Wollen

Lehren, was jemand *kann* und was er *will*: Die Frage nach den gesetzmäßigen Bedingungen des Könnens und Wollens mischt sich mit der Frage nach deren veränderlichen, sozialen Bedingungen. Welche sind die gesellschaftlichen Voraussetzungen dafür, dass alle Menschen ihre Fähigkeiten entfalten und wissen, was sie frei wollen können? Hier werden Menschenrechte angesprochen. Ausgehend von *Kants* Begriff von Aufklärung (»Ausgang des Menschen aus seiner selbstverschuldeten Unmündigkeit«) will emanzipatorisch orientierte Soziologie ein empirisch fundiertes Wissen bereitstellen, das geeignet ist, »das Bewusstsein aus der Abhängigkeit von hypostasierten Gewalten zu lösen«, die »Emanzipation von naturwüchsigem Zwang« (*Habermas*, 1968; 160, 162) zu fördern.

Ideologiekritik und Selbstreflexion

Unmündigkeit, die sich selbst nicht begreifen und die gesellschaftlichen Zwangsverhältnisse nicht durchschauen kann, soll durch ideologiekritisches Wissen in emanzipatorische (Selbst-) Reflexion überführt werden. Es sollen Kenntnisse zur Verfügung gestellt werden, die erlauben, zwischen »echten« Gesetzmäßigkeiten und »falschen«, vermeintlichen Sachzwängen zu unterscheiden, zwischen Naturnotwendigkeiten und bloß »ideologisch festgefrorenen, im Prinzip aber veränderlichen Abhängigkeitsverhältnissen« (*Habermas*, 1968; 158). Auch wäre zu lernen, die heute alles beherrschende technisch-instrumentelle Rationalität nicht als die einzig mögliche Rationalität zu sehen.

Überflüssige Herrschaft

Voraussetzung *und* Folgen der Vertiefung, Verbreitung und Anwendung emanzipatorischen Wissens sind die Brechung von Herrschaft, die als überflüssig erkannt wurde, und eine Umgestaltung der gesellschaftlichen Verhältnisse gemäß den unverkürzten Werten der Aufklärung. Allen Menschen sind die rechtlichen, geistigen und institutionellen Möglichkeiten einzuräumen, um in umfassender, zwangfreier Kommunikation ihre Bedürfnisse und Interessen, ihre gesellschaftlichen Rollen und Funktionen selbst zu entwerfen, auszuhandeln und zu gestalten.

1.2.2.4 Öffnung der Naturwissenschaften für sozialwissenschaftliche Erkenntnisweisen in der Risikogesellschaft?

Unter (bildungs-)politisch Verantwortlichen und in Wirtschaftskreisen ist es durchaus noch üblich, die Soziologie als selbsternannte Heilswissenschaft zu karikieren oder als bloße Geistes- und Diskussionswissenschaft gegen die viel wichtigeren Natur- und Technikwissenschaften auszuspielen. So versuchen auch viele Sozialforscher, den vermeintlichen Makel der Unwissenschaftlichkeit und/oder Unwichtigkeit ihrer Wissenschaft durch Annäherung an mathematisch-naturwissenschaftliche Denk- und Rechnungsweisen wettzumachen. Doch die Zeit, da die Naturwissenschaften als unerreichbares Vorbild exakten Erkennens und technologischer Nutzbarkeit für die Sozialwissenschaften hingestellt werden konnten, scheint ihrem Ende entgegen zu gehen. Denn die Gegenstände der Naturwissenschaften werden zunehmend zu »sozialen Tatsachen«, offen für unterschiedliche Definitionen, Deutungen, politische Einschätzungen und ethische Wertungen. Insofern dürften sich Natur- und Technikwissenschaften den Sozialwissenschaften methodisch und ethisch annähern (vgl. *Beck*, 2003; 107 ff., 251 ff.).

Annäherung von Natur- und Sozialwissenschaft

Bislang stand der Mensch einer »wilden« Natur gegenüber, die er beherrschen wollte und die oft »schuld« an Krankheiten, Existenzsorgen und Katastrophen war. Die »moderne« Natur dagegen und ihre Risiken (Schmutz,

Gift und Müll in Erde, Wasser, Atmosphäre; Klimaänderung; kerntechnische Gefährdungen und gentechnische Versuchungen) sind mehr und mehr die geschichtlichen »Kunstprodukte« der Menschen, vorrangig der Naturwissenschaften und ihrer Anwendungen. Heute treffen die Wissenschaften auf ihre eigene, »die zweite zivilisatorische Schöpfung« (*Beck*, 2003; 254) mit all ihren »selbstverschuldeten« Gefahren. Die gefährdete oder zerstörte Natur wird zur Innenausstattung der zivilisierten Welt. Heute wird weniger die Naturbeherrschung als die Beherrschung der Naturbeherrschung zum Problem.

Für einen anderen Begriff von Vernunft

Die Umweltzerstörungen und Gefährdungslagen verweisen auf das Versagen einer wissenschaftlich-technischen Rationalität, die in ihrer sachlichen Beschränktheit und ökonomischen Einäugigkeit die Nebenfolgen ihres Tuns nicht abschätzen konnte, wollte oder durfte. Dadurch verlieren diese Rationalität und die ihr huldigenden Wissenschaften tendenziell an Glaubwürdigkeit und Legitimität. Ebenso geht es den alten Fortschrittsideen. So bestehen für die Naturwissenschaften Anlässe, sich einem ganzheitlichen, weniger zerstörerischen Vernunftbegriff zu verschreiben, wie ihn etwa die ideologiekritische Sozialwissenschaft kennt.

Auslegungen von Gefährdungen

Ein weiteres Moment dringt auf Öffnung der Naturwissenschaften für einen Objektivitätsbegriff auf diskursethischer Grundlage (vgl. oben in der Übersicht – S. 33/34 – das Feld »Kritische Theorie« und unten den zweiten Teil von Kap. 1.2.2.5). Die modernen Risiken (Strahlungen, Gifte usw.) sind mit den menschlichen Sinnen häufig nicht erfahrbar. Die »Grenzwerte« der Belastung sind nicht objektiv feststellbar, sondern stellen Wertentscheidungen dar. Schon im Begriff »Grenzwert« steckt ja die Entscheidung, dass es erlaubt sei, »Natur und Mensch ein bisschen zu vergiften. Wie groß dieses Bisschen sein darf, darum geht es« (*Beck*, 2003; 85). Hinter den unterschiedlichen Definitionen und Auslegungen von Gefährdungslagen stehen unterschiedliche Antworten auf die Frage: Wie wollen wir leben? Was macht das Menschliche, was macht das Natürliche aus, das wir bewahren wollen?

Die Mehrdeutigkeit und Wertgeladenheit der Risikodefinitionen stellen das alte Rationalitätsmonopol der Naturwissenschaften in Frage und gebieten eine Demokratisierung der Gefährdungsabschätzungen. Erst solche Abschätzungen wären erfahrungswissenschaftlich begründet, an denen alle Betroffenen in herrschaftsfreier Kommunikation mitgewirkt hätten. So könnten Naturwissenschaften und Sozialwissenschaften in einer emanzipatorisch orientierten Akzeptanzforschung zusammenfinden.

1.2.2.5 Soziologische Grundbegriffe in aller Munde – das Beispiel »soziale Rolle«

»Die ganze Welt als Bühne«

In William Shakespeares Komödie »Wie es euch gefällt« (1598) macht sich der Edelmann Jaques seufzend Gedanken über das Leben (2. Aufzug, 7. Szene): »Die ganze Welt ist Bühne/und alle Frau'n und Männer bloße Spieler ./ Sie treten auf und gehen wieder ab, /sein Leben lang spielt einer manche Rollen /durch sieben Akte hin« – und zwar als Kind, Schüler, »Verliebter«, Soldat, Richter, »Pantalon« (ziemlich eitler und geiziger älterer Bürger), »zweite Kindheit« (Greisenalter).

Rollenspieler und Rollenselbst

Hier scheint schon die Mehrdeutigkeit des Rollenbegriffs auf: *Spielen* wir Rollen oder *sind* wir diese Figuren oder empfinden wir es einmal so (eine uneigentliche »Rollenhaftigkeit« des Verhaltens) und einmal so (in einer Rolle »aufgehen«) – ganz abgesehen von »Rollenspielen« zu therapeutischen oder Übungszwecken. Wer schrieb und schreibt die Rollenskripte? Inwieweit bestimmen wir beim Entwurf von Rollenvorgaben für uns mit und wie frei sind wir bei deren Ausgestaltung als Handelnde?

Menschliches Verhalten ist regelungsbedürftig, aber die Regeln sind veränderbar und immer wieder neu auszuhandeln. Regelungsbedürftigkeit besteht in zweierlei Hinsicht: einmal in einer gewissen Verpflichtung zu einem als jeweils angemessen geltenden Handeln, zum anderen in einer gewissen Vorhersagbarkeit des Handelns als einer Grundvoraussetzung zwischenmenschlicher Beziehungen. Zur Untersuchung und Verständnis dieser Zusammenhänge kann sich der soziologische Begriff der sozialen Rolle als fruchtbar erweisen.

Soziale Rolle

Soziale Rolle meint ganz allgemein ein Bündel von normierten Verhaltenserwartungen, die sich in wiederkehrenden Situationen an den Inhaber bestimmter sozialer »Positionen« oder an eine bestimmte Persönlichkeit richten. Die Verhaltenserwartungen gehen von Rollensendern (einzelnen, Gruppen, Kollektiven oder »der Gesellschaft«) aus und sind in einem Mindestmaße stabil, d.h. »enttäuschungsfest«: Sie werden nicht gleich aufgegeben, wenn das erwartete Verhalten ausbleibt. Hier wird eine wichtige Unterscheidung angesprochen, die in der Alltagsdiskussion oft verwischt wird, nämlich die zwischen Rollenerwartungen einerseits und dem tatsächlichen Verhalten der Rollenadressaten andererseits.

Unterscheidung Rollenerwartungen – tatsächliches Verhalten

Eine Zwischenbemerkung zu definitorischen Grenzfällen von Rollenerwartungen: Eine Verhaltenserwartung, die nur eine Person in ihrem Kopf hat und gegenüber einer anderen (z.B. dem Ehepartner) vertritt, kann soziologisch dann noch als Rollenerwartung begriffen werden, wenn sie sich als halbwegs stabil erweist, sich auf wiederkehrende Situationen bezieht und wenn der Partner sich mit ihr auseinandersetzt.

Es gibt feinfühlige soziologische Studien über die Entstehung, Veränderungen und Stabilisierungen »privater« Wechselerwartungen etwa während der Verlobungszeit.

Position

Vielfach beschäftigt sich Soziologie mit Verhaltenserwartungen, die an Positionen geknüpft sind und auch von Leuten gehegt werden, die nicht unmittelbar an der Interaktion beteiligt sind. Mit Positionen sind rel. dauerhafte Kreuzungspunkte sozialer Beziehungen gemeint, »soziale Orte«, die einzelne oder Kategorien von Personen auf der Landkarte des gesellschaftlichen Beziehungsgeflechts einnehmen (z.B. Sozialpädagogin, Vorgesetzte, Verkehrsteilnehmerin, Kundin, Gast, Mutter, Ehefrau). Eine »soziale Ortsbestimmung« der Handelnden untereinander erlaubt abzuschätzen, was von anderen jeweils erwartbar ist, wie man einander begegnen kann und welche Erwartungserwartungen (Annahmen über die Erwartungen der anderen an mich) und »Erwartungserwartungserwartungen« angebracht sind.

Wenn der Begriff Position sich also allgemein auf eine Stellung innerhalb

Status

solcher Merkmalsdimensionen bezieht, die für das Zusammenleben als bedeutsam erachtet werden, so meint »Status« eine Rangposition im Sinne von höher und tiefer, mehr und weniger, Über- und Unterordnung (vgl. das unterschiedliche berufliche Ansehen und Einkommen von Arzt und Arbeiter).

Rollenerwartungen werden von den Gesellschaftsmitgliedern als Brauch, Moral, Sitte, Norm, Regel, Pflichten oder Rechte erfahren und als Zumutungen, Herausforderungen oder auch als Selbstverständlichkeiten empfunden. Sie werden in unterschiedlichem Maße von Belohnungen oder Sanktionen begleitet. Diese können von der Mitwelt kommen (Belohnungen: vom ermunternden Lächeln bis zum Nobelpreis; Sanktionen: vom missbilligenden Blick bis zur lebenslänglichen Gefängnisstrafe), aber auch von innen: Selbstbestätigungen; »Gewissensbisse«.

Es gibt eine Reihe von Versuchen (die hier nur angedeutet werden können), Rollenerwartungen analytisch zu unterteilen, zum Beispiel

- nach Verpflichtungs- und Sanktionsgraden: Kann-Erwartungen (z.B. Gewohnheiten, Bräuche), Soll-Erwartungen (z.B. Sitten; Satzungen), Muss-Erwartungen (z.B. Strafgesetze);
- nach Art der Erlangung der Positionen, an die sich Erwartungen heften: zugeschriebene Positionen, ohne eigenes Zutun erlangt (Alter, Geschlecht) – erworbene Positionen (z.B. Berufsrollen).

Klassifikation von Rollen

Dieter Claessens (1974; 37 ff.) unterteilt Rollen in

- psychische Rollen (der »Beleidigte«, »Zornige«, »Freigebige«),
- Primärrollen, die einfach »da sind« (Mutter, »der Dicke«),
- kulturelle Rollen (verinnerlichte Basispersönlichkeiten des »Franzosen«, »Deutschen«, verankert vor allem in der Sprache),
- soziale Rollen (später erworbene, »loser sitzende« berufbezogene Rollen),
- mitmenschliche Rollen (»Kollege«, »Freund«),
- »formale« Rollen (»Untergebener«, »Konkurrent«, »Schlichtender«).

Nach *Niklas Luhmann* (1969) ist für soziale Rollen kennzeichnend ein gewisses Maß an

- normativem Geltungsanspruch (»Enttäuschungsfestigkeit«),
- Weite des in die Erwartung eingeschlossenen Handlungszusammenhangs,
- von Übereinstimmung getragener Ausbreitung der Erwartung unter den Gesellschaftsmitgliedern (als Merkmal von »Institution«).

Jürgen Habermas betont die Dimensionen möglicher Freiheitsgrade des Denkens und Handelns, »in denen das Verhältnis des handelnden Subjektes zu seinen Rollen gefasst werden kann« (1973; 125) und unterscheidet soziale Rollen (127 f.) nach

- dem Grad ihrer Repressivität (Unterdrückungsgehalt),

- dem Grad ihrer Rigidität (Dichte der Verhaltensvorgaben, Spielräume der Interpretation),
- der Art und Intensität der Verhaltenskontrollen.

Eine Zusammenfassung der Diskussion stellt das folgende Klassifikationsschema für soziale Rollen von *Hans Peter Dreitzel* (1980; 84 ff.) dar. Der Autor fragt nach der Verfügbarkeit einer sozialen Rolle im Sinne der Ablösbarkeit der Rolle von der Person des Rollenspielers und der Distanzierungsmöglichkeit.

Diese Verfügbarkeit wächst zum einen mit abnehmender Stärke der (oft unfreiwilligen und unbewussten) Identifikation, einer Stärke, die wieder mit der Herkunft der Rollennormen zusammenhängt (kulturelles Sozialisationsmilieu, Herrschaftsstruktur der Organisationen, Interaktionssituationen). Die Verfügbarkeit hängt zum anderen von den Ich-Leistungen ab, deren erwartetes Ausmaß je nach Art der Normen abgestuft ist (Vollzugsnormen: verbindliche, dichtmaschige Regeln; Qualitätsnormen: Aufgabenbewältigung mit weithin vorgegebenen Mitteln; Gestaltungsnormen: wertorientiertes Handeln eigenen Stils).

Zunehmende Identifikation ←

abnehmende Ich-Leistungen ↑

Art der Normen \ Herkunft der Normen	*Kulturelle Normen* personenbezogen	*Herrschaftsnormen* organisationsbezogen	*Interaktionsnormen* situationsbezogen
Vollzugsnormen Gehorsam gegenüber Regeln	*Sozialisierungsrollen* Kind Patient	*Ausführungsrollen* Soldat Strafgefangener	*Spiel-Rollen* Verkehrsteilnehmer, Fußballspieler
Qualitätsnormen Bewältigung von Aufgaben	*Helfer-Rollen* Eltern Doktorvater Seelsorger	*Arbeitsrollen* Postbeamter Arbeiter Vereinsvorsitzender	*Bewältigungs rollen* Prüfling Diskussionsleiter
Gestaltungsnormen Stil der Wertrealisierung	*Beziehungsrollen* Ehemann Liebhaber charismatischer Führer	*Leistungsrollen* Politiker Schauspieler Wissenschaftler	*Kontaktrollen* Nachbar Gastgeber

Klassifikationsschema für soziale Rollen (nach *Dreitzel* 1980, 86).

Dreitzel möchte die Bezeichnungen der neun Rollentypen nur als vorläufige Verständigungshilfe verstehen. Die Bezeichnungen sollen nach Möglichkeit den »intentionalen Sinn« (86) einer Rolle umschreiben.

Rollenvielfalt

Diese Systematik eröffnet einen Blick in die Rollenvielfalt und deren Randbedingungen. Sie lädt den Betrachter ein, sich anhand der angegebenen und anderer Beispiele Gedanken darüber zu machen, welche Rollenansinnen eine Person gleichzeitig oder hintereinander erfahren kann, welche Rollen einander ausschließen oder sich gegenseitig hierarchisch ergänzen (z.B. Soldat – Offizier, Prüfling – Prüfer, charismatischer Führer – Anhänger). Bei bestimmten Rollen (z.B. Rolle der Frau, des Erwerbslosen) dürfte die Zuordnung strittig sein.

Rollenkonflikt

Rollenkonflikte können in zweierlei Gestalt auftreten: einmal als Intra-Rollenkonflikt zwischen widersprüchlichen Erwartungen an eine Position (Beispiel: Erwartungen von Klienten und Anstellungsträger an einen Sozialarbeiter); zum anderen als Inter-Rollenkonflikt zwischen widersprüchlichen Erwartungen an zwei oder mehrere Positionen, die eine Person innehat (Beispiel: berufstätige Mutter).

Warum werden normative Vorgaben eingehalten oder nicht eingehalten (»abweichendes Verhalten«, vgl. Kap. 4)? Wie verändern sie sich? Welche sind gerechtfertigt, welche nicht? Die Frage nach den Berechtigungen der Erwartungen an (moralisch) richtiges Verhalten wird besonders dann dringlich, wenn im Rahmen der modernen Individualisierung der Lebensführungen (vgl. oben Kap. 1.2.1.1) der bloße Verweis auf Gewohnheiten, Traditionen oder Obrigkeiten immer weniger überzeugend wirkt. Im Allgemeinen werden heute Erwartungen und Normen aus übergeordneten Werten abgeleitet und damit zu legitimieren versucht.

Werte und Normen

Die Gesamtheit der Normen und Werte stellt das Moralsystem einer Gesellschaft dar – ein System von Maßstäben zur Beurteilung von »angemessenem« oder »unangemessenem«, von »richtigem« oder »falschem«, von »gutem« oder »bösem« Tun. Solche Systeme können in ihrer Komplexität, Umfänglichkeit und in ihrem inneren Zusammenhang sehr unterschiedlich sein und reichen je nach Ort und Zeit von Extremformen des Puritanismus oder Fundamentalismus bis hin zu solchen des Pluralismus mit wechselnden subkulturellen Teil- und Sondermoralen.

Abstrakte und konkrete Verhaltensmaßstäbe

Das Verhältnis zwischen rel. abstrakten Verhaltensmaßstäben (»Werte« oder »Grundwerte«, z.B. Würde des Menschen, Freiheit, Vaterlandsliebe) und rel. konkreten Maßstäben (»Normen«, z.B. körperliche Schlankheit, Geschwindigkeitsbeschränkung auf der Autobahn, Gehorsamspflichten) ist vieldeutig. Einerseits lassen sich aus Werten keine bestimmten Verhaltensnormen eindeutig ableiten. Werte sind keine genau ausmachbaren Ziele, sondern Orientierungen, sozusagen Himmelsrichtungen, die man zwar – auch auf Umwegen – verfolgen, aber nicht verwirklichen kann. Andererseits lassen sich Normen rechtfertigen oder kritisieren durch schrittweisen Rückgriff auf immer »höhere«, allgemeinere Werte.

Letztbegründungen von Werten

Es stellt sich die Frage nach den »letzten Werten« bzw. nach der Letztbegründung von Werten. Hier sollen zwei Grundtypen von Letztbegründungen vorgestellt werden. Wir können unterscheiden zwischen einer Rückführung von Werten auf eine »letzte Instanz« als Quelle der Geltung und eine Rückführung von Werten auf formale Prinzipien der Zwischenmenschlichkeit.

Rückführung von Werten auf eine letzte Instanz als Quelle der Geltung: Im biblischen Normverständnis ist die Gesamtheit der Normen theonom legitimiert, also ein Ausdruck des Willens und der Weisheit Gottes. Die Ewigkeit und Heilsbedeutung der christlichen Wahrheiten und Werte liegen begründet in der Ewigkeit und Allmacht des Schöpfer-, Richter- und Erlösergottes. Noch heute verstehen sich die Kirchen vielfach als Treuhänderinnen einer heiligen Gebotsmoral, die nicht selten auch in Form von Tugend- und Sündenkatalogen gefasst wird. Diese Pflichtenlehre beruft sich letztlich auf den Willen Gottes, wenn sie alle Lebensbereiche der Individuen inhaltlich ziemlich genau festzulegen versucht.

Der Wille Gottes

Bei der Begründung von Werten und Normen kann auch die »Natur« als letzte Instanz ins Feld geführt werden. Das sind die vielfältigen Versuche, aus dem »Wesen« des Menschen seine »Bestimmungen« und entsprechende Verhaltenspostulate abzulesen. So wurde z.B. die koloniale Zwangsarbeit mit »der Natur der Eingeborenen« gerechtfertigt. So galt (und gilt zum Teil) das »Recht des Stärkeren« oder Tüchtigeren als Naturrecht. Aus dem Wesen von Frau oder Mann werden bis heute unterschiedliche Verhaltensregulative abgeleitet. Es können aber auch die Menschenrechte und -pflichten und die Grundregeln des Gemeinschaftslebens als »natürliche Vernunftregeln« aufgefasst werden.

Des Menschen Natur

Schließlich gab und gibt es auch unterschiedliche Versuche, aus geschichtsphilosophischen Rekonstruktionen des Ziels von Geschichte die Richtigkeit von Werten und Handlungen zu begründen. So gilt etwa in der marxistischen Tradition (Historischer Materialismus) das als objektiv »fortschrittliches«, richtiges Handeln, welches mit den geschichtlichen und ökonomischen »Bewegungsgesetzen« in Einklang steht.

Geschichtsphilosophische Wertbegründung

Ob nun Gott, die Natur oder die Geschichte als eine letzte Instanz der Wert- und Normbegründungen angesehen wird: Der Wille und die Absicht dieser letzten Instanz liegen nicht eindeutig auf der Hand. So ergibt sich mit dem Problem der Interpretation auch ein Herrschaftsproblem. Wer soll den Willen Gottes, die natürliche Bestimmung des Menschen oder die teleologische Absicht der Geschichte jeweils von Situation zu Situation verbindlich interpretieren? In ihren praktischen Konsequenzen lief und läuft die Annahme einer letzten Instanz häufig auf einen Herrschaftsanspruch von Priestern, Anthropologen/Philosophen oder Funktionären von Einheitsparteien hinaus.

Herrschaftsproblem

Rückführung von Werten auf formale Prinzipien der Zwischenmenschlichkeit: Immanuel Kants kategorischer Imperativ lautet als Grundformel: »Handle so, dass die Maxime deines Willens jederzeit zugleich als Prinzip einer allgemeinen Gesetzgebung gelten könnte« (Kritik der praktischen Vernunft von 1788). Dieses Entscheidungsprinzip ist zwar insofern überindividuell orientiert, als es Handlungen daraufhin zu beurteilen fordert, ob sie gesetzeswürdig wären. Dennoch bleibt der Entscheidende »einsam«; denn er gelangt zum möglichen Prinzip einer allgemeinen Gesetzgebung nicht durch Kommunikation mit denen, für die das Gesetz gelten könnte, sondern er schöpft es sozusagen monologisierend aus der eigenen Brust.

Kants kategorischer Imperativ

Kommunikationsethik

Demgegenüber vertritt die moderne Kommunikations- bzw. Diskursethik (*Habermas*, 2001; vgl. auch die Übersicht oben S. 33/34, Kasten 6) den kategorischen Imperativ in Form eines Intersubjektivitätsprinzips, das auf die Bedingungen einer »idealen Kommunikationsgemeinschaft« aller Betroffenen verweist. Verständigung, Konsens und solidarische Verantwortung können sich nur über Kommunikation ergeben. Kommunikation aber hat unbestreitbare, unwiderlegbare normative Voraussetzungen. Diese stellen überhaupt erst einmal die notwendigen Bedingungen eines sinnvollen und geltungsfähigen Argumentierens und somit des sprachvermittelten Denkens dar.

Voraussetzungen des Argumentierens

Was sind normative Voraussetzungen einer sinnvollen Argumentation, die das Ziel der Verständigung verfolgt? Es sind z.B. Unvoreingenommenheit, Offenheit für fremde Argumente, Toleranz, Wahrhaftigkeit, »Wahrheitsliebe«, der Anspruch an mich und andere, richtig zu handeln, Verständlichkeit, die grundsätzliche Anerkennung von anderen Menschen als zurechnungs- und »wahrheitsfähig« – und vor allem: Gleichberechtigung, vollständige Reziprozität. Denn Macht hieße, anderen nicht zuhören zu müssen. Weiterhin gehört dazu die Anerkennung des prinzipiell uneingeschränkten Zugangs zur Kommunikationsgemeinschaft sowie der grundsätzlichen Zulassung aller Themen.

Diese Prinzipien der Kommunikationsethik können wir zwar verletzen, aber nicht verneinen, ohne die Bedingung der Möglichkeit der Verständigung mit anderen und mit uns selbst aufzuheben. Wir können sie auch nicht argumentativ bestreiten; denn sobald wir mit dem Anspruch auf Geltung zu streiten begännen, müssten wir sie als gültig unterstellen.

Wechselseitige Verständigung

Ziel des Argumentierens in der Kommunikationsgemeinschaft ist die einsichtige Verständigung über das, was als wahr, richtig und gut gelten kann – eine Verständigung, die auch Dissens einzuschließen vermag. Es wäre die zerbrechliche, immer wieder neu zu erringende Einheit der Vernunft in der bunten Vielfalt ihrer Stimmen.

Die ideale Kommunikationsgemeinschaft als Maßstab

Wie leicht ersichtlich ist, sind die genannten normativen Voraussetzungen selten bei realen Kommunikationssituationen gegeben. Sie verweisen demgegenüber auf eine »ideale« Kommunikationsgemeinschaft, die es tatsächlich nicht gibt. Diese wird immer nur in der Antizipation »wirklich«, nie aber endgültig verwirklicht sein. Sie stellt Maßstäbe zur Beurteilung und Kritik konkreter gesellschaftlicher Organisationsformen heute und in Zukunft bereit und erlaubt, reflexive »Gegeninstitutionen« zu denken, in welchen die traditionellen Ideen der Wahrheit, Freiheit, Gerechtigkeit und Brüderlichkeit/Schwesterlichkeit konstitutiv eingelassen sind.

1.2.2.6 Soziologische Perspektiven für Soziale Berufe

Was kann, was will Soziologie Sozialen Berufen bieten? Bei dieser Frage ist zu berücksichtigen, dass die Absichten soziologischer Forschung und ihre Grade von Praxisnähe oder -ferne im Einzelnen unterschiedlich sind.

Arten sozialwissenschaftlicher Praxisbeziehung

Rosenmayr entwirft eine Typologie der sozialwissenschaftlichen Praxisbeziehung (wobei er nicht nur an sozialberufliche, sondern auch an politische, administrative, klinische, kirchliche oder gewerkschaftliche Praxis denkt). *Rosenmayr* unterscheidet (1982; 34 ff.):

a) Grundlagenforschung, die sich ohne Zielsetzung von Praxisrelevanz an Wahrheitskriterien ausrichtet, die theoretische Innovation (samt erkenntnistheoretischer Reflexion) anstrebt und die als Erkenntnis um der Erkenntnis willen durchaus aufklärend, ideologie- und illusionskritisch wirken kann.
b) Praxisbeziehbare Orientierungsforschung (z.B. in Gestalt von statistischen Erhebungen, Befragungen, Fallstudien), die erhellende Informationen über sozialstrukturelle Gegebenheiten, (Teil-)Kulturen, Einstellungen oder Verhaltensmuster liefert und helfen kann, die Sozialwahrnehmung zu verbessern und mögliche Ansatzpunkte für zielgerechteres Handeln zu finden.
c) Maßnahmen-Forschung, die möglichst klare Wenn-dann-Abfolgen bei detaillierter Angabe von Randbedingungen aufzeigen will und Anwendungsempfehlungen gibt. *Rosenmayr* (1982; 36) nennt als Beispiele zwei Fragenkomplexe aus der sozialgerontologischen Forschung:

> »Bei welchen wohnmäßigen Entfernungen, ökonomischen und sozialen Strukturbedingungen und welcher Form von Solidarität kann mit welchen Besuchshäufigkeiten beziehungsweise Aushilfearten und -frequenzen zwischen den Generationen in den Familien gerechnet werden? Oder: Durch welche Anreize kann die (oft schon länger währende) Bettlägerigkeit älterer chronisch Kranker für eine bestimmte Anzahl von Stunden täglich unterbrochen werden, und wie kann dies bei speziell vorgebildetem und bei weniger instruiertem und geschultem Pflege-Personal erreicht werden?«

d) Wechselwirkung zwischen Forschung und Praxishandeln bei deren situativer Verbundenheit: Dieser Typus, der auch die oben (Übersicht S. 33/34, Kasten 5) angeführte Aktionsforschung umschließt, beinhaltet eine gleichberechtigte Zusammenarbeit der Forschungssubjekte (Forscher und »Erforschte«), wechselseitiges Rückmelden und gemeinsames Lernen. Beispiele eines solchen Verbundes von Forschung und Praxis sind Beobachtungen, Befragungen und Gruppendiskussionen darüber, wie und warum Sozialarbeiter/innen welche Klienten als »schwierig« erleben, wie Klienten wiederum Sozialarbeiter erleben und wie gegebenenfalls Änderungen bewerkstelligt werden könnten.

Die Überführung von Forschungsergebnissen in Praxis

Nun können aber auch die Ergebnisse eines praxisnahen soziologischen Forschens nicht ohne weiteres als Programme oder Maßnahmen in die Praxis überführt werden. Denn die Soziologie hat – wie Sozial- und Geisteswissenschaften überhaupt – keine interpretationsfreien Fakten und unbezweifelbaren Erklärungen anzubieten, sondern nur das mehr oder minder vergängliche Gut methodisch kontrollierter Problemdeutungen und begründeter Vermutungen über Wirkungen von Maßnahmen. Geeigneter als die Formel von der Anwendung von Ergebnissen ist die weit weniger technische Vorstellung eines Umgangs mit Deutungsangeboten (vgl. *Beck/Bonß*, 1989).

Co-Produzenten des Verwendungswissens

Genaugenommen verlieren die Ergebnisse soziologischen Forschens dann den Charakter von »Ergebnissen«, wenn sie von den Verwendern aktiv übersetzt und »mitgeschaffen« werden. So wären die Angehörigen Sozialer Berufe »Co-Produzenten« des Verwendungswissens, das im Handlungs-, Erwartungs- und Sprachhorizont des jeweiligen Praxiszusammenhangs in seiner praktischen Bedeutung erst hergestellt wird.

Die Verwendung soziologischer Befunde ist auch deshalb in einem gewissen Maße »offen«, weil sie im Gefolge der unterschiedlichen Denkansätze oft uneinheitlich, unverbunden oder auch widersprüchlich sind und weil sie immer auch »weiße Flecken« stehen lassen müssen; denn es ist nicht möglich, »alles« in einem Forschungsfeld zu erkunden.

Veralltäglichung sozialwissenschaftlichen Wissens

Heute trifft die/der soziologisch geschulte, sensibilisierte und »aufgeklärte« Fachfrau/mann meist nicht mehr nur auf soziologisch naive Laien. Denn heute sind soziologische Redeweisen und Deutungsmuster in den Alltag eingedrungen. So kommen nicht nur Leitartikelschreibern, Werbetextern oder Talkshow-Moderatoren/innen soziologisch getönte Argumente flott von den Lippen, sondern auch auffällig aufgemachten Jugendlichen, die ihr Aussehen und Handeln begründen, oder Ehepaaren, die sich um Er- oder Beziehungsfragen streiten.

Die praktische Veralltäglichung sozialwissenschaftlichen Wissens hat für die Soziologie und soziologisch Ausgebildete einige Konsequenzen: Einerseits lässt sie den Wissensvorsprung der Fachleute schrumpfen und setzt diese einer dauernden Deutungskonkurrenz aus. Andererseits büßt das veralltäglichte soziologische Wissen oft an Schärfe ein, ist veraltet oder erstarrt zu schnell hingesagten Formeln. Demgegenüber haben Soziologie und soziologisch Ausgebildete sich immer wieder der »Anstrengung des Begriffs und des Begreifens« auszusetzen, konventionelle Theorie auf ihre Haltbarkeit zu prüfen, neue Entwicklungen im menschlichen Zusammenleben aufzuspüren und ungewohnte Sichtweisen anzubieten. Wenn es nach Norbert Elias der Soziologie darum geht, »das Alltägliche etwas fremdartig erscheinen zu lassen« (2000, 109), so gehören heute zu diesem Alltag wohl auch alltäglich gewordene soziologische Sicht- und Redeweisen.

Störenfried Soziologie

So kann sich Soziologie durchaus als »Störenfried« (*Bourdieu,* 1996) verstehen, weil sie sich nicht mit dem »ersten Blick« begnügt, sondern verborgene Ungerechtigkeiten und Verletzungen von Selbsterfüllungsrechten aufdecken will – und mit ihrem »zweiten Blick« eben auch die Scheinhaftigkeit der soziologisch getönten Reden von modernen »Doxosophen« (»Umfragehändlern«, »Meinungstechnikern«; vgl. ebd. S. 96) und Sozialtechnologen durchschauen kann.

2 Sozialisation und Familie

von Benno Biermann

Sozialisation und Familie – die klassische Wortverbindung hat an Selbstverständlichkeit verloren. Familie als soziale Institution kann sicher nicht ausschließlich durch die Sozialisationsaufgabe definiert werden. Aber auch Sozialisation, unbestritten eine wichtige gesellschaftliche Aufgabe, setzt nicht unbedingt die Familie voraus. So bringt die Kombination von Sozialisation und Familie lediglich eines von vielen gesellschaftlichen Problemen mit einer von verschiedenen gesellschaftlichen Instanzen zusammen, die für die Lösung in Betracht kommen – eine schmale Verbindung. Wir nutzen sie gleichwohl, um beides, die *Sozialisationsfunktion* in unterschiedlichen Realisierungsformen, die *Familie* in verschiedenen Funktionen vorzustellen. Deshalb die folgende Trennung eines Abschnittes über primäre Sozialisation und Sozialisationsinstanzen schlechthin (2.1) von einem solchen über die Familie als Beziehungsform mit diversen Funktionen (2.2).

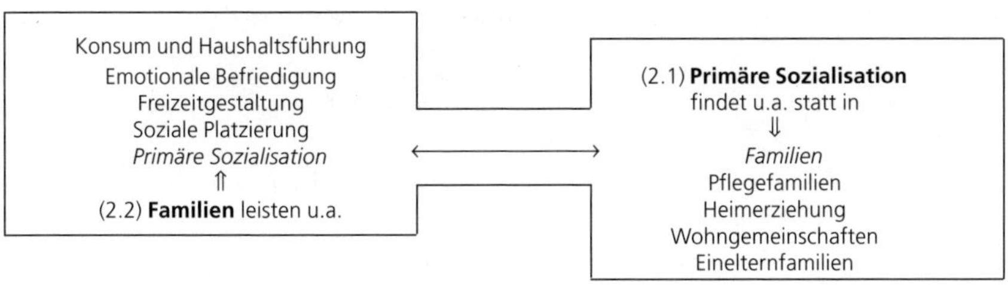

Familie als Variable

Die Betrachtungsweise schützt vor jeder Verabsolutierung eines zeitgebundenen Modells: Die Familie ist als Sozialisationsinstanz weder unveränderlich noch unersetzbar, und insbesondere als Kernfamilie mit leiblichen Eltern und Kindern konkurriert sie heute bekanntlich mit anderen Lebensformen, in denen ebenfalls Sozialisation stattfindet. Das gleiche gilt natürlich auch für andere Familienfunktionen: Die Frage nach möglichen funktionalen Alternativen bewahrt vor Idealisierungen »der« Familie als gesellschaftlicher Institution.

Funktionale Alternativen

Als *Funktionale Alternativen (Äquivalente)* werden in der Soziologie Sachverhalte dann angesehen, wenn man sie unter dem Aspekt ihres Beitrages zur Lösung eines bestimmten Problems miteinander vergleicht (*Luhmann*, 1970). So gelten im folgenden, hypothetischen Schema Familien, Paarbeziehungen, Gruppentherapien, Wohngemeinschaften und Sekten als funktionale Äquivalente im Hinblick auf das Problem des emotionalen Ausgleichs.

Konsum und Haushaltsführung
Primäre Sozialisation
Freizeitgestaltung
Soziale Platzierung
Emotionalen Ausgleich
⇑
Familien leisten u.a.

⟷

Emotionalen Ausgleich bieten u.a.
⇓
Familien
Paarbeziehungen
Gruppentherapien
Wohngemeinschaften
Sekten

Denken in Alternativen

Je nach Bezugsproblem kommen für einen sozialen Sachverhalt unterschiedliche »Äquivalente« oder »Alternativen« in Betracht, wie man auch am Beispiel der Heimerziehung zeigen kann: Es gibt eben nicht »die« Alternative zur Heimerziehung, ebenso wenig wie es »die« Alternative zur Standardfamilie gibt. Richtiger wäre es zu sagen, dass sich Anzahl und Art der Alternativen der Heimerziehung aus ihren derzeitigen Funktionen ergeben. Nachdenken über Alternativen zur Heimerziehung ist so im Grunde nichts anderes als Nachdenken über die Funktionen der Heimerziehung.

Funktionale Alternativen zur Heimerziehung

Bezugsproblem: Funktionen der Heimerziehung	**Funktionales Äquivalent: Alternativen zur Heimerziehung**
Versorgung	⇒ Sozialhilfe, Betreutes Wohnen
Sozialisation	⇒ Pflegefamilie, Kleinstheim
Systemische Hilfe	⇒ Sozialpäd. Familienhilfe, andere ambulante Hilfen
Erziehung	⇒ Tagesheimgruppe, soz. Trainingskurs, Erziehungsbeistandschaft
Ausbildung	⇒ Internat, Lehrlingsheim, Schulsozialarbeit
Therapie	⇒ Kinder- u. Jugendpsychiatrie, ambulante Therapie
Kontrolle	⇒ Strafanstalt

»Äquivalenz« ist nicht »Identität«: Die vergleichende Perspektive deckt auch typische *Unterschiede* zwischen den als äquivalent eingestuften Sachverhalten auf und vertieft so das Verständnis der jeweiligen Funktionen (z.B. von »Heimerziehung« und von »Sozialhilfe« als äquivalenten (nicht: identischen) *Versorgungsinstitutionen*, von »Heimerziehung« und »Strafanstalt« als äquivalenten Formen der *sozialen Kontrolle*).

Familie als »Ganzes Haus«

Die relativierende, Alternativen einbeziehende Betrachtung der Familie war in der Soziologie lange Zeit eher unbekannt. Vielmehr standen Idealisierungen der Familie und ihrer gesellschaftlichen Funktion am Beginn der Familiensoziologie, als etwa *Wilhelm Heinrich Riehl* (1823 – 79) den ökonomischen und politischen Umwälzungen seines Jahrhunderts das Sozialidyll des »Ganzen Hauses«, der hausväterlich geführten, bäuerlichen (oder adligen) Großfamilie als einer harmonischen Einheit von gemeinsam wirtschaftenden und konsumierenden Eltern, Kindern, Verwandten und Dienstkräften entgegenstellte; oder als *Frederic LePlay* (1806 – 88) in dem über Generationen hinweg ungeteilten Familienvermögen und einer entsprechend stabilen »Stammfamilie« die Garanten sozialen Wohlstandes und Ausgleichs erkannte (vgl. *Schwägler*, 1973). Und »in Verteidigung der bürgerlichen Familie« halten es prominente Soziologen auch heute für dringlich, dass das »Ansehen der Familie (...) wiederhergestellt« werde. Denn sie, »und keine andere vorstellbare Struktur, stellt die basale Institution der Gesellschaft dar« (*Berger/ Berger*, 1984; 243).

Familie als »basale Institution«

2.1 Primäre Sozialisation

2.1.1 Sozialisation und Erziehung

Sozialisation

Erfahrungen in der Pflegeelternarbeit, der Eltern- oder Erwachsenenbildung oder in der Arbeit mit Familien schlechthin bestätigen immer wieder, wie schwierig es ist, Sozialisationsgesichtspunkte in die Arbeit einzubringen und den Adressaten zu vermitteln. Schon der Ausdruck »Sozialisation« wird als künstlich empfunden, mag er auch etwas sehr Alltägliches bedeuten, nämlich »den Prozess, in dem der Mensch in die ihn umgebende Gesellschaft und Kultur hineinwächst und zu einem gesellschaftlich handlungsfähigen Subjekt wird.« (*Schäfers*, 1995; 279)

Für viele signalisiert der Begriff praxisferne Theorie – ganz im Gegensatz zu der anschaulichen Vorstellung von »Erziehung«, wie sie uns etwa in der folgenden Definition vor Augen tritt: »Unter Erziehung verstehen wir den planmäßigen Umgang Erwachsener mit Kindern und Jugendlichen – unter je spezifischen situativen Bedingungen, im Rahmen von Institutionen und eines gesellschaftlich-politischen Gesamtzusammenhanges – mit Ziel, den jungen Menschen zu selbständiger, verantwortlicher Lebensführung zu verhelfen.« (*Badry,* 1992; 35)

Erziehung

»Erziehung« erscheint in fast jeder Hinsicht als der spezifischere, anspruchsvollere Begriff, der uns nicht nur ein Erkenntnisinstrument anbietet, sondern auch bestimmte Wertvorstellungen nahe legt (z.B. Selbständigkeit, Verantwortlichkeit), der darüber hinaus eine nicht symmetrische, in der Regel altersunterschiedliche soziale Beziehung zwischen den nicht austauschbaren Positionen von »Erziehern« und »Zöglingen« unterstellt. Vor allem aber zielt der Erziehungsbegriff auf die Prozesse beabsichtigter und sozial gebilligter Beeinflussung innerhalb des sog. pädagogischen Dreiecks von Erzieher, Zögling und Sachthema. Das Ungeplante, nicht Intendierte, ob es nun von den direkt Beteiligten, dritten Personen oder auch von der materiellen Umwelt ausgelöst wird, tritt demgegenüber in den Hintergrund.

So scheint »Sozialisation« »Erziehung« in vieler Hinsicht zu umfassen. Das heißt aber auch: Sozialisation ist der weniger präzise, stärker interpretationsabhängige Begriff. Sollte der Praktiker nicht mit dem präziseren Konzept arbeiten? Die folgenden Überlegungen zeigen, dass auch Erzieher nicht gut auf Sozialisationstheorie verzichten können.

	»Sozialisation«	»Erziehung«
Logischer Status	Eher analytisch (keine Bindung an spez. Wertsystem)	Eher normativ (spez. Wertvorstellungen als Begriffselement)
Reichweite des Begriffs	Allgemeiner Begriff • Keine Bindung an bestimmten biographischen Status • Einbezug der »dinglich-materiellen Umwelt« • Inklusion des Erziehungsbegriffs	Spezifischer Begriff • Bindung an Altersgruppen • Konzentration auf den »erzieherischen Bezug« (»päd. Dreieck«: Erzieher, Zögling, Aufgabe)
Rollenbeziehung	Sozialisator und Sozialisand: • eher wechselseitig, • Rollen prinzipiell austauschbar • nicht institutionalisiert	Edukator und Edukand: • eher einseitig (erzieherisches »Gefälle«) • Rollen prinzipiell nicht austauschbar • institutionalisiert (Meister, Lehrer, Erzieher, Eltern)
Intentionalität	(Teilweise) ungeplant und unbewusst	Zielbezogen, bewusst, planmäßig

a) Erziehungserfolge und Sozialisationswirkungen

Erziehung ohne Erzieher

Stellen wir uns einen beliebigen Erziehungssektor vor – Sexualerziehung, künstlerische, moralische Erziehung o.ä. – und fragen wir, was zum einen Erziehung im engeren Sinne in einem solchen Sektor bewerkstelligt und erreicht, was zum anderen an Wirkungen und Veränderungen zu beobachten ist, ohne dass ein »Erzieher« als beauftragte Instanz und institutionalisierte Rolle beteiligt wäre. Ohne Zweifel übertreffen diese Wirkungen in vielen Lebensbereichen die Folgen erzieherischer Bemühungen bei weitem.

So ist es kaum der schulische Verkehrsunterricht, der den Kindern die entscheidende Sicherheit und Kompetenz im Straßenverkehr vermittelt. Realistischer erscheint die Annahme, dass erste eigene Erfahrungen mit Verkehrssituationen, das Beispiel von Erwachsenen, Spielkameraden und anderen Bezugspersonen und das tatsächliche Aufwachsen in einer vom Straßenverkehr geprägten und an dessen Werten und Normen orientierten Umwelt mehr als alle Veranstaltungen zur Verkehrserziehung das Verhaltensrepertoire und die Einstellungen eines Menschen im Straßenverkehr formen. Das gleiche ließe sich für die Spracherziehung und viele andere Erziehungsbereiche behaupten, bis hin zur Befähigung, mit einem PC umzugehen.

Erziehungshilfen im KJHG

Hätten wir für die nicht erzieherisch vorgeplanten, aber gleichwohl (»quasierzieherisch«) wirksamen Faktoren des kulturellen und sozialen Umfeldes nicht einmal eine eigene Bezeichnung, so würden wir bei der Beschreibung der Prozesse menschlicher Entwicklung und Förderung nicht nur entscheidende Sachverhalte übersehen. Wir liefen auch Gefahr, einer gerade im Sozialen Beruf gefährlichen Überschätzung pädagogischer Möglichkeiten zu erliegen. Wenn etwa das Kinder- und Jugendhilfegesetz (KJHG) seine Hilfsangebote nach §§ 27 ff. – ambulante Maßnahmen, Familienpflege, Heimerziehung u.a. – durchweg als »erzieherische«, und keineswegs als »Sozialisationshilfen«, präsentiert, so stellt es diese Angebote unter den hohen Anspruch, die Entwicklung von Kindern und Jugendlichen planmäßig und systematisch im Sinne definierter Erziehungsziele zu fördern. Diese in der Regel weitgesteckten Ziele werden freilich im durchschnittlichen Einzelfall des pädagogischen Alltags, wie jeder Praktiker weiß oder lernen muss, selten erreicht (vgl. *Biermann*, 1997). Zu Recht sieht man es im dort vielmehr bereits als Erfolg an, wenn es gelingt, ein Kind oder einen Jugendlichen in einem wichtigen Entwicklungsabschnitt an einen Lebensort – eine Wohngruppe, eine Familie – zu binden und ihm das Gefühl von Sicherheit, vielleicht sogar Zufriedenheit und emotionaler Zugehörigkeit zu vermitteln. (vgl. *Biermann*, 1998). Die Voraussetzungen hierfür – Überschaubarkeit des Lebensfeldes, Stabilität der sozialen Beziehungen, Anregungsreichtum, emotionale Wärme und andere Sozialisationsbedingungen – zu schaffen und sicherzustellen, wird dann zur eigentlichen Aufgabe der Fachkräfte; dabei kann ihnen die Sozialisationstheorie nützlich sein.

b) Sozialisation als Interaktion

Wechselwirkungen der Sozialisation

Aus dem sozialen Alltag weiß man, wie leicht und schnell sich Beeinflussungsprozesse umkehren, und wie insbesondere die Angehörigen der sozialen und pädagogischen Berufe durch ihre eigene Klientel geprägt sind und erst im Umgang mit ihren Adressaten zu beruflicher Identität und kompetentem Rollenverhalten finden. Seit jeher trägt der Sozialisationsbegriff solchen Umkehrungen eines vorgegebenen Abhängigkeitsverhältnisses Rechnung: Man denke etwa an junge Eltern, die unter dem Verhaltensdiktat ihres ersten, kleinen Kindes viele Lebensgewohnheiten ändern und neue Kompetenzen erwerben müssen. So stoßen wir immer wieder auf Konstellationen, in denen es schwer zu entscheiden wäre, wer nun eigentlich wen beeinflusst oder, genauer, sozialisiert.

Demgegenüber sind Erziehungskonzepte doch stärker der Vorstellung eines nicht umkehrbaren erzieherischen Gefälles zwischen Lehrer und Schüler, Meister und Lehrling, Eltern und Kindern, Sozialarbeiter und Klient verpflichtet. Diese Perspektive ist für viele Zwecke geeignet, z.B. für die Entwicklung sozialpädagogischer Methoden und Verfahren, für die Diskussion von Erziehungszielen und -stilen oder für die Untersuchung formeller Beziehungen in pädagogischen Organisationen. Die sozialisatorische Betrachtungsweise erscheint demgegenüber umfassender und für die Darstellung sozialer Wechselwirkungen in Prozessen des Heranwachsens und der gesellschaftlichen Eingliederung von Menschen sicher besser geeignet. Und wenn die Entwicklungspsychologie, insbesondere mit *Jean Piaget*, uns verstärkt darauf hinweist, dass Menschen als Heranwachsende gesellschaftlichen Einflüssen nicht passiv ausgesetzt sind, sondern schon im frühen Alter Eigenaktivität zur Erkundung, quasi-experimentellen Veränderung und differenzierenden Verinnerlichung ihrer soziokulturellen Umwelt entwickeln, so scheint auch dies mit einer Theorie der Sozialisation gut vereinbar.

2.1.2 Primäre und sekundäre Sozialisation

Zeitlich und sachlich »primäre« Sozialisation

Das Attribut »primär« können Sozialisationsvorgänge unter verschiedenen Gesichtspunkten beanspruchen, die sich nicht immer vollständig decken. So ist es verbreitet, in Anlehnung an die Theorie der »Primärgruppen« (*C. H. Cooley*) Sozialisation dann primär zu nennen, wenn sie

- zeitlich am Anfang der Entwicklung eines Menschen steht;
- innerhalb solcher sozialer Beziehungen stattfindet, die für den Menschen »primär«, d.h. als Quelle emotionaler Zufuhr, persönlicher Identitätsfindung und sozialer Befriedigung besonders bedeutsam sind.

»Basale« Sozialisation

Insoweit müssten wir primäre Sozialisation im Wesentlichen mit familialer Sozialisation gleichsetzen oder zumindest die familiale Sozialisation als wichtigsten Spezialfall der Primärsozialisation ansehen (vgl. *Mollenhauer/Brumlik/Wudtke*, 1978; 188). Hier soll dieser Zusammenhang zwischen Primärsozialisation und Familie bzw. Kindheit indessen gelockert und ein anderer Aspekt in den Vordergrund gerückt werden, der elementarer ist als die Unterscheidung früherer oder späterer Sozialisationsphasen oder die Berufung auf eine bestimmte Sozialisationsinstanz: Primäre Sozialisation gilt Sozialisationsinhalten und -themen, die weniger zeitlich oder institutionell, als vielmehr sachlich »primär«, das heißt von besonderer Wichtigkeit und Unverzichtbarkeit sind. Diese Sozialisationsinhalte liegen den sekundären Prozessen als notwendige Bedingung zugrunde; sie stehen zu jenen gleichsam in einem Verhältnis von »Tiefen- und Oberflächenstruktur« (*Kohli*, 1984; 311), so dass man die »primären« Sozialisationsprozesse auch »basale« Sozialisation nennen kann.

Die Strukturierung nach »primären« und »sekundären« Sozialisationsprozessen nimmt also der Vielfalt von Sozialisationsinhalten und -themen etwas von ihrer Unübersichtlichkeit, indem sie die Grundlagen von den Folgeprozessen trennt. Die Beherrschung der Sprache beispielsweise ermöglicht nicht nur den Besuch einer Schule, sondern auch die berufliche Sozialisation, das Erlernen von Umgangsformen und vieles andere mehr. Primäre Sozialisation steigert also die Kompetenzen in unterschiedlichen Handlungsfeldern; sie wirkt gleichsam multiplikatorisch.

Erleichtert eine gelungene Primärsozialisation die abhängigen Sozialisationsprozesse in einer Vielzahl von Lebensbereichen (Beruf, Organisationen, Gruppen u.a.), so muss man umgekehrt auch befürchten, dass die Schäden einer unvollständigen Primärsozialisation die Folgen von Defiziten in einzelnen Bereichen der sekundären Sozialisation beträchtlich übertreffen: Der Multiplikatoreffekt der primären Sozialisation wirkt in positiver wie in negativer Richtung. Deshalb beansprucht die primäre Sozialisation zu Recht unsere besondere Aufmerksamkeit; deshalb verbietet es sich auch, Mängel und Vorteile der sekundären und der primären Sozialisation paritätisch gegeneinander aufzurechnen, wie dies auch Fachkräften der Sozialen Arbeit immer wieder unterläuft. So wird etwa die Herausnahme eines Kindes aus seiner Familie und die Unterbringung in einem Heim der Jugendhilfe mit der besseren schulischen Förderung gerechtfertigt, die das Heim biete; Jugendliche, die zunächst vor allem auf Sozialisation im Primärbereich angewiesen wären, werden in eine der noch immer vorhandenen Großeinrichtungen der Heimerziehung mit der einzigen Begründung vermittelt, dass hier (in den anstaltseigenen Werkstätten) zumindest die Berufsausbildung – also ein Teil der sekundären Sozialisation – gesichert sei.

Primärsozialisation als Schicksal

Die Abkoppelung des Begriffs der primären oder basalen Sozialisation von einem bestimmten Lebensalter und (familialen) Lebensbereich soll jedoch auch einem im Sozialwesen noch kursierenden Missverständnis vorbeugen. Danach ist primäre Sozialisation von schicksalhafter Bedeutung: Analog zur Volksweisheit »Was Hänschen nicht lernt, lernt Hans nimmermehr!« unterstellt man, dass Mängel in der Primärsozialisation im wesentlichen nicht mehr korrigierbar, sondern eine Art lebenslanger Hypothek seien, die sich in Persönlichkeitsstörungen verschiedener Art – sozialen Hemmungen, emotionaler Verkümmerung u.ä. – äußern können. Einen solchen entwicklungspsychologischen Fatalismus, dessen Folgen für die pädagogische Praxis auf der Hand liegen, halten Sozialisationstheoretiker heute indessen für nicht begründet. Vielmehr lasse »die große Tiefenwirkung von ›späteren‹, ›sekundären‹ Sozialisationsfaktoren, wie sie etwa von jugendlichen Verkehrsgruppen, Beruf, Ehe, Schwiegerelternbeziehung, Elternschaft, Scheidung, Verwitwung ausgehen, auf die Möglichkeit lebenslanger Überprüfungen und Umstrukturierungen von früher erworbenen Dispositionen schließen.« (*Wurzbacher, 1977*; 10). Primäre Sozialisation begleitet mithin in gewissem Sinne den lebenslangen, »kumulativen« Sozialisationsprozess. Welches sind nun ihre spezifischen Funktionen?

2.1.3 Leistungen der primären Sozialisation

Die zahllosen, miteinander mehr oder weniger verwandten Zielvorstellungen und Leitbilder, die sich in den einschlägigen Wissenschaften und in der sozialen Praxis mit dem Sozialisationsprozess verbinden, sollen hier unter drei zentralen Aspekten erörtert werden, die unterschiedliche Akzente setzen. Gemeint ist erstens die Gewinnung von *Identität*, zweitens die Entwicklung persönlicher *Handlungsfähigkeit* durch Sozialisation und schließlich die sogenannte *Basispersönlichkeit* als Ergebnis von Sozialisationsvorgängen.

2.1.3.1 Der Aufbau von Identität

Bewusste Identiät

Identität, das Sich-Selbst-Gleich-Bleiben von Menschen, tritt in unterschiedlichem Grade auf: Es scheint Personen mit stärker oder schwächer entwickelter Identität zu geben. Zugleich gilt Identität als ein objektiv nur schwer beobachtbarer Sachverhalt. Als Beobachter werden wir immer nur feststellen, dass sich Menschen im Laufe der Zeit und in unterschiedlichen Situationen in gewissem Ausmaß verändern, in vielen Zügen aber auch gleich bleiben. Das führt uns zu einem »subjektiven« Identitätskonzept (vgl. *Geulen*, 1977; 126), wonach Identität ganz wesentlich einen Bewusstseinszustand von Menschen beschreibt; diese fühlen sich identisch, sind sich ihrer Identität bewusst oder »leiden« unter Identitätsverlust – der letztere Aspekt verweist übrigens darauf, dass Identität nicht nur eine Bewusstseinslage, sondern auch ein elementares Bedürfnis beschreibt: Menschen wollen sich offenbar als identisch erfahren.

»Exzentrische Positionalität«

Ohne solche Identität würde eine spezielle Fähigkeit der Menschen – die sie von anderen Lebewesen unterscheidet – ins Leere gehen: das Vermögen, sich gleichsam aus sich selbst herauszubegeben und aus der Distanz auf die eigene Person zu blicken, bestätigend oder kritisch, konstruktiv oder destruktiv. Diese Befähigung entspricht dem, was Kulturanthropologen die »exzentrische Positionalität« des Menschen (*Plessner*, 1928) genannt haben: Er besitzt, im Unterschied zum Tier, Bewusstsein von sich selbst und insbesondere davon, nicht der Mittelpunkt der Welt zu sein. Sein Verhältnis zu dieser Welt ist also im Prinzip durch subjektive Reflexion gebrochen, und selten kann er aus sich selbst heraus spontan und ohne Vorbehalt handeln (vgl. Kap 3.3.2.b).

Identitätsbelastungen

Was Identität im Alltag bedeutet, bemerkt man am ehesten dann, wenn sie in Frage gestellt ist. Wie jeder weiß, belasten insbesondere die Stufen des Lebenslaufes, biographische Brüche und lebensgeschichtliche Einschnitte, aber auch gesellschaftliche Krisen die Identität. *Thomas Mann* im Jahre 1918: »Wer bin ich, woher komme ich, dass ich bin, wie ich bin und mich anders nicht machen noch wünschen kann? Danach forscht man in Zeiten seelischer Bedrängnis.« Man kann diese Fragen fortsetzen: Kann ich mich – bei allem Wandel äußerer Umstände – auf mich selbst, meine alten Stärken und Schwächen, Neigungen und Einstellungen verlassen; gelingt es mir, meinen »Typ« auch in einer neuen Umgebung zur Geltung zu bringen? Es sind aber nicht erst die großen Lebenskrisen, die diese Fragen aufwerfen; schon der Wechsel der Schulklasse, die Aufnahme im Krankenhaus, eine Heimeinweisung oder die Pensionierung können die Identitätsfrage aufwerfen.

Identitätssymbole

Man kennt die – oft verzweifelten – Bemühungen von Menschen, ihre Identität gegen einen dramatischen Wandel ihrer Lebensbedingungen durchzuhalten, und zwar typischerweise durch Konservierung subjektiv bedeutsamer Verhaltensweisen oder anderer symbolisch besetzter Sachverhalte: Der Weiterbezug der gewohnten Zeitung im Altenheim, die Ausstattung des Zimmers im Kinderheim mit den eigenen Posters, das Tragen eines Schlipses in der Arbeiterkolonie und andere scheinbare Belanglosigkeiten können so subjektiv zu Angelegenheiten von größter Wichtigkeit werden. Und genauso geläufig sind die Versuche von – meist mächtigen – gesellschaftlichen Instanzen, Identitäten aufzulösen: Uniformierung und Kasernierung von Menschen und Ablieferung der »persönlichen« Dinge, ob dies nun beim Eintritt ins Gefängnis, in einen Orden oder in die Armee geschieht, ist immer ein solcher Versuch, mögen auch andere, »rationale« Begründungen vorliegen.

Identität durch Interaktion

Wir können aus den Beispielen ableiten, dass man Identität nicht allein durch Nachdenken über sich selbst, reflektierende Zusammenstellung der eigenen, unverwechselbaren Züge und Beobachtung der eigenen Person gewinnt und stabilisiert, sondern auf dem Umweg über eine bedeutungsvolle und zugleich stabile Umwelt. Damit ist vor allem die Konstanz der Sozialbeziehungen gemeint, in denen mir wichtige Bezugspersonen wiederholt und übereinstimmend signalisieren, welchen »Typ« – im Sinne der unverwechselbaren Ausprägung von Persönlichkeitszügen – ich für sie darstelle. Dennoch ist mein Part in diesem Spiel nicht passiv; Identität wird mir nicht einfach aufgedrückt. Vielmehr muss ich meine Beobachtungen, sollen sie irgendeinen Nutzen für mich haben, interpretieren und ihnen eine (»symbolische«) Bedeutung unterlegen. Die Vertreter des »Symbolischen Interaktionismus« (siehe Kasten 3 in der Übersicht S. 18/19) gehen sogar davon aus, dass wir uns gleichsam in die Rolle und damit Perspektive unserer jeweiligen Bezugspersonen versetzen, um zu diesem Wissen über uns selbst zu gelangen.

2.1.3.2 Identität und soziale Rollen

a) Identität als Rollensynthese

»Identität« versus »Rolle«

Identität ist einmalig – soziale Rollen sind standardisiert: Wie verhält sich die Identität eines Menschen zu seinen sozialen Rollen? Sehen wir menschliche Identitäten durch soziale Rollen – verstanden als gesellschaftlich normierte Verhaltenserwartungen an Menschen in bestimmten sozialen Positionen – eher eingeschränkt und gefährdet, Rollenerwartungen also eher als repressive und dem Menschen eigentlich fremde Normierungen an? Dies ist die Perspektive beispielsweise von *Ralf Dahrendorf*, dessen »Homo Sociologicus« (1958) als in Rollen total vergesellschafteter Mensch eine Art negatives Ideal verkörpert. Oder gehen wir mit *Talcott Parsons* (z.B. 1967; 159/60) von einer Art Integrationsmodell aus, in welchem nicht Individualität, sondern Anpassung an kulturell vorgegebene Rollenerwartungen, Normen und Werte die menschliche Persönlichkeit ausmacht?

Identität als »Produkt« der sozialen Rollen

Die Vorstellung, Identität müsse den vorgegebenen Rollenverpflichtungen gleichsam abgetrotzt und gegen diese durchgesetzt werden, ist nicht zwingend und auch nicht überzeugend. Wir könnten sie durch eine Perspektive ersetzen, in welcher Identität geradezu das Produkt der sozialen Rollen ist, in welchen wir handeln. Da jedem Menschen eine Vielzahl solcher Rollen nebeneinander angesonnen wird, ergibt sich aus den jeweils anderen individuellen Profilen schon statistisch eine unübersehbare Vielfalt unverwechselbarer Identitäten.

Identitäten als individuelle Rollenensembles

⇓ Person A	⇓ Person B	⇓ Person C	⇓ Person D
verheiratet Vater Hobbyangler	ledig Mitglied einer WG Berufsverbandsmitglied	ledig alleinerziehend Vereinssportlerin	geschieden Vater Nebenerwerbslandwirt
Sozialarbeiter	Sozialarbeiter	Sozialarbeiterin	Sozialarbeiter
Kirchenvorstand arbeitslos männlich usw.	Parteimitglied Supervisor männlich usw.	Parteimitglied Lehrbeauftragte weiblich usw.	Stadtverordneter Seminarteilnehmer männlich usw.

»Statistische Identität«

Dieser »statistischen« Identität der Einzelperson, verstanden als individuelles Rollenbündel (siehe dazu *Geulen*, 1977; 68 ff.), fehlt freilich noch jede persönliche Dynamik; sie stellt Individuen im Grunde nur als Träger jeweils anderer sozialer Merkmalskombinationen und insofern als (relativ) einmalig und nicht verwechselbar vor. Sozialisation wäre nicht viel mehr als die Anpassung der Individuen an das jeweils vorgegebene Rollenensemble. Bedenken wir allerdings, dass die verschiedenen Rollen eines Menschen zusammenhängen und über die Persönlichkeit, die sich ihrer bedient, miteinander vermittelt werden, so führt uns die statistische Betrachtung zu einer Vorstellung von Identität, die den subjektiven Bedürfnissen nach bewusster Individualität und autonom gestalteter Einmaligkeit bereits einigermaßen gerecht wird: Zumindest wird erklärt, warum verschiedene Menschen in der gleichen Rolle ganz unterschiedliches Verhalten zeigen können, das heißt: als Rollenspieler dennoch Individuen bleiben. Es sind die jeweils anderen »Nebenrollen«, die in die Darstellung einer bestimmten Rolle eingehen und für eine große Vielfalt der Rollenauffassungen sorgen (vgl. hierzu *Goffman*, 1973a): Den autoritären Vater einer großen Familie erkennt man häufig im Sozialarbeiter ebenso wieder wie im Busfahrer oder Bankmanager.

Zusammenfassend ist also festzustellen, dass Identität nicht als eine Art Persönlichkeitskern mystifiziert werden muss, der gegen gesellschaftliche Zwänge unverändert zu bewahren wäre, dass vielmehr gerade das Rollenkonzept einen empirischen und rationalen Zugang zu Fragen der Identitätsbildung verspricht, jenes dauernden Prozesses der Selbstdefinition, der sich der sozialen Rollen gleichsam als Material bedient.

b) Ich-Identität: Soziale und persönliche Identität

Identität und Biographie

Identität ist nicht naturgegeben oder selbstverständlich. Das wird nicht nur, wie wir sahen, in Lebenskrisen, sondern auch in solchen Fällen deutlich, wo jemand besonders viele oder widersprüchliche aktuelle Rollen – Kollege und Vorgesetzter, leibliches Kind und Pflegekind, alleinerziehend Erwerbstätiger – in ein persönliches Konzept integrieren muss. Hinzukommt, dass Menschen nicht nur in ein jeweils eigenes Muster aktueller Rollenbezüge gestellt sind, sondern auch auf eine individuelle Biographie, das heißt: eine zeitliche Folge wechselnder Positionen und Rollen – vom Kleinkind bis zum Erwachsenen – zurückschauen. Für die Vielfalt biographisch aufgereihter Rollen gilt offensichtlich dasselbe, was zum aktuellen Rollenvorrat dargelegt wurde: Die Rollen durchdringen sich; sie färben sozusagen aufeinander ab. Vor allem aber werden biographische ebenso wie aktuelle Rollen zur Konstruktion jenes Bildes herangezogen, das sich jeder von sich selbst zu machen sucht.

Ich-Identität

Mit der Unterscheidung der Aspekte der sozialen und der persönlichen Identität trägt die Sozialisationstheorie beiden dargestellten Perspektiven – Integration der Erwartungen des aktuellen Rollenensembles, Integration der biographischen Rollenabfolge – Rechnung. Ich-Identität wird dann letztlich erst in der Integration der beiden Teil-Identitäten gewonnen, eine etwas komplizierte Konstruktion: »Während persönliche Identität so etwas wie die Kontinuität des Ichs in der Folge der wechselnden Zustände der Lebensgeschichte garantiert, wahrt soziale Identität die Einheit in der Mannigfaltigkeit verschiedener Rollensysteme, die zur gleichen Zeit gekonnt sein müssen (...) Ich-Identität kann dann als Balance zwischen der Aufrechterhaltung beider Identitäten, der persönlichen und der sozialen, aufgefasst werden.« (*Habermas*, 1973; 131; vgl. auch *Krappmann*, 1969).

Offensichtlich hängt das Problem der *sozialen Identität* der Menschen mit dem Grad der sozialen *Differenzierung* der Gesellschaft zusammen, in der sie leben. Je mehr Lebensbereiche – Familie, Beruf, Politik, Religion, Gesundheitsvorsorge usw. – getrennt voneinander existieren, um so mehr simultane Rollen kommen auf den Einzelnen zu, an denen sein Selbstkonzept sich entwickeln, an denen es aber auch scheitern kann. *Persönliche Identität* baut sich demgegenüber eher in der Karriere durch verschiedene Rollen hindurch auf, und so ist es in erster Linie das Ausmaß der *Mobilität* in einer Gesellschaft, das über Chancen und Belastungen der persönlichen Identität entscheidet.

Identität und Fremdplatzierung

Im aktuellen Rollenhaushalt wie in der Rollenbiographie vermag ein Übermaß an Rollen die Identität eines Menschen nachhaltig schädigen; das Verhalten von Minderjährigen, denen in kurzer Zeit einschneidende Wechsel ihrer sozialen Umgebung zugemutet wurden, beispielsweise auch durch Intervention der Jugendhilfe (Heimunterbringung, Familienpflege), liefert dafür eindrucksvolle Belege: Zwanghaft imitatives Verhalten, unangemessene emotionale Anhänglichkeit an wechselnde Bezugspersonen, Manipulation von Sozialbeziehungen und fehlende »soziale Intelligenz« werden beispielsweise in überdurchschnittlichem Ausmaß bei Pflegekindern diagnostiziert, die tiefgehende biographische Brüche erlitten haben (*Nienstedt/Westermann*, 1995; *Biermann*, 1986). Aber auch die Vermeidung endgültiger Milieuwechsel und Trennungen, etwa die Fremdplatzierung eines Kindes unter bewusster Aufrechterhaltung der Beziehungen zum Herkunftsmilieu, wie sie einem systemischen Konzept entspricht und für die Pflegevermittlung ausdrücklich empfohlen wird (*DJI*, 1987), führt zu Identitätsbelastungen. Dem Kind bleibt zwar der Bruch mit seiner Vergangenheit erspart; es lebt aber nun sozusagen in mehreren Familien zugleich – und das bedeutet: Entlastungen im Bereich der persönlichen Identität werden durch besondere Risiken hinsichtlich der sozialen Identität erkauft.

2.1.3.3 Handlungskompetenz

Ebenso wie Ich-Identität kann persönliche Handlungsfähigkeit als Ergebnis von Sozialisationsprozessen betrachtet werden. Beide, Handlungskompetenz wie Identität, müssen immer wieder neu erworben, gefestigt und in der praktischen Umsetzung bestätigt werden, werden also nicht in irgendeinem Lebensabschnitt ein für allemal vermittelt.

Konzentrieren wir uns auf die primären Sozialisationsfunktionen im Sinne der basalen Prozesse, so treten vor allem jene Aspekte von Handlungskompetenz in den Vordergrund, die als grundlegende Vorbedingung für eine praktische Befähigung in den verschiedensten Handlungsfeldern (Schule, Beruf, Freizeit, Familie usw.) angesehen werden. Diese elementaren Dimensionen der Handlungskompetenz sind Gegenstand einer traditionsreichen und ausgesprochen fruchtbaren psychologischen Forschung, in deren Perspektive wir – in kaum zu vertretender Kürze – die folgenden Kompetenzbereiche unterscheiden können:

a) Sozio-emotionale Fähigkeiten

Empathie

Die Bereitschaft und Fähigkeit, sich auf andere einzulassen und von anderen abzugrenzen, Gefühle von Zuneigung und Ablehnung, Vertrauen und Skepsis, Hoffnung und Niedergeschlagenheit an sich und anderen wahrzunehmen, angemessen zu artikulieren und differenziert zu dosieren, ist wohl Voraussetzung jeglicher sozialer Interaktion. Auch Empathie, gemeinhin verstanden als Einfühlungsvermögen, genauer aber wohl als Fähigkeit zu angemessener Interpretation fremder Äußerungen im Lichte gemeinsamer Situation und kultureller Erfahrung definiert (*Geulen*, 1977; 284), gehört zu den sozio-emotionalen Fähigkeiten.

Soziabilisierung

Die »Fundierung von Emotionalität« (*Claessens*, 1972; 79 ff.) ist Grundbedingung für das Gelingen von Sozialisation schlechthin, weshalb *Claessens* die emotionale Fundierung, zusammen mit den verwandten Prozessen der »Vermittlung von allgemeinen Kategorien des Vertrauens und Weltverständnisses« und der »primären Positions- und Statuszuweisung«, zum Begriff der »Soziabilisierung des menschlichen Nachwuchses« zusammenfasst (*Claessens*, 1972; 28): Der Ausdruck Soziabilisierung – gemeint ist damit eine Befähigung für Sozialisierung – unterstreicht den basalen Charakter primärer Sozialisation.

Günstige Bedingungen für die Soziabilisierung des Nachwuchses bieten von liebevoller Zuwendung bestimmte, enge Kontakte zu einer oder zu wenigen Bezugspersonen in einer überschaubaren, stabilen und weitgehend überraschungsfreien Umwelt, in der das (kleine) Kind die erste Sicherheit einer eigenen Position im sozialen Gefüge und das optimistische Vertrauen gewinnt, dass die Welt morgen nicht ganz anders aussehen wird als heute. Ohne diese emotionale Befriedigung, ohne dieses Vertrauen – was könnte den kleinen Menschen überhaupt motivieren, sich auf die Umwelt und ihre Anforderungen einzulassen?

Die Fundierung der Emotionalität und die damit verbundenen Leistungen sind aber keineswegs selbstverständlich und naturgegeben und werden in verschiedenen Milieus ganz unterschiedlich erfüllt, wie die einschlägige psychologische Forschung seit langem gezeigt hat (z.B.*Spitz*,1959). Dass die Jugendhilfe heute so gut wie keine Säuglingsheime mehr kennt, kann, neben vielen anderen, vergleichbare Veränderungen, unmittelbar auf diese Erkenntnisse zurückgeführt werden.

b) Denken und moralische Entwicklung

Lernen durch Aktivität

Dass kognitive Fähigkeiten, wie sie in allen sozialen Handlungsfeldern erforderlich sind, nicht erst in der Schule vermittelt werden, dass sie eigentlich überhaupt nicht »vermittelt« werden, sondern sich in einem Prozess der aktiven Umweltverarbeitung entwickeln, hat als erster und vor allem *Piaget* (z.B. 1986/1947) herausgestellt. Eine Abfolge verschiedener Stufen der kognitiven Realitätsaneignung ist typisch für diese Konzeption, nach der am Beginn der Entwicklung senso-motorische Erfahrungen des Kleinkindes eine erste Aufnahme von Umweltobjekten ins Denken bewirken. Eine weitere Stufe ist mit der symbolischen Repräsentanz von Gegenständen im Denken erreicht, wenn das Kind in der Lage ist, sich auch nicht unmittelbar vorhandene Gegenstände vorzustellen. Kognitive Entwicklung, soviel wird deutlich, liegt in der zunehmenden Ablösung des Denkens von der konkreten Erfahrungsvorlage zugunsten von begrifflicher Abstraktion, logischer Kombination, experimentellem und hypothetischem Denken, und erreicht nach Überwindung unter anderem stark egozentrischer und magischer Phasen die Stufe des »formalen Operierens«, auf der sich die Fähigkeit zu deduktivem Schließen, zur Anwendung von Theorien auf Einzelsachverhalte und zur meta-theoretischen Reflexion (»über das Denken nachdenken«) bei der Lösung praktischer Probleme bewährt. Die sprachliche Entwicklung muss mit diesen Prozessen Schritt halten. Sie bereitet sie vor und wird zugleich von ihnen angeregt.

Kognitive Entwicklung

Fragen der *Moral* betrachtet die Sozialisationstheorie, im Unterschied zum Alltagsdenken über Erziehung und Entwicklung, zunächst nicht unter dem Aspekt des Kodex, der richtigen Ausstattung, etwa mit gesellschaftskonformen oder -kritischen, religiösen oder humanistischen Werten, Normen und sittlichen Standards. *Wie* die Menschen ihre jeweiligen Werte und Normen begründen und verwenden, scheint ihr ebenso bedeutsam zu sein wie die Frage, *welche* Moral Menschen sich aneignen oder auch nicht. Insbesondere eine Theorie der Primärsozialisation – verstanden als Grundlegung und Vorbereitung für nachfolgende Sozialisationprozesse – befasst sich zunächst nicht mit speziellen Moralvorstellungen – beispielsweise einzelner Sozialmilieus oder Schichten –, sondern mit normativer Kompetenz schlechthin, die in jeder sozialen Lage und unter den unterschiedlichsten Moralsystemen bewiesen werden kann.

Normative Kompetenz

Lawrence Kohlberg, ein prominenter Schüler von *Jean Piaget*, hat – analog zur kognitiven Entwicklung – Entwicklungsstufen des moralischen Urteilens herausgearbeitet. Wenn in der kognitiven Dimension die Fähigkeit zur Abstraktion vom konkreten Einzelfall und zur hypothetischen Verknüpfung von »unanschaulichen« Sachverhalten Maßstab der Entwicklung ist, so ist es im Feld der Moral die zunehmende Emanzipation des moralischen Urteils von den Zwängen der Natur, der Mitwelt und der Situation zugunsten universeller Prinzipien der Gerechtigkeit, Gegenseitigkeit und Gleichheit der Menschenrechte und der Achtung vor der Würde jedes einzelnen Menschen (vgl. unter 1.2.2.5 *Kants* Kategorischen Imperativ).

Moralische Entwicklung

Kohlberg (1974; 66 ff.) unterscheidet in diesem Sinne eine vorkonventionelle, eine konventionelle und eine nachkonventionelle Stufe der moralischen Entwicklung – mit jeweils eigenen Teilphasen. *Präkonventionell* nennt er ein moralisches Urteil, das in erster Linie mit den erwünschten oder unerwünschten Folgen eines Verhaltens (z.B. Strafe und Belohnung) argumentiert, ohne dass auf eine sittliche Norm Bezug genommen würde. Als *konventionell* gilt eine Moral, die sich auf allgemein geteilte Werte und (Gesetzes)-Normen beruft (gut ist, was »man« für gut hält), ohne deren Berechtigung anzuzweifeln: Diese ist mit der Funktion der Aufrechterhaltung von Recht und Ordnung hinreichend begründet. Der *postkonventionelle* Status morali-

Stufen des moralischen Urteilens

scher Reife schließlich äußert sich in der Fähigkeit zum unabhängigen moralischen Urteilen nach sittlichen Universalprinzipien (wie sie z.T. auch in die Verfassungen der modernen westlichen Demokratien eingegangen sind). Nach Auffassung von *Kohlberg* erreicht nicht jeder Erwachsene diese Stufe der moralischen Reife.

Entwicklungsmodelle als Hypothesen

Unter wichtigen Aspekten, wie den kognitiven und den moralischen, lässt sich der Erwerb von Handlungskompetenz, so können wir zusammenfassend festhalten, als abgestufter Prozess zunehmender individueller Reife und Unabhängigkeit verstehen. Die Anzahl solcher Stufen, ihre Korrespondenz mit dem biologischen Alter, ihre Beziehung zueinander – schließt jede folgende Stufe die vorhergehende ein, setzt sie deren erfolgreiche Absolvierung voraus, ist die Reihenfolge der Stufen unumstößlich, sind Versäumnisse auf zurückliegenden Stufen später nachholbar, sind Rückfälle denkbar u.ä.? –, das sind wichtige Fragen für die Forschung.

In der Sozialen Praxis laufen deren Antworten allerdings Gefahr, wie scholastische Wahrheiten angenommen und zu einer Art a-priori-Handlungslegitimation verwendet zu werden; tatsächlich entbinden sie aber den Praktiker keineswegs von der Verpflichtung, selbst hinzuschauen und abweichende Erfahrungen – andere Verläufe, Entwicklungssprünge u.ä. – genauso ernsthaft zu notieren wie theoretisch erwartete Ereignisse. Es sind also auch hier weniger die Antworten der wissenschaftlichen Autoritäten als ihre Fragen, von denen die tägliche pädagogische und soziale Praxis profitiert.

2.1.3.4 Handlungskompetenz in Rollen

Soziale Rollen und Autonomie

Wenn wir wiederum die sozialen Rollen in die Betrachtung einbeziehen, mit denen die Menschen sich auseinandersetzen, gewinnt das Konzept der persönlichen Handlungsfähigkeit wichtige zusätzliche Aspekte. Rollen machen gelegentlich den Eindruck sozialer Krücken zur Stützung von Verhalten, von Korsetts, um ausscherende Individualität zu bändigen, auf jeden Fall von willkommenen Hilfen für die aus Eigenem nur halbwegs handlungsfähigen Menschen. Aber wie jede Hilfe weckt auch diese sehr bald die Frage nach der Autonomie und Mündigkeit der Begünstigten, das heißt nach ihrer persönlichen Handlungsfähigkeit und deren Chancen im Geflecht der gesellschaftlichen Vorschriften.

Wir suchen diese Chancen, wie zuvor diejenigen der persönlichen und sozialen Identität, nicht in einem Bereich jenseits der sozialen Rollen und Beziehungen, sondern ganz im Gegenteil in deren kompetenter Gestaltung, wie denn überhaupt die Nähe dieser Überlegungen zu Fragen der Identitätsbildung auf der Hand liegt. Handlungsfähigkeit können wir gleichsam als den dynamischen Aspekt von Ich-Identität betrachten.

Qualifikationen des Rollenhandelns

Es ist der überindividuelle, fast möchte man sagen: gleichmacherische Charakter der Rollen, der ihre Träger zu Anstrengungen von Autonomie geradezu nötigt, bei Strafe schwerwiegender Verletzungen der Persönlichkeit. Die von *Jürgen Habermas* (1973) entwickelte Systematik der Qualifikationen des Rollenhandelns – *Frustrationstoleranz, Ambiguitätstoleranz* und *Rollendistanz* – bietet einen übersichtlichen Vorschlag zur Beschreibung der Mittel, mit denen Individuen sich, ohne aus dem Felde zu gehen, der Vereinnahmung durch Rollenerwartungen entziehen können, um sich ihre Handlungsfähigkeit zu bewahren.

a) Frustrationstoleranz

Rollenambivalenzen

Wenn die Menschen unterschiedliche persönliche Bedürfnisse haben, soziale Rollen jedoch standardisierte Erwartungen darstellen, die sich verbindlich geben, ist der Konflikt oft unvermeidlich. Rollenerwartungen tendieren zur Unterdrückung von Bedürfnissen: Das regelmäßige und pünktliche Erscheinen am Arbeitsplatz ist häufig eine saure Pflicht, gleichbleibende, akzeptierende Freundlichkeit gegenüber ihren Klienten wird von vielen Sozialarbeitern als berufliche Auflage, aber nicht unbedingt auch als inneres Bedürfnis angesehen, und selbst in den weniger angespannten Lebensbereichen von Freundschaft und Liebe, Freizeit und Geselligkeit, Vergnügen und Kunst können soziale Erwartungen ausgesprochen nerven. In diesem Sinne sind soziale Rollen grundsätzlich ambivalent, das heißt hier: mal bedürfniskonform und angenehm, mal repressiv und lästig, je nach Situation und Beteiligten.

Auf solche Rollenambivalenz kann man unterschiedlich reagieren: Während die funktionalistische Rollentheorie (vgl. Kasten 2 in der Übersicht S. 33/34) uns rät, Bedürfnis-Erwartungsdiskrepanzen nicht allzu ernst zu nehmen, und eine tendenzielle Konvergenz der sozialen Forderungen und der individuellen Neigungen unterstellt, plädieren andere Ansätze für die Bewusstmachung der Konflikte und die Befähigung der Menschen, mit ihnen zu leben.

Frustrationstoleranz

Welche Folgen eine Verdrängung der Schwierigkeiten hätte, kann man sich leicht ausdenken. Als extreme Reaktionen, die von der Vorstellung persönlicher Handlungskompetenz gleich weit entfernt sind, kommen in Betracht: einerseits die generelle Zurückweisung gesellschaftlicher Ansprüche, das heißt sozialer Rückzug und Flucht vor den Verpflichtungen, damit zugleich aber auch den Handlungschancen der repressiven Rolle – Soziologen sprechen hier auch von »sozialem Eskapismus«; andererseits die Leugnung der Bedürfnisunterdrückung, eine Haltung durchgängiger, zwanghafter Zufriedenheit mit den gegebenen Beschränkungen, die alle Voraussetzungen für neurotische Entwicklungen aufweisen dürfte. Frustrationstoleranz wäre dann insbesondere die Fähigkeit, auf Dauer in einer Rolle zu agieren, ohne in eines der beiden Extreme zu verfallen.

b) Ambiguitätstoleranz

Mehrdeutigkeit sozialer Rollen

Als generalisierte, für viele Menschen gleiche Erwartungsmuster können soziale Rollen nicht unendlich detailliert sein, und wer in jeder Situation klare Anweisungen erwartet, wird durch soziale Rollen oft schlecht bedient. Unter der Ambiguität von Rollen versteht man in diesem Sinne ihre Mehrdeutigkeit und oft nur diffus erkennbare Absicht: Was kann sich beispielsweise nicht alles hinter der Erwartung verbergen, »die Schularbeiten ordentlich zu erledigen«, »als Abgeordneter nur seinem Gewissen zu folgen« oder »als Arzt den Patienten nicht auszubeuten«? Wie präzise sind demgegenüber

Verhaltenserwartungen wie »Rauchen verboten.«, »Ab 10 Uhr abends ist das Fernsehen in der Wohngruppe für alle Jugendlichen unter 15 Jahren untersagt.« oder »Die tägliche Arbeitszeit der Jugendamtsmitarbeiter beginnt um 8.30 Uhr.«! An den Verhaltensspielräumen, die soziale Rollen ihren Trägern zubilligen, lässt sich also ihre Rigidität erkennen. In diesem Sinne können wir uns leicht gesellschaftliche Bereiche oder auch ganze Gesellschaften vorstellen, in denen eine eher starre Rollenstruktur und -auffassung den Gesellschaftsmitgliedern wenig Möglichkeiten zur Entwicklung von Handlungskompetenz lässt. Diffuse Rollenerwartungen bedürfen dagegen der Interpretation. Nicht jeder fühlt sich freilich in der Lage, Mehrdeutigkeiten einer Rolle zu ertragen oder sogar für eine kreative Rollengestaltung zu nutzen, indem es ihm gelingt, »die Rollenambiguität durch ein angemessenes Verhältnis von Rollenübernahme und Rollenentwurf zu balancieren« (*Habermas*, 1973; 128).

»Autoritäre Persönlichkeit«

So weicht man, ähnlich wie bei einer Überforderung durch Rollenambivalenzen, leicht in Extremformen vorschneller Anpassung an die Rolleninterpretationen anderer (mächtiger) Personen oder auch pseudo-autonomer Leugnung von Rollenverpflichtungen schlechthin aus. Vor allem der Sozialcharakter der »Autoritären Persönlichkeit«, wie er in einem berühmten Forschungsprojekt von Mitgliedern des Frankfurter Instituts für Sozialforschung zur Zeit der Emigration vor den Nazis in den USA untersucht wurde (*Adorno* u.a., 1968), zeichnet sich – neben anderen Merkmalen – durch besonders geringe Belastbarkeit im Hinblick auf Ambiguitäten der sozialen Situation aus; »klare Verhältnisse« schätzt er über alles.

Das zwanghaft imitative (»brave«) Verhalten, das Pflegekinder unmittelbar nach Aufnahme in eine neue Familie häufig zeigen, ist ein anderes Beispiel für die Überforderung durch Rollenambiguitäten. Von unerfahrenen und schlecht beratenen Pflegeeltern wird es häufig als Zeichen einer gelungenen Integration des Kindes glücklich vermerkt – und gründlich missverstanden; denn die anstrengende Phase, in der das Pflegekind die Handlungsspielräume seiner neuen Rolle erkundet – und dabei mehr als einmal aus der Rolle fällt – steht noch bevor. Dieser Prozess, der die Pflegeeltern häufig bereits an ein Scheitern ihrer Bemühungen denken lässt, ist dann in Wirklichkeit nichts anderes als die Rückkehr des Kindes zur Normalität, das heißt zur altersgemäßen Auseinandersetzung mit der Ambiguität sozialer Erwartungen (vgl. dazu *Nienstedt/Westermann*, 1995; 43 ff.).

Ein bestimmter Grad von Ambiguitätstoleranz schützt also nicht nur vor bestimmten Fehlentwicklungen der Persönlichkeit, sei es ein autoritärer oder auch ein infantil-anarchistischer Charakter. Er bedeutet auch eine ganz entscheidende Chance, vorgegebene Rollenerwartungen in persönliche Autonomie und Handlungsfähigkeit umzusetzen.

c) Rollendistanz

Die Fähigkeit, auf Abstand zu eigenen Rollen zu gehen, dokumentiert sich schon in den eben erörterten Formen der persönlichen Belastbarkeit durch repressive und diffuse soziale Rollen. Rollendistanz könnte daher auch als Oberbegriff für solche Beweise persönlicher Autonomie und Gestaltungsfähigkeit im Rollenhandeln gelten. Ungefähr so wird der Begriff beispielsweise von *Dreitzel* (1968; 212 ff.) verwandt, der zwischen positionsnegierender und positionsbejahender Rollendistanz unterscheidet:

> »Einmal handelt es sich bei der Distanzierung von der zugemuteten Rolle um eine *Ablehnung* der entsprechenden Position, zum anderen geht es eher um den Ausdruck einer gewissen *Souveränität*, mit der das Individuum mit seiner Rolle verfährt.« (*Dreitzel*, 1968; 214).

»Positionsbejahende Rollendistanz«

Positionsbejahende Rollendistanz, der im Konzept der Handlungskompetenz offenbar ein wichtiger Platz zukommt, lässt sich übrigens an bestimmten Verhaltensweisen leicht erkennen, zum Beispiel an der gelegentlichen Ironisierung und Verfremdung vermeintlich zwingender Rollenverpflichtungen und an der Fähigkeit zum Perspektiven- und Rollenwechsel in prekären Situationen – z.B. im Wechsel von der Vorgesetzten- zur Kollegenrolle (siehe dazu auch *Dreitzel*, 1968; 219/220).

Plädoyer für »mittlere Lösungen«

Frustrationstoleranz, Ambiguitätstoleranz und Rollendistanz fördern individuelle Handlungsautonomie und Situationsbeherrschung – diese Theorie ist im Grunde ein Plädoyer für die Vermeidung von Extremen, sei es der totalen Rollenablehnung und -flucht, sei es des gänzlichen Aufgehens in der sozialen Rolle auf Kosten aller individuellen Bestrebungen und Äußerungen. Und wegen dieser Orientierung an mittleren Lösungen wird man aus den Vorstellungen präzise Erziehungsziele oder gar pädagogische Richtlinien kaum herausdestillieren können. Aber sie benennen die Dimensionen, in denen eine qualifizierte und verantwortliche Pädagogik ihre Ziele bestimmen muss.

2.1.3.5 Aufbau der Basis-Persönlichkeit

Identität und Handlungskompetenz entwickeln sich immer in einem bestimmten kulturellen Umfeld. Welche Werte und Normen, welche kulturellen Perspektiven und Motive den Rollen im Einzelnen zugrundeliegen, ob also etwa die gesellschaftlichen Erwartungen mehr auf Aggressivität und Durchsetzung oder auf Sanftheit im sozialen Umgang dringen, ob Mystik und Religion, ob Rationalismus und Skepsis im Denken und Verhalten der Menschen eine Rolle spielen oder nicht, ob eher Leistung und Askese oder Außendarstellung und Lebensgenuss die sozialen Beziehungen und die wechselseitigen Erwartungen bestimmen, das kann für den Sozialisationsprozess nicht gleichgültig sein.

Kultur

Diese Inhalte – Wissen und Erfahrung, Symbolik und Rituale, Werte und Normen einer Gesellschaft – nennen wir ihre Kultur, und Sozialisation wäre damit auch der Prozess, durch welchen eine Gesellschaft ihre kulturellen Inhalte an die Menschen immer neuer Generationen weitergibt. Auf diese Weise stellt sich Gesellschaft auf Dauer und gewinnt ihrerseits gleichsam »Identität« – ein beiläufiger Hinweis auch darauf, dass man Sozialisationsvorgänge auch unter dem Aspekt ihrer Funktionalität für Gesellschaften – anstatt für Individuen – betrachten kann.

Enkulturation

Von grundlegender Bedeutung für die soziale Entwicklung eines Menschen sind dabei sicherlich jene zentralen kulturellen Inhalte – Basis-Werte, -Symbole und -Wissen –, deren Beherrschung nicht nur Bedingung gesellschaftlicher Tüchtigkeit in einem kulturellen Milieu ist, die vielmehr zunächst einmal Grundlage für sekundäre Sozialisationsprozesse in diversen sozialen Bereichen (Beruf, Politik, Schule u.ä.) sind. Mit der Aneignung dieser Inhalte – man spricht auch von Enkulturation (*Claessens*, 1972, insbesondere 120 ff.) – entwickelt sich die sogenannte soziokulturelle Basispersönlichkeit als Inbegriff eines Charaktertyps, dem die Menschen einer sozialen Schicht, eines Milieus, einer Geschichtsepoche oder einer sonstigen kulturell bedeutsamen, gemeinsamen Soziallage alle mehr oder weniger folgen, und der sie von den Mitgliedern eines fremden Kulturbereichs unterscheidet.

Was gemeint ist, lässt sich am besten anhand einiger mehr oder weniger berühmter und prägnanter Sozialcharaktere demonstrieren, die in den Sozialwissenschaften entwickelt, erforscht und beschrieben wurden. Zu nennen wären unter anderem

»Protestantischer Berufsmensch«

- der einer »protestantischen« Leistungsethik verpflichtete »Berufsmensch« (sh. Kap. 6.1.3), der, eingespannt in das »stahlharte Gehäuse« des Kapitalismus, spezialisierte Teilqualifikationen auf Kosten allseitiger Persönlichkeitsentfaltung kultiviert (*Weber*, 1965, insbesondere 187 ff.);

»Autoritäre Persönlichkeit«

- die »autoritäre Persönlichkeit« (*Adorno* u.a., 1968), die unter anderem durch starre Bindung an konventionelle Werte, Ablehnung aller »Andersartigen«, fraglose Unterwerfung unter fremde Autorität, eine »verklemmte« Sexualität, soziale Ressentiments und Vorurteile sowie ein Denken in einfachen, meist polaren Kategorien charakterisiert wird (siehe dazu z.B. *Gottschalch*, 1985; 105/106);
- die von *Riesman* und seinen Mitarbeitern entwickelten Charaktere des traditionsgeleiteten, innengeleiteten und außengeleiteten Menschen:

»Traditionsgeleitete«, »innengeleitete«, »außengeleitete« Menschen

Während der erste in einer relativ stabilen, kulturell langlebigen Gesellschaft eine Art »konventionelle Verhaltenskonformität« (*Riesman*, 1985; 27) herausbilden kann, ergeben sich in einer expandierenden Gesellschaft immer wieder »neue Situationen, die ein festgelegter Kodex von Regeln nicht im voraus erfassen kann« (ebenda 32): Daher wird im Zeichen eines neuen, »innengeleiteten« Sozialcharakters »die Kraft, die das Verhalten des Individuums steuert, (...) verinnerlicht, d.h. sie wird frühzeitig durch die Eltern in das Kind eingepflanzt und auf prinzipiellere, aber dennoch unausweichliche Ziele gerichtet« (ebenda 31). Der dritte, »außengeleitete« Typus schließlich entspricht einer post-industriellen Welt, in der »anstelle der materiellen Bedingungen nun die anderen Menschen zum Problem werden (...). Das gemeinsame Merkmal der außengeleiteten Menschen besteht darin, dass das Verhalten des einzelnen durch die Zeitgenossen gesteuert wird (...). Der außengeleitete Mensch ist ›Weltbürger‹ (...); schnell verschafft er sich vertraulichen, wenn auch oft nur oberflächlichen Umgang und kann mit jedermann leicht verkehren« (ebenda, 34, 38, 41).

»Individualisierte« Persönlichkeit

- der einer »individualisierten Gesellschaft« angepasste Sozialcharakter, dem neben Klassen- und Schichtzugehörigkeit auch die Sicherheit familialer und sonstiger sozialer Dauerbindungen fehlt: Hier »muss der einzelne (...) bei Strafe seiner permanenten Benachteiligung lernen, sich

> selbst als Handlungszentrum, als Planungsbüro in bezug auf seinen eigenen Lebenslauf, seine Fähigkeiten, Orientierungen, Partnerschaften usw. zu begreifen (...) Dies bedeutet, dass (...) für die Zwecke des eigenen Überlebens ein ich-zentriertes Weltbild entwickelt werden muss, das das Verhältnis von Ich und Gesellschaft sozusagen auf den Kopf stellt und für die Zwecke der individuellen Lebensgestaltung handhabbar denkt und macht« (*Beck*, 2003; 217/18).

Die Basispersönlichkeit, wie immer sie charakterisiert ist, ist kein formuliertes Erziehungsziel, sondern das Ergebnis milieu- und kulturspezifischer, oft sehr alltäglicher und beiläufiger Einflüsse auf die Menschen, deren Bedeutung ihnen gar nicht bewusst sein muss. Insbesondere die elementaren Kulturtechniken (Sprechen und nicht-sprachliche Kommunikation, Körperhygiene, Essen und Trinken, Spiel und ästhetische Darstellung u.a.m.) und die Art und Weise ihrer Vermittlung (streng oder permissiv, zielgerichtet oder diffus, in emotional »warmem« oder neutralem Klima) durch Bezugs- und Dauerpflegepersonen (Erzieher, Eltern), die immer auch als Modell wirken, dürften den Sozialcharakter formen.

Prozess der Zivilisation

Wie Änderungen dieses Sozialcharakters mit gesellschaftlichem Strukturwandel einhergehen, hat *Norbert Elias* in seiner 1938 entstandenen, großen Arbeit »Über den Prozess der Zivilisation« (1976) dargelegt. An reizvollen und bisweilen kuriosen Beispielen unter anderem aus dem Bereich der Tischsitten, Hygienevorschriften und Höflichkeitsregeln zeigt er die Parallelität von nationalstaatlicher Machtzentralisation am Ausgang des Mittelalters (Stärkung der königlichen Zentralgewalt auf Kosten der verstreuten Feudalherrschaft) und Entstehung eines »zivilisierten« Menschentyps, der es gelernt hat, seine Triebimpulse in geordnete Bahnen zu lenken und den ganzen Affekthaushalt einem rationellen Management zu unterwerfen: »Die Verwandlung des Adels aus einer Schicht von Rittern in eine Schicht von Höflingen ist ein Beispiel dafür« (*Elias*, 1976 (II); 322).

2.1.4 Sozialisationsbedingungen

Dimensionen gelungener Sozialisation

Rezepte für das Gelingen von Sozialisationsprozessen sind weder aus der wissenschaftlichen Theorie abzuleiten, noch hält der pädagogische Alltag sie parat. Aber ganz nutzlos scheinen die vorgetragenen theoretischen Konzepte dennoch nicht zu sein. Indem sie Sozialisation als Prozess der Lösung verschiedener, zusammenhängender Probleme darstellen – Identitätsbildung, Erwerb von Handlungskompetenz, Aufbau einer Basispersönlichkeit – weisen sie die pädagogische Praxis zumindest auf strategische Dimensionen des Handlungsfeldes hin, innerhalb derer es sich entscheidet, wie der Prozess im einzelnen Fall gelingt. Ein einzelner Jugendlicher bedarf, seinem Entwicklungsstand entsprechend, eher eines emotional »dichten«, weitgehend überraschungsfrei geordneten und kontinuierlich sich entwickelnden Milieus, das ihn nicht nur von allzu strengen Verpflichtungen auf absehbare Zeit entlastet, sondern ihm auch mit jener Toleranz begegnet, in deren Schutz er kogni-

Dimensionen des Sozialisationsprozesses: Sozialisationsbedingungen		
Niedrigere Alters-/Entwicklungsstufen		**Höhere Alters-/Entwicklungsstufen**
Alltag: Entlastung von Verpflichtungen, Wohlbefinden, Freizeit	⇒	*Förderung:* Förderung in spezifischen Arrangements (Schule, Erziehung, Therapie u.ä.)
Versorgung: Sicherstellung der materiellen Bedingungen der Sozialisation	⇒	*Verselbstständigung:* Vermittlung von Lebenstüchtigkeit und ökonomischer Urteilsfähigkeit
Emotionalität: Herstellung und Stabilisierung emotionaler Bindungen zu Bezugspersonen	⇒	*Autonomie:* Vermittlung von emotionaler Selbstständigkeit und Sicherheit durch Ablösungschancen
Konsistenz: Herstellung einer nicht zu komplexen, didaktisch vereinfachten, überschaubaren und überraschungsfreien Beziehungsstruktur und Umwelt	⇒	*Anregungsreichtum:* Angebot vielfältiger, komplexer Umweltreize (Werte, Eindrücke, Wissen, Beziehungen)
Biographische Kontinuität: Verzicht auf häufige Wechsel des Lebensfeldes	⇒	*Pers. Entwicklung:* Vermittlung in neue Milieus und Beziehungen
Toleranz: Angebot eines fehler- und experimentierfreundlichen Milieus (normativ und kognitiv)	⇒	*Soziale Kontrolle:* Sanktionierung abweichenden Verhaltens, Grenzsetzung

tive und moralische Kompetenzen entwickeln und erproben kann; ein anderer Jugendlicher, möglicherweise gleicher Altersgruppe, aber mit anderen Entwicklungsbedingungen, würde dagegen ein solches, allzu überschaubares und geschlossenes Milieu als anregungsarm und künstlich erleben: Er bedarf stattdessen gezielter Förderung, verstärkter Angebote zu Verselbstständigung und emotionaler Unabhängigkeit, eventuell auch klarer Grenzziehungen.

Das Optimum zwischen den Positionen, die in dem folgenden Schema als Polaritäten ausgewiesen sind, ist für jedes Kind, jeden Jugendlichen in jeder der Dimensionen anders zu bestimmen, und hierbei bietet die Theorie dem Erzieher nur wenig Hilfen. Zudem ist es ein gleitendes Optimum, dessen Lage sich mit voranschreitender Entwicklung des Kindes/Jugendlichen verschiebt. Ihre Sozialisationsbedürfnisse müssen Kinder und Jugendliche also letztlich selbst artikulieren – Theorie und Berufserfahrung helfen den Erziehern allenfalls, die richtigen Fragen zu stellen, die Antworten richtig zu interpretieren, und, etwa in der gemeinsamen Planung erzieherischer Hilfen gem. § 36 KJHG, zu vernünftigen Entscheidungen zwischen den verschiedenen Optionen – ambulante Hilfe, Heimerziehung, Pflegefamilie, Einzelbetreuung u.a. – und zu ihrer angemessenen Ausgestaltung im Einzelfall beizutragen.

2.2 Familie und familiale Alternativen

Sozialisation außerhalb von Familien

Primäre Sozialisation vollzieht sich, um die Einleitung des Kapitels wiederaufzunehmen, nicht nur in Familien. Andere Instanzen und Institutionen sind ebenfalls beteiligt, und zwar ergänzend (Krippe, Kindergarten, Tagesheimgruppe u.ä.) oder als Ersatz und Alternative im Hinblick auf die familiale

Sozialisation (zum Beispiel Heime und Wohngruppen der Jugendhilfe, andere stationäre Einrichtungen für Kinder und Jugendliche). Familien ihrerseits kann man nicht auf die Sozialisationsfunktion reduzieren, weil sie für viele Menschen diese Funktion überhaupt nicht haben können – und dennoch existenziell wichtig sind. Man denke etwa an die hohe Anzahl kinderloser Ehen: So waren von den 1960 geschlossenen Ehen in der Bundesrepublik nach sechsjähriger Dauer nicht weniger als 21 Prozent kinderlos, ein Anteil, der bei den 1975 geschlossenen Ehen sogar auf fast ein Drittel anstieg, um für Ehen des Jahres 1990 mit sechsjähriger Dauer allerdings wieder auf ein Viertel zurückzugehen (bei Einbezug der neuen Länder ist der Rückgang weniger deutlich) (*Engstler*, 1999; 106). Aber auch die Familien mit Kindern sind für ihre Mitglieder nicht nur Sozialisationsinstanz, sondern zugleich Haushalt, alltägliches Lebensfeld und Bezugsgruppe, soweit sich diese Aspekte von der Sozialisationsfunktion trennen lassen. Es ist also, wie bereits früher bemerkt, allenfalls ein mehr oder weniger großer Überschneidungsbereich, in dem sich Probleme der Familie mit solchen der Primärsozialisation treffen.

Familien ohne Sozialisationsfunktionen

2.2.1 Familie: Modell oder Schimäre?

Variabilität der Familienformen

Welche Chancen räumen die Soziologen der Familie als gesellschaftlicher Institution noch ein? Sie verweisen nicht nur auf eine bunte Pluralität der Lebensformen, die heute an die Seite oder gar an die Stelle eines traditionell gepflegten Familienlebens trete, sie beobachten auch eine nachhaltige Erschütterung des herkömmlichen familialen Leitbildes – was die Dauer, die Funktionen, die Exklusivität und andere Merkmale dieses Beziehungstyps betrifft. Die schon klassische Prognose lautet, dass in der individualisierten Gesellschaft »nicht ein Typus von Familie einen anderen verdrängt, sondern dass eine große Variationsbreite von familialen und außerfamilialen Formen des Zusammenlebens nebeneinander entstehen und bestehen wird« (*Beck*, 2003; 195). Die Inflation von Familienbezeichnungen, insbesondere in den achtziger Jahren, gibt Zeugnis von dem Bemühen, solche Variationen auf den Begriff zu bringen. Ein Literaturüberblick (*Lange*, 1999; 10) findet die folgenden Ausdrücke; die meisten von ihnen sprechen auch ohne Erläuterung für sich: »Verhandlungsfamilie auf Zeit« (*Beck*), »Von der Eltern- zur Kindfamilie« (*Beck-Gernsheim*), Patchwork-Familie« (*Bernstein*), »Serial marriages« (*Brody*), »Antifamilie-Familien« (*Buchholz*), »Minimal family« (*Dizard/Gadlin*), »Matrixfamily« (*Dychtwald/Flawer*), »Sukzessivehen« (*Fürstenberg*), »Zweitfamilie« (*Giesecke*), »Werkstattfamilie« (*Glaser*), »Multiple Elternschaft« (*Gross/Hohner*), »Hybridfamilien« (*Hoffmann-Nowotny*), »Fragmentierte Elternschaft« (*Hoffmann-Riem*), »Fortsetzungsfamilie« (*Ley/Borer*), »Commuter-Ehe« (d.i. eine regelmäßig aus beruflichen Gründen getrennte Beziehung) (*Peuckert*), »Postmoderne Familie« (*Shorter*), »Neue Haushaltstypen« (*Spiegel*), »Temporäre Schwiegerfamilie« (*von Trotha*), »dual-earner, dual-career-families« (Diverse amerik. Autoren).

Polarisierung der Familienformen

Stellt man dem das Bild der amtlichen Statistik gegenüber, so wird deutlich, dass ein Teil dieser Vielfalt auf das Konto des Differenzierungsvermö-

Private Lebensformen der Bevölkerung im Alter von 18 und mehr Jahren, 1972 und 1996 (%)

Lebensformen		1972 früheres BRD	1996 früheres BRD	1996 neue Länder
Ledige Kinder		9,9	9,5	9,4
Alleinlebende	ledig	4,4	8,9	5,7
	nicht mehr ledig	9,2	11,1	11,1
Mit Partner, ohne Kinder	verheiratet	25,5	28,0	28,4
	unverheiratet	0,5	4,3	3,6
Mit Partner und Kindern	verheiratet	43,3	31,8	32,2
	unverheiratet	0,1	1,0	3,6
Alleinerziehende		3,3	3,2	4,2
Sonstige		3,9	2,2	1,7
Zusammen		100,0	100,0	100,0
Bev. im Alter von 18 u. mehr Jahren (Tsd.)		44 502	53 166	12 223

Quelle: Statistisches Bundesamt, Mikrozensus, Zahlen nach *Engstler*, 1999; 25

gens, aber auch der Phantasie und der sprachlichen Originalität der Autoren geht. »Die Pluralität der Familie ist offensichtlich zu einem wesentlichen Teil eine solche der Begriffe.» (*Lüscher*, 1995; 6). Neuere Diagnosen nehmen denn auch die These einer durchgängigen Pluralisierung der Lebensformen zugunsten einer *Polarisierungsthese* zurück; danach entwickeln sich, zum Mindesten in Deutschland, Familiensektor – das sind alle Formen des Zusammenlebens mit Kindern – und Nichtfamiliensektor gegensätzlich: »Die Gesellschaft spaltet sich in einen wachsenden Sektor pluraler nicht-familialer Lebensformen und einen schrumpfenden, in sich relativ strukturstarren Familiensektor.« (*Strohmeier,* 1995; 18).

Bewusstseinswandel – strukturelle Konstanz

Allerdings verbirgt sich unter der nach wie vor mit 32 Prozent dominierenden familialen Standardform der Ehe mit Kindern heute sicherlich ein breiteres Spektrum von Optionen der Lebensbewältigung und -gestaltung als früher (vgl. *Schneider, Rosenkranz, Limmer,* 1998; 12), und auch die Besetzung der statistisch erfassten Alternativen ist seit 1972, mit Ausnahme des Alleinerziehendenstatus und der Restkategorie der »Sonstigen«, deutlich angewachsen. Die Statistik verbirgt darüber hinaus die Wechsel zwischen verschiedenen Lebensformen in den individuellen Biographien, die immer häufiger werden und zu einer »zunehmenden Verschmelzung von Lebensform und Lebensphase« (*Schneider/Rosenkranz/Limmer,* 1998; 204) führen. Insgesamt freilich scheinen die faktischen Änderungen der durchschnittlichen Lebensform der Bevölkerung doch ein wenig hinter dem Ausmaß des Bewusstseins- und Einstellungswandels zurückzubleiben, den gerade Fragen des familialen Zusammenlebens in den letzten Jahren erfahren haben. Auch in differenzierteren Darstellungen findet man »zwar eine breite Vielfalt von Lebensformen (...), die deutliche Mehrheit der Bevölkerung lebt aber in einer außerordentlich kleinen Anzahl an Lebensformen.« (*Höhn/Dorbritz,* 1995; 169).

Normalisierung durch Pluralisierung

Es sind also weniger die gewandelten Verhältnisse, als deren neue Bewertung, die dazu beitrugen, zwar immer schon vorhandenen, aber lange Zeit tabuisierten, diskriminierten oder auch kriminalisierten Lebensformen –

Alleinerziehende, unverheiratet Zusammenlebende, homosexuelle Partnerschaften, Stieffamilien, Scheidungsfamilien u.a. – einen Platz im Bereich bürgerlicher Normalität zu sichern. Für die Soziale Arbeit bedeutet diese Normalisierung eine beträchtliche Entlastung, wenn man etwa bedenkt, dass noch vor nicht einmal einer Generation »uneheliche« Kinder und Mütter, Ehescheidungen und »Scheidungskinder«, voreheliches Zusammenleben u.a.m. gleichsam unbesehen als Problem und Interventionsanlass galten.

Pluralisierung als Überforderung

Sie sind es allerdings zu einem Teil auch heute noch. Gerade die Soziale Arbeit bietet wenig Bestätigungen für jenen unterschwelligen Strukturoptimismus der Theoretiker der Postmoderne, die eine wachsende Pluralität der Familienformen gern als Resultat individueller Lebensplanung und selbständiger Entscheidung interpretieren (vgl. *BFSFJ,* 1995; 72). Die eigene Biographie als Projekt zu entwerfen und dieses Vorhaben auch nach Plan abzuwickeln, mag in der individualisierten Gesellschaft zwingendes Gebot sein. Fraglich ist, wie viele Menschen ihm tatsächlich gerecht werden. Und sicher erscheint, dass die hier vorausgesetzten Kompetenzen unter den sozial benachteiligten Adressaten Sozialer Arbeit besonders selten sind: Der »strukturelle Prozess sozialen Wandels ist angesichts von Verarmung nicht automatisch als Zugewinn individueller Freiheit, sozialer Chancen oder Planungs- und Entwicklungsmöglichkeiten zu verstehen.« (*Karsten,* 1996; 217). Daher sind es in aller Regel keine »Lebensentwürfe« im Sinne auch nur halbwegs authentischer Perspektiven, wenn Jugendliche aus ihrer Familie desertieren, Eltern die Erziehung ihrer Kinder an eine Pflegefamilie delegieren, geschiedene Paare sich das Sorgerecht teilen, sechzehnjährige Mädchen schwanger werden. Auch die alternative Familienformen, »in erster Linie die zunehmende Anzahl Alleinerziehender, sind überwiegend Überbleibsel gescheiterter Normalfamilien« (*Strohmeier,* 1995; 17).

Wäre es anders, wären diese Erscheinungen tatsächlich keine Zeugnisse strukturell oder persönlich bedingten erzieherischen Versagens, elterlicher Inkompetenz, familialer Desorganisation und Überlastung sowie jugendlicher Überforderung, wären viele Interventionsformen der Sozialen Arbeit, wie sie auch das Kinder- und Jugendhilfegesetz als erzieherische Hilfen vorsieht, schlicht überflüssig. Sie setzen gerade dort an, und sind auch nur dort erforderlich, wo Menschen zu selbständigen und verantwortlichen Entscheidungen offensichtlich nicht oder noch nicht in der Lage sind. Verantwortungsvolle, planungstüchtige und sozial kompetente Eltern sind dagegen in einer Zeit des rapiden Ausbaus ambulanter erzieherischer Hilfen so gut wie nie auf das stationäre Hilfsangebot beispielsweise einer Heimunterbringung nach § 34 KJHG angewiesen, wenn sie denn überhaupt Klienten Sozialer Arbeit werden.

Optimistisches Menschenbild des KJHG

Das Kinder- und Jugendhilfegesetz, mit dem die Praxis arbeiten muss, geht freilich mit unverbrüchlichem Optimismus vom Bild des grundsätzlich kompetenten – und eben nicht strukturell benachteiligten – Klienten aus (*Biermann,* 2004): Gegen jede Erfahrung wird beispielsweise unterstellt, dass sich Eltern in der Regel von sich aus bei erzieherischen Problemen an das Jugendamt wenden, dass sie die Fremdplatzierung ihres Kindes in einer Pflegefamilie oder in einem Heim als erzieherische Hilfe, d.h. als freies Angebot und nicht als Intervention wahrnehmen und begrüßen, dass sie sich aktiv, authentisch und verantwortungsvoll an der Hilfeplanung nach § 36 beteiligen – als wenn nicht gerade das Fehlen dieser Verantwortlichkeit in aller Regel Ursache und Auslöser der erzieherischen Hilfe wäre. »In den Schwierigkeiten einer Mitwirkung von Kindern und Eltern am Hilfeprozess deutet sich eines der derzeitigen Grundprobleme von Jugendhilfe an. Insbesondere besteht in einer idealistischen Überhöhung der Fähigkeiten der Adressaten und der Fachkräfte der Jugendhilfe, welche die Aufgabe haben, den Adressaten die Beteiligung zu ermöglichen, die Gefahr, dass unter einer rechtlich-politischen Prämisse sowohl die tatsächlichen Notlagen von Kindern als auch ihre als Entwicklungsmöglichkeiten sich abzeichnenden und einer Förderung bedürftigen Potentiale vernachlässigt werden« (*BFSFJ*, 1998; 261).

Familie als Modell in der Sozialen Arbeit

Sind aber die vielfältigen Beispiele unkonventionellen Lebens und abweichenden Verhaltens, mit denen die Soziale Praxis konfrontiert ist, in der Regel nicht Zeugnis einer authentischen, gelungenen Ablösung von den gesellschaftlichen Standardvorgaben der Lebensgestaltung, sondern eher der Überforderung durch diese, muss auch das familiale Modell in der Sozialen Arbeit seine Bedeutung behalten: Zum einen als Bezugsrahmen für die Bearbeitung einer Vielzahl personaler und sozialer Probleme – versteckte Beziehungsstörungen und offene Konflikte zwischen Eltern und Kindern, Männern und Frauen, Gewalt und Ausbeutung, Erziehungsnotstände und alles andere, das im konventionellen Familienidyll meist ausgeblendet wird. Zum anderen wegen der positiven Perspektiven, die das familiale Modell für die Planung erzieherischer und anderer sozialer Hilfen ebenfalls bieten kann: Wenn etwa erzieherische Hilfen nach wie vor durch Familienpflege oder auch durch »familienanaloge« Formen der Heimerziehung geleistet werden, so nutzt man hier offenbar – fernab jeder Idealisierung »der« Familie – bestimmte Struktureigenschaften, durch die Familien sich bei der Lösung sozialisatorischer und erzieherischer Aufgaben bewähren. Dieser berufstypische »sozialpädagogische Familialismus« (*Karsten*) ist nicht unproblematisch, lässt doch möglicherweise die Familie als »kleinster Nenner von Lebensgestaltung in der Sozialarbeit (...) Perspektiven oder Erwartungen hinsichtlich einer aktiven Gestaltung von Lebensweisen gar nicht erst aufkommen« (*Karsten,* 1996; 218).

»Sozialpädagogischer Familialismus«

Familiensoziologie ist indessen nicht auf »die Familie« fixiert. Sie befasst sich mit sozialen Strukturmerkmalen und -zusammenhängen, die keineswegs exklusiv von Familien beansprucht werden, die wir vielmehr in vielen Abwandlungen auch in alternativen Lebenszusammenhängen erkennen können. Eine solche Perspektive kann vielleicht auch zur Korrektur eines allzu konventionellen Familialismus in der Sozialen Arbeit beitragen.

2.2.2 Familien: Eine erste Ordnung in der Vielfalt

Soziologen denken, wenn sie von der Familie sprechen, auf Anhieb an nichts anderes als jedermann. Der Alltagsbegriff ist freilich einigermaßen unscharf und macht bei intensiverer Überlegung bald begriffliche Differenzierungen erforderlich. Die Soziologie empfiehlt zunächst drei Ebenen der Differenzierung:

eine morphologische Ebene, auf der wir Familien schlicht nach ihrer Größe unterscheiden; eine sozio-strukturelle Ebene, die die unterschiedlich weit reichende Einbeziehung verwandtschaftlicher Bindungen in den familialen Lebenszusammenhang sichtbar macht, schließlich eine zeitliche Ebene, auf welcher Familien in jeweils anderen Phasen ihrer Entwicklung in Erscheinung treten.

a) Familiengröße

Entwicklung zur kleinen Familie

Die einfache Anzahl der in einer Familie zusammenlebenden Menschen verdient sowohl in der theoretischen Betrachtung als auch in der praktischen Arbeit Beachtung. Meist ist es die höhere Kinderzahl, und nicht etwa eine Vielzahl von Erwachsenen – neben den Eltern die Großeltern und andere Verwandte –, die große Familien vor kleineren auszeichnet. Auch Großfamilien in diesem Sinne sind aber bekanntlich selten geworden: Blicken wir über einen längeren Zeitraum, so zog 1900 noch fast die Hälfte aller Ehepaare vier oder mehr Kinder auf, während der zu Beginn der achtziger Jahre schon häufigste Familientyp (Ehen mit 2 Kindern – die durchschnittliche Kinderzahl lag 1980 bereits deutlich unter 2!) um die Jahrhundertwende etwa ein Sechstel ausmachte; zusammen mit den kinderlosen und Einkind-Ehen ergab sich um 1900 ein Anteil von 37 Prozent, der bis 1977 auf fast 90 Prozent anwuchs (*Wingen*, 1980, zit. n. *Mühlfeld*, 1982; 54). Betrachten wir lediglich die Familien (einschließlich der nichtehelichen Lebensgemeinschaften und der Alleinerziehenden) mit Kindern unter 18 Jahren, so hat sich bei ihnen zwischen 1972 und 1996 der Anteil der größeren Familien mit drei und mehr Kindern von 22 auf 12 Prozent verringert, derjenige der Einkindfamilien dagegen von 43 auf 50 Prozent erhöht (*Engstler*, 1999; 52).

Die Gründe dieser säkularen Entwicklung zur kleinen Familie und ihre bevölkerungspolitischen, ökonomischen und sozialen Folgen sollen hier nicht im einzelnen erörtert werden (siehe dazu *Goode*, 1967b; 196; BFJG, 1979; 112). Doch trifft man in den Feldern Sozialer Arbeit auch heute auf größere und kleinere Familien, und dieser Unterschied ist unter verschiedenen Aspekten von Bedeutung:

Emotionale Dichte der kleinen Familie

- Nach dem sog. *Bossard*'schen »Gesetz der Familieninteraktion« (*Claessens*, 1972; 61), das sich auf die mit der Anzahl der Familienmitglieder überproportional wachsende Zahl der möglichen Beziehungen zwischen ihnen beruft – bei drei Mitgliedern beträgt sie drei, bei vieren bereits sechs, bei fünfen zehn Zweierbeziehungen – können in größeren Familien emotionale Beziehungen zwischen allen Mitgliedern nicht mit der gleichen Intensität gepflegt werden wie in kleinen. Mit großer Wahrscheinlichkeit bilden sich hier Untergruppen und Cliquen, etwa eine Art eigener Kinder-Subkultur, ein engerer Zusammenschluss der Eltern, eine besondere Solidarität der männlichen Familienmitglieder u.ä. Solche Binnenstrukturen sind für alle Arbeitsansätze, die die gesamte Familie einbeziehen (Familientherapie, Familienbehandlung) von Bedeutung. Umgekehrt muss man in kleineren und kleinen Familien oft mit einer übermäßigen Emotionalität der Beziehungen rechnen, unter der die Beteiligten leiden. Auch bei diesen Schwierigkeiten setzt Soziale Arbeit in Familien an.

Räumliche Mobilität der kleinen Familie

- Kleine Familien sind nicht nur übersichtlicher strukturiert, sondern auch beweglicher. Ihre räumliche Mobilität, schlicht die Fähigkeit zum Umzug, wenn es etwa Arbeitsmarktbedingungen verlangen, ist beträchtlich. Sie ergibt sich zum einen unmittelbar aus der geringen Gruppengröße, dann aber auch aus dem gleichsam statistisch geringeren Umfang der Kontakte, die solche Familien an ihr Umfeld binden, und dürfte eine Ursache der Dominanz dieses Familientyps in modernen Gesellschaften sein. Die Mobilität der kleinen Familie, ihre durch die Struktur des Wohnungsmarktes zusätzlich geförderte leichte Umsetzbarkeit, erklärt sicherlich zu einem kleinen Teil auch, warum es oft relativ große Familien sind, mit denen ein Jugendamt oder Sozialdienst über längere Zeiträume zu tun haben. Kleinere Familien sind oft mobil, ehe sie sich überhaupt als chronische Klientel Sozialer Arbeit an einem Ort etablieren können.

Strukturschwäche der kleinen Familie

- Kleinere Familien, ähnlich wie Eineltern-Familien, werden auch wegen ihrer höheren Verletzlichkeit seltener zu langfristigen Adressaten der professionellen Hilfe. Man kann annehmen, dass Belastungen hier häufig relativ schnell zu einer Auflösung der Familie führen, wie sich auch am Beispiel der Fremdplatzierung eines Kindes leicht zeigen lässt: Eine größere Familiengruppe wird durch die Trennung von einem Mitglied im Zweifel weniger in ihrer Struktur gestört als eine Gruppe vom Typ der Kleinfamilie. Für sie ist jede Fremdunterbringung, mag sie im übrigen auch begründet sein, ein Akt familialer Desorganisation. Diese Strukturschwäche der Kleinfamilie bei Personalverlusten gilt natürlich generell: Der Tod, die Krankheit, die berufliche oder anders bedingte Abwesenheit eines Mitgliedes sind immer auch ein Bestandsproblem der Gesamtgruppe.

b) Verwandtschaftsbeziehungen

Kernfamilie

Der Ausdruck »Kleinfamilie« wird häufig als Synonym für »Kernfamilie« verwandt (vgl. *Tyrell*, 1979; 18). Man denkt in beiden Fällen an die überschaubare Gruppe von Vater, Mutter und wenigen Kindern. Gelegentlich empfiehlt es sich allerdings, von der »Kernfamilie« im spezielleren Sinne einer bestimmten Familienstruktur zu sprechen, die sich mit verschiedenen Familiengrößen im Sinne der reinen Mitgliederzahl verbinden kann. Dabei gilt als Kernfamilie die Zweigenerationen-Gruppe von verheirateten Eltern und i.d.R. noch nicht verheirateten leiblichen Kindern im gemeinsamen Haushalt.

Kontraktionsgesetz der Familie

Auf die Kernfamilie, nicht auf die Kleinfamilie, bezieht sich das berühmte familiale Kontraktionsgesetz von *E. Durkheim*, nach welchem ein historischer Trend von »erweiterten« Familienformen der vorindustriellen Zeit (beispielsweise das Zusammenleben miteinander verwandter Kernfamilien und weiterer Verwandter, eventuell auch einer familialen Klientel von Bediensteten, unter patriarchalischer Leitung, auf den Begriff gebracht in der ständischen Vorstellung vom »Ganzen Haus«) hin zur Kernfamilie in modernen Gesellschaften besteht. Dass diese Kontraktion keineswegs bei der Kernfamilie Halt macht, sondern mehr und mehr den Eingenerationenhaushalt in den Vordergrund treten lässt, zeigt die folgende Statistik (s. S. 75).

Durkheims Kontraktionsgesetz teilt im Übrigen das Schicksal aller sozialen »Gesetzmäßigkeiten«: Es wurde von den Sozialwissenschaftlern selbst mit Fleiß demontiert und ist längst einer harmloseren Perspektive gewichen, die verschiedenen Geschichtsepochen und Kulturen jeweils eine Vielfalt nebeneinander existierender Familienformen zubilligt. So soll die Kernfamilie seit je her eine typische Lebensform der unteren sozialen Schichten gewesen sein (*König*, 1969; 211), wo freilich oft schon das einfache Familienleben ein Privileg darstellte und viele Menschen aufgrund ökonomisch orientierter Heiratsregeln und -verbote überhaupt nicht im Stande waren, jemals zu heiraten und eine Familie aufzubauen (*Mühlfeld*, 1982; 42).

»Kleinfamilie« und »Kernfamilie«

Die Aspekte der Mitgliederzahl und der verwandtschaftlichen Struktur von Familien lassen sich jedenfalls unabhängig voneinander verfolgen, so dass man durchaus von erweiterten Kleinfamilien und von größeren Kernfamilien sprechen kann. Berücksichtigt man die möglichen Übergangsformen zwischen den Extremtypen der Groß- und der Kleinfamilie, der erweiterten und der Kernfamilie, so ergibt sich schon eine differenzierte Beschreibung konkreter Familien. In der Sozialen Praxis hat die kernfamiliale Perspektive Bedeutung in verschiedener Hinsicht:

Kernfamilie als Maßstab

- Die Kernfamilie ist noch immer der fast selbstverständliche Maßstab für die Beschreibung und Analyse familienähnlicher Lebensformen, mit denen die Soziale Arbeit häufig konfrontiert ist: Nichteheliche Lebensgemeinschaften, Eineltern- oder Stiefelternfamilien u.ä. Verbindet sich mit dieser Praxis eine programmatische Entscheidung zugunsten der Kernfamilie, wird man ihr nicht ohne weiteres folgen wollen. Eine Verwendung der auf die Kernfamilie bezogenen soziologischen Aussagen als (»heuristische«) Hilfsmittel der Erkenntnis und Orientierungshypothesen für solche quasifamilialen Bereiche, für welche genuine Theorien noch kaum bereitstehen, dürfte hingegen nur wenig Widerspruch erregen.

Privathaushalte nach Generationenzahl, 1972 und 1996 (%)

Haushalte		**1972 frühere BRD**	**1996 frühere BRD**	**1996 neue Länder**
Haushalte ohne Kinder		50,6	65,2	60,5
2-Generationen-Haushalte	Partnerschaften (*»Kernfamilie«*)	39,0	27,8	31,5
m. ausschl. led. Kindern	Alleinerziehende	5,5	5,1	6,1
2-Gen.-Haushalte mit nicht mehr ledigen Kindern	(*»erweiterte Familie«*)	1,5	1,0	1,0
Haushalte mit 3 u. mehr Generationen	(*»erweiterte Familie«*)	3,3	1,0	0,9
Haushalte insgesamt		100,0	100,0	100,0
Anzahl		22 994	30 471	6 810

Quelle: Statistisches Bundesamt, Mikrozensus, Zahlen nach *Engstler* 1999; 49.

Desintegration der Kernfamilie

- Befürchtungen, nach denen die Kernfamilie, aufgrund der »Lösung aus festgefügten Verwandtschaftsgruppen (...), den unmittelbaren Kontakt zu wichtigen Funktionsbereichen der Gesellschaft verliert« (Desintegrationsthese, *Neidhardt*, 1975; 35), lässt sich entgegenhalten, dass Familien verwandtschaftlich nur selten vollständig isoliert sind. Meist bestehen Kontakte zur erweiterten Familie (Großeltern, Familien der Brüder und Schwestern der Eltern, andere Verwandte), wobei räumliche Nähe nicht unbedingt vorausgesetzt werden muss. Für diese Beziehungen gibt es auch heute die unterschiedlichsten, sachlichen Begründungen: gemeinsamer Besitz (und sei es als Gegenstand von Familienstreitigkeiten), rechtliche und moralische Verpflichtungen, gemeinsame Tradition und Familienkultur (*Lüschen*, 1988; 147) wie zum Beispiel familientypische Werte und Normen oder Trauer-, Feier- und Strafrituale. In gesellschaftlichen Krisen, wenn die staatlichen Institutionen der sozialen Absicherung ausfallen (*Schelsky*, 1953), aber auch in kritischen Phasen der Familienentwicklung (z.B. bei Problemen der Versorgung und Pflege alter Menschen), werden solche »erweiterten« Familienbeziehungen gern reaktiviert.

Autonomie der Kernfamilie

- Die These der familialen Desintegration, wenn sie denn einen beobachtbaren Trend wiedergibt, lässt sich im Übrigen gut mit Überlegungen zur Autonomie der Familien verbinden: Gerade die »segmentäre Millionenstreuung der Einzelfamilien« macht diese autonom und resistent gegenüber Beeinflussung: »Sehr viel weniger und sehr viel größere ›Familien‹ wären eben politisch, kirchlich usw. sehr viel leichter steuerbar« (*Tyrell*, 1979; 57).

Ressourcen der Kernfamilie

- In der Sozialen Arbeit liegt die Frage nach Verwandtschaftsbeziehungen der Kernfamilie zum einen deshalb nahe, weil hier möglicherweise Ressourcen der Hilfe genutzt werden können (insbesondere Pflegeleistungen, aber auch Vermittlung von Kindern in Verwandtenpflege, Bestellung von Verwandten als Erziehungsbeistände und andere Hilfen bis hin zur sprichwörtlichen »ambulanten Großmutter«), zum anderen aber auch, weil familiale Störungen in der Perspektive von Familienbehandlung und -therapie, insbesondere in ihren ganzheitlich-systemischen Ansätzen, nur unter Einbeziehung signifikanter Mitglieder der erweiterten Familie – z.B. der Großeltern – zu bearbeiten sind.

c) *Familienentwicklung*

Familie als Prozess

Selten macht man sich klar, dass eine Familie kein statisches Gefüge ist, sondern eigentlich angemessener als eine Folge unterschiedlicher Familienphasen, oft geradezu mit Episodencharakter, beschrieben wird. Wird der Familienbegriff nicht bereits strapaziert, wenn man ihn ebenso auf junge Eltern mit ihrem ersten Kind wie auf die Gruppe von Eltern im höheren Alter mit ihren herangewachsenen, zum Teil schon verselbständigten Kindern anwendet? »Familie«, wenn auch vielleicht nicht im vollen Wortsinne, ist aber auch schon das junge Ehepaar, das die Option für eigene Kinder erst nach einer Pause des Beziehungsaufbaus und der ökonomischen Stabilisierung wahrnehmen will, und in gleicher Weise das alleinlebende Ehepaar der nachelterlichen Phase. Schließlich sind auch die Phasen in sich keineswegs homogen und stabil, sondern besser als durchgängiger Entwicklungsverlauf des familialen Zusammenlebens zu beschreiben.

Familienzyklus

Diesem zeitlich-evolutiven Aspekt der Familie suchen unter anderem Konzepte des Familienzyklus gerecht zu werden. Sie erlauben ebenso die Beschreibung einer einzelnen Familie nach individueller Geschichte und aktuellem Entwicklungsstand wie die Darstellung der Familien einer bestimmten Gesellschaft oder gesellschaftlichen Entwicklungsstufe schlechthin, beispielsweise zu Zwecken des Vergleichs oder auch für die familienpolitische Planung. Für die generalisierende Betrachtung bedient man sich, um die einzelnen Familienphasen auch in ihrer exakten Dauer zu bestimmen, meistens statistischer Durchschnittswerte.

Natürlich ist eine Theorie der Familienentwicklung erst unter der Annahme einer relativen Unabhängigkeit der Familien von äußeren Einflüssen und der Selbststeuerung familialer Prozesse sinnvoll: »Die Entstehung und Entwicklung einer Partnerbeziehung sowie ihre Weiterentwicklung zu einer Familie stehen deutlich unter dem Einfluss von Größen, die im Verlaufe des Entwicklungsprozesses erst hergestellt werden. Gefühle, Verbindlichkeiten, Perspektiven, gegenseitige Erwartungen etc. entstehen im Laufe dieser Beziehungsgeschichte und steuern deren weiteren Verlauf« (*Schulz*, 1989; 114).

Die familienzyklische Betrachtungsweise bewährt sich vor allem im epochalen Vergleich von Familien, wie die folgenden Schaubilder zeigen.

Familienphasen

In der Regel beginnen diese Modelle der Familienentwicklung mit der Heirat; grundsätzlich spräche aber auch nichts dagegen, Zeiten einer vorehelichen Partnerschaft einzubeziehen, die sich nur durch fehlende rechtliche Bindung von der späteren Ehe unterscheiden. Es schließt sich eine längere oder kürzere vorelterliche Phase an, die mit der Geburt des ersten Kindes beendet ist. Dann folgt die Phase des Aufwachsens der Kinder, die mit der Trennung des letzten Kindes von der Familie in die sogenannte nachelterliche Gattenfamilie einmündet, die sich ihrerseits mit dem Tod eines der beiden Partner und der Witwenschaft des anderen auflöst. Als »Familienzyklus« im engeren Sinne gilt der Zeitablauf zwischen der Heirat und der endgültigen Auflösung der Kernfamilie, wenn das (letzte) Kind den elterlichen Haushalt verlässt, wobei die Vorstellung der Heirat der Kinder auf eine über die Generationen hinweg zusammenhängende Folge von Familienzyklen verweist.

Das in den Schaubildern verwendete Schema ist sehr pauschal; so geht es von einer gleichen Länge der vorelterlichen Phase der Familie zu den beiden Bezugszeitpunkten aus; es berücksichtigt nicht, dass die Kernfamilie in der Realität nicht abrupt, sondern nach einer fortschreitenden Lockerung der Eltern-Kind-Bindungen zu Ende geht, was durch Einschub einer »Auflösungsphase« (siehe dazu *Braun*, 1976; 70) zu verdeutlichen wäre; es wird der Entwicklung der durchschnittlichen Kinderzahl nicht völlig gerecht und macht willkürliche Annahmen hinsichtlich der zeitlichen Abfolge der Geburten. Trotzdem vermittelt es zwei wichtige Einsichten:

Familienzyklus um 1970, Daten nach *Ebel/Eickelpasch/Kühne* (1984, 95)

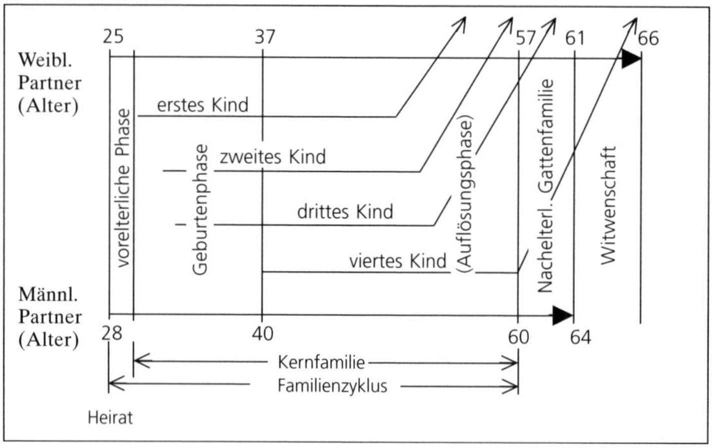

Familienzyklus um 1900

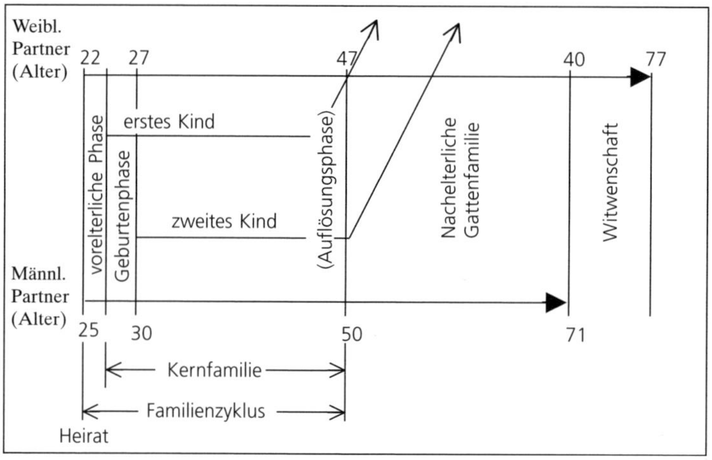

Verlängerte Paarbeziehungen

- Die Gesamtzeit des Zusammenlebens der Ehepartner hat sich zwischen den Vergleichszeitpunkten beträchtlich erhöht. Die Begründung liegt vor allem in der gestiegenen Lebenserwartung der Menschen: »Noch nie in der Geschichte lebten derart viele Menschen eine so lange Zeit ihres Lebens mit demselben Ehepartner zusammen wie heute trotz der sinkenden Eheschließungsneigung und des erhöhten Scheidungsrisikos« (*Nave-Herz*, 1988a; 75). Eine zweite Ursache, das zwischen 1900 und 1970 gesunkene durchschnittliche Heiratsalter, ist heute übrigens nicht mehr vorhanden: Seit 1975 ist diese Ziffer von 25 wieder auf die früheren 28 Jahre angestiegen (*BFSFJ*, 1995; 49)

Kernfamilie als Episode

- Die geringere Kinderzahl verkürzt den durchschnittlichen Familienzyklus. Dies führt, zusammen mit der gewachsenen Gesamtzeit des Zusammenlebens der Ehepartner, zu einer außerordentlichen Verlängerung der nachelterlichen Phase der Familie. Die Kernfamilie wird zunehmend zur Episode im Gesamtzusammenhang der Familienbiographie. Das macht jede Fixierung der Ehepartner auf eine Elternrolle, insbesondere von Frauen auf die Aufgaben von Mutterschaft und Erziehung, fragwürdig (*Nave-Herz*, 1988; 76) und lenkt die Aufmerksamkeit auf die Probleme der nachelterlichen Phase: Gelingt es den Partnern, für sich selber eine befriedigende Rolle und Funktion, für ihre Beziehung eine tragfähige, neue Grundlage zu finden?

Nutzen der familienzyklischen Perspektive

Das Konzept des Familienzyklus eröffnet den Zugang zu belangvollen Fragestellungen: Wie wirken sich eine Verlängerung der vorelterlichen Zeit des Zusammenlebens, ein Wandel in der Art und Dauer der Ausbildung der Kinder, eine Veränderung des Heiratsalters, Verschiebungen der Werte und Normen im generativen Bereich, eine verstärkte Tendenz zur Selbständigkeitserziehung u.a.m. auf die Phasenstruktur aus? Mit welchen typischen Krisen ist an den Übergängen zwischen den Phasen zu rechnen, wie werden sie bewältigt, und welche Beiträge leistet Soziale Arbeit in diesem Zusammenhang?

Für die Soziale Praxis ebenso bedeutsam sind Fragen nach Zusammenhängen mit anderen Variablen: Wie entwickelt sich etwa die monetäre Situation der Familie bei wechselnder Berufstätigkeit eines oder beider Ehepartner in verschiedenen Phasen des Familienzyklus (vgl. *Schweitzer/Hagemeier*, 1995)? Welche Formen des familialen Zusammenhaltes zwischen den Generationen können in der nachelterlichen Phase erwartet, unterstützt und für nichtberufliche Hilfen genutzt werden (vgl. *Schütze/Wagner*, 1995)?

Mängel des Konzepts

Der Erkenntnisgewinn, den die Phasenbetrachtung bietet, ist gleichwohl umstritten: So unterstellt man ihr wohl mit gewissem Recht eine Voreingenommenheit zugunsten der kernfamilialen Standardform und eine Vernachlässigung der vielfältigen Varianten des Zusammenlebens und der Erziehung und Versorgung der Kinder (*Schneider/Rosenkranz/Limmer*, 1998; 21). Ein anderer Einwand richtet sich gegen die Verwendung von Durchschnittswerten bei der empirischen Konkretisierung des Schemas, etwa für eine bestimmte Bevölkerung: Solche Mittelwerte beziehen sich ja auf immer andere Populationen (in das »durchschnittliche Heiratsalter« gehen z.B. auch jene Ehen ein, die schon bald wieder geschieden werden), so dass auch die aus der Mittelwertdifferenz ermittelten Phasenlängen fraglich sind. Auch die Grenzen zwischen den verschiedenen Phasen der Familienentwicklung können oft nur willkürlich festgelegt werden: Wann soll man etwa von der beginnenden Auflösung, wann vom endgültigen Abschluss der Kernfamilie sprechen? (vgl. *Höhn*, 1988; 57 ff.).

Heimerziehung und Familienzyklus

Einigermaßen nützlich ist die familienzyklische Perspektive freilich in der Sozialen Arbeit mit einzelnen Familien und Kindern, und hier bedeutet sie keineswegs eine Verpflichtung auf die Kernfamilie als einzige Form familialen Zusammenlebens. So müssen etwa Heime, die dem Vorbild der Kernfamilie folgen (familienanaloge Heimerziehung), auch mit einem Ende des Familienzyklus rechnen, zu welchem sie – im Interesse der Überschaubarkeit der gesamten Familiengruppe

– Kinder nicht mehr aufnehmen. In der Praxis bedeutet das oft nichts anderes, als dass die Erzieher nach einer gewissen Zeit (und meist in einem nicht gerade günstigen beruflichen Alter) das Kleinstheim aufgeben und sich eine neue berufliche Aufgabe suchen müssen, eine irritierende Perspektive, die den Fachkräften großer Heime erspart bleibt. Auch bei der Vermittlung von Adoptiv- und Pflegekindern ist die Entwicklungsphase der aufnehmenden Familie eine wichtige Variable: In welcher Weise verändert sich, bei Berücksichtigung des Alters und anderer Merkmale des vermittelten Kindes, die Biographie der Pflege- oder Adoptivfamilie, und was bedeuten diese Veränderungen für die Beteiligten?

Familienzyklus und Problementwicklung

Auf diese Weise stellen sich die Fragen einer familienzyklischen Betrachtungsweise überall, wo Erwachsene mit Kindern zusammenleben und dauerhafte Bindungen eingehen. Für die helfenden Berufe hält das Konzept allerdings noch eine andere Lehre bereit, die beruflichen Illusionen steuern könnte: Wenn familiale Phasen zeitlich eng begrenzt sind, so sind es auch die für sie typischen Problemstellungen; viele Schwierigkeiten spezieller Familienphasen, zum Beispiel die Beziehungsprobleme der Startphase, die Überforderung der Eltern bei der richtigen Versorgung ihrer kleinen Kinder, die sogenannten Erziehungsprobleme, die Konflikte mit den Heranwachsenden werden – ob mit oder ohne Intervention professioneller Pädagogik und Betreuung – nicht »gelöst«, sondern treten gleichsam unmerklich von selbst in den Hintergrund: Ihre Zeit ist abgelaufen, und darin liegt die »Lösung«.

2.2.3 Soziale Arbeit in Familien

Familie als Gruppe und als Institution

Da fast alle Menschen Mitglied einer Familie sind – wenn nicht einer Kernfamilie, so doch in der Regel eines familialen Verbundes im erweiterten Sinne –, und da Soziale Arbeit die sozialen Bindungen und Beziehungen ihrer Adressaten nicht ausklammern kann und will, sind Familien gleichsam der allgegenwärtige Hintergrund helfender Beziehungen (vgl. *Heraud*, 1973; 57). Sozialarbeiter und Sozialpädagogen sollten sich daher Klarheit über die Ziele ihrer Arbeit, bezogen auf die Familie verschaffen. Ein Großteil dieser Ziele lässt sich alternativ zwei Hauptperspektiven der Familiensoziologie zuordnen, deren eine sich auf die Beziehungen innerhalb der Familie richtet und so gleichsam eine Innenansicht bietet, während die andere die Aufgaben untersucht, die eine Familie für ihre Mitglieder und für ihre soziale Umwelt erfüllt (ähnlich *BSFSJ*, 1995; 25). Familie als Gruppe – Familie als Institution: das sind zwei Seiten einer Medaille.

2.2.3.1 Funktionssicherung: Familie als Institution

Familiale Funktionsprobleme

Meist sind es Schwierigkeiten mit bestimmten Funktionen, die Familien in Kontakt mit den helfenden Instanzen bringen. Erziehungsprobleme führen Eltern in die Erziehungsberatung oder – etwa zur Bestellung eines Erziehungsbeistandes – ins Jugendamt; bei Gefährdung der physischen Versorgung werden Leistungen der Sozialhilfe in Anspruch genommen; fehlender

Kompetenz im Umgang mit Geld und in der finanziellen Planung kommt die Schuldnerberatung zu Hilfe; in den besonderen Problemen einer Familienpflege berät das Jugendamt die Pflegeeltern; in der häuslichen Versorgung und Pflege alter Menschen unterstützen Sozialstationen die Familien. In allen diesen Beispielen orientiert sich die Soziale Arbeit an bestimmten, einigermaßen abgrenzbaren Aufgaben, deren Erfüllung von der Familie sozial erwartet wird, und wo ein familiales Funktionsdefizit Interventionen auslöst. Oft ist es allerdings auch ein Muster zusammenhängender Funktionsprobleme, durch das eine Familie auffällt, und dieser Problemverschränkung suchen ebenfalls spezielle soziale Dienste, wie die Sozialpädagogische Familienhilfe, gerecht zu werden.

Als Beitrag zur Stützung und Sicherung familialer Funktionen lassen sich aber nicht allein die sogenannten ambulanten Hilfsangebote verstehen, bei denen die Familie Lebensmittelpunkt der Adressaten bleibt. Häufig muss die Hilfe eine familiale Funktion auch vollständig ersetzen, so bei stationärer Unterbringung eines Familienmitgliedes in einer Einrichtung der medizinischen Versorgung, der Sozialhilfe oder der Jugendhilfe. Hier wird, wie bereits vermerkt, im Interesse der Sicherung einer Funktion familiale Desorganisation in Kauf genommen.

Institution

Offenbar orientiert sich Soziale Arbeit dieser Art an der Familie als einer gesellschaftlichen Institution (vgl. Kap. 1.2.2.1), also nach soziologischem Begriffsverständnis einem Gefüge aufeinander bezogener sozialer Rollen mit starkem Verpflichtungscharakter – hier: Eltern, Kinder –, das zentrale Werte repräsentiert (Liebe und Solidarität zwischen den Generationen, Besitz, Geborgenheit u.ä.) und wichtige gesellschaftliche und individuelle Bedürfnisse befriedigt – im Falle der Familie insbesondere die Regelung der Sexualität, die Reproduktion und Sozialisation des Nachwuchses, das Zusammenleben im überschaubaren Rahmen und alle damit verbundenen sozioemotionalen Bedürfnisse. Aus der Sicht der Gesellschaft – eine weitgehend fiktive, aber erlaubte Perspektive – lassen sich die Funktionen der Institution Familie als Schaffung und Erhaltung des »Humanvermögens«, also der Gesamtheit der Kompetenzen der Mitglieder einer Gesellschaft bestimmen. Von der Warte des Individuums aus ist »Humanvermögen« die Fähigkeit des Einzelnen, sich »in unserer komplexen Welt zu bewegen und sie zu akzeptieren« (*BFSFJ*, 1995; 28)

Institutionen lassen sich als Schöpfungen der menschlichen Gattung verstehen, die in ihrer exzentrischen Positionalität und Instinktunsicherheit (vgl. Kap. 2.1.3.1) auf solche künstlichen Vorgaben angewiesen ist. Indem Institutionen pseudo-natürlich und mit verselbständigtem Geltungsanspruch dem Menschen gegenübertreten, unterwerfen sie ihn einerseits, bieten ihm andererseits aber auch Verhaltenssicherheit und Entlastung vom Zwang zu immer erneuter, subjektiver Motivation und Improvisation (»Innenstabilisierung durch Institutionen« – *Gehlen*, 1964; 42). Bezeichnet der Institutionsbegriff also lediglich eine besondere theoretische Perspektive, so folgt daraus unter anderem:

»Institution« als theoretische Perspektive

- Die Familie »ist« keine Institution. Anstatt sie für eine soziologische Theorie zu vereinnahmen, sollte man besser davon sprechen, dass sich Familien als Institutionen verstehen oder auch in institutioneller Perspektive analysieren lassen. Damit wird auf die Möglichkeit alternativer Sichtweisen (die Familie als Gruppe, als Organisation, als Lebensgemeinschaft, als ökonomische Einheit oder als Theaterbühne) verwiesen, die gleichfalls nicht absolut zu setzen sind. Außerdem vermeidet man so jede Verwirrung durch die Tatsache, dass auch Teilbereiche und Ausschnitte der Familie als Institution gelten können, z.B. die Ehe, das gemeinsame Mittagessen, das Kinderzimmer oder die Feier des Heiligen Abends.

»Institution« im Alltag und Berufsleben

- Der soziologische Institutionsbegriff unterscheidet sich sowohl von einschlägigen Alltagsvorstellungen als auch vom Sprachgebrauch der Sozialen Berufspraxis. Anders als im Alltagsdenken fehlt ihm gänzlich die Aura mystischer Erhabenheit, die dort die als Institutionen gefeierten Veranstaltungen (Ehe und Familie, Kirche und Religion, Schule und Wissenschaft usw.) umgibt.
- Im Sozialwesen wird der Terminus »Institution« sehr viel anschaulicher als in der Soziologie verwendet: Er ist ein Oberbegriff für alle Arten von Organisationen, Behörden, Verbänden und Anstalten, die sich als Einrichtungen der Sozialen Arbeit verstehen. Dieses Begriffsverständnis ist von der philosophischen Bedachtsamkeit der soziologischen Institutionen-Theorie ebenso weit entfernt wie von der Emphase, mit der Sonntagsredner im sozialen Alltag den gesellschaftlichen Institutionen huldigen.

Funktionsverlust und -wandel

Die Funktionen der Familie, als Institution betrachtet, ändern und verschieben sich, und wenn heute auch nur noch selten ein Funktionsverlust der Familie beklagt wird, so ist doch ein dauernder Funktionswandel nicht zu übersehen. Wir werden die familialen Funktionen unter sechs Stichworten ordnen: Reproduktion, Sozialisation, Platzierung, Produktion, Haushaltsführung und Freizeit sowie emotionaler Ausgleich. Wie immer, sind auch hier die Sachverhalte in der familialen Wirklichkeit eng miteinander verknüpft. Die Klassifizierung ist insofern nicht mehr als ein Vorschlag, der ohne weiteres durch differenziertere oder auch übersichtlichere Schemata ersetzt werden könnte. In stärker zusammenfassender Betrachtung etwa, dies als Hinweis zur Strukturierung unseres Kataloges, würden sicherlich die Sozialisationsfunktion der Familie und die Funktion des emotionalen Ausgleichs die beiden Hauptdimensionen darstellen (vgl. *Tyrell*, 1979; 34), denen die anderen Teilfunktionen mehr oder weniger deutlich zugeordnet werden könnten.

a) Reproduktion

Geburtenrückgang

Auch heute werden Kinder in der Regel in Familien geboren, so dass man die Reproduktion der Gesellschaft weiterhin zu den familialen Funktionen zählen kann. Dabei kann »der Geburtenrückgang in der Bundesrepublik (...) nicht als Indikator für die Ablehnung von Familie und damit von Kindern allgemein gelten, sondern für die Favorisierung einer bestimmten Familiengröße« (*Nave-Herz*, 1988a; 71). Allerdings ist der Anteil der nichtehelichen Lebendgeburten in Deutschland stetig und in den letzen Jahren – von 1980 bis 1996 etwa von fast 8 auf fast 14 Prozent (*Engstler*, 1999; 99) – erheblich angewachsen. Im Gebiet der früheren DDR waren schon 1989 ein

Nichtehelichkeit

Drittel aller Geburten nichtehelich, ein Anteil, der bis 1996 auf über 40 Prozent anstieg (ebenda). Gleich hohe oder höhere Nichtehelichen-Raten gab es in Deutschland freilich auch schon früher, so in der ersten Hälfte des vorigen Jahrhunderts, in den zwanziger und dreißiger Jahren sowie 1946 (*König*, 1969; 261). Für die moderne Familie ein »Reproduktionsmonopol« zu konstatieren (*Neidhardt*, 1975; 71) oder es gar grundgesetzlich zu reklamieren (vgl. dazu *Richter*, 1995; 39), mag fraglich sein. Die nichteheliche Lebensgemeinschaft ist allerdings im Hinblick auf die Reproduktionsfunktion kaum ein »funktionales Äquivalent« zur Familie. Vielmehr ist der Wunsch nach einem Kind hier meist eng an die Absicht der (späteren) Heirat gebunden (*BJFG*, 1985, 73). Auch Eineltern-Familien stellen das Reproduktionsmonopol der vollständigen Familie eigentlich nicht in Frage: Ihr Anteil an allen Familien mit Kindern unter 18 Jahren ist zwar zwischen 1972 und 1996 ebenfalls (von 8 auf 14 Prozent) gestiegen (*Engstler*, 1999; 52), doch macht die für die Reproduktionsfunktion vornehmlich interessante, »originäre« Eineltern-Familie, die nicht aus einer Scheidung oder sonstigen Trennung zweier Partner hervorgeht, unter allen Eineltern-Familien nur den geringen Anteil von etwa 13 Prozent aus (errechnet nach *Napp-Peters*, 1985; 18). »Alleinerziehend wird man vor allem in Folge von Ehescheidung. Diese Lebensform ist nicht von vornherein als Teil des Biografieentwurfs angezielt« (*Höhn/Dorbritz* 1996; 170).

Eineltern-Familien

Methoden der Schwangerschaftsvermeidung, der Unfruchtbarkeitsbehandlung und der Gen-Technik haben gemeinsam, »dass sie Sexualität und Fortpflanzung immer weiter herauslösen aus den Zwängen und Vorgaben der Natur« (*Beck-Gernsheim*, 1988; 203). Der weitgehende Verzicht auf staatliche Sanktionierung des Schwangerschaftsabbruchs, verbunden mit einer stetigen Minderung seiner medizinischen Risiken, hat zudem für viele eine Art ethisches Vakuum entstehen lassen, das durch die institutionalisierte Schwangerschaftskonfliktberatung begrenzt werden soll. Die gewachsene Planungskompetenz und Entscheidungsfreiheit im Reproduktionsbereich werden aber nicht nur ethisch problematisiert und kulturpessimistisch beklagt, sondern auch als Autonomie- und Emanzipationschance begrüßt.

Sexuelle Autonomie

b) Sozialisation

Sozialisationsmonopol der Familie

Im Sinne des im ersten Teil dieses Kapitels entwickelten Begriffs ist die Sozialisation der Kinder, einschließlich ihrer Erziehung, wohl die am wenigsten fragliche Funktion der Familie. Und gerade im Sozialwesen hat sich nachdrücklich gezeigt, dass primäre Sozialisation, wenn sie schon nicht in der Familie des Kindes erfolgen kann, bislang noch am ehesten in einer anderen Familie oder familienähnlichen Sozialform gelingt. Wichtigste Alternative zur Familie scheint hier zur Zeit tatsächlich die Familie zu sein: die Adoptiv- oder Pflegefamilie, die Erziehungsstelle, die Sozialpädagogische Pflegestelle, das Kinderhaus oder eine andere Spielart der »familienanalogen« Heimerziehung. Insbesondere ihre geringe Größe und kommunikative Dichte, der relativ hohe Konsens zwischen den Ehepartnern, die auch gesetzlich abgesicherte Stabilität und die günstigen Bedingungen für emotionale Wärme (BJFG, 1975; 59) sowie andere Gruppeneigenschaften scheinen die Familie für die Sozialisationsaufgabe, zumindest bei kleineren Kindern, zu qualifizieren.

Verbreitet wird es als widersprüchlich empfunden, dass Kinder, die in Familien geschädigt und mangelhaft sozialisiert wurden, von der öffentlichen Jugendhilfe ausgerechnet wieder in Familien untergebracht werden: »Die Diskussion der letzten Jahre hat nicht nur die Familie kritisiert, sondern ebenso als helfende Gegenwelt, als nahezu einziges nicht-professionelles therapeutisches Milieu gefordert und in ihren Möglichkeiten geradezu beschworen. Die Ersatzfamilie soll (...) das gutmachen, was (den Kindern) in überlasteten, neurotisierenden, krankmachenden Familien angetan wurde« (IGfH, 1977; 232). Das ist in der Tat dann fragwürdig, wenn ein Kind in seiner Herkunftsfamilie derart verwirrenden und seine Abhängigkeit ausbeutenden Beziehungen ausgesetzt war, dass es zumindest eine Zeitlang eines emotional neutralen und toleranten Erziehungsklimas bedarf, wie es möglicherweise nur die professionelle Heimerziehung bietet (*Nienstedt/Westermann*, 1995; 18). Im Übrigen fällt ernsthafter Widerspruch gegen den Familialismus der Sozialen Arbeit schwer, so lange andere, nicht-professionelle Sozialisations- und Lebensformen über das Stadium des Experiments nicht hinauskommen.

Ist also im Hinblick auf die Sozialisationsaufgabe alles andere als ein Funktionsverlust der Familie zu verzeichnen, so gibt es doch verschiedene Hinweise auf Verschiebungen und Veränderungen, sowohl in der zeitlichen Dimension, als auch beim Vergleich von Familien unterschiedlicher kultureller Milieus:

Rückgang sekundärer Sozialisationsaufgaben

- Das Sozialisationsmonopol der Kernfamilie hat sich zunehmend in Richtung der primären Sozialisationsprozesse verschoben. Von Aufgaben der sekundären Sozialisation ist sie dagegen durch außerfamiliale Instanzen zu einem großen Teil entlastet, so dass man hier durchaus von einem partiellen Funktionsverlust sprechen kann. Insbesondere an der schulischen und beruflichen Ausbildung ist die Familie allenfalls noch indirekt beteiligt, und die Versuche beispielsweise der Schulen, die Eltern in ihre Arbeit wiedereinzubeziehen, teilweise auf der Basis gutgemeinter Mitwirkungsgesetze, wirken etwas unzeitgemäß. Tatsächlich werden Erwartungen der Schule an die Familie oft sogar als nicht legitim empfunden (Problem der Hausaufgaben und ihrer Betreuung); die Ganztagsschule mit ihrer noch stärkeren Trennung von schulischem und familialem Sektor zieht daraus die Konsequenz.

Ambulante Hilfen für Familien

- Auch in ihren genuinen Sozialisationsaufgaben wird die Familie heute von einem Netz außerfamilialer Instanzen unterstützt, ergänzt und im Übrigen auch kontrolliert, das die Wichtigkeit dieser familialen Funktion unterstreicht: Kindergärten und andere Einrichtungen der Vorschulerziehung, Formen der sozialpädagogischen Hausaufgabenbetreuung, Angebote der Horterziehung und der Tagespflege, bei gefährdeter Sozialisation auch Tagesheimgruppen sowie Erziehungsbeistandschaften und andere erzieherische Hilfen des Jugendamtes, daneben Angebote der Eltern- und Erziehungsberatung (*Schone*, 1987). Es kennzeichnet alle diese ambulanten Hilfen, dass sie in die primäre Sozialisationsbeziehung von Eltern und Kindern so wenig wie möglich eingreifen, diese vielmehr nur von Misserfolgsrisiken – bedingt etwa durch Erwerbstätigkeit, berufliche und ökonomische Probleme sowie pädagogische Überforderung der Eltern – entlasten wollen.

Familiale Umwelt als Sozialisationsfaktor

- Von einer echten, wenn auch oft gar nicht beabsichtigten Partizipation an Aufgaben der primären Sozialisation kann man bei jenen Instanzen sprechen, die die »signifikante Umwelt« der Familie ausmachen: Verwandte, Freunde und Nachbarn der Familie bis hin zu den Freundschaftscliquen der

Kinder (peer-groups). Man muss sich klarmachen, dass die entsprechenden außerfamilialen Kontakte, zusammen mit dem Aufenthalt in der Schule, schon lange vor dem Eintreten des 10. Lebensjahres den größten Teil der täglichen wachen Zeit der Kinder beanspruchen; bereits mit 15 Jahren halten sich die Jugendlichen im Durchschnitt mehr als 12 Stunden außerhalb ihrer Familie auf (vgl *Pechstein*, 1978, zit. nach *Ebel/Eickelpasch/Kühne*, 1983; 212).

Kindliche »Erlebnisinseln«

- Zunehmend führen diese Kontakte allerdings aus dem wenig kinderfreundlichen Nahbereich von Familie und Nachbarschaft heraus in voneinander abgeschottete, pädagogisch zugerichtete und auf die Dauer nach Wochenstundenplan anzusteuernde »Erlebnisinseln« – angefangen bei Kindergarten und Kinderspielplatz, fortgesetzt in diversen Sport-, Freizeit- und Bildungseinrichtungen – wodurch die Kinder zwar »frühzeitig lernen, sich in unterschiedlichen Rollenkontexten kompetent und autonom zu verhalten«, dafür aber auf die Erfahrung des Alltags als eines konsistenten, nicht regulierten Lebenszusammenhanges verzichten müssen (BFSFJ, 1995; 77): Die Gärten sind zu gepflegt, die Straßen zu gefährlich, die Erwachsenen zu wenig tolerant, um Kindern einen alltäglichen Lebensraum im unmittelbaren Umfeld ihrer Familien zu bieten. Ob »multifunktionale Nachbarschaftszentren« dieser »Ausdünnung des sozialen Erfahrungsraumes« der Kinder gegenzusteuern vermögen (BFSFJ, 1995; 194 ff.), darf man bezweifeln, solange Kinder nicht einmal schlicht im eigenen Garten oder auf der Straße vor dem Haus spielen können.
- Wenig Zweifel sind dagegen am zunehmenden Einfluss der Medien, also insbesondere des Fernsehens und der Video-Kultur, auf die primäre Sozialisation erlaubt. Gerade der Hintergrundcharakter der medialen Reizwelt im familialen Alltag dürfte ihre subtile Wirksamkeit als Sozialisationsfaktor ausmachen (vgl. dazu *Lukesch*, 1988).

c) Platzierung

Bedeutung der familialen Herkunft

Soziale Platzierung des gesellschaftlichen Nachwuchses als Funktion der Familie meint den Prozess, »durch den eine Person an bestimmte gesellschaftliche Positionen vermittelt wird, Positionen im Beruf, in den Kirchengemeinden, Vereinen, Behörden etc.« (*Neidhardt*, 1975; 73). Dies hat mit der familialen Herkunft zu tun: Nicht nur bei Unternehmern und Angehörigen der Freien Berufe, wo die familiale Platzierungsfunktion – in Gestalt von Status-Vererbung und beruflicher Selbstrekrutierung – aus naheliegenden Gründen besonders ausgeprägt ist (*Fürstenberg*, 1962: 84), sondern auch in anderen Wirtschaftsbereichen lassen sich solche Zusammenhänge feststellen (siehe Kap. 5.3.3), wobei natürlich die Ausbildung der Kinder eine wichtige intervenierende Variable darstellt (vgl. *Daheim*, 1972; BJFG, 1979; 67 ff.). Man sollte annehmen, dass die familiale Platzierungsfunktion in leistungsorientierten Gesellschaften als solche schwinden oder in der Sozialisationsfunktion aufgehen wird; denn durch Sozialisation werden ja auch persönliche Bedingungen der Leistungsfähigkeit (Leistungsmotivation, Sachinteressen, Intelligenz und Sozialcharakter) ausgebildet (vgl. *Neidhardt*, 1975; 75).

»Schicht-spezifische« Sozialisation

Besondere Aufmerksamkeit verdient die Platzierungsfunktion der Familie allerdings im Sozialwesen, wo Beispiele aus dem Adressatenbereich sie vielfältig bestätigen und die pädagogischen Fachkräfte am Sinn ihrer Arbeit zweifeln lassen. Theorien einer schichtspezifischen Sozialisation, die über die Generationen hinweg ähnliche Sozialcharaktere hervorbringt, stützen diese deprimierende Perspektive. Der typische »Sozialisationszirkel« sieht etwa so aus, dass die Erfahrungen der Eltern am Arbeitsplatz, zusammen mit der ebenfalls beruflich bedingten ökonomischen Lage der Familie die familialen Sozialisationsbedingungen, Erziehungsziele und -praktiken bestimmen (Anregungsreichtum, Motivationsbedingungen, Beziehungen zwischen Elternhaus und Schule u.a.). So entstehen in der Kindergeneration Persönlichkeiten mit Motivationen, Einstellungen, Werthaltungen und kognitiven Strukturen, die mit den beruflichen Positionen und Arbeitsbedingungen der Vorgeneration konform gehen. Diese Dispositionen kommen später in den verschiedenen außerfamilialen Lebensbereichen zur Geltung und lenken die Menschen in die jeweils »passenden«, von den Eltern überkommenen beruflichen Stellungen – der Kreislauf schließt sich (siehe dazu *Abrahams/ Sommerkorn*, 1976; *Rolff*, 1980; 13. ff.).

Kompensatorische Erziehung

Gegen den fatalen Sozialisationszirkel wandten sich in den siebziger Jahren die Vorstellungen von einer »kompensatorischen« Funktion der Erziehung: Bewusstmachung von Benachteiligungen und Aufklärung über ihre gesellschaftlichen Ursachen, Förderung verschütteter subkultureller Werte und Normen, Training in politischer Selbstbehauptung, Steigerung der kommunikativen und intellektuellen Kompetenz ohne Anlehnung ausschließlich an die herrschenden kulturellen Formen, wie sie in der öffentlichen Schule vorausgesetzt und gefördert werden, Beseitigung ökonomischer Benachteiligung als Mitursache ungünstiger Sozialisations- und Erziehungsbedingungen (*Iben*, 1971a; 13 ff.). Diese Ziele der kompensatorischen Erziehung dürften auch heute noch Geltung beanspruchen. Was dem Konzept jedoch sehr geschadet hat, ist sein zuweilen naiver technologischer Glaube an die Veränderbarkeit der Zustände durch eine Pädagogik (vgl. *BJFG* 1979, 69), die Benachteiligung begreift als eine Art »Leiden an kulturellem Vitaminmangel, den man durch eine richtig dosierte Kompensation unter Kontrolle bekommen kann« (*Bruner*, 1970, zit. nach *Flitner*, 1984; 632).

d) Produktion

Einheit von Haushalt und Produktion

In vielen Lehrbüchern der Familiensoziologie sucht man vergeblich nach einer Produktionsfunktion der Familie. Höchstens in der historischen Betrachtung erfährt man vom Typ der »Bauernfamilie« des 16./17. oder der »Heimarbeiterfamilie« des 18. Jahrhunderts, wo Arbeit und Haushalten untrennbar verbunden, die Familien also auch Produktionseinheiten sind (*Ebel/ Eickelpasch/Kühne* 1984; 53). Immerhin machen diese Hinweise einen wichtigen familialen Funktionswandel, wenn nicht -verlust, deutlich, der auch andere Bereiche berührt: Was bedeutete es für die Persönlichkeit der Kinder, wenn sie von Beginn an in der Arbeitswelt der Erwachsenen aufwuchsen anstatt im Schonraum des Kinderzimmers? Welche soziale Platzierung war im Durchschnitt zu erwarten? Inwieweit wurde die Reproduktion der Produktionsfunktion untergeordnet, waren Kinder also vor allem als Arbeitskräfte gewünscht? Wie gestaltete sich das dauernde Zusammenleben in einer Familie ohne den außerfamilialen Rückzugsbereich von Beruf und Erwerbstätigkeit – war das romantisch verklärte »Ganze Haus« vielleicht eher ein Gebilde vom Typ der Totalen Institution (siehe Kap: 4.3.2.2)?

Die mit der Industrialisierung einsetzende räumliche und zeitliche Trennung von Wohnen und Erwerbsarbeit entlastete die Familie von Produktionsfunktionen (und stellte ihr gleichzeitig – wie unter Punkt f gezeigt wird – die Aufgabe des emotionalen Spannungsausgleichs). Dennoch werden auch heute noch, bei genauerem Hinsehen, Produktionsleistungen in Familien erbracht:

Vorindustrielle Lebensformen

- Aktuelle Beispiele für die Familie als Produktionseinheit sind nur verstreut zu finden: insbesondere der *bäuerliche Familienbetrieb*, dem Ökologen heute wieder eine wichtige Bedeutung zusprechen, aber auch kleinere gewerbliche und kaufmännische Unternehmen. Häufig findet man hier Formen einer Selbstausbeutung der Familienmitglieder, insbesondere auch der Kinder, die frühzeitig in die Produktion eingespannt und dadurch vor allem schulisch benachteiligt werden. Mit solchen Beobachtungen kontrastiert freilich das Idyll der sich selbst versorgenden *Landkommune*, das in den siebziger Jahren in der Alternativbewegung die Phantasien beflügelte, weil es mit der Aufhebung der Trennung von Beruf und Familie, von öffentlicher und privater Existenz eine vermeintliche Möglichkeit des nicht entfremdeten Lebens eröffnete. Die Jugendhilfe hat diesem Modell dagegen seit je her misstraut und beispielsweise für qualifizierte Pflegestellen (»Erziehungsstellen«), ebenso wie übrigens für Kleinsteinrichtungen der Heimerziehung, gefordert: »Zur Wahrung der Realitätsnähe sollte (...) ein Elternteil einer Berufstätigkeit außer Hauses nachgehen« (LJA Westfalen-Lippe, 1988; 7).

Produktion in der modernen Kernfamilie

- Dass auch in der durchschnittlichen modernen Kernfamilie noch produziert und nicht nur konsumiert wird, hat *H.P Bahrdt* (1973) betont und kritisiert, dass das Stereotyp der Familie als reiner Konsumgemeinschaft unter anderem zu Fehlkonstruktionen beim Wohnungsbau geführt habe. Die meisten Haushaltsverrichtungen (Kochen, Waschen, Reinigung, Bekleidungsvorsorge, Kinderpflege und -betreuung usw.) sind ja (auch) »produktive Leistungen, die fast nur von den Familienmitgliedern zu Hause aufgebracht werden können« (*Bahrdt*, 1973; 219); der Grund liege in den geringen finanziellen Mitteln der Familien, aber auch in der schwierigen »Technisierbarkeit« vieler dieser Dienstleistungen, die den Einsatz arbeitserleichternder Geräte und technischer Hilfen oft ausschließt. Die Konjunktur von Bau- und Hobbymärkten ist ein anderes Signal, das veranlassen könnte, den Produktionsfunktionen der Familien, vor allem im Zeichen einer sinkenden beruflichen Arbeitszeit, erneut Aufmerksamkeit zu widmen (Do-it-yourself-Boom). Erst neuere Versuche der ambulanten Rundumversorgung beispielsweise in der Altenpflege, die fast sämtliche ursprünglich familialen Leistungen extern erbringen muss, machen die Vielfalt und den im Wortsinn unbezahlbaren Wert der Güter und Dienste bewusst, die auch in modernen Familien mit großer Selbstverständlichkeit produziert werden.

e) Haushalts- und Freizeitfunktionen

Grenzen familialen Konsums

Familiale Produktionsfunktionen, wo sie überhaupt noch feststellbar sind, lassen sich oft nur undeutlich von einer anderen Aufgabe der Familie trennen, der Reproduktion der Arbeitskraft: Sie bietet einen mehr oder weniger geeigneten Raum für Erholung, Freizeit und Konsum, dessen Nutzung freilich mehr als andere Funktionsbereiche durch familienexterne Bedingungen des Marktes und der ökonomischen Lage begrenzt ist (vgl. *Schmidt-Relenberg/Luetkens/Rupp*, 1976; 81). Grenzen setzen vor allem die Einkommens- und die Wohnverhältnisse (vgl. dazu *Mühlfeld*, 1982; 111 ff.), zwei gerade im Adressatenbereich Sozialer Arbeit problematische Variablen. Insbesondere wo keine Arbeitskraft zu reproduzieren ist – also etwa bei Arbeits- und Erwerbslosen sowie bei alten Menschen – müssen Haushalt und Freizeit mit den oft minimalen Mitteln öffentlicher oder privater Transferleistungen (Sozialhilfe, Arbeitslosenhilfe oder -geld, Renten- und Pensionszahlungen) bestritten werden. Ein spezielles Angebot, mit dem die Soziale Arbeit Familien relative ökonomische Unabhängigkeit und Stabilität zurückzugeben und zu sichern sucht, ist die Schuldnerberatung

Familialer Lebensstandard und Familienzyklus

Kennzeichnend für diesen familialen Funktionsbereich scheint zu sein, dass die Ansprüche an Familieneinkommen und Wohnbedingungen, die sich aus ihm herleiten, mit dem Familienzyklus beträchtlich variieren, ohne dass die zur Verfügung stehenden Ressourcen dem hinreichend folgen könnten (vgl. *BJFG,* 1979, 54). Die Wohnung, für die kernfamiliale Gruppe von Eltern mit mehreren Kindern oft nur knapp hinreichend, wird schon in der Phase der Auflösung der Kernfamilie recht geräumig und für die nachelterliche Familienphase eindeutig zu groß, so dass das Bild vom »leeren Nest« (siehe z.B. *Zigann*, 1977; 104) hier wörtlich zutrifft. Dieser Erfahrung kann man sich durch Mobilität, Umzug in eine angemessenere Wohnung, entziehen. Ein anderes Einkommen lässt sich jedoch unmittelbar auf diesem Wege bekanntlich nicht erzielen. Hier kommt es mit der Geburt eines oder mehrerer Kinder zu zeitweiligen, charakteristischen Disparitäten zwischen erwünschtem und tatsächlichem Lebensstandard (vgl. *König*, 1969; 201; *Zigann*, 1977; 107), die durch öffentliche Transferleistungen (Kinder-, Erziehungs-, Wohngeld, steuerliche Entlastungen) nur wenig gemindert werden. Formen der Anpassung an diese Problematik tangieren in der Regel andere familiale Funktionen: Die Anzahl der Kinder wird auf die Konsum- und Freizeitbedürfnisse abgestimmt; eine Erwerbstätigkeit beider Eltern wirkt sich auf Sozialisation und Erziehung der Kinder aus, wenn auch keineswegs in eindeutiger oder gar eindeutig schädlicher Weise (vgl. *Lehr*, 1979a) usw.

Einpersonenhaushalte

Von einem Monopol der Familie im Hinblick auf die Konsum- und Freizeitfunktionen kann allerdings kaum die Rede sein. Nicht nur spielt sich hier vieles in familialen Außenbereichen von Bekanntenkreis und Freundesgruppen, Nachbarschaft und Sportclub, Kneipentheke und Schützenverein ab. Auch die immens gestiegene Anzahl der Einpersonenhaushalte – ihr Anteil an allen Haushalten betrug 1925 knapp 7, 1950 über 19, 1982 bereits mehr als 31 (*BJFFG*, 1986; 37/38) und 1996 35 Prozent (*Engstler*, 1999; 99) – erscheint geeignet, Vorstellungen von der Familie als wichtigstem Ort der Reproduktion der Arbeitskraft zu relativieren.

f) Emotionaler Spannungsausgleich

Dieser Familienfunktion nähern sich manche Soziologen in gereizter Stimmung: »Wir betreten jetzt die heiligen Hallen der bürgerlichen Familie und haben zu sprechen von der Liebe als vermeintlich konstituierendem Moment der Familie und von der gesellschaftlichen Funktion des emotionalen Ausgleichs« (*Schmidt-Relenberg/Luetkens/Rupp*, 1976; 92). Was ist gemeint, und weshalb die Irritation?

Familie als emotionale Enklave

Gemeint ist die jedem vertraute Vorstellung der Familie als eines geschützten und gesellschaftlich abgeschirmten Bezirks, innerhalb dessen erlaubt, ja gefordert ist, was in der gesellschaftlichen Außenwelt vielfach als obsolet, unerwünscht und störend gilt: Äußerung und Austausch von Gefühlen, ungehemmte Selbstdarstellung der eigenen Person und ganzheitliche Entfaltung. Dies ist eine Folge gesellschaftlicher Differenzierung: »Der funktionalen Spezialisierung der Familie auf intimes Zusammenleben entspricht innergesellschaftlich die funktionale Spezialisierung der anderen gesellschaftlichen Teilsysteme auf jeweils ganz andere (legitime) Handlungstechniken, Sinnkontexte und Rationalitätsmuster (...).« (*Tyrell*, 1979; 23). Der etwas technisch anmutende Ausdruck »Spannungsausgleich« will darauf hinweisen, dass in vielen nichtfamilialen Lebensbereichen moderner Gesellschaften – Beruf, Schule, Politik, öffentliche Verwaltung – Emotion und Spontaneität zunehmend unterdrückt, Solidarität und Gemeinsamkeit vernachlässigt, Zärtlichkeit und Intimität verboten werden. Die Menschen bauen in diesen Alltagsfeldern daher, so lautet die These, eine affektive Spannung auf, die auf Abbau dringt, und die Familie soll diesen Ausgleich bieten.

Ambivalenz des emotionalen Spannungsausgleichs

Das Ärgernis liegt wohl vor allem darin, dass diese familiale Funktion einerseits kaum von der Hand zu weisen, dass sie andererseits in hohem Maße ideologieverdächtig ist. Unbestreitbar ist, dass Bedürfnisse nach Rückzug aus den kühlen bis unfreundlichen Klimazonen etwa des Berufs- und Wirtschaftslebens in ein Partnerschafts- und Familienidyll verbreitet sind – Texte von Heiratsannoncen variieren dieses Thema – und ebenso die Hoffnung, in der Familie eine authentische »Gegenwelt« zum entfremdeten Alltag der modernen Gesellschaft zu finden. Bestätigt und befestigt aber die Familie nicht alle außerfamilialen Belastungen, wenn sie sich so als entlastende Gegenwelt anbietet? Und geht sie nicht selbst meist ziemlich beschädigt aus dieser Verpflichtung hervor? Das familistische Idyll, wenn es schon nicht nur Fassade ist, wird meist mit Leiden erkauft: Leiden der Schwächeren, die den Affekten und Selbstdarstellungen der Stärkeren ausgeliefert sind; Leiden derjenigen, die mit der Mutter-, Hausfrauen-/Hausmänner- oder Erzieherrolle auf rein innerfamiliale Funktionen festgelegt und in besonderer Weise für das Gelingen des Spannungsausgleichs verantwortlich gemacht werden; Leiden aller unter den hochgeschraubten Erwartungen an Harmonie und Zusammenhalt in der Familie. »Dass eine Familie der ›Gleichrangigkeit‹ inmitten einer Gesellschaft sich verwirklicht, in der die Menschheit nicht selbst mündig, die Menschenrechte nicht in weit entschiedenerem Sinne hergestellt wären, ist wohl illusionär. Man kann nicht die Schutzfunktion der Familie erhalten und ihren disziplinären Aspekt beseitigen, solange sie ihre Angehörigen vor einer Welt zu beschützen hat, der der unvermittelte oder unmittelbare gesellschaftliche Druck inhäriert und die ihn allen ihren Institutionen mitteilen muss (...). Es gibt keine Emanzipation der Familie ohne die Emanzipation des Ganzen« (*Horkheimer/Adorno*, 1973; 77/78).

Funktionshilfen

Neben den Sozialisations- und Erziehungsaufgaben ist es offenbar die emotionale Ausgleichsfunktion, die der modernen Familie ihre Bedeutung sichert und Menschen immer wieder in diese Lebensform führt. Beide Aufgabenbereiche erweisen sich aber auch in besonderem Ausmaß als krisenanfällig, und es ist die Soziale Arbeit, von der in solchen Krisen Hilfen erwartet werden – durch familienersetzende oder -ergänzende Sozialisations- und Erziehungsleistungen und deren Vermittlung, durch Angebote der Familienbehandlung und -beratung, durch Stabilisierung der ökonomischen Basis von Familien u.a. Diese Hilfen können eng an der einzelnen Funktion ansetzen – so hilft die sozialpädagogische Schularbeitenhilfe bei den Schularbeiten und unterstützt so die Erziehungsfunktion der Familie. Sie können aber auch – etwa im Zeichen eines zeitgemäßen ganzheitlichen oder systemischen Denkens, die Familie als Gesamtstruktur in den Hilfeprozess einbeziehen.

Dann zeigt sich die Familie als soziale Gruppe, deren Beziehungen sich in einem bestimmten Gleich- oder Ungleichgewicht befinden, wenn nicht sogar von Desorganisation gesprochen werden muss. Auch zu diesem Ansatz der Sozialen Arbeit in Familien liefert die Familiensoziologie einige Grundlagen.

2.2.3.2 Beziehungsarbeit: Familie als Gruppe

Soziale Gruppe

Den verstreuten, an unterschiedlichsten Familienfunktionen orientierten Ansätzen Sozialer Arbeit in und mit Familien (Pflegedienste, Schuldnerberatung, erzieherische Hilfen u.ä.) steht ein Konzept gegenüber, das sich auf die Familie selbst, und nicht auf eine oder mehrere ihrer Aufgaben, konzentriert. Was ist Familie, wenn man von ihren Funktionen und Leistungen absieht? In soziologischer Sicht, hält man sich an die Kernfamilie, sicherlich eine soziale Gruppe, also eine überschaubare Anzahl von Personen, die auf Dauer in enger, insbesondere auch emotionaler Beziehung zueinander stehen und sich so nach außen hin abgrenzen.

Gruppengrenzen

Der Gruppencharakter der Familie ist Voraussetzung ihrer Institutionalisierung nicht nur in dem vordergründigen Sinne, dass zur Institution Dauerhaftigkeit und Stabilität gehören, wie sie (auch) soziale Gruppen aufweisen. Ein anderes Merkmal, und zwar geradezu ein Spezifikum der sozialen Gruppe, ist für die Erfüllung der wichtigsten familialen Funktionen sicherlich von größerer Bedeutung: ihre Fähigkeit zur Filterung und Abfederung von Außeneinflüssen. Soziale Gruppen besitzen Grenzen nach außen, die man sich am besten wie eine halbdurchlässige und elastische Außenhaut vorstellt; sie schützen den Innenraum ebenso vor übermäßigem Außendruck, wie sie einen den Bedürfnissen und Kapazitäten der Gruppenmitglieder angemessenen Austausch mit der Außenwelt erlauben. Beides ist vor allem für jene Funktionen unerlässlich, mit denen die Familie nicht einfach auf gesellschaftliche Zwänge reagiert, sondern wo sie selbst aktiv wird. Die Entwicklung eigener Zielvorstellungen und die Realisierung authentischer Verhaltensweisen – sei es in Sozialisations- und Erziehungsprozessen, sei es bei der Schaffung eines emotional befriedigenden Binnenklimas – ist nur in einem von äußeren Zwängen relativ entlasteten Sozialbereich denkbar. So entlastet die soziale Gruppe unter anderem

- von *zeitlichem Druck*: Sie bietet freie Zeit, die nicht dem Diktat einer rationalisierten Planung unterworfen ist;
- von *normativen Zwängen*: Sie erlaubt und toleriert die Erprobung von Verhaltensweisen, die im Außenbereich auf Sanktionen stoßen würden;
- von *Versorgungsaufgaben*: Indem einige Gruppenmitglieder den Lebensunterhalt für andere sicherstellen, können sich diese uneingeschränkt anderen Funktionsproblemen – zum Beispiel die Kinder der Selbstaktualisierung – widmen;
- von *sozialer Komplexität*: Sie bietet ihren Mitgliedern eine im Verhältnis zur komplexen Umgebung mit ihren vielfältigen Möglichkeiten und Alternativen überschaubare und überraschungsfreie Welt, in der sich Verhaltenssicherheit ausbilden kann.

»Insulation«

Das sozusagen künstlich geschaffene Innenklima der sozialen Gruppe schützt also die Mitglieder und befreit sie von dem Zwang dauernder und unverzüglicher Anpassung an die wechselnden Herausforderungen der Umwelt – nach *Claessens/Menne* eine evolutionäre Errungenschaft, ohne die menschliche Entwicklung nicht denkbar wäre. »Insulation« (»Inselbildung«) – so das Kunstwort für diesen Mechanismus – »gegen selektive Pression befreit von direktem, körperlichem Anpassungsdruck«, und »›Gruppe‹ ist dann nichts anderes als eine wichtige Form der Stabilisierung von Insulationschancen« (*Claessens/Menne*, 1973; 323 u. 325).

Gruppen in der Heimerziehung

Es hat lange gedauert, bis sich solche Überlegungen auch dort durchsetzten, wo professionelle Organisationen in familiale Funktionen eintreten. Während die Kinderhaus-Bewegung seit je her auf die Insulationswirkung der Gruppenbildung setzte – die übrigens keineswegs einer sozialen Isolation von Gruppen gleichkommt! – war die Gruppenbildung in größeren Einrichtungen der Heimerziehung oft eher Organisationsmittel im Sinne der Stations- oder Abteilungsbildung, welche die Führung des Heims effektiviert, die Kontrolle des Personals und der Minderjährigen erleichtert, die Kommunikation über die hierarchischen Ränge hinweg befördert und die erzieherischen Hilfen, zum Beispiel durch Bildung von symptomhomogenen Gruppen, rational einzusetzen erlaubt. Die Anerkennung der Wohngruppe im Heim vornehmlich als Lebens- und Sozialisationsfeld der Minderjährigen verlangt nun im Grunde den Verzicht auf diese organisatorischen Vorteile: Unabhängigkeit von der Großorganisation, autonomer Aufbau eines Binnenklimas, Abschließung nach außen – das sind die Forderungen, die sich für Gruppen von Heimen der Jugendhilfe aus dem Insulationstheorem ergeben (*Biermann/Wälte*, 1991).

Wo dies nicht durch konsequente räumliche Dezentralisierung der früheren Großheime (Außenwohngruppen u.ä.) erreicht werden kann, ist zumindest eine maximale Autonomie der zusammenlebenden Heimgruppen zu fordern. Dazu gehört unter anderem der Schutz der Wohnung der Gruppe: Heimleitung, gruppenübergreifende Fachkräfte und Mitglieder anderer Heimgruppen haben lediglich den Status von »Besuchern«. Gruppenübergreifende Regelungen und Anordnungen sind nach Möglichkeit ebenso zu vermeiden wie Gesamt-Erzieherkonferenzen, die zwar Kommunikation und Transparenz im Heim steigern mögen, die aber immer auch die Uniformität des Gruppenlebens fördern. Stattdessen ist alles zu unterstützen, was die Eigenständigkeit und unverwechselbare Identität einer Gruppe im Heim ausmacht und sie von anderen abhebt.

Familiale Beziehungsebenen

Kehren wir zur Familie zurück, so wäre es interessant zu erfahren, was verschiedenen Sozialarbeitern oder Sozialpädagogen, die, zum Beispiel in der Erziehungsberatung oder als Mitarbeiter des Jugendamtes, erstmalig mit dem Problem einer Familie konfrontiert werden, an Strukturbedingungen auffällt, und worauf sie ihre Aufmerksamkeit konzentrieren: Die Sprache, die Mimik und Gestik der Beteiligten und ihre unterschiedlichen Chancen, sich zu äußern? Die Art und Weise, wie einige Familienmitglieder ihre Vorstellungen immer wieder gegen andere durchsetzen, und wie diese ihre Abhängigkeit ertragen? Das emotionale Klima, die Formen der Äußerung von Aggression und Zuneigung, in denen sich die Probleme entwickeln? Oder das spezielle Verteilungsmuster hinsichtlich der innerfamilialen Aufgaben und Pflichten zwischen Eltern und Kindern, Männern und Frauen? Alles scheint wichtig zu sein, und will man sich nicht den suggestiven Äußerlichkeiten der Situation ausliefern, empfiehlt sich eine strengere Ordnung der Wahrnehmungen.

Familienstruktur

Die »Struktur« einer Familiengruppe, also die Anordnung der Positionen, die an diese gebundenen Rollen und die regelmäßigen Beziehungen zwischen ihnen, kann unterschiedlich deutlich ausgeprägt und stabil sein. Die erste Frage ist daher, inwieweit sich die Rollen- und Positionsgestaltungen in der Familie wechselnden persönlichen Bedürfnissen der Familienmitglieder anpassen, inwieweit sie gegenüber solchen Ansprüchen ihre Eigenstabilität bewahren. Sodann lässt sich die Familienstruktur unter vier verschiedenen Aspekten beschreiben, die man auch als Beziehungsebenen ansehen kann. Die Stichwörter zur Kennzeichnung dieser Aspekte lauten: Macht und Herrschaft, Aufgabenverteilung, Kommunikation und emotionale Beziehungen.

a) Zur Flexibilität familialer Strukturen

»Positionale« und »personale« Orientierungen

Beziehungen in Familien können sehr flexibel, aber auch sehr rigide gestaltet sein. Man erkennt dies am ehesten daran, welche Kontrollmittel zur Einhaltung der Erwartungen auf den verschiedenen Ebenen eingesetzt werden und Geltung haben: Bitten und Aufforderungen, Vorwürfe und Klagen, Fragen und Ermahnungen, begründete und nicht begründete Befehle. *Bernstein* unterscheidet in diesem Sinne personorientierte und positionale (statusorientierte) Familien: In den ersteren »werden die Grenzen des Ausmaßes, in dem Entscheidungen für Diskussionen offen gehalten werden, eher von den psychischen Merkmalen der Person als von Orientierungen in ihrem formalen Status gesetzt« (*Bernstein*, 1973; 254). Die Stellung der einzelnen Familienmitglieder, die Gestaltung der Beziehungen zwischen ihnen und die Formulierung der Rollenerwartungen trägt also in starkem Maße ihren individuellen Stimmungen, Neigungen und Fähigkeiten Rechnung. Die typische Kontrollform in solch flexiblen Familienstrukturen ist nach Bernstein der »personale Appell«, also eine Verhaltensaufforderung, die an vorhandene

Interessen und Motive anknüpft, diese auch als Mittel einsetzt und dem Betroffenen relativ breite Ermessensspielräume zubilligt (»Ich würde mich freuen, wenn du, falls du nicht zu müde bist, deine Hausaufgaben sofort nach der Schule machen würdest. Um vier Uhr kommen nämlich deine Freunde«). Erwartungen werden begründet und nicht selten ausgehandelt, differenzierte Argumentation und Artikulation von psychischen Befindlichkeiten bestimmen die Interaktionen. Offenbar wird hier ein hohes Maß an Rollenambiguität zugelassen, und die Toleranz gegenüber Rollenambivalenzen ist beträchtlich (vgl. oben Kap. 2.1.3.4 a u.b).

Bedeutung sozialbiologischer Merkmale

Positional orientierte Familien verbinden mit den verschiedenen innerfamilialen Rollen geringere Entscheidungsfreiräume. Was eine Rolle fordert und erlaubt, ist durch die sozialbiologischen Merkmale ihres Trägers oder ihrer Trägerin – Geschlechtszuge-hörigkeit und Alter bzw. Generationszugehörigkeit – weitgehend festgelegt und der Diskussion entzogen: Jungen spielen nicht mit Puppen, Mütter sind nicht berufstätig, Väter dürfen sich in der Familie bedienen lassen und Mädchen helfen der Mutter – das mögen weithin überwundene Positionen sein, die aber das Gemeinte verdeutlichen. In positional orientierten Familien bedient sich die soziale Kontrolle, wie *Bernstein* einleuchtend feststellt, einfacher Imperative, die lediglich Gehorsam oder Auflehnung hervorrufen (*Bernstein*, 1973; 258) – hier fehlt der Entscheidungsspielraum, und Konflikte werden unterdrückt, bis sie explosiv eskalieren; häufiger sind jedoch positionale Appelle, die auf eines der unbezweifelbaren und damit Stabilität sichernden biologischen Merkmale verweisen: »In deinem Alter brauchst du noch keinen Freund!«, »Du willst ein Junge sein und wehrst dich nicht?«. Positionale Appelle erzeugen eher Scham-, personale eher Schuldgefühle (*Bernstein*, 1973; 259).

Obwohl die Bernstein'schen Orientierungen sicherlich nicht unabhängig von der sozialen Lage einer Familie zu sehen sind, erlauben sie doch eine differenziertere Beschreibung als beispielsweise die früher verbreiteten Beschreibungen »schichtspezifischer« Familienstrukturen (*z.B. Cäsar 1972*). Die Alternative Positionalität/Personalität muss sich nicht auf ganze Familien beziehen, sondern kann zwischen einzelnen familialen Beziehungen und Beziehungsebenen, wie sie in den nächsten Abschnitten dargestellt werden, differenzieren; so könnten in einer Familie die Autoritätsbeziehungen einigermaßen positional, die Kommunikation dagegen eher personal bestimmt sein.

b) Macht und Autorität

Gewalt als Drohung

Meist haben Eltern Macht über ihre Kinder – haben sie auch Autorität? Autorität (oder »Herrschaft«) ist nach *M. Weber* sinngemäß die aufgrund persönlicher Eigenschaften oder auch mit einer Position gegebene Chance, bei Rollenpartnern Gehorsam aus Überzeugung zu finden, Macht dagegen die Chance, seinen Willen auch gegen den Widerstand anderer durchzusetzen (*Weber*, 1964; 157 ff.). Beide lassen sich weniger leicht beobachten, als man auf Anhieb annehmen möchte, und so bleibt es oft im Dunkeln, worauf sich Einfluss tatsächlich stützt: Sichtbar und erfahrbar sind tatsächliche Machtausübung – z.B. familiale Gewalttätigkeit – und Einflussnahme; ob aber der Gehorsam »aus Überzeugung« geleistet wird oder lediglich Unterwerfung aufgrund von Drohungen darstellt, ist in vielen Fällen unklar. »Die bürgerliche Ordnung beruht auf Gewalt als sozialem Mechanismus, das heißt auf dem reflexiven Mechanismus der Erwartungserwartung von Gewalt als der Voraussetzung der Nichtanwendung von Gewalt.« (*Honig*, 1992; 259). Schon die nur *drohende* Sanktion wird ja als Gewalt empfunden und kann Gehorsam bewirken, weshalb *Max Weber* Macht und Autorität auch als *Chancen*, nicht lediglich als beobachtbare Handlungen, begreift. Gewalt – in Familien und in anderen gesellschaftlichen Bereichen – wird aufgrund dieses oft versteckten Charakters ambivalent beurteilt. Gewalttätigkeit als manifeste Verletzung und Aggression wird rasch und einhellig verurteilt, Gewalt als latente Möglichkeit dagegen in einem Ausmaß akzeptiert, das eigentlich verwundern müsste:

Legale Gewalt

So ist *Gewalt* ist oft *illegal* – aber bekanntlich nicht immer: Die Auflösung einer Demonstration durch die Polizei, die Abschiebung asylsuchender Ausländer, die Herausnahme eine Kindes aus seiner Familie gegen den Willen der Eltern und vieles andere verweisen auf weite Bereiche legalisierter Gewaltausübung. Insbesondere das Elend der Gesetzgebung und Rechtsprechung auf dem Gebiet des sog. elterlichen Züchtigungsrechtes muss hier als Beispiel dienen: Elterliche Prügel sind zwar in Deutschland seit langem nicht mehr gesetzlich abgesichert – wie in dem gestrichenen § 1631 Abs. 2 S. 1 BGB: »Der Vater kann kraft seiner Erziehungsgewalt angemessene Zuchtmittel gegen das Kind anwenden«; sie sind aber auch nicht, wie etwa in Schweden, ausdrücklich verboten. So kann die elterliche Züchtigung als Gewohnheitsrecht, das angeblich der herrschenden sittlichen Anschauung entspricht, überdauern (*Petri*, 1989; 28 u. 182 ff.). Gewalt *schadet* – aber natürlich kennt der Pädagoge auch den Zwang im wohlverstandenen Interesse des Kindes – und sei es zur Abwehr handfester Risiken wie Krankheit oder Verkehrsgefährdung; Maximen wie »Grenzen setzen«, »konsequent sein« und andere Leitbilder erzieherischer Gewalt bis hin zur Volksweisheit »Strafe muss sein!« genießen hohe Geltung und breite Anerkennung. Darüber hinaus ist Gewalt *obszön* – oft aber fasziniert sie bekanntlich trotzdem oder gerade deshalb ihr Publikum: in der Fernsehberichterstattung, im Sport, im Film, in der darstellenden Kunst. Und so ist für die meisten Menschen in der zivilisierten Gesellschaft Gewalt fremd und vertraut zugleich, verhasst und akzeptabel, und nicht auszuschließen ist, dass viele Gewalt bei anderen nicht nur fürchten, sondern insgeheim und uneingestanden auch bewundern.

Zwang in der Erziehung

Ambivalenz der Gewalt

Die Ambivalenz der Gewalt, angenommen sie wird durch solche Hinweise hinreichend belegt, kann man auf unterschiedliche Weise verarbeiten. Eine Möglichkeit ist die *Leugnung latenter Gewalt*; in diesem Fall ist von Gewalt nur noch dann die Rede, wenn Menschen durch offenen Zwang, massive Unterdrückung und Angriffe auf Leib und Leben zum Zwecke der eigenen Durchsetzung in eindeutiger Weise gegen geltende Normen verstoßen. Gewalt wird mit Gewalttätigkeit gleichgesetzt und damit zum *abweichenden Verhalten*, das immer und überall abzulehnen, weil schädlich und moralisch suspekt ist. Familiale Gewalt als Begriff würde auf die manifeste Misshandlung von Kindern und Frauen reduziert.

Gewalttätigkeit als Devianz

So fragwürdig eine solche Reduktion im Allgemeinen erscheint, so ist sie doch für die Soziale Arbeit unter bestimmten Umständen unausweichlich.

Zumindest wenn familiale Gewalttätigkeit durch sozialberufliche Praxis verhindert und vermindert und nicht lediglich problematisiert, diskutiert und reflektiert werden soll, bedarf es einer Problemdefinition, die in dem breiten Spektrum von gewaltnahen und gewaltträchtigen Sachverhalten jene meist spektakulären Fälle markiert und als berufliche Aufgabe bestimmt, die gesellschaftlich nicht oder nicht mehr toleriert werden können und insofern als deviant bezeichnet werden. Dies kommt auch einer erwünschten *Skandalisierung von Gewalt* zugute: »Denn die körperliche Misshandlung« beispielsweise »von Kindern ist viel besser zu demonstrieren als sublimere Formen von Gewalt, und sie erzeugt auch eine unmittelbare Betroffenheit bei denen, die angesprochen werden sollen.« (*Honig,* 1992; 23). Dass hierbei eine *Kriminalisierung* von menschlichem Verhalten droht, ist nicht von der Hand zu weisen. Eine sozialarbeiterische Berufssprache, in der Gewalt weniger Attribut sozialer Beziehungen, als vielmehr ausgrenzendes Merkmal bestimmter Personen oder Gruppen ist (»Gewalttäter«, »Gewaltfamilien«), gibt hiervon Zeugnis. Diese Risiken sind jedoch nicht neu und gerade in jenen Berufen mittlerweile durchaus bekannt, die sich sanktionierend, therapeutisch oder erzieherisch mit sozialer Devianz befassen. Würde jedoch auf eine devianzorientierte Definition des Gewaltproblems ganz verzichtet, so wäre den einschlägigen Berufen ihre »technische« Handlungsgrundlage (Erziehung, Therapie, Strafe) weitgehend entzogen.

Gewalt in Familien

Heute spricht »einiges dafür, dass Familie im Prozess der sozialstaatlichen Vergesellschaftung mittels Verrechtlichung immer ›gewaltfreier‹ wird« (*Honig,* 1992; 266). Gleichwohl lässt sich empirisch belegen, dass *Gewalt in Familien* zumindest teilweise auch heute noch als »unproblematisch-selbstverständlicher Bestandteil« des Familienlebens, ja sogar als normales Mittel der »Herstellung von Familie als Lebenszusammenhang« und, gerade auch von den Beteiligten, nicht unbedingt als familiales Scheitern betrachtet wird (*Honig,* 1992; 268). Für andere Lebensbereiche wie die Schule, die Anstaltserziehung, die jugendliche Subkultur – also offenbar gerade solche Orte, wo Kinder und Jugendliche ihren Alltag verbringen – könnte ähnliches gelten.

Autorität

Auch *Autorität* – die andere, legitimierte Form des sozialen Einflusses – ist oft nicht unmittelbar beobachtbar. Meist sind das oft zitierte »autoritäre« Verhalten von Eltern und der gleichnamige Erziehungsstil: Zwang, Einschränkung von Verhaltensalternativen und ein Übermaß an Vorschriften und Anweisungen im Gegenteil sogar ein beobachtbares Indiz für das *Fehlen* von Autorität (vgl. *Bösel,* 1976; 100). So führt auch die Frage nach der familialen Autorität zunächst einmal zur Wahrnehmung aller Formen des manifesten Einflusses in Familien – zwischen Eltern und Kindern, zwischen den erwachsenen Partnern, zwischen den Kindern –, und erst bei näherem Hinsehen wird man eventuell Anzeichen von Autorität im engeren Sinne entdecken. Sie stützt sie auf ein meist stillschweigendes Einverständnis hinsichtlich ihrer Legitimität und wird eben deshalb oft gar nicht als tatsächliche Einflussnahme deutlich: Indem sie die Autorität anerkennen, machen sich die Abhängigen die Absichten der Herrschenden ja in gewisser Weise prinzipiell zu eigen. Spektakuläre Befehlsrituale sind hier oft nicht erforderlich.

Nicht anders als in anderen Herrschaftsbereichen kann auch innerfamiliale Herrschaft auf unterschiedliche Legitimationsgrundlagen aufbauen (vgl. *Weber,* 1964; 159).

Rationale Herrschaft

- Rationale (oder »legale«) Herrschaft, die sich vor allem auf Gesetz und Ordnung beruft, gilt wohl in Familien allenfalls als Restform elterlicher Autorität: Wenn alle anderen Grundlagen der Überlegenheit geschwunden sind, zum Beispiel gegenüber den heranwachsenden Kindern, berufen sich Eltern möglicherweise auf das Recht der elterlichen Sorge, das ihnen durch Gesetz zusteht. In den professionellen Alternativen zur Familienerziehung tritt dagegen der rational-legale Kern der pädagogischen Beziehung häufiger zutage.

Traditionale Herrschaft

- Traditionale Herrschaft dürfte demgegenüber häufig das normale Familienleben, insbesondere mit jüngeren Kindern, prägen: Die Eltern bestimmen, die Kinder folgen – einfach weil dies immer so war. Dem kann der *Weber'sche* »Alltagsglaube an die Heiligkeit von jeher geltender Traditionen« oder, weniger feierlich, bequeme Gewohnheit zugrundeliegen. Jedenfalls hat, wenn erst einmal argumentiert wird, die traditionale Variante familialer Herrschaft, der für positionale Familien typische Patriarchalismus, nur noch wenig Chancen auf Fortbestand.

Charismatische Herrschaft

- Charismatische Herrschaft ist, im Unterschied zu den vorhergehenden Formen, eng an die Person gebunden und nicht kulturell, durch Rechtsnormen oder Tradition, abgesichert. »Charisma«, allgemein eine anerkannte übernatürliche Berufung, im Falle elterlicher Autorität aber wohl eher als die Fähigkeit (von Eltern) zu verstehen, die Verehrung als Vorbild und die Bewunderung ihrer Kinder zu gewinnen und zu behalten, bedarf im Prinzip immer erneuter Beweise – ein Anstrengung, die auch Eltern in der Regel nur eine Zeitlang auf sich nehmen können. Auf die Dauer zieht man sich daher gern auf die komfortableren rationalen oder traditionalen Grundlagen elterlicher Autorität zurück. Solche Prozesse hat *M. Weber* (1964; 182 ff.) für andere gesellschaftliche Bereiche als Veralltäglichung des Charimas« beschrieben (zu *Webers* Herrschaftstypen sh. auch Kap. 7.2.1).

Funktionale Autorität

Weitere Legitimationsformen, die von *Weber* nicht explizit berücksichtigt wurden, sind denkbar: »Funktionale Autorität«, die sich in erster Linie auf nachgewiesenen Sachverstand beruft (*Hartmann*, 1964), spielt zumindest zeitweilig im Verhältnis von Eltern und Kindern eine wichtige Rolle und erscheint heute gelegentlich als die einzig »wirklich« legitime Form von Autorität. Das gilt vor allem für personal orientierte Familien. Nicht immer wird allerdings bedacht, dass gerade dieses Herrschaftsmittel auch den Kindern offen steht, so dass Eltern, die Überlegenheit ausschließlich mit Kompetenzvorsprüngen rechtfertigen, auch ihren Autoritätsverlust spätestens dann akzeptieren müssen, wenn ihre Kinder erwachsen und damit in den meisten Angelegenheiten nicht weniger sachkundig sind als sie. Daneben können viele andere Sachverhalte – Krankheit und Pflegebedürftigkeit, geistige Behinderung und soziale Devianz, natürlich auch Begabung oder körperliche Überlegenheit – die Dominanz einzelner Familienmitglieder und die Abhängigkeit der Restfamilie begründen. Die Legitimationsformen können sich zudem in jedem Einzelfall zu einem eigenen Muster kombinieren.

c) Aufgabenverteilung

Familiale Rollenverteilung als Arbeitsteilung

Familiale Funktionen, wie sie dargestellt wurden, konkretisieren sich als Aufgaben der Familiengruppe, die in der Regel arbeitsteilig gelöst werden. Es ergibt sich, wenn die Arbeitsteilung sich dauerhaft verfestigt, eine beobachtbare Gruppenstruktur – man spricht hier auch etwas unpräzise von »Rollenverteilung« – die von der Autoritätsverteilung sicher nicht unabhängig, aber analytisch doch zu trennen ist. Wie viele und welche Pflichten entfallen auf die verschiedenen Familienpositionen, wie präzise sind sie definiert, inwieweit sind sie überhaupt arbeitsteilig organisiert, auf welche Weise – durch bewusste Vereinbarung oder eher durch eingeschliffene Gewohnheit – ist die Aufgabenstruktur zustande gekommen? Ist die Aufgabenverteilung offen für Fähigkeiten und Neigungen der Familienmitglieder oder eher starr an sozialbiologische Merkmale gebunden? Das letztere scheint, zumindest im Hinblick auf mögliche Variationen der familialen Rollen- und Arbeitsverteilung zwischen Frauen und Männern, relativ häufig der Fall zu sein, wie sich insbesondere in Untersuchungen zur mütterlichen Erwerbstätigkeit immer wieder erwiesen hat: »Alle Erhebungen zeigen (...): Die unterschiedliche Belastung der Ehepartner mit hauswirtschaftlichen Tätigkeiten ist geblieben, auch bei Erwerbstätigkeit der Ehefrau« (*Nave-Herz,* 1997; 21).

Aufgabenverteilung in Heimen

Eine andere, weniger gebräuchliche Strukturperspektive liefert der Vergleich der Generationen: Was sind typische Pflichten von Kindern, was behalten sich die Erwachsenen vor? So zeigte sich beim Vergleich von Eingruppen- und Mehrgruppeneinrichtungen der Heimerziehung in Westfalen-Lippe, dass die Kinder und Jugendlichen in den Kleinstheimen – gegen alle Erwartung – an Aktivitäten des Alltagslebens wie Lebensmitteleinkauf, Mithilfe im Haushalt u.ä. deutlich weniger beteiligt wurden als diejenigen aus größeren Heimen; man kann dies damit erklären, dass die Pädagogisierung von Alltagsverrichtungen im Kleinstheim – wie in der Durchschnittsfamilie – häufig zu zeitaufwendig und umständlich erscheint, während größere Heime eher in der Lage sind, den Alltag pädagogisch zu nutzen. Dagegen waren die Minderjährigen in den Eingruppeneinrichtungen – der äußeren Autonomie dieser Gruppen entsprechend – stärker an der Bestimmung von Gruppenzielen und an Entscheidungen über wichtige Gruppenangelegenheiten beteiligt, als ihre Altersgenossen in größeren Einrichtungen (*Biermann/Wälte*, 1991; 142 u. 156).

d) Kommunikationsstruktur

Kommunikation als Interaktion

Wenn man, wie die meisten Sozialarbeiter und Sozialpädagogen, bei *P. Watzlawick* (1996) gelernt hat, dass Menschen nicht nicht kommunizieren können, so wird einem die Kommunikation in einer Familie reichhaltiges Beobachtungsmaterial für eine Strukturanalyse bieten. Alles, was in der Familie geschieht – oder auch wider Erwarten nicht geschieht – kann ja als Zeichen und Mitteilung gedeutet werden: Sprechen und Schweigen, Hektik und Ruhe, Lachen und Weinen, »spontane« Gestik und Mimik ebenso wie gezügelte Bewegung und erstarrte Haltung. Ganz im Sinne des eben zitierten Theoretikers läge es also, wenn man die Kommunikation zwischen zwei oder mehr Partnern mit Interaktion schlechthin gleichsetzen würde (*Watz-*

lawick, 1996; 51), so dass etwa die Autoritäts- und die arbeitsteilige Struktur der Familie nur Aspekte der familialen Kommunikation (= Interaktion) wären (siehe z.B. *BFJG*, 1975; 29 ff.). Dies ist bei Familiensoziologen durchaus üblich, wobei allerdings gerade die im engeren Sinne kommunikative Bedeutung der familialen Struktur – das heißt der Zeichen- und Mitteilungscharakter aller Interaktionen – leicht in Vergessenheit gerät (vgl. z.B. *Hamann*, 1988; 49). Aus diesem Grunde wird hier die kommunikative als eine neben verschiedenen anderen familialen Beziehungsebenen behandelt. Strukturbedingte Regelmäßigkeiten lassen sich beispielsweise feststellen hinsichtlich der

Kommunikationsmuster: Zwischen welchen Positionen der Familie bestehen enge, zwischen welchen nur lockere, zwischen welchen eventuell sogar keinerlei Kommunikationsbeziehungen; welche Positionen sind eher durch passive, rezeptive, welche durch eher aktive, produktive Beiträge zum Kommunikationsgeschehen gekennzeichnet; lassen sich aus der Gruppensoziologie bekannte Kommunikationsmuster (»Stern«, »Kreis«, »Kette«, »Vollstruktur« – siehe Kap. 8.2.1) beobachten?

Kommunikationsinhalte: Gibt es häufig wiederkehrende Themen der familialen Kommunikation; welche Themen erscheinen tabuisiert; ist die Mitteilung von Gefühlen ebenso üblich und gebilligt wie diejenige von Fakten und Meinungen; wie stark sind Neigungen und Fähigkeiten ausgeprägt, die Kommunikation in der Familie ihrerseits zum Gesprächsthema zu machen (Meta-Kommunikation)?

Kommunikationsmedien: Wie hoch sind die verbalen, wie hoch die nonverbalen Kommunikationsanteile; welches Repertoire an gestischen, mimischen und anderen nichtsprachlichen Ausdrucksformen steht den Beteiligten zu Gebote; welche sprachlichen Mittel werden verwandt (vgl. Kap. 8.2.1)?

»Elaborierter« und »restringierter« Sprachcode

Seine berühmte Alternative von »restringiertem« (»eingeschränktem«) und »elaboriertem« (»ausgearbeitetem«) Sprachcode stellt *B. Bernstein* in eine enge Beziehung zur Flexibilität der Familien-Struktur. In positional orientierten Beziehungen entspricht die Sprache der Starrheit der Struktur. Die Erwartungen, Rechte und Pflichten der Familienmitglieder sind eindeutig, übersichtlich und ohne Ausnahme oder Vorbehalt gültig, und so ist auch die Sprache: »Je größer die Reduktion im Bereich der Alternativen, desto gemeinschaftlicher oder kollektiver die verbalen Bedeutungen, desto niedriger die Ordnung der Komplexität und desto starrer die syntaktischen und Wortschatz-Selektionen – also desto restringierter der Code.« (*Bernstein*, 1973; 248). Umgekehrt in »offenen« Rollensystemen, wo eine personale Orientierung alle Erwartungen vor dem Hintergrund möglicher Alternativen zur Diskussion stellt und variabel hält. Bestimmendes Kennzeichen der beiden Sprachformen ist ihre unterschiedliche Kalkulierbarkeit: »Wenn die Voraussagbarkeit über syntaktische Wahlen oder Alternativen, die zur Organisation der Rede (speech) benutzt werden, schwierig ist, wird diese Sprachform ein elaborierter Code genannt« (*Bernstein*, 1973; 244). Er beruht auf einem größerem Repertoire grammatischer Formen, stilistischer Ausdrucksmittel und semantischer Alternativen, während der restringierte Code stärker mit eingeschliffenen Satzkonstruktionen arbeitet und auf einen begrenzteren Wortschatz zurückgreift.

Sprachform und Schichtzugehörigkeit

Die unglückliche, möglicherweise diskriminierende Verbindung dieser Theorie der linguistischen Codes mit Schichtungskonzepten (»Bei Angehörigen unterer sozialer Schichten herrscht der restringierte Sprachcode vor.«) ist nicht erforderlich und heute auch nicht mehr üblich. Stattdessen beobachtet man in Familien schlechthin seit langem eine wachsende Vorliebe für kommunikative Formen des Aushandeln, in welchen seltener verboten und häufiger verhandelt wird (vgl. *BFSFJ*, 1995; 83). Im Übrigen lebt in der individualisierten Gesellschaft jedermann in sozialen Beziehungen, die im Zeichen sowohl der einen wie der anderen Sprachform stehen können. Befehle beim Militär, die Form der Sicherheitsanweisungen im Betrieb oder auch die Sprache von Kindern, womöglich auch von Jugendlichen, wird man eher dem restringierten Code zuordnen. Hochelaboriert erscheint dagegen die Sprache von Wissenschaft, Verwaltung, Recht und Bürokratie. Sprachliche Sozialisation ist also weniger die Vermittlung eines bestimmten linguistischen Codes als vielmehr der Aufbau der Kompetenz, in wechselnden Situationen und Lebensbereichen die angemessene Sprache zu treffen.

e) Affektive Beziehungen

Positional ausgerichtete Beziehungen in der Familie und ein damit verbundener, sprachlich reduzierter Kommunikationsstil beruhen auf einem hohen Maß an Gemeinsamkeit, vorgängigem Verständnis und überindividueller Einfühlung und fördern diese zugleich. »So erscheint ein restringierter Code, wo die Kultur oder Subkultur das ›Wir‹ über das ›Ich‹ erhebt«, und »der Code schafft soziale Solidarität auf Kosten der verbalen Elaboration individueller Erfahrung« (*Bernstein*, 1973; 246).

»Wir-Gefühl«

Beim elaborierten Code ist es eher umgekehrt: Er »ist eher auf eine Person hin orientiert als auf eine soziale Kategorie oder einen Status« (*Bernstein*, 1973; 247). Das zeigt, dass insbesondere in eher personal orientierten Familiengruppen die vorhandenen Emotionen mit den bekannten Begriffen des »affektiven Klimas« oder des »Wir-Gefühls«, also mit der Vorstellung einer diffusen Affektivität der Gesamtgruppe und frei flottierenden Gefühlen zwischen allen Familienmitgliedern, nur unzureichend erfasst werden. Vielmehr sind auch und gerade die emotionalen Beziehungen in Familien strukturiert, das heißt geordnet, stabil und damit kalkulierbar:

Sympathiesystem

»Sympathie wird sehr ungleich verteilt. Diese ungleiche Verteilung wird mit großer Kunstfertigkeit (...) vertuscht, aber die Psychoanalyse bringt immer neue Beweise dafür bei, dass die kindliche Psyche mitnichten solches Vertuschen akzeptiert (...). Das Sympathiesystem ist also da: ›Man zieht vor‹, man missachtet, es wird mehr als ›gerecht‹ behandelt, es wird ungerecht behandelt« (*Claessens/Menne*, 1973; 317).

Die Bedeutung von Zusammengehörigkeit, Zuneigung und Solidarität für die Erfüllung wichtiger familialer Funktionen, insbesondere für die Sozialisationsaufgabe sowie für die Ausgleichsfunktion der Familie, zwingt die institutionell orientierte Soziale Arbeit in Familien immer wieder, diesen sensiblen und schwer objektivierbaren Beziehungsaspekt zu thematisieren, gutachtlich zu beurteilen und an ihm ihre Interventionen auszurichten.

Diagnoseprobleme

Wenn gerade in diesem Bereich verlässliche Indikatoren fehlen, wenn viele Verhaltensweisen widersprüchliche Interpretationen erlauben und das Vorhandensein einer Bindung sich mit den gleichen Beobachtungen zuweilen ebenso gut belegen wie widerlegen lässt, so ist dies fatal für soziale Dienste wie etwa die Adoptions- und Pflegekindervermittlung, die auf der Grundlage solcher Erkundungen Entscheidungen etwa über den Aufenthalt von Minderjährigen, ihre Herausnahme aus der eigenen oder einer Pflegefamilie oder im Zusammenhang mit Sorgerechtsregelungen zu treffen oder vorzubereiten haben. Theoretische Hinweise auf den Vorrang der »psychologischen« vor der biologischen Elternschaft (IGfH, 1977; 248) – heute fast eine Selbstverständlichkeit – helfen den Fachkräften wenig, wenn die Theorie nicht zugleich auch zuverlässige Indikatoren für die Diagnose bereitstellt. Diese Unsicherheiten lassen vermuten, dass schon der Begriff der emotionalen Bindung praktisch ziemlich ungeklärt ist: Geht es nur um »positive« Gefühle; ist Bindung immer »echtes« Bedürfnis oder umfasst der Begriff auch schädliche Fixierungen auf Personen und psychische Abhängigkeit von diesen; wo sind »einseitige« Bindungen, z.B. des Kindes an den Vater, nicht aber des Vaters an sein Kind, einzuordnen usw. Die unsichere begriffliche Grundlage ist der ideale Boden für konzeptionelle Auseinandersetzungen in der Sozialen Praxis, etwa zwischen »Bindungstheoretikern« (etwa DJI, 1987) und »Trennungstheoretikern« (etwa *Nienstedt/Westermann*, 1995) im Bereich der Fremdplatzierung von Kindern und Jugendlichen: Die einen betonen die Notwendigkeit der Aufrechterhaltung der bestehenden Bindungen der fremdplatzierten Kinder, etwa zu ihren Eltern, die anderen setzen stärker auf eine Trennung vom Herkunftsmilieu im Interesse eines »pädagogischen Neuanfangs«. Beide Standpunkte sind begründet – und beide sind wahrscheinlich richtig.

2.2.3.3 Familiale Desorganisation

Ziele gruppenorientierter Familienarbeit

Soziale Arbeit kann primär der Familie als Gruppe mit ihrer komplexen und immer gefährdeten Binnenstruktur gelten, sie kann sich aber auch stärker auf ausgewählte familiale Aufgaben (Erziehung, Sozialisation, Haushaltsfunktionen u.a.) konzentrieren. Exemplarisch für die erste Option können alle Verfahren der Familientherapie und -behandlung stehen, während die Sozialpädagogische Familienhilfe nach § 31 KJHG, aber auch alle anderen erzieherischen Hilfen des Jugendamtes, eher die zweite Alternative repräsentieren. Die Übergänge zwischen beiden Ansätzen mögen fließend sein – und dennoch hat es den Anschein, als legitimierte sich die gruppenbezogene Soziale Arbeit in Familien prinzipiell anders als jene, die bei bestimmten familialen Funktionen ansetzt: Eine Effektivierung von familialen Leistungen mag eine erwünschte, sekundäre Folge sein; primäres Ziel der Arbeit an den Gruppenbeziehungen ist jedoch die Minderung von Leidensdruck bei den Beteiligten, und mit diesem Motiv rechtfertigt sie ihr Vorgehen. Aus diesem Grunde ist sie auch nur als von den Adressaten gewünschte und freiwillig eingegangene Hilfsbeziehung denkbar, während Funktionshilfen immer auch eine gesellschaftliche Erwartung an die Familie signalisieren: Entsprechend haben diese häufig den Charakter recht direktiver und massiver Eingriffe in den familialen Alltag (*Biermann*, 1998); oft werden, beispielsweise im Falle der Herausnahme von Kindern aus der Familie, Beziehungsstörungen in Kauf genommen, um Funktionen sicherzustellen.

Familiale Desorganisation

Die möglichen Störungen familialer Beziehungen reichen von leichten Spannungen und eher atmosphärischen Irritationen über tiefergehende Belastungen, wiederholten Streit und offenen Konflikt bis zur Trennung von einzelnen Familienmitgliedern und schließlich zur Auflösung der gesamten Familiengruppe. Fassen wir solche Störungen – um nicht etwa im Alltagsjargon von mehr oder weniger »kaputten« Familien zu sprechen – unter dem Ausdruck »Desorganisation« zusammen, so lassen sich verschiedene Grade familialer Desorganisation unterscheiden, und, je nach Intensität der Beobachtung, wird man Anzeichen von Desorganisation in jeder Familie finden.

Familienstrukturen müssen, etwas abstrakt ausgedrückt, den Funktionserwartungen der familialen Umwelt (Verwandtschaft, Nachbarschaft, Schule, Betrieb, politische und gesellschaftliche Öffentlichkeit) gerecht werden und zugleich die – ihrerseits auch gesellschaftlich bedingten – Bedürfnisse von Familienmitgliedern erfüllen. Die Aufgabe erscheint oft nicht lösbar, und für ihr tägliches Versagen gegenüber dem doppelten Anspruch bezahlt die Familie gleichsam mit Desorganisation. Die perfekt organisierte Familie weckt dagegen immer den Verdacht, sich einer der beiden Seiten – gesellschaftlichen Zwängen, persönlichen Bedürfnissen einzelner Mitglieder – ausgeliefert zu haben: etwa den Leistungserwartungen von Schule und Beruf oder den Schutz- und Ordnungsbedürfnissen überprotektiver – das heißt übermäßig um die Kinder besorgter – und autoritärer Eltern. Perfekte familiale Organisation wäre daher immer schon familiale »Überorganisation« (vgl. dazu *König*, 1969; 267).

Desorganisation und Strukturwandel

Familiale Desorganisation kann in diesem Sinne als Anzeichen, aber auch als Vorbedingung erforderlichen familialen Strukturwandels angesehen werden, während die überorganisierte Familie kaum in der Lage ist, auf geänderte Anforderungen angemessen flexibel zu reagieren. Oft – beispielsweise im Falle der Scheidung – ist die (endgültige) Desorganisation der Familie nicht das Problem, sondern eher dessen Lösung: Die äußere Trennung ist nur die letzte Konsequenz vorhergehender, oft sehr langwieriger und belastender Prozesse der Beziehungsklärung (vgl. *Mühlfeld*, 1982; 143). Schon aus diesem Grund sollte das Thema nicht dramatisiert oder moralisierend angegangen werden. Stattdessen empfiehlt sich eine genaue Beobachtung von Desorganisationserscheinungen und ihrer Zusammenhänge. Insbesondere zwei Formen familialer Desorganisation sind, in Anlehnung an *König* (1969; 254 ff.) zu unterscheiden:

»Latente« und »manifeste« Desorganisation

- *»Latente« Desorganisation*: Die Familie bietet das Bild einer intakten Gruppe. Trotz dieser geordneten Außendarstellung leiden die Beziehungen zwischen den Familienmitgliedern jedoch unter mehr oder weniger schwerwiegenden Störungen und Konflikten. Man erkennt sie oft erst dann, wenn man sich in die Familie hineinbegibt und die Beziehungen systematisch diagnostiziert.
- *»Manifeste« Desorganisation* liegt demgegenüber vor, wenn Positionen in der Familie vakant werden, wenn Mitglieder der Familie diese verlassen oder wenn die Familiengruppe sich auflöst. Auch hier lassen sich verschiedene Grade unterscheiden, wobei insbesondere die Dauer und Endgül-

tigkeit einer Trennung variieren kann. Bereits zeitweilige Abwesenheiten – beruflich, durch Krankenhausaufenthalt, Internatserziehung, Strafhaft oder Trebegängerei bedingt – sind manifeste familiale Desorganisation, und nicht erst Familienkrisen wie Tod und Verwitwung oder Scheidung und dauernde Trennung.

Scheidung

Besondere öffentliche Aufmerksamkeit genießt unter diesen Störungsprozessen seit je her die Scheidung, und zwar ebenso unter dem gesamtgesellschaftlichen Aspekt der Scheidungsraten wie als individuelles Krisenereignis. So zeigt die Statistik, dass im früheren Bundesgebiet zwischen 1970 und 1990 die zusammengefasste Scheidungsziffer, d.i. die Wahrscheinlichkeit einer Scheidung einer im betreffenden Jahr geschlossenen Ehe, von 18 auf 30 Prozent, seitdem in Gesamtdeutschland nochmals auf 32 Prozent gestiegen ist (*Engstler* 1999; 90). Nach dem bisher Gesagten spricht diese gewachsene Instabilität der Ehe weniger für einen Bedeutungsverlust als im Gegenteil für eine Überfrachtung der Institution mit Erwartungen auf emotionale Befriedigung, persönliche Entfaltung und Bereicherung, die notwendigerweise eine höhere Enttäuschungsquote zur Folge haben müssen. Dem entspricht auch eine seit Mitte der achtziger Jahre stabile bzw. leicht steigende Wiederverheiratungsziffer von etwa zwei Dritteln aller Geschiedenen (BFSFJ, 1995; 53). Wird mit der Folgeverbindung lediglich ein Fehler in der ersten Partnerwahl revidiert, so ist durchaus mit dem Gelingen des zweiten Versuchs zu rechnen. Waren dagegen Idealisierungen und Beziehungsillusionen Grundlage für die Aufnahme und die spätere Auflösung der ersten Ehe, und werden diese nicht, womöglich mit fachlicher Begleitung, transparent gemacht und korrigiert, so wird man auch den folgenden Beziehungen keine günstige Prognose stellen können (vgl. BFSFJ 1995; 88).

Wiederverheiratung als Fehlerkorrektur

Familiale Reorganisation

Ein wichtiger Gesichtspunkt bei der Beurteilung der desorganisierenden Wirkung einer Trennung ist deren Kalkulierbarkeit. Ist die Dauer der Trennung absehbar, z.B. bei regelmäßiger beruflicher Abwesenheit, bei Abwesenheit wegen einer Haftstrafe o.ä. oder auch bei mehr oder weniger unwiderruflichen Trennungen (Scheidung, Tod eines Familienmitgliedes), so hat die Restfamilie die Chance der Reorganisation: Die familialen Funktionen werden, meist unmerklich, auf die verbleibenden Mitglieder umverteilt, die Beziehungen neu geordnet. Dies wird der Familie erschwert, wenn sie weiterhin und jederzeit mit der Rückkehr des abwesenden Mitgliedes rechnen muss, also etwa in Fällen von Weglaufen, Trebegängertum und sonstiger ungeregelter Trennung. Unter solchen Formen familialer »Desertion« (*König* 1969; 257), die eine Reorganisation der Familie dauernd aufzuhalten vermögen, dürften gerade Klienten Sozialer Arbeit häufig leiden.

Endgültigkeit von Fremdplatzierungen

So erscheint die Adoption unter dem Aspekt ihrer relativen Endgültigkeit als die am wenigsten problematische Form der gezielten Trennung von einer Familie sowohl für die abgebenden wie für die Adoptiveltern. Die Pflegevermittlung schafft dagegen Instabilitäten auf allen Seiten, und zwar meist ohne kalkulierbare Entwicklung, da bei Beginn des Pflegeverhältnisses oft nur wenig über seine vermutliche Dauer gesagt werden kann (*Biermann/ Wälte*, 1991; 78).Ob auch Heimgruppen den zuweilen doch sehr ausgeprägten Wechsel von Erziehern und Kindern als Desorganisation erleben, wäre eine interessante Frage. Im Übrigen wird deutlich, dass die Erweiterung einer familialen Gruppe – beispielsweise durch Geburt oder Aufnahme eines Kindes – ähnliche Reorganisationsprobleme aufwirft wie der Verlust von Mitgliedern.

Interpretierbarkeit familialer Störungen

Es fördert die Wiederherstellung familialer Beziehungen, wenn für die Anpassung an die erlittene Störung institutionalisierte Verhaltensmuster oder Rituale (Trauer, Gedenken u.ä.) zur Verfügung stehen; hierin unterscheiden sich beispielsweise Tod oder Verwaisung und Scheidung als Varianten familialer Desorganisation (*Goode*, 1967b; 180). Überhaupt hängt viel davon ab, ob ein Desorganisationsprozess als irgendwie normal eingeordnet werden kann, oder ob ihn die Beteiligten nur als Unfall, familiale Entgleisung oder Katastrophe sehen können. In diesem Fall suchen sie vergeblich Verhaltensmuster und Modelle für eine angemessene Anpassung an die Situation: Nicht immer lässt sich, wie dies zuweilen versucht wird, Heimerziehung als eine Art Internatsaufenthalt, ein Pflegeabbruch als normaler Verselbständigungsprozess und ein Zerwürfnis mit einem heranwachsenden Kind als Ablösungs- oder Generationenkonflikt interpretieren; wo solche Perspektiven jedoch möglich sind, vermögen sie zur Verarbeitung des Problems beizutragen. Sozialarbeiter und Sozialpädagogen, bekanntlich mit beträchtlicher Definitionsmacht gegenüber ihrer Klientel ausgestattet, könnten hier wichtige Interpretationshilfen leisten.

Beziehungsebenen als Ansatzpunkte

Auch die erörterten Strukturebenen familialer Beziehungen – Autorität, Rollenverteilung, Kommunikation, Emotionalität – eröffnen den professionellen Helfern in der Arbeit mit Familien regelmäßig Interpretationsspielräume bei der Diagnose einer familialen Störung: Wiederholte Auseinandersetzungen zwischen Kindern und Eltern in Fragen der beruflichen Ausbildung mögen so für den einen Beobachter Ausdruck eines Autoritätsproblems, für den anderen Zeichen affektiver Verklammerung, für einen dritten im wesentlichen Missverständnisse sein. Wahrscheinlich liegen alle drei nicht ganz falsch, und trotzdem scheint es nicht gleichgültig zu sein, auf welchen Aspekt die Diagnose das Hauptgewicht legt.

Vorrang der Perspektive der Beteiligten

Entscheidend sollte wohl die Akzeptanz der Diagnose durch die Betroffenen sein. Man erreicht sie zuverlässig nur, wenn man die Familie an der diagnostischen Arbeit beteiligt. Hier schadet im Übrigen jeglicher Wahrheitsfanatismus, und mag der Sozialarbeiter eine innerfamiliale Spannung noch so sicher und eindeutig als Autoritätsproblem klassifizieren – wenn sich die Familienmitglieder darauf einigen, stattdessen die Rollenverteilung zu problematisieren und hier Verbesserungen zu suchen, wird er sich hüten, auf seiner Interpretation zu beharren. Aber er kann, je nach analytischem und kommunikativem Geschick, der Familie alternative Deutungen anbieten und so die Kompetenz der Beteiligten in der Strukturierung ihrer Probleme erhöhen. Hierzu gehört auch die Fähigkeit, Beziehungsschwierigkeiten zu »normalisieren« und den Betroffenen zu helfen, in ihnen alltägliche und durchschnittliche Erfahrungen von jedermann zu erkennen, soweit dies nicht zu unangemessener Verharmlosung führt. Gelingt es der Familie darüber hinaus, in Kooperation mit professionellen Helfern für ihre Konflikte Beziehungsebenen zu finden, auf denen Lösungen ohne Niederlagen einer Seite denkbar sind, ist die Prognose für eine akzeptable Konfliktbearbeitung günstig.

Methodischer Ansatz und Problemdefinition

Häufig werden Sozialarbeiter und Sozialpädagogen auch dazu neigen, sich in der Bearbeitung familialer Beziehungskonflikte auf solche Strukturebenen zu konzentrieren, für die sie sich kompetent fühlen. Aus einem stärker kommunikationstheoretisch fundierten Ansatz der Familientherapie und -behandlung dürfte in der Regel eine andere Problemdefinition folgen, als aus einem psychoanalytisch inspirierten (siehe z.B. *Richter*, 1970), von den unterschiedlichen Vorgehensweisen ganz zu schweigen. An dieser Abhängigkeit der Problemsicht von den eigenen Möglichkeiten und professionellen Kompetenzen ist nichts Verfängliches – außer vielleicht der Tatsache, dass manche Praktiker der Sozialen Arbeit nicht wahrhaben wollen, dass neben ihrer Sicht der Dinge viele andere Perspektiven auch plausibel sind.

2.2.4 Familie und Umwelt

Abschließend den Beziehungen zwischen der Familie und ihrer Umwelt einen eigenen Abschnitt zu widmen, erscheint paradox. Demonstriert nicht jede familiale Funktion, jedes familiale Strukturmerkmal bereits hinreichend die vielfältige Abhängigkeit der Familien von ihrer sozialen Umwelt? Was wäre darüber hinaus zum Verhältnis zwischen Familie und familialer Umwelt zu sagen? Es wäre zu zeigen, dass die gesellschaftliche Einbindung der Familie doch ganz unterschiedlich wahrgenommen und interpretiert werden kann, und zwar vor allem unter den folgenden Fragestellungen:

- Welche Dimensionen der Umwelt sind für die Familie bedeutsam?
- Wie soll man sich das Verhältnis von gesellschaftlicher Abhängigkeit und gesellschaftlicher Autonomie von Familien vorstellen?

a) Umweltdimensionen: Von der Schicht zum Soziotop

Schicht als Subkultur

Die soziale Schichtung (vgl. Kap. 5.2.2) war lange Zeit das nahezu einzige Kriterium gesellschaftlicher Differenzierung und Ungleichheit, dem Einflüsse auf familiale Strukturen und Prozesse unterstellt wurden. Dabei gilt eine soziale Schicht allerdings nicht lediglich als Kategorie von Menschen gleichen Sozialprestiges aufgrund bestimmter wertbesetzter Merkmale wie berufliche Stellung, Ausbildung und Einkommen, sondern darüber hinaus als kulturelles Subsystem mit eigenen Werten, Normen und Symbolen.

Schichtspezifische Berufserfahrung

Diese bauen, so heißt es, auf jeweils anderen beruflichen Erfahrungen in den sozialen Schichten auf: Der durchschnittlichen Arbeitsplatzerfahrung der Angehörigen unterer sozialer Schichten, die beruflich vor allem mit Gegenständen und Sachen zu tun haben, bei oft monoton-repetitiver Arbeit weitgehend von Vorgesetzten abhängig sind und ihren eher bescheidenen sozialen und materiellen Status als kollektives Schicksal empfinden, das allenfalls durch gemeinsame Aktion zu verändern ist, steht ein ganz anderer Arbeitsalltag in mittleren sozialen Schichten gegenüber: Er ist vom Umgang mit anderen Personen und durch kommunikative Funktionen (Lesen, Schreiben, Sprechen) geprägt, eröffnet Möglichkeiten der selbständigen Einflussnahme – zusammen mit den entsprechenden Verantwortlichkeiten – und bietet dem Einzelnen – zumindest in seiner Wahrnehmung – genauso die Chance des individuellen Aufstiegs wie das Risiko eines Statusverlustes (vgl. *Caesar*, 1972; 27).

Fatalismus und Familismus der unteren sozialen Schichten

Dass solch unterschiedliche Arbeitsplatzerfahrungen gegensätzliche Weltbilder und Bewusstseinslagen fördern – und von diesen wiederum abgestützt werden – leuchtet jedem ein. Ein eher resignatives, fatalistisches Gesellschaftsbild (»Die da oben machen ja doch, was sie wollen«) in den unteren sozialen Schichten wird mit stark ausgeprägten, ziemlich rigiden Solidaritätsnormen und einer hohen Bewertung des auf eigener Erfahrung beruhenden, praxisnahen Wissens in Zusammenhang gebracht. Parallel dazu sieht man Tendenzen zum Rückzug in private Erlebnisbereiche, insbesondere in die Familie, zum sogenannten Familismus der unteren sozialen Schichten (BJFG, 1975; 34). In den mittleren Schichten vermutet die Konzeption dagegen ein eher dynamisches, »geschichtetes« Gesellschaftsbild, das den stärker entwickelten Leistungsnormen und -motiven entgegenkommt, ebenso wie eine besondere Flexibilität im Umgang mit Normen und Werten sowie in der Anwendung abstrakten, systematischen Wissens. Auf die differierenden Sprachstile sei lediglich hingewiesen.

Sozialisationszirkel

Die Eltern und später auch die heranwachsenden Mitglieder der Familie tragen nun die schichtspezifischen, im Beruf angeeigneten Wertvorstellungen, Wissensbestände und symbolischen Formen in die Familie, wo sie die ihnen entsprechenden Beziehungsformen (etwa stark positionale Orientierungen in den unteren, eher personale Beziehungsgestaltung in den mittleren sozialen Schichten) erzeugen und fördern – die natürlich ihrerseits immer wieder die beruflichen Muster stabilisieren. Unter diesen zirkulären und wechselseitigen Prozessen ist der bereits erwähnte Sozialisationszirkel (vgl. Kap. 2.2.3.1.c) von besonderer Bedeutung, in dem die elterliche Erziehung eine strategische Variable ist:

> »Je weniger Selbstbestimmung Eltern in ihrer beruflichen Arbeit erfahren, um so mehr tendieren ihre Erziehungskonzeptionen (Einstellungen, Erziehungsziele) und Handlungsstrategien (Erziehungspraktiken) in Richtung einer geringen Bewertung und in deren Folge negativen Sanktionierung aller auf Individualisierung, Selbstbestimmung und kritische Entscheidungsfindung ausgerichteten Ich-Aktivitäten des Nachwuchses, und um so mehr Konformitäts- und Autoritätsdruck üben sie auf ihre Kinder aus. Attitüden, Persönlichkeitsmerkmale und Handlungsstrategien der Eltern werden also auf der makrostrukturellen Analyseebene als abhängige, auf der Ebene familialer Sozialisation als Prädiktorvariablen (unabhängige, eine Vorhersage erlaubende Variablen – B.B.) für kindliche Einstellungen angesehen« (*Steinkamp*, 1982; 121).

Einwände

Das Modell wird allerdings seit langem kritisiert: Bedenken richten sich gegen pauschale Formen der Erfassung von beruflichen und Arbeitsplatzbedingungen und deren noch pauschalere Zuordnung zu einer – meist dichotomen, das heißt lediglich in zwei Ausprägungen auftretenden – Schichtungsvariablen: Nicht-lineare Zusammenhänge, dass sich also beispielsweise elterlicher Autoritarismus überdurchschnittlich sowohl in den oberen als auch in den unteren sozialen Schichten findet (*Bertram*, 1982; 33), werden so von vornherein ausgeschlossen. Anzweifeln lässt sich weiterhin die Annahme, dass aktuell wechselnde Berufserfahrungen überdauernde Persönlichkeitszüge begründen können. Gegen die Vernachlässigung der Rolle der Mutter als den beruflichen Einflüssen zumindest bislang seltener ausgesetzte Erziehungsperson sind Einwände ebenso am Platz wie gegen eine sehr unvermittelte Verknüpfung sozialstruktureller Variablen mit kindlichen Persönlichkeitsmerkmalen, wo tatsächlich eine Vielzahl nacheinander angeordneter Kausalbeziehungen zwischen sozialstrukturellen und Individualmerkmalen im Einzelnen zu prüfen wäre. Vor der Vielzahl der Einwände hat die Forschung zur schichtspezifischen Sozialisation letztlich kapituliert.

Schichten-Stereotype

Ihr Nutzen für die Praxis Sozialer Arbeit mit Familien erscheint ohnehin eher gering: Die lineare Rückführung familialer Strukturen und Sozialisationsformen auf gesamtgesellschaftliche Bedingungen mag der Familien- und Sozialpolitik Perspektiven für kompensatorische Erziehung und Förderung vermitteln; im Kontakt mit einzelnen Familien riskiert man dagegen mit der Fixierung auf Schichtungsvariablen, die Vielfalt und Komplexität der jeweiligen Lebenslage zugunsten eines stereotypen Bildes »der« Unterschicht- oder »der« typischen Mittelschichtfamilie zu übersehen. Gesucht ist daher eine Konzeption die, theoretisch weniger voraussetzungsvoll, zunächst einmal nur den Blick für jene Alltagswirklichkeit schärft, die die Familie als ihre Umwelt erfährt. Solche eher beschreibenden als erklärenden Funktionen scheint die *Sozialökologische Sozialisationsforschung* zu besitzen.

Sozialökologische Sozialisationsforschung

Dieser vor allem von *U. Bronfenbrenner* (1976; 1981) vertretene Ansatz sucht die sozialisationsrelevante Umwelt der Familie als ein Bedingungsgefüge von räumlichen, soziostrukturellen und kulturellen Bedingungen zu erfassen, aus dem sich kein Einzelfaktor isolieren und ohne Berücksichtigung seiner Wechselwirkungen mit anderen Bedingungen beobachten lässt. Das ist zwar keine Aufforderung, die familiale Umwelt nach jeder beliebigen Variablen zu erfassen und möglichst alles mit allem in Beziehung zu setzen: Auch dieses Konzept ist strukturiert. Es verzichtet jedoch (vorerst) auf anspruchsvolle Hypothesen über Zusammenhänge zwischen familialer Umwelt und innerfamilialen Prozessen zugunsten von Vorschlägen für eine differenzierte und für die Soziale Praxis wie Theoriebildung ergiebige Beschreibung; man könnte sie daher einem Typ von Theorien zuordnen, die *K.-D. Opp* (1970; 206) in Anlehnung an *R.K Merton* »Orientierungshypothesen« nennt: Als Anweisungen zur strukturierten Beobachtung können Orientierungshypothesen – anders als etwa die Theorien zur schichtspezifischen Sozialisation – logischerweise nicht empirisch widerlegt werden; sie sind nicht falsifizierbar. Wir können aber »bei einer gegebenen Orientierungshypothese fragen, welche konkreten Möglichkeiten der Theoriebildung« (oder, aus der Sicht der Sozialen Praxis: des beruflichen Handelns) »sie offen lässt, und danach ihre Brauchbarkeit beurteilen« (*Opp*, 1970; 208). Dieser heuristische und praktische Nutzen der sozialökologischen Perspektive erscheint beträchtlich.

Ebenen der familialen Umwelt

Das Konzept vermeidet die eindimensionalen Vereinfachungen von Schichtungstheorien und berücksichtigt eine größere Vielfalt von familialen Umweltfaktoren, die gleichwohl strukturiert werden. Bezeichnend ist die Unterscheidung verschiedener Umweltebenen – ausgehend von den Individuen und dem unmittelbar greifbaren Wohnumfeld ihrer Familie bis zu den schwer erfassbaren, oft nur indirekt zu erschließenden gesamtgesellschaftlichen Strukturen: Wirtschaftssystem, technologischer und politischer Entwicklungsstand, Kultur. Eine mittlere Ebene der Beobachtung repräsentieren die sozialen Netzwerke (Freundeskreis, Verwandtschaft) und Institutionen (Schule, soziale Einrichtungen u.ä.) (*Bronfenbrenner*, 1976; 203; *Bertram*, 1982; 49). Damit sind Variablengruppen gebildet, zwischen denen und innerhalb derer sinnvolle Zusammenhänge geprüft werden können, und die zugleich eine Systematik für den schrittweisen Einbezug der familialen Umwelt in die Soziale Arbeit mit Familien bieten.

Soziotope

»Ökologisch« im genauen Sinne wird diese Perspektive allerdings erst durch ihre lokale Ausrichtung. Untersuchungseinheit sind dann nicht Familien – die nun etwa, anstatt nach Schichtungskriterien, nach der Größe ihrer Verwandtschaft oder nach der Nähe zu einer weiterführenden Schule klassifiziert würden; der ökologische Ansatz wäre so nicht mehr als der Austausch alter gegen neue Untersuchungsvariablen. Stattdessen richtet sich die Aufmerksamkeit auf größere, abgegrenzte Sozialräume, in denen die genannten individuellen, familialen, soziostrukturellen und kulturellen Bedingungen ein jeweils einmaliges Beziehungsmuster bilden. Einen solchen Sozialraum, sei es ein Stadtteil, ein großer Wohnblock, eine Bauernschaft, eine Obdachlosenunterkunft bzw. ein anderer sozialer Brennpunkt, ein Heim bzw. ein Krankenhaus oder auch eine Haftanstalt, nennt man ein *Soziotop*; der Ausdruck unterstreicht die ökologische, das heißt ganzheitlich-integrative Sichtweise, die an die Stelle einer eher analytischen, einzelne Variablen isolierenden Perspektive tritt.

Die Herauslösung von einzelnen Umweltvariablen aus dem jeweiligen Bedingungsgefüge, innerhalb dessen sie erst ihre Bedeutung gewinnen, widerspräche auch dem partizipatorischen Anspruch sozialökologischer Konzepte: Sie versprechen sich Problemlösungen weniger von der Verwissenschaftlichung und technologischen Verfremdung von Alltagsfragen, als von der Identifikation mit den Sichtweisen der direkt Beteiligten: »Die lokale Umwelt ist nicht nur ›objektiviertes Bedingungsgefüge‹ sie ist zugleich Handlungs- und Erfahrungswelt der einzelnen Bewohner, der Kinder, der Jugendlichen, ihrer Eltern und der anderen Erwachsenen« (*Bargel/Fauser/Mundt*, 1982; 206).

Geringe Generalisierbarkeit sozialökologischer Aussagen

Der ökologische Ansatz zur Darstellung familialer, sozialisationsrelevanter Umwelten erlaubt offensichtlich sehr konkrete, qualitativ differenzierte Aussagen im Einzelfall. Um so aussichtsloser erscheint freilich im Rahmen dieses Konzeptes der Versuch, zu generellen Aussagen oder auch nur zu einer Typologie von familialen Umwelten zu gelangen, wie dies die Schichtungstheorie leistet: Die Anzahl sozialer Schichten ist begrenzt, während ein Soziotop letztlich immer ein Unikat darstellt, das sich schwer klassifizieren lässt. So dürften sich schichtungsbezogene und sozialökologisch fundierte

Aussagen zur sozialisationsrelevanten Umwelt von Familien letztlich doch in der Weise ergänzen, dass die einen mehr oder weniger bewährte, generelle Erklärungen bieten, während die anderen sich eher als differenzierte Beschreibungen singulärer Soziotope verstehen.

b) Autonomie und Abhängigkeit: Familie als System

Identität und Grenzen von Familien

Mit weiterer Einbeziehung der gesellschaftlichen Umwelt der Familie drängt sich schließlich die Frage auf, was eigentlich dazu berechtigt, Familien als autonome soziale Gebilde von ihrer Umgebung überhaupt zu unterscheiden. Insbesondere sozialökologische Ansätze mit ihrer ganzheitlich-integrativen, Wechselbeziehungen und Abhängigkeiten betonenden Soziotopen-Lehre müssen Rechenschaft darüber ablegen, unter welchen Bedingungen Familien, eingebunden in ein bestimmtes Soziotop, gleichwohl ihre Identität und Selbständigkeit bewahren. Die für die Frage entscheidenden Faktoren ergeben sich aus einer systemtheoretischen Betrachtungsweise (vgl. Kasten 2 und 4 in der Übersicht S. 33/34).

Familie als System

Eine verbindliche Antwort im Einzelfall vermag die Systemtheorie freilich nicht zu geben – woraus wir schließen können, dass es sich hier, wie bei den sozialökologischen Konzepten der familialen Umwelt, eher um einen Katalog von Orientierungshypothesen, Vorschlägen also für die Strukturierung der familialen Wirklichkeit, nicht aber um wahrheitsfähige (»falsifizierbare«) Tatsachenbehauptungen handelt: Die Familie »ist« kein soziales System, sie kann jedoch unter systemtheoretischen Gesichtspunkten beschrieben werden: »Es gibt wenige Sozialgebilde, die sich gleichermaßen eindeutig wie die Familie als soziale Systeme interpretieren lassen, d.h. als Aggregate, deren soziale Einheiten zueinander in interdependenten Beziehungen stehen, welche sich nach außen gegenüber ihrer Umwelt abgrenzen lassen. Die Merkmale von Interdependenz und Grenzziehung sind im Falle der Familie konstitutiv« (*Neidhardt*, 1979; 164).

Die überdauernden, regelhaften Beziehungen in der Familie, ihre Struktur, waren unter verschiedenen Aspekten (Herrschaft, Rollenverteilung, Sympathiebeziehungen, Kommunikation) Gegenstand der Erörterung (s.o. Kap. 2.2.3.2b) Die systemtheoretische Sicht betont besonders die bereits verschiedentlich aufgezeigten Zusammenhänge zwischen familialer Binnenstruktur und Umwelt:

Familie zwischen Persönlichkeits- und gesellschaftlichen Systemen

- Beziehungsregelungen und Rollenzuschreibungen in der Familie können als Antworten auf Anforderungen verstanden werden, die von anderen Systemen – den Persönlichkeitssystemen der Familienmitglieder, dem gesellschaftlichen System und anderen sozialen Subsystemen – an sie herangetragen werden. Die Familienfunktionen repräsentieren beispielsweise Anforderungen des gesellschaftlichen Systems, Bedürfnisse nach Sympathie, Selbstverwirklichung oder sozialer Teilhabe dagegen solche von Seiten der Persönlichkeitssysteme. Auf die ersteren reagiert die Familie, als System verstanden, etwa durch eine bestimmte innerfamiliale Verteilung der Aufgaben, die sich aus den Familienfunktionen ergeben. Durch Arbeitsteilung und Bildung von Subsystemen mit spezieller Aufgabenstellung (Eltern-, Kinder-Subsystem) wird erreicht, dass bestimmte Funktionen, z.B. Erziehungs- oder Versorgungsaufgaben, nicht das gesamte System in Anspruch nehmen und möglicherweise beeinträchtigen. Mit einer stark personalen Ausrichtung der Beziehungen reagiert das Familiensystem auf besondere Bedürfnisse der Familienmitglieder nach Individualität und persönlicher Rücksichtnahme u.s.w.

Komplexitätsgefälle Umwelt – Familie

- Die interne Differenzierung des Familiensystems, die Anzahl unterscheidbarer Subsysteme, spezieller Rollen und Beziehungsregelungen korrespondiert insofern mit der Differenziertheit der sozialen und personalen Umwelt des Systems. Man kann dies auch so ausdrücken: Je komplexer die Umwelt, desto komplexer die Systemstruktur, dies allerdings mit der Besonderheit, »dass die Umwelt immer sehr viel komplexer ist als das System selbst« (*Luhmann*, 1984; 249) – hier liegt überhaupt die einzige Begründung, zwischen System und Umwelt zu unterscheiden: »Die Differenz von Umwelt und System stabilisiert (...) ein Komplexitätsgefälle (...). Das Gefälle geht in eine Richtung, es lässt sich nicht reversieren. Jedes System hat sich gegen die überwältigende Komplexität seiner Umwelt zu behaupten (...)« (*Luhmann*, 1984; 250). Vor allem für die Sozialisationsfunktion scheint dies Komplexitätsgefälle wichtig zu sein.

Komplexitätsreduktion in der Familie

- Versagt die Familie vor der Aufgabe, für sich die Umweltkomplexität zu reduzieren, so setzt sie ihre Mitglieder gleichsam ungeschützt den Umwelteinflüssen und -erwartungen aus, anstatt sie gefiltert und modifiziert zu übernehmen. Das geschieht etwa, wenn Außenkontakte nicht dosiert und selektiv gehandhabt werden, sondern Freunde, Bekannte und zufällige Besucher der Familie gleichen Zugang zu privaten Familienbezirken haben; wenn Eltern sich als »verlängerter Arm« familienexterner Instanzen (z.B. der Schule) verstehen, anstatt deren Erwartungen (z.B. auf häuslichen Fleiß der Kinder) in einer modifizierten und authentischen Weise an die Kinder weiterzugeben. Ebenso wie die Systemgrenzen gegenüber der sozialen Umwelt durchlässig, aber nicht bis zur Unkenntlichkeit geöffnet sein dürfen, muss sich das Familiensystem aber auch gegen eine Vereinnahmung durch die Persönlichkeitssysteme einzelner Mitglieder schützen: Emotional expansive oder autoritäre Elternfiguren, ein krankes oder geniales Kind, ein alkoholabhängiges Familienmitglied oder anders dominierende Personen sind gelegentlich imstande, das ganze Familienleben ihren Bedürfnissen zu unterwerfen. »Familie als soziales System auf der Gruppenebene ist als System mit einer variablen und selektiven Außengrenze und mit einer ebenso variablen und selektiven Innengrenze zu den personalen Systemen ihrer Angehörigen zu begreifen« (*Schulze*, 1985; 90).

Beziehungsvarianten Familie – Umwelt

- Das dargestellte »Filter-Modell« der familialen Außenbeziehungen folgt einigermaßen genau der früher (vgl. Kap. 2.2.3.2) referierten Vorstellung einer notwendigen »Insulation« der Kernfamilie, die von desintegrierender hermetischer Abschließung (»Hyperinsulation« – Familie als »Festung« oder »Treibhaus«) ebenso weit entfernt ist wie von einem emotional unterkühlten Klima der Sachlichkeit (»Hypo-Insulation« – Familie als »Team« oder »Interessengemeinschaft«), das gelegentlich als Alternative zu den emotionalen Verstrickungen der bürgerlichen Familie bewusst angestrebt wurde (*Claessens/Menne*, 1973; 338). Das Filtermodell lässt unterschiedliche Beziehungen zwischen Familie und Umwelt zu. So verweist *Schulze* (1985; 149) auf eine Extensions-, eine Kompensations- und eine Autonomiehypothese zur Interpretation der Abhängigkeiten zwischen Familie und Umwelt: »Besagt die Extensionshypothese, dass die (negativen) Arbeitserfahrungen in den Nicht-Arbeitsbereich weitergegeben werden, so besagt die Kompensationshypothese, dass etwa Monotonie in der Arbeit durch abwechslungsreiche Freizeitgestaltung ausgeglichen wird; die Autonomiehypothese ist zunächst einmal lediglich eine Unabhängigkeitsannahme für die je im Einzelnen zu spezifizierenden Themen, wobei Arbeitserfahrung konstanter Bezugspunkt bleibt.«

Familie als selbstreferenzielles System

- Kompensation von und erst recht autonome Immunisierung gegenüber Umweltimpulsen wird der Familie als sozialem System allerdings nur dann möglich sein, wenn sie nicht lediglich reagiert, sondern eigene Ziele formuliert und ihre Reaktionen auf Außeneinflüsse an selbstgesetzten Standards ausrichtet. Ein soziales System, das sich so in Grenzen von Außenbezügen abzukoppeln vermag, um sich auf sich selbst zu beziehen – man spricht auch von »selbstreferenziellen Systemen« –, kann als besonders leistungsfähig und überlebenstüchtig gelten. Voraussetzung ist sicherlich, dass das System, anstatt lediglich Umweltinformationen aufzunehmen und zu verarbeiten, sich selbst als Bezugsgröße wählt, sich gewissermaßen seiner selbst bewusst wird. In diesem Fall ist nicht eine Erwartung aus der Systemumwelt, sondern das System selbst, seine eigenen Ziele, Werte, Beziehungen und Strukturen, Auslöser von Systemaktivitäten. Die Familie, die als Systemtyp ohnehin mehr als andere Gruppen oder auch Organisationen unter dem »Primat der Binnenorientierung« (*Tyrell*, 1983; 377) steht, bietet hierfür grundsätzlich gute Voraussetzungen.

Eine Äußerung von Selbstreferenz wäre innerfamiliale *Metakommunikation*. Mit ihr reagiert die Familie ja nicht auf Außenerwartungen, sondern sucht eigene Standards für eine angemessene Interaktion zu finden oder wiederzufinden. Das dürfte, wenn es sich nicht wiederum destruktiv verselbständigt (Meta-Kommunikation als Zwang und Selbstzweck), ihrer generellen Leistungsfähigkeit im Hinblick auf Umweltanforderungen aller Art zugute kommen. Ähnlich wird eine Familie als soziales System nur dann Autonomie gegenüber der Umwelt gewinnen, wenn es ihr gelingt, selbstreferenziell die eigenen Ziele zum Gegenstand bewusster Überlegungen zu machen. Unter diesen Aspekten gewinnt die Forderung nach Meta-Kommunikation und allgemein nach »mehr Gespräch« in den Familien eine spezifische Berechtigung.

Familiale Strukturflexibilität

- Schließlich könnte eine Familie als soziales System nicht bestehen, wenn ihre Binnenstruktur nicht in gewissem Grade wandelbar wäre, und zwar in Anpassung an wechselnde Außenerwartungen ebenso wie im Zusammenhang mit selbstreferenziell eingeleiteten Veränderungsprozessen: »Autoritätsverteilung, Positionsdifferenzierung und andere strukturelle Arrangements müssen korrigibel, darauf bezogene Rollendefinitionen und Rolleninterpretationen arrangierbar sein« (*Neidhardt*, 1979; 169). Wie alle anderen aus systemtheoretischen Überlegungen abgeleiteten Postulate – Systemoffenheit, Systemautonomie und Selbstreferenz – gilt auch das der Strukturflexibilität von Familien nicht in einer *Max*imalversion, sondern im mittleren Grade eines »Optimums«.

Systemische Ansätze sozialer Arbeit in Familien

Die Soziale Praxis hat sich die gelegentlich doch sehr abstrakten Analysen soziologischer Systemtheoretiker nie richtig zu eigen gemacht. Stattdessen trifft man hier die theoretisch zwar etwas abgespeckten, dafür aber mit reichhaltigen praktischen Perspektiven verbundenen Vorstellungen einer »systemischen« Sozialen Arbeit mit Familien: relativ allgemein gehaltene Anweisungen zur Strukturierung des Arbeitsfeldes nach Systemen und Subsystemen mit jeweils eigener Struktur, Entwicklung und Grenzziehung, zur ganzheitlichen Einbeziehung aller Systemelemente in die Hilfsbeziehung, zum Verzicht auf linear-kausales Denken zugunsten der Erfassung zirkulärer und wechselseitiger Prozesse und zur Orientierung an einem Gleichgewichtsmodell des Austausches zwischen verschiedenen Systemen und Systemelementen (vgl. *Schilling*, 1997; 228 ff.). Verknüpft mit der sozialökologischen Perspektive scheint der systemische Ansatz den Anforderungen an eine sozialarbeiterische Handlungslehre einigermaßen ideal zu entsprechen: Er benennt wichtige Kriterien für die Strukturierung des Handlungsfeldes und für die argumentative Begründung des Handelns, lässt jedoch aufgrund der hohen Interpretationsbedürftigkeit seiner Begriffe und ihres weiten Anwendungsbereiches (vgl. *Gloger-Tippelt*, 1989; 35) dem Praktiker breite Verhaltensspielräume, d.h. professionelle Handlungsautonomie und Immunität gegenüber fachlicher Kritik und Kontrolle.

3 Junge und ältere Menschen: Soziologie von Altersphasen

von Martin Doehlemann

Lebenslange Sozialisation

Sozialisation, nämlich die »vergesellschaftende« *und* persönlichkeitsbildende Auseinandersetzung mit Zumutungen und Angeboten von Mitwelt und Umwelt, ist ein lebenslanger Vorgang. Alle Übergänge im Lebenslauf und neue Lebensumstände richten neue Anforderungen an die Handlungskompetenzen und Selbstdeutungen der Menschen.

3.1 Lebens- und Entwicklungsaufgaben im Lebenslauf

Persönlichkeitsentwicklung

Jede Altersstufe hat spezielle Lebensaufgaben und Daseinsthemen – und mit deren Bewältigung und Wechsel entwickelt und verändert sich die menschliche Persönlichkeit. Dabei gibt es einen entscheidenden Unterschied zwischen kindlicher/jugendlicher Persönlichkeitsentwicklung und der von Erwachsenen. Erstere ist ein Prozess des Aufbaus und der Herausbildung, letztere ein Prozess der Abwandlungen bestehender Merkmale und ihrer Weiterentwicklungen.

Vom Kindes- bis zum Seniorenalter: Jede Lebensphase enthält charakteristische Handlungsanforderungen und -möglichkeiten. Sie stellen ein dynamisches Zusammenspiel aus soziokulturellen Erwartungen (über Zeitpunkt, Art, persönliche Voraussetzungen oder Gelegenheiten von Aufgabenübernahme und -bewältigung), individuellen Handlungsbereitschaften bzw. -fähigkeiten und persönlichen Zielvorgaben dar, die wiederum aus dem Spannungsfeld zwischen sozialen Erwartungen und individuellen Befähigungen resultieren.

Krisenhafte Übergänge

Problematische, möglicherweise krisenhafte Entwicklungsübergänge im Lebenslauf können gekennzeichnet werden durch ein Auseinanderfallen von (tatsächlichen bzw. subjektiv wahrgenommenen) Anforderungen einer Lebenssituation und den (tatsächlichen bzw. selbst eingeschätzten) Bewältigungsmöglichkeiten des Individuums. Solche Unstimmigkeiten können zwischen allen Lebensabschnitten und bei allen Veränderungen von Handlungsbereichen auftreten. Dazu gehören etwa Rollenübergangsperioden (z.B. Berufseintritt, berufliche Veränderung, Verlust des Arbeitsplatzes, Elternschaft, Scheidung), biologisch-physiologische Veränderungen (Pubertät, Krankheit, Alterseinbußen), Schicksalsschläge (Unfälle, frühzeitige Verwitwung) und kultureller und ökonomischer Wandel (Wandel von Lebenswerten, Sexualmoral oder Sorgerecht; technologische Umwälzungen wie beispielsweise die »Computerisierung« von Berufs- und Freizeitwelten und von Denkweisen).

Soziale Herkunft

Die Diskrepanzen und ihre Bewältigungsmöglichkeiten können je nach sozioökonomischer Lage der Betroffenen im System der gesellschaftlichen Ungleichheit und nach ihrer Generationslage (von Altersjahrgängen) sehr unterschiedlich sein. In der Nachkriegszeit (um 1950), 25 oder 50 Jahre später in einem Arbeiter- oder einem Akademikerhaushalt aufzuwachsen: Das ging in der Regel einher mit unterschiedlichen Erwartungen an ein erfülltes Leben und Chancen, es zu erreichen. Je nach zeitgeschichtlichem und familiärem Hintergrund gehen die Vorstellungen davon, was selbstverständlich und was knapp, was erreicht und erreichbar ist, weit auseinander.

Generationslagen

Sozialhistorische Gegebenheiten und Veränderungen (Wirtschafts- und Kulturgeschichte, politische Ereignisgeschichte wie das Ende des »Kalten Krieges« und die »Wende« in Deutschland ab 1989) wirken sich auf die »Möglichkeitsräume« für das Handeln und Denken der jeweiligen Generationen aus. Sie eröffnen hier Chancen und verschließen dort andere; sie setzen Rahmen für die jeweiligen Formen der Existenzbewältigung und Kulturen der Lebensführung. Dabei können sich die Auswirkungen der sozialhistorischen Veränderungen je nach geographischer, sozioökonomischer Lage und Bildungsgrad unterschiedlich niederschlagen.

Auch werden die Veränderungen je nach Soziallage, Generationslage und eigener Betroffenheit in verschiedener Weise wahrgenommen und gedeutet. Ob jemand eher zuversichtlich oder schwarzseherisch in die Zukunft blickt, hängt auch vom eigenen Standort im Gesellschafts- und Generationengefüge ab. Dabei gibt es, wie Befragungen zeigen, bei allen Unterschieden eine gewisse Neigung der Menschen, die *persönliche* Zukunft in einem etwas helleren Licht zu sehen als die von Wirtschaft und Gesellschaft allgemein. Das mag mit einem Bedürfnis nach Selbstheraushebung zusammenhängen, aber wohl auch mit dem modernen Individualisierungsdruck (vgl. Kap. 1.2.1.1), sein Schicksal so gut wie möglich in die eigene Hand zu nehmen.

Individualisierungsschub

Die mit dem Individualisierungsschub verbundene Zunahme der Wahlmöglichkeiten erhöht die Vielfalt der Lebensformen. Heute werden steigende Anteile des Lebenslaufs aus sozialen Fixierungen und Selbstverständlichkeiten herausgelöst und entscheidungsabhängig. Welcher Schultyp, welche Ausbildung, welcher Wohnort, welches (berufliche) Engagement? »Ausstieg«? »Einstieg«? Heirat? Kinder? Trennung? Die Antworten auf solche und viele andere Fragen sind vielfach nicht mehr sozial vorgegeben – man muss sie selbst finden. Wo ist der »rote Faden« meines Lebens? Zusammen mit einer neuen »Wahlbiographie« entsteht möglicherweise der konfliktvolle Typus einer »Bastelbiographie«, die – mehr oder minder unentschieden – aus verschiedenen Bausätzen kombiniert wird. Die Wahlmöglichkeiten legen den Menschen Selbstverantwortung in einigem Umfang auf – auch für Misserfolge und Versagen in Ausbildung, Beruf oder bei (Ehe-)Beziehungen.

Bastelbiographie

Hurrelmann (2004; 37) stellt in einer Übersicht die Entwicklungsaufgaben in drei Lebensphasen und dazwischenliegende »Statuspassagen« (Übergänge des Austritts und Eintritts aus einer Altersphase in eine andere) zusammenfassend dar (s. Abb. S. 114).

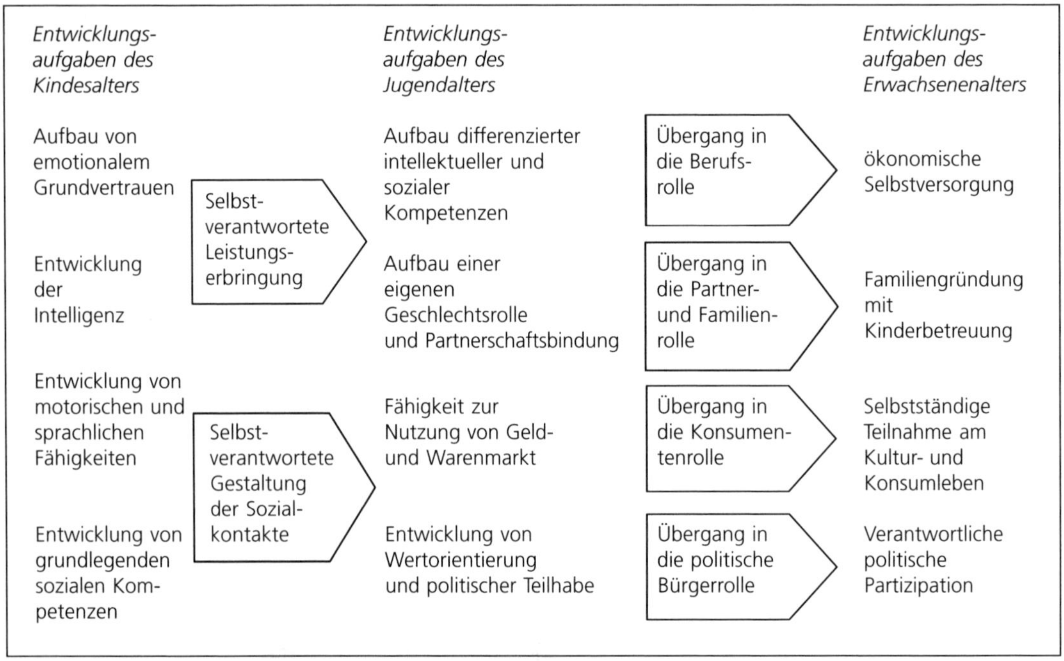

Ob im Zuge der Individualisierung der Lebensführungen und Zeitlinien und der Pluralisierung der Lebenslagen der herkömmliche Begriff der »Statuspassage« vom Jugend- zum Erwachsenenalter noch tragfähig ist, ist umstritten. Ist der jeweilige Alterstatus eindeutig? Wann und wo beginnt und endet die Passage? Wird heute, in Zeiten verstärkter Flexibilitätsanforderungen, das ganze Leben zunehmend als eine einzige Passage empfunden – ohne feststehende Haltepunkte?

3.2 Jungsein ohne Altersgrenze als gesellschaftlicher Wert

Jung für immer

Forever young: Diese trotzig-fröhliche Absichtserklärung, die ursprünglich aus einer jugendkulturellen Szene stammt, scheint auch bei älteren Menschen immer mehr Anklang zu finden. Unabhängig vom Alter jung zu sein und zu bleiben, gilt weithin als erstrebenswert – wobei der Begriff jung als gesellschaftlicher Wert verschiedene Färbungen annehmen kann. Bereinigt um mögliche Schattenseiten eines kalendarischen Jungseins (z.B. seelische Unausgeglichenheit, Akne, »Liebeskummer«) wird der Begriff nicht nur auf die äußere Erscheinung und die Körperkonstitution bezogen (glatte Haut; »fit for fun«), sondern auch auf innere Zustände (»natürlich«, offen, unbekümmert, unternehmenslustig, dynamisch).

Dass die Älteren sich immer jünger geben, zeigen auch vergleichende Verbraucheranalysen. Das, was vor 20 Jahren weitgehend jüngeren Leuten vorbehalten war (z.B. lautstarke Rockkonzerte, Inlineskaten, Motorradfahren, Erlebnisreisen, »Modetorheiten«) pflegen heute ältere Menschen zum Teil bis weit ins Ruhestandsalter.

In Bekanntschaftsanzeigen in der anspruchsvollen Tages- oder Wochenpresse (hier aus der Süddeutschen Zeitung, München, der Frankfurter Rundschau und der ZEIT aus Hamburg vom Januar und Februar 2004) bezeichnen sich viele als »junge« (zwischen 38 und 62 Jahre alt), »jugendliche (39 bis 61), »sehr jugendliche« (45 bis 69), »(sehr) jung gebliebene« (42 bis 75) – oft noch mit Zusätzen wie »außen und innen«, »an Leib und Seele«, »im Kopf«, »im Herzen«, »im Fühlen, Denken und Äußeren« – Menschen und suchen ebensolche. Auch gibt es einen »Jungsechziger«, eine »junge End-60erin« oder eine »junge Seniorin«. Einige Frauen stellen sich vor als »(41 bis 79) Jahre jung«, »frische 40 Jahre jung«, »ca. 20000 Tage jung«, »nette Jungfer« (45), »49 J.(gefühlte 35)« oder merken an, dass sie gerade »zum zweiten Mal 26« werden. Viele weitere bezeichnen sich als oder wünschen sich »(deutlich/erheblich/wesentlich/sehr viel) jünger aussehende« (38 bis 72) und wirkende Menschen. Ein Mann: »I feel 25, look 35, am 45.« Sicherlich – manchmal mag ein Augenzwinkern dabei sein. Das aber schmälert nicht die Bedeutung des Wertes Jugendlichkeit, sondern ersucht um Nachsicht dafür, ihm nicht voll genügen zu können. Gelegentlich kommt der Ausdruck »jung« ganz ohne Altersangabe aus – und kann in diesem Zusammenhang fast jedes kalendarische Alter meinen: »Junger Er sucht junge Sie«; »junger Professor sucht jüngere Partnerin.« Dass die Neigung, sich unabhängig vom Alter jung und jugendlich zu fühlen und zu geben, sich vor allem bei Männern mit der Unlust verbinden kann, (ganz) erwachsen zu werden, bezeugen nicht nur die »(großen/romantischen) Lausbuben« (36 bis 69), sondern auch der »verträumte Chaot« (35), »der einfach nicht erwachsen werden will«, der »puer aeternus (40) mit gelegentlichem Hang zum Erwachsenwerden (aber nur stundenweise)« oder jener, der es immerhin in Aussicht stellt: »Mit fast 50 fast erwachsen.« Für immer jung – und ab wann erwachsen? Wenn bei dieser Jugendlichkeit allenthalben sich manche Frauen mittleren Alters ausdrücklich einen »erwachsenen Mann« (mit Altersangabe: »um 45«; »ab 55«) wünschen, haben vielleicht solche etwa 50-Jährigen, die sich vorsichtshalber als »gereifter jugendlicher Mann« oder als »innerlich und äußerlich jung, aber erwachsen« ausgeben, keine schlechten Chancen.

Jung Gebliebene

Mit Blick auf die »neuen Alten«, die aktiv, vital und sexy als eine neue Turnschuhgeneration auftreten, spricht *Schachtner* (1994; 88) vom Verschwinden des Alters. »Jugendlichkeit suggeriert: Ich bin noch nicht angekommen, ich bin unterwegs. Die Suchbewegungen sind auf Dauer gestellt. Das ganze Leben kann Jugend werden. Das Jugendlichkeitsideal schwebt über allen Lebensaltern, geheimnisvoll und verführerisch, aber auch fordernd.«

Das Bild von der ewigen Jugendlichkeit wird von den Massenmedien, den Freizeit-, Pharmaka- oder Kosmetikindustrien in bunten Farben gemalt. Jungsein wird zu einer Haltung, zu einem Lebensgefühl erklärt, an dem jeder – marktvermittelt über »junge« Produkte und Stile – teilnehmen kann.

Lebensalter als Spielarten des Jungseins

Die Lebensalter scheinen immer weniger aus sich selbst heraus bestimmt und kaum nach dem ihnen jeweils eigenen Sinn befragt zu werden. Sie gelten eher als Spielarten des Jungseins. Was kann das für die tatsächlich jungen Leute und ihr Verhältnis zu den älteren bedeuten? Mit dem Verwischen der Demarkationslinie zwischen jung und alt und mit dem »jugendlichen« Einfärben der Alltagskultur dürften die klassischen »Kulturkämpfe« zwischen den Generationen (um Aussehen, Weltanschauungen, Symbolverwendungen) abflauen. Aber es wird wohl schwieriger, »erwachsen« zu werden (vgl. Kap. 3.3.3).

3.3 Jugendalter

Beginn von Jugend

Jugend beginnt mit der »physiologischen Revolution«, die zur Geschlechtsreife führt. Erste Blutung, heute im Durchschnitt mit knapp 12 Jahren, und erster Samenerguss (mit knapp 13 Jahren) haben sich im Vergleich mit früheren Jahrhunderten (Beginn der Menstruation um 1840 mit etwa 17 Jahren) deutlich vorverlagert (*Stange*, 1993; 193/Jugend 2002; 31).

Wann Jugend aufhört, ist eine Frage gesellschaftlicher und persönlicher Definitionen. Gemeinhin gilt die Jugendzeit als beendet, wenn die jungen Leute ökonomisch »auf den eigenen Beinen stehen«, ein eigenes Domizil haben, eine – der Absicht nach – lebenslange Verbindung (Ehe) eingehen und die Verantwortung von Elternschaft auf sich nehmen und zivilrechtlich bzw. strafrechtlich volljährig sind.

Diese Merkmale des Erwachsenseins, die auch Ausnahmen festzustellen erlauben (»der eingefleischte Junggeselle«), greifen heute nicht mehr so recht. Denn die durchschnittlichen Berufseintrittsalter und Heiratsalter steigen an; die Heiratsneigung geht zurück; Kinder werden, wenn überhaupt, oft für später geplant.

Auszug aus dem Elternhaus

Ob der Auszug aus dem Elternhaus, dem oft ein Rückzug in das eigene Zimmer vorausgeht, eher früher oder später (»Hotel Mama«) erfolgt, hängt vor allem von der Größe der elterlichen Wohnung ab und davon, ob die Betreffenden einen Lebens(abschnitts)partner haben. Besonders bei jungen Männern erfuhr die räumliche Ablösung von den Eltern eine zeitliche Verzögerung. Während im Jahre 1986 in Westdeutschland gut 27% der 25- bis 29-jährigen Söhne und 11% der Töchter – in südeuropäischen Ländern gut 51% der Söhne und knapp 30% der Töchter – bei den Eltern wohnten, waren es Mitte der 90er Jahre in Deutschland ungefähr 30% der Männer dieses Alters und etwa 13% der Frauen – in Südeuropa gut 65% bzw. 44% (Lauterbach/Lüscher, 1999; 430, 435).

Verundeutlichung des Endes von Jugend

So wird die Frage, wann die Jugendzeit aufhöre, nicht generell beantwortbar sein, sondern sich je nach Bildungs- und Ausbildungszeiten, Berufsaufnahme oder Absichten der Familiengründung anders stellen. 1996 bezeichneten sich von den 18-21jährigen gut 57% »eher als Jugendliche« (und die anderen »eher als Erwachsene«), von den 22-24jährigen waren es knapp 25% (Jugend '97; 286). Ehemalige Gymnasiasten, deren Lebensgeschichte ab 1969 im 16., 30. und 43. Lebensjahr erfragt wurde, gaben als 30-Jährige auf die Frage, ob sie sich als »jugendlich« oder »erwachsen« ansähen, zu 10% »jugendlich« an und zu 15% »sowohl als auch« (Meulemann, 2001; 49). Nicht um eine Selbsteinstufung, sondern eine allgemeine Einschätzung gebeten, bis zu welchem Alter man in unserer Gesellschaft einen Menschen zur Jugend rechnet, nannten 13-29jährige drei Scheidepunkte am häufigsten: 18 Jahre (von 26% in Westdeutschland und 23% in Ostdeutschland benannt), 21 Jahre (jeweils 19%) und 25 Jahre (12 bzw. 17%) (*Silbereisen u.a.*, 1996; 150). Ende 2003 wurde eine Monatszeitschrift, die sich an 20- bis etwa 35-Jährige richtet, mit dem Titel NEON auf den Markt gebracht. Der Untertitel lautet: »Eigentlich sollten wir erwachsen werden.«

3.3.1 Bilder von der Jugend

Zur Tauglichkeit des Begriffes »Subkultur«

Immer wurde und wird über Jugend geredet – im Alltag des menschlichen Zusammenlebens ebenso wie in den (Sozial-)Wissenschaften. Dabei wurde und wird Jugend höchst unterschiedlich thematisiert. Von soziologisch vorinformierten Leuten wird Jugend gerne mit dem Begriff »Subkultur« oder »Gegenkultur« in Verbindung gebracht, also einer »Unterkultur« mit gewissem Eigenleben unter dem Dach der Gesamtkultur oder einer (aufrührerischen) eigenkulturellen Antihaltung. Die Begriffe Sub- oder Gegenkultur können aber nur noch mit Vorsicht benutzt werden, weil sie ja das Vorhandensein einer allgemein anerkannten Gesamtkultur unterstellen. Mit der zunehmenden Pluralisierung der Lebenswelten aber ergibt sich die Frage, inwieweit es eine gesellschaftliche Gesamtkultur oder einen kulturellen Hauptstrom (noch) gibt oder ob das Gesamt nicht ein Nebeneinander und Gegeneinander mehr oder minder unterschiedlicher Separatkulturen (evtl. wieder mit Subkulturen) darstellt. Diese wiederum scheinen sich unter dem Vorzeichen einer allgemeinen »Jugendlichkeit« einander anzunähern (vgl. Kap. 3.2).

Einen Überblick über neun heute vertretene Jugendbilder bringt die folgende Zusammenstellung (vgl. *Ferchhoff/ Neubauer*, 1997; 121 ff.; *Fuchs/Zinnecker*, 1986; 83 ff.; *Hafeneger*, 1995; 68 ff.).

a) Jugend als Hoffnungsträger

Jugend als Zukunft

Wenn die Gegenwart als schwer erträglich und verfahren wahrgenommen wird, wenn die politischen, wirtschaftlichen oder kulturellen Herausforderungen zuzunehmen und die Lösungsversuche ins Leere zu laufen scheinen, dann kann »Jugend« zum Träger einer »besseren Zukunft« stilisiert werden. Hier wird die Kraft der Erneuerung gesehen, die Stagnationen überwindet oder mit leichter Hand technologische Revolutionen mitvollzieht. Hier wird der Motor des Wandels verortet. Mit dem Begriff Jugend verbinden sich Idealismus, Optimismus, Fortschritt – oder zumindest die Fähigkeit und Bereitschaft, den Alten später die Renten zu finanzieren. Jugend ist Zukunft – oder: Wer die Jugend hat, hat die Zukunft, die verheißungsvoll in die graue Gegenwart hineinleuchtet.

b) Jugend als Gefährdung

Jugend gilt einerseits als anfällig für Handlungen und Haltungen, die das Normalmaß überschreiten: Drogenmissbrauch, Neigung zu überhöhten Geschwindigkeiten mit Auto oder Motorrad, Lust an massenmedialem »Schmutz und Schund«, Radikalität von Gefühls- und Gedankenwelt. Andererseits gilt Jugend als verletzlicher durch ungute sozioökonomische Entwicklungen, durch Fehler und Versäumnisse von Wirtschafts- und Sozialpolitik: Jugend als »nachhaltiges« Opfer von Umweltzerstörungen, von Scheidungen der

Zukunftsängste

Einschätzung der *gesellschaftlichen* Zukunft durch 15-24jährige (Angaben in Prozent)

in den Jahren	1984	1991	1996	1999	2002
»eher zuversichtlich«	54	72	50	64	49
»eher düster»	46	28	5o	36	51

Einschätzung der *persönlichen* Zukunft

in den Jahren	1984	1991	1996	1999	2002
»eher zuversichtlich«	47	59	35	50	58
»gemischt, mal so – mal so«	44	37	51	42	36
»eher düster«	9	4	14	8	6

Quelle: Jugend '97; 291 f./Jugend 2000; 23 ff./Jugend 2002; 87 ff.

Eltern (Scheidungswaisen), von Erwerbslosigkeit und Armut der Eltern und – vor allem – von eigener (drohender) Arbeitslosigkeit. Daher rühren jugendliche Zukunftsängste.

Arbeitslose Jugendliche

Insbesondere eigene Arbeitslosigkeit (und auch die der Eltern) verdüstert den Blick auf die persönliche und gesellschaftliche Zukunft – und unter 17 Wünschen, die Arbeitsuchende und Berufswahl betreffend, wurde 1999 der Wunsch nach »Sicherheit vor Arbeitslosigkeit« in den neuen Bundesländern am häufigsten und in den alten Bundesländern am zweithäufigsten (hinter dem Wunsch, dass die Arbeit interessant sein und Spaß machen solle) geäußert (Jugend '97; 14, 294/Jugend 2000; 192, 295).

Beiträge von Arbeit zur Persönlichkeitsentwicklung

Auch wenn Arbeit vielfach als wenig erfüllend erlebt und bloß des Geldes wegen getan wird, kann sie doch wichtige Beiträge zur Persönlichkeitsentwicklung leisten: Sie erweitert den sozialen Horizont und die Fähigkeit zur kontinuierlichen Zusammenarbeit mit (oft altersungleichen und nicht selbst ausgesuchten) Kollegen/innen; sie »ordnet« das Zeiterleben (vom Werktag-Feierabend-Verhältnis bis zum Arbeitsalter-Rentenalter-Verhältnis) und erleichtert damit Zukunftsorientierung; sie erlaubt, sich als produktiv und »diszipliniert« (schon was das Aufstehen angeht) zu erleben, im Austausch mit anderen seine Leistungsfähigkeit einzuschätzen und damit ein angemessenes Selbstwertgefühl zu erlangen.

So führt längerfristige Arbeitslosigkeit bei betroffenen Jugendlichen tendenziell zu Antriebsarmut, zu einer Verringerung von Ausbildungs- und Weiterbildungsinteressen, des Anspruchs an sich selbst und der Zeitperspektive. Die Bereitschaft zu stereotypem, autoritärem und zynischem Denken nimmt zu. Der psychosoziale Lebensraum verengt sich und verarmt. Begleiterscheinungen sind Schlafbedürfnis, Rumhängen vor audiovisuellen (Spiel-)Medien und Aggressionsbereitschaft. Mit der Abnahme von Kontakten nach außen und einer ungewollt stärkeren Fixierung auf die Herkunftsfamilie, vor allem bei Mädchen, gehen Erfahrungen von Isolation und mangelnder Anerkennung einher. Der Prozess der Selbstwertkonstitution kann nachhaltig gestört werden.

Wenn Teilen der Jugend die Zukunft verschlossen erscheint – sei es durch Mangel an Erwerbsarbeit, sei es durch fortschreitende Umweltzerstörungen und durch menschlich zu verantwortende Katastrophen –, mag die Gegenwart sich als sinn- und hoffnungslos verdüstern oder aber als bloßes »Hier und Jetzt« erscheinen, das blindlings ausgekostet wird: »Live fast, die young«. Dass etwa der Konsum harter Drogen einer solchen Lebenshaltung entspringen, aber auch ganz andere Motive haben kann, wird weiter unten aufgezeigt (vgl. Kap. 3.3.4).

c) Jugend als Gefahr

Wo Jugend gefährdet ist, kann sie offensichtlich auch zur Gefahr werden. Der Konsum illegaler Drogen führt oft in die Beschaffungskriminalität einschließlich Dealen, die Autoraserei gefährdet auch andere Verkehrsteilnehmer, eine Neigung zu gedanklicher Kompromisslosigkeit kann – gerade unter sozioökonomisch ungünstigen Bedingungen – auf einen sturen Rechtsradikalismus hinauslaufen.

Wilde Triebnatur

Angesichts bestimmten jugendlichen Gruppenverhaltens fühlen sich manche Erwachsene an die »wilde Triebnatur« des Menschen erinnert, die in der Jugendzeit sozusagen noch unmittelbar unter der Oberfläche brodelt: Aggressivität, Randale, Vandalismus, Massenschlägereien und dgl. Da scheinen sich archaische Kräfte Bahn zu brechen, die es zu zügeln gilt. Es ist eine Art von naheliegender Fremdheit, die bedrohlich wirkt.

Doppelt fremd (und kaum noch naheliegend) und doppelt bedrohlich wirkt auf viele Mittel- und Westeuropäer eine Gewaltbereitschaft von Jugendlichen anderer ethnischer Herkunft. So kommt es vor, dass türkische Jugendbanden (zweite, in Deutschland geborene Generation) ihre Gewalt- und Straftaten (Provokationen von Schlägereien; beiläufiger Straßenraub bei gleichzeitiger Absicht, das gleichaltrige deutsche Opfer durch brutales, regelloses Schlagen und Treten zu demütigen) rechtfertigen als Vergeltung für die wahrgenommenen Erniedrigungen, die sie und ihre Eltern als »Kanacken« erfahren (vgl. *Tertilt*, 1996; 231 ff.). Das ist als »Umkehrung« der eigenen Geringschätzung, als Selbstbefreiung, als rituelle Reinigung von einem negativen Selbstbild (a. a. O.; 244/5) deutbar. Vielen Betrachtern jagen dabei nicht nur die Gewalttaten, sondern auch das mit ihnen verbundene »rückständige« Werte- und Normensystem Schrecken ein: ein machistisches Männlichkeitsgehabe (statt eines umfassenden »Menschseins«), die Gewalt der Ehre und die Ehre der Gewalt (statt des Leitgedankens der Menschenwürde), das Prinzip von Rache und Vergeltung nach den Gesetzen von Sippenschuld und -haft, umgelegt auf ethnische Zugehörigkeit (statt Ausgleichsbemühungen und Zuschreibung individueller Verantwortlichkeiten).

Sublimation zu Kultur

In der Sublimation der »archaischen« Kräfte zu »Kultur« kann Soziale Arbeit ein Ziel sehen, einer Kultur der Einfühlungsgabe in andere und der gelebten Anerkennung der Menschenrechte – und zu einer solchen Sublimation gehört auch der Rap eines »Turkish Power Boys«: »I'm not the black man/I'm not the white man/ I'm just the type between them/ I'm a Turkish man in a foreign land« (*Tertilt*, 1996; 5).

d) Jugend als Zeit des Kampfes um das innere Gleichgewicht

Ablösung von der Familie

Die Jugendzeit gilt vielfach als Zeit innerer Unausgeglichenheit. Mit der geschlechtlichen Reifung beschleunigt sich in der Regel der Prozess der Ablösung von der Familie. Dieser Prozess, der krisenhaft verlaufen und lange Jahre dauern kann, stürzt den Jugendlichen in eine Phase des Distanzierens, Suchens und Experimentierens. Lebte das Kind vorher weithin im Horizont der Handlungen, Urteile und Normen seiner Eltern und naher Bezugspersonen, so verstärkt sich jetzt der Selbstbezug. Der Jugendliche streift seine familiären Abhängigkeiten allmählich ab und »besetzt sich selbst« (*Erdheim*, 2000; 274 ff.). Er will sich selbst finden – auch auf dem Wege über die Reaktion anderer auf ihn – und weiß doch oft nicht, was er finden könnte; denn auf der Suche nach sich selbst wird ja viel von dem erst geschaffen, das man finden kann.

Oft ist diese Zeit eine Zeit der Unruhe, innerer Spannungen und Widersprüchlichkeiten. Zwischen Revolte und Abhängigkeit, zwischen unbändigen Freiheitsgefühlen und ängstlichem Rückzug, zwischen Empfindungen auswegloser Leere und freudiger Erfülltheit schwanken viele Jugendliche bei der Suche nach einem eigenen Leben, nach Lebenssinn und Lebensstil hin und her (vgl. Kap. 3.3.2).

Identität und Identitätsdiffusion

Erik H. Erikson (2003; 131 ff.) sieht die entscheidende Entwicklungsaufgabe der Jugendphase darin, »Identität« zu gewinnen und »Identitätsdiffusion« abzuwehren – nämlich ein Gefühl, das Leben und sich »nicht zu fassen zu kriegen«. Schon *Jean-Jacques Rousseau* (1712 – 1778) – und mit ihm *Erikson* – befürwortet eine Schonzeit ohne allzu belastende Verpflichtungen (harte Arbeit, frühe Elternschaft), die Gewährung einer Aufschubsperiode (»psychosoziales Moratorium«) für junge Leute, damit sie zu sich selbst kommen können.

Silbereisen u.a. (1996; 211 f.) versuchten 1996, mit vier Aussagen, aus denen die jungen Leute (13 – 29 Jahre alt) die für sie am ehesten zutreffende auswählen sollten, Identitätszustände zu messen:

Der Satz steht für den	Identitätsmodus
»Ich weiß gegenwärtig noch nicht so recht, was ich mit mir in meinem Leben anfangen will, ich lasse die Dinge auf mich zukommen«.	Diffuse Identität (A)
»Ich weiß zwar gegenwärtig noch nicht, was ich mit mir in meinem Leben anfangen will, aber ich verwende gegenwärtig viel Zeit und Mühe darauf, mir darüber klar zu werden«.	Suchende Identität/Identitätskrise (B)
»Ich weiß schon ziemlich genau, was ich mit mir in meinem Leben anfangen will, weil ich meistens bewährte Wege gehe«.	Festgelegte (tradierte) Identität (C)

»Ich weiß schon ziemlich genau, was ich mit mir in meinem Leben anfangen will, weil ich früher viel Zeit und Mühe darauf verwendet habe, mir darüber klar zu werden«.	Erarbeitete (individualisierte) Identität (D)

Identitätszustand (in gerundeten Prozentangaben) nach Alter

	13 – 16	17 – 20	21 – 24	25 – 29
A	35	18	15	9
B	36	37	27	24
C	21	32	41	43
D	9	12	18	24

Selbstreflektion oder »action«

Bis heute scheinen sich junge Menschen aus höheren Bildungsschichten in ihren Selbst(er)findungs- und Selbsterprobungsversuchen der Tendenz nach von solchen aus niedrigeren Bildungsschichten zu unterscheiden. Während bei ersteren »innere«, reflexive Bewegungen überwiegen, die sich in langen Gesprächen oder künstlerischen Verlautbarungen (Gedichte, Bilder oder etwa *free jazz*) ausdrücken, herrscht bei letzteren ein Verhalten des expressiven »Rauslassens« vor, um ohne Nachdenklichkeit ganz bei sich zu sein: Nervenkitzel aller Art, körperliche Auseinandersetzungen, Höhenflüge auf dem *scate board*, waghalsige Jagden auf *bikes* oder in alten Autos. Aber die Unterschiede scheinen sich zu verwischen: Beim »Abtanzen« in der Disco, beim Rappen auf der Bühne oder beim Anfeuern oder Auspfeifen im Fußballstadion scheinen sich junge Leute aller Bildungsschichten zu treffen.

e) Jugend als schulpädagogische Aufgabe

Der Trend ist bis heute ungebrochen: Seit vier Jahrzehnten gehen immer höhere Anteile von Jahrgängen immer länger in (weiterführende) Schulen. Obwohl es immer noch deutliche Unterschiede nach Dauer und Verlauf der Schulzeit gibt, fanden doch eine gewisse Verallgemeinerung und Vereinheitlichung von Jugend im schulisch-bürokratischen Lernmilieu statt. Es ersetzte teilweise die älteren lokalen, bäuerlichen, handwerklichen, kaufmännischen oder proletarischen Lernmilieus.

Verschulung der Jugend

Die rapide »Verschulung der Jugend« gilt den einen als begrüßenswert, den anderen als bedenklich. Die einen sehen darin die Eröffnung größerer Berufs-, Bildungs- und Selbstreflexionschancen (als Bedingungen von persönlicher Freiheit und Selbstverwirklichung) für immer mehr Menschen. Die anderen befürchten für die, welche qua Schule so lange aus dem Gesamtzusammenhang des konkreten und verantwortlichen (Arbeits-)Lebens »ausgeschlossen« werden, einen Erfahrungs- und Realitätsverlust und Verantwortungsmangel, da fast alles curricular geordnet, didaktisch dosiert und vorgekaut werde.

Aufgaben der Schule

Schule hat nicht nur die Aufgaben a) der Wissensvermittlung, b) der Entwicklung geistiger Fähigkeiten (Abstraktions- und Urteilsvermögen; das Lernen lernen), c) der Bildung sozialer Kompetenz (einfühlender Umgang mit anderen), d) der Einstimmung auf gesellschaftliche Werte, Normen und Anpassungsanforderungen, sondern auch die e) der Auslese – sei es im Sinne einer Abstufung nach Noten, sei es im Sinne eines »Ausgrenzens« (»sitzen bleiben«, Abgang). Wiewohl in den Klassenverband eingebunden, machen Schüler/innen (vor allem weiterführender Schulen) starke Vereinzelungserfahrungen in Kontroll- und Prüfungssituationen und nicht selten auch solche des persönlichen Misslingens und Versagens – eine Variante der zwanghaften Individualisierung der Lebensführung (vgl. Kap. 1.2.1.1 und Kap. 3.1). Dabei gibt es oft einen hohen Erwartungsdruck seitens der Eltern ohne mittleren oder höheren Schulabschluss, die auf einen sozialen Aufstieg ihrer Sprösslinge hoffen. Neuerdings nehmen aber auch Abstiegsängste von Schülern zu, welche die – durch Massenerwerb ja entwerteten und allenthalben vorausgesetzten – mittleren oder höheren Bildungsabschlüsse zu verfehlen fürchten.

Vereinzelungserfahrungen

Schule scheint heute als belastender, als »stressiger« erlebt zu werden denn zu früheren Zeiten. 1962 bekundeten gut 70% der jungen Leute, dass sie »sehr gern/gern« zur Schule gingen/gegangen seien und etwa 10% das Gegenteil. 1993 lag das Verhältnis bei gut 40% zu etwa 15%, 2002 bei etwa 35% zu 20% – der Rest sprach jeweils von »teils-teils«. Im Vergleich: Jungen fühlen sich in der Schule eher unwohl als Mädchen; Schüler/innen aus unteren Bildungsschichten eher als solche aus höheren (*Schröder*, 1995; 39/Jugend 2002; 72f.).

Politischer Streit um die Schulen

Mit der Bildungsexpansion expandierte auch der pädagogische und (partei-)politische Streit um die Schulen, ihre Formen und Lehrinhalte. Die Bandbreite der Meinungen ist beträchtlich. So stehen Vorschläge, das »Unterrichtsghetto Schule« zu einem ganzheitlichen Lebens- und Erfahrungsraum zu verlebendigen, neben solchen, Jugend wieder zu »entschulen«.Der Ruf nach einer Verkürzung der Schulzeit (als Beitrag zu einer Verlängerung des Arbeitslebens) wird auch laut im Blick auf den Geburtenrückgang. Damit soll gewährleistet werden, dass die »schrumpfende Generation« später ihren Teil des Generationenvertrages (Erwirtschaftung der Renten und Krankenversicherungsleistungen für ihre Eltern und Großeltern) erfüllen kann.

f) Jugend als Zeit der Bildung von altersgleichen Gruppen und Cliquen

Für die jugendliche Neigung zur Gruppen- und Cliquenbildung in modernen Gesellschaften gibt es diverse Erklärungsversuche – wobei davon auszugehen ist, dass die Zusammenfassung von Jugendlichen in altersgleichen Schulklassen die Gruppenbildung erleichtert und fördert. Nach der Auffassung von *S.N. Eisenstadt* (1966), welcher der strukturfunktionalistischen Denkrichtung (vgl. die Übersicht S. 33/34, Kasten 2) nahe steht, sind Jugendgruppen gleichsam eine List der modernen Gesellschaft, um in ihr Erwachsenwerden zu erleichtern. Jugendgruppen fungieren als Zwischenschritte oder Bindeglieder zwischen Familie und größerer Gesellschaft. Die gesellschaftliche Modernisierung, die zur Auslagerung von Erwerbsarbeit aus der Familie führte und eine hochgradige Arbeitsteilung und institutionelle Differen-

Jugendgruppe als Bindeglied zwischen Familie und weiterer Gesellschaft

zierung mit sich brachte, ließ Familie und berufliches/öffentliches Leben teilweise zu »Gegenwelten« werden. Während in der Familie meist die »ganze Person« gilt, Affektäußerungen üblich sind und die Verwandtschaftsbande Nähe und Bevorzugung bedeuten, sind in der Berufswelt und Öffentlichkeit die Berührungsflächen zwischen den Menschen meist kleiner, oft anonym und nur funktional bestimmt; es zählen eher Leistung, Sachlichkeit und die Norm, niemanden aufgrund »besonderer« Beziehungen zu bevorzugen oder zu benachteiligen. Wer aus der Familie herauswächst, muss also umlernen und die Übergangsproblematik bewältigen. Hilfestellung dazu geben Jugendgruppen, in denen sich Anteile beider Welten so vermischen, dass der Übergang geglättet wird: Vertrautheit *und* Konkurrenz, Emotionalität *und* Sachbezogenheit, ganze Person *und* Funktionsträger, Familienersatz *und* Sozialraum für zwischengeschlechtliche Bestrebungen und Ängstlichkeiten.

Bewältigung von Entwicklungsaufgaben

Aus sozialpsychologischer Sicht leistet die Gleichaltrigengruppe Hilfe bei der Bewältigung von Entwicklungsaufgaben von Jugendlichen (Ablösung vom Elternhaus, Selbsterkundung im Geflecht neu aufzubauender Beziehungen). Sie hilft, »das Gefühl der Einsamkeit zu überwinden, das viele Jugendliche aufgrund der einsetzenden Selbstreflexion und der Erkenntnis der Einmaligkeit entwickeln« (*Oerter/Dreher*, 2002; 310). (Vgl. das folgende Kap. 3.3.2). Gemeinsames Tun und Lassen (bis hin zur Devianz) führen zu gleichartigem und neuartigem Erleben und einem von allen geteilten Lebensgefühl. Man fühlt sich hier der elterlichen und schulischen Festlegungen enthoben, versteht sich als »anders« gegenüber der eigenen Kindheit und der Elterngeneration, fühlt sich offen für neues Denken und Empfinden und bei alledem eingebettet ins gemeinsame *feeling* und den Zusammenhalt der Gleichaltrigen.

Bedeutungszunahme von Gruppen

In den letzten Jahrzehnten ist die Bedeutung von Kontakten zu Gleichaltrigen und von Zugehörigkeit zu Gruppen/Cliquen für Jugendliche enorm angewachsen. Dabei geht die Bereitschaft, sich traditionellen Vereinen oder Organisationen anzuschließen, deutlich zurück – aus Unlust, sich an (spontaneitätshemmenden) Regeln und Formalisierungen zu halten, an deren Zustandekommen man nicht selbst mitgewirkt hat. Die verstärkte Hinwendung zu Gleichaltrigen geht meist *nicht* einher mit einer radikalen Abkehr von den Eltern, sondern verweist diese – als Ratgeber, Unterstützer, Trostspender – sozusagen auf Platz 2 (*Schröder*, 1995; 128). Die zunehmende Selbstsozialisation junger Leute in (wechselnden) Cliquen ließ Befürchtungen eines Kulturverfalls aufkommen – insofern Ältere als die Repräsentanten und Vermittler einer erhaltenswerten Kultur (vom klassischen Kunsterbe über Umgangsformen bis hin zu Charaktereigenschaften wie Selbstdisziplin) gelten. Andere sehen in dem Umstand, dass die Jugend ihre Persönlichkeitsbildung geradezu in eigener Regie betreibt, die Chance für erfrischende kulturelle (Er-)Neuerungen, die der Gesellschaft immer wieder gut tun können.

g) Jugend als Träger neuer/anderer gesellschaftlicher Werte

Kulturneulinge

Junge Menschen sind »Kulturneulinge« und haben sich mit den sozioökonomischen und kulturellen Vorgegebenheiten auseinander zu setzen. Besonders in Zeiten, in denen bislang geltende gesellschaftliche Werte, Normen und Maßnahmen in Verdacht geraten, überholt zu sein, brüchig oder missbraucht zu werden oder zerstörerisch zu wirken, gilt die junge Generation als empfänglich für oder erfinderisch in kulturellen Gegenentwürfen – oder in Verweigerungshaltungen.

Heute tritt für viele Zeitgenossen die Krise des modernen abendländischen Rationalismus deutlich zutage, der vielerorts den »Sinn« des Lebens auf Produzieren und »Haben« einengte, die »Weltherrschaft der Unbrüderlichkeit« (*Max Weber*) und der gnadenlosen Leistungskonkurrenz etablierte und durch Umweltzerstörung und Aufrüstung die Möglichkeit einer kollektiven Selbstvernichtung der Menschheit schuf.

Gegenentwürfe

Die nachwachsende Generation »erfindet« wohl die Gegenentwürfe meist nicht, aber sie »trägt« sie, erfüllt sie mit Leben, nimmt in besonderer Weise an neuen kulturellen Strömungen und sozialen Bewegungen teil. Das galt für die politisch herausfordernde »kritische Generation« ab Mitte der 60er Jahre des 20. Jahrhunderts, die konsum- und wehrdienstverachtenden »Blumenkinder« (»Hippies«) der frühen 70er Jahre oder die ökologisch »alternative Generation« ab Ende der 70er Jahre.

Postmaterialistische Werte

Auch unabhängig von sozialen Bewegungen, die ja Gedanken »zuspitzen« und die jungen Menschen mitreißen können, hingen junge Leute in den sog. Wohlfahrtsjahren von 1960 bis in die 90er Jahre eher ideellen »postmaterialistischen« Werten von Selbstentfaltung, Kreativität, Schönheit und humaner Gesellschaft an als Ältere, die sich eher an »materialistischen« Werten ausrichten: höchstmögliche Einkommen und Sicherheiten, Konsum (Lange, 1991/*Regenbogen*, 1998; 20 f./*Hurrelmann*, 2004; 144 ff.). Auch waren Jüngere eher zu Engagements in Dingen, die ihre unmittelbaren persönlichen Interessen übersteigen, bereit. Das hat sich ab den 1990er Jahren in Zeiten wirtschaftlicher Risiken geändert. Wenn mit Blick auf Wettbewerbsverschärfungen (auch im Zusammenhang mit Globalisierungsprozessen), Massenarbeitslosigkeit und Sozialstaatsreformen materieller Wohlstand und Sicherheiten bedroht erscheinen, gewinnen die materialistischen Geld- und Erfolgswerte wieder an Boden. So vertritt die neue Generation der pragma-

Egotaktiker

tischen »Egotaktiker« (Jugend 2002; 33), die ihre unübersichtlich gewordene Lebenswelt feinfühlig und durchaus auch opportunistisch unentwegt auf persönliche Chancen hin abfragt, mehrheitlich eine Mischung aus materialistischen und postmaterialistischen Werten bei gleichzeitig nachlassendem Interesse an Politik. Auffällig ist, dass auch Fragen des Umweltschutzes, von denen bis vor kurzem gerade junge Leute heftig bewegt wurden, heute bei vielen in den Hintergrund treten (Jugend 2002; 143, 153). Hurrelmann spricht von einer »echten Mentalitätsänderung, und zwar vom Primat ökologischen zum Primat ökonomischen Verhaltens« – und versucht das auch mit »nachlassendem Problemdruck durch einen inzwischen deutlich besser wahrgenommenen Umweltschutz« zu erklären (Hurrelmann, 2004; 147). Nachlassender Problemdruck? Spricht nicht einiges für Verdrängung oder eine Resignation der Hilflosigkeit etwa angesichts eines weltbedrohlichen, durch wirtschaftliche (Welt-)Machtinteressen vorangetriebenen Klimawandels? Die alte Erkenntnis, dass das gemeinsinnige Aufbegehren gegen das Elend der

Welt nicht von den Elenden selbst oder von denen kommt, die sich vom Elend bedroht fühlen, sondern von solchen, die es sich sachlich und seelisch »leisten können«, kann Hoffnung erwecken: Mit der Verbesserung der gesamtwirtschaftlichen Stimmungslage könnte Jugend wieder deutlicher als Vorreiterin der inneren Selbstentfaltung und äußeren Welterhaltung auftreten.

h) Jugend als alltagskulturelle Stilbildner

Feier der Oberfläche

Eine unaufhörliche, laute und lärmende »Feier der Oberfläche«: So vor allem kommt vielen Erwachsenen Jugend in den Blick – als eine rasante Abfolge schriller Szenen, in denen sich junge Leute durch unterschiedlichste, oft »weit hergeholte« ästhetische Signale des Outfit und der Körperhaltungen kurzweilig zu zelebrieren und zu verrätseln suchen. Dieses Bild wird von den audiovisuellen Massenmedien begierig aufgenommen, unentwegt ausgemalt und vergrößert. Diese massenmediale Vervielfältigung ist wiederum eine Triebfeder für eine weitere Pluralisierung der alltagskulturellen Stilbildungen durch Jugendliche; denn die verbreitete Wahrnehmung von schnell wechselnden Trendandeutungen, Stilfragmenten und nicht lange geheimen »Geheimcodes« zu deren Entschlüsselung fordert vermehrt die Entscheidungen heraus, wo man (nicht) dazugehören will und welche Ausdrucksweisen man für sich selbst finden kann.

Konformismus der Originalität

Die stilistischen Eingebungen, Abgrenzungen und Wandlungen erlauben einen »Konformismus der Originalität«, der Herausstellung *und* Eingebundensein ermöglicht. Unter den spiegelnden Blicken der anderen aktualisiert der Jugendliche detailbewusst seine Individualität. Die Unverwechselbarkeit bedient sich auswechselbarer Symbole. In Eigenwilligkeit dabei sein zu wollen: Das gebietet weniger, in Trends mitzuschwimmen, als »Trendzapping«, Stilbrüche oder -überlagerungen – oder die Bekundung von Nähe *und* Distanz zu angesagten Nobelmarken, indem beispielsweise vier unterschiedliche Markenschilder auf einer Jacke angebracht werden (*Stolz*, 1996; 20).

Dass Jugendszenen stilerfinderisch sind und sich zu immer neuen Erfindungen genötigt sehen, erweist sich auch darin, dass sie von Modespionen (»Trendscouts«) heimgesucht werden. Konsumgüterindustrie und Massenmedien lassen die Szenen auf verwertbare Ideen hin ausspähen – und so ist es das Schicksal der stilistischen Rebellionen, sehr bald und gezähmt in den Modeabteilungen der Kaufhäuser oder in Vorabendprogrammen des Fernsehens zu landen. Dann aber haben junge Leute längst schon wieder neue Outfitsignale von sich gegeben.

i) Jugend als historisch spät »erfundene« und allmählich wieder »verschwindende« Lebensphase

»Erfindung« der Jugend

Das Jahr 1762, in dem *Rousseau* seinen Erziehungsroman »Emile« veröffentlichte, steht symbolisch für die »Erfindung« der Jugend* – einer Jugend, die in einem pädagogisch gestalteten Schonraum, entbunden von Erwerbs-

* Es ist umstritten, ob es »Jugend« im Sinne Rousseaus schon in der Antike gab. Wenn es sie gab, dann war sie jedenfalls eng begrenzt auf den männlichen Nachwuchs freier und wohlhabender Bürger in den Städten.

arbeit und strikten gesellschaftlichen Verpflichtungen, ihre eigenen Kräfte spielerisch erprobt und entfaltet. Jugend stellt also insofern eine sozioökonomische »Kulturleistung« dar, als sie einen (nie unumstrittenen) Begriff vom menschengemäßen Aufwachsen voraussetzt und wirtschaftliche Bedingungen, welche die Freistellung der jungen Leute von Produktionsarbeit zulassen.

An der Geschichte der Jugend nahm bis in die Mitte des 20. Jahrhunderts nur ein vergleichsweise geringer Anteil der jungen Menschen teil, nämlich vor allem solche aus adeligen und bildungsbürgerlichen Kreisen. Für *Zinnecker* (1985; 35 ff.) beginnt die *Realgeschichte* der Jugend allmählich erst mit den 50er Jahren, als eine beginnende Entlastung von materieller Not und vom Zwang zur Erwerbsarbeit, ein größerer Zustrom zu den (weiterführenden) Schulen und erweiterte Freizeitmöglichkeiten immer mehr jungen Menschen erlaubten, ihr Jungsein als »Jugend« zu erleben und zu gestalten.

»Verschwinden« von Jugend

Nun meint aber *Zinnecker* (1985; 39 ff.), dass nicht lange danach auch der Anfang vom Ende der Jugend eingeläutet wurde. In den Mauern des »Schonraums« entstehen breite Risse. Wenn immer mehr junge Leute mit immer höheren Berufsaspirationen immer länger in die Schule strömen, schlagen die Karrierezwänge und Konkurrenzängste der Erwachsenenwelt bald bis in die Grundschule durch – ein Mechanismus, der sich in Zeiten hoher Erwerbsarbeitslosigkeit verstärkt. Immer »besser sein zu müssen«, nimmt dem Jungsein die sprichwörtliche Unbeschwertheit und lässt den »Ernst des Lebens« fühlbar herein.

Vorverlegung von Lebenserfahrungen

Auch erleben Jugendliche, ermuntert durch viele massenmediale »Miterzieher« (Jugendzeitschriften, Musik, Konsumwerbung), heute durchschnittlich viel früher als vorausgehende Generationen die Freuden, Leiden und Abhängigkeiten von höherwertigem Konsum (Statusmode, Fahrzeuge, Computer, Freizeitgüter). Sie machen früher Lebenserfahrungen in Sachen Geld, Reisen oder geschlechtlicher Liebe. 10% der Mädchen und Knaben erleben derzeit die sexuelle Premiere vor dem 14. Lebensjahr, 45 (67)% der Mädchen und 36 (54)% der Jungen vor dem 16. (17.) Lebensjahr (*Haibach*, 1999; M9).

Fernsehkinder

Viele verbrachten von Kindesbeinen an unzählige Stunden vor dem Fernsehschirm. Gerade das Fernsehen – und zwar nicht nur das in den späten Nachstunden – macht sie oft zu frühen Mitwissern der menschlichen Komödien und Tragödien, der Abstrusitäten und Banalitäten. Fast kein Thema wird ausgespart, fast hinter jede Kulisse wird geguckt: Das ernüchtert und brüht frühzeitig ab, entkleidet die Welt vieler Geheimnisse und Überraschungen.

Mit der Vorverlegung der Lebenserfahrungen mag sich die Zeiterfahrung ändern: Das klassische, auf die Zukunft verweisende »Noch nicht« wird von den Möglichkeiten eines »Schon« abgelöst, das die biographische Zukunft in die Gegenwart hineinzieht. So scheint sich Jugend im Rousseauschen Sinne allmählich zu verflüchtigen – und einen etwas fahlen Abglanz zu hinterlassen im sehnsüchtigen »Jugendwahn« der Erwachsenen, wie er in Kap 3.2 angedeutet wurde.

Die These vom Verschwinden der Jugend ist umstritten. Lassen sich, kann man nachfragen, im Gegenteil nicht eine weitere Ausfaltung und Ausgestaltung der Jugendphase erkennen? Verbindet sich beides vielleicht zu einer widersprüchlichen Einheit? Auf die sozialwissenschaftliche Jugendforschung kommen neue Aufgaben zu.

Im folgenden Kapitel sollen die Jugendbilder unter dem Gesichtspunkt der Lebens- und Entwicklungsaufgaben von jungen Menschen zusammengefasst und ergänzt werden.

3.3.2 Lebensaufgaben von Jugendlichen

Uneindeutige Entwicklungsaufgaben

Im Jugendalter häufen sich die Entwicklungsanforderungen – und die sind unter dem modernen Individualisierungsdruck (vgl. Kap. 1.2.1.1 und Kap. 3.1) ansprüchlicher und uneindeutig. Was heißt: »Mach was aus dir!« Was will und soll ich alles wollen! Die Entwicklungsaufgaben müssen auch »auf die Reihe gebracht werden«, obwohl sie oft wenig miteinander zu tun haben. So steht z.B. der Erfolg in Schule oder Ausbildung meist in keiner Verbindung zum Erfolg beim anderen Geschlecht. Auch ist die Bewältigung nicht lange aufschiebbar: Die tiefgreifenden Veränderungen im körperlichen, seelischen und sozialen Leben stoßen den jungen Menschen unerbittlich vorwärts und stellen ihm unentwegt Entwicklungs- und Lebensaufgaben. Die zentralen Lebensaufgaben welche Jugendliche in modernen Gesellschaften zu bewältigen haben, lassen sich in drei Fragenkomplexen zusammenfassen:

1. Wer bin ich?

Ich

Im Zusammenhang mit dem Problem der Selbstfindung und -werdung stellen sich Fragen nach der physiognomischen und psychosexuellen Identität (Einschätzung des eigenen, sich wandelnden Erscheinungsbildes und der Ausstrahlung, Umgang mit neuen Körperkräften und inneren Begehrlichkeiten), nach Sinn und Selbstbegründung der eigenen Existenz (warum und wozu bin ich da?) und nach dem Ausgleich des Verlustes, den die Ablösung von den Eltern erst einmal hinterlässt.

2. Welche Beziehungen habe ich zu anderen Menschen?

Beziehungen zu anderen

Es ist das Problem von Bindung und Lösung im Zusammenhang mit der Übernahme und aktiven Gestaltung (veränderlicher) gesellschaftlicher Normen und deren Hereinnahme in ein individuell tragfähiges und kollektiv geteiltes Selbstkonzept.

3. Was kann und will ich später tun?

Lebenstätigkeiten

Es ist das Problem der Suche, der Wahl, der Gestaltung oder auch nur des Träumens von einer leitenden, sinnvollen Lebenstätigkeit, der Entwicklung von eigenen Berufsperspektiven und des Erwerbs von Qualifikationen und schließlich des Übergangs vom Ausbildungs- ins Beschäftigungssystem.

»Crazy«

Zur Veranschaulichung solcher Fragestellungen und von Antwortversuchen sei im Folgenden immer wieder einmal aus dem autobiographischen Roman »Crazy« (2001) des jungen *Benjamin Lebert* zitiert. In der sprachvermittelten Subjektivität des 16jährigen eröffnet sich ein jugendtypisch Allgemeines, dem das Buch wohl auch seinen schier unglaublichen Erfolg verdankt: bis 2003 rd. 700 000 Exemplare verkauft, in 33 Sprachen übersetzt, verfilmt.

Der Autor, der an einem leichten Halbseitenspasmus leidet (»ich bin ein Krüppel«), erzählt, wie er als 16jähriger wegen miserabler Leistungen in Mathematik in ein Internat in Oberbayern kommt und in einer Gruppe von sechs Gleichaltrigen Abenteuer (»viel Scheiß«) erlebt und (philosophische) Gedanken austauscht: Die Burschen lassen sich aus Spaß und aufgrund einer Wette bei einer Sexualpädagogin im Dorf wegen vorgetäuschter schwuler Neigungen beraten, klettern nachts über die Feuerleiter in den Mädchengang hinauf (wobei es dort für Benjamin im Suff zum ersten Geschlechtsverkehr – gerne »Nageln« genannt – kommt) und reißen später per Bus und Bahn nach München aus, wo sie unter der zufälligen Führung eines alten Herrn, eines ehemaligen Internatszöglings, in einem Striplokal Mutproben bestehen, um am nächsten Tag nach dem Kurzbesuch eines Friedhofs mit freundlichen Lügen wieder ins Internat gebracht zu werden.

Psychosoziale Abnabelung

Zu 1: Wer bin ich? Der Übergang von der weitgehend beschützten und fremdbestimmten Kindheit zum weitgehend eigenverantwortlichen und selbstversorgten Erwachsenen ist bei der (von früher Erwerbsarbeit verschonten) Jugend lang und oft von seelischen Spannungen und Schwankungen begleitet. Mit der allmählichen psycho-sozialen Abnabelung von der Elterngeneration muss der Heranwachsende nun die Basis seiner emotionalen und kognitiven Sicherheit stärker auf die eigene Person verlagern. Aber das ist oft nicht einfach – und nicht immer kommt es ihm wünschenswert vor.

»Crazy«: »Keine Sau hat mich gefragt, ob ich erwachsen werden will«, sagt einer der Jungen (S. 48). Nachdem der Autor bierseelig seinen ersten Liebesakt überstanden hat, fragt er sich, ob er jetzt »ein Mann« sei: »Vorbei mit der milden Jugend? Man wäre nun erwachsen? Hm? Mein erstes Mal ist nun vorbei. Und ich fühle mich immer noch wie ein kleiner Hosenscheißer. Das ist, glaube ich, auch ganz gut so. Ich will gar nicht erwachsen werden. Ich will ein ganz normaler Junge bleiben. Meinen Spaß haben. Mich, wenn nötig, bei meinen Eltern verstecken. Und das soll jetzt alles vorbei sein? [...] Warum muss ich denn jemals erwachsen werden? Oder anders gefragt, welcher Vollidiot hat diesen Begriff erfunden?« (82/3) Dass seine Eltern sich streiten und möglicherweise trennen, schmerzt ihn: »Ich will meine Familie nicht verlieren. Immerhin gehöre ich ja dazu. Was bin ich ohne sie? Ein Stück? Ein Teil? Muss jeder Mensch einmal ohne Familie sein, um ein Mensch zu werden?« (128)

Frage nach eigener Idendität

Der/die Heranwachsende muss allmählich lernen, zwischen »inneren« Eltern (also den innerpsychischen Repräsentanzen elterlicher Allgegenwart und Allmacht) und »äußeren«, empirischen Eltern zu unterscheiden (*Ziehe*, 1998; 65 f./71 f.) und insbesondere auf die inneren, das »Hilfs-Ich« der Kindheit, zu verzichten. In diese entstehende Lücke tritt dann allmählich ein eigenes Ich, das sich seiner selbst erst gar nicht so sicher sein wird, und Gleichaltrige, die oft ebenso unsicher sind. Wer bin ich und werde ich sein, wie sehen mich die anderen?

»Crazy«: Auf den Hinweis seines Freundes, dass man »nur ein wenig anders sein« müsse, um bei Mädchen gut anzukommen, überlegt Benjamin: »Ich bin doch so wie immer. Oder bin ich immer anders?« (75)

Was kann ich von mir und anderen halten? Was ist das Leben? Welchen Sinn hat welche Art zu leben? In der Auseinandersetzung mit solchen Fragen werden die gelebten Antworten der Elterngeneration oft als etwas trivial, langweilig (vgl. *Doehlemann*, 1991; 146 ff.) oder als uneigentlich wahrgenommen und die eigenen Sinn- und Lebensentwürfe als ziemlich flüchtig und beliebig, als noch wenig tragfähig. So leben viele junge Leute, die sich und das Ganze suchend in Frage stellen, vorübergehend in einer brüchigen Welt mit ins Nichts verschwimmenden Grenzen (»Identitätsdiffusion«).

Identitätsdiffusion

»Crazy«: Wir sind »Fadensuchende. Die ganze Jugend ist ein einziges Fadensuchen« (65, 131). Dabei schwimmt mancher zeitweise in »einem Meer der Angst« (148). »Leben *ist* Angst haben«, sagt Benjamin – und sein Freund Troy: »Das geht alles zu schnell. Ich komme nicht mit. Ich habe Angst«. Darauf Benjamin: »Du hast recht. Es geht alles zu schnell. Wieso können wir nicht warten? Zuschauen? Zurückspulen?« Und Troy antwortet »ängstlich«: »Weil das Leben wahrscheinlich kein Videoband ist« (89/90).

Reflexivität und Subjektivität

Die Auswanderung aus dem Kinderreich, die Ablösung von den (inneren) Eltern, die Auseinandersetzung mit den Gleichaltrigen und die Suche nach dem »Leben« und dem »Eigenen« lassen wichtige Fragen im Umkreis von Reflexivität (Umgang mit sich selbst und Wissen über sich selbst) und von Subjektivität (bei sich sein) hervortreten. Dabei können sich die jungen Menschen einer »Überbewusstheit« bewusst werden, die es andauernd zu zügeln gilt.

»Crazy«: Immer wieder sagen sich die Jugendlichen, dass man sich über's Leben nicht zu viele Gedanken machen dürfe (und sie tun es dennoch), dass man nicht versuchen solle, immer alles zu verstehen und zu erklären (und versuchen es dennoch nimmer wieder). »Leben heißt so viel wie *nie darüber nachdenken*« (41, 43).

Bei der reflexiven Umkreisung der eigenen Subjektivität und der Möglichkeit, »das Leben zu fassen zu kriegen«, stoßen junge Menschen typischerweise auf Probleme, wie sie im Folgenden angedeutet werden:

Gefühle der Einzigartigkeit

a) Das Problem der Einzigartigkeit: Aus dem Herrschaftsbereich der Familie langsam heraustretend merkt der Jugendliche, dass er zunehmend auf sich selbst gestellt ist. Er spürt Verantwortung, die ihm niemand abnehmen kann. Er lernt sich als »einzig« und einmalig kennen. Diese existenzielle Erfahrung kann zeitweilig in eine »Selbstverklärung« auslaufen, die das eigene Ich nicht so sehr als eines neben vielen anderen, sondern als einzigartige Verkörperung eigentlichen Menschseins ansieht. In der Selbstbezogenheit der Jugendlichen ist also eine Tendenz zur Selbstüberschätzung angelegt, eine Neigung zu Größenphantasien.

»Crazy«: Die Freunde haben durchaus Schimpfwörter füreinander parat (»Trottel«, »Wichser«), sind sich aber fröhlich darin einig, dass »sinnlose Aktionen« sie »auszeichnen« würden (49), dass sie »Helden« (55, 165) seien, »die Besten« (94, 165) »mit der verrücktesten Idee aller Zeiten« (94), nämlich aus dem

Internat abzuhauen, »die verrücktesten Typen dieses Jahrhunderts« (129), welche »die verrückteste Reise dieses Jahrhunderts« (130) machten, nämlich nach München.

Jugendlichen Allmachts- und Abenteuerphantasien, welche die reale Gewalt der Verhältnisse zeitweise ausblenden, kommen in der Medienwelt Filme, Musikvideostreifen, Werbespots oder Comics (teilweise selbstironisch) entgegen.

Einsamkeit

Das Gefühl der Einmaligkeit verbindet sich oft auch mit Gefühlen der Einsamkeit. Dabei scheint Einsamkeit in der frühen Adoleszenz eher aus räumlichem Alleinsein zu entspringen und als Sehnsucht nach Freundschaften aufzutreten. In der späteren Adoleszenz ist Einsamkeit nicht selten ein Gefühl eines »fensterlosen« Abgeschlossenseins. Diese jungen Menschen sind »mit sich« allein, fühlen sich manchmal »sterneneinsam«. Denn die Lebensbänder der Kindheit sind abgerissen, und es hat sich eine Kluft aufgetan zwischen Ich und allem Nicht-Ich, das unendlich fern und fremd zu sein scheint. Man fühlt sich bisweilen nirgendwo zugehörig.

»Crazy«: Benjamin fühlt sich im Internat »einsam. Obwohl ich den ganzen Tag mit den anderen zusammen bin« (85).

Nach dem betrunkenen Liebesakt im Toilettenvorraum, nachdem das Mädchen wieder verschwunden ist, und nach den zweifelnden Überlegungen, ob er nun »erwachsen« sei, fühlt er sich »allein. Ganz allein in dieser verfluchten großen Welt« (83).

Die »Einsamkeit mit sich« kann wechselweise sehr unterschiedlich empfunden werden: als erhebend und auszeichnend (als einsame Höhe, in der der Unverstandene sich schweben sieht), als beängstigend oder auch nur als fahl und fad: Ich will mich selbst erleben und erlebe dabei nichts. So weiß ich mit mir momentan nichts anzufangen (vgl. *Doehlemann*, 1991; 157 ff.).

»Gebrochene Natur« und das Problem der Ganzheitlichkeit

b) Das Problem der Ganzheitlichkeit: Der Mensch hat eine »gebrochene Natur«: Er *ist* Leib und *hat* Körper und muss beides mit einander vermitteln. Er lebt »von innen« und »von außen«, weil er sich sozusagen neben sich selbst stellen kann. Diese »exzentrische Positionalität« (*Helmuth Plessner*; vgl. Kap. 2.1.3.1) bezeichnet die Fähigkeit, zu sich selbst dialogisch Stellung und Abstand nehmen zu können, und erklärt die Angewiesenheit auf Mitmenschen und Kultur, die »Anhaltspunkte« und Maßstäbe zur Selbsteinschätzung liefern. In der Adoleszenz ist zwar die zentrische Positionalität des Kleinkindes überwunden. Aber das doppelte Sein – ich stehe mir gegenüber; ich kann mich mit den Augen anderer Menschen sehen – verunsichert oft noch, muss ausgelebt und ausbalanciert werden.

Es ist die Zeit der inneren Dialoge mit dem eigenen Spiegelbild. Es ist auch die Zeit, in der Geist, Psyche und Körper manchmal auseinander zu brechen scheinen und zu einer stets vorläufigen Einheit zusammengefügt werden müssen. Kopf und Bauch und die sogenannte unsterbliche Seele: Wie gehört das alles zusammen?

c) Das Problem des freien Willens und der Freiheit: Mit der allmählichen Lockerung der psychischen Bindungen an die nahestehenden Erwachsenen stellt sich für viele Jugendliche die drängende Frage nach der eigenen Willensfreiheit. Trotz eines Gewinns äußerer Unabhängigkeiten liegt der Schatten der (inneren) Eltern oft noch über dem eigenen Tun. So unterlassen Jugendliche nicht selten das, was sie eigentlich tun möchten, weil sie wissen, dass ihre Eltern möchten, dass sie es tun – und das verbinden sie mit Unfreiheit. Mit Freiheitsgefühlen dagegen kann einhergehen, gegen institutionelle Vorschriften oder den Willen der Erwachsenen zu handeln. Aber auch hier kann die Frage nach dem freien Willen auftauchen.

Freiheitsdurst

»Crazy«: Nach dem »verrückten« Besuch bei einer Sexualtherapeutin überlegen die Burschen, ob »Gott das gewollt hat« (33/4). Und beim Ausreißen aus dem Internat sagt Benjamin: »Gott weiß immer, was er will«, und meint auf die Frage hin, was er denn jetzt gerade wolle, »dass wir gut nach München kommen«.»Dass wir leben. Und tun wir das?« (121).

Die gesellschaftliche Welt ist für den jungen Menschen, der in sie hineinwächst, immer schon da, ein Vorgefundenes, ein Vorgegebenes. Sie ist von anderen gemacht. Er muss sie sich in ihren Grundzügen aneignen, um überhaupt handeln zu können. Aber in dem Maße, in dem der junge Mensch sich selbst und seine Unverwechselbarkeit entdeckt, wird er vorgegebene gesellschaftliche Regelungen und Ansichten tendenziell als abgestanden und einschnürend empfinden. Die überkommene Welt wirkt vielfach eng und alt, aber er selbst erlebt sich als frei und neu. Junge Menschen vermitteln oft den Eindruck, als sei vor ihnen auf der Welt kaum etwas Wichtiges und Richtiges gewesen, als fingen sie fast von vorne an.

Ausbrüche

»Crazy«: »Irgendwie ist alles aufregend. Ist alles neu«, kann Benjamin am Ende eines jeden Tages sagen (113). Einem alten, vom Leben redenden Herrn erwidert ärgerlich einer aus der Runde: »Das Leben geht immer weiter.« Aber »ich will mir nicht von Leuten, die weiter sind als ich, erklären lassen, wie man läuft« (110). Die jungen Leute wissen: Weil wir »da sind« und »jung sind«, können »wir immer jeden Scheiß als erstes machen« (112).

d) Die Frage nach dem Lebenssinn und die Suche nach Wahrheit: Wenn Jugendliche nach dem Sinn des Lebens fragen, sind sie aus der Sicht von Erwachsenen oft unbescheiden. Sie verachten oft die typischen kleinen Lösungen von Erwachsenen, welche etwa in »ein bisschen Glück« oder im »Für-andere-da-Sein« einen Lebenssinn sehen. Jugendliche suchen oft »große« Antworten, hinterfragen immer weiter bis zum Sinn Gottes oder zum Sinn des Sinnes. Dabei hat das Verhältnis zu den Wahrheiten, die ein Jugendlicher zeitweilig für sich findet, nicht selten den Charakter einer sehnsüchtigen »Hingabe« und Vereinigung. Solche inneren Zustände suchen Jugendliche auch in *action,* Nervenkitzel oder Geschwindigkeitsräuschen. Sinn wird hier zu einer Art von Augenblicksempfindung, sinnlich gegenwärtig in erhöhten Körpergefühlen beim schrillen Outfit, beim Popkonzert in der Zuhörermenge oder unter den Licht- und Soundgewittern der Disco.

Der große Lebenssinn

»action«

»Crazy«: »Niemand braucht euch. Braucht uns. Warum gibt es uns eigentlich? Auf der Welt wäre doch gar nichts anders, wenn es uns nicht gäbe« (100). Diesem Satz eines Freundes wird zögernd widersprochen: Es hat wohl schon einen Grund, dass es uns gibt. »Ich meine, wir leben doch. Irgend etwas müssen wir doch bewegt haben« (101). Kann man leben, ohne zu wissen, wofür? Füreinander und für die Erinnerung? »Will der liebe Gott überhaupt, dass wir etwas verstehen? Ich glaube, der liebe Gott will erst mal, dass wir leben«. So muss man verrückte Dinge tun: »Vom Leben muss man saufen« (135).

Schutzgemeinschaft der Gleichaltrigen

Zu 2: Welche Beziehungen habe ich zu anderen Menschen? Indem der junge Mensch aus dem Lebens- und Schutzraum der »liebenden« Familie heraustritt, zieht er seelische Energie von Eltern und Geschwistern ab und verwendet sie außerhalb bei der Suche nach Kumpeln, Freundschaft und Liebe. Hier kann die Gleichaltrigengruppe zur Schutzgemeinschaft gegen das Alleinsein und gegen die Übermacht der Welt werden und zur Erlebnisgemeinschaft, die Erfahrungen von Autonomie bei innerem Gleichklang mit den anderen ermöglicht.

»Crazy«: Die Freunde nennen sich »Meute«, »Rudel« mit einem Anführer, Janosch, einem »großen«, einem »Fels«, den man im Leben eben bräuchte (100). Benjamin bewundert Janosch: Er »ist das Leben. Das Licht. Und die Sonne. Wenn es einen Gott gibt, dann spricht er durch ihn. Das weiß ich. Und er soll ihn segnen« (148). Das Bild von der Sonne verwenden die Jugendlichen auch auf ihre Freundschaft – und nicht nur einer wirft Licht: »Wir alle zusammen werfen innerhalb der Freundschaft unser Licht«. Freundschaft »heißt so viel wie *beleuchten*« (134).

»Herumhängen«

Nicht nur nach außen wollen die Jugendlichen in solchen Gruppen ihren Mann stehen, sondern auch innerhalb. »Beleuchtet« von ihresgleichen stehen sie sozusagen auf einer »Selbst-Bühne« (*Ziehe*, 1998; 67), auf der sie wechselseitig ihre (Re-)Aktionsweisen austesten und angleichen – was auch wie »Herumhängen« aussehen kann. »Doch dies ist mit einer enormen inneren Aktivität aller Beteiligten verbunden« (*ebd.*).

Mit der Zunahme der Bedeutung von Gruppenzugehörigkeit für Jugendliche (vgl. Kap. 3.3.1.f) werden Ausgeschlossensein und Vereinzelung oft um so schmerzlicher erlebt.

»Crazy«: Benjamin denkt an seine alte Schule zurück: »An die Leute, die mir dort begegnet sind. Sie nannten mich immer Krummfuß. Weil ich so komisch ging. Meinen linken Fuß stets hinterdrein zog. Das mochten sie nicht. Manchmal stellten sie mir ein Bein und lachten, wenn ich auf die Schnauze fiel. Und manchmal warteten sie vor der Schule auf mich. Um mein Pausenbrot entgegen zu nehmen. Das hatte meine Mutter geschmiert. Extra für mich. Mit viel Käse und Wurst. Meine Mutter tat mir leid. Ich wollte das Brot nicht hergeben. Nie wollte ich das. Aber ich musste es. Die Jungen waren stärker als ich. Matthias Bochow war ihr Anführer [...] Einmal banden sie mich nach der Schule an einen Baum« (139/140).

Liebe

Das große Thema Liebe: Was ist das? Wie zeige ich sie? Wie erkenne ich sie? Was liebt er/sie an mir? Das Verblassen der Konventionen im Rahmen der

Individualisierung (vgl. Kap. 1.2.1.1 und Kap. 3.1) betrifft auch überkommene alltagskulturelle Regelsysteme von Liebe und Erotik. Wie lassen sich welche erotischen Signale verstehen? Wer ergreift welche Initiativen? Da muss viel entdeckt und erfunden und ausgehandelt werden. Was heißt Treue? Erotik: Selbstbeweis oder/und Gewinn innerer Nähe zum/zur anderen? Wann und warum vergeht Liebe? Andere anzunehmen und hochzuschätzen setzt voraus, dass man sich selbst annimmt – und sich selbst anzunehmen setzt voraus, dass man von anderen geschätzt wird. Der Zusammenhang von Selbstentdeckung und Fremdentdeckung unter andersgeschlechtlichen Gleichaltrigen wird hergestellt in einem komplizierten Prozess von wechselseitiger Spiegelung, Hin- und Abwendung, Anklammern und Loslassen, Zaudern und Überstürzung.

»Crazy«: Benjamin liest beim nächtlichen Besuch im Mädchengang *Love is a razor* auf dem T-Shirt der schönen Anna: »Vermutlich ein wahrer Satz. Vielleicht aber auch nur Mist. *Love* ist weder ein *razor* noch sonst irgendwas. *Love* ist undefinierbar. *Love* ist ... ficken, würde Janosch jetzt einwerfen. Aber das glaube ich nicht. Ich glaube, *Love* ist mehr. Ficken ist ficken. *Love* ist was anderes. Musik vielleicht« (73).

Veränderungen im Aufbau von Beziehungen

Vergleiche zwischen den Jugendgenerationen von gestern und von heute lassen Veränderungen des Beziehungsverhaltens erkennen. Deutlich ist die durchschnittliche biographische Vorverlegung sexueller Erfahrungen (vgl. Kap. 3.3.1.i). Es scheinen sich aber auch der zeitliche Aufbau und das Tempo, in denen Liebesbeziehungen sich entwickeln, zu ändern. Das alte Prinzip der »kleinen Schritte« – vorsichtige, umständliche Annäherung bei wachsender »Kühnheit« in der Äußerung und Forderung von Eingeständnissen und Unterpfändern der Liebe, bis schließlich die Gewissensfrage der Heirat ansteht – verliert an Geltung. Die Dinge gehen heute oft viel schneller. Schon in der Anfangsphase der Beziehung gibt es geschlechtliche Kontakte, um sich dann erst genauer kennen zu lernen. Insofern »veralltäglicht« die Beziehung früher; denn weniger die Entstehung und allmähliche Bildung einer Liebesbeziehung (mit all ihren aufgeschobenen romantischen Erfüllungshoffnungen) werden zur Lebensthematik als ihre Regelung und Organisation, evtl. in »Mini-Ehen«. Auch gibt es früher und häufiger Trennungserlebnisse, die verarbeitet werden müssen. Die freiheitsversprechende Entschränkung der Liebe kann mit deren Entzauberung einhergehen.

Schule und »eigentliches« Leben

Zu 3: Was kann und will ich später tun? Die Schule wird nur selten als sinnstiftender Erfahrungs- und Anregungsraum erlebt, sondern viel eher als eine Belehr- und Repetieranstalt, aus der das »eigentliche Leben« ausgeschlossen bleibt. Denn die Schule hält heute wie ehedem junge Menschen in Unterrichtsräumen zeitweilig »gefangen«, legt ihre Körper still und setzt ihnen einen weitgehend abstrakten Lehrstoff vor, der meist nichts mit ihrem derzeitigen Leben zu tun hat und vor allem mittels Prüfungsdruck in die Köpfe gelangt. So wird der Schüler sein noch ungefestigtes Selbst oft in einen schulgemäßen Teil und einen Teil für draußen aufspalten. Der Schule gegenüber wird nicht selten eine »kalkulatorische« Haltung (*Hurrelmann*,

Kalkulatorische Haltung gegenüber der Schule

2004; 96) eingenommen: Die Schüler/innen lassen sich nur so weit auf sie ein, wie es unbedingt – entsprechend ihrer Aufwands- und Ertragseinschätzung – nötig ist. Die Bildungsinhalte bleiben ihnen oft persönlich fremd und werden nur auf ihre Erheblichkeit für Noten und Punkte hin abgeschätzt. Die Bedeutung des messbaren Schulerfolgs für das berufliche und soziale Fortkommen hat heute erheblich zugenommen, wobei der Wert der Abschlusszertifikate durch deren Vervielfachung (vgl. Kap. 3.3.1.e) abgenommen hat. So ist der Schulerfolg zwar eine unabdingbare, aber oft keine ausreichende Voraussetzung dafür. Besonders für schlechte Schüler kann es in der Schule zu schlimmen Erfahrungen von Vereinzelung und Erniedrigung kommen. Aber nicht alle können es so (selbst-)ironisch ausdrücken wie Benjamin:

> »Crazy«: Die Schule »ist ein reiner Psychokrieg. Da muss man es ja schwer haben. Für einen Sechzehnjährigen ist das ziemlich hart. Man ist noch ziemlich jung und wird schon derartig verarscht. Von einem Typen, der sich Lehrer nennt. In Bayern ist das besonders schlimm. Da zählen nur kleine, programmierte Computerkinder, die von morgens bis abends für die Schule lernen. Die werden gefördert. Der Rest wird fallen gelassen. *Wissen ist nicht Weisheit* zählt bei denen nicht. Es sind einfach alles Wichser« wie besonders einer, der »mit stechenden Blicken ein Opfer sucht«, um es an die Tafel zu holen: »Ich zittere. Weiß gar nichts mehr. Die wenigen gespeicherten Brocken aus dem Unterricht sind der Aufregung zum Opfer gefallen. Ich scheiße mir schon fast in die Hosen. Mein Magen bläht sich auf. Gänsehaut huscht über meinen Körper. Ich komme dran. Es muss ja so sein.« Lebert! »Ich hasse es, wie er es sagt. So, als wollte er mich erschießen. Als brächte er mich zum Galgen. Und das tut er auch. Wie in Trance erhebe ich mich. Schwitze. Bin leer. Meine Gedanken drehen sich um nichts. Nur um das Stück Kreide, das ich in die Hand gedrückt bekomme. Die anderen Schüler atmen hörbar auf. Ich schlucke. Spiele mit der Kreide. Sie fühlt sich rau an.« Und nach dem Unterricht grinst der Pädagoge seinen Schüler an: »Das mit deinem Abschluss kannst du vergessen«. Wir müssen froh sein, »wenn das Kultusministerium für dich keine Note 8 einführt« (123 – 126).

Berufswahl

Die Wahl von Ausbildung und Beruf kann sich mit großen Schwierigkeiten verbinden. Angesichts einer zunehmenden Vielfalt von Berufen müssen weitreichende Fragen beantwortet werden: Was könnte mir gemäß sein? (Viele junge Leute wissen genau, was *nicht* für sie in Frage kommt, aber nicht so genau, wofür sie sich näher interessieren könnten.) Welche Wahlmöglichkeiten gibt es tatsächlich? (Mangel an Ausbildungsplätzen, Numerus clausus an Hochschulen: Insbesondere im gewerblichen Bereich schrumpft die »Wahl« nicht selten zur resignativen Annahme dessen, was man in der Region eben bekommt; vgl. *Scherr*, 1995). Wie sehen die späteren Arbeitsmarktchancen aus? Die rapide Veränderung und Pluralisierung der Berufswelt bringen es ja für die Zukunft mit sich, dass man mit Berufen und Arbeitsstellen immer weniger »verheiratet« ist. Man hat sich auf lebenslange Wechsel (und lebenslanges Lernen) einzustellen. So ergibt sich der geradezu paradox anmutende Umstand, dass man zu wählen, also Möglichkeiten auszuschließen hat, *und* Optionen aufrechterhalten muss – und das im Blick auf eine wenig vorhersehbare Zukunft.

Einplanung von Berufswechseln

Studienanfänger, die nicht nebenher »jobben« müssen, erleben den Übergang von höherer Schule zu Hochschule durchaus als Fortsetzung ihres Jugendstatus – samt Gewinn von (geistiger) Freiheit, die manchmal verwirrt. Dabei ist das Ausmaß der Unzufriedenheit mit dem eingeschlagenen Ausbildungsweg ziemlich hoch. Die Abbrecherquote an den Universitäten liegt bei 30% (deutsche und ausländische Studierende) bzw. 24% (deutsche Studierende; nach Geschlecht: 26% männlich, 23% weiblich). Die Quote an den Fachhochschulen beträgt 22% (deutsche und ausländische Studierende) bzw. 20% (deutsche Studierende; nach Geschlecht: 23% männlich, 13% weiblich). Während in den Sozialwissenschaften/Sozialwesen an den Universitäten die höchste Abbrecherquote (42%) zu verzeichnen ist, fällt sie im Fachgebiet Sozialwesen der Fachhochschulen vergleichsweise gering (6%) aus (*Heublein* u.a., 2002; 20, 28, 31).

Abbrecherquote

Für die Mehrzahl der jungen Leute ist der Eintritt in die berufliche Ausbildung (Lehre und Berufsschule) der erste, entscheidende Schritt aus der Jugendphase heraus hinein in das Erwachsenendasein. Dabei scheinen heute mehr Jugendliche als früher mit überzogenen Vorstellungen von persönlicher Entfaltung an die berufliche Ausbildung heranzugehen. In den 70er Jahren des 20. Jahrhunderts lag die Abbrecherquote etwa bei 10%, in den 90er Jahren bei etwa 20%. Der Ausbildungsbereich erweitert den sozialen Verkehrsraum (gerade auch zwischen unterschiedlichen Altersstufen), erhöht die (finanzielle) Unabhängigkeit von den Eltern und erlaubt die Entwicklung sachlicher und kooperativer Fähigkeiten und damit eine genauere Selbsteinschätzung. Er öffnet zwar den Zeithorizont in Richtung Zukunft, erzwingt aber oft auch eine radikale Umstellung des unmittelbaren Zeithaushaltes und begrenzt den Spielraum für eine eigene Lebensgestaltung. Viele Jugendliche sehen ein Missverhältnis zwischen eigenen Wünschen/ Vorstellungen und wahrgenommenen Realitäten, wenn vielleicht auch nicht so stark wie Susanne, die eine Lehre als Industriekauffrau macht und der das letzte Wort in diesem Kapital gehören soll (zit. aus *Regenbogen*, 1998; 163 – 165):

Missverhältnis zwischen eigenen Wünschen und wahrgenommener Realität

> »Ja, auf der Arbeit ist es ziemlich langweilig, und mit den Leuten, mit denen man zusammen ist, da kann man eben nicht so reden wie mit Leuten in meinem Alter, und da wird man automatisch langsam erwachsen«. Und »ich merke das jetzt selber, wenn ich von der Arbeit nach Hause komme, dann nervt mich auch irgendwie alles.« Es ist »richtig schrecklich, dass man sich jetzt nur noch auf's Wochenende freut«. Ich »hätte mir früher nie gedacht, dass ich mich morgens hinstelle und denke, ja das und das kann ich nicht anziehen, weil da würden mich die anderen schief angucken«. Die seien in dem, was sie anhätten, alle ganz gleich und angepasst.
>
> »Ja, das ist mir viel wichtiger, dass ich sagen kann, was ich denke, was mir gefällt und was nicht, und ich werde jetzt fast täglich gefragt, ob ich mit dem Tag zufrieden war und ob es interessant war, und dann fragen sie einen immer, ich sollte ruhig die Wahrheit sagen; die wissen ganz genau, dass ich nicht sagen kann, mir hat es *nicht* gefallen, weil das wäre ja hirnrissig.« Ich »habe schon mal gesagt, das und das fand ich *nicht so ganz* interessant, und da habe ich schon gemerkt, dass die ganz entsetzt von mir waren«.

3.3.3 Jungsein nach der Jahrtausendwende: Gesellschaftliche Spannungslagen und Widersprüchlichkeiten

Unterschiedliche Generationslagen

Wann jemand geboren wurde und jung war oder ist, welcher Alterskohorte (Geburtsjahrgang) jemand angehört, ist mitentscheidend für seine Lebenschancen und -bedingungen. Die politische Ereignisgeschichte und die zivilisatorische Geschichte ändern ebenso die gesellschaftlichen Anforderungen und Ansprüche an die jungen Menschen wie deren persönliche Lebensentwürfe, die sich mit diesen Vorgaben und Rahmenbedingungen auseinander zu setzen haben. *Fend* fasst die »Identifikationskristallisationen« unterschiedlicher Jugendgenerationen im 20. Jahrhundert zusammen (*Fend*, 1988; 204).

***Die* Jugend gibt es nicht**

Solche Typisierungen von Jugendgenerationen können sicherlich Richtungen angeben, in welche gewichtige Teile von Jugend sich jeweils wandten, dürfen aber nicht vergessen machen, dass es *die* Jugend in der Einzahl nicht gibt, sondern nur in der Mehrzahl. Das ist auch zu beachten, wenn es im Folgenden um die gesellschaftlichen Spannungsverhältnisse geht, in denen heutige Jugend steht. Wie sie von den Jugendlichen bewältigt werden, hängt von ihren Selbstentwürfen und Befähigungen ebenso ab wie von den Chancen, Forderungen und Hilfsangeboten der Mitwelt.

Gesellschaftliche Spannungsverhältnisse

Jungsein nach der Jahrtausendwende – das heißt, mit einer Reihe von Problemlagen oder Spannungsverhältnissen konfrontiert zu sein, wie sie im Folgenden umrissen werden.

a) Das Spannungsverhältnis zwischen Reife und Abhängigkeit

Obgleich mit der Pubertät geschlechtsreif und früh »ausgewachsen«, werden Jugendliche noch nicht in die Rechte und Pflichten von »Vollerwachsenen« eingesetzt. Sie sind zwar keine Kinder mehr, werden aber in vielen Dingen noch nicht »für voll genommen« – außer von der Konsumgüterindustrie und den Werbeagenturen. Dort wird Jugend, ein Wirtschaftsfaktor, als (kommender) König Kunde hofiert. Die zeitliche Zersplitterung der Statuspassage zum Erwachsenen in »Teilreifen« ist ein gängiger Erklärungsansatz von Jugendproblemen. Dieses Spannungsverhältnis verstärkt sich, weil körperliche Reife und sexuelle Freuden und Leiden durchschnittlich früher erlebt werden (vgl. Kap. 3.3.1.i). Das führt möglicherweise dazu, dass man im Kino noch nicht betrachten darf, was man schon tut.

»Teilreifen«

Als ungerecht kann empfunden werden, wenn Auszubildende zwar immer wieder harte Arbeit mit Erwachsenen zu teilen haben, aber weniger Lohn dafür bekommen. Was die Gesetzeslage angeht, so kann es seltsam unausgewogen wirken, wenn 14-Jährige zwar freie Religionswahl oder Beschwerderecht gegen vormundschaftsgerichtliche Entscheidungen haben, aber erst zwei Jahre später in der Öffentlichkeit rauchen, alkoholische Getränke kaufen, bis 22 Uhr an öffentlichen Tanzveranstaltungen teilnehmen oder bis 23 Uhr Kinofilme angucken dürfen. Solche Gesetze zu übertreten ist herausfordernd und beliebt zur Selbstverleihung von Reifetiteln.

Das Durcheinander der Teilreifen in ein und derselben jugendlichen Person scheint sich heute um neue Dimensionen zu erweitern. Einerseits wird es vielen Jugendlichen durch elterliche Bemutterung schwer gemacht, die

Identifikationskristallisationen von Jugendgenerationen im Möglichkeitsraum von persönlichen Lebensgestaltungen und gesellschaftlichen Ansprüchen

	Persönliche Lebensplanung »Das gute persönliche Leben«	Gesellschaftliche Gestaltung »Das gute gemeinschaftliche Leben«
Jugendbewegung	Lebensreformerisch, auf autonome Jugendgemeinschaften bezogen +	Romantisch-völkisch überhöhte Einsatzbereitschaft heroische Geste des Einsatzes für das Vaterland –
Hitler-Jugend	Auf die Stellung im Volksganzen ausgerichtet ... die eigene Person ist unwichtig, Aufgaben im Dienste am Volksganzen –	Kollektive Identifikation im Mittelpunkt: Stärkung der Nation, heroischer Einsatz +
Skeptische Generation und unbefangene Generation	Konzentration auf Beruf Gestaltung des Privaten Phantasien des »schönen Lebens« +	Distanz und problemlose Akzeptanz von Politik und Wirtschaft –
Politische Generation	Anspruch auf Änderung des eigenen Lebens im Sinne der Befreiung von gesellschaftlicher Repression –	Ethisch-normativ und theoretisch begründeter Änderungsanspruch als Identifiktationskern +
Lebenswelt-Generation	Priorität der autonomen Gestaltung der eigenen Lebenswelt Lebenswertes Leben in Gemeinschaft +	Bewusste Abgrenzung zum Gesellschaftlichen Normalentwurf Distanz und punktuelle Konfrontation –

+ : Identifikationsschwerpunkt

– : Randzonen: instrumentell für den Identifikationsschwerpunkt

Bedingungen sozialer Frühreife

Kinderwelt zu verlassen und sich von zuhause allmählich abzulösen. Andererseits werden sie in eine soziale Frühreife gedrängt, wenn sie etwa über Jahre hin die Seelentröster oder Gutachter im Trennungs- und Scheidungskampf der Eltern spielen müssen und dann vielleicht als Gattenersatz gebraucht werden. Auch arbeitslose Eltern scheinen dazu zu neigen, ihre Kinder zu »parentifizieren« (»verelterlichen«), indem sie in ihnen Halt gegen Niedergedrücktheit und Verzweiflung suchen. Und auch hier kommen Kinder als Ersatzobjekte für Gesprächs- und Zuwendungsbedürfnisse in Frage, wenn die Beziehung der arbeitslosen Eltern problematisch zu werden beginnt. Mit allen zwischenmenschlichen Wassern gewaschen und dabei

»unser(e) Kleine(r)« zu sein – das ist eine moderne, oft überfordernde Variante der alten Spannungslagen zwischen Reife und Unmündigkeit.

Postadoleszenz

Mit dem Älterwerden ergibt sich nicht selten die Statusunausgewogenheit der sog. Postadoleszenz. Wenn die Bildungs- und Ausbildungswege (einschließlich möglicher Warteschleifen) immer länger werden, kann sich die Nachphase des Jungseins bis zum 30. Lebensjahr und darüber hinaus erstrecken. Sie ist gekennzeichnet durch meist völlige sozio-kulturelle Verselbständigung *ohne* die traditionellen Merkmale des endgültigen Erwachsenseins: volle ökonomische Selbständigkeit (und auch Familiengründung). Immer noch von den Eltern oder auch anderen Gönnern (teilweise) finanziell abhängig zu sein, nagt doch ein wenig am Selbstwertgefühl derer, die ansonsten unbedingt ihr eigenes Leben zu leben beanspruchen.

b) Das Spannungsverbältnis zwischen ganzheitlicher Handlungs- und Erlebnisbereitschaft und der Lebensraumverengung

Verinselung des Lebensraumes

Kinder und Jugendliche finden heute kaum noch einen zusammenhängenden Lebensraum vor, den sie sich, sozusagen ausgreifend wie konzentrische Kreise, allmählich aneignen (Wohnung, Nachbarschaften, halbnahe und weite Umwelt). Der Lebensraum ist weitgehend »verinselt«: die eigene Wohnung, die Wohnungen von Freunden, das Freibad, der Brunnen in der Fußgängerzone, McDonalds, das Kaufhaus, das Jugendzentrum – und dazwischen gepflastertes Niemandsland für die Autos und Betonburgen. Man springt von Insel zu Insel, oft auch im elterlichen »Taxi«, ohne dass der Gesamtraum, in dem die Orte liegen, deutlich wahrgenommen wird.

Handlungsbeschneidungen

Die Zersplitterung des Lebensraumes wird begleitet von Handlungsbeschneidungen vor allem in körperlicher Hinsicht. Der überbordende Straßenverkehr, die Bebauung oder Pflasterung von Freiflächen aller Art und die Umweltverschmutzung ebenso wie die Umweltbereinigung (Verlust von »Wildnis«, stattdessen »Grünflächen« oder »Abenteuerspielplätze«) setzen dem jugendlichen Bewegungs- und Bewältigungsdrang oft Grenzen. Gerade die Verschmutzung und Verbauung der Gewässer machte jugendlichen Sommerfreuden oftmals ein Ende, die früher gang und gäbe waren: Schwimmen im Fluss, »Wellenreiten« auf Bretterböden, mit Seilen am Brückengeländer oder an über das Wasser ragenden Baumästen festgemacht, Fahrten mit selbstgebauten Flößen, waghalsige Tauchmanöver unter der Mühlbachschleuse, Schlammbaden oder -schlachten am Moorsee.

Körpererfahrungen sind eine Grundlage von (Selbst-)Erkenntnis. Natürlich gibt es auch heute dazu vielerlei Möglichkeiten, vom *Scaten* auf der Rathaustreppe (bis es verboten wird) über Hindernisjagden mit dem *mountain bike* bis zum *Grooven* oder *Raven* und vielleicht nächtlichem Sprühen von geheimnisvollen Identitätsmarken (Graffiti) auf Häuserwände. Aber viele Aktivitäten sind eben oft nur im organisatorischen und räumlichen Zusammenhang von (Sport-)Vereinen, Jugendzentren, speziellen Bauten (*half pipes*) oder Ferienfreizeiten möglich. Damit und durch die Verinselung der Lebensräume werden die Zugänge zu körpernahen Betätigungsfeldern umständlicher und unterliegen oft einer spontaneitätshemmenden Regelung. Umstandsloser ist der Weg zum Fernsehgerät oder zur Computerspielkonsole, wo man die digitale *action* in Gang setzen und sich vorleben lassen kann, wo man gleichzeitig dabei und nicht dabei ist. Diese Erfahrungen aus zweiter Hand suggerieren einen Schein von Unmittelbarkeit und verdünnen doch längerfristig die Erlebnisfähigkeit gegenüber einer nicht showmäßig inszenierten und aufpolierten Wirklichkeit.

Erfahrungen aus zweiter Hand

c) Das Spannungsverhältnis zwischen der Forderung, erwachsen zu werden, und dem Verschwimmen der Erwachsenenkonturen

Gerade das Fernsehen verringert die Trennschärfe der Erlebniswelten von Jugendlichen und Erwachsenen. Einerseits lässt es schon früh Kinder und Jugendliche gleichsam als Zaungäste an (meist dramatisch aufgeladenen) Erwachsenenproblemen und -intimitäten teilhaben. Andererseits geben sich viele Erwachsene im Fernsehen ein ewig neues Flair von Jugendlichkeit im Aussehen, Auftreten, Reden und Gelächter. Gerade in den Unterhaltungsmedien wird der altersgrenzenlose »Jugendwahn« (vgl. Kap. 3.2) unaufhörlich geschürt und gepflegt. Hier werden kaum noch Erwachsenenkonturen als Anhalts- und Reibungspunkte für Jugendliche sichtbar.

Verblassen von Erwachsenenkonturen

Aber auch im »wirklichen Leben« scheinen die Kanten und Ecken von Erwachsenen undeutlich zu werden. Ein Bequemlichkeitsliberalismus kann Eltern »gesichtslos« machen. Wenn sich elterliche Unsicherheit, Unentschlossenheit oder Gleichgültigkeit als Verständnis und Toleranz tarnen, wird das von Jugendlichen schnell durchschaut. Nach *Ziehe* (1998; 58) erwächst »der Kernkonflikt für die Heranwachsenen heute nicht mehr aus dem Leiden daran, was alles verboten sei, sondern eher daraus, was sie alles in ihrem Leben wollen sollen«. Dabei können oder wollen viele Eltern diese Ansprüche gar nicht »vorleben«.

Bedeutungsverringerung und -wechsel von Vorbildern

Ein Beleg für den »Gesichtsverlust« von Erwachsenen mag auch die verringerte Bedeutung von *Vorbildern* und deren Verlagerung aus dem Nahbereich in den Medienbereich sein. Während 1955 noch 44% der 15-24jährigen jungen Leute erklärten, ein Vorbild zu haben – und zwar in großer Mehrheit Eltern, Lehrer, Vorgesetzte –, so waren es 1996 nur noch 16% (Jugend '97; 358 f.) Diese erwärmen sich vorrangig für (junge) Schauspieler, Sportler oder Moderatorinnen in Jugendfernsehkanälen. Das Verblassen der Vorbilder hängt sicher auch mit dem Prozess der Individualisierung der Lebensführungen zusammen (vgl. Kap. 1.2.1.1 und 3.1): Ich *selbst* muss und/oder will den roten Faden meines Lebens legen oder finden.

Zwar war drei Jahre später die Zahl derer, die Vorbilder nannten, wieder angestiegen (Jugend 2002; 216 ff.). Aber dass es eine Hinwendung zu den Medienstars (mit jugendlichem Flair) gab, wurde noch deutlicher. Allem Anschein nach verschob sich die Bedeutung des Begriffs: vom alten Vorbild in reifer »Menschlichkeit« und fachlicher Könnerschaft hin zu einem neuen in massenmedial vermitteltem *lifestyle* und Gestus.

Eltern auf der Schulbank

Viele Erwachsene sehen sich gezwungen, Entwicklungsaufgaben zu übernehmen, die ehedem der Jugend vorbehalten waren, nämlich zu lernen, »die Schulbank zu drücken«. Die rasante technische und sozio-kulturelle Modernisierung führt zu einer immer wieder neuen Aufstörung fast der gesamten Lebenszeit. Wenn Lernen zur lebenslangen Anforderung wird, können Jugendliche die Alten immer wieder in der unsicheren Situation des Neulings oder Neuankömmlings erleben, vergleichbar ihrer eigenen – oder sie geben ihren Eltern, wenn diese hilflos vor dem Computer sitzen, großmütig Nachhilfe.

Wenn in Kap. 3.3.1.i vom möglichen »Verschwinden der Jugend« als eigenständiger Lebensphase die Rede war, so könnte man jetzt überspitzt vom »Verschwinden der Erwachsenen« reden. Beides gehört wohl zusammen. Die junge (Medien-)Generation wirkt weithin abgeklärt oder auch abgebrüht und spürt starken Leistungs- und Konkurrenzdruck wie die Älteren; diese wiederum scheinen einem Jugendlichkeitskult zu huldigen und eigene Erziehungsautorität kaum noch rechtfertigen zu können oder zu wollen. So versucht die Jugend bei aller Unübersichtlichkeit der Umstände, ihr Leben in eigene Regie zu nehmen – nicht, weil sie sich gegen erwachsene Regisseure auflehnt, sondern weil sie kaum noch ernstzunehmende findet. (Freilich kann sie Gurus aller Art finden, die aber meist nicht zu gereifter Individualität verhelfen wollen, sondern zu deren infantilisierender Abdankung.)

d) Das Spannungsverhältnis zwischen asketischen Arbeitszumutungen und lustbetonten Konsumanreizen

Schüler und Auszubildende haben sich den widersprüchlichen Handlungsanforderungen einer offensichtlich »zweigeteilten« Welt zu stellen. Im Schul- und Arbeitsbereich erfahren sie oft die strengen Zumutungen einer asketischen Lern- und Leistungsethik, die mit schlechten Zeugnissen und Zukunftsaussichten droht und immer wieder die Aufschiebung von Bedürfnissen auf später erzwingt. Auf der anderen Seite locken die Konsum- und Warenwelten überall mit Versprechungen von Spaß und Glück und fordern eindringlich zum unaufhörlichen Genießen hier und jetzt auf: Genuss sofort, *the power of the now*. In der zur Überproduktion tendierenden kapitalistischen Wirtschaftsweise verführen ausgeklügelte Werbesysteme und -techniken zu einem Hedonismus und zu Selbstverliebtheit als Lebensauffassungen der Konsumfreudigkeit – und untergraben damit möglicherweise eben jene Arbeitsethik, die zur Schaffung der Konsummöglichkeiten beigetragen hat.

Leistungsdisziplin

Genussversprechen

Leistungsdisziplin ist sehr viel mühsamer zu verinnerlichen als Genussfreudigkeit. Gerade die heranwachsende Schulgeneration, die den möglichen Sinn von Berufstätigkeiten und die Härte des Gelderwerbs noch nicht persönlich erkunden konnte, aber täglich einem grellen Trommelfeuer von Konsumanreizen ausgesetzt ist, tut sich schwer, die abstrakten, zukunftsbezogenen Leistungsanforderungen in der Schule und die konkreten, gegenwartsbezogenen Genussaufforderungen außerhalb ohne Schaden für das Identitätsgefühl aufeinander abzustimmen.

e) Das Spannungsverhältnis zwischen Ausbildungs- und Beschäftigungssystem

Das Verhältnis zwischen dem Ausbildungs- und dem Erwerbsbereich ist in zweierlei, widersprüchlich erscheinender Hinsicht »gespannt«. Zum einen durchmischen sich zunehmend Lernarbeit und »fremde« Erwerbsarbeit. Zum anderen verbreitert sich die Kluft zwischen Ausbildungsergebnis und den Tätigkeitsfeldern, für die ausgebildet wird.

Lernarbeit plus Erwerbsarbeit

Mit der Bildungsexpansion, die ja auch weniger begüterte Bevölkerungsteile einschließt, und mit der Verlängerung der Studienzeiten ergab sich für immer mehr Studierende die Notwendigkeit, nebenher zu arbeiten – wodurch wiederum die Studiendauer zunimmt. Nach Angaben des Statistischen Bundesamtes »jobbten« 1991 23% der 25- bis 29-jährigen Studierenden und im Jahr 2000 38% (DIE ZEIT Nr. 34 vom 16.8.2001; 59). Die Zahl derer steigt, die voll auf die Einnahmen aus Erwerbstätigkeit auf dem – offiziellen, »grauen« oder »schwarzen« – Arbeitsmarkt angewiesen sind. Das »reine« postadoleszente Bildungsmoratorium, das unbelastet von äußeren Verpflichtungen der wissenschaftlichen Besinnung und Berufsqualifikation dienen sollte, wird also von einer unzugehörigen Arbeitswelt berührt. Zwei Lebenswelten, die sachlich oft nichts gemein haben und sich zeitlich im Wege stehen, müssen mühsam »unter einen Hut« gebracht werden.

Was sind Zertifikate wert?

Die Kluft zwischen staatlichem berufsvorbereitendem (Hoch-)Schulsystem und marktförmig organisiertem, globalisiertem Beschäftigungssystem nimmt in dem Maße zu, wie der technologische und sozio-kulturelle Wandel sich beschleunigt und die früher selten vergebenen (höher- und hochwertigen) Abschlusszertifikate von immer mehr jungen Leuten erworben werden. Das (Hoch-)Schulwissen veraltet schnell oder gilt nicht selten als unzulänglich, belanglos oder unbrauchbar. Abgangszeugnisse oder akademische Grade, die ehedem eine Karriere oder zumindest ein sicheres Auskommen versprachen, eröffnen keine verlässlichen Berufsaussichten mehr. Das kann gerade in den unteren Schulformen – auch angesichts der Jugendarbeitslosigkeit – zu einem »Motivationsparadoxon« führen: Nur wer unermüdlich lernt, heißt es, hat Chancen; gleichzeitig aber werden Schule und Schulleistungen durch unsichere Arbeitsperspektiven unaufhörlich entwertet.

Rückgang beruflicher Gradlinigkeit

Trotz aller Potentialisierung von Fähigkeiten (»das Lernen lernen«) wird die Berufseinmündung immer weniger gradlinig sein. Mehrmalige Arbeitsstellenwechsel, Umleitungen oder unfreiwillige Aufenthalte sind in Kauf zu nehmen. Sackgassen zwingen zur Umkehr. Möglicherweise lösen Perioden der »Freisetzung«, die das Selbstwertgefühl stark belasten, solche der beruflichen Überanspannung ab. Solche Risiken des Übergangs vom Ausbildungs- ins Beschäftigungssystem haben junge Menschen heute in verstärktem Maße zu tragen.

f) Das Spannungsverhältnis zwischen vervielfachten Wahlmöglichkeiten unter Lebensentwürfen und der Notwendigkeit, sich zu entscheiden

Optionenvielfalt

Im Vergleich zu früheren Jugendgenerationen haben heutige Jugendliche durchschnittlich mehr Wahlmöglichkeiten zwischen Weltbildern, Geisteshaltungen, Lebensstilen, Geschmacksrichtungen, Moden aller Art. Überkommene Institutionen und Gemeinschaften – vor allem die Amtskirchen, aber auch Parteien und Gewerkschaften –, welche die unbegrenzt möglichen (Glaubens-)Ansichten über die Welt zu halbwegs geschlossenen und schlüssigen Weltanschauungen bündeln und »Unrichtiges« ausschließen, verloren an Anziehungs- und Bindekraft. In der Weltmediengesellschaft vervielfältigen sich die Meinungs- und Glaubensangebote, oft Versatzstücke aus großen religiösen und philosophischen Systemen. Das kann Orientierungsschwierigkeiten auslösen, kann zu Collagen anregen – manchmal auch in dem Sinne, dass man sich aus den unterschiedlichen Sinnteilstücken die angenehmsten herauspickt.

Hier sei abgesehen von den Jugendlichen, welche »die Freiheit des Käfigs« (*Barker*, 1997; 140) in den hermetisch abgeriegelten Gedankengebäuden von (Jugend-)Sekten oder esoterischen Gemeinschaften suchen und die Freiheit von Entscheidungen als ein Mehr an Freiheit empfinden.

Silbereisen u.a. (1996; 114) unterteilen *Weltanschauung* in *Kosmologie* (Theorie über das Gesamtgefüge der Welt und seine Regeln) und *Existenzdeutung* (im Blick auf das Schicksal des einzelnen). In den überkommenen Glaubenssystemen sind beide meist aneinander gekoppelt. So verbindet sich der Glaube an den christlichen Gott (Kosmologie) mit der Vorstellung der Erlösung durch Jesus (Existenzdeutung) und schließt eine selbstbestimmte Sinngebung und das Prinzip des ewigen Kreislaufs und der Wiedergeburt aus.

Mischformen von Religiösität

Die klassische Einheit von Gesamtdeutung und Einzelexistenzdeutung ist für viele Jugendliche heute nicht mehr gegeben. Auch finden sich religiöse Unbestimmtheiten und viele Versuche von Vermischungen. Als Ergebnis einer Befragung (Stichprobe: 3275 13 – 29jährige) fassen *Silbereisen u.a.* (1996; 116 – einige zusätzliche Erläuterungen von M.D.) Kosmologie und Lebenssinndeutung junger Leute zusammen, wobei noch unterschieden wird nach fester »Überzeugung« und weniger bestimmter »Neigung« (Angaben in Prozent):

	Überzeugung	Neigung
A. Kosmologie		
Christlicher Gott	9,5	21,6
Höhere Macht	20.9	30,8
Naturalismus (Urgrund des Weltaufbaus in Gesetzen der Natur)	36,1	48,4
Ewiger Kreislauf und Wiedergeburt	18,7	45,2
Atheismus	17,5	16,9
Agnostik, rationalistische Skepsis (Zweifel an der Existenz einer metaphysischen Gottheit aus Mangel an Beweisen)	35,9	18,0
B. Existenzdeutung		
Christliche Erlösung	6,8	10,4
Wiedergeburt (nicht christlich)	8,1	24,2
Leben ist Selbstzweck (trägt Sinn in sich selbst)	29,5	52,1
Eigene Sinngebung (was eine metaphysische/christliche Deutung nicht ausschließt)	50,3	38,8
Postmortales Ende: Nach dem Tod ist alles aus	26,1	23,5
Nihilistisch: Das Leben hat keinen Sinn	1,8	8,0

Rund ein Drittel ist von *keiner* kosmologischen bzw. existenzdeutenden Weltanschauung überzeugt.

Neue Sinnanbieter

Anstelle der alten Sinnanbieter treten heute viele neue hervor, allen voran die Jugendexperten in den Marketing-Abteilungen der Mode-, Schallplatten-, Medien- Genussmittel- oder Fahrzeugkonzerne. Diese Industrien liefern ohne Unterlass bunte, schnell auswechselbare Schablonen diverser Lebensarten. Gerade in der Menge, Aufdringlichkeit und Widersprüchlichkeit der kommerziellen Einflussversuche liegt ein erheblicher Unterschied zu früher.

Allenthalben wird versucht, die »Lebensgefühle« der Jugendlichen anzusprechen und immer wieder neu zu erzeugen. Mit der Konkurrenz der Ichfindungshelfer, Sinnanbieter und Bedürfnisverstärker steigt die Optionenvielfalt. Der Jugendliche hat zu wählen. Er wird damit tendenziell auf sich selbst verwiesen, auf sein noch labiles Ich als bewertende, auswählende und sinnstiftende Instanz. In dieser Herausforderung liegt die Gefahr der Überforderung mit der möglichen Konsequenz von besinnungslosem Sich-treiben-Lassen und Optionenhast. Dann wird sich jede Entscheidung, die ja Ausschluss von vielen anderen Alternativen bedeutet, mit drängenden Vorstellungen davon verbinden, was man vielleicht alles versäumt.

Entscheidungszwang

Hier liegt aber auch die Chance eines innengesteuerten, selbstverantworteten Ich-Besitzes als Ergebnis der schwierigen Auseinandersetzung mit den widersprüchlichen gesellschaftlichen Angeboten, Druck- und Lockmitteln.

Ich-Besitz

g) Das Spannungsverhältnis zwischen Fortschritt und Zerstörung

Der moderne wissenschaftlich-technische und wirtschaftliche Entwicklungsprozess hat das Doppelantlitz eines Januskopfes. Das eine Gesicht deutet auf einen gewissen Wohlstand hin, auf eine gewisse Stabilität und wohlfahrtsstaatliche Leistungsfähigkeit als Grundlage einer gewissen Zukunftssicherheit. Das andere Gesicht ist die Todesfratze der Bedrohung durch schleichende ökologische und atomare Katastrophen. Diese Zukunftsgefährdungen treten nicht so sehr in Gestalt genau ausmachbarer Gefahren auf, denen man mit Entschlossenheit entgegentreten könnte. Vielmehr sind sie weitgehend ungreifbar, umstritten, kaum vorhersehbar – und scheinen doch allgegenwärtig zu sein. So verbreitet sich ein schwankendes Bewusstsein von unsichtbaren Gefährdungslagen, das sich mit einer ebenso »gegenstandslosen« wie realitätsgerechten Angst verbindet.

Januskopf

Ein höheres Vertrauen als Politiker oder Kirchenvertreter genießen bei den Jugendlichen Umweltschutzgruppierungen wie Greenpeace (Jugend 2000; 271) oder eine politische Bewegung wie Attac, die sog. Globalisierungskritiker. Das erklärt sich auch damit, dass sie nicht abwiegeln (defensive Strategie der Ungewissheitsverringerung) und Interessengegensätze ins Feld führen, sondern die Gefahren deutlich benennen (offensive Strategie) und damit Voraussetzungen für gezieltes Handeln schaffen.

Die Gegenwart gerät unter immensen Problematisierungsdruck. Denn es wird überdeutlich, dass die Zukunft ein Kräftefeld kaum umkehrbarer Verläufe ist, die in der Gegenwart verursacht werden. Ganz undeutlich aber scheint es zu sein, welche Verläufe (nicht) verursacht und zugelassen werden dürfen.

Zukunft und Altlasten

Dass »der Jugend die Zukunft gehört«, geht Verantwortlichen aus Wirtschaft und Politik leicht von den Lippen. Ob sie damit das Recht der Jugend auf ihre eigene Zukunft meinen, ist oft fraglich; denn das hieße, Zukunft möglichst offen zu halten (also ihr z.B. keine späteren »Altlasten« atomarer oder klimaverändernder Art aufzubürden) und die Jugend an den nötigen Weichenstellungen in die Zukunft angemessen zu beteiligen.

Der Generationsgegensatz zwischen Alt und Jung wird heute von den Jungen nicht mehr als Erziehungskonflikt erlebt, sondern als Gegenwarts-Zukunfts-Konflikt (Jugend '97; 17 f.): Jugend hat die Versäumnisse und Fehler der (Groß-)Elterngeneration auszubaden.

3.3.4 Anmerkungen zu jugendlichem Problemverhalten: Problemausdrucksverhalten und Problemlösungsverhalten

Ausgehend davon, dass die Jugendzeit eine Zeit der intensiven Auseinandersetzung mit gehäuften Lebens- und Entwicklungsaufgaben ist, kann jugendliches Problemverhalten daraufhin betrachtet werden,

- ob und inwieweit es ein *Ausdruck* von und Hinweis auf Entwicklungsprobleme ist,
- ob und inwieweit es einen (fehlgehenden) *Bewältigungsversuch* von Entwicklungsproblemen darstellt.

Beispiel Drogen

Am Beispiel des (übermäßigen) Konsums legaler oder illegaler Drogen lässt sich aufzeigen, wie vielschichtig die Beziehungen zwischen Problemverhalten und entwicklungsbezogenen Bemühungen sind und wie unterschiedlich je nach den Umständen Verlauf und Auswirkungen von solchen Verhaltensweisen bzw. Entwicklungsproblemen einzuschätzen sind (vgl. zum Folgenden *Silbereisen/Kastner*, 1985; 90 ff.; *Schröder/Leonhardt*, 1998; 94 ff.).

Drogenkonsum als Entlastung und Flucht

Drogengebrauch kann Ausdruck sein von Selbstwertproblemen durch mangelnde Anerkennung, Überforderung, Erfolglosigkeit bei der Suche nach Freundschaft und andere mögliche Frustrationen des Selbstachtungsmotivs. Drogenkonsum kann auch Notfallreaktion sein, z.B. bei »Entwicklungsstress«, wenn dem Jugendlichen die selbst- und fremdauferlegten Entwicklungsaufgaben über den Kopf zu wachsen scheinen, oder bei tiefem Erleben von Hilf- oder Hoffnungslosigkeit angesichts der Bedrohungen der Welt (durch Waffen oder Umweltzerstörung) oder ihrer Ungerechtigkeiten, die für ihn zum Himmel schreien. Hier helfen Drogen, sich zu entlasten, die drängenden Fragen zuzudecken oder ihnen auszuweichen. Drogen verringern möglicherweise die überhöhte Selbstaufmerksamkeit, die bei selbstwertbeeinträchtigenden Entwicklungsnöten auftreten.

»Probleme« und »Frust« nennt eine Gruppe von Jugendlichen als Gründe dafür, dass sie »viel Piece geraucht« haben. Andreas: »Wir sind da hingegangen, um viele Sachen zu vergessen und hast halt was gekifft.« Peter: »Und wir war'n uns zu nichts bewusst. Wir sind einfach weg. Wir ha'm gelebt, was weiß ich« (*Schröder/Leonhardt*, 1998; 99 f.).

Drogenkonsum als Symbol für Selbstbestimmung

Illegale Drogen zu nehmen aber kann von Jugendlichen auch als »Leistung« (miss-)verstanden werden, als entscheidender Entwicklungsschritt in die Unabhängigkeit von Eltern, traditionellen Normen und gesellschaftlichen Institutionen. Drogengebrauch wird hier zum Symbol für einen »anderen«, selbstbestimmten Lebensstil, für Zugehörigkeit zu Jugendszenen und für Teilhabe an Werten, die den erwachsenen Spießern verschlossen zu sein scheinen. Hier liegt also ein (fehlgehender) Versuch der Lösung von Entwicklungsaufgaben (»selbständig werden«) vor, der sich als gegenkulturell versteht.

»Der erste Kontakt so mit Haschisch und so, dat war irgendwie ja, ja Idealismus kann man sagen. Dat ging (...) mir damals noch nicht so unbedingt dadrum, mich auf Teufel komm heraus dicht zu machen und abzuschalten und zuzumachen ne, sondern eben, dat gehörte dazu, dat war exotisch, dat war außerhalb der bürgerlichen Norm und äh dat reizte« (*Weber/Schneider*, 1992; 186).

Als eine andere Art von Nonkonformismus könnte der übermäßige Konsum erlaubter Drogen (Alkohol) interpretiert werden, nämlich als verfrühte Aneignung und Demonstration eines begehrten Erwachsenenstatus, also als vorauseilender Konformismus. Dieser Lösungsversuch der Entwicklungsaufgabe, »erwachsen zu werden«, ist ja durchaus erfolgreich: Scheinbar trinkfeste und ihren Kater beherrschende Jugendliche werden oft für voller genommen als die Milchgesichter.

Unterschiedliche Risiken

Je nach Bedeutung des Drogengebrauchs sind die Risiken unterschiedlich. Wer mit Hilfe von Drogen vor Lebensproblemen zu fliehen versucht oder (die Angst vor) Enttäuschungen verjagt, geht längerfristig vermutlich höhere Risiken ein als jemand, dem Drogengenuss zu einer Art von Selbstvergewisserung im Rahmen eines eigenen Lebensstils dient.

Folgerungen

Aus der Einsicht, dass Problemverhalten Problemausdrucks- oder Problemlösungsverhalten sein kann, folgt für vorbeugende, intervenierende oder nachsorgende Maßnahmen: Es müssen einerseits solche sein, welche die Passungsprobleme zwischen (eigenen und vorgegebenen) Entwicklungszielen und Entwicklungsmöglichkeiten überwinden helfen und ein positives und realistisches Selbstbild, verbunden mit sensibler zwischenmenschlicher Wahrnehmungsfähigkeit, begünstigen.

Andererseits müssen Verhaltensalternativen zum Drogengebrauch angeboten werden, die funktionell gleichwertig, aber weniger risikoreich sind. Was dazugehören könnte, ist je nach sachlichen, persönlichen und sozialen Umständen unterschiedlich. Solche sozialpädagogisch begleiteten Aktivitäten sollen in der Jugendlichengruppe vereinbart werden, sollen persönliche Fähigkeiten herausfordern, über die eigene Alltagsperspektive hinausreichen und mit den körperlichen, örtlichen und zeitlichen Konsummustern von Drogen weitgehend unvereinbar sein.

3.4 Alte Menschen (*Dietrich Kühn*)

Die Betrachtung der Lebenssituation älterer Menschen hat an Bedeutung gewonnen. Die Medien nehmen die rapide Zunahme der Altenbevölkerung zum Anlass, um von revolutionären Veränderungen wie Verteilungskämpfen zwischen jung und Alt, von möglichen Wandlungen der politischen Landschaft (siehe die Partei »die Grauen«), von veränderten Märkten und neuen Lebensstilen und im Extremfall vom Heranziehen einer neuen Weltzeit zu sprechen. Kommt es zu zunehmenden negativen Wertzumessungen des Alters bis hin zu einer Altenfeindlichkeit oder zu »age war's«, wie sie in den USA als paralleles Problem zu Rassismus und Sexismus diskutiert werden (*Rosenmayr,* 1994; 148; *Müller,* 1999; 9)?

Die öffentliche Hand versucht, sich auf die vorhergesagten Veränderungen vorzubereiten, indem sie umfangreiche Studien zur jetzigen und zukünftigen Lage älterer Menschen in Auftrag gibt. Zur Vorbereitung des 2. Landesaltenplanes hat das Ministerium für Arbeit, Gesundheit und Soziales des Landes Nordrhein-Westfalen ein wissenschaftliches Gutachten veröffentlicht, das die heute umfangreichste Analyse der Lebenslage älterer Menschen und der Praxis der Altenpolitik darstellt und wesentliche Erkenntnisse der Alterssoziologie wiedergibt. Inzwischen ist eine umfangreich dokumentierte Bedarfsplanung in der kommunalen Altenpolitik und -arbeit in Nordrhein-Westfalen erschienen (*Naegele,* 1995; Band 1 u. 2). Das Bundesministerium für Familie, Senioren, Frauen und Jugend hat seinen 2. Altenbericht dem zentralen Thema Wohnen im Alter als einem wichtigen Thema zukunftsorientierter Altenpolitik gewidmet (BtDrs. 13/9750, Bonn 1998) und durch eine unabhängige Sachverständigenkommission die vielschichtigen Wohnprobleme detailliert aufarbeiten lassen. Ziel der Altenpolitik ist ein selbstbestimmtes Leben im Alter und die Möglichkeit eines nachhaltigen gesellschaftlichen Engagements in der gewohnten Umgebung. In einem mehrjährigen Modellprogramm »Wohnkonzepte der Zukunft – Für ein selbstbestimmtes Alter« sollen Empfehlungen der Kommission umgesetzt werden.

3.4.1 Definitionen

Alt?

Wann ist der Mensch alt? Schon die Umgangssprache zeigt die Unbestimmtheit des Alters auf. Kinder sprechen von ihren Eltern als »den Alten« oder sie stellen sich vor, was sie alles tun werden, wenn sie erst einmal »alt« sind. Für den 20jährigen ist der 40jährige alt, für den 40jährigen der 60jährige: »Alt sind immer die noch Älteren«. Über Alter hat jeder seine eingeprägten Ansichten; jeder kann sich hierzu äußern und mitsprechen, obwohl jeder etwas anderes mit Altsein meint. Meist wird allerdings heute noch der Begriff »Alter« mit negativen Veränderungen in Verbindung gebracht und mit einer allmählichen Reduktion geistiger und körperlicher Fähigkeiten gleichgesetzt. Das Bemühen wissenschaftlicher Disziplinen, einen einheitlichen Begriff des Alters zu entwickeln, wurde aufgegeben. Einig ist man sich darüber, dass ein Begriff »Alter« kaum die Vielfalt und Differenziertheit von Alternsprozessen ausdrücken kann. Diese Unbestimmtheit des Altersbegriffs führt dazu, dass man ihn in wissenschaftlichen Studien überhaupt vermeidet und sich zwangsläufig auf Teilpopulationen und Teilaspekte des Alterns begrenzt.

Die einzelnen Wissenschaftsdisziplinen betrachten das Alter unter verschiedenen fachspezifischen Aspekten:

- Das kalendarische oder chronologische Alter gibt an, wie viel Zeit im Leben eines Menschen seit seiner Geburt verstrichen ist. Dieses kalendarische Alter hat seine Bedeutung für den Schuleintritt, die Wehrpflicht, das Recht zu wählen oder zu heiraten usw. Diese Klassifizierung des Alters ist wenig aussagefähig für Altersprozesse; das kalendarische Alter wird daher nicht mehr als ein unabhängiger, auf den Altersprozess einwirkender Faktor angesehen. Allerdings verbinden sich mit dem kalendarischen Alter bestimmte Vorstellungen von Altersgrenzen, z.B. die Pensionierungsgrenze des 65. Lebensjahres.

Kalendarisches Alter

- Eng verbunden mit dem kalendarischen Alter ist die Legaldefinition des Altersbeginns. Die gesetzliche Altersgrenze, die den Anspruch auf Leistungen der gesetzlichen Altersversorgung eröffnet und das Ausscheiden aus dem Berufsleben bedeutet, lag bisher bei 65 Jahren. Die Einführung der flexiblen Altersgrenze und die Vorruhestandsgesetze von 1984 haben eine Vorverlegung der Altersgrenze bedingt. In der Statistik und bei empirischen Erhebungen rechnet man daher Personen ab dem 60. Lebensjahr zur Altenpopulation. Das faktische Rentenzugangsalter soll in Zukunft wieder angehoben werden; vorzeitig aus dem Erwerbsleben Ausscheidende müssen dann Abschläge zur Rente hinnehmen. Evtl. erhöht sich dann wieder die gesetzlich bestimmte Altersgrenze. Die Zwangsausscheidungsgrenze aus dem Beruf ist willkürlich und folgt sozialversicherungspolitischen Gesetzen. Sie prägt aber im Bewusstsein der Bevölkerung die Lebensabschnittsgrenze und erscheint naturgegeben. Es entsteht das falsche Bild einer isolierten, völlig andersartigen Lebensphase, die nach dem Erreichen der gesetzlichen Altersgrenze beginnt.

Gesetzliche Altersgrenze

- Das biologische Altern stellt auf körperliche Gegebenheiten, auf den altersbedingten Zustand des Körpers ab. Aus biologischer und medizinischer Perspektive ist Altern ein lebenslang andauerndes prozesshaftes Geschehen, das zum »natürlichen« Tode führt, wenn nicht vorher Krankheit oder Unfall das Leben beenden. Beginn und Ablauf der biologischen Alternsprozesse sind individuell verschieden. Außerdem altern die einzelnen Organe im menschlichen Organismus unterschiedlich. Mit zunehmendem Alter werden negative Veränderungen in den Zellen, den Geweben und Organen eintreten.

Biologisches Altern

- Das psychologische Altern zeigt, wie ein Individuum seine derzeitige Situation an das Altern anpassen kann und wie es seine Persönlichkeit im Zeitablauf verändert. Während lange Zeit eine Abnahme der adaptiven Fähigkeiten des Individuums (Intelligenz, Lernen, Gedächtnis, Sinneswahrnehmungen u.a.) als Funktion des zunehmenden kalendarischen Alters angenommen wurde, wird heute auf die Chance der Weiterentwicklung und Selbstverwirklichung bis ins hohe Alter abgestellt. Die Aktivierungs- und Reaktivierungsfähigkeiten des Individuums werden von den Psychologen heute besonders betont. Leistungsfähigkeit und Kompetenz im Alter sind nicht nur abhängig vom kalendarischen oder biologischen Alter, sondern von der gesamten Lebenssituation, die ihrerseits vom bisherigen Lebenslauf und von persönlichen, gesundheitlichen und sozialen Faktoren bestimmt ist.

Psychologisches Altern

Soziologisches Altern/ Vorstellungen vom Altsein

▪ Soziologisch gesehen vereinigt Alter kalendarische, biologische Bedingungen und psychologische Aspekte. Darüber hinaus werden aber die Erwartungen und Reaktionen der Gesellschaft auf Alternsprozesse betrachtet. Das Erreichen eines bestimmten kalendarischen Alters, gewisse Merkmale der äußeren Erscheinung oder das Verhalten machen eine Person noch nicht alt; erst die Vorstellungen und Meinungen, die in der Gesellschaft an diese Eigenschaften geknüpft sind, lassen sie in den Augen ihrer Umwelt – wie auch mit der Zeit in ihren eigenen – als »alt« erscheinen (*Hohmeier*, 1978; 11 f.).

Veränderungen der Lebenssituation

Gesellschaftliche Definitionsprozesse bestimmen, wann jemand als alt gilt. Für die Soziologie wird daher der komplexe Interpretations- und Bewertungsprozess von Erscheinungs- und Verhaltensformen von älteren Personen relevant. Verlässt man diese gesamtgesellschaftliche Betrachtungsweise und versucht man, die konkrete Lebenssituation des alten Menschen zu analysieren, so werden Veränderungen des engeren und weiteren sozialen Umfeldes aus soziologischer Sicht bedeutsam. Hierzu zählen Veränderungen der Familienbeziehungen, der Wohnverhältnisse, der Beschäftigung und des Einkommens, der gesundheitlichen Situation sowie der Bildungs- und Freizeitmöglichkeiten. Diese strukturanalytische Zugangsweise zu Altersproblemen, die in der Soziologie weitverbreitet ist, wird in den letzten Jahren durch einen prozessanalytischen Ansatz ergänzt, der auf die Lebensläufe, die Lebensphasen, Lebensstile und die Familienzyklen der einzelnen Altersgruppen abstellt (*Tews*, 1996; 16; *Grunow*, 1986; 34 ff.). Der Familienzyklus umfasst die Aufeinanderfolge von Stadien (Zeitphasen und Wendepunkte), die die typische Familie während ihres Bestehens durchschreitet.

Familienzyklus

Zusammenfassend lässt sich festhalten, dass Altern ein Komplex physischer, psychischer und sozialer Veränderungsprozesse ist. Veränderungen durch Altern wurden i.d.R. negativ gekennzeichnet, wobei insbesondere das Abnehmen der körperlichen Leistungsfähigkeit konstatiert wurde. Die sozialen und sozialpsychologischen Veränderungen werden heute aber als wichtiger angesehen als die biologischen Veränderungen. Altern ist ein langfristiger, lebensgeschichtlicher Prozess, der von der Veränderung der Funktion des Individuums in der sozialen Umwelt von der Reaktion der Gesellschaft auf diese Veränderungen bestimmt wird. Man spricht heute von »differenziellem Altern« und meint die beträchtlichen interindividuellen Unterschiede sowie intraindividuellen Veränderungen der Individuen im Alter. Eine Etikettierung der Zielgruppe als »die Alten« verhindert die notwendige differenzierte Perspektive.

»Differenzielles Altern«

3.4.2 Gesellschaftlicher und demografischer Strukturwandel des Alters

Demografische Entwicklung

Alterssoziologische Studien beginnen häufig mit der Analyse der demografischen Trendlinien. Ein wesentlicher Faktor der demografischen Entwicklung ist der langfristige Geburtenrückgang, für den keine Trendumkehr, eher eine Stabilisierung auf heutigem Niveau zu erwarten ist. Der hierauf beruhende Rückgang der Gesamtbevölkerung führt zu einem demografischen Bedeutungszuwachs alter Menschen, d.h. in Zukunft wird der Anteil älterer Menschen an der Gesamtbevölkerung laufend zunehmen. Der Anteil der über 60jährigen Bundesbürger liegt zur Zeit bei 20%, für das Jahr 2030 werden 36% geschätzt. Die Zahl der Älteren steigt absolut von heute knapp 16,9 Mio. auf dann circa 26,4 Mio. an. In diesem Zeitraum wird sich die Zahl der alleinstehenden Älteren von 7,8 Mio. auf rd. 13,2 Mio. erhöhen. Für den Bedarf an Hilfe im Alter wird weiterhin bedeutsam, dass im oben genannten Zeitraum die Zahl der Pflegebedürftigen, die zu Hause betreut werden, von heute 1,24 Mio. auf rd. 1,6 Mio. steigen wird. Die Familienstrukturen ändern sich ebenfalls, so dass Hilfepotentiale in der Familie reduziert werden. Vor 25 Jahren lebten 72% der Bevölkerung in Haushalten mit Kindern, heute sind es nur noch 58% Der sogen. Altenquotient (Zahl der 60jährigen und älteren je 100 20 bis unter 60jährigen) informiert über grundlegende Bevölkerungsstrukturverschiebungen und letztlich über »Belastungen« durch den hohen Altenanteil. Im Jahre 1995 betrug der Quotient noch 36, im Jahre 2040 erhöht er sich auf 73. Der Bevölkerungsanteil der erwerbsfähigen Personen wird in Relation zum Altenanteil immer geringer, in absehbarer Zukunft wird er kleiner sein als der Altenanteil (*2. Altenbericht der Bundesregierung*, 1998; II u. 56).

Bevölkerungsprognosen enthalten immer eine Reihe von Unwägbarkeiten. So ist z.B. in diesen Zahlen und Anteilen der Zustrom von Spätaussiedlern und Zuwanderern aus EU-Ländern nicht enthalten. Ein weiteres Anschwellen dieses Zustroms führt zu einer »Verjüngung« der Gesamtbevölkerung; dies ändert nichts am allgemeinen Bedeutungszuwachs der Gruppe älterer Menschen.

Eine Betrachtung der allgemeinen Bevölkerungsentwicklung bleibt noch wenig aussagefähig. Es ist notwendig, eine innere Differenzierung der Gruppe »Ältere Menschen« vorzunehmen. Folgende 5 Konzepte können hierzu herangezogen werden: Verjüngung des Alters, Entberuflichung, Feminisierung, Singularisierung und Hochaltrigkeit (*Tews*, 1996;13 ff.; *2. Altenbericht*, 1998; 53).

Vorverlegung von »Altersproblemen«

Verjüngung des Alters: Gemeint ist hiermit die Vorverlegung von »Altersproblemen« in eine Phase des Lebens (55 – 65 Jahre), in der man sich subjektiv noch nicht zu den Alten zählt, sich individuell aber mit der Altersphase auseinandersetzen muss. Das Berufsaustrittsalter ist teilweise unter die 60-Jahre-Marke gesunken, da Beschäftigungsschwierigkeiten auf dem Arbeitsmarkt schon oft in den mittleren Altersjahrgängen beginnen und ältere Arbeitnehmer vorzeitig »in die Rente geschickt« werden. Die rechtlichen Möglichkeiten hierzu sind verbessert worden (z.B. Verlängerung der Bezugsdauer von Arbeitslosengeld für ältere Arbeitslose; Altersteilzeitregelungen). Dies bedeutet, dass der Beginn der weiteren Lebensphase (Zeit nach der Berufstätigkeit) vorverlegt werden muss. Die neu entstehende Gruppe der »jungen Alten« ist erst in den letzten Jahren in den Blick der Altenhilfe-

»Junge Alte«

politik geraten. Die Instrumente der »klassischen« Altenhilfe (Altentagesstätte, Sozialstationen, Altenheime) sind für diese Kategorie nicht geeignet. Allerdings ist abzusehen, dass das Rentenzugangsalter in Zukunft (ab dem Jahre 2000) wieder angehoben werden muss. Vielleicht schrumpft dann die Gruppe der »jungen Alten« wieder zusammen. Problematisch ist die heute schon feststellbare Tendenz, das Bild eines »neuen Alters« – des jungen, aktiven, sportlichen, gesunden älteren Menschen – auf die Gesamtgruppe der Alten zu übertragen, da dann evtl. Probleme des traditionellen, weniger positiven Alters »zugedeckt« werden und die Nöte der älteren Langfristarbeitslosen, der gesundheitlich stark beeinträchtigten Frühinvaliditätsrentner, der Chronisch-Kranken, der Pflegebedürftigen sowie der Niedrigeinkommensbezieher verniedlicht werden.

Frühe Berufsaufgabe

Entberuflichung: Bei den über 50jährigen erhöht sich die Auseinandersetzung um ein frühes Ausscheiden aus dem Beruf. Gesetzliche und tarifvertragliche Regelungen haben eine – evtl. nur scheinbare – Wahlfreiheit zur Berufsaufgabe entstehen lassen. Der arbeitsmarktpolitische Druck auf ältere Arbeitnehmer, ihren Arbeitsplatz für jüngere freizumachen, trifft nicht selten auf einen verständlichen Wunsch nach Berufsaufgabe bei körperlich anstrengender und die Gesundheit beeinträchtigender Arbeit. Hat die Altenhilfe für diese früher aus dem Berufsleben Ausscheidenden eine »Auffangfunktion« zu übernehmen? Wo liegen die Grenzen der Entberuflichung und für welche Berufsgruppen sind eine Flexibilisierung und Individualisierung möglich und erwünscht? Wie wirkt sich dies auf Frauen aus, die nach der Familienphase sich noch eine eigene Alterssicherung schaffen müssen oder wollen (*Tews*,1996;13 f.)?

Hoher Frauenanteil

Feminisierung: Mit der Feminisierung wird das auch in Zukunft bestehen bleibende Ungleichgewicht der Geschlechterverteilung in der Altenpopulation bezeichnet. Es besteht ein ausgeprägtes quantitatives Übergewicht der Frauen. Von den über 60jährigen waren 10,5 Mio. Frauen und 6,8 Mio. Männer. Die heutige Altersgesellschaft ist eine Frauengesellschaft; bei den über 65jährigen sind rd. zwei Drittel Frauen, bei den über 75jährigen sogar drei Viertel (*Tews*,1996; 14). Als Ursachen sind die höheren Lebenserwartungen der Frauen (Frauen: 77,2 Jahre, Männer: 73,2 Jahre) und die Nachwirkung der Weltkriege zu nennen. Dieser hohe Anteil der Frauen und die fortdauernde Diskriminierung der Frauen (Beruf, Einkommen) zeitigen wichtige Folgen für die Altenhilfe, die es angebracht erscheinen lassen, den Begriff der »Feminisierung« als Charakteristikum der Altersprobleme zu verwenden:

- Verwitwung ist das Schicksal der Frauen im Alter; denn Männer heiraten i.d.R. jüngere Frauen und haben eine geringere Lebenserwartung. Sie können bei Hilfs- und Pflegebedürftigkeit auf die Hilfe der Ehefrauen rechnen.
- Frauen sind daher eher alleinlebend. Sie bilden einen hohen Anteil der

wachsenden Zahl der Ein-Personen-Haushalte. Die Altersarmut ist zum größten Teil bei Frauen anzutreffen. Frauen stellen einen großen Teil der älteren Sozialhilfeempfänger. Dieses wird sich auch in Zukunft kaum ändern, da die Rentenansprüche der Frauen nur langsam anwachsen.

- Auf die Frauen entfällt ein großer Teil chronisch-kranker und pflegebedürftiger sowie psychisch-kranker Menschen, da solche Beeinträchtigungen häufig erst im hohen Alter eintreten. Frauen sind daher eher Heimbewohner. Sie prägen auch die anderen Altenhilfeangebote, nehmen daher eher an Bildungsveranstaltungen teil und sind offenbar in größerem Umfange bereit, kommunikative Angebote aufzugreifen.
- Bei Frauen nimmt auf Grund des Verlustes des Ehemannes, des Sterbens Gleichaltriger sowie der oft zu großen Entfernungen zu den Kindern im hohen Alter die soziale Isolierung zu.
- Sie wohnen oft in schlechten Wohnverhältnissen (vgl. niedriges Einkommen) und sind auf ambulante Hilfen angewiesen.

Insgesamt lässt sich feststellen, dass insbesondere Frauen aus unteren sozialen Lagen im Alter eine kumulative Benachteiligung erleiden, die nur teilweise durch Altenhilfeangebote kompensiert werden kann.

Alleinleben

Singularisierung: Sowohl bei Jugendlichen als auch bei älteren Menschen nimmt der Trend zum Alleinleben zu. Die jüngere Generation folgt mit der Singularisierung einem Wert- und Verhaltenswandel, den sie oft selbst im Rahmen ihres Lebensstils wünscht; die Älteren werden häufig durch Verwitwung und frühe Scheidung gezwungen, allein zu leben. Singularisierung muss nicht zu Isolation und Vereinsamung führen. Ein familiäres und außerfamiliäres Kontaktnetz kann hier kompensierend wirken. Alleinlebende Frauen haben i.d.R. ein niedriges Einkommen und sind eher auf Hilfe angewiesen. Bei eingeschränkter Gesundheit und Aktivität treten problematische Lebenssituationen auf, die von der Altenhilfepolitik stärker beachtet werden müssen.

»Alte Alte«

Hochaltrigkeit: Zu den Hochbetagten wurde früher die Gruppe der über 75jährigen gezählt, heute wird hiermit eher die Gruppe der über 80jährigen genannt. Sie nimmt seit einigen Jahren kontinuierlich zu. An zwei Beispielen sei dies kenntlich gemacht. 1995 waren 3,24 Mio. Deutsche in der Altersgruppe der 80jährigen und älteren; für das Jahr 2030 schätzt man ein Anwachsen auf 4,35 Mio. Von 1950 bis 1985 erhöhte sich die Zahl der 85 – 90jährigen um 378% und die Zahl der über 90jährigen um 830% (*Rückert*,1992; 11). Der Anteil der 80jährigen und älteren an der Gesamtbevölkerung wuchs von 0,9% im Jahre 1950 auf knapp 4% im Jahre 1995. Die Gruppe der Hochaltrigen ist weitgehend weiblich und alleinstehend und durch eine ausgeprägte Hilfeabhängigkeit gekennzeichnet. Krankheiten einschließlich psychischer Erkrankungen und Pflegebedürftigkeit nehmen in dieser Altersgruppe überproportional zu. Die »negativen« Seiten des Alters treten verstärkt zu Tage.

3.4.3 Erklärungen der Alterssituation und ihres Wandels

Es gibt bisher keine umfassende Theorie des Alters bzw. des Alterns. In den 50er und 60er Jahren dominierten meist einfache Annahmen über die Verursachung einer unterstellten Leistungsminderung im Alter und über Abbau- und Rückzugprozesse bei älteren Menschen. Dies entsprach auch dem weitverbreiteten Vorurteil, das Altern ein biologisch bedingter, nicht aufhaltbarer Rückzugsprozess sei (siehe hierzu das noch darzustellende Defizit-Modell und die Disengagementtheorie). Die Aktivitätsthese argumentierte gegenteilig: Gerade der gesellschaftliche Funktionsverlust alter Menschen als Ursache der Abbauerscheinungen müsse durch erhöhte oder wiederhergestellte Aktivitäten in allen Lebensbereichen aufgehalten werden.

Solche monokausalen theoretischen Ansätze wurden durch die Ergebnisse der Bonner Längsschnittstudie des Alterns (vgl. *Thomae*, 1983; 147 ff.; *Rudinger*, 1983; 103 ff.) in Frage gestellt und durch eine mehr psychologisch orientierte, differenzierte Sichtweise der Altersprozesse ersetzt, wobei nunmehr die zwischen den einzelnen Persönlichkeiten differierenden Abläufe in den Blick kommen. Eine generelle und universelle Gesetzmäßigkeit psychischer Altersvorgänge gibt es nicht. Von einer »Altersnorm« auszugehen, ist nicht gerechtfertigt (*Lehr*, 1979b; 6).

Rosenmayr (1984; 176) trennt zwischen Alterssoziologie (Gerosoziologie) und Alternssoziologie (Soziologie der Lebensalter) Die erstere beschäftigt sich mit Einstellungen, Verhaltensweisen, Sozialbeziehungen und Bedürfnissen der unterschiedlichen Gruppen alter Menschen und prüft die gesellschaftliche Bewertung und die erreichte Bedürfniserfüllung. Die Alternssoziologie sieht gesellschaftliche Differenzierungen in einer Vielzahl von Altersgruppen sowie das sich wandelnde Verhältnis der Generationen im Mittelpunkt ihres Forschungsinteresses.

Im Folgenden werden die Hauptthesen der genannten theoretischen Ansätze vorgelegt und mit kritischen Anmerkungen versehen. Da umfassende Erklärungsversuche der Alterssituation fehlen, soll am Schluss versucht werden, Bausteine eines sozialwissenschaftlichen Aussagengebäudes zu Altersprozessen zu benennen.

Blick auf Abbau und Verlust

Defizit-Modell: Das Defizit-Modell unterstellt einen biologisch bedingten umfassenden Abbauprozess in physischer, psychischer und sozialer Hinsicht mit Zunahme des kalendarischen Alters. Dieses Modell, ist teilweise in der Medizin noch heute verbreitet; es sieht Alternsprozesse als immerwährenden Verlust an. Letztlich werden Alter und Krankheit gleichgesetzt.

Eine Vielzahl sozialwissenschaftlicher Studien hat das Defizit-Modell überprüft und in großen Teilen widerlegt. Mit zunehmendem Alter kommt es nicht notwendig zu einem Abbau der körperlichen und geistigen Leistungsfähigkeit (vgl. *Lehr*, 1974; 60 ff.; *Rosenmayr*, 1978; 79 ff.). Im Rahmen der Bonner Gerontologischen Längsschnitt-Studie und der Berliner Altersstudie wurde nachgewiesen, dass einzelne Intelligenzfaktoren mit zunehmendem Alter uneinheitliche Veränderungen zeigen. Es tritt zwar eine Abnahme der sog. »flüssigen Intelligenzkomponenten« wie Umstellungsvermögen, Wendigkeit und Konzentrationsfähigkeit, nicht dagegen der »kristallisierten Intelligenz« wie Allgemeinwissen, Erfahrungswissen, Wortschatz und Sprachverständnis ein. Diese letztgenannten Fähigkeiten werden zeitlebens trainiert und angewendet, sie stehen in enger Beziehung zur Bildungsbiographie. Außerdem wurde in früheren Studien der Geschwindigkeitsfaktor zu wenig beachtet, d.h. ältere Menschen lösen gestellte Aufgaben genauso gut wie jüngere; sie benötigen allerdings etwas mehr Zeit.

Blick auf Rückzug

Disengagement-Theorie: Grundlegende These ist der mit fortschreitendem Alter zunehmende Rückzug (Disengagement) aus allen Rollen und Funktionen des mittleren Lebensalters als natürliche, unvermeidliche und notwendige Tatsache, die sowohl im Interesse des alten Menschen als auch der Gesellschaft liegt. Der Rückzug ist durch den biologischen Abbau bedingt; er wird vom alten Menschen selbst gewünscht, denn das Disengagement stellt eine wesentliche Voraussetzung für zufriedenes Alter dar. Durch den Rückzug freiwerdende Funktionen können danach von Leistungsfähigeren übernommen werden. Diese These wurde 1961 von *Cumming* und *Henry* vorgetragen und gründete sich auf die »Kansas City Study of Adult Life«.

Eine Reihe nachfolgender Forschungen erwies die Unhaltbarkeit der These und führte zu vielfältigen Modifikationen der Aussagen. Die einseitige biologische Determinierung des Altersprozesses negiert soziale Aspekte wie z.B. den Einfluss der Schicht- und Geschlechtszugehörigkeit, das Bildungsniveau und die allgemeine Lebenssituation (vgl. *Hohmeier*, 1978; 26; *Tews*, 1996; 21 f. *Rosenmayr*, 1994; 156 f.). Der erwartete Zusammenhang zwischen Disengagement und Zufriedenheit ließ sich nicht nachweisen. Alte Menschen möchten je nach Biographie, Persönlichkeit und Umwelt ihr Aktivitätsniveau selbst wählen; erst danach tritt Zufriedenheit ein. Ein gesellschaftlicher Druck zum zwanghaften Ausscheiden wälzt die Lasten auf die Älteren ab und begründet dies auch noch als naturgegeben. Altenarbeit hätten dann lediglich die Aufgabe, den Rückzug zu unterstützen und letztlich auf den weitestgehenden Rückzug – den Tod – vorzubereiten. Die Disengagement-Theorie malt ein negatives Altersbild und unterstützt eine Ausgrenzung alter Menschen.

Aktivitätsniveau

Aktivitätsthese: Die Vertreter der Aktivitätsthese (z.B. *Tartler*, 1961) postulieren einen Zusammenhang zwischen dem sozialen Aktivitätsniveau (Intensität und Intimität sozialer Kontakte) und der Lebenszufriedenheit alter Menschen. Nur derjenige ist glücklich und zufrieden, der das Aktivitätsniveau der mittleren Lebensjahre bis ins hohe Alter aufrechthält. Ein Abbau von Aktivitäten sowie eine Ausgliederung aus sozialen Bezugssystemen (z.B. Beruf) ist demnach Ursache für Krisen und Probleme älterer Menschen. Die Rollen- und Funktionsverluste nehmen im Alter fast automatisch zu, da die Gesellschaft nach dem Berufsverlust den Älteren keine adäquaten neuen Rollen zuweist. Monotonie und Langeweile haben aber negative physische und psychische Wirkungen, die sich durch Aktivierung und Reaktivierung ausgleichen lassen (z.B. durch Übernahme neuer Hobbys, Aufbau eines neuen Bekanntenkreises, kulturelle Programme). Auch der Austritt aus dem Beruf soll verzögert werden.

Letztlich fordert dieser Ansatz einen starken sozialen Druck zur Aktivität; dies ist im hohen Alter kaum realisierbar. Nur ein kleiner Teil älterer Menschen kann den Beruf beibehalten (Selbständige, Wissenschaftler, Politiker, Künstler). Dabei handelt es sich um Personen mit hohem sozialen Status. Außerdem wird übersehen, dass ältere Menschen nur solche Aktivitäten als sinnvoll ansehen, die an Tätigkeiten und Handlungen anknüpfen, die den älteren Menschen von früher vertraut sind und die sie weiter ausüben möchten. Außerdem müssen die gesellschaftlichen Bedingungen für Aktivitäten bereitgestellt sein, um selbstbestimmte Rollen und Funktionen weiter oder wieder ausüben zu können (vgl. hierzu aber die Einschränkungen der Rentenpolitik und Ausgliederungstendenzen alter Menschen aus vielen Lebensbereichen).

Kontinuität in der Lebensführung

Kontinuitätsthese: Die Einseitigkeit und Starrheit der drei bisher angesprochenen Ansätze wurde durch die Kontinuitätsthese überwunden (*Baltes/ Carstensen*, 1996; 202; *Erlemeier*, 1998; 147 f.). Aktivitäts- und Disengagementnormen zur Erreichung von Zufriedenheit im Alter werden als zu starr abgelehnt. Gelungene Anpassung an die Alterssituation beruht auf dem weitgehenden Beibehalten bisheriger Lebensmuster (Aktivitäten und Kontakte). Kontinuität in der Lebensführung führt, wenn sie von den Älteren gewollt ist, zu großer Lebenszufriedenheit und Stabilisierung des Selbstwertes.

Bonner Schule der Alternsforschung: Die Gerontologie der 60/70er Jahre in Deutschland wurde durch die vielfältigen Forschungen der Bonner Psychologen (*H. Thomae*, *U. Lehr* u.a.) geprägt. Es wurde schon auf die Bonner Längsschnitt-Studie hingewiesen, die 1965 unter Leitung von *Thomae* begonnen wurde und bisher zu 150 Publikationen geführt hat. 221 Frauen und Männer der Geburtsjahre 1890 – 95 und 1900 – 05 wurden über einen längeren Zeitraum mehrmals untersucht. Folgende Variablen-Komplexe wurden dabei herangezogen: soziale und sozioökonomische Situation, intellektuelle und psychomotorische Leistungsfähigkeit, Gesundheit und subjektive Belastung, Persönlichkeitsvariable i.w.S. und erlebte Situationen (vgl. *Rudinger*, 1983; 107). Altern wird nunmehr stärker als individuell differenzierter Prozess gesehen, der weitgehend durch Persönlichkeitsmerkmale bestimmt ist. Dem kalendarischen Alter verbleibt nahezu keine Aussagekraft; die jeweilige Besonderheit der Altersformen steht im Vordergrund. Es gibt keinen generellen Leistungsabbau.

Individuelle Besonderheiten der Altersformen

Die interindividuellen Unterschiede sind durch Variablen wie Ausgangsbegabung, Schulbildung, Beruf, stimulierende Umgebung, Gesundheitszustand und biografische Elemente beeinflusst. Eine Vielzahl von Faktoren steht also in enger Wechselbeziehung zueinander (*Lehr*, 1979b; 6). Auf der Basis der Entwicklungspsychologie wird Älterwerden als fortgesetzte Auseinandersetzung mit neuen Situationen gesehen, die eine Umorientierung und Anpassung erfordern. Eine zeit- und sachgerechte Lösung der Entwicklungsaufgaben führt zu einer erhöhten Zufriedenheit des Individuums und letztlich auch zu einer optimalen Alterssituation. Insgesamt wird ein positives Bild der psychischen und physischen Lage der alten Menschen gezeichnet. Das negative Altersbild ist demnach korrekturbedürftig.

Der Bonner Schule kommt der Verdienst zu, monokausale, generalisierende – meist biologisch begründete – Aussagen zum Altersprozess als unrichtig abgewiesen zu haben. Sie betrachtet Altern nun mehr aus sozialpsychologischer Perspektive und betont den Einfluss von Persönlichkeitsmerkmalen. Dazu wird kritisch angemerkt, dass damit teilweise der Blick auf die gesellschaftliche Bedingtheit von Altersproblemen eingeengt wird (*Hohmeier*, 1978; 28).

»Erfolgreiches Altern«

Modell des »erfolgreichen Alterns«: Dieses Modell der »Optimierung durch Selektion und Kompensation« wird seit der Entwicklung durch *Paul und Margret Baltes* (Berlin, 1989) wissenschaftlich intensiv diskutiert, zeigt aber ein relativ hohes Abstraktionsniveau. Das Modell besteht aus drei Komponenten: Selektion, Optimierung und Kompensation (*Baltes/Carstensen*, 1996; 206 f.). *Selektion* bezieht sich auf Ziele, Aufgaben und angestrebte Verhaltensweisen, die im Rahmen der Anpassungsleistungen des Einzelnen ausgewählt werden, denen eine hohe Priorität für den Einzelnen und seine Identität und sein Selbstwertgefühl zukommt. Selektion bedeutet nicht nur Reduzierung der Lebensbereiche auf die mit hoher Priorität, sondern kann auch Erschließung geänderter oder neuer Lebensbereiche beinhalten. *Kompensation* meint – bei gleichzeitiger Aufrechterhaltung der Lebensziele – das Ersetzen verlorengegangener Fähigkeiten und Fertigkeiten durch andere Handlungsmittel und -ressourcen. Hier werden die Ziele beibehalten, die Mittel aber ersetzt. Der Begriff *Optimierung* stellt auf die Möglichkeiten Älterer ab, ihr Anspruchs- und Lebensniveau stabil zu halten und evtl. sogar weiter zu entwickeln. Ältere Menschen haben noch Ziele, können Verhaltensweisen verändern und eine Stärkung körperlicher und geistiger Ressourcen bewirken.

Jeder ältere Mensch ist nach diesem Modell in der Lage zu selegieren, zu kompensieren und zu optimieren. »Selbst angesichts stärkster Verluste und körperlicher Abbauprozesse, angesichts der Einengung der Sozialbeziehungen und Einschränkungen auf anderen Gebieten, können die betroffenen Personen proaktiv oder reaktiv Gebrauch machen von den Strategien der Selektion, Kompensation und Optimierung« (*Baltes/Carstensen*, 1996; 208). All dies erfordert aber ausgeprägte Ressourcen des Einzelnen bzw. ein ausgedehntes Netz aus differenzierten Hilfen (vgl. weitere Kritik: *Rosenmayr,* 1994; 153).

Bausteine einer sozialwissenschaftlichen Theorie des Alterns: Eine sozialwissenschaftliche Theorie sollte interdisziplinär angelegt sein und folgende drei Analyseebenen umfassen:

- Individualebene (Mikro-Ebene),
- Ebene des sozialen Umfeldes und der räumlichen Umwelt (Meso-Ebene),
- gesamtgesellschaftliche Ebene (Makro-Ebene).

Individualebene

Die Persönlichkeitsvariablen und die Biographie stehen im Zentrum des wissenschaftlichen Interesses der *Individualebene*. Die Bonner Schule der Alternforschung hat hierzu wesentliche Erkenntnisse geliefert. Betrachtet man die Lebensläufe älterer Menschen, so erkennt man zyklische Verläufe. D.h. »dass im Laufe des Altersprozesses regelmäßig voneinander unterscheidbare Stadien erreicht werden« (*Bäcker/Dieck/Naegele/Tews*, 1989; 44). Es ist zu trennen zwischen dem Familienzyklus (vgl. Kap. 2.2.2.c) und dem *Berufszyklus* (*Grunow*, 1986; 38). Der Berufszyklus ist heute weitgreifenden Änderungen unterworfen: der spätere Berufseintritt durch längere Ausbildungszeiten, Veränderungen der Berufsbiographie, z.B. Notwendigkeit des Berufswechsels, Zunahme der weiblichen Erwerbstätigkeit und das oben angesprochene frühere Ausscheiden aus dem Beruf. Ein Wandel des *Familienzyklus* lässt sich durch die Abnahme der Heiratsquoten, Zunahme der Scheidungen und die abnehmende Zahl der Kinder erkennen. Über dieses Bild des Wandels legen sich Kontinuitäten wie ein Netz. Es wirken Lebensweisen, Verhaltensstile und soziale Kompetenzen lebenslang ebenso wie soziale Ungleichheiten und Benachteiligungen.

Räumliches und soziales Umfeld

Die Situation des alten Menschen wird von Veränderungen seines *sozialen Umfeldes* (Familie, Nachbarschaft, soziale Netze) und seiner *räumlichen Umwelt* (Wohnbedingungen, Stadtquartier) geprägt. Eine wichtige Bedingung für eine befriedigende Lebensgestaltung bilden altengerechte Wohnungen. Ebenso relevant ist die Lage der Wohnung. Die meisten alten Menschen möchten ihre bisherige Wohnumgebung nicht verlassen, um das soziale Netz an Kontakten und freundschaftlichen Beziehungen aufrechterhalten zu können. Die Wohnungen alter Menschen befinden sich oft in innenstadtnahen Altbaugebieten. Zwar ist die Wohnqualität dort häufig durch hohe Lärmbelästigungen, ungünstige Ausstattung der Wohnung (fehlenden Aufzug, mangelhafte sanitäre Einrichtungen u.a.) gefährdet, auf der anderen Seite garantiert die Wohnlage günstige Verkehrsverbindungen, ein großes Dienstleistungsangebot und problemloses Teilnehmen am städtischen Leben (siehe genauer: *2. Altenbericht der Bundesregierung: Wohnen im Alter*, 1998; 17 ff.).

Sozio-ökologisches Modell

Die sozialräumliche Perspektive hat als »sozio-ökologisches Modell des Alterns« Bedeutung gewonnen. Die Hauptthese dieses Ansatzes lautet: »Umweltgegebenheiten, die auf die Bedürfnisse älterer Menschen zugeschnitten sind und deren Eigenaktivität ermöglichen, führen nach dem ökologischen Modell dazu, dass Fähigkeits- und Funktionsverluste in relativ geringem Maße auftreten, ungünstige Umweltgegebenheiten hingegen produzieren den Abbau in weit stärkerem Ausmaß, und zwar um so mehr, je stärker eingeschränkt der alte Mensch (z.B. durch körperliche Behinderungen) an sich schon ist« (*Keuchel*, 1984; 354).

Gesamtgesellschaftliche Ebene

Die dritte (*gesellschaftlich-makrosoziale*) Ebene wurde in der Forschung bisher weitgehend vernachlässigt (vgl. *Naegele/Tews*, 1993; 332). Es gibt nur Andeutungen von gesellschaftlicher, insbesondere sozio-ökonomischer Determiniertheit sozialer Probleme im Alter. Drei Zugangsversuche können auf makrosozialer Ebene herangezogen und vertieft werden.

Rollenverluste

Ein älterer Ansatz geht von den *Rollenänderungen* bzw. *Rollenverlusten* im Alter aus. Unter der Altenrolle wird ein relativ konstantes Erwartungsmuster verstanden, das den Umgang mit und die Ansprüche an ältere Menschen prägt (*Hohmeier*, 1978; 17). Mit zunehmendem Alter – insbesondere mit der Berufsaufgabe – wird der Mensch zur Aufgabe vieler eindeutig fixierter Rollensysteme gezwungen, ohne dass die Ablösung alter Rollenerwartungen durch positiv definierte, neue Rollenerwartungen ersetzt wird, wie dies beim Übergang von der Jugend zum Erwachsenenalter feststellbar ist. Die Altenrolle ist weitgehend unbestimmt, unschärfer und vielleicht auch weniger verbindlich als andere soziale Rollen, man spricht sogar von der »rollenlosen Rolle« (*Tews*, 1996; 16). Allerdings bleiben bei aller Unbestimmtheit der Erwartungen an alte Menschen doch eher negativ getönte Verhaltensvorschriften übrig, die Alter mit Verhaltensweisen wie Bescheidenheit, Dankbarkeit und Zufriedenheit in Verbindung bringen (siehe Disengagement-Theorie). Altersgemäßes Verhalten ist nach den Aussagen dieses Ansatzes eben nicht Protest und Auflehnung, sondern die Beschäftigung mit sich selbst und seinen Altersgenossen.

Kompetenz-Modell

Dieses spezielle Altersrollenverständnis ist heute ins Wanken gekommen; nicht mehr die Einschränkungen der Verhaltensmöglichkeiten werden ins Zentrum der Rolle gestellt, sondern der kompetente alte Mensch, der seine Handlungsfähigkeit erhält bzw. wiedergewinnt (Kompetenz-Modell). Die Betrachtung des Alters als unbeeinflussbares »Schicksal« soll nach diesem Modell durch das Bild eines möglichst selbständigen, aktiven und selbstbestimmten alten Menschen abgelöst werden, allerdings bedroht durch eine nicht beeinflussbare, lebenslange soziale Ungleichheit (s.u.).

Man geht heute eher von einem interaktionistischen Rollenkonzept aus, da dieses den Austauschprozess zwischen Individuen, Gruppen und Gesellschaft betont. Die Definition, Ausfüllung und Ausübung von Rollen selbst wird von den Individuen mit beeinflusst im Sinne von Selbstbestimmung und Selbsthilfe. Altersrollen werden neu definiert und sind nicht ein für alle Mal vorbestimmt (*Erlemeier*, 1998; 53).

Lebenslagen, Lebensläufe, Lebensstile

Ein zweiter gesellschaftlich orientierter Zugang zu Altersproblemen geht von Konzepten der *Lebenslagen, Lebensläufe und Lebensstile aus* (*Tokarski*, 1993; 116 ff.; *Naegele/Tews*, 1993, 339 ff.; *Tews*, 1996; 16 ff.). Zur Analyse von *Lebenslagen* wurde bisher eher auf Schicht, Einkommen, Schulbildung und Wohnen abgestellt, und es wurden empirische Untersuchungen hierzu durchgeführt. Inzwischen weitet sich die Analyse durch ein System von Sozialindikatoren aus und versucht eine Altersberichterstattung zu entwerfen. Problematische Lebenslagen wie Armut, Pflegebedürftigkeit und Probleme ausländischer Älterer in Deutschland treten vermehrt in den Blick. Neben dem materiellen Niveau der Lebenslagen, das bisher im Vordergrund der Betrachtung stand, wird nunmehr auch das immaterielle Niveau z. B. Bildung, Gesundheit und Freizeit berücksichtigt. *Lebensläufe* sind im soziologischen Verständnis regelhafte, typische Sequenzmuster der Bewegung durch die Lebenszeit (*Kohli*, 1995; 177). Die Lebenslaufforschung konzentrierte sich bisher eher auf die sozialpsychologische Perspektive, neuerdings wird sie auch in der Soziologie intensiviert und ausdifferenziert (s. o.). *Lebensstil* ist »der Gesamtzusammenhang des Verhaltens, das ein Einzelner regelmäßig praktiziert« (*Hradil*, 1995; 180). Auf der Basis der Biographie der Älteren haben sich individuelle Formen der Alltagsorganisation und Gestaltung des Alltags entwickelt und bilden »eine Synthese von bewusst vorgenommenen und unbewusst routinisierten Verhaltensweisen, von Einstellungen und Zielvorstellungen, von Kontakten und Interaktionen mit Mitmenschen« (Ebenda; 181). Es kommt zu einer Pluralisierung und Differenzierung der Lebensstile bedingt durch wachsenden Wohlstand, Bildung, soziale Sicherung und Aktivierung der Individuen in der Gesamtgesellschaft. Gibt es eine solche Ausdifferenzierung der Lebensstile älterer Menschen? Welche Lebensstile praktizieren die »jungen Alten«?

Soziale Ungleichheit im Alter

Der dritte Ansatz auf makrosozialer Ebene stellt *soziale Ungleichheiten* in den Mittelpunkt. Es wird eine Teilgruppierung der Alterspopulation ausgemacht, die aufgrund ihrer Klassen- und Schichtzugehörigkeit einer lebenslangen, vielfältigen Benachteiligung unterliegt: »Es gibt noch immer eine schichtspezifische Kumulierung negativer Lebenslagenmerkmale bei bestimmten Problem- und Risikogruppen, d.h. schichtspezifische Disparitäten in der erreichten Lebensqualität und in den erreichten Lebenschancen, also soziale Ungleichheiten heute und in überschaubarer Zukunft« (*Bäcker/Dieck/Naegele/Tews*,1989;45; *Tews*,1996; 16). Neben der erwähnten Kumulierung gibt es übrigens auch eine Kumulierung von Vorteilen z.B. durch Doppelrentenanwartschaft kinderloser Ehepaare.

Gründe für diese Benachteiligungen liegen in den unterschiedlich verteilten Zugangschancen zu sozialpolitisch wichtigen Gütern und Leistungen. Eine relativ große Gruppe der Älteren hatte im früheren Lebensalter geringe Chancen, Altersrisiken vorzubeugen und höhere Beiträge zur Alterssicherung zu leisten. Im hohen Alter verdichten sich die Benachteiligungen, da niedriges Einkommen, schlechter Gesundheitszustand u.a. durch Verschleißerscheinungen nach körperlich schwerer Arbeit und schlechte Wohnbedingungen zusammenfallen. Auf die zusätzliche Diskriminierung der Frauen einst und jetzt wurde schon hingewiesen (»Verweiblichung der Armut im Alter«).

Pflegeversicherung

Die Situation hilfs- und pflegebedürftiger alter Menschen hat sich durch die Einführung der gesetzlichen Pflegeversicherung (SGB XI) verändert. Sie wird als fünfte Säule der Sozialversicherung neben die schon länger bestehenden Versicherungen bei Krankheit, Invalidität, Alter und Arbeitslosigkeit gestellt. Leistungen zur häuslichen Pflege gibt es ab dem 1.4.1995, Leistungen der stationären Pflege ab 1.7.1996. Hilfebedarf kann in vier Lebensbereichen bestehen: Körperpflege, Ernährung, Mobilität und hauswirtschaftlicher Versorgung. Nach dem Schweregrad der Pflegebedürftigkeit und dem dadurch bedingten Umfang des Hilfebedarfs gibt es drei Pflegestufen, die vom Medizinischen Dienst der Pflegekassen bewertet werden. Die Pflegeversicherung gewährt immer nur einen Teilbetrag zu den Pflegekosten, so dass jeweils ein Finanzierungsmix aus Eigenbeträgen der Versicherten ergänzt durch Sozialhilfe, evtl. erbrachten Leistungen der Angehörigen und den Leistungen der Pflegeversicherung besteht.

Im Folgenden sollen einige problematische Effekte der Pflegeversicherung auf die soziale Absicherung und die Herstellung pflegerischer Dienstleistungen – neben den insgesamt positiven Auswirkungen der Versicherung – aufgezeigt werden (*Rückert*,1997; 27 ff.; *Klie/Schmidt*, 1999; 48 ff.):

- Die Pflegeversicherung führt zu einer marktorientierten Öffnung der ambulanten und stationären Pflegedienste. Soziale Pflegedienste haben sich enorm ausgeweitet und gewerbliche Anbieter haben diesen Markt für sich entdeckt. Diese Ökonomisierung ist dann problematisch, wenn die Qualitätssicherung nicht gewährleistet ist, denn ältere Menschen sind als Nachfrager den professionellen Pflegediensten unterlegen und müssen mit externen Prüfungen, Verbraucherberatung, Qualitätsbeauftragten der Kassen und Kommunen abgesichert werden.

Marktorientierung der Pflegedienste

- Gefahren bestehen auch durch eine Deprofessionalisierung des Personals. Die Pflegeversicherung stellt die Leistung stark auf die Pflegekräfte wie Altenpfleger und Krankenschwestern ab und diskriminiert andere Berufsgruppen wie die hauswirtschaftlichen und Sozialen Fachkräfte und die therapeutischen Berufe (*Klie/Schmidt,* 1999; 51). Entscheidend wird die Forderung nach einem ganzheitlichen Konzept der Pflege mit einer Interdisziplinarität des Berufsgruppeneinsatzes. Der Sozialdienst im Heim ist in seiner Existenz gefährdet, obwohl er gerade die Sozial- und Kommunikationskompetenzen der Pflegebedürftigen fördert und verhindert, dass nur nach dem Ziel »Satt und Sauber« gepflegt wird und die Rationalisierung der Pflegeabläufe in Vordergrund steht.

Gefahr der Deprofessionalisierung

- Die Demenzerkrankungen werden zu wenig berücksichtigt, da der Hilfebedarf psychisch und psychiatrisch Erkrankter nicht dem Bild der körperliche Pflege entspricht.
- Es wird von einem Trend zur »Schnellpflege« berichtet; ambulante Dienste haben zum Teil die Zahl der Besuche in der sechsstündigen Pflegerunde von 12 auf 15 oder 16 hochgeschraubt (*Rückert,* 1997; 27). Die Qualität der Dienste ist bisher kaum überprüft; einzelne Tests zeigen erhebliche Mängel z.B. in der Beratung und im Pflegeplan.
- In der häuslichen Pflege durch Angehörige tritt dann Zufriedenheit mit Pflege ein, wenn »vormoderne« Lebensverhältnisse bestehen, d. h. lange Wohndauer am Ort, Integration in Mehrpersonenhaushalt, geringe Scheidungsraten, mehrere Kinder, die die Pflege übernehmen können. In Zukunft werden aber die genannten Voraussetzungen abnehmen; das Pflegepotential durch Angehörige (meist Töchter oder Schwiegertöchter) geht ständig zurück, bedingt durch die demografische Entwicklung, aber auch durch die Veränderung weiblicher Lebensentwürfe/-stile wie z.B. steigende Frauenerwerbstätigkeit, Individualisierung, Scheidungen, Trennungen und räumliche Distanz zum Pflegebedürftigen. Außerdem nimmt die Überforderung der Pflegenden bei Schwerstpflegen und bei der Pflege demenziell Erkrankter, wie die Belastungsforschung zeigt, zu.

Häusliche Pflege durch Angehörige

Notwendig wird daher in Zukunft ein abgestimmtes System ambulanter, teilstationärer und stationärer Hilfe. Unabdingbar ist eine weitgehende Vernetzung der Hilfen mit dem gleichzeitigen Aufbau von Pflegemanagement, das maßgeschneiderte individuelle Pflegeelemente enthält. Die Durchführung von Hilfeplanverfahren ähnlich denen der Jugendhilfe und Case-Management ist gefragt.

4 Soziologie des abweichenden Verhaltens und der sozialen Kontrolle

von Karl-Heinz Grohall

4.1 Abweichendes Verhalten und soziale Kontrolle – Soziologische Perspektiven der Sozialen Arbeit

Abweichendes Verhalten und soziale Kontrolle

Im alltäglichen Verständnis wird abweichendes Verhalten als Verlassen des »rechten Weges«, als Missachten von Anordnungen und Regeln oder als Übertreten von Gesetzen verstanden. Beim Umgang mit Regeln, wie diese auch beschaffen sein mögen, fühlen sich Menschen durch andere Menschen beeinflusst und kontrolliert. Das ist der Kern des mikrosoziologischen Interesses. Allein der Umstand, dass andere Menschen gleichzeitig anwesend sind, wirkt sich auf das Verhalten aus. Der Andere verkörpert immer die/eine gesellschaftlich-kulturelle Ordnung und deren Regeln, unabhängig davon, ob er sie selbst beachtet. Diese Art ständiger sozialer Kontrolle ist dann besonders augenscheinlich, wenn sich Menschen ganz offensichtlich nicht an diese Ordnung halten. Der soziale Partner sieht die Regeln verletzt und sich selbst zugleich in seinen Erwartungen getäuscht. Er wird seinerseits unsicher und weiß nicht, wie er sich selbst gegenüber einer erlebten Regelverletzung verhalten soll. So sind beide, Abweichler und Kontrolleur, interaktiv, also sozial miteinander verbunden. Und darin zeigt sich ein wichtiger, soziologischer Gesichtspunkt, dass es sich bei abweichendem Verhalten und sozialer Kontrolle um ein zwischenmenschliches, also ein soziales und relationales (aufeinander bezogenes) Geschehen handelt. Beide sind deshalb auch folgerichtig gemeinsam Gegenstand der Betrachtung.

Über die Grundlagen dieser soziologischen Sichtweise wird häufig unter den Gesichtspunkten Freiheit und Verantwortung gestritten. Ein aktueller Streitpunkt ist, inwieweit »die gesellschaftliche Natur des Menschen« von seiner »(neuro)-biologischen Natur« abhängig ist und deshalb die »gesellschaftliche Natur, ohne die (Neuro)biologische nicht verständlich ist« (*Roth*, 2003; 11). In diesem Kontext wird die wichtige Frage nach den Grenzen des freien Entscheidungswillens und der Verantwortlichkeit für abweichendes Verhalten unterschiedlich beantwortet.

Struktur und Prozess

Ein weiterer Kerngedanke, der in den Begriffen abweichendes Verhalten und soziale Kontrolle enthalten ist, zeigt sich als Doppelgesicht von Struktur, als Bedingung des Handels, und Prozess, als Ablauf des Handelns. In moderner Version ist abweichendes Verhalten eine Situation bedrohter sozialer Handlungsfähigkeit wegen fehlender Handlungsressourcen. Die Handlungsfähigkeit wird durch abweichendes Verhalten zu erreichen versucht, wenn es die (Kontroll-)Situation erlaubt (vgl. *Böhnisch*, 2001; 59). Wird diese doppelte Perspektive analytisch unterschieden, so wird von Verhalten die Rede sein, wenn die Verhaltensbedingungen gemeint sind, und von Handeln, wenn der Prozess der Beziehung angesprochen wird. Zusätzlich tritt neben dem sozial-interaktiven und strukturell-funktionalen Moment noch das Realitäts-Bewusstseins-Problem soziologischen Denkens hervor, welches die so genannten »objektiven« Tatsachen von den bewusstseinsmäßigen, innersubjektiven Vorstellungen unterscheidet. Gemeint ist der Doppelcharakter soziologischer Analysen zwischen »objektiven Bedingungen« und »subjektiven Interpretationen« (*Groenemeyer*, 2001; 1702).

Soziale Probleme

Diese soziologische Sichtweise dient dieser Einführung in das abweichende Verhalten als »roter Faden«. Es gilt dem Rat von Lothar Böhnisch zu folgen, der schreibt: »Eine gesellschafts- und handlungstheoretisch modernisierte Anomietheorie kann die Verbindung von Struktur und Handeln (*Giddens*, 1988), welche Kennzeichen sozialpädagogischer Reflexivität ist, an den besonderen Themen der Sozialpädagogik/Sozialarbeit – Hilfen zur Lebensbewältigung und Krisenintervention – operationalisieren« (2001; 59). Doch können sich die Überlegungen nicht darin erschöpfen, denn abweichendes Verhalten und soziale Kontrolle sollen als ursprünglich soziologische Begriffe für die Soziale Arbeit erschlossen und nutzbar gemacht werden. Dazu bedarf es zusätzlicher Erkenntnisse, die die Grenzen soziologischer Erklärung überschreiten und besondere Akzente setzen. Sie lassen sich in den Theorien der Sozialen Arbeit finden und berücksichtigen besonders jene Formen abweichenden Verhaltens und sozialer Kontrolle, die zum Aufgabenkreis der Sozialen Arbeit gehören. Als Brücke zur Sozialen Arbeit bietet sich der Begriff »soziale Probleme« an.

Dabei ist nicht davon auszugehen, dass sich die Beziehung zwischen der Sozialen Arbeit und dem soziologischen Verständnis abweichenden Verhaltens damit gänzlich geklärt hat. Ein Problem dabei ist »die moralische Unterscheidung von Abweichung und Normalität« hinsichtlich der Aufgaben der Sozialen Arbeit (Bettmer, 2001; 6). Da die Soziale Arbeit keine eigenen Kriterien für diese Unterscheidung hat oder sie auch ablehnt zu haben, arbeitet sie im »Schatten fremder Normgeltungsansprüche« (*Bettmer*, 2001; 6). Und auch der hier verwendete Brückenbegriff »soziale Probleme« lässt diese Frage unbearbeitet.

4.1.1 »Soziale Probleme« – begriffliche Brücke zwischen Soziologie und Sozialer Arbeit

»Soziale Probleme sind die Grundlage oder das Material für sozialpolitische Interventionen, für Kriminal- und Gesundheitspolitik ebenso wie auch für Sozialarbeit und Sozialpädagogik« (*Groenemeyer*, 2001; 1693). Obwohl der Begriff »soziales Problem« in seiner üblichen und alltäglichen Verwendung selten missverstanden wird (vgl. *Groenemeyer*, 2001; 1693), muss er wegen seiner komplexen Bedeutung im wissenschaftlichen Kontext und besonders in seiner Brückenfunktion zwischen Soziologie und Sozialer Arbeit genauer erläutert werden (vgl. zur Herkunft und zur Verwendung des Begriffs: *Sidler*, 1989; 13 ff.). Die Rezeption des Konzeptes »soziale Probleme« in der Sozialen Arbeit betont häufig zu sehr die Praxisrelevanz, »ohne hinreichend zu klären, was eigentlich soziale Probleme sind ...« (*Groenemeyer*, 2001; 1697). Auch deshalb wird hier eine Klärung versucht.

Der Begriff: Soziales Problem setzt sich aus drei Elementen zusammen:

Problemkern

Der inhaltliche Kern eines »sozialen Problems« (1) ist eine Diskrepanz zwischen kulturell geforderten Standards und tatsächlichem Verhalten (vgl. *Merton*, 1968; 133). Anders formuliert handelt es sich um ein Spannungsverhältnis »zwischen einem vorgestellten Idealzustand und einer Interpretation der Wirklichkeit« (*Groenemeyer*, 2001; 1697). Es kann sich dabei um Einzelverhältnisse aber auch um strukturelle Diskrepanzen handeln, die das kulturell Geforderte unter gegebenen gesellschaftlichen Bedingungen nicht erreichbar machen. So hat der Kern eines sozialen Problems ein doppeltes Gesicht. Einmal steht der unmittelbar Problembetroffene im Vordergrund und die damit verbundenen Handlungsschwierigkeiten (Mikroperspektive) zum anderen sind es in der Struktur verankerte Unvereinbarkeiten der sozialen Lebensbedingungen (Makroperspektive). Eine solche »Inkongruenz mit verbindlichen Normalitätsstandards« (*Sidler*, 1989; 61) tritt aber nur dann wirklich in Erscheinung, wenn sie den Menschen als solche bewusst ist.

Problemdefinition

Dabei ist das Bewusstwerden oder Bewusstmachen (2) eines sozialen Problems wiederum ein interaktiver und kommunikativer Prozess, in dem eine Diskrepanz zu einem Problem definiert wird und eine bestimmte Gestalt annimmt (vgl. *Blumer* 1973, 175; 103 – 105; *Sidler*; 1989; 24 ff.). So treten soziale Probleme im Bewusstsein der Menschen in jeweils unterschiedlich definierten Formen in Erscheinung. Auch die Zuschreibung von Bedingungen und Ursachen von sozialen Problemen sind dabei Gegenstand der Definition (vgl. *Groenemeyer*, 2001; 1702). Die Problemdefinitionen haben aber eine große Bedeutung für den Umgang mit sozialen Problemen. »Die Art der Definition eines sozialen Problems ist dabei bereits Identifikation und Grenzmarkierung von Zuständigkeiten und Aktivitäten zu seiner Lösung« (*Groenemeyer*, 2001; 1705).

Problemreaktion

Ein soziales Problem ist erst dann ganz sozial etabliert, wenn ihm »Aufmerksamkeit in Form kollektiver und ausgleichender Maßnahmen« (*Mc Cl. Lee*, 1969; 986) entgegengebracht (3) wird (vgl. *Sidler*, 1989; 37 ff.). Dabei sind die Art und Weise der Reaktionen auf ein Problem weniger von dem Problemkern, sondern weitaus stärker von der definierten Gestalt abhängig. Auch bedeuten nicht alle Reaktionen eine Abmilderung oder Lösung des Problems und ungelöste Probleme führen nicht immer zu einer gesellschaftlichen Krise, manche werden nicht gelöst, sondern lediglich dauerhaft kontrolliert (*Groenemeyer*, 2001; 1707).

So betrachtet bestehen soziale Probleme also aus einer Diskrepanz als Problemkern, aus einem, in einem interaktiven Prozess definierten und im Bewusstsein verankerten Problembild sowie aus sozialen Reaktionen zur Problemabschwächung, die sich an diesem Problembild ausrichten.

Das soll an einem Beispiel verdeutlicht werden. Wird etwa Arbeitslosigkeit als strukturelles Ungleichgewicht des Wirtschaftssystems oder des Arbeitsmarktes definiert, fällt es in die Zuständigkeit der Sozial- und Wirtschaftspolitik und löst entsprechende Programme und Maßnahmen aus. Wird sie ursächlich als Mangel an Sozialisation und Qualifikation verstanden, werden pädagogische ausgerichtete Ausbildungs- und Qualifizierungsmaßnahmen ergriffen. Wird aber Arbeitslosigkeit auf mangelhafte Leistungsbereitschaft der Betroffenen zurückgeführt, werden Sanktionen angedroht oder evtl. Hilfen angeboten.

Abbildung 1: Elemente Sozialer Probleme

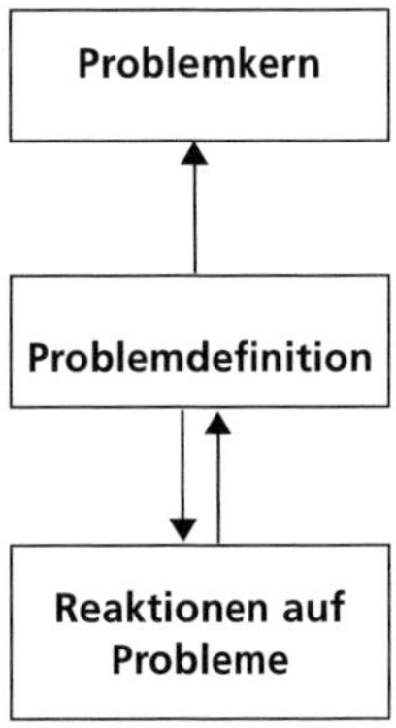

Zur Erläuterung des Modells »sozialer Probleme« soll auf die Beziehungen zwischen den Elementen, also zwischen Problemkern und Problemdefinition (a) und zwischen Problemdefinition und den Reaktionen auf das Problem (b) kurz eingegangen werden:

a) Der interaktionistische Denkansatz der Soziologie mit dem ihm eigenen erkenntnistheoretischen Annahmen kann auf einen »außersubjektiven« Problemkern verzichten. Für ihn reicht die bewusstseinsmäßige Problematisierung zur Konstitution eines sozialen Problems. Damit wird die Frage aufgeworfen, ob es denn auch »kernlose«, also lediglich »ausgedachte Scheinprobleme« gibt, zu deren Definition eine reale Grundlage fehlt (vgl. *Sidler*, 1989; 48 f.), und die »nur« im Bewusstsein existieren?

»Scheinproblem«

An der Armutsdiskussion kann beispielhaft verdeutlicht werden, was damit gemeint ist. Wird doch in diesem Diskurs u.a. auch die Meinung vertreten, dass es in der Bundesrepublik Deutschland im Vergleich mit Ländern etwa in Afrika keine Armut gibt. Dabei wird Armut als »absolute Armut« verstanden, die überall dort herrscht, wo es am Lebensnotwendigen fehlt. Hingegen vertreten andere in der Armutsdiskussion die Auffassung, dass in der Bundesrepublik Deutschland eine wachsende »relative Armut« zu beobachten ist. Relative Armut meint eine Lebenslage weit unter dem Durchschnittseinkommen. Mit anderen Worten und verkürzt gesagt heißt das, die Auseinandersetzung um die Definition von Armut bestimmt, ob es sie gibt, also ob ein Problemkern vorhanden ist.

Problemkern

Ohne sich weiter mit den wissenschafts- und erkenntnistheoretischen Fragen, die dieser Kontroverse auch zu Grunde liegen, zu befassen, wird hier davon ausgegangen, dass der Nachweis eines »Scheinproblems« sehr schwer zu führen ist, wenn die hier interessierenden, für die Soziale Arbeit relevanten sozialen Probleme betrachtet werden. Zur Erläuterung kann Armut in der Bundesrepublik Deutschland wiederum als Beispiel dienen. Inzwischen wurden in die Armutsdiskussion wissenschaftlich ermittelte Fakten eingeführt, die eine völlige Verneinung von Armut als Kern eines Problems nur schwer begründbar machen. Die Diskussion konzentriert sich deshalb heute auf die Interpretation dieser Fakten. In ihr wird sozusagen um den Grad der Problematisierung, um die Intensität des Problems sowie um die Art und Weise (und die Kosten) der Reaktionen gerungen. Hier wird davon ausgegangen, dass die durch die Soziale Arbeit bearbeiteten Probleme überwiegend einen Problemkern haben, welcher den Aufwand fachlich-beruflicher Hilfe rechtfertigt.

Problemdefinition/ Definitionsinteressen

b) Es ist schon mehrfach darauf hingewiesen worden, dass die Definition sozialer Probleme in enger Beziehung zu der Art und Weise steht, wie auf sie reagiert wird. Auch dieser problematisierende Definitionsprozess ist ein komplexer Vorgang, der hier nur angedeutet werden kann. So nehmen etwa unterschiedlich legitimierte und organisierte Interessengruppen Einfluss auf die Definition. Einmal können das die Problembetroffenen sein (fordernde Definitoren; vgl. *Sidler*, 1989; 26 f.). Oder es handelt sich um Experten mit spezifischen Erkenntnisinteressen (anbietende Definitoren; vgl. *Sidler*, 1989; 28). Aber auch andere, manchmal sachfremden Erwägungen nehmen Einfluss auf das Erscheinungsbild eines sozialen Problems (nutznießende Definitoren; vgl. *Sidler*, 1989; 28 f.). Dabei kann es sich z.B. um politische Interessen (Sicherung der Massenloyalität bei der nächsten Wahl) und um mediale Eigeninteressen (Verkaufs- und Einschaltquoten) handeln. Besonders auch die Organisationen, die an der Problemlösung beteiligt sind, können Eigeninteressen am Erhalt eines Problems (z.B. an der dauerhaften Sicherung der damit verbundenen Arbeitsplätze) entwickeln, welche der eigentlichen Intention der Problemlösung nicht immer entsprechen (vgl. *Sidler*, 1989; 47). Die Soziale Arbeit gehört zu diesen etablierten Instanzen der Problemlösung und ist nicht frei davon, ebenfalls Eigeninteressen in einen Definitionsprozess einzubringen. Sie ist am Definitionsprozess beteiligt und formuliert damit implizit den eigenen Handlungsbedarf (vgl. *Sidler*, 1989; 37).

So schlägt der Begriff des »sozialen Problems« nicht nur eine Brücke zu einem für die Soziale Arbeit nützlichen, wenn auch nicht völlig ausreichenden Verständnis abweichenden Verhaltens, sondern auch zu berufsspezifischen Fragen.

Soziale Arbeit definiert Probleme

Dabei handelt es sich nicht um eine brandneue Erkenntnis. Auf die Relevanz und Tragweite der interaktiven Definition sozialer Probleme hat bereits *Georg Simmel* zu Beginn des vorigen Jahrhunderts hingewiesen, in dem er z.B. nicht den an sich Mittellosen als arm bezeichnete, »sondern der um des Mangels willen Unterstützte ist dem soziologischen Begriff nach erst der Arme« (*Simmel*, 1958; 374). Damit wird nicht der Mangel selbst als Problemkern, sondern die Hilfebedürftigkeit als Definition der Armut in den Mittelpunkt wissenschaftlicher Betrachtung gerückt. Die Soziale Arbeit gibt also nicht nur »Antwort auf Armut, sondern (sie) trägt auch dazu bei, Armut in einem sozialen Sinne zu definieren«, wie *Lutz Leisering* schreibt. Er sieht den für die Soziale Arbeit berufserhaltend wichtige Definitionsprozess sich auf drei Ebenen vollziehen (vgl. 1997; 247 – 248): Einmal erzeugt die Soziale Arbeit Deutungsmuster sozialer Problemlagen. Zweitens entwickelt sie Handlungskonzepte, durch die bestimmte Personen als hilfebedürftige Klienten definiert werden. Und drittens thematisiert die Soziale Arbeit als Anwalt der Betroffenen politische Forderungen, um auf gesellschaftsstrukturelle Bedingungen von Problemen einzuwirken. Auf jeder Ebenen erweist sich die Soziale Arbeit sowohl als hilfreiche Reaktion auf ein Problem als auch als Instanz seiner Definition (vgl. *Leisering*, 1997; 249). Das hat zur Entwicklung von drei typischen sozialen Problemkategorien geführt, die sich mit berufsspezifischen Aufgaben verbinden lassen.

4.1.2 Typische Problemformen als Ergebnis gesellschaftlicher Definition und als Aufgabe Sozialer Arbeit

Drei typische Problemdefinitionen lassen sich unterscheiden. Es handelt sich dabei einmal um abweichendes Verhalten als Diskrepanz zwischen Norm und Verhalten. Zweitens um ungleiche strukturelle Bedingungen (soziale Ungleichheit) bei der Überwindung von Diskrepanzen. Und schließlich um Sozialisationsstörungen als Diskrepanzen zwischen den individuellen Entwicklungspotentialen und dem erreichten Status (*Franke/Franke-Sander*, 1998; 51 f.). Eine ähnliche Dreiteilung sozialer Probleme schlägt *Nikolaus Sidler* mit Blick auf die Soziale Arbeit mit der Unterscheidung zwischen abweichendem Verhalten, Armut und Randgruppen vor (vgl. 1989; 53 f.). Armut und Randgruppen sind aber eher als »Problemkerne« zu verstehen, die ihrerseits auf unterschiedliche Weise definiert werden können.

Abbildung 2: Typen Sozialer Probleme

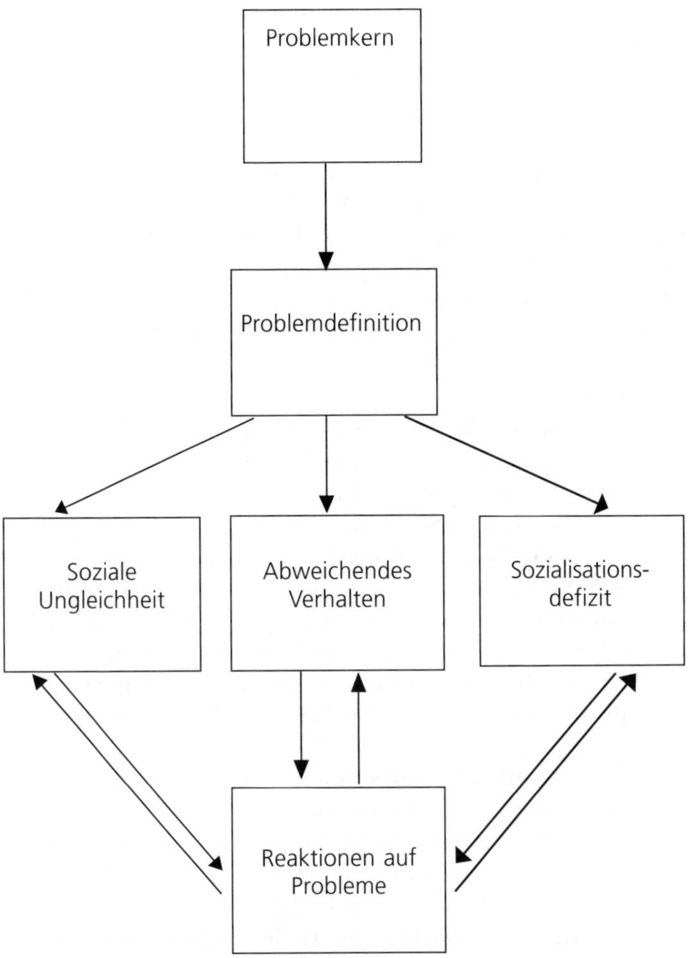

Problemtypen

Abweichendes Verhalten, soziale Ungleichheit und Sozialisationsstörung stehen als Problemtypen nebeneinander und miteinander im Wettbewerb. Sie können als definierte Formen verschiedenen Problemkernen eine Gestalt geben. Sie können aber auch dem gleichen Problemkern unterschiedliche Gestalten verleihen. In jedem Falle integrieren sie die Probleme in die vorhandene Struktur der Hilfeangebote. Auch die Reaktionsweisen auf soziale Probleme und damit auch auf abweichendes Verhalten sind also bereits als gesellschaftlich definiert vorhanden. Es muss aber auch hinzugefügt werden, dass es bisher keine vollständige, überzeugende kategoriale Aufteilung von Problemmustern gibt und vermutlich in modernen, individualisierten Lebensverhältnissen auch immer weniger geben kann.

Reaktionsweisen der Sozialen Arbeit

Entsprechend diesen Problemtypen lassen sich drei Reaktionsformen und damit Problemlösungsansätze der Sozialen Arbeit bestimmen (vgl. ähnlich *Bango*, 1994; 124). Tritt eine Diskrepanz in der Problemform sozialer Ungleichheit (vgl. Kapitel 5 in diesem Buch) in Erscheinung, *Nikolaus Sidler* spricht von »Fehl-Ausstattung« (vgl. 1989; 53), so wird die Soziale Arbeit z.B. strukturverbessernde Initiativen, etwa als gemeinwesenorientierte oder sozialpolitische Aktionen, ergreifen. Wird ein soziales Problem als Sozialisationsstörung (vgl. Kapitel 2 in diesem Buch) definiert – in Anlehnung an *Nikolaus Sidler* kann von »Fehl-Integration« gesprochen werden – treten die erzieherischen und sozialpädagogischen Aufgaben der Sozialen Arbeit in den Vordergrund. Wird schließlich ein soziales Problem als abweichendes Verhalten definiert – »Fehl-Anpassung« nennt es *Nikolaus Sidler* (vgl. 1989; 53) –, sind die klassischen Aufgaben der Beratung, Begleitung, Betreuung und Hilfe innerhalb der Sozialen Arbeit besonders gefragt. Bei allen drei Problemlösungsansätzen ist keine alleinige Zuständigkeit der Sozialen Arbeit gegeben. Immer agiert sie mit anderen. Hier wird aber der Problemtypus abweichendes Verhalten im Mittelpunkt der Überlegungen stehen.

Kriminalität

Sowohl im Alltag aber auch in der Wissenschaft wird abweichendes Verhalten häufig mit kriminellen Handlungen gleichgesetzt und allein der Justiz zugewiesen (vgl. *Sidler*, 1989; 56 ff.). Auch aus berufsgeschichtlichen Quellen lässt sich eine enge fachliche Aufgabenbindung der Sozialen Arbeit an abweichendes Verhalten nicht ableiten. In der Sozialen Arbeit wurde mit dem Paradigmenwechsel zum »labeling approach« in den sechziger Jahren sogar eine jener Instanzen der sozialen Kontrolle gesehen, denen eine erhebliche stigmatisierende Wirkung zum Nachteil der Klientel nachgesagt wurde (vgl. 4.3.3). Das hat sich überlebt und es gibt heute gute Gründe und es ist Realität, in der Sozialen Arbeit eine angemessene und notwendige, Problemreaktion auf abweichendes Verhalten zu sehen:

a) Die wissenschaftliche Bearbeitung abweichenden Verhaltens (vgl. 4.3) hat sich aus der engen Bindung an die Kriminalität befreit. Der Begriff hat sich inhaltlich ausgeweitet und ist zu einem Schlüsselbegriff besonders auch in der Auseinandersetzung mit der Sozialen Arbeit geworden (vgl. *Sidler*, 1989; 57 f.; *Böhnisch*, 1999; 12 ff.). Auch die Soziologie behandelt abweichendes Verhalten in ihrem Fachverständnis nicht als eine spezielle Soziologie, sondern als eine grundlegende und allgemeine Kategorie des sozialen Handelns, die ebenso Fragen nach konformem und damit nach menschlichem Verhalten allgemein aufwirft. Und hier zeigt sich eine Gefahr, dass nämlich der Begriff des abweichenden Verhaltens sich so auszuweiten droht, dass er als analytische Kategorie kaum noch Anwendung finden kann. Angesichts der Wertepluralität in der modernen Kultur hat die Unterscheidung zwischen Normalität und Abweichung kaum noch »theoriestrategische Bedeutung« (Bettmer, 2001; 4). In einem aktuellen Wörterbuch der Soziologie findet sich deshalb auch nur wenig neue Literatur zu diesem Thema (vgl. Papthanassiou, 2002; 667).

b) Es zeigt sich weiter, dass Strafe und Sühne, die sozusagen in der Vergangenheit als exklusive Reaktionen auf abweichendes Verhalten galten, an Bedeutung verloren haben und durch resozialisierende, helfende Reaktionen abgelöst oder überlagert wurden. Dadurch ist der Stellenwert der Sozialen Arbeit bei dem gesellschaftlichen Umgang mit abweichendem Verhalten gestiegen. **Strafe**

c) Insgesamt ist in den Arbeitsfeldern der Sozialen Arbeit zu beobachten, dass die Bedeutung und Häufigkeit von materiellen gegenüber psychosozialen Problemkernen zurückgeht und dass es dadurch zu einer Ausweitung der Zuständigkeit der Sozialen Arbeit kommt. Zwar hat sich z.B. die Armut als ein im Kern materielles Problem erneut eindrucksvoll etabliert, doch lässt sich in der aktuellen Diskussion um den Begriff der »relativen Armut« erkennen, welche große Bedeutung dabei gerade die psychischen und sozialen Problemkomponenten zunehmend gewinnen. **Psycho-soziale Problemkerne**

d) Die wichtige Position, die inzwischen der Sozialen Arbeit insgesamt als Problemreaktion erreicht hat, lässt sich auch dadurch erkennen, dass es manchmal ausreicht, die Soziale Arbeit auf ein Problem »anzusetzen«, um dessen Brisanz zu entschärfen, auch dann, wenn sie kaum wirkliche Chancen der Problemlösung hat (vgl. *Sidler*, 1989; 38).

e) Mit diesen Hinweisen auf eine sichere Positionierung der Sozialen Arbeit im Problemfeld abweichendes Verhalten ist auch ihre enorme Personalausweitung in den vergangenen zwei Jahrzehnten zu erklären (vgl. u.a. *Rauschenbach*, 1999; 132 ff.). Soziale Arbeit droht allerdings auch zum wohlfeilen Allzweckmittel der Bekämpfung aller lösbaren und unlösbaren Probleme zu werden.

Auch aus diesen Gründen ist die Auffassung von Nikolaus *Sidler* nachzuvollziehen, wenn er vom abweichenden Verhalten als dem wichtigsten »Problemkonzept« für die Soziale Arbeit spricht (*Sidler*, 1989; 55).

Zusammenfassendes Ziel der Ausführungen bleibt es aber, mit Hilfe der Soziologie den Problemtyp abweichendes Verhalten, auch in seiner zeitspezifischen Unbestimmtheit, für die Soziale Arbeit besser zu erschließen und damit die Voraussetzungen für ihr fachliches Handeln zu verbessern (vgl. *Sidler*, 1989; 52 f.). Hinzu kommt, die Soziale Arbeit selbst »als gesellschaftliche Reaktion auf abweichendes Verhalten« zu verstehen und damit »wichtige Aspekte der sozialen Wirklichkeit von Sozialarbeit in den Blick« zu nehmen (*Sidler*, 1989; 55).

4.2 Zur Bestimmung abweichenden Verhaltens und sozialer Kontrolle

Um das soziologische Verständnis von abweichendem Verhalten und sozialer Kontrolle der Sozialen Arbeit nahe zu bringen, müssen deren Inhalte genauer umrissen und gekennzeichnet werden. Das wird aus zwei Richtungen versucht. Zunächst wird der »statische«, kulturelle »Maßstab« zur Bestimmung von abweichendem Verhalten und kontrollierendem Handeln betrachtet. Es handelt sich dabei um die sozial geltenden Normen (vgl. 4.2.1). Anschließend wird der »dynamische« Aspekt des interaktiven Umgangs mit Normen, also deren Anwendung unter den vorherrschenden gesellschaftlichen Bedingungen behandelt (vgl. 4.2.2). Dabei steht der Begriff der sozialen Kontrolle im Vordergrund. Das Ziel dieser Begriffsklärung ist eine genauere Unterscheidung zwischen abweichendem und konformem Verhalten und der dabei wirksamen sozialen Prozesse (vgl. 4.2.3). Eine nominelle Klärung dieser Begriffe ist eine Voraussetzung für die anschließende Darstellung von wissenschaftlichen Theorien abweichenden Verhaltens (vgl. 4.3). Beide Begriffe, abweichendes Verhalten und soziale Kontrolle lassen sich einmal in Beziehung zu Erscheinungsformen in der Wirklichkeit setzen und bezeichnen empirisch beobachtbare soziale Ereignisse. Zum zweiten stellen sie aber auch Verbindungen zu den relevanten »wissenschaftlich-theoretischen Modellen« her, die diese sozialen Ereignisse zu erklären versuchen. Damit erfüllen abweichendes Verhalten und soziale Kontrolle die Funktionen von wissenschaftlichen Begriffen, indem sie aus einer zunächst diffusen Realität bestimmte Teile »herausschneiden«, um sie einer Beobachtung besser zugänglich zu machen.

4.2.1 Normen als Handlungsregeln und Kontrollmuster

Soziales Verhalten

Mit der ersten Blickrichtung verbindet sich die Frage nach dem »Maßstab« für die Unterscheidung zwischen abweichendem und konformem sozialem Verhalten. Dabei wird das Adjektiv »sozial« soziologisch und wertfrei als zwischenmenschlicher Vorgang verstanden. Solche sozialen Vorgänge, hier soziales Verhalten genannt, vollziehen sich zwar und immer häufiger in unterschiedlichen Formen, aber überwiegend nach verstehbaren Mustern. »Damit« sind die »in alltäglichen, öffentlichen und privaten Situationen zu beobachtende« Tatbestände »gemeint, dass das soziale Handeln der Menschen nach bestimmten Regeln und in bestimmten Formen abläuft, und dass diese (...) eine gewisse Konstanz haben« (*Schäfers*, 1993; 18). Schwindet auch im Augenblick der Nutzen des Begriffs abweichenden Verhaltens für die Theoriebildung, so bleibt doch die Unterscheidung zwischen Abweichung und Konformität für die Alltagsorientierung, besonders für »Selbstkonstitution des Subjekts« (*Bettmer*, 2001; 5), und als sinnstiftendes Moment, erhalten.

Sinnverstehen

Kultur

Die inhaltliche Bedeutung, der Sinn des menschlichen Verhaltens ist an die Kultur und damit an Werte, Wissen und Sprache gebunden. Die Vermittlung des Sinnes vollzieht sich zwischen den Personen durch den Austausch nonverbaler und verbaler Symbole, die auch von Nichtbeteiligten beobachtet und verstanden werden können. Dazu muss aber der Sinnvorrat einer Kultur den Beteiligten bekannt sein. Deshalb sind die Menschen, um ein sinnvolles, soziales Leben führen zu können, auf eine gemeinsame Kultur angewiesen. Die Ursachen dafür liegen im Wesen des Menschen. Er ist anthropologisch betrachtet nach *Arnold Gehlen* von Natur aus in seinen Möglichkeiten nicht vorbestimmt und festgelegt. Er ist so gesehen mangelhaft ausgestattet, also ein Mängelwesen und in seinem Verhalten nicht gesichert. Der Mensch braucht im Unterschied zu solchen Lebewesen, die stärker an ihre natürliche Umwelt gebunden sind, eine erworbene Ordnung, an der er sich orientieren kann und die ihm hilft, seine Antriebe zu steuern. Dadurch ist der Mensch zugleich »weltoffen« für das, was ihm möglich ist, was ihm begegnet. Hier meldet heute die Neurobiologie erhebliche Zweifel an (vgl. *Roth*, 2003).

Soziale Normen

Zu den übernommenen kulturellen Inhalten gehören, abgeleitet von den Werten, die sozialen Normen, die das Zusammenleben der Menschen regeln. Darunter werden überindividuell geltende kulturspezifische Verhaltensanforderungen verstanden. Sie schaffen die Voraussetzungen dafür, dass Menschen gemeinsam handeln können. Wenn das gelingt, deuten sie übereinstimmend den Sinn ihrer Handlungen (vgl. *Mead*, 1975; 115 f.). »Hierbei ist die Doppelpoligkeit des Sinnbezugs hervorzuheben: der Handelnde will, dass seine Handlung – seine Geste, sein Sprechen, sein Lächeln usw. – in bestimmter Weise verstanden wird. Sinn als Selektion aus sehr vielen Möglichkeiten des Verstehens, die Festlegung auf etwas Bestimmtes, erlaubt dem Empfänger der Geste oder des Sprechaktes eine eindeutige Decodierung (eine sinnverstehende Entschlüsselung) der Symbole« (*Schäfers*, 1993; 23). Dieses Sinnverstehen findet sich auch bei *Max Weber* und in seinem Begriff soziales Handeln, wenn er schreibt: »Soziales Handeln ist ein solches, welches seinem von dem oder den Handelnden gemeinten Sinn nach auf das Verhalten anderer bezogen wird und darin in seinem Ablauf orientiert ist.«

Soziale Beziehungen

Damit wird deutlich, dass der Mensch neben seiner gestaltbaren Offenheit noch eine ebenso wichtige zweite Eigenschaft besitzt. Er ist nämlich als soziales Wesen auf Kontakt zu anderen Menschen angewiesen. »Homo sapiens ist immer und im gleichen Maßstab auch Homo socius« (*Berger/Luckmann*, 1969; 54). Seine lebensnotwendigen Bedürfnisse nach sozialer Ansprache, nach Zuwendung und Anerkennung können nur andere Menschen befriedigen. Der Mensch braucht Sozialpartner, um sich selbst zu erkennen. Auch seine Sozialisation ist ein sozialer Vorgang. Und weil sie nie abgeschlossen ist, hat jeder neue Kontakt sozialisierende Wirkungen.

Funktion sozialer Normen

Der sich in sozialen Normen äußernde Sinngehalt einer Kultur ist der grundlegende Maßstab zur Unterscheidung zwischen konformem und abweichendem Verhalten. Sie lässt sich also nur kulturspezifisch treffen und beurteilen, weil sich Kulturen in ihrem Sinngehalt unterscheiden. Die Schnittstelle zwischen dem kulturellen Sinn, als Antwort auf die Offenheit des Menschen, und dem sozialen Verhalten, als Antwort auf die soziale Kontaktbedürftigkeit des Menschen, bilden die sozialen Normen. Sie ermöglichen ein sinnvolles, soziales Verhalten. Das geschieht auf zweifache Weise. Einmal lassen soziale Normen einzelne Beziehungen gelingen (a), zum anderen sichern und integrieren sie den gesellschaftlichen Zusammenhang (b).

Konformes Verhalten

a) Jede handelnde Person kennt und beachtet die sozialen Normen und erwartet, dass die Interaktionspartner sie auch beachten. Das heißt, die auf sozialen Normen beruhenden sozialen Erwartungen stimmen grundsätzlich überein. Ist dieses der Fall, gelingt die soziale Beziehung und die Beteiligten sehen sich in ihren Erwartungen sowie die Geltungskraft der Regeln bestätigt. Diese Übereinstimmung ist dann besonders wahrscheinlich, wenn die Regeln zu der konkreten gesellschaftlichen Lebenssituation passen und mit den persönlichen Handlungsabsichten und -motiven übereinstimmen. Die alltägliche Verhaltenspraxis bestätigt dieses unentwegt und schafft dadurch Vertrauen und Sicherheit sowie ein Gefühl der Zusammengehörigkeit. Das anthropologische Dilemma des Menschen ist dann überwunden.

Abweichendes Verhalten

b) Und damit ist bereits die zweite, gesellschaftlich integrative Funktion von sozialen Normen angesprochen. Diese weitreichende Bedeutung der Normen meint *Rene König*, wenn er sie das »Urphänomen des Sozialen« nennt. *Emile Durkheim* sieht in ihnen den »sozialen Tatbestand« schlechthin (vgl. Regeln der soziologischen Methode), der auf einzelne einen äußeren und inneren Zwang ausübt. Damit stellt er die unbestreitbare Tatsache in Rechnung, dass der Mensch, auch auf Grund seiner anthropologischen Ausstattung, grundsätzlich auch die Möglichkeit hat, soziale Normen unbeachtet zu lassen und Erwartungen zu enttäuschen. Die sozialen Normen trennen sich sozusagen von der Person und bilden unabhängig von konkreten Einzelbeziehungen eine regelnde Ordnung, der sich der Einzelne mehr oder weniger beugen soll. Sie können als äußere oder innere Forderungen auftreten. Teile von ihnen sind in unterschiedlichen Verbindlichkeitsgraden im Bewusstsein (von der weitreichenden Gewissensentscheidung bis zur bloßen Selbstverständlichkeit) verinnerlicht. Andere wirken als äußere Gebote und Verbote, mit denen sich die Menschen unterschiedlich tief identifizieren. Entsprechend ihrer Strenge können sie als Muss- (ausnahmslose Geltung), Soll- (überwiegende Geltung) oder Kann-Normen (mögliche Geltung) Beachtung fordern. Die Menschen müssen nicht alle Normen mögen, sondern können ihnen auch aus Angst vor negativen Reaktionen, aus Gewohnheit oder aus Bequemlichkeit folgen.

In der modernen Gesellschaft wird eine Verinnerlichung der Normen durch Sozialisation und Identifikation, verstärkt durch Erziehung und Bildung, gegenüber einer äußeren Steuerung und Kontrolle bevorzugt. In der »individualisierten Gesellschaft« wird aber die kulturelle Voraussetzung, nämlich eine weitgehende und übereinstimmende Bindung an gemeinsame Werte, immer weniger erfüllt. Der Erfolg einer Internalisierung von Normen scheint angesichts der Pluralität der Werte ungewiss. Dabei wird dann auch an ein Versagen der Erziehungsinstanzen gedacht, ohne zu erkennen, dass es sich um ein gesamtkulturelles Phänomen handelt.

Normen in der modernen Gesellschaft

Um ein gewisses Maß an Übereinstimmung im menschlichen Verhalten zu gewährleisten und ein mögliches Auseinanderdriften der Gesellschaft zu verhindern, ergießt sich ganz im Gegensatz zur Verinnerlichung von Normen eine Flut von bürokratisch produzierten Einzelregelungen über die Menschen. Das spiegelt einmal die Komplexität der Wirklichkeit wider, verlagert sie aber gleichzeitig auf den Einzelnen, der seinerseits in der Gefahr steht, den Überblick zu verlieren und Rat und Unterstützung braucht, um sich im Regelwerk konform verhalten zu können. Was auch dazu führen kann, dass Menschen sich von dem unübersichtlich gewordenen Normensystem entfremden und in archaische und hedonistische, eben sozial unangemessene, abweichende Verhaltensweisen zurückfallen oder sich apathisch von der grundsätzlich unverstandenen Wirklichkeit zurückziehen. Es entsteht eine Art Mechanismus, für den gilt: je höher die Komplexität, desto mehr informelle Regelungen müssen in »Verträge, Konventionen, Satzungen und Gesetzgebung überführt werden, um den Kern der Gemeinsamkeiten zu schützen« (*Lamnek*, 1993; 28).

Eine Selbstregulierung wird selbst in kleinen, privaten Gruppen und Paarbeziehungen schwieriger. So greifen neuerdings Gesetze in die intimsten Beziehungen zwischen Partnern sowie zwischen Eltern und Kindern in einer bisher nicht gekannten Weise ein. Die funktional spezifische gewinnt dabei gegenüber einer ganzheitlich-kollektiven Perspektive an Gewicht. Der in der Sozialen Arbeit formulierte Anspruch nach »ganzheitlicher Sicht und Hilfe« reagiert auf diese erheblichen Unsicherheiten in einer komplexen Wirklichkeit. Gerade die funktionalspezifischen Beziehungen bedürfen der strikteren Verhaltensanweisung, oder – wie *Berger/Luckmann* schon 1969 geschrieben haben – der institutionalisierten Normensysteme (vgl. 1969; 56 ff.). Den tiefergehenden, unbewusst verlaufenden Prozessen der Identitätsfindung und -sicherung fehlt heute ein Vorrat an gemeinsamem Sinn. Die Verantwortung für die Konstitution von Identitäten ist den Subjekten übergeben und von der Bindung an gesellschaftliche Ordnungsvorstellungen und moralischen Regeln weitgehend befreit (vgl. *Bettmer*, 2001; 5).

Normen und Strukturen

Soziale Normen haben auch strukturbildende Wirkungen, mögen diese auch heute weniger deutlich in Erscheinung treten. Sie verbinden sich zu Regelsystemen und verfestigen sich zu Institutionen (a). Soziale Normen bündeln sich zu Erwartungen an gesellschaftliche Positionen und werden zu sozialen Rollen (b). Sie verbinden sich in gesellschaftlichen Situationen (c) zu typisierten Verhaltensmustern. Dieses alles gilt aber heute weniger für Gesellschaften als vielmehr für Teilbereiche als Lebensfelder oder Milieus oder gar nur für Gruppen oder Einzelne.

Institution

a) Soziale Normen unterschiedlicher Geltungsgrade stehen in inhaltlichen Beziehungen und bilden Regelsysteme. Handelt es sich dabei um Normensysteme mit sehr bedeutsamen und dauerhaften Regeln, welche im hohen Maße Geltung beanspruchen, so werden diese Institutionen – in der Alltagssprache werden diese häufig mit Einrichtungen und

Behörden gleichgesetzt – genannt. Institutionen verfügen häufig auch über eine organisatorische Struktur, die ihre Einhaltung steuert und überwacht.

Position

b) Soziale Normen richten sich in Form von Erwartungen an gesellschaftliche Positionen und werden dadurch zu sozialen Rollen gebündelt, die diese Positionen mit einem aktiven Handlungsauftrag ausstatten. Positionen sind abstrakte »Orte« in der Gesellschaft, an denen Beziehungen sich kreuzen. Diese Beziehungen und die damit verbundenen Erwartungen sind allseits bekannt, und werden in der Sozialisation erworben und in den Beziehungen eingelöst.

Situation

c) Soziale Normen regeln das konkrete Zusammenleben und sind deshalb an gesellschaftliche Situationen gebunden. Sie gehen in Situationen mit räumlichen, zeitlichen und personellen Bedingungen eine feste Bindung ein. Eine Situation legt bestimmte Verhaltensweisen als sinnvoll und zutreffend aus sich heraus fest. Die Anordnung der typisch wiederkehrenden Situationen bildet die Struktur der Gesellschaft. Wie bei den Rollenerwartungen sind auch die typischen Situationen mit ihren Verhaltensmöglichkeiten bekannt. Die typisierten Normen werden nicht abstrakt, sondern situativ wahrgenommen und gelernt.

Kulturelle Vielfalt

In diesen Auswirkungen strukturieren soziale Normen das gesellschaftliche Zusammenleben und konkretisieren die kulturellen Inhalte. Sie haben generell integrierende Wirkungen, indem sie einerseits sinnvolle Interaktionen in strukturelle Ordnung und andererseits grundlegende Werte in konkrete Beziehungen einbeziehen. Auf diese Weise haben die Menschen die Kultur geschaffen und entwickeln sie jederzeit weiter. Unterschiedliche Entwicklungsbedingungen haben zu verschiedenen Kulturen geführt. Entsprechend unterscheiden sich die Verhaltensmuster und die ihnen zugrunde liegenden Verhaltensanforderungen sowohl zwischen verschiedenen Kulturen als auch innerhalb einer Kultur. Was in einer Kultur als Verhalten gefordert wird, kann in einer anderen Kultur verboten sein. Das heißt, Verhalten ist jeweils an eine Kultur gebunden. Es ist im Vergleich mit einem Verhalten anderer Kulturbindung relativ und relational.

Zwischen einer interkulturellen und einer intrakulturellen Differenzierung und Relativierung sozialer Normen ist zu unterscheiden. Gleiche oder ähnliche Verhaltensweisen werden in verschiedenen Kulturen oder Teilkulturen (vgl. 4.3.1.2) verschieden beurteilt. *Und auch* abweichendes Verhalten ist weder interkulturell noch intrakulturell gleichförmig. Die interkulturellen Unterschiede sind untersucht worden und die Ergebnisse bestätigen die Binsenweisheit »Andere Länder andere Sitten«. Interkulturell geltende Universalnormen sind selten. Dort wo sie die Kulturanthropologie beobachtet hat, treten solche kulturellen Universalien in Verbindung mit der Reproduktion (z.B. Inzesttabu) und für damit befasste Gemeinschaften (Familie) auf. Aber auch die intrakulturellen Unterschiede sind erheblich. Die in Verbindung mit der »Individualisierung« immer wieder beschriebene Entwicklung von kollektiven Klassen- und Schichtunterschieden zu individuellen, »biografisierten« (*Böhnisch*, 1999; 17 f.) Lebenskonzepten stellt die Integrationsleistung sozialer Normen in Frage. »Das traditionelle hierarchische (vertikale) Schichtungsmodell sozialer Ungleichheit ist durch die alltagsnivellierende Wirkung des Konsums und die sozialstaatliche Flankierung der Lebensverhältnisse sozial entgrenzt worden. In den Vordergrund sind dafür horizontale Ungleichheiten getreten, die sich im Verhältnis von Zentrum und Peripherie als soziale Segmentierung beschreiben lassen« (*Böhnisch*, 1999; 18).

Normenwandel

Sollen die sozialen Normen in einer Entwicklung fortschreitenden sozialen und kulturellen Wandels ihre notwendige Steuerungs- und Integrationskraft nicht verlieren, müssen sie geändert, d.h. an die neuen, von der technischen und wissenschaftlichen Entwicklung hervorgerufenen Verhältnisse angepasst werden, oder sie müssen selbst, durch die Neuformulierung von Werten und Zielen, der Entwicklung vorauseilen und diese bestimmen. Beides scheinen recht utopische Vorstellungen zu sein. Normen können ihre paradoxe Funktionalität, nämlich einmal den Erwartungen und damit dem sozialen Verhalten Kontinuität zu verleihen und gleichzeitig der Realität des sich immer schneller vollziehenden sozialen Wandels Rechnung zu tragen, nur erfüllen, wenn sie allgemeiner oder abstrakter, also prinzipieller werden. Damit wird aber ihre ständige Interpretation, verstanden als Anpassung an veränderte Rollen und Situationen, erforderlich.

Toleranzbereiche

So haben sich Toleranzbereiche für soziale Normen entwickelt, die Verhaltensspielräume eröffnen, in denen sich die Handelnden normenkonform verhalten können und dabei doch über einen, wenn auch begrenzten Handlungsspielraum verfügen. Das führt zu einer relativen Normenkonformität. Erst außerhalb eines solchen Toleranzbereiches setzt soziale Kontrolle ein und drohen Sanktionen. Die Toleranzbereiche sozialer Normen sind unterschiedlich groß und nicht statisch, sondern ebenfalls vom kulturellen Wandel abhängig. So variiert die Größe der Toleranzbereiche etwa mit Veränderung der gesellschaftlichen Wertepriorität (z.B. die Lockerung von Normen des Sexualverhaltens und die Verschärfung von Umweltschutznormen) oder mit einem unverhältnismäßig hohem Kontrollaufwand (z.B. bei der Bagatellkriminalität). Auch die Nutzung eines Toleranzbereiches kann geboten sein. Eine zu enge Bindung an den Normkern kann wiederum als abweichendes Verhalten gedeutet werden. (z.B. spürt der überaus fleißige Schüler bald die Ablehnung seiner Mitschüler und Dienst nach Vorschrift ist eine Drohung im Arbeitskampf). Die Toleranzbereiche schaffen einen begrenzten Raum persönlicher Verhaltensfreiheit und damit einen Ort selbstbestimmten, individuellen Verhaltens. Doch wird mit der Grenzüberschreitung der Autonomie ein Ende gesetzt.

Freiheit

Die Soziologie der sozialen Normen und die Soziale Arbeit stehen, wenn sie ihre Perspektive zu eng führen, gemeinsam in der latenten Gefahr, die Freiheit der Person nicht wirklich ernst zu nehmen und eine Übereinstimmung des Individuums in seinem Verhalten mit den geltenden Normen zu fordern und zu fördern. Abweichung wird dann als etwas verstanden, dass das Zusammenleben und die Integration der Gesellschaft stört. Dahinter ist die immer wieder neue Suche nach dem, was den Menschen steuert, nach den Bedingungen seiner eventuellen Bestimmtheit, verborgen. Die befürchtete soziale Determiniertheit des Menschen als Marionette der Normen ist aber nicht nachzuweisen, zumal täglich das Gegenteil beobachtet werden kann. Auch andere Vorstellungen von der Festlegung des Menschen, wie etwa durch die Kausalität der Naturgesetze, durch einen allwissenden Gott, oder durch einen genetisches Programm haben die eigentliche Freiheit der Entscheidung nicht aufheben können (vgl. *Redeker*, 1993; 96 ff.), wenn sie es denn je wollten. Andererseits gibt der heutige Stand der Erkenntnisse auch keine Hinweise auf eine absolute und unabhängige Entscheidungsfreiheit des Menschen. Die Gründe sind bereits genannt. *Andreas Redeker* fasst es so zusammen, dass der Mensch stets seiner jeweiligen, die Individualität betreffenden Strukturgesetzlichkeit unterliegt, wie z.B. »seiner ureigenen genetischen Ausstattung, das er aber andererseits auch den ihn von außen treffenden Anstößen ausgesetzt bleibt. Es ist interessant, dass zwar einerseits die Bedeutung gesellschaftlicher Einflüsse auf das Individuum – seien es durch die Familie, Klein- oder Großgruppen, seien es die geschichtlichen, die religiösen oder kulturellen Faktoren einer bestimmten Zeitepoche – gesehen wurden, aber eine in diesem Sinne formulierte soziale Determiniertheit des menschlichen Willens keineswegs daraus gefolgert wurde« (1993; 101).

Normalität

Eher sind es neue Vorstellungen von einer »Normalität«, die sich als ein generelles Muster des Gesamtverhaltens anbieten und eine akzeptable Vorstellung über ein Gleichgewicht zwischen persönlicher Freiheit und Bestimmtheit durch Normen im Verhalten vermitteln. Gemeint ist ein Normalitätskonzept, welches nicht absolute Normkonformität mit »normal« gleichsetzt, sondern eine eigene »Realität« darstellt (vgl. *Link*, 1998; 20). Mit ihm verbinden sich Deutungen wie z.B. ein rechnerischer Durchschnitt, die Normalverteilung nach Gauß oder das Verhalten der Mehrheit. Doch auch mit dieser Vorstellung von Normalität wird normativ argumentiert. Auch sie wird als Gegenbild zur Abweichung stilisiert. Es wird von Normal-Biografien, von Normal-Zuständen und von einer normalen Entwicklung gesprochen, ohne dass damit jeweils die vollständige Erfüllung normativer Regeln oder Standards gemeint ist. Normalisierung wird angestrebt, auch wenn damit bei Krankheit nicht Gesundheit, bei Obdachlosigkeit nicht eine Wohnung und bei Suchtabhängigkeit nicht Abstinenz gemeint ist. Mit Normalität verbinden sich Vorstellungen, die den Problemdruck und einen dringenden Handlungsbedarf abschwächen. Normalität ebnet abweichendes Verhalten ein. Die Bestimmung von Normalität braucht einen Referenzrahmen, der aber nicht allein durch soziale Normen bestimmt sein muss, sich aber doch an ihnen orientiert. Deren verhaltenssteuernde Wirkungen treten jedoch nicht von selbst ein. Sie sind gebunden an soziale Beziehungen mit kontrollierenden Wirkungen. »Wenn wir von der Existenz und Verhaltensrelevanz von Normen ausgehen und Normen als Verhaltensanforderungen definieren, so impliziert dies, dass es Personen oder Institutionen geben muss, die den normativen Anspruch auf ein bestimmtes Verhaltensmuster in bestimmten Situationen stellen und durchzusetzen versuchen« (*Lamnek*, 1994; 18).

4.2.2 Soziale Kontrolle, Handlungssicherheit und Handlungsrisiken

»Solidarität«

Im vorhergehenden Kapitel wurden die sozialen Normen als Maßstab für abweichendes Verhalten behandelt. Sie sind aber auch Kriterien für die Wahrnehmung und Bewertung sozialen Handelns, also Grundlage sozialer Kontrolle. Ihre Einbindung in das soziale Beziehungsgeschehen wird nun kurz behandelt. Eine frühe Erklärung der Beziehungsdimension sozialer Kontrolle gibt *Emile Durkheim* in Verbindung mit abweichendem Verhalten. Er geht von den anthropologisch-unaufhebbaren Bedingungen menschlichen Zusammenlebens aus, die in archaischen Verhältnissen zu einer selbstverständlichen »mechanischen Solidarität« innerhalb einer Gesellschaft (damals Stamm oder Horde) geführt haben und das Überleben sicherten. Aus den lebenserhaltenden Notwendigkeiten ergaben sich Impulse zu gemeinsamem Handeln. Dieser Zusammenhalt ist in der modernen, differenzierten und arbeitsteiligen Gesellschaft verloren gegangen, obwohl die gegenseitige Abhängigkeit zugenommen hat. Er muss als »gesellschaftlich/organische Solidarität« in sozialen Prozessen hergestellt und notfalls auch erzwungen werden.

Soziale Kontrolle

Gleichzeitig tendieren die Individuen heute dazu, sich mehr und mehr und in besonderer Weise als selbständige Einheiten des sozialen Gefüges zu verstehen, auch wenn sie Teil eines unzerlegbaren Ganzen bleiben (vgl. *Boudon/Bourricaud*, 1999; 93). Soziale Kontrolle heißt jene soziale Beziehung, die auf diesen Zusammenhalt, im Extremfall mit Sanktionen, hinwirkt.

Im Bezug auf abweichendes Verhalten als sozialem Problem umfasst soziale Kontrolle die (1) Identifizierung von Abweichung als problematischen Kern, dessen (2) Definition als soziales Problem und die (3) Reaktionen darauf. Diese Reaktionen sollen die soziale Integration des Verhaltens innerhalb einer Kultur und Gesellschaft stützen, indem sie Abweichungen vermeiden helfen oder Konformität wieder herstellen. Beide Reaktionsformen können gemeinsam wirksam werden. Eine Reaktion kann einmal einen Abweichler auf den rechten Weg zurückführen, und gleichzeitig einen anderen darin bestärken, auf dem rechten Weg zu bleiben. Um diese Wirkungen zu erzielen, ist die Wahrscheinlichkeit, dass Sanktionen als Folgen abweichenden Verhaltens eintreten können, sehr wichtig. Als Sanktionen werden hier unterschiedliche Reaktionen auf abweichendes Handeln bezeichnet. Reaktionen auf konformes Verhalten werden Gratifikationen genannt. Sie können ähnliche Doppelwirkungen erzielen. Im Umkreis der üblichen harten Sanktionen (Strafe) sind weiche Formen der sanfteren Beeinflussung und Korrektur angesiedelt (vgl. auch *Peters*, 1989).

Formen sozialer Kontrolle

Soziale Kontrolle ist ein interaktiver, auf Konformität ausgerichteter Vorgang zwischen Menschen, in dem sie gegenseitig auf die Erfüllung der Normen achten. Doch kann soziale Kontrolle auch unabhängig von sozialen Beziehungen wirken, wenn die sozialen Normen verinnerlicht wurden und dann von dort steuernd auf das Verhalten einwirken (z.B. Schuldgefühle und Motive) (vgl. *Malinowski/Münch*, 1975; 78, 87 ff.). Die Wirkungen sozialer Kontrolle sind einmal von der Beschaffenheit der sozialen Normen abhängig (vgl. 4.2.1). Zum anderen ist ihre Wirkung an Einfluss und Herrschaft gebunden. In asymmetrischen Beziehungen mit unterschiedlichem Status der Beziehungspartner kann sich einseitig kontrollierender Einfluss durchsetzen. Und da vollständig symmetrische Beziehungen selten anzutreffen sind, stellt sich in Verbindung mit sozialer Kontrolle immer auch die Frage nach deren Legitimation. Die Legitimation sozialer Kontrolle wird unter der Wahrung individueller Autonomie mit großer Sensibilität beachtet und ist prinzipiell umstritten. Der Legitimationsdruck wächst mit der Schärfe der Sanktionen. Das gilt besonders für drastische Strafen, die ein Angriff auf die Autonomie sind. Deshalb werden heute eher weiche, besonders pädagogisch beeinflussbare und therapeutische Formen von Sanktionen bevorzugt, wenn man sie nicht gänzlich vermeiden kann. Aber auch diese weichen Verfahren bleiben, wenn auch häufig verdeckt, soziale Kontrolle. Diese moderne Einstellung zu sozialer Kontrolle nimmt auch Einfluss auf die Problemdefinition abweichenden Verhaltens. Es wird demzufolge zunehmend als fehlgeleitete Sozialisation oder als Krankheit definiert und damit gleichzeitig den entsprechend vorhandenen Hilfesystemen zugeleitet. Nun kann aber die Zuweisung in solche Systeme viel totaler als ein einzelner Strafakt sein. Der kulturelle Wandel verändert also nicht nur die Formen sozialer Kontrolle, sondern wirkt sich auch auf die Definition sozialer Probleme aus. Die Bedeutung der sozialen Normen bleibt dabei aber erhalten. »Die geltenden Normen sind dabei immer im Spiel, ob sie nun Maßstab für abweichendes Verhalten, Legitimation oder Etikettierung oder handlungsstrategische Bezugsgröße des subjektiven Bewältigungsverhaltens« sind (*Böhnisch*, 1999; 20).

Zur Unterscheidung verschiedener Formen der sozialen Kontrolle dienen einige Kriterien, die bereits *Albert K. Cohen* verwendet hat (vgl. 1968; 70 ff.). In Anlehnung daran kann zwischen manifester (offener) und latenter (verdeckter) sowie zwischen funktional-diffuser und funktional-spezifischer sozialer Kontrolle unterschieden werden. Daraus lassen sich vier typische Formen sozialer Kontrolle ableiten.

Latent-diffus

a) Die allgemeinste Form ist die latent-diffuse soziale Kontrolle, die bei jedem sozialen Kontakt implizit vorhanden ist und die allein durch die Anwesenheit mindestens einer anderen Person ausgelöst wird. Diese Kontrollleistung wird von niemandem erwartet und ist deshalb an keine soziale Rolle gebunden. Die Person ruft in der Regel konformes Verhalten durch ihre bloße Anwesenheit und unbeabsichtigt hervor. Diese Kontrolle hat selten Sanktionsqualität. In dieser Form wird alltäglich und in

Abbildung 3: Typologie sozialer Kontrolle

Typen sozialer Kontrolle	latent	manifest
diffus	latent-diffuse soziale Kontrolle (a)	manifest-diffuse soziale Kontrolle (b)
spezifisch	latent-spezifische soziale Kontrolle (c)	manifest-spezifisch soziale Kontrolle (d)

vielfältiger Weise kontrolliert. Sie ist ein nahezu unvermeidbarer Bestandteil sozialer Beziehungen. Die Menschen erleben sie aber nicht nur fremdbestimmt, sondern auch als Bestätigung einer akzeptierten und verinnerlichten sinnvollen Ordnung.

Diffus-manifest

b) Die manifest-diffuse soziale Kontrolle verbindet sich mit solchen sozialen Rollen, die in der alltäglichen Grundstruktur funktionale Bedeutung besitzen (z.B. Eltern oder Kollegen). Sie haben keine spezifischen Kontrollaufgaben, aber die kontrollierenden Wirkungen sind in andere spezifischen Aufgaben integriert. Sie wirken stärker als der Kontrolltypus (a), weil sie über effektive Reaktionsweisen verfügen (z.B. Enttäuschung, Meidung), von denen einige Sanktionsqualitäten haben, die bei Nichterfüllung von Erwartungen zum Ausdruck gebracht werden können.

Latent-spezifisch

c) Die latent-spezifische soziale Kontrolle verbindet sich mit solchen Rollen, die ausdrücklich keinen Kontrollauftrag haben (oder ihn nicht haben möchten), dieser jedoch ganz spezifisch mit einem fachlich-beruflichen Auftrag latent verbunden ist. Es handelt sich um helfende, pflegende und therapeutische Berufsrollen, mit denen unvermeidlich Kontrolle verbunden ist, auch wenn diese nicht zu ihrem eigentlichen, spezifischen Auftrag gehört. Die Reaktionsformen bei abweichendem Verhalten sind an diesen Rollenauftrag gebunden (z.B. Leistungsverweigerung bei Nichterfüllung von Voraussetzungen, Abbruch der Beziehungen bei Kontraktverletzung). Durch spezielle Arbeitsformen (z.B. durch Aktenführung) werden solche Reaktionen festgehalten und können dadurch auch Stigmaqualität bekommen.

»Hilfe und Kontrolle«

Diese Form der sozialen Kontrolle übt die berufliche Soziale Arbeit aus. Es muss nicht ausdrücklich betont werden, dass sowohl im Selbstverständnis als in der Fremdwahrnehmung die Beziehung zwischen »Hilfe und Kontrolle« in der Sozialen Arbeit brisant ist. Ohne eine erneute Aufarbeitung dieses Themas hier zu versuchen, ist doch zu sagen, dass Soziale Arbeit überwiegenden keine ausschließlich kontrollierenden Aufgaben hat. Andererseits ist eine völlige Verneinung von kontrollierenden Wirkungen der Sozialen Arbeit nirgendwo erkennbar belegt. Unter diesem Kontrollaspekt befindet sich sozialpädagogisches und sozialarbeiterisches Handeln nach *Lothar Böhnisch* in einer dreifachen Spannung. Einmal sieht sie sich gesellschaftlichen Erwartungen gegenüber, die Normen genau zu beachten und einzuhalten. Zweitens zeigt sie subjektives Verständnis für abweichendes Verhalten der Klienten, die nach eigener Handlungsautonomie und Selbstverwirklichung streben und dabei abweichendes Verhalten billigend in Kauf nehmen. Schließlich übt Soziale Arbeit bei der Wahrnehmung beruflicher Aufgaben der Unterstützung auch Kontrolle aus (vgl. 1999; 20). Gerade der letztgenannte Zwiespalt von pädagogischem und helfendem Handeln verdeutlicht die Problematik, die in diesem Typus sozialer Kontrolle strukturell enthalten ist.

Manifest-spezifisch

d) Die manifest-spezifische soziale Kontrolle ist eine eigenständige soziale Rolle mit einem Kontrollauftrag, deren aktiver Rollenpart, und das ist das Besondere, immer erst bei vermuteter und festgestellter Abweichung beginnt. Diese soziale Kontrolle schließt alle anderen Kontrollarten ein. So wirkt die bloße Anwesenheit eines Polizisten auf das Verhalten, unabhängig davon ob als der freundliche Bezirksbeamte aus der Nachbarschaft, als Helfer in Notlagen oder als unerbittlicher Verfolger die Kontrolle ausübt. Dieses Kontrollhandeln ist an Rollen gebunden, die als Positionen in Instanzen sozialer Kontrolle angesiedelt sind. Es verfügt über Sanktionsmöglichkeiten mit ausgeprägter Stigmaqualität. Die Einstellungen zu dieser Art der sozialen Kontrolle sind ambivalent. Sie steht nicht selten im Mittelpunkt des öffentlichen Interesses und der Kritik. »Sanktionen gelten den einen als zu weich, anderen als unmenschlich hart, dritten erscheinen sie überflüssig. « (*Peters*, 1989; 144). Ihr Kontrollhandeln bedarf grundsätzlich der Legitimation durch rechtliche Grundlagen, aber auch durch öffentliche Akzeptanz. Im Sinne von *Max Weber* beruht die Legitimation dieses Kontrolleinflusses überwiegend auf legalem Recht, weniger auf charismatischer Begabung, erlebter Tradition oder auf rationaler Autorität. Diese Kontrolle bildet, wie Albert K. *Cohen* festgestellt hat, die »manifeste Struktur sozialer Kontrolle« (vgl. 1968; 74 f.).

Funktionen von Sanktionen

Wie schon erwähnt, identifiziert soziale Kontrolle den Kern ein sozialen Problems (1), definiert es zu abweichendem Verhalten (2) (dazu vgl. 4.3.2) und reagiert schließlich (3) auf das abweichende Verhalten. *Helge Peters* hat vier Formen solcher Reaktionen als Wirkungsfelder sozialer Kontrolle beschrieben:

Sanktionsandrohung

a) Sanktionsandrohung (Generalprävention). Die Sanktionsdrohung richtet sich gegen »potentielle Normbrecher«. Sie sollen durch Androhung von Sanktionen von der Verletzung von Normen abgehalten werden. Andere, die sich kontinuierlich normkonform verhalten und sich von solchen allgemeinen Drohungen nicht berührt fühlen, können dieses als Belohnung erleben. Über die Reichweite und die Wirkungen der Generalprävention gibt es kaum gesicherte Informationen. Ob also abweichende Handlungen aus Angst vor Sanktionen wirklich unterbleiben, ist offen. Auch von einer allgemein geltenden Sanktionsfurcht kann nicht ausgegangen werden. Die Auswirkungen sind in einer differenzierten Beziehung zwischen Sanktionsschwere und -risiko angesiedelt, die eine unmittelbare Drohwirkung der Strafe wenig wahrscheinlich machen (*Heiland/Schulte*, 1993; 69). *Siegfried Lamnek* versucht die Wirksamkeit von Normen und sozialer Kontrolle mit einem Modell von Geltungs- und Wirkungsgrad, von Sanktionsbereitschaft und Sanktionswahrscheinlichkeit sozialer Normen zu beschreiben (1993; 19 – 21). Der Geltungsgrad einer sozialen Norm bestimmt das Ausmaß, »in dem die Normensetzer davon überzeugt sind, dass die von ihnen aufgestellte Norm (...) sinnvoll und notwendig ist«. Der Wirkungsgrad ist das Ausmaß, in dem Normenempfänger eine Norm tatsächlich befolgen. Die Sanktionsbereitschaft drückt die Bereitschaft des Normensenders zur Durchsetzung der sozialen Norm aus. Die »Wahrscheinlichkeit dafür, dass ein bestimmtes normabweichendes Verhalten tatsächlich sanktioniert wird«, ist die Sanktionswahrscheinlichkeit. Mit Hilfe von unterschiedlichen Ausprägungen der vier Variablen: Geltungsgrad, Wirkungsgrad, Sanktionswahrscheinlichkeit und Sanktionsbereitschaft (vgl. *Lamnek*, 1993; 22 – 24) können Normen nach ihrer handlungsbeeinflussenden Wirkung schematisch unterschieden werden. So kann etwa von einer Idealnorm gesprochen werden, wenn Geltungsgrad, Wirkungsgrad und Sanktionsbereitschaft hoch sind. Eine Norm, die unbeachtet oder deren Nichteinhaltung unsanktioniert bleibt, kann als Pseudonorm bezeichnet werden. Wo jegliche Sanktionsbereitschaft fehlt und trotzdem die Norm beachtet wird, handelt es sich um eine Selbstverständlichkeit (*Lamnek*, 1993; 22 – 24). Zwar liefert dieses Modell keine zwingende Erklärung für die Wirkung sozialer Normen und die Durchsetzungskraft sozialer Kontrolle, doch vermittelt es eine begründete Vorstellung von der Komplexität der sozialen Vorgänge, die damit verbunden sind.

b) Vollzogene Sanktionen (Strafe): Strafe ist die »härteste« und klarste Reaktion auf abweichendes Verhalten. Strafe kann unter vielen Aspekten betrachtet werden. Ihr eine unmittelbare Wirkung hinsichtlich künftiger Konformität zu unterstellen, ist wiederum umstritten, wenn nicht gar verpönt. Insgesamt ist heute eine Tendenz zum Verzicht auf Strafe festzustellen. Allerdings ist dieser Trend nicht durchgängig zu beobachten, da bei bestimmten Deliktarten (z.B. sexueller Missbrauch, Umweltschäden) auch eine verstärkte Neigung zum Strafen zu erkennen ist (vgl. *Driebold*, 1993; 27 ff.). Die Unsicherheit im Umgang mit der Strafe ist u.a. dadurch begründet, dass in ihr sogar eine Bedingung für abweichendes Verhalten gesehen wird. So wird z.B. vor den negativen Folgen einer zu strengen, strafenden Erziehung gewarnt. Aus behavioristischer Sicht wird auf die Untauglichkeit der Strafe zur Veränderung eines Verhaltens hingewiesen. Auch präventive Wirkungen von Strafe werden mit großer Skepsis betrachtetet, und zugleich wird auf eine Disposition durch Strafe für weiteres abweichendes Verhalten hingewiesen (z.B. Rückfalltäter). Besonders in Jugendstrafverfahren werden alle Möglichkeiten zur Strafvermeidung genutzt. Andere negative Wirkungen einer Strafe treten dann auf, wenn damit ein freiheitsentziehender Anstaltsaufenthalt und/oder der Eintritt in eine abweichende (kriminelle) Karriere verbunden ist (siehe Kapitel 4.3.2). Darunter wird die stigmatisierende Wirkung von Strafe verstanden. Ihre Wirkung kann sozialer Ausschluss sein und die so Stigmatisierten an den Rand der Gesellschaft drängen (vgl. *Boudon/Bourricaud*, 1992; 479). Strafe erreicht damit möglicherweise das Gegenteil von dem, was mit ihr beabsichtigt ist. **Strafe**

Besonders die sozialpädagogische Arbeit meidet strafende Eingriffe im Umgang mit abweichendem Verhalten. »Erziehung statt Strafe« ist die allseits bejahte, aber auch vordergründige Parole. *Siegfried Müller* lässt Strafe gegenüber Erwachsenen gelten und sieht die Legitimation dazu im Rechtssystem gegeben. Strafe hat nach seiner Meinung in der Erziehung nur einen Ort, wenn sie in eine intakte Beziehungen zwischen Erwachsenen und Kindern integriert ist, wenn sie die Grundlage dieser

Beziehung nicht zerstört und wenn sie die Auseinandersetzung mit der Verfehlung nicht blockiert (vgl. 1993; 221). Für die staatlichen Strafen sieht *Siegfried Müller* keinen Ort für einen erzieherischen Einsatz, obwohl dieses heute im Jugendstrafrecht üblich ist. Aber genau dort beginnen die Aufgaben der Sozialen Arbeit (z.B. die Arbeit mit straffälligen Jugendlichen) und sie befindet sich dabei in einem Dilemma. Nach dem Hilfeverständnis von *Siegfried Müller*, welches auf einem sanktionsfreien Aushandeln (1993; 225) von Problemverstehen und darauf basierenden Hilfeangeboten beruht, sollte die Soziale Arbeit sich deutlicher von den Forderungen »Erziehung statt Strafe« distanzieren, um nicht staatliche Strafen pädagogisch zu überdecken und damit zu legitimieren (vgl. 1993; 226). Auch »milde Verfahren«, wie etwa die Diversion, dienen vor diesem Hintergrund eher der Verbrämung staatlicher, sanktionierender Kontrolle als der wirklichen Hilfe (vgl. *Deichsel*, 1993; 171 ff.).

Sozialpolitik

c) Präventive Bedingungsveränderungen (Sozialpolitik): Sie »...zielen auf die Vermeidung von Unzufriedenheit der Adressaten, von der angenommen wird, sie könne die Adressaten zu abweichendem Verhalten disponieren« (*Peters*, 1989; 159). Diese Form sozialer Reaktion orientiert sich an sozialen Ungleichheiten, die als strukturelle Bedingungen für soziale Probleme angesehen werden. Wesentlich geht es dabei um die Verbesserung materieller Lebensverhältnisse (vgl. Kapitel 4.3.1.1). Verbesserte Lebensbedingungen sollen bei den Betroffenen das Gefühl bestärken, dass sich die Übereinstimmung mit den sozialen Normen lohnt.

Soziale Arbeit

d) Reaktive Bedingungsveränderungen (Soziale Arbeit): Diese Form sozialer Reaktion ist nahezu identisch mit den gesellschaftlichen Aufgaben der Sozialen Arbeit. Dieser Kontrollart geht es »um die Vermeidung der Wiederholung von Devianz einer Person« (*Peters*, 1989; 165). Dabei wird von der Annahme ausgegangen, dass sich Devianzen aus Bedingungen ergeben, die in der devianten Person (und ihrem unmittelbaren sozialen Umfeld) liegen, von dieser jedoch nicht zu verantworten sind (vgl. *Peters*, 1989; 166). Die Soziale Arbeit will ihre Klientel in die Lage versetzen, möglichst mit eigenen Mitteln und aus eigenen Kräften zur Veränderung der eigenen personalen Bedingungen, die abweichendes Verhalten hervorrufen, beizutragen. Sie versucht, die soziale Kontrolle »in Interaktion mit den Adressaten in die Adressaten zu verlegen« (*Peters*, 1989; 167).

4.2.3 Konformität und Abweichung, Klassifikation abweichenden Verhaltens

Definition abweichenden Verhaltens

Nachdem die »statischen« Rahmenbedingungen (soziale Normen; vgl. 4.2.1) der Unterscheidung zwischen konformem und abweichendem Verhalten sowie die Grundlagen der sozialen Kontrolle (vgl. 4.2.2) behandelt wurden, werden nun die Unterschiede zwischen Konformität und Abweichung nochmals aufgegriffen und systematisiert. Nach den bisherigen Überlegungen handelt es sich bei abweichendem Verhalten um ein soziales Problem, dem eine Diskrepanz (kulturelle Anforderungen versus tatsächlichem Verhalten bzw. Verhaltensmöglichkeiten) zugrunde liegt, welche in einem Definitionsprozess zu abweichendem Verhalten (Nichtbeachten sozialer Normen) unter Berücksichtigung dessen definiert wird, dass damit eine Anbindung an vorhandene Strukturen der Problembearbeitung (Reaktionen) möglich wird.

Konformität

Die Komplexität abweichenden Verhaltens lässt nicht zu, dass sich Abweichung und Konformität als schlichte Dichotomie oder Alternative gegenüberstehen. Es ist angemessener von einem Kontinuum »zwischen nur idealtypisch-konstruierbaren Extremen« (*Sidler*, 1989; 84) zu sprechen. Das hat zur Folge, dass eine Systematisierung abweichenden Verhaltens angesichts der unterschiedlichen Formen sinnvoll aber deshalb gleichzeitig auch schwierig ist, weil kaum einheitliche Merkmale (Variablen) zur Verfügung stehen und die Problemdefinition kein wissenschaftlich steuerbarer Vorgang, sondern als Prozess im Alltag unter Beteiligung verschiedenster Personen und Instanzen bei unterschiedlicher Problembetroffenheit und unter Einflussnahme von diversen Interessen stattfindet (vgl. 4.1.2). Dabei richten sich diese Definitionen überwiegend nach bekannten Ursachen (z.B. Behinderung, Krankheit, Verwahrlosung, Selbstverschuldung) und nach bestimmten Reaktionsformen (z.B. Bewahren, Rehabilitieren, Therapieren, Resozialisieren, Strafen). Eine Typenbildung auf einer so allgemeinen und von Vorurteilen nicht freien Grundlage ist mit wissenschaftlichen Ansprüchen nur schwer vereinbar, obwohl sie die Realität der Problemauseinandersetzung weitgehend bestimmt. Diese Tatsache darf deshalb nicht unbeachtet bleiben, weil sie eben in der Praxis der Sozialen Arbeit und in der praktischen Politik anzutreffen ist. Um dieser Ausgangslage hier Rechnung zu tragen, werden Ursachen und Reaktionsformen zwar als Variablen verwendet, ohne aber damit einzelne Problemtypen genau zu bestimmen. Zur Unterscheidung zwischen Konformität und Abweichung und für eine Klas-

Abbildung 4: Typen abweichenden Verhaltens

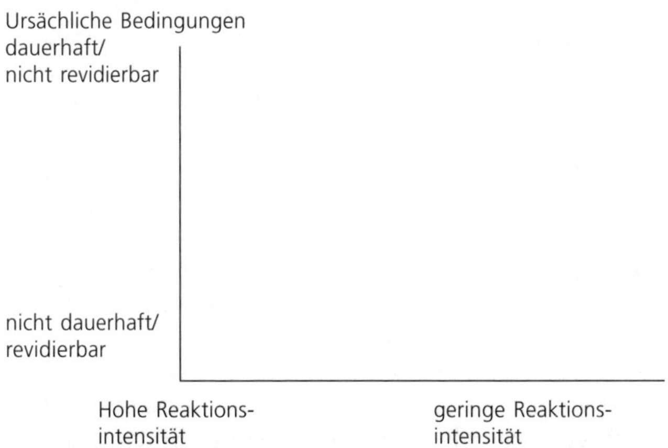

sifizierung von abweichendem Verhalten wird ein Modell mit zwei kontinuierlichen Variablen vorgeschlagen, welches eine grobe Zuordnung möglich macht.

Veränderbarkeit abweichenden Verhaltens

a) Die erste Variable bezieht sich auf die ursächlichen Bedingungen (vgl. 4.3.1) für abweichendes Verhalten. Zwischen ihren Endpunkten »dauerhafte/nicht revidierbare« und »nicht dauerhafte/revidierbare« Bedingungen, können Mischformen zugeordnet werden. So ist zum Beispiel Körperbehinderung eine eher dauerhafte und eine Phase der Arbeitslosigkeit eine eher nicht dauerhafte Bedingung abweichenden Verhaltens. Dabei ist es unerheblich, ob die Bedingungen entweder in der Person, als individuellem Ort, oder in der Gesellschaft, als kollektivem Ort, lokalisiert sind. Eine kurzfristige Erkrankung kann als Beispiel für revidierbare Bedingungen und eine lebenslange Fixierung im Armutsmilieu als Beispiel für nicht revidierbare Bedingungen dienen.

Reaktionsaufwand bei abweichendem Verhalten

b) Die zweite, von der ersten abhängige Variable, bezieht sich auf die Reaktionen auf abweichendes Verhalten. Auf ihr können graduelle Unterschiede in der Intensität der Reaktionen auf abweichendes Verhalten verbunden mit der Wahrscheinlichkeit des Auftretens stigmatisierender (Neben-)Wirkungen zugeordnet werden. So ist etwa eine Reaktionsform »Normalisierung« angemessen für weniger revidierbare Bedingungen mit geringer Reaktionsintensität zur Vermeidung stigmatisierender Wirkungen.

Aus diesen Modellannahmen lassen sich einige erste Folgerungen ableiten. So kann beispielsweise festgestellt werden, dass die Intensität der Reaktionen auf ein soziales Problem abweichenden Verhaltens von der Revidierbarkeit der Problembedingungen abhängt und eine Steigerung des Reaktionsaufwandes nur solange sinnvoll ist, wie die negativen (Neben-) Wirkungen (Stigmatisierung) nicht die problemmindernden Effekte übersteigen.

Handlungsmotiv

Ein solches Modell zur Klassifizierung abweichenden Verhaltens steht aber in der Gefahr, einen wichtigen Faktor menschlichen Verhaltens auszublenden. Denn zusätzlich zu der Abhängigkeit des Verhaltens von sozialen Normen (zusammengefasst im Begriff Kultur) und von zwischenmenschlichen Situationen (zusammengefasst im Begriff Gesellschaft) werden konformes und abweichendes Verhalten von den Motiven der Menschen beeinflusst. Die Interpretation der Realität und das konkrete Handeln setzen grundsätzlich ein Motiv voraus, welches sich aber nicht voraussetzungslos einstellt, sondern von den verinnerlichten Werten abhängig, also kulturgebunden ist. Motive kommen in dem Sinn zum Ausdruck, den Menschen ihrem Verhalten unterstellen. »Die Regel, die Norm, ist ja im Normalfall schon zum Zeitpunkt der Handlung intersubjektiv, als Bestandteil des Alltagswissens da und umschreibt die »objektive Gesamtsituation«, in der der Handelnde steht. Und regelwidriges Verhalten ist nur dadurch von konformem Verhalten unterschieden und unterscheidbar, dass seitens des Handelnden die Regel nicht wie üblich in den Motivationsrahmen seines Handelns aufgenommen wurde bzw. nicht in ihn einging. Regelwidriges Verhalten ist also Verhalten, in dessen Motivationszusammenhang seitens des Handelnden vorhandene soziale Regeln nicht aufgenommen wurden« (*Sidler*, 1989, 91). Und ergänzend dazu, auch das abweichende Verhalten folgt Regeln, auch wenn diese kulturell missachtet werden (vgl. *Papathanassiou*, 2002; 665).

Hier deutet sich an, dass der Unterschied zwischen Konformität und Abweichung nicht allein aus der Beschaffenheit sozialer Normen und ihrer Bindung an Situationen abgeleitet werden kann, sondern dabei auch die Motive der Handelnden eine Rolle spielen. Aber damit nicht genug; auch der in einer sozialen Kontrollbeziehung auftretende »Andere« ist hinsichtlich seiner Kontrollhandlung von einem Motiv abhängig, welches ebenfalls kulturell beeinflusst ist. Er kann etwa bei der Beobachtung einer Straftat entscheiden, ob er sie zur Kenntnis nimmt oder lieber die Augen schließt. Es findet dann zwar eine Regelverletzung statt, ohne dass diese aber als abweichendes Verhalten definiert wird (genauer vgl. 4.3.2). Die steuernden Motive kommen auch in dem Sinn zum Ausdruck, den Menschen ihrem Verhalten unterlegen. Sieht der Beobachter einer Straftat keinen Sinn darin diese anzuzeigen, sprechen andere Motive dagegen, so wird er es unterlassen.

Handlungssinn

Dieses stimmt wiederum mit dem Handlungsbegriff von *Max Weber* überein. Nach ihm ist soziales Handeln dadurch gekennzeichnet, »dass ein vom Handelnden gemeinter Sinn immer auf das Handeln anderer bezogen ist und durch diese Orientierung gesteuert wird«. Der gemeinte Sinn tritt auch in der Handlungsabsicht (Motiv) hervor. Hier können verschiedene Motivationen und Sinngebungen im sozialen Handeln unterschieden werden. Der rational geprägte Handlungsintention, wie etwa beim zweckrationalen Streben nach Vorteil, steht das affektiv geprägte Handeln gegenüber. »Affektiv handelt«, schreibt *Max Weber*, »wer sein Bedürfnis nach aktueller Rache, aktuellem Genuss, aktueller Hingabe, aktueller kontemplativer Seligkeit oder nach Abreaktion aktueller Affekte (...) befriedigt:« *Helge Peters* nennt Aggressionskriminalität, Drogenkonsum und Homosexualität als Beispiele für abweichendes Verhalten, welches einer affektiven Motivation entspricht (1989; 23/33).

Bisher ist herausgearbeitet worden, dass vier Faktoren das menschliche Verhalten weitgehend bestimmen: die (kulturellen) Normen, die (sozialen) Rollen, die (gesellschaftlichen) Situationen und die (personalen) Motive. Norm, Rolle, Situation und Motiv bedingen und beeinflussen sich gegenseitig und sind niemals vollkommen exklusiv, sondern immer gesellschafts- und kulturgebunden. Bei der Beobachtung konkreten Verhaltens tritt die Schwierigkeit auf, dass die vier Faktoren nicht isoliert beobachtet werden können. Sie sind miteinander verwoben und nehmen in unterschiedlicher Gewichtung Einfluss auf den Handlungsverlauf. So können beispielsweise »die situativen und motivativen Elemente der Verhaltensdeterminanz so stark werden (...), dass sie Norm- und Sanktionsorientierung dominieren...« (*Lamnek*, 1993; 24).

Funktionen abweichenden Verhaltens

Die genannten Faktoren fesseln den Menschen in seinem Verhalten aber nicht. Denn der Mensch kann grundsätzlich den Imperativ einer sozialen

Norm verneinen, die Erwartungen seiner Rolle missachten, die soziale Konstellation der Situation negieren und sein Motiv verdrängen. Darin nur etwas Destruktives zu sehen, was Desintegration befördert, ist nur eine Sichtweise. Eine andere ist die, dass in ganz neuen Mischungen der Faktoren mit dem abweichendem Verhalten grundsätzlich auch eine Chance zur Veränderung sozialer Normen gegeben ist. Es liegt also nahe, abweichendem Verhalten nicht nur sozial schädliche, sondern durchaus auch das Zusammenleben und vor allem dessen Entwicklung fördernde Wirkungen zuzuschreiben. *Lothar Böhnisch* spricht von einem »Funktionalitätsparadox« abweichenden Verhaltens (1999; 22). Gemeint ist damit, dass abweichendes Verhalten gar nicht eindeutig nach funktional oder dysfunktional eingeordnet werden kann. Die jeweiligen positiven und negativen Wirkungen lassen sich aus dem Verhalten selbst nicht eindeutig ableiten. Die Festlegung dessen, was positiv oder negativ funktional wirkt, ist – wie bei der funktionalen Analyse allgemein – von dem normativen Bezugsrahmen abhängig, der der Beurteilung zugrunde liegt. Aus einer interaktionistischen Sicht wird diese Bedeutung wiederum in einem sozialen Prozess zugeschrieben. Auch ist zu beachten, dass abweichendes Verhalten gleichzeitig positiv und negativ funktional wirken kann. Dabei bleiben manche Wirkungen unentdeckt (latent). Andere wirken erkennbar (manifest). Einige Beispiele solcher Wirkungen sind:

a) Die wohl interessanteste, gesamtgesellschaftliche Wirkung abweichenden Verhaltens ist der Innovationseffekt. Vereinfacht gesagt, das abweichende Verhalten von heute ist das konforme Verhalten von morgen. Aber nur selten verkehren sich die Verhältnisse so ins Gegenteil. Realitätsnäher ist es, im abweichenden Verhalten auch einen Indikator für einen, wodurch auch immer bedingten Normwandel zu sehen (vgl. *Böhnisch*, 1999; 23) und darauf entsprechend zu reagieren.
b) In kleinen Gruppen ist ein anderer Effekt abweichenden Verhaltens zu beobachten. Es kann dort als spezielle Gruppennorm (vgl. 4.3.1.2) den Zusammenhalt fördern, »Gruppenaktivitäten strukturieren, Gruppenmitgliedern Selbstwertzuwachs und soziale Anerkennung bringen« (vgl. *Böhnisch*, 1999; 23).
c) Von einer öffentlichen Ächtung abweichenden Verhaltens können integrierende, gesamtgesellschaftliche Signale ausgehen, welche die verletzte soziale Norm verdeutlichen und ihre Wirksamkeit erneut bestärken.
d) Abweichendes Verhalten kann auch, wie *Lothar Böhnisch* sagt, als »gesellschaftliche Projektionsfläche für soziale Unsicherheit und Angst in der konformen Mehrheit der Bevölkerung« dienen (1999; 23).
e) Ein persönliches Problemerleben und ein »subjektives Bewältigungsverhalten«, das »Selbstwert und soziale Aufmerksamkeit« schafft, können sich in abweichendem Verhalten äußern (vgl. Böhnisch 1999; 23 f.).
f) Abweichendes Verhalten kann auch eine erhebliche Belastung für eine Gesellschaft sein, wenn diese etwa einen hohen Sanktionsaufwand (z.B. Polizeiapparat) betreiben muss.
g) Beziehungen können durch abweichendes Verhalten gestört werden oder daran zerbrechen. Es entsteht Verhaltensunsicherheit; auch bei Nicht-

betroffenen. Sind internalisierte Normen verletzt, leidet die Identität und Angst, Resignation sowie Aggression können sich unter bestimmten psychischen Konstellationen entwickeln.

Bei dem Nachdenken über eine Klassifizierung abweichenden Verhaltens und dessen Abgrenzung von konformem Verhalten liegt es auch nahe, solche Versuche zu erwähnen, die aus der Sicht der Sozialen Arbeit unternommen wurden.

Abweichendes Verhalten und Soziale Arbeit

Rüdiger Wurr und *Henning Trabandt* halten Abweichung zwar für den »entscheidenden Gegenstand sozialpädagogischer Arbeit« (1980; 15), beschreiben aber lediglich einige Beispiele, die der Erläuterung fachlicher Handlungsmöglichkeiten dienen. Eine systematische Unterscheidung von Abweichungsarten nutzt Baldo Blinkert zur Entwicklung von Handlungsfeldern (1976; 32 – 34). »Die Handlungsadressaten Sozialer Arbeit »lassen sich danach unterscheiden, ob Abweichungen von Normalitätsstandards handlungsleitende Bedeutung besitzen, und um was für Abweichungen es sich dabei handelt« (*Blinkert*, 1976; 32). Abweichungen können, nach *Blinkert*, im ökonomischen Bereich (z.B. Armut), psychisch-somatischen Bereich (z.B. Krankheit), in sozialen Beziehungsstrukturen (z.B. Ausfall von Bezugspersonen) und gegenüber sozialen Verhaltensnormen (z.B. Kriminalität) auftreten. *Hilde von Balluseck* bietet eine andere Klassifikation abweichenden Verhaltens, in der »von organisch-individuellen Faktoren, bei denen soziale Faktoren mit beteiligt sind (Epilepsie)« ausgegangen wird und »über traditionelle durch Sozialisationsdefizite und gesellschaftliche Strukturen« erklärte »Verhaltensmuster (Depression, Kindesmisshandlung) bis zu denjenigen Handlungsformen« übergegangen wird, »bei denen sowohl soziale Intentionen der Handelnden wie auch die sozialen Ursachen auf der Hand liegen (organisiertes Verbrechen)« (1978; 105). *Lutz Rössner* sieht im abweichenden, auffälligen Verhalten den eigentlichen Objektbereich der Sozialen Arbeit (1975; 69).

Soziale Probleme als Gegenstand sozialer Arbeit

In der jüngeren Diskussion wie auch in diesem Aufsatz wird abweichendes Verhalten bei der Gegenstandsbestimmung Sozialer Arbeit unter den Begriff soziale Probleme subsumiert. Gegenstand Sozialer Arbeit »sind soziale Probleme im engen und im weiten Sinne. Soziale Arbeit ist also ... sozial gebündelte, reflexive wie tätige Antwort auf bestimmte Realitäten, die als sozial oder kulturell problematisch bewertet werden« (*Staub-Bernasconi*, 1991; 3, vgl. *Engelke*, 1992; 311; auch *Müller*, 1993; 89 f.). Mit dem Begriff »soziale Probleme« als Gegenstand der Sozialer Arbeit unterscheidet *Nikolaus Sidler* (vgl. 4.1.2) die »Fehlanpassung« (abweichendes Verhalten) von der »Fehlausstattung« (Armut) und der »gesellschaftlichen Desintegration« (Randgruppe) (1989; 53).

In der Fachliteratur sind noch weitere Systematisierungen abweichenden Verhalten zu finden, die hier, nachdem die Problematik kurz erläutert wurde, nicht aufgegriffen werden. So wird abweichendes Verhalten z.B geschlechts- und alterspezifisch abgegrenzt (vgl. z.B. *Zielke*, 1993) oder im Kontext der Familie und anderer Gruppen behandelt (vgl. z.B. Wilk, 1987). Auch das Beispiel der Kriminalität, als exemplarische Sonderform abweichenden Verhaltens, bietet in sich spezielle Systematiken.

Bevor abweichendes Verhalten zum Zweck eines besseren Verständnisses der soziologischen Theorien, die anschließend kurz dargestellt werden, definiert wird, ist an die Ausgangsfrage, nach dem Unterschied zwischen Konformität und Abweichung zu erinnern. Sie richtet sich an die heutige gesellschaftlich-kulturelle Realität, die in ihrer Vielgestaltigkeit als unübersichtlich charakterisiert werden kann. Heute finden die unterschiedlichen Lebensformen gerade darin etwas Gemeinsames, dass sie eben wenig Gemeinsames haben. Aber wie soll dann Abweichung festgestellt werden können?

Abweichendes Verhalten/moderne Gesellschaft

Die moderne Gesellschaft hat es sozusagen zur sozialen Verpflichtung erhoben, dass jeder Einzelne im Rahmen seiner Lebensbedingungen sein eigenes Konzept lebt und seine subjektiven Interessen verfolgt, allerdings ohne dass er andere in der Verfolgung eben dieses gleichen Zieles unvertretbar behindert. »Die soziale Notwendigkeit von Konformität wird nicht mehr mit der dem Individuum auferlegten Pflicht verwechselt, sich gewissermaßen ununterscheidbar von dem durch die Gruppe repräsentierten sozialen »Typ« zu machen« (*Boudon/Bourricaud*, 1992; 264). Der Zustand der modernen Gesellschaft wird heute mit dem inzwischen fast inflationär verbrauchten Begriff der »Individualisierung« belegt, unter deren fortdauernder Einwirkung sich die Industriegesellschaft aufgelöst hat und »in der Kontinuität der Moderne« eine andere »gesellschaftliche Gestalt« entsteht (vgl. *Beck* 2003; 14). » Je nachdem, welcher Standpunkt bezogen wird, bedeutet Individualisierung dann verkürzt entweder Zuwachs an individueller Autonomie oder die Gefahr von Anomie« (*Buchholz*, 1998; 71). Die Zunahme der Autonomie trifft eher für den wohlhabenden Teil der Gesellschaft der Bundesrepublik Deutschland zu, weil sich in den dort äußernden unterschiedlichen Lebensstilen und -inhalten wenig existenzielle Not oder gravierende Risiken verbergen und sogar Chancen bestehen, seinen eigenen Stil – möglichst unterscheidbar von anderen, eben einmalig – auszuleben. Andererseits handelt es sich dabei nicht um eine problemfreie Zone. Denn auch dort treten physiologische, psychische und sozial bedingte Probleme auf, denen allerdings das gesamte Hilfereservoir zur Verfügung steht. Die Zunahme von abweichendem Verhalten im Sinne von Anomie, betrifft die weniger Wohlhabenden mit ihren existenziellen Problemlagen, die auch in besonderem Maße die Soziale Arbeit beschäftigen. So ist die gegenwärtige Gesellschaft gleichzeitig durch mehr Gleichheit in den wohlhabenden Schichten und durch mehr Ungleichheit zwischen den oberen und unteren Schichten widersprüchlich gekennzeichnet, wobei diese Unterschiede nicht mehr kollektiv, sondern personal erlebt werden. Die »Entwicklung hat nicht zu einer Eindämmung sozialer Ungleichheit geführt, sondern zu ihrer Verschärfung und Generalisierung auf der individuellen Zuschreibungsebene« (*Buchholz*, 1998; 165). Damit findet eine »Verschiebung von der objektivistischen zu einer subjektivistischen« Problemebene statt (*Karstedt*, 1996; 55). Gemeint sind hier vor allem die geringer werdenden Chancen für den Einzelnen, durch Erwerbsarbeit das eigene Leben und das seiner Bezugspersonen zu sichern. Das ist das Besondere an der gegenwärtigen Situation. Wenn das von Ulrich Beck angebotene Erklärungsmodell »Individualisierung« auf soziale Probleme konsequent übertragen wird, kommen individuelle Lebensräume, subjektive Ressourcen und Handlungsräume (*Buchholz*, 1998; 165 ff.) als Problembereiche in den Blick, in denen abweichendes Verhalten definiert wird und entsprechende Reaktionen hervorruft. Das heißt, heute findet Problematisierung weitgehend individuell statt. Insoweit können auch die Versuche einer Klassifizierung abweichenden Verhaltens nicht erfolgreich sein.

Abweichendes Verhalten

Unter Berücksichtigung von möglichst vielen der erwähnten Faktoren ist **nominell definiert abweichendes Verhalten** ein soziales Problem, welches auf einer Diskrepanz zwischen Verhalten, unabhängig von welchen Bedingungen dieses Verhalten abhängig ist, und geltenden Normen beruht, wenn es als solches definiert ist und entsprechende Reaktionen hervorruft.

Die Versuche, den Unterschied zwischen Konformität und Abweichung zu beschreiben und abweichendes Verhalten noch genauer zu bestimmen, machen auch deutlich, dass es sich bei dieser »Verhaltensqualität« um die zwei Seiten der gleichen Medaille handelt. Abweichendes und konformes Verhalten werden durch die in der Kultur festgelegten sozialen Normen, durch die erworbenen Rollen, durch die in einer Gesellschaft anzutreffenden Situationen und durch die individuellen Motive der Handelnden beeinflusst. Für eine soziologische Unterscheidung zwischen Konformität und Abweichung sind die sozialen Normen am besten geeignet. Doch soziale Normen sind inhaltlich komplex und in ihrer Anwendung relativ und variabel, so dass eine genauere Bestimmung abweichenden Verhaltens tatsächlich nur in interaktiven Beziehungen und Prozessen ausgehandelt und entschieden wird, die sich heute überwiegend auf der individuellen Ebene vollziehen.

4.3 Zur wissenschaftlichen Erklärung abweichenden Verhaltens

Angesichts der unterschiedlichen Auffassungen, angesichts der diffusen Bestimmung und Abgrenzung der Hauptbegriffe sowie angesichts der Individualität der Bedingungen und der Vielfalt der Formen abweichenden Verhaltens erscheinen die Versuche, allgemeine Theorien zu abweichendem Verhalten zu entwickeln, zum Scheitern verurteilt zu sein. Einige dieser Versuche, soweit sie die Soziologie unternommen hat, sind aber doch interessant, wenn sie auch nur Aspekte des abweichenden Verhaltens erklären. Die bisherigen Ausführungen sollten Voraussetzungen für ein Verständnis der wissenschaftlichen Konzepte und Theorien in der Weise schaffen, dass sie besser in einen Gesamtzusammenhang eingeordnet werden können. Ihre Darstellung folgt zwei Richtungen, die sich einmal durch ihren erkenntnistheoretischen Ansatz unterscheiden. Zweitens besteht zwischen Ihnen Uneinigkeit darüber, ob es sich bei abweichendem Verhalten um einen an äußeren sozialen Merkmalen identifizierbaren Handlungsvorgang oder um ein im Interaktionsgeschehen zugeschriebenes Verhaltensmerkmal handelt.

Sichtweisen abweichenden Verhaltens

Die erste Sicht abweichenden Verhaltens hat sich in der Diskussion als ätiologischer Ansatz durchgesetzt; die zweite Sichtweise tritt als Labeling-Ansatz in Erscheinung. Beide Sichtweisen strukturieren seit Jahren die soziologische Diskussion über abweichendes Verhalten (vgl. *Papathanassiou*, 2002; 662 ff.). Wurde aber vor einiger Zeit noch von unüberbrückbaren Gegensätzen zwischen diesen beiden Ansätzen gesprochen, so werden sie heute zwar als unterschiedliche aber nicht als voneinander unabhängige Denkansätze begriffen. Sie können sich gegenseitig ergänzen und bereichern. Dazu müssen allerdings puristische, erkenntnistheoretische Position aufgegeben werden. Manche Autoren sind offensichtlich dazu bereit (vgl. u.a. dazu *Karstedt*, 1996; 65). Bei den Vermittlungsbemühungen zwischen den beiden Denkrichtungen geht es nicht, wie *Kai D. Bussmann* und *Reinhard Kreissl* meinen, um die Suche nach einem neuen »Königsweg« zwischen den beiden Ansätzen, sondern um Offenheit für eine aufbauende Weiterentwicklung (vgl. 1996; 13). Ein weiterer Hinweis auf die Notwendigkeit einer gemeinsamen Entwicklung verschiedener soziologischer Ansätze ist in der schlichten Tatsache zu finden, dass es jedem Ansatz allein immer weniger gelingt, abweichendes Verhalten im Schatten der sozialen und kulturellen Veränderungen zu beschreiben und zu erklären (vgl. *Karstedt*, 1996; 65 ff., dazu u.a. *Sack*, 1996; 116 ff.). Auch nehmen andere Interessen auf die Theorieentwicklung stärker Einfluss (vgl. *Peters*, 1996, 113 ff.; *Messelke*, 1993), die den Theorieentwürfen jeweils neue Bedeutungen zuweisen.

Theorie und Soziale Arbeit

Die in diesen Ausführungen bewusst vernachlässigte Pflege soziologisch-theoretischer Besonderheiten findet ihre Begründung auch in der Perspektive, die diese Einführung in die Soziologie verfolgt. Geht es doch hier um die Erschließung soziologischen Wissens für die Soziale Arbeit, die auch in ihren sich entwickelnden eigenen wissenschaftlichen Konzepten vor allem die praktisch zu leistende Problembearbeitung im Blick hat (vgl. *Sidler*, 1989; 93 f.). Das soziologische Wissen soll für die Soziale Arbeit nutzbar gemacht werden. Dabei wird mit bedacht von Nutzen gesprochen, um nicht einem fatalen alltäglichen Missverständnis erneut zum Opfer zu fallen, man könne soziologisches Wissen einfach und direkt »anwenden«. Erschließen und nutzbar machen, mag es auch sprachlich gestelzt klingen, heißt, einschlägiges wissenschaftliches Wissen an die Themen und Probleme der Sozialen Arbeit heranzuführen, um zusätzliches Verständnis für Probleme zu wecken und weitere Begründungen für das berufliche Handeln zu gewinnen. Durch eine solche Erweiterung des Verständnishintergrunds kann sich die Handlungspraxis der Sozialen Arbeit qualifizieren.

Die folgenden Ausführungen wollen einmal einen Überblick über das einschlägige soziologische Wissen geben. Sie wollen zweitens die Theorieteile behandeln, die für die Soziale Arbeit relevant und interessant sind. Schließlich wollen sie drittens an weiterführende, berufsspezifische Fragen und Themen heranführen. Im ersten Teil (vgl. 4.3.1) wird besonders von Bedingungen abweichenden Verhaltens die Rede sein. Damit wird auf den strukturellen Rahmen verwiesen, in dem abweichendes Verhalten beobachtet, erklärt und bearbeitet werden kann. Im zweiten Teil (vgl. 4.3.2) wird die interaktive Bestimmung abweichenden Verhaltens in sozialen Handlungsprozessen im Vordergrund stehen. Die Darstellung erfolgt auf der Mikro-, Meso- und Makroebene (vgl. Abb. 5).

Empirische Untersuchung

Für eine wissenschaftliche Auseinandersetzung stellt sich auch die Frage nach der empirischen Erfassung abweichenden Verhaltens. Eine methodisch-empirische Annäherung an abweichendes Verhalten ist schwierig. Sie ist bei der Untersuchung von kriminellem Verhalten am weitesten gediehen. Die Bestimmung des Untersuchungsobjektes ist auch hier von erkenntnistheoretischen Annahmen abhängig. Bei einer ätiologischen Betrachtung wird die Identifikation abweichenden Verhaltens nicht problematisiert. Als Untersuchungsgegenstand eignet sich kriminelles Verhalten besonders gut, weil davon ausgegangen wird, ein Verstoß gegen die Strafrechtsbestimmungen sei eindeutig als abweichendes Verhalten zu identifizieren. Orientiert sich die Forschung qualitativ am Labeling-Ansatz, wird sie allgemeine Annahmen voraussetzen müssen, um zu einem empirischen Forschungskonzept zu kommen. Abweichendes Verhalten meidet in der Regel eine Wahrnehmung durch Dritte. Es ist in einem Dunkelfeld verborgen. Empirisch zu erfassen ist nur das bekannt gewordene oder angezeigte, also bereits definierte abweichende Verhalten. Es ist also von einer Differenz zwischen nicht öffentlichem, regelverletzendem und abweichendem Verhalten auszugehen.

Dunkelfeld Forschung

Eine empirische Annäherung an das Verhalten ist nur durch die Teilnahme (als teilnehmende Beobachtung, Undercover und investigativ) im Dunkelfeld möglich. Eine solche teilnehmende Beobachtung, häufig als explorative Studie praktiziert, setzt voraus, dass das Beobachtungsfeld und der -gegenstand zugänglich sind (z.B. kaum bei White-Collar Delikten), die Rolle des Beobachters plausibel ausgefüllt werden kann und die Beobachtung (es wird sich wohl um verdeckte Beobachtungen handeln müssen) ethisch gerechtfertigt ist (vgl. *Kerschke-Risch*, 1993; 18 f.). Eine Befragung geht anders

Abbildung 5: Soziologische Erklärungsansätze

Ebene	Bedingungen abweichenden Verhaltens (1) (Ätiologischer Ansatz)	Prozess abweichenden Verhaltens (2) (labeling Ansatz)
Mikroebene (1)	Intrapersonale Bedingungen (1) (vgl. Kap. 4.3.1)	Interaktive Zuschreibung (1) (vgl. Kap. 4.3.2)
Mesoebene (2)	Sozialisatorische und gruppenspezifische Bedingungen (2) (vgl. Kap. 4.3.1.1)	Stigmatisierung und abweichende Karriere (2) (vgl. Kap. 4.3.2.1; 4.3.2.2)
Makroebene (3)	Gesellschaftlich-kulturelle Bedingungen (3) (vgl. Kap. 4.3.1.2)	Normensetzung, Herrschaft, Instanzen sozialer Kontrolle (3) (vgl. Kap. 4.3.2.1)

vor. Sie konzentriert sich auf zwei Personengruppen. Die anonyme Täterbefragung stellt an eine repräsentative Zufallsstichprobe einer Grundgesamtheit (z.B. die Bevölkerung einer Region) die Frage, »ob sie überhaupt oder innerhalb eines begrenzten Zeitraumes bestimmte Straftaten begangen hat« (*Kaiser*, 1977; 19). Bei der Opferbefragung wird entsprechend danach gefragt, ob man Opfer gewesen ist (vgl. *Kiefl/Lamnek* 1986; 36 ff.). Bei der Beantwortung solcher Fragen führen Unrechtsbewusstsein, Verheimlichungstendenzen, Schwere der Delikte und Angst vor negativen Folgen zu relativ unwägbaren Einflüssen auf die Ergebnisse (vgl. *Kerner*, 1974; 192).

Die empirische Annäherung an bereits als abweichend erkanntes Verhalten setzt voraus, dass Opfer, Beobachter, Kontrollinstanzen u.a. ein regelverletzendes Verhalten offen legen. Dieser, verkürzt als Anzeigeverhalten bezeichnete soziale Vorgang folgt eigenen Mustern, die sich mittelbar auch auf die Reaktionen auf erfasstes abweichendes Verhalten auswirken (*Kerschke-Risch*, 1993; 15 f.). So wird etwa auf statistisch wachsende Kriminalitätsziffern mit einer personellen Ausweitung der Polizei reagiert, die dann zu einem weiteren Steigen der Ziffern beiträgt. Mehr Polizei lässt die Anzeigenhäufigkeit steigen und damit werden weitere Teile des Dunkelfeldes erhellt. Auch ein allgemein gesteigertes Problembewusstsein kann zu einem gesteigerten Anzeigeverhalten und zu einer größeren Zahl falscher Verdächtigungen führen. So bestehen etwa zwischen dem von Angst und Sorgen beeinflussten Unrechtsbewusstsein und dem tatsächlich abweichenden Verhalten zum Teil erhebliche Differenzen. Die Hälfte der Westdeutschen und fast drei Viertel der Ostdeutschen sind besorgt über die Kriminalität (*Datenreport*, 1997; 430 f.), ohne dass sich das Ausmaß dieser Furcht durch die erfassten Kriminalitätszahlen belegen lässt.

Subjektive Wahrnehmung und erfasstes abweichendes Verhalten

Die Kriminalstatistik besteht aus drei Teilen, die jeweils bestimmte Abschnitte der Festlegung von abweichendem Verhalten repräsentieren. Die Polizeistatistik erfasst zunächst alle angezeigten oder anderweitig bekannt gewordenen Straftatbestände. Ob danach Anklage erhoben oder eine andere Maßnahme verfügt wird entscheidet der Staatsanwalt (Strafverfolgungsstatistik). Und schließlich urteilt ein Gericht (Strafvollzugsstatistik). Längst nicht alle angezeigten Fälle führen zu einer Verurteilung (Trichtereffekt). Wenn solches abweichende Verhalten quantitativ-empirisch betrachtet werden soll, ist die jeweilige Stufe des Verfahrens zu bedenken. Hinzu kommen andere statistische Effekte, z.B. dass bestimmte Personen mehrfach als Täter in Erscheinung treten, aber nur einmal in der Statistik erfasst sind. Insoweit gibt es erhebliche Bedenken gegenüber der Aussagekraft solcher Statistik (*Pfeiffer/Scheerer*, 1979; 21) wie überhaupt gegenüber der empirischen Erfassung abweichenden Verhaltens.

Kriminalstatistik

4.3.1 Bedingungen abweichenden Verhaltens

Der Begriff soziale Bedingungen ist in diesem Kontext mit Bedacht gewählt und steht für den Begriff Ursachen. Es soll damit zum Ausdruck gebracht werden, dass es keine im strengen Sinne kausale Erklärungen (Feststellung einer eindeutigen Verbindung zwischen Ursache und Wirkung) abweichenden Verhaltens gibt. Für abweichende Verhaltens- und Handlungsweisen jeweils bestimmte Ursachen zu finden, ist kaum möglich. Soziale Probleme im Allgemeinen und abweichendes Verhalten im Besonderen sind abhängig von vielen, wiederum voneinander abhängigen und miteinander verbundenen Faktoren, die als ein Geflecht von Bedingungen den Hintergrund von abweichendem Verhalten bilden. Es lässt sich lediglich feststellen, dass sich aus einer bestimmten Konstellation von Einzelbedingungen (beispielsweise aus dem Zusammentreffen von Arbeitslosigkeit, Obdachlosigkeit und Alkoholgefährdung) ein Bedingungsgefüge (zum Beispiel Straßenarmut) ergeben kann, welches das Auftreten bestimmter Formen abweichenden Verhaltens begünstigt und wahrscheinlicher macht, als es bei Nichtvorliegen dieser Bedingungen der Fall ist. Abweichendes Verhalten tritt also auch bei Vorliegen solcher, abweichendes Verhalten begünstigenden Bedingungen nicht zwangsläufig, sondern immer nur mit einer bestimmten Wahrscheinlichkeit in Erscheinung (probabilistische Erklärung).

Probabilistische Erklärung

In der sozialen Einzelfallarbeit werden möglichst viele Einzelfakten über die Lebensgeschichte, den Tathergang usw. (z.B. durch einen Erhebungsbogen in der Jugendgerichtshilfe) erhoben. Solche Datensammlungen geben einen »ersten Überblick« und, geschärft durch entsprechende Erfahrungen, einige Hinweise auf die Hauptschwierigkeiten. Sie lassen aber nie mit letzter Sicherheit Ursachen oder Folgen erkennen. Eine solche vorläufige »Hintergrundanalyse« muss in der Praxis der Sozialen Arbeit zunächst als Handlungsgrundlage genügen. Die erhobenen Fakten vermögen allein aber nicht den Fall zu »klären«. In ihrer multifaktoriellen Kombination »erlauben sie eine Art von Rasterfahndung« (*Schneider*, 1999; 120). Eine Häufung abweichender Verhaltensweisen in Kombination mit sozialen Merkmalen kann z.B. zu einem sozialen Brennpunkt oder zu einer Szene konstruiert werden, der dann mit besonderen sozialen Diensten und Kontrollen ausgestattet wird, die sie endgültig als solche etablieren. Faktensammlungen können dann zu einer Erklärung und zu Handlungsvorschlägen führen, wenn ihnen eine Theorie zugrunde liegt, die den Daten einen »Sinn« gibt. So lässt sich der »praktische« Nutzen von Theorien begründen. Erst solche theoretische Grundlagen schaffen die notwendige Distanz, die die berufliche Soziale Arbeit und die, die sie ausüben, davor bewahrt, in ihren Einzelfällen »unterzugehen«.

Faktensammlung und Fallverstehen

Bevor auf soziologische Theorien weiter eingegangen wird, sollen einige intrapersonale und psychologische Bedingungen kurz angesprochen werden, die auf das soziale Verhalten einwirken (eine schematische Übersicht und Zuordnung der Ansätze versucht die Abbildung 7). Intrapersonale Bedingungen (vgl. 1.1.1 Abb. 5) nehmen ihren gedanklichen Ausgang bei einer biologisch-anthropogenetischen Vorstellung vom geborenen Abweichler, der entsprechend seinen grundlegenden, auch moralischen »Anlagen« nicht den kulturellen Anforderungen entsprechen kann (Hauptwerk: *Lombroso*, 1890/94). Diese Vorstellungen haben sich als wissenschaftlich nicht haltbar erwiesen. Hingegen spielen sie bei alltäglichen Erklärungen besonders provokanter Abweichungen noch manchmal eine Rolle. Bei ei-

Intrapersonelle Bedingungen

nem sehr weiten Verständnis von abweichendem Verhalten, welches sich nicht auf Kriminalität beschränkt, sondern z. B. auch in angeborenen Behinderungen eine sozialabweichende Problematik erkennt, sind allerdings biologische Bedingungen zu berücksichtigen (vgl. *Lamnek*, 1993; 57 f.).

Subjektives Problemlösungsverhalten

Abweichendes Verhalten ist nicht Ausdruck persönlicher oder sozialer, nicht revidierbarer Bedingungen, sondern oft bereits ein Versuch ein Problem subjektiv zu lösen. Abweichendes Verhalten kann also ein sich nicht an Normen haltender Problemlösungsversuch durch einen Betroffenen sein (vgl. auch *Sidler*, 1989; 95). Aus einem Ungleichgewicht zwischen den Bedürfnissen und den zur Verfügung stehenden Mitteln entsteht ein »Unwohlsein«, welches »Bewältigungsreaktionen (Coping) auslöst«, die das Gleichgewicht wieder herstellen sollen, auch »wenn dabei die geltenden Normen verletzt oder umgangen werden« (*Böhnisch*, 1999; 41 f.). Dieser Zusammenhang zwischen subjektivem Problemerleben und Lösungsverhalten bestätigt das Konzept Sozialer Probleme mit seiner Unterscheidung zwischen Problem und Problemwahrnehmung sowie Reaktion (vgl. 4.1.2). Ein Problembetroffener macht sich ein eigenes Problembild und reagiert entsprechend mit seinen eigenen Ressourcen auf die erlebte Diskrepanz. Erst wenn diese Reaktionen nicht zu einer Abschwächung des Problems führen und der Leidensdruck weiter wächst, wird der Weg zur fachlichen Hilfe beschritten (z.B. sind Verläufe von Alkoholismus so geprägt).

Das Spektrum der psychogenetischen Erklärungen abweichenden Verhaltens reicht von tiefenpsychologischen-psychoanalytischen (vgl. *Lamnek* 1993; 80 f.) bis zu lerntheoretisch-sozialpsychologischen Ansätzen. Dort, wo sich noch keine festen Krankheitsbilder als Personenmerkmale entwickelt haben, öffnet sich das weite Spektrum allgemeiner Verweise auf psychische Ursachen für abweichendes Verhalten. Im Vordergrund stehen dabei z.B. aggressives und gewalttätiges Verhalten, welches dann auf irgendwelche psychischen Bedingungen zurückgeführt wird. Häufig werden solche Erklärungen mit sozialen/gesellschaftlichen Bedingungen verbunden. Ein Beispiel dafür ist das Konzept der Balance zwischen »innerem Triebzustand und äußerem Handlungszustand« von Lothar *Böhnisch* (1999; 40 ff.).

Lerntheoretische Bedingungen

Die Sozialpsychologie bietet auch lerntheoretische Konzepte zur Erklärung abweichenden Verhaltens an. Dabei wird davon ausgegangen, dass die Fähigkeit zu abweichendem Verhalten nicht nur vom Nichtbeachten regulativer Normen abhängig ist, sondern als eigene Handlungsqualität auch inhaltlich gefüllt, also auch gelernt werden muss (vgl. 2.1.2 in Abb. 5). Die Verwendung illegaler Mittel und die Übernahme abweichender Rollen setzt also eine entsprechende Sozialisation voraus. Damit wird die »Aufmerksamkeit auf Prozesse gelenkt, durch die Personen z.B. einer kriminellen Umwelt zugeführt werden und schließlich kriminelle Rollen (...) übernehmen. Der Zugang zu einer Rolle hängt von stabilen sozialen Kontakten ab, durch die entsprechende, abweichende Fähigkeiten gelernt werden (...). Wo solche Lernstrukturen nicht verfügbar sind, ist es möglicherweise für manche Individuen schwierig, Zugang zu kriminellen Karrieren zu erlangen, auch wenn sie dazu motiviert sind (vgl. *Cloward*, 1968; 328). »Ob abweichende Verhaltensweisen erlernt werden, hängt von den differentiellen Kontakten (mit...abweichenden Verhaltensmustern), deren Häufigkeit, Dauer, Priorität und Intensität ab« (*Lamnek*, 1994; 22). Die Lerntheorie hebt gerade den Prozesscharakter abweichenden Verhaltens hervor (vgl. *Sutherland*, 1968; 397 f.).

Entwicklungsbedingungen

Wird die ätiologische Frage nach den Ursachen weiter geführt und nach den Bedingungen für psychische und soziale Fehlentwicklungen, aus denen sich abweichendes Verhalten ableiten lässt, gefragt (vgl. 2.1.2 Abb. 5), so treten die Vermittlungs- und Entwicklungsagenturen (z.B. die Familie) und die Vermittlungs- und Entwicklungsprozesse (z.B. Sozialisation) in den Vordergrund (vgl. Kapitel 2 und 3). Sie beziehen sich auf Sozialisationsstörungen als Bedingungen für abweichendes Verhalten und meinen z. B. eine mangelnde Internalisierung von Werten und Normen oder eine unzureichende Übernahme von Rollen mit den dafür erforderlichen Kompetenzen, die aus Erziehungsmängeln, familialer Desorganisation und schichten- bzw. milieuspezifischer Sozialisation herrühren können. Damit sind soziale Prozesse angedeutet, die sich als soziologische Bedingungen für abweichendes Verhalten darstellen.

4.3.1.1 Abweichende Subkulturen

Jugendliche Subkultur

Der sozialisierende Einfluss (vgl. 2.1.2 Abb. 5) von sozialen Beziehungen hat in der Soziologie abweichenden Verhaltens zu Theorien devianter Subkulturen geführt. Ein häufig verwendetes Sprichwort lautet: »Sage mir mit wem Du umgehst, und ich sage Dir, wer Du bist! « Aus der Sicht der Subkulturtheorie steckt in diesem Satz mehr als ein Körnchen Wahrheit. Der Mensch in seiner wesensmäßigen Offenheit besitzt die notwendigen Fähigkeiten, sich in der Bindung an eine Kultur als Person zu entwickeln und sich unterschiedlichen Lebensverhältnissen anzupassen. Diese Bindung erfolgt wiederum sozial vermittelt über andere Personen. In dieser kulturellen Gebundenheit der Vermittlungs- und Entwicklungsprozesse (Sozialisation) und der Vermittlungsagenturen (Familie und Gruppe) bilden sich auf der Mesoebene Verhaltensbedingungen, unter deren Einfluss es auch zu abweichendem Verhalten kommen kann. In einem normalen Lebenslauf tritt dieses besonders in der durch Unsicherheit geprägten adoleszenten Entwicklungsphase mit ihrer Ablösung von der Herkunftsfamilie hervor. Für einen Jugendlichen gewinnt dann die altersgleiche Bezugsgruppe eine hohe Bedeutung. In ihr und ihren möglicherweise anderen (abweichenden) Verhaltensmustern erprobt sich der Jugendliche, entwickelt seine Identität weiter und erfährt neue soziale Integration. Diese gruppenbezogene Wirklichkeit wird für ihn entscheidend wichtig, unabhängig davon, ob sie sich in ihren Lebensformen als konform oder als abweichend darstellt.

Kulturkonflikt

Neben diesen entwicklungspsychologischen Subkulturen gibt es solche anderer Art. In der durch eine lebensweltliche Pluralität gekennzeichneten modernen Wirklichkeit treten unterschiedliche subkulturelle Lebensstile und Milieus als Ausdruck der Vielfalt der Lebensverhältnisse und der damit verbundenen unterschiedlichen Lebensperspektiven hervor. Da eine Identifikation mit dem pluralen Ganzen nicht möglich ist, werden eine oder wenige überschaubare Subkulturen als sozialisatorischer Hintergrund für die Sinn- und Statussuche gewählt (vgl. *Böhnisch*, 1999; 58 f.). »Subkulturen sind also sozialstrukturelle Mechanismen, die es ermöglichen, dass unterschiedliche, teilweise widersprüchliche ... Normen nebeneinander bestehen können« (*Böhnisch*, 1999; 57). »Aus dieser Wert- und Normdifferenzierung lassen sich Erklärungen für abweichendes Verhalten ableiten« (*Lamnek*, 1993; 143). Abweichendes Verhalten tritt mit großer Wahrscheinlichkeit auf, wenn die »Balance zwischen subkultureller und gesellschaftlicher Normorientierung« fehlt (vgl. *Böhnisch*, 1999; 57). Der Kulturunterschied wird dann zum Kulturkonflikt.

Auch die Aussagen der ursprünglichen Subkulturforschung in Nordamerika, die sich besonders mit kriminellen Jugendbanden beschäftigte, liefern einige theoretische Hinweise zum Verständnis von Subkulturen, die auch für die heutigen Verhältnisse einige Aufschlüsse bieten können. Für die Soziale Arbeit sind diese Hinweise auch deshalb interessant, weil diese Forschungsansätze von Anfang an auch das Ziel verfolgten, die untersuchten Probleme zu beseitigen.

Neue Normen

Die Bildung subkultureller (Jugend-)Gruppen wurde damals auf soziale Probleme wie Migration, ethnische Zugehörigkeit, Arbeitslosigkeit und Armut zurückgeführt. Besonders dort, wo sich diese räumlich zu Ghettos oder Slums verdichteten (vgl. *Thrasher*, 1936), zeigten sich abweichende Lebensformen und bildeten sich jugendlichen Subkulturen. Diese wurden einmal als kollektive Antwort auf die problematische Situation (vgl. *Cloward/Ohlin*, 1960) gedeutet, in denen allerdings auch die ethnisch-kulturellen Lebensformen der Eingewanderten fortlebten. In diesen »Kontrakulturen« lösten die Jugendlichen ihre Anpassungsprobleme dadurch, dass sie Normen entwickelten, die angemessene Reaktionen auf Versagens- und Frustrationserfahrungen möglich machten und ein »System von Statuskriterien« schufen, denen gegenüber die Jugendliche erfolgreich sein konnten. Die »Tugenden und Verdienste« wurden in der Subkultur so formulierten, dass sie den Verwirklichungschancen ihrer Mitglieder entsprachen (vgl. *Cohen*, 1961; 127). Darin tritt ein Kerngedanke der Subkulturtheorie deutlich hervor, dass nämlich abweichendes Verhalten nicht die Beachtung von Normen grundsätzlich verweigert, sondern im Gegenteil neue, andere und passendere Normen entwickelt, an denen sich dann das Verhalten ausgerichtet. Die Bindung an die (neuen) Normen bleibt erhalten und kann sehr hoch sein.

Subkulturelle Lebensformen

Weniger dramatisch, aber eben auch problematisch ist ein Auseinanderfallen von offiziellen und informellen Normen. So kann die offizielle Leistungsnorm der Schule in der außerschulischen Clique »nichts gelten und oft sogar denunziert werden« (vgl. *Böhnisch* 1999; 58). Subkulturelle Gruppen schaffen Anpassungsmechanismen und abweichende Strukturen, die entscheidenden Einfluss nehmen können, in dem z.B. in informellen subkulturellen Lebensformen auch bestimmte Phasen oder Situationen (z.B. die Schul- oder Militärzeit) »überstanden« werden können Der in diesem Kontext Handelnde »ist eigentlich konformistisch, es sind aber die falschen Normen, die er erfüllt und die ihn in Konflikt mit der dominanten Kultur bringen« (*Schneider*, 1999; 116).

Der Zusammenhang zwischen Lebensverhältnissen und subkulturellen Lebensformen lässt sich auch am Beispiel der auf der Straße oder in entsprechenden Einrichtungen lebenden Alleinstehende Wohnungslosen beobachten. Ein dauerhaftes sozialisierendes Angewiesensein auf eine solche, durch Armut und Obdachlosigkeit geprägte Lebenslage führt zur Verhaltensformen, Denkweisen und Handlungszielen, die sich in vieler Hinsicht von der Hauptkultur unterscheiden, aber gleichzeitig die Integration in ein soziales Milieu sichern.

Dort setzt gedanklich ein anderes Verständnis (vgl. *Miller*, 1968) von abweichender Kultur an. Es geht von einer Kultur – etwa der Unterschicht – als Folge einer eigenständigen Entwicklung in anderen Lebensformen mit anderen Einstellungen auf Grund anderer Lebensverhältnisse aus. Eine, aus der Sicht der dominanten Kultur sich zeigende Abweichung ist dann Ausdruck einer solchen kulturellen Verselbständigung. *W. B. Miller* beschreibt diese Kultur am Beispiel der Unterschicht mit Kristallisationspunkten (1968; 341), eine Art von besonderen Leitmotiven für kulturspezifische Einschätzungen und Handlungen, die durch eine subkulturelle Sozialisation weitergegeben werden.

Subkultur und moderne Gesellschaft

In der ständigen Wandlungsprozessen ausgesetzten gegenwärtigen Gesellschaft ist von einer permanenten kulturellen Dynamik auszugehen, die sich nicht nur aber auch als partieller Kulturkonflikt zeigen kann. Etablierte Kulturen fransen aus und werden undeutlich. Neue Blickrichtungen gewinnen an Interesse, periodische Moden lösen sich ab. Migrations- und mobilitätsbedingte Zusammentreffen unterschiedlicher Kulturen werden »normal«. Die Diskussion über Formen eines Nebeneinanders, einer Assimilation oder einer Integration unterschiedlicher Kulturen dauert an. Vor diesem Hintergrund ist abweichendes Verhalten immer weniger genau zu bestimmen und immer stärker von divergierenden Wahrnehmungen abhängig. Das führt grundsätzlich zu einem weiter relativierten Verständnis von abweichendem Verhalten und deshalb wird es in immer stärkeren Maße nur als definierte Zuschreibung begreifbar (vgl. *Lamnek*, 1994; 21).

Soziale Arbeit

Der Subkulturansatz hat für die Soziale Arbeit einen beträchtlichen Nutzen. Dieser liegt vor allem in einer weiter differenzierten Betrachtung abweichenden Verhaltens; denn was dem Außenstehenden als Abweichung erscheint, kann aus der kulturspezifischen Innensicht konform sein. Die Definitionen von Konformität und Abweichung scheinen im Extremfall gegenseitig austauschbar zu sein. Im Lichte des Subkulturansatzes ist es auch zweifelhaft, ob die mit dem Ziel der Reintegration verbundene Herauslösung der Klientel aus einer Subkultur immer das richtige Mittel ist, oder ob es nicht auch hilfreich sein kann, subkulturelles Zusammenleben zu fördern statt aufzulösen (vgl. *Schneider*, 1999; 116). Mindestens dies zu wissen ist wichtig für alle, die an der Definition abweichenden Verhaltens beteiligt sind. Schließlich beziehen sich prominente pragmatische Vorstellungen über jugendtypische Delikte und Diversionsmaßnahmen (Reaktionen ohne Strafcharakter) auf subkulturelle Ansätze, indem sie spezielle »jugendtypische« Maßstäbe zur Verhaltenserklärung verwenden.

4.3.1.2 Sozialstruktur und Anomie

Anomie

»Anomie« leitet sich ab vom griechischen Wort Nomos (Gesetz oder Regel) und bedeutet Normlosigkeit. Damit sind Lebensverhältnisse gemeint, die nicht genügend Verhaltenssicherheit bieten. Vorhandene soziale Normen treffen nicht mehr passgenau auf Situationen zu, andere sind undeutlich oder widersprüchlich geworden. Den Menschen fehlt es dann an Orientierung. Als wesentliche Ursache für einen solchen anomischen Zustand wird eine Diskrepanz zwischen den normativen Anforderungen und den tatsächlichen Möglichkeiten ihrer Einhaltung angesehen. Anomie (vgl. 3.1.3 in Abb. 5) ist also ein Zustand des Ungleichgewichts in der Beziehung zwischen Gesellschaft und dem Einzelnen. In einer anomischen Situation, die als Störung des Wohlbefindens erlebt wird, entwickelt sich ein Handlungsdruck (Stress), auf den Betroffene zwar nicht automatisch aber mit zunehmender Wahrscheinlichkeit mit abweichendem Verhalten reagieren (Böhnisch, 2001; 59). »Niemand kann sich wohlfühlen«, schreibt *Emile Durkheim* (1858 – 1917) mit dem Blick auf den Einzelnen, »ja, überhaupt nur leben, wenn seine Bedürfnisse nicht mit den ihm zur Verfügung stehenden Mitteln einigermaßen in Einklang stehen.« (1973; 279). Das anomische Problem liegt in der Unübersichtlichkeit der gesellschaftlichen Entwicklung für den Einzelnen. Ganz gleich, ob überzogene Prosperität oder krisenhafter Einbruch die Ursachen sind, entscheidend ist in der Anomiethese, dass die Menschen einerseits unter sozialstrukturellem Druck stehen, gleichzeitig aber nicht die gesellschaftlichen Grenzen und normativen Autoritäten erkennen, an denen sie sich orientieren können und in dieser Begrenzung auch ihre psychosoziale Balance und damit die Befriedigung ihrer Bedürfnisse nicht finden können (vgl. *Böhnisch*, 1999; 30).

Gleichgewicht

Emile Durkheim beschäftigte sich mit dem Problem des Zusammenhalts der Gesellschaft, mit der gesellschaftlichen Integration unter den modernen Bedingungen einer fortschreitenden sozialen Differenzierung und Arbeitsteilung. In elementaren Gesellschaften war die soziale Struktur einfach und die integrative Zusammenarbeit ergab sich aus dem unmittelbar Notwendigen (nach *Durkheim*: mechanische Solidarität). In der modernen Gesellschaft ist das gegenseitige Angewiesensein der Menschen als Folge der Arbeitsteilung und damit die Notwendigkeit zur bewussten Zusammenarbeit gewachsen. Aber auch die Bedürfnisse sind differenzierter geworden und dadurch komplizierter zu befriedigen, so dass der Zusammenhalt, das integrative Gleichgewicht bewusst herbeigeführt werden muss. (In Analogie zur Integration im menschlichen Organismus bezeichnet *Emile Durkheim* dieses Gleichgewicht als organische Solidarität.) Diese Integration ist nach *Durkheim* deshalb zu einer kollektiven Aufgabe der Gesellschaft selbst geworden. Die Gesellschaft hat die Aufgabe (Funktion), so lautet sein immanenter Anspruch, Ungleichgewicht zu verhindern und Bedingungen für eine Integration zu schaffen. Denn »sie allein hat die erforderliche Autorität, Recht zu sprechen und den Leidenschaften jenen Punkt aufzuzeigen, über den sie nicht hinausgehen dürfen« (*Durkheim* 1966; 397). Die gesellschaftlichen »Instrumente« der Integration sind soziale Normen (vgl. 4.2.1) und soziale Kontrolle (vgl. 4.2.2). »Wenn indes in der Gesellschaft Störungen auftreten, sei es infolge schmerzhafter Krisen oder auch infolge günstiger, aber plötzlicher Wandlungen, ist sie zeitweise unfähig, dieser Funktion (Autorität zu zeigen) zu genügen« (*Durkheim*, 1973; 288). Es treten die schon beschriebenen anomischen Zustände ein.

Verhaltens-unsicherheit

Versteht *Emile Durkheim* Anomie als den Zusammenbruch des integrativen Gleichgewichts, als ein Versagen der regulativen Normen, also auch als ein »Versagen der Gesellschaft,« so wendet sich der fünfzig Jahre später geborene *Robert K. Merton* der Frage zu, wie der Einzelne mit anomischen Situationen fertig werden kann. *Robert K. Merton* verfeinert zunächst den Ansatz von *Durkheim* dadurch, dass er zwischen kultureller und sozialer Struktur unterscheidet. »Die kulturelle Struktur können wir etwa definieren als den Komplex gemeinsamer Wertvorstellungen, die das Verhalten der Mitglieder einer gegebenen Gesellschaft (...) regeln. Und mit sozialer Struktur ist der Komplex sozialer Beziehungen gemeint, in die Mitglieder der Gesellschaft (...) unterschiedlich einbezogen sind. Als Anomie wird schließlich der Zusammenbruch der kulturellen Struktur bezeichnet, der besonders dort erfolgt, wo eine scharfe Diskrepanz besteht zwischen kulturellen Normen und Zielen einerseits und den sozialen, strukturierten Möglichkeiten, in Übereinstimmung hiermit zu handeln, andererseits« (*Merton*, 1968; 296). Der Handelnde steht dann unter dem anomischen »Druck« von Verhaltensunsicherheit, wenn sich für ihn die kulturabhängigen Ziele in der gesellschaftlichen Situation, in der er sich befindet und die auch die Mittel zur Zielerreichung beinhaltet, nicht verwirklichen lassen. In einer solchen anomischen Situation kann der Betroffene, nach *Merton*, grundsätzlich auf vierfache Weise reagieren, sich der Situation »anpassen«. Anpassen heißt, auf den »Anomiestress« (vgl. *Engelhardt*, 1976; 100; *Böhnisch*, 1999; 39) reagieren.

Anomie und moderne Gesellschaft

Bei den Arten individueller Anpassung an anomische Situationen handelt es sich um idealtypische Verhaltensmöglichkeiten, die in der Realität nur als Mischformen auftreten. Auch der Begriff der Anpassung kann insofern irreführen, da *Robert Merton* durchaus auch Formen des aktiven Umgangs mit Anomiestress meint. Abgesehen von der (unter anomischen Bedingungen erzwungenen) Konformität können die Menschen auf Anomie nur in Formen abweichenden Verhaltens reagieren. Während Ritualismus eine Distanzierung von den Zielen bei gleichzeitigem Festhalten an den vorgeschriebenen Wegen und Mitteln meint, können Rückzug und Rebellion als

Abbildung 6: Anpassungstypen (nach *Merton*, 1968; 300)

Anpassungstypen	Einstellung zu kulturellen Zielen	Einstellung zu zugelassenen Mitteln
Konformität	+	+
Innovation	+	–
Ritualismus	–	+
Sozialer Rückzug	–	–
Rebellion	– (+)	– (+)

+ = Akzeptierung; – = Ablehnung; – (+) = Substitution

»Ausstieg« aus der Gesellschaft verstanden werden; wobei die Rebellion nach einer Alternative sucht (vgl. *Merton*, 1968; 301 – 304). Ritualismus und Rückzug können sich auch verborgen in der Person vollziehen, und als individuelle Krankheitsbilder in Erscheinung treten. Der Anpassungstypus »Innovation« ist das besondere Beispiel für abweichendes Verhalten. Er umschließt ein ganzes Spektrum von möglichen Verhaltensweisen zwischen politischem Reformer und ordinärem Dieb (vgl. *Böhnisch*, 1999; 33). Der Erklärungskraft dieser Kategorie ist damit relativ eingeschränkt. *Lothar Böhnisch* versucht diesen Ansatz durch eine stärkere Individualisierung weiterzuführen (1999; 34 ff.), denn »moderne Integrations- und Desintegrationsprozesse haben ihre eigenläufigen systemischen und lebensweltlichen Dynamiken« (*Böhnisch*, 1999; 34; vgl. auch 4.2.3). Er greift die Vorstellung von einer Diskrepanz als Ausgangslage von Anomie auf, formuliert sie aber als Entkoppelung zwischen System- und Sozialintegration. »Somit ist die Gefahr gegeben, dass die Menschen die Gesellschaft nicht mehr verstehen und die Gesellschaft in einem heute vorwiegend technologisch definierten Modernisierungsprogramm keinen Begriff vom Menschen mehr hat« (1999; 35). Das verlangt von den Menschen, dass sie zugleich »offen für den gesellschaftlichen Strukturwandel und an ein authentisches Selbst gebunden sein« müssen (*Böhnisch*, 1999; 35). Stärker noch als *Merton* verlegt *Böhnisch* die »Lösung« anomischer Verhaltensschwierigkeiten in die Person und deren Biografie. Er beruft sich auf die fortschreitende Individualisierung, die sozusagen dazu keine Alternative bietet (vgl. 1999; 31, 2001; 58/59). Das Leben in anomischen Konstellationen ist dadurch gekennzeichnet, dass sozialintegratives Handeln im lebensweltlichen Kontext keine systemische Resonanz findet, und es sich deshalb dann antisozial und egozentriert äußert. »Diese moderne Form der Anomie verhindert zunehmend die soziale Gestaltung vom Menschen her. Denn Menschen suchen und verlieren ihren Lebenssinn nach anomischen Enttäuschungen nicht mehr im Sozialen, sondern in sich selbst; in der biografischen Selbsterfüllung ohne Rücksicht auf die Belange des Sozialen, aber unter selbstverständlicher Inanspruchnahme der ›organischen Solidarität‹« (*Böhnisch*, 1999; 35). Mit dieser Weiterentwicklung der »Anomietheorie« und deren Annäherung an intrapersonale Prozesse verstärkt sich die Tendenz zur interdisziplinären Betrachtung abweichenden Verhaltens und gleichzeitig auch zur Annäherung an die handlungsrelevantere und für die Soziale Arbeit wichtigere Konzeption der sozialen Probleme, die im Kern von Diskrepanzen (oder einem Ungleichgewicht) ausgelöst werden.

Soziale Arbeit

Die Anomietheorie zeigt das Verhältnis von Individuum und Gesellschaft im Zeichen gesellschaftlicher Desintegration auf (Böhnisch, 2001; 52). Sie gibt der Sozialen Arbeit besonders drei Handlungshinweise. Einmal kann die Soziale Arbeit daran mitwirken, anomische Situationen zu vermeiden. Dadurch wird die sozial- und gesellschaftspolitische Dimension Sozialer Arbeit angesprochen. Sie hat die soziale Ungleichheit und deren Verringerung zum Gegenstand (vgl. Kapitel 5) sowie eine gerechtere Gestaltung der Chancenstruktur zum Ziel. Zweitens kann für die praktische Fallarbeit gefolgert werden, Anpassungsleistungen der Betroffenen (z.B. Schuldnerberatung) zu stützen sowie die Ressourcenlage zu verbessern (Beratung über Rechte und Hilfen). Und drittens soll die Soziale Arbeit generell die Selbstkompetenz der Adressaten auf den verschiedenen, methodischen Wegen zu stärken versuchen.

4.3.2 Gesellschaftliche Definition abweichenden Verhaltens

Es soll jetzt auf einige soziologische Theoriekonzepte zur Erklärung abweichenden Verhaltens eingegangen werden, die davon ausgehen, dass die Bestimmung und Festlegung von Verhalten in einem interaktiven Prozess der Zuschreibung und der Definition stattfindet (vgl. 4.3 und 1.2.1 Abb. 5). Dieser Vorgang entspricht der bereits erörterten Definition von sozialen Problemen (vgl. 4.1.1). Zunächst wird angenommen, dass jedes menschliche Verhalten – gänzlich abstrakt gedacht – neutral bzw. »bedeutungslos« ist, und dass einem Verhalten Bedeutung oder Sinn in sozialen Interaktionen, die in einem bestimmten kulturellen Kontext stattfinden, zugeschrieben werden (vgl. 4.2.1).

Definition abweichenden Verhaltens

Eine der möglichen Bedeutungszuschreibungen ist abweichendes Verhalten. Damit ist es als Problem benannt und definiert. Wird diese Bedeutung, dieser Sinn oder dieses Merkmal einer sozialen Handlung auf eine handelnde Person (Generalisierung) übertragen, so heißt das sehr anschaulich Etikettierung. Dem Handelnden wird ein Qualitätsetikett »aufgeklebt«. Wohlgemerkt, dieser Vorgang ist zwar von einseitigem Herrschaftseinfluss nicht frei, doch grundsätzlich kein einseitiger Vorgang, sondern eine Art Aushandeln zwischen den Interaktionspartnern. Das heißt, verschiedene Interpretationen, unterschiedliche Handlungsbedeutungen können miteinander bei der Bedeutungszuschreibung konkurrieren. Es kann auch kein Verhalten sozusagen beliebig oder gar willkürlich als abweichend bestimmt werden, denn auch die Zuschreibung ist an die kulturellen Werte und die davon abgeleiteten sozialen Normen gebunden (vgl. 4.2.1). Der Spielraum der Zuschreibung ist dadurch begrenzt. Eine Soziologie, die diesem Konzept folgt, wird nicht »die als abweichend bezeichneten Sachverhalte« einfach hinnehmen »und nach deren Ursachen fragen«, wie es der ätiologische Denkansatz versucht. »Vielmehr muss diese Soziologie abweichenden Verhaltens die Vorgänge untersuchen, aufgrund deren diese Handlungen« als abweichend definiert werden (*Peters*, 1989; 97; vgl. auch *Peters*, 1996).

Beispielhaft kann ein solcher Prozess an einem Justizverfahren verdeutlicht und nachvollzogen werden. Der Bedeutungsrahmen ist dabei z.B. durch Strafrechtsnormen begrenzt. Es agieren Ankläger und Verteidiger mit unterschiedlichen Bedeutungszuschreibungen und versuchen ein kriminelles Verhalten in ihrem Sinne zu definieren. Ein Verfahren der Klärung, der Beweisführung und schließlich der Urteilsfindung gibt einem bestimmten Verhalten seine Qualität und bestimmt auch die gesellschaftlichen Reaktionen. Sollte in einem solchen Verfahren abweichendes Verhalten als Gesetzesverletzung festgestellt werden, erfolgt auch eine Verurteilung. Das Gericht muss auf Grund seiner legalen Herrschaftsbefugnis diese Feststellung treffen.

Instanzen sozialer Kontrolle

Wenn von einem Aushandeln der Verhaltensqualität zwischen Interaktionspartnern gesprochen wird, (s.o.) so sind dabei, wie im Falle eines Gerichtsverfahrens, die Chancen der Einflussnahme auf diesen Vorgang nicht gleichgewichtig verteilt. Jene Arten abweichenden Verhaltens, die zu den beruflichen Herausforderungen Sozialer Arbeit zählen, sind in der Regel das Ergebnis von Zuschreibungsverfahren unter Beteiligung von Instanzen mit Herrschaftsbefugnis, die als Instanzen sozialer Kontrolle bezeichnet werden. Die Soziale Arbeit ist in einigen wichtigen Aufgaben selbst eine solche Instanz (vgl. 4.2.2). Das Aushandeln und Zuschreiben von Verhaltensqualität kann also grundsätzlich als ein Prozess der sozialen Kontrolle (vgl. 4.2.2) verstanden und auf zweifache Weise ausgeübt werden. Einmal können in der Sozialisation die Normen verinnerlicht werden. Das »Geforderte« wird dann als etwas »Gesolltes« zum »Gewollten« und von »Innen« kontrolliert. Oder es handelt sich um die Kontrolle von außen, die auf unterschiedlichste Weise in verschiedener Intensität als Prozess der interaktiven Zuschreibung ausgeübt werden kann (vgl. 4.2.2).

4.3.2.1 Soziale Reaktionen auf abweichendes Verhalten

Normensetzung

»Es sind die auf bestimmte Verhaltensweisen erfolgenden Reaktionen der sozialen Umwelt, die abweichendes Verhalten produzieren« (*Lamnek*, 1994; 24; siehe 2.2.2 und 3.2.3 Abb. 5). Wenn *Howard Becker* von der »Herstellung« abweichenden Verhaltens spricht (1973; 161), so meint er damit sowohl die Normensetzung als auch die Normenanwendung. Die Normensetzung allein schafft aber kein abweichendes Verhalten. Die sozialen Normen müssen von Menschen »verwendet« werden, um abweichendes Verhalten zu definieren. Aber nicht jeder Normenverstoß ruft Reaktionen hervor. Der Griff ins Ladenregal wird dann zum Diebstahl und zu abweichendem Verhalten, wenn der Zeuge nicht wegschaut, sondern nach dem Geschäftsführer ruft. Es ist also grundsätzlich zwischen normverletzendem und abweichendem Verhalten zu unterscheiden. Der unerkannt bleibende Ladendiebstahl ist zwar ein Verstoß gegen die Regeln; aber erst der hinzutretende Geschäftsführer, der den »Dieb« zur Rede stellt, macht aus der Normverletzung abweichendes Verhalten, indem er es als solches bezeichnet und die Polizei ruft, die wiederum, entsprechend ihrer Aufgabe als Herrschaftsinstanz sozialer Kontrolle, das abweichende Verhalten offiziell feststellt.

Regelverletzung

Normenanwendung

Beides, Normensetzung und Normenanwendung sind aber selektive Vorgänge; d.h. nicht jedes Verhalten wird in gleicher Weise normiert und die Normen werden nicht in gleicher Weise angewendet. »Unterschiede in der Fähigkeit, Regeln aufzustellen und sie auf andere Leute anzuwenden, sind ihrem Wesen nach Machtunterschiede (entweder legale oder außerlegale). Die Gruppen, deren soziale Stellung ihnen (...) Macht gibt, sind am besten imstande, ihre Regeln durchzusetzen. Alters-, Geschlechts-, ethnische und Klassenunterschiede sind sämtlich bezogen auf Machtunterschiede, die ihrerseits verantwortlich sind für Gradunterschiede in der Fähigkeit verschiedenartiger Gruppen, für andere Menschen Regeln aufzustellen« (*Becker*, 1973; 16).

Wird ein gepflegter Herr ohne Fahrausweis in einem öffentlichen Verkehrsmittel entdeckt, so werden mit großer Wahrscheinlichkeit die Mitreisenden und vor allem der Kontrolleur dieses eher als Folge einer augenblicklichen Zerstreutheit interpretieren und akzeptieren, als ihm betrügerische Absicht zu unterstellen. Geschieht das Gleiche aber mit einem auffällig gekleideten Jugendlichen, der auch noch einen großen Hund bei sich hat, wird man darin eher Schwarzfahren erkennen und ahnden.

Die Unterscheidung zwischen primärer und sekundärer Abweichung (vgl. *Lemert*; 1975) betont diese Schnittstelle und die Bedeutung der sekundären Abweichung als Folge einer definierten Regelverletzung und der wiederum davon abhängigen Reaktionen.

Soziale Arbeit

Auch die Soziale Arbeit reagiert auf soziale Probleme, die als regelverletzendes Verhalten in Erscheinung treten, indem sie diese als abweichendes Verhalten definiert und dadurch bestimmte Reaktionen auslöst. Dieses geschieht weitgehend handlungsimmanent und unabhängig von den Motiven der Fachkräfte. *Rüdiger Wurr* und *Henning Trabandt* (1980; 58 ff.) weisen auf zwei Verhaltensweisen hin, die in solchen Situationen fachliche Handlungsspielräume offen halten können. Einmal handelt es sich um Normendistanz und damit ist die Fähigkeit gemeint, sich als Helfer nicht zu sehr und unbewusst mit den normativen Anforderungen zu identifizieren. Und zweitens ist es Stigmatoleranz, die sich nicht zu stark von Tat- und Tätermerkmalen gefangen nehmen lässt, sondern – wie es heute allgemein als Ressourcenansatz praktiziert wird – bewusst andere, möglicherweise positive Momente der Tat und des Täters sucht und berücksichtigt.

Wenn hier die Bedeutung der sozialen Reaktionen als »Produktion« von abweichendem Verhalten betont wird, so bedeutet das nicht, dass die Art und Weise der Handlung selbst keinen Einfluss auf deren Definition hat. Eine radikale Perspektive der Zuschreibungstheorie legt zwar nahe, dass »die Tatsache ... der Normabweichung ein gesellschaftliches Produkt ist, das nicht durch das Verhalten des Täters in die Welt gesetzt wird«, sondern »das Resultat gesellschaftlicher Interaktions- und Bewertungsprozesse« (*Sack*, 1973; 131/138). Doch gibt es dazu auch moderatere Auffassungen (z.B. *Becker* und *Lemert*), die die Tat- und Tätermerkmale, also die Verhaltensinhalte bei der Definition abweichenden Verhaltens berücksichtigt sehen. Hier ist erneut auf die Analogie zu der Beziehung zwischen Problemkern und Problemdefinition (vgl. 4.1.1 und 4.1.2) hinzuweisen.

Handlungsmerkmale und Personenmerkmale nehmen einerseits Einfluss auf die Definition und andererseits auf die Reaktionen auf abweichendes Verhalten. Doch ist die Art und Weise dieses Einflusses nicht leicht zu durchschauen. Personen- und Handlungsmerkmale lassen sich schwer isolieren und beeinflussen sich gegenseitig. Wird als Beispiel die Faustformel »Je schwerer das Delikt, desto gründlicher und schwerer die Reaktionen« gewählt, so beginnen die Schwierigkeiten bereits bei der Bestimmung der » Deliktschwere«. Es leuchtet sofort ein, dass hier unterschiedliche Betroffenheiten oder die Besonderheiten der Situation zu berücksichtigen sind.

Viktimologie

Solchen Fragen wendet sich u.a. die Viktimologie zu, die sich als interdisziplinäre Wissenschaft die Untersuchung der Opfer und deren Verhalten zur Aufgabe gemacht hat. Dabei reicht das Fragenspektrum von der Mittäterschaft der Opfer bis hin zur Opferhilfe (vgl. *Lamnek*, 1994; 236 ff.). So wird etwa die Tatschuld auch in Abhängigkeit vom Opferverhalten gesehen und die Täter-Opfer-Beziehung besonders herausgestellt und untersucht.

Täter-Opfer-Ausgleich

Für die Soziale Arbeit ist besonders das Verfahren des Täter-Opfer-Ausgleichs von fachlichem Interesse, das in der direkten Interaktion zwischen den Beteiligten an einer Tat eine Möglichkeit gesellschaftlich und kulturell adäquater Reaktion auf abweichendes Verhalten sieht, die auch mit den fachlichen Zielen der Sozialen Arbeit übereinstimmen.

Soziale Unterschicht

Ein immer wieder aufgegriffenes und deshalb wichtiges Thema ist die Belastung unterer sozialer Schichten durch abweichendes Verhalten. Auch wenn heute das Schichtungsmodell seinen Erklärungswert weitgehend eingebüßt hat, ist diese Frage doch grundsätzlich interessant. Das manchmal statistisch ermittelte überdurchschnittliche Abweichungspotential unterer Schichten kann einmal von den nachteiligen Lebensbedingungen herrühren. Es kann andererseits auch das Ergebnis selektiven Wirkens der Instanzen sozialer Kontrolle zum Ausdruck bringen. Auf beide Möglichkeiten gibt es plausible Hinweise. Einige davon sind folgende. Ein niedriger sozialer Status geht mit schlechteren Lebensverhältnissen einher und führt zu gesteigertem Anomiestress. Herrschende Mittelschichtsnormen können subkulturelle Unterschichtsnormen entwerten. Niedriger Status verringert die Möglichkeiten, sich Definitionen und Kontrollfolgen zu entziehen. Weniger ausgeprägte sprachliche Kommunikationsfähigkeiten verschärfen die Asymmetrie im Zuschreibungsprozess. Diese Gründe sprechen für das eine oder das andere. Realistisch erscheint es aber, auch hier ein komplexes Bedingungsgefüge als Hintergrund anzunehmen, über dessen wirkliche Wirkungen nur geringe Erkenntnisse vorliegen.

Neutralisierung

Grundsätzlich bietet aber der interaktive Charakter der Zuschreibung jedem Beteiligten, auch gegenüber Kontrollinstanzen die Chance, an der Definition abweichenden Verhaltens aktiv mitzuwirken. Einige exemplarische Formen der Abwehr von negativer Zuschreibung haben *Sykes* und *Matza* sehr anschaulich als »Neutralisierungstechniken« (1968) dargestellt. Sie beinhalten allgemeinverständliche Rechtfertigungsgründe für als abweichend verdächtigtes Verhalten. Selten gelingt es damit, abweichende Zuschreibung bei tatsächlicher Regelverletzung ganz zu verhindern, doch können sie Einfluss auf die Reaktionen nach erfolgter Zuschreibung (mildernde Umstände) nehmen. Diese Rechtferti-gungsgründe sind u.a. die Ablehnung der Verantwortung, die Verneinung des Unrechts der Handlung, die Beschuldigung des Opfers, die Verdammung der Kontrolleure sowie die Berufung auf eine höhere Instanz.

Stereotype

Kontrollierendes und selektierendes Handeln in der Berufswelt, wie es für die Soziale Arbeit berufstypisch ist, wird häufig durch Alltagstheorien, die auch soziale, stereotype Vorstellungen beinhalten können, beeinflusst. Aus berufsbedingten und arbeitstechnischen Gründen, aber auch auf Grund der Aktualität des Leidens- und Problemdrucks der Klienten bleibt der Sozialen Arbeit häufig zu wenig Zeit für eine genaue Analyse der Fälle und Problemlagen. Deshalb muss auf der Grundlage unvollständiger Kenntnisse gehandelt werden. Dabei tritt die Gefahr auf, dass ein Gesamtbild zur Ausgangslage des fachlichen Handelns genommen wird, welches durch Stereotype überlagert sein können. Da aber solche Vorurteile auch bereits die Wahrnehmung steuern, lassen sich in der unmittelbaren Beobachtung diese Vorurteile unter Ausblendung anderer Merkmale immer nur bestätigen. So können stereotype Problem- und Personenbilder entstehen, die durch so genanntes »Erfahrungswissen« bestätigt erscheinen. Kommt hinzu, dass die Berufsrollen in der Regel einen erheblichen Statusüberhang gegenüber den Adressatenrollen haben, dann kann eine kaum wahrnehmbare und wenig mehr legitimierbare Übermacht entstehen, die aber dem Berufsbild und den Handlungsintentionen der Sozialen Arbeit vollständig fremd ist. Die Notwendigkeit einer systematisch-wissenschaftlichen Ausbildung und einer reflektierten Berufsethik ist aus diesen Überlegungen zwingend abzuleiten.

Soziale Arbeit

4.3.2.2 Soziale (Rück-)Wirkungen abweichenden Verhaltens

Sekundäre Abweichung

Wurde bisher versucht, die Definition und Produktion abweichenden Verhaltens etwas genauer zu verstehen, sollen nun die (Rück-)-Wirkungen (die Folgen) auf ein als abweichend definiertes Verhalten für die Betroffenen erläutert werden (siehe 2.2.2 in Abb. 5). Der Vorgang kann mit dem Begriff der sekundären Abweichung/Devianz erfasst werden. »Die sekundäre Devianz bezieht sich auf eine besondere Klasse gesellschaftlich definierter Verhaltensweisen, mit denen Menschen auf die Probleme reagieren, die durch die gesellschaftliche Reaktion auf ihr abweichendes Verhalten geschaffen werden. Dabei geht es im Wesentlichen um (...) Probleme, die mit Stigmatisierung, Bestrafung, Isolation und sozialer Kontrolle zusammenhängen. Im Allgemeinen bewirken sie eine Veränderung der symbolischen und interaktionistischen Umgebung der betreffenden Person« (*Lemert*, 1975; 433 – 434).

Wird abweichendes Verhalten mit Erfolg zugeschrieben, setzen für den Betroffenen Prozesse der Stigmatisierung und Isolation ein, die weitreichende Folgen haben können. Die Einstellung der betroffenen Person zu Werten und Normen verändert sich, neue soziale Beziehungen entstehen und die direkten Bezugspersonen wechseln. Soziale Teilnahmechancen (z B. am Arbeitsmarkt) werden reduziert. Aus einem solchen Bündel von sozialen Folgen kann sich wiederum abweichendes Verhalten neu entwickeln. Es wird also – zugespitzt formuliert – durch die Reaktionen erneut abweichendes Verhalten hervorgerufen.

Reaktionsformen

Wenn dieses zutrifft, sollten dann nicht alle Reaktionen auf abweichendes Verhaltens unterbleiben? Und in der Tat war dieses eine Forderung einiger Vertreter der Zuschreibungstheorie, die damit hofften, abweichendes Verhalten zu reduzieren. Für die Soziale Arbeit hätte das eine erhebliche Einschränkung ihrer Aufgaben und Möglichkeiten zur Folge gehabt. Allerdings wären auch die Auswirkungen für die Integration der Gesellschaft und für einen kulturellen Konsens unübersehbar gewesen (vgl. 4.2). Aber auch auf der Mikroebene würde der Orientierungsrahmen für die individuelle Verhaltenssicherheit gefährdet. Deshalb kann wohl nicht der Verzicht auf jegliche Reaktionen die richtige Konsequenz sein, sondern die Entwicklung von Reaktionsformen, die Isolations- und Stigmatisierungsfolgen reduzieren. Schließlich ist noch darauf zu verweisen, dass ein Reaktionsverzicht auch deshalb nicht möglich ist, weil auch eine Nichtreaktion eine Reaktion ist und Wirkungen hervorruft. Und letztlich darf auch nicht vergessen werden, dass bestimmte, angemessene Reaktionen helfen, schädliches abweichendes Verhalten zu beenden.

Hier stehen besonders sekundäre Abweichungen im Vordergrund, die ihrer Art nach über einen diskrepanten Problemkern verfügen und unter Beteiligung von Instanzen sozialer Kontrolle und fachlich-beruflicher Hilfen definiert worden sind. Bei ihnen besteht besonders die »Gefahr«, dass im Zusammenwirken verschiedener Prozesskomponenten eine Einmündung in eine abweichende Karriere nicht auszuschließen ist.

Stigmatisierung/ Generalisierung

Der Prozess beginnt mit der »Generalisierung« Gemeint ist damit die Übertragung von Verhaltensmerkmalen auf die sich abweichend verhaltende Person. Aus dem Diebstahl wird der Dieb und aus der Lüge der Lügner. Der Person wird ein ganzheitliches Merkmal, ein sozial erkennbares Zeichen, ein Stigma aufgeprägt, welches veränderte, mehr oder weniger negative soziale Reaktion der Umwelt auslöst. Mit einem Dieb oder einem Lügner geht »man« anders um als mit »Normalen«. Die sozialen Reaktionen auf einen Stigmatisierten können dazu führen, dass z. B. Beziehungen zunächst ausgedünnt und später abgebrochen werden. Man ist vorsichtig und fühlt sich selbst diskreditiert, wenn es bekannt wird, dass man den Stigmatisierten kennt. Das übertragene Stigma wirkt aus sich selbst. Der Stigmatisierte bekommt einen anderen Status (»master-status«), der alle anderen Statusmerkmale überdeckt. Vielleicht ist der Dieb auch ein liebevoller Vater oder ein exzellenter Autofahrer? Doch diese Merkmale fallen weniger ins Gewicht. Indem andere nur diejenigen Eigenschaften, Merkmale und Verhaltensweisen wahrnehmen, die das Urteil der Abweichung bestätigen, und indem sie auf diese Wahrnehmung neu reagieren, ändern sich auch die Erwartungen an den Betroffenen. Von einem Dieb erwartet man eher dass er stiehlt. Das heißt, es entwickeln sich Erwartungen, die ein abweichendes Verhalten nahe legen. Es scheint sich eine Prophezeiung aus sich selbst heraus zu erfüllen; der Stigmatisierte wird zu dem, was andere ihm zugeschrieben haben. Jedem Verhalten des Betroffenen folgen entsprechende Verstärkungen des Stigmas, die ihn wiederum zu eben solchem Verhalten anregen.

Abweichende Karriere

Mit der Stigmatisierung kann eine »abweichende Karriere« beginnen. Es handelt sich dabei um die Abfolge wahrscheinlicher Ereignisse und Probleme, die aus dem abweichenden Handeln einen abweichenden Menschen in einem entsprechenden Umfeld machen. Er findet seine, nach dem Rückzug der bisherigen Kontaktpersonen »neuen«, soziale Bezugspersonen dort, wo das Stigma akzeptiert wird, möglicherweise in einem subkulturellen Milieu (Szene), wo Normen gelten, die den Umgang mit dem Stigma ermöglichen. Die Ausschließung stigmatisierter Personen geht mit einer Verschlechterung der Partizipationschancen auf Ressourcenmärkten (Wohnung, Arbeit) einher. Weitere soziale Probleme können eine unmittelbare Folge des abweichenden Verhaltens sein, die wiederum nicht allein mit konformem

Verhalten gelöst werden können. *Quensel* hat für diesen Prozess schon 1972 den prägnanten Begriff des »Teufelskreises« verwendet (53 – 56). Geschieht dies in Auseinandersetzung mit Instanzen sozialer Kontrolle, so wird das Geschehen in einer Akte dokumentiert und zu einem wirklichen Fall (vgl. *Böhnisch*, 1999; 71), der dann unabhängig von der Person selbständig existiert.

Dieser Prozess ist auch als Sozialisation in eine andere Kultur mit einer anderen Gewichtung der Werte und entsprechenden Normen, mit eigenen zusätzlichen Kenntnissen und Fähigkeiten und teilweise mit einer eigenen Sprache zu verstehen. Mit der neuen Kultur kann sich der Betroffene mehr und mehr identifizieren und schließlich sein Selbstbild dieser Lebensrealität anpassen. Es kann zu einer Selbstdefinition kommen, »die zu einer Identität der Person führt, die die Übernahme der zugeschriebenen abweichenden Rolle als persönlichkeitskonform perzipiert« (*Lamnek*, 1993; 89 f.).

Totale Institutionen

Eine solche Entwicklung kann besonders durch eine längere Zugehörigkeit zu einer Anstaltskultur verstärkt werden. Solche Kulturen werden in der Soziologie mit *Erving Goffman* (1972) als »Totale Institutionen« bezeichnet. Gemeint sind subkulturelle Lebensformen, die sich in Anstalten, wie Krankenhäusern, Gefängnissen u.ä., unter den dort anzutreffenden Bedingungen entwickeln. Eine abweichende Subkultur kann sich also auch dort bilden, wo nach heutigem Verständnis eine Überwindung der Abweichungsfolgen, also etwa soziale Reintegration vorbereitet werden soll. Totale Institution unterwerfen die in ihnen abgesondert von der Umwelt lebenden Menschen einer einheitlichen Autorität, die sie wie »Insassen« nach Plänen und Vorschriften führt, und die keine Aufteilung der Lebensbereiche kennt. Der Zugang erfolgt in der Regel nicht freiwillig und ist mit Ritualen der Übernahme einer Insassenrolle verbunden (z.B. werden persönliche Dinge abgenommen und es besteht oft noch die Verpflichtung, eine Anstaltskleidung zu tragen). Die erzwungene Anpassung wird bei den Insassen zunächst zu einer ausgeprägten Distanz gegenüber der Anstalt und den dort herrschenden Regeln führen. Doch kann durch die anstaltsbedingten Einengungen in vielen Lebensbereichen ein Verhalten eintreten, welches den Deprivationsdruck mildert und zu einer Übernahme der Anstaltskultur führt, zumal damit Vergünstigungen verbunden sind. Aus der Sicht der Außenwelt sind Anstalten eine andere, fremde und in sich abgeschlossene Welt. Aus dem Blickwinkel der Anstalt selbst wird die Beachtung der geltenden subkulturellen Regeln als konformes Verhalten eingestuft und als Wohlverhalten (gute Führung) gewertet.

Reintegration

Diese Anstaltsregeln beherrschen die Anstaltswelt und »kontrollieren die Kommunikation mit Anstaltsleitung und Aufsichtspersonal und propagieren erfolgreich die Ideologie, dass man es draußen nicht schaffen könne. Für den Neuling ohne vorherige« Anstaltserfahrung »wirken die Methoden und Ansichten der alten Insassen jedoch nicht nur als Druck, sich dem System anzupassen, sondern bieten darüber hinaus kalkulierbare Mittel an, ein wenig Würde und Selbstachtung zu retten, was in der Situation sonst kaum möglich ist« (*Lemert*, 1975; 444). In der Tat erscheint eine Reintegration durch bestrafungsorientierte totale Institutionen kaum möglich, weil die Kontrollaufgaben zur Sicherung der Anstaltskultur die Reintegrationsaufgaben überwiegen.

Deutlich ist aber darauf hinzuweisen, dass weder jedes abweichende Verhalten in eine abweichende Karriere mündet, noch jeder Verlauf gleichförmig ist und bis zum Endstadium andauert. Unterbrechungen und Abbrüche sind möglich und üblich.

Abolitionismus

Wenn abweichendes Verhalten, wie auch immer, »normale« Lebensmöglichkeiten verkürzt, kann es eine Aufgabe der Sozialen Arbeit sein, solche Möglichkeiten wieder zu eröffnen. Die Sozialisation in eine Anstaltskultur bietet solche Möglichkeiten sicherlich dann nicht, wenn zwischen den Normen der Anstaltskultur und denen der Herkunftskultur große Unterschiede bestehen. Ist die abweichende Rolle von dem Betroffenen übernommen worden, hat sich eine abweichende Identität entwickelt und vollzieht sich das alltägliche Leben in einem subkulturellen Milieu oder in einer randständigen Lage, so sind Entwicklungen »zurück in das normale Leben« nur schwer erreichbar. Ist durch Anpassung an eine Subkultur ein neues Gleichgewicht im Zusammenleben mit anderen Abweichlern entstanden, welches eine gewisse Sicherung der menschlichen Existenz bietet, kann sich eine abweichende Karriere erfüllen. Für einen Verzicht auf intensive, strafenden Reaktionen in totalen Institutionen und ähnlichen Lebensumständen setzt sich deshalb der Abolitionismus ein, weil ihm die resozialisierenden Wirkungen im Vergleich mit den stigmatisierenden zu gering erscheinen (vgl. *Lamnek*, 1994; 314 ff.). In dieser Situation sollte sich die Soziale Arbeit der Entstigmatisierung solcher subkulturellen, kollektiven Lebensformen annehmen und diese in ihrer – manchmal auch ärmlichen – Existenz unterstützen. Sie kann durch einen Perspektivenwechsel die Öffentlichkeit als Adressat in den Blick nehmen und sich die Entwicklung von Toleranz gegenüber solchen anderen Lebensformen zum Ziel machen.

Soziale Arbeit

Die Soziale Arbeit ist aber auch in ihrer eigenen Rolle als zuschreibende und helfende Instanz zu selbstkritischer Sensibilität aufgerufen, die über Normendistanz und Stigmatoleranz hinausreicht. Die Fachkräfte sollten in ihrer Problemsicht erkennen, »dass sie es« bei abweichendem Verhalten »nicht mit Tatsachen, sondern mit Deutungen ... zu tun habe« (*Böhnisch*, 1999; 167) und Strukturen einer institutionalisierten Selbstreflexivität entwickeln. Soziale Arbeit sollte prüfen, welche Aufgaben welche Arten von Reaktionen auslösen und ob diese in ihren »Nebenwirkungen« Schaden anrichten. Eine relativ neue Form der Reaktion ist z.B. die Diversion, sie lenkt jugendliche Straftäter aus einem Strafverfahren in eine pädagogische Förderung (vgl. *Kury/Lerchmüller*, 1981). Sie will Stigmatisierung vermeiden und Hilfsmöglichkeiten eröffnen. Sie erschließt für die Soziale Arbeit neue Aufgaben und bietet Ansätze für fachliches Arbeiten. Dieses Vorgehen wird auch kritisiert. Die Kritik meint, dass Diversion die Notwendigkeit von Strafe eigentlich noch betont und legitimiert (vgl. *Deichsel*, 1993; 171 ff.). Auch gibt es Bemühungen das Prinzip »Therapie statt Strafe« stärker anzuwenden sowie abweichendes Verhalten zu entkriminalisieren, *Lothar Böhnisch* bestätigt diese Tendenz. »Die praktischen Konsequenzen, die aus der Stigmadiskussion...gezogen wurden, lassen heute die Adressaten ... besser in ihrer biografischen Eigenart zum Zuge kommen, sie werden seltener (...) in die berühmt-berüchtigten Schubladen gesteckt« (1999; 68) Doch dieses geschieht nach *Böhnisch* nur im sozialintegrativen Prozess und nicht so sehr in systemintegrativen Strukturen, die durchaus eine Ausgrenzung verstärken können (vgl. S. 69).

Damit wird die Frage nach den gesellschaftlichen Bedingungen erneut aufgeworfen, die soziale Probleme als abweichendes Verhalten in Erscheinung treten lassen und sie zur Aufgabe der Sozialen Arbeit machen. Eine Zusammenschau der verschiedenen Erklärungsansätze im zweiten Teil versucht die Abbildung 7. Sie soll zeigen, wie sich aus einem Bedingungsgefüge anomische Situationen entwickeln, die ein als abweichend definiertes Verhalten mit seinen sekundären Auswirkungen hervorrufen und es eventuell in eine Subkultur und in eine abweichende Karriere einmünden lassen. Zu den verschiedenen Phasen dieses Vorgangs stellen wissenschafliche Theorien partielle Erklärungen zur Verfügung.

Abbildung 7: Abweichendes Verhalten und Soziale Arbeit. Versuch einer Zusammenfassung von Theorien und Konzepten

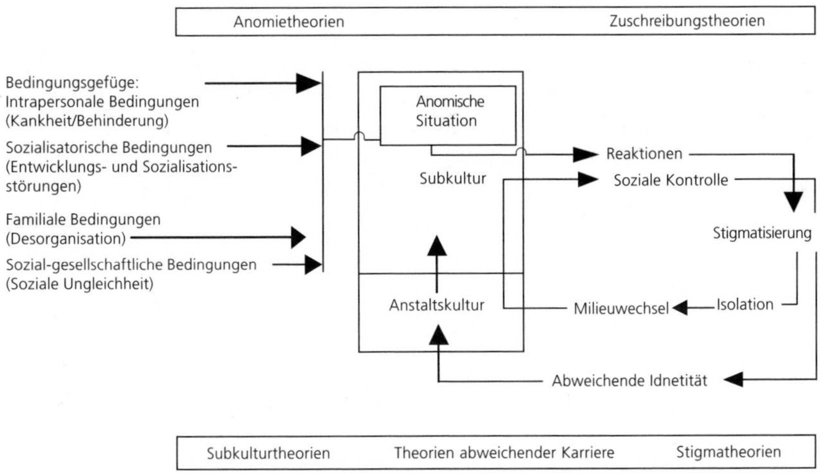

5 Soziale Ungleichheiten

von Erika Bock-Rosenthal

5.1 Dimensionen und Grundbegriffe sozialer Ungleichheiten

5.1.1 Theorien und Ermittlungsansätze sozialer Ungleichheit als Hintergrundwissen für die Soziale Arbeit

In den letzten Jahren interessieren sich nicht nur Sozialwissenschaftler, Sozialarbeiterinnen und Sozialpädagogen für Fragen der sozialen Ungleichheit, sondern zunehmend auch die Öffentlichkeit. In sozialpolitischen Debatten wird inzwischen mehr oder minder offen die Frage gestellt, wie viel Ungleichheit können oder müssen wir uns leisten angesichts der Globalisierung, des wirtschaftlichen Strukturwandels und der Notwendigkeit eines neuen Generationenvertrages zur Verteilung der Soziallasten. Angesichts der Wahrnehmung von Arbeitslosigkeit, Rechtsextremismus und Kinderarmut oder auch nur angesichts der Beobachtung ganz normaler Risse in der »Multioptionsgesellschaft« (*Gross*, 1994) stellt sich die Frage: In welcher Gesellschaft leben wir eigentlich?

Transformationsforschung

Die deutsche Vereinigung hat eine rege Forschungstätigkeit (Transformationsforschung) in Gang gesetzt (vgl. z.B. *Eckart* u.a., 1998), welche die Überführung einer sozialistisch geprägten Gesellschaft in eine kapitalistische untersuchen will. Dabei stellt sich auch die Frage nach dem Beharrungsvermögen von kulturellen Normen und Werten im institutionellen Wandel und der Bindekraft von Gemeinschaft und Gesellschaft neu. Die Soziologie liefert nicht nur Etiketten wie »Risikogesellschaft«, »Erlebnisgesellschaft«, »multikulturelle Gesellschaft« oder »postindustrielle Gesellschaft«, sondern prognostiziert auch Zukunftsszenarien und, wenn es gut geht, Erkenntnisse über Bedingungen, die geändert werden könnten, sofern dies politisch gewollt ist. Für die Soziale Arbeit stellt sie Hintergrundwissen bereit. Dazu aber bedarf es einer genaueren Beschäftigung mit Fragen wie, »Was hält die Gesellschaft zusammen?« und »Was treibt die Gesellschaft auseinander?« (*Heitmeyer*, 1997). Aus dem, was die Soziologie alles zur Thematik sozialer Ungleichheit zu sagen hat, kann hier nur ein kleiner Ausschnitt vorgestellt werden. Zunächst sollen klassische Ungleichheitstheorien vorgestellt werden, ohne deren Kenntnis die neuen nicht zu verstehen sind und deren Aktualität gerade wieder entdeckt wird. *Marx'* Klassentheorie galt lange als überholt, und der sozialistische Großversuch der Geschichte ist gescheitert, aber noch nie waren seine Analysen von dem Durchgriff kapitalistischer Rationalität in alle Lebensbereiche, vom grenzenlosen Kapitalverkehr und den Gefahren wirtschaftlicher Konzentration so aktuell wie in Zeiten der Globalisierung.

Soziale Arbeit im Ungleichgefüge der Gesellschaft

Die genauere Vorstellung zweier aktueller theoretischer Ansätze zur Erklärung sozialer Ungleichheit soll als Analyseinstrument und als Anregung bereit gestellt werden, selbst über Phänomene sozialer Ungleichheit in unserer Gesellschaft nachzudenken – sei es in der Mikroperspektive des Einzelschicksals und seiner gesellschaftlichen Bedingtheiten – sei es in der Makroperspektive politischer Argumentation. Da die Soziale Arbeit selbst Akteurin im Ungleichheitsgefüge der Gesellschaft ist, und da mit der Sozialstaatsdebatte auch ihre institutionellen Grundlagen in Frage stehen, können ihre Angehörigen sich eigentlich nicht den Fragen nach Gerechtigkeit und Ungleichheit in unserer Gesellschaft entziehen.

Sozialer Wandel

Es ist längst bekannt, dass viele der (Finanzierungs-)Probleme des Sozialstaats hausgemacht sind, denn die Finanzierungs- und Zuteilungsmodi erzielen oft die gegenteilige Wirkung in Hinblick auf die ursprüngliche Absicht, z.B. die Selbsthilfepotentiale der Betroffenen zu stärken (*Kaufmann,* 1997; *Wangler,* 1998). Mit Forderungen nach dem Abbau sozialstaatlichen Wildwuchses sind viele daher schnell bei der Hand. Dabei wird jedoch verkannt, dass ein Umbau des sozialstaatlichen Arrangements vor allem deswegen notwendig ist, weil die Altersstruktur sich rapide verändert, die strukturelle Arbeitslosigkeit offensichtlich nicht einfach abgeschafft werden kann und die Tertiarisierung und Flexibilisierung der Wirtschaft fortschreitet, um nur einige Faktoren zu nennen, die eine Modernisierung erzwingen. Dass Sozialpolitik nicht nur ein Kostenfaktor sondern das Stabilisierungs- und Integrationsinstrument par excellence ist, wird von Sozialwissenschaftlern betont (*Huf,* 1998; *Kaufmann,* 1997), aber auch, dass ein neuer wohlfahrtsstaatlicher Konsens gefunden werden muss, der den veränderten gesellschaftlichen Bedingungen Rechnung trägt. Dabei rückt die Frage nach der Gerechtigkeit und der Integrationskraft sozialstaatlicher Regelungen in den Vordergrund.

5.1.2 Grundbegriffe »soziale Ungleichheit« und »Status«

»Natürliche« und sozial produzierte Ungleichheiten

Soziale Ungleichheit setzt ungleiche Verteilung knapper, gesellschaftlich begehrter Güter wie Wohlstand und Ansehen voraus. Aus der Vielzahl möglicher Ungleichheitsmerkmale wie Alter, Geschlecht, Einkommen, Beruf, Konfession, Behinderung sollen nur diejenigen berücksichtigt werden, die die Lebensbedingungen der einzelnen Gesellschaftsmitglieder dauerhaft bestimmen und die gesellschaftlich bedingt sind. Zu den sozial bedingten Ungleichheiten gehören auch diejenigen, für die ein »natürliches« Merkmal wie Geschlecht als Zuweisungskriterium dient. Zufälligkeiten des Schicksals wie etwa besonderes Talent des Einzelnen oder Behinderung infolge eines Unfalls werden allerdings ausgenommen. Die Herausnahme solcher »natürlicher« Ungleichheiten unterstreicht das eminent Soziale an der Frage nach dem Ursprung sozialer Ungleichheit. Nur Ungleichheiten, die als ungerecht empfunden werden können, die veränderbar sind, die durch die Art und Weise des Zusammenlebens, der Produktion und der Verteilung gesellschaftlicher Güter geregelt werden können, geraten in den Blick der Forschung zur sozialen Ungleichheit.

Definition sozialer Ungleichheit

»Soziale Ungleichheiten wären demnach zu definieren als gesellschaftlich hervorgebrachte Handlungsbedingungen die es bestimmten Gesellschaftsmitgliedern besser als andern erlauben, so zu handeln, dass öffentlich artikulierte und allgemein akzeptierte Lebensziele für sie in Erfüllung gehen« (*Hradil,* 1987a; 128).

In dieser Definition sozialer Ungleichheit sind folgende Elemente enthalten: Ungleichheiten müssen aus dem menschlichen Zusammenleben entspringen und zu abgestuften, unterschiedlichen Handlungschancen führen, die im Hinblick auf allgemeine Lebensziele wie Einkommen und Macht, Gesundheit und Wohlfahrt bestimmt werden.

Status

Ungleichheit tritt – in welcher Dimension auch immer – als Besser- oder Schlechterstellung auf. Wird eine Position, die jemand im jeweils betrachteten Zusammenhang (oder System) inne hat, mit der anderer Gesellschaftsmitglieder verglichen und vor dem Hintergrund von Hierarchien und sozialer Wertschätzung verortet, so spricht man von Status. Dabei wird dem Berufsstatus in unserer Gesellschaft besondere Bedeutung beigemessen, er fungiert als eine Art »Leitstatus«. In Bezug auf Einkommen, Ansehen und Qualifikation können jedoch auch sehr unterschiedliche Status (lat.: Mehrzahl status) eingenommen werden; ein Beispiel sind arbeitslose Akademiker, die nur ein geringes Einkommen haben. Wenn sehr unterschiedliche Einzelstatus eingenommen werden, bezeichnet man das als Statusinkonsistenz. Typisch ist jedoch eher eine Statusangleichung. Wenn in verschiedenen Dimensionen ein ähnlicher oder gleicher Status erreicht wird, spricht man von Statuskonsistenz (Statuskristallisation). Mehrfachbenachteiligungen – wie niedriges Einkommen, keine Berufsausbildung – kommen bei den Klienten der Sozialen Berufe häufig vor. Beispielsweise werden Jugendliche nur dann in Benachteiligtenprogramme aufgenommen und erhalten sozialpädagogische Betreuung, wenn sie keinen Hauptschulabschluss vorweisen können, Ausländer sind, vorbestraft oder aus schwierigen Familienverhältnissen kommen.

5.1.3 Dimensionen sozialer Ungleichheit

Um die Komplexität und Vielschichtigkeit sozialer Ungleichheit vorzustellen, sind hier die Dimensionen zur Erfassung sozialer Ungleichheit aus einer Sozialindikatorenuntersuchung aufgelistet (vgl. *Mayer, K.U.* 1977b; 174 ff.). Soziale Indikatoren sind statistische Messzahlen, die gesellschaftlich relevante Sachverhalte quantitativ abbilden.

Indikatoren sozialer Ungleichheit

1. Struktur der Eliten: Grad der Distanz zu den Beherrschten bzw. Ausmaß der Abhängigkeit von der Basis, Einheitlichkeit, Zusammenhalt und Homogenität, Austausch und zeitliche Stabilität.

2. Zugang zu den Eliten: Soziale Herkunft der Eliten, Offenheit, Art des Zugangs z.B. durch Wahl, Ernennung, Konkurrenz.
3. Kulturelle Ungleichheit: Allgemeine Bildung und berufliche Bildung, Zugang zu Informationen und kulturellen Gütern.
4. Produktive Ungleichheit: Ungleichheit der Produktiv-, Sach- und Sparvermögen, unterschiedlicher Zugang zu den einzelnen Märkten, z.B. Arbeitsmarkt, Kapitalmarkt; unterschiedliche Bewertung der Arbeit: Bruttoeinkommen (bzw. Nichterwerbstätigkeit).
5. Ungleichheit der Arbeit: Arbeitssituation, Stellung in der Hierarchie, Autonomie, physische und psychische Belastungen, Qualifikationspotentiale etc.
6. Distributive Ungleichheit: Verteilung des verfügbaren Einkommens, auch nicht monetärer Güter- und Transferleistungen, nach Haushaltsgröße und -zusammensetzung.
7. Zugang zu kollektiven Gütern: Nutzung von kulturellen Angeboten in Abhängigkeit von der Lage des Wohnorts, dem Informationsgrad etc.
8. Symbolische Ungleichheit: Prestigeungleichheit, Berufsprestige.
9. Grad der sozialen Integration: Grad und Intensität von Sozialkontakten auch außerhalb des Berufes.
10. Normative Ungleichheit: Normen und Wertorientierungen, Unterschiede in Erziehungs- und Arbeitsnormen, politischem Bewusstsein und Interessenorientierung.
11. Politische Ungleichheit: Chancen der Interessenvertretung durch Verbände und Organisationen, Chancen, Recht zu bekommen und politisch Einfluss zu nehmen.
12. Rigidität der Ungleichheit: Zusammenhang oben genannter Statusdimensionen, Statuskristallisation, z.B. Mehrfachbenachteiligung im Hinblick auf Einkommen, Arbeitslosigkeit, soziale Isolation etc.; im Gegensatz dazu Statusinkonsistenz: Unabhängigkeit der Ungleichheitspositionen in den verschiedenen Dimensionen.

Die Dimensionen könnten dazu anregen, darüber nachzudenken, welchen spezifischen sozialen Ungleichheiten die jeweilige Klientel der Sozialen Arbeit unterliegt. Es gibt jedoch weder amtliche Statistiken noch Daten der empirischen Sozialforschung zu allen genannten Dimensionen.

5.1.4 Klasse, Schicht und Stand

Klasse

Größere Bevölkerungskategorien mit annähernd gleicher Ressourcenausstattung und mit ähnlichem Sozialstatus werden – je nachdem, welche historische oder aktuelle Gesellschaftsform gemeint ist und welche theoretische Vorstellung über die Bedingungen der Ressourcenverteilung besteht – als Stand, Klasse oder Schicht bezeichnet. Mit dem Klassenbegriff verbindet sich in der Regel die Vorstellung von einer Gesellschaft, die anhand eines wichtigen Merkmals, z.B. der Verfügung über die Produktionsmittel, in zwei große, entgegengesetzte Kategorien aufgespalten ist. Diese stehen einander als Herrschende und Beherrschte, als Ausbeuter und Ausgebeutete, Eigentümer an Produktionsmitteln und Nichteigentümer gegenüber. Klassen sind in diesem Sinne durch antagonistische, einander widersprechenden Interessen gekennzeichnet: Der Vorteil der einen Klasse ist der Nachteil der anderen Klasse – unabhängig davon, ob die jeweiligen Interessen auch bewusst sind. Klassenbewusstsein entsteht, wenn sich die Angehörigen einer Klasse ihrer gemeinsamen Interessen bewusst werden.

»Klassenbeziehungen sind als Auseinandersetzung über die Gestaltung und Beherrschung von Produktions- und Distributionsprozessen grundsätzlich dichotom angelegt« (*Haller,* 1983; 147). In fortgeschrittenen kapitalistischen Gesellschaften wird dieser Konflikt als »antagonistische Kooperation« bezeichnet, was Sozialpartnerschaft ebenso einschließt wie grundsätzliche Unaufhebbarkeit des Konflikts zwischen Kapital und Arbeit. Der Klassenbegriff wird aber auch verwendet, um lediglich Bevölkerungsgruppierungen in unterschiedlichen sozioökonomischen Lagen zu kennzeichnen.

Schicht

Der Schichtbegriff entstammt im Unterschied zum rein analytischen Klassenbegriff eher empirisch-beschreibenden Zusammenhängen. Er wird verwendet zur Bezeichnung von Bevölkerungskategorien, deren Mitglieder gemeinsame oder ähnliche sozialstatistische Merkmale besitzen und sich in gleicher Lebenslage befinden, ähnlichen Lebensstil haben und/oder als einheitliche Bevölkerungsgruppe gesehen werden. Häufig wird erst, wenn sich aus den Statusunterschieden deutlich erkennbare Abstufungen der Lebenslage ergeben, von einer geschichteten Gesellschaft gesprochen (*Bolte/Hradil,* 1984; 32). Wichtige Kriterien solcher Abstufungen sind in der Bundesrepublik der Bildungsabschluss im Rahmen des mehrgliedrigen Bildungs- und Ausbildungssystems und damit verbundene Berufslaufbahnen.

Stand

Zur Charakterisierung vorindustrieller sozialer Ungleichheit ist der Begriff des Standes geeigneter als der Schichtbegriff. Die Zugehörigkeit zu einem Stand war z.B. im Mittelalter mit der Geburt festgelegt. Je nach Geburt, niederer oder hochgestellter Herkunft, besaßen die Menschen unterschiedliche Zugangschancen zu wichtigen Gütern, waren zunftfähig oder an die Scholle gebunden, zum Kriegsdienst verpflichtet und berechtigt, Lehen einzutreiben oder Gericht zu halten. In einer Ständegesellschaft gibt es, im Unterschied zur geschichteten Gesellschaft, unterschiedliche Rechte und Pflichten für die einzelnen Stände, die um wichtige gesellschaftliche Funktionen gruppiert sind (Adel, Geistlichkeit, Bürgertum, Bauernstand). Die religiös legitimierte Standeszugehörigkeit und die entsprechende Selbst- und Fremdeinschätzung drücken sich in sehr unterschiedlichen Lebensstilen ebenso aus wie in äußerlich erkennbaren Rangabzeichen. Dass der arme Müllerbursche die Prinzessin heiratet, kommt nur im Märchen vor. Sozialen Auf- und Abstieg gibt es ansonsten in einer Ständegesellschaft nur im Ausnahmefall (z.B. Erhebung in den Adelsstand). Versuchsweise wird der Standesbegriff auch zur Analyse moderner sozialer Schranken verwendet, etwa, wenn die DDR im nachhinein als »sozialistische Ständegesellschaft« beschrieben wird (*Meier; A.,* 1990).

5.1.5 Leistung

Verteilungskriterien knapper Ressourcen

Ungleiches Einkommen, ungleiches Ansehen und Einfluss gelten in unserer Gesellschaft dann als legitim, wenn sie durch entsprechende Leistung bedingt sind. Gleichzeitig gelten aber auch viele andere Zuteilungsprinzipien wie Lebensalter, Dienstalter, Bedürftigkeit (Sozialhilfe), Verhandlungsmacht (Tarif), politische Entscheidungen (Subventionen), Vererbung, Herkunft usw. Das Leistungsprinzip ist oft so sehr durch solche anderen Prinzipien überlagert, dass es in seiner reinen Form kaum vorkommt; denn jeder Tarif sieht auch Altersabstufungen vor, jeder numerus clausus Ausnahmebedingungen. Dennoch wird unsere Gesellschaft im Alltagsverständnis gemeinhin als Leistungsgesellschaft angesehen. Obgleich das Leistungsprinzip viele Probleme birgt, Stress und Konkurrenzdruck erzeugt (vgl. *Bolte,* 1979; 36 ff.), gilt es als gerechter als andere Kriterien wie etwa Vererbung oder Geschlechtszugehörigkeit.

Leistung

Ist von der Leistungsgesellschaft die Rede, könnte der Eindruck entstehen, als handele es sich um einheitliche Bemessungsvorstellungen und Maßstäbe. Dies ist jedoch nicht richtig. Grundsätzlich kann jede Leistung unter einer Ertragsperspektive – das entspricht häufig der Alltagsvorstellung – oder unter einer Aufwandsperspektive gesehen werden (*Bolte,* 1979; 23 ff.). In diesem Fall sind die individuelle Anstrengung und der persönliche Aufwand als Leistung zu werten. Insofern können auch die enormen Leistungen Behinderter oder von Unfallopfern in Rehabilitationsverfahren als solche gesehen und gewürdigt werden. Wird Leistung aber als Ertrag verstanden, lässt sie sich ganz unterschiedlich messen und bestimmen:

Leistungskriterien

1. Leistung kann nach der Angemessenheit und Sorgfalt der Aufgabenerfüllung gemessen werden.
2. Leistung kann nach der produzierten Menge gemessen werden (z.B. Akkordlohn).
3. Leistung lässt sich auch nach dem Markterfolg bestimmen, wobei ein weiterer Gesichtspunkt hinzukommt, nämlich dass die Leistungen tatsächlich gebraucht und nachgefragt werden. Diejenigen Gesellschaftsmitglieder, die als Arbeitslose gar nicht erst in den Arbeitsmarkt hineinkommen, haben dazu gar keine Chance.
4. Schließlich lässt sich Leistung noch messen unter der Wettbewerbsperspektive. Hierbei zählt nicht nur im Sport allein der Sieger – selbst wenn er nur eine Einhundertstelsekunde Vorsprung hat – auch in allen Bewerbungsverfahren beispielsweise gilt dieses Prinzip.

Schichtung als soziale Konstruktion

Gleich zu Anfang sei auf eine besondere Gefahr aufmerksam gemacht, welche die Beschäftigung mit Fragen sozialer Ungleichheit mit sich bringt. Analytische und forschungspraktische Konzepte, also Konstruktionen zur Erfassung der Wirklichkeit, werden leicht für diese selbst gehalten. Eine »Schicht« ist eine solche Konstruktion. Es gibt aber in der Realität keine »Schichten«, es gibt nur empirische und theoretische Modelle sozialer Ungleichheit. Es gibt nicht »die Unterschicht«, es gibt allenfalls Bevölkerungskategorien, die nach theoretischen Kriterien und empirischen Verfahren als solche bezeichnet werden. Schon die unkritische Verwendung der soziologischen Begriffe birgt die Gefahr der Verdinglichung in sich. Z.B. Bewohner einer Siedlung als Unterschichtsangehörige zu bezeichnen, heißt auch, sie mit einem Etikett zu versehen und auf schichttypische Verhaltensweisen zu schließen. Solch eine Unterstellung kann zur Verfestigung von Vorurteilen beitragen, wenn sie von der sozialen Umgebung wie Schulen, Nachbarschaft und Behörden aufgenommen wird.

5.2 Klassische Theorien sozialer Ungleichheit

Bei den sozialwissenschaftlichen Theoretikern hat das Interesse an sozialer Ungleichheit immer an zentraler Stelle gestanden. Nicht nur, dass damit gesellschaftliche Grundwerte wie Gerechtigkeit und Chancengleichheit angesprochen sind: Von der Analyse sozialer Ungleichheit wird auch die Beantwortung vieler Einzelfragen erwartet, sei es nach den Erziehungsstilen, der Entstehung von Armut, nach dem Medienkonsum oder dem Kriminalitätsrisiko unterschiedlicher Bevölkerungsgruppen. Zugleich bieten die Theorien sozialer Ungleichheit Ansatzpunkte für politisches Handeln: Denn nur, wenn man versteht, warum bestimmte Bevölkerungsgruppen sozial benachteiligt sind, lässt sich an ihrer Lage vielleicht etwas verändern. Sozialwissenschaftliche Erkenntnisse lassen sich zudem nur in seltenen Fällen technisch umsetzen und damit anwenden, aber sie bieten Deutungen und Modelle zum Zustand der Gesellschaft. Sie machen auf Grundstrukturen sozialer Benachteiligungen aufmerksam und schärfen den Blick für die Zusammenhänge scheinbar unverbundener Phänomene. Es geht dabei immer auch um die Macht zu definieren, in welcher Gesellschaft wir denn nun eigentlich leben, welche Mechanismen immer wieder soziale Ungleichheiten produzieren.

Man kann heutige Kontroversen um die Beschreibung und Bewertung gesellschaftlicher Entwicklungen nicht verstehen, ohne die historischen Erklärungsmodelle und Begriffe zumindest im Ansatz zu kennen. Wir beschreiben die Gesellschaft von heute weitgehend in den übernommenen Begriffen und Modellen, die sich nur langsam wandeln.

Ungleichheiten in historischer Sicht

In der menschlichen Geschichte ist die Vorstellung, dass alle Menschen gleich und frei geboren sind und die gleichen Rechte haben sollten, ein historisch sehr junges Phänomen. Über lange Zeit galten Ungleichheiten zwischen Freien und Sklaven, Männern und Frauen, Einheimischen und Barbaren, Adel und Bürgertum, Grundherren und Leibeigenen als Teil der natürlichen oder »gottgewollten« Ordnung der Welt. Ungleichheit wurde weitgehend, aus der Abstammung und aus biologischer Verschiedenheit erklärt.

Erst als *Platon* (427 – 347 v Chr.) über den Aufbau des Philosophenstaates und die Auslese der Besten nachdachte, geriet soziale Ungleichheit in den Blick. Auch für *Aristoteles* (384 – 392 v Chr.) war wichtig, dass Gleiche wirklich gleich behandelt werden, denn nur dann können sich die natürlichen Kräfte des Menschen entwickeln, seine Position in der Gesellschaft bestimmen und zum Wohle der Gemeinschaft eingesetzt werden. Wenn *Platon* auch Frauen unter das Gleichheitspostulat stellte, war das (sicherlich) eine Ausnahme. Denn in die Gleichheitsvorstellungen des griechischen Demokratieverständnisses wurden prinzipiell nur freie, einheimische Männer einbezogen; Ausländer, Sklaven und Frauen wurden in der Regel aufgrund ihrer Herkunft als biologisch minderwertig definiert und galten nur soviel, so dass für sie der Gleichheitsanspruch nicht galt.

Aufklärung

Mit der Aufklärung erhebt sich die Frage nach dem Ursprung sozialer Ungleichheit. Denn nur Ungleichheiten, die nicht mehr aus der Natur hergeleitet werden, gelten letztlich als soziale Ungleichheiten und sind als solche erklärungsbedürftig. Die hier skizzierten Erklärungsansätze sozialer Ungleichheit haben ihren jeweils spezifischen historischen Hintergrund und sind mit darin begründeten unterschiedlichen Fragestellungen konzipiert. Folglich kommen sie auch zu jeweils anderen Aussagen und Schlussfolgerungen.

5.2.1 Klassentheorien

5.2.1.1 Ungleichheit durch Besitz an Produktionsmitteln

»Ursprung« der Ungleichheit unter den Menschen

Einige philosophische Wegbereiter der Aufklärung haben die ungleichen Rechte, Einkommen und Vermögen der Menschen auf den Besitz von Privateigentum, insbesondere von Produktionsmitteln, zurückgeführt. In seinem Diskurs »Über den Ursprung der Ungleichheit unter den Menschen« hat *Rousseau* als erster die Entstehung von Eigentum – besonders die Aufteilung des Bodens in der Urgesellschaft – als den Sündenfall gesehen, der für alle folgenden Ungleichheiten unter den Menschen verantwortlich sei.

Diese Vorstellung hat *Karl Marx* Mitte des 19. Jahrhunderts ausgearbeitet, zu einer Zeit, als bürgerliche Gleichheitsrechte sich durchzusetzen begannen und die Befreiung aus feudal-aristokratischen Standesgrenzen und Ständeordnungen erste Erfolge zeigte. Die »soziale Frage«, die Arbeiterfrage galt es zu lösen. *Marx* wollte allerdings nicht nur die gesellschaftlichen Verhältnisse seiner Zeit analysieren. Ihm ging es in erster Linie darum, die »Naturgesetzmäßigkeiten« der menschlichen Geschichte überhaupt herauszufinden und aufzuzeigen. Seine historische Analyse geht bis weit in die menschliche Urgeschichte zurück. Seine für die Theorie sozialer Ungleichheit so wichtigen Analysen und Prognosen stehen im Rahmen eines Gesamtwerkes, das auch politische und philosophische Dimensionen hat. *Marx* hat aber keine geschlossene Klassentheorie vorgelegt. Entscheidende Passagen sind unvollendet oder nicht ohne Widersprüchlichkeiten. Trotzdem ist die Soziologie sozialer Ungleichheit ohne die grundlegenden Überlegungen von *Marx* nicht zu denken.

Produktion und Verteilung des gesellschaftlichen Reichtums

Im Gegensatz zu *Hegels* idealistischer Geschichtsauffassung (s. Geschichte als Entwicklung und Entfaltung des »Geistes«) hebt *Marx* die Bedeutung der materiellen Basis und der Produktionsweise der Gesellschaft hervor. Die Auseinandersetzung des Menschen mit der Natur, die Art und Weise, wie Menschen ihre Reproduktion, ihr Überleben sichern, wie sie Arbeit und die erwirtschafteten Überlebensmittel, den gesellschaftlichen Reichtum, aufteilen, – das waren die Fragen, die *Marx* bewegten.

Die ganze menschliche Geschichte und damit auch soziale Ungleichheit sind nach *Marx* herzuleiten und zu begründen aus dem Stand der Produktivkräfte und den Produktionsverhältnissen, die die Menschen eingehen, um ihre materielle Versorgung zu sichern. Zu den Produktivkräften zählt er alle zur Produktion notwendigen Naturschätze (Boden, natürliche Rohstoffe) wie auch Produktionsmittel und Werkzeug, Verkehrsbedingungen, Stand des naturwissenschaftlich-technischen Wissens, verfügbares Arbeitskräftepotential. Die Produktionsverhältnisse umfassen alle Regelungen, die die Produktion, den Tausch und die Verteilung von Gütern bestimmen, insbesondere alle Eigentums-, Rechts- und Herrschaftsverhältnisse.

> »In der gesellschaftlichen Produktion ihres Lebens gehen die Menschen bestimmte notwendige, von ihrem Willen unabhängige Verhältnisse ein, Produktionsverhältnisse, die einer bestimmten Entwicklungsstufe ihrer materiellen Produktivkräfte entsprechen. Die Gesamtheit dieser Produktionsverhältnisse bildet die ökonomische Struktur der Gesellschaft, die reale Basis, worauf sich ein juristischer und politischer Überbau erhebt, und welcher bestimmte gesellschaftliche Bewusstseinsformen entsprechen. Die Produktionsweise des materiellen Lebens bedingt den sozialen, politischen und geistigen Lebensprozess überhaupt. Es ist nicht das Bewusstsein der Menschen, das ihr Sein, sondern umgekehrt ihr gesellschaftliches Sein, das ihr Bewusstsein bestimmt« (*Marx-Engels*-Werke Bd. 13; 8 f.)

Klassen im Kapitalismus/ Herrschaft

Der Besitz oder Nichtbesitz von Produktionsmitteln ist für *Marx* das entscheidende Kriterium. Unter einer sozialen Klasse versteht *Marx* Kategorien von Menschen, die sich in gleichen Eigentums-, Rechts- und Herrschaftsverhältnissen zu den Produktionsmitteln befinden. Im Übergang von der Feudalgesellschaft, in welcher der Besitz des Bodens entscheidende Bedeutung hatte, zur kapitalistischen Gesellschaft wird der Besitz von Kapital der entscheidende Faktor sozialer Ungleichheit. Die Kapitalistenklasse, die »Bourgeoisie« wie *Marx* sie nennt, besitzt nicht nur Kapital, um Maschinen, Anlagen und Fabriken zu kaufen, sondern kann auch mit der Lohnzahlung menschliche Arbeitskraft und damit Herrschaft über Menschen erwerben. Ihr gegenüber stehen diejenigen, die kein Kapital besitzen, das Proletariat. Der Arbeiter muss seine Arbeitskraft verkaufen und sich damit den Bedingungen des Kapitals unterwerfen, um sein Überleben zu sichern. Aufgrund dieses Ungleichheitsverhältnisses können der Kapitalistenklasse und der Arbeiterklasse antagonistische Interessen unterstellt werden.

Klassenkonflikt/ Mehrwert/ Produktive Arbeit

Das heißt, es besteht ein unauflösbarer Widerspruch zwischen den Interessen der Kapitalisten, die Löhne möglichst niedrig zu halten, weil sie ein Kostenfaktor sind und die Gewinne schmälern, und den Interessen der Arbeiterklasse an möglichst hohen Löhnen und besseren Lebensbedingungen. Vor allem wird ihnen das Recht auf den Ertrag der eigenen Arbeit, auf den Mehrwert, von den Arbeitgebern streitig gemacht. Unter Mehrwert versteht *Marx* das Produkt der menschlichen Arbeit, das über die reine Produktion, also die Wiederherstellung der Arbeitskraft, hinausgeht. Erst wenn die menschliche Produktivität ein solches Niveau erreicht hat, dass gesellschaftlicher Reichtum über die bloße Wiederherstellung der Arbeitskraft hinaus erwirtschaftet werden kann, ist es möglich, dass die Kapitalisten sich diesen Überschuss aneignen. Die Arbeiter leisten damit unbezahlte Mehrarbeit; denn ihnen wird nur der Lohn für die eigene Reproduktion gezahlt. Der allein durch menschliche Arbeitskraft erwirtschaftete Mehrwert wird von den Kapitalisten einbehalten, investiert und ermöglicht Kapitalakkumulation (Ansammlung von Kapital). Allein die Arbeiterklasse wird als »produktiv« angesehen; denn sie produziert den gesellschaftlichen Reichtum, indem sie mit ihrer Arbeit den Mehrwert schafft. Auch Dispositions- und Leitungsaufgaben sind in diesem Sinne produktiv, nicht aber der Besitz von Kapital, das nur als geronnener Arbeitsertrag vergangener Perioden verstanden wird.

Im Konkurrenzkampf der Kapitalisten untereinander können diese nur überleben, wenn sie möglichst hohe Gewinne erwirtschaften, d.h. einen möglichst hohen Mehrwert abschöpfen und die Löhne damit auf das Existenzminimum drücken. Dies wird dadurch erleichtert, dass mit dem Einsatz von Maschinen massenhaft Arbeitskräfte »freigesetzt« werden und nur noch unqualifizierte oder wenig qualifizierte Arbeitskraft gebraucht wird.

Entfremdung

Mit der Industrialisierung spitzt sich also, nach der Auffassung von *Marx*, der Klassenkonflikt in besonderem Maße zu. Die völlige Selbstentfremdung des Menschen als profitorientierter Kapitalist und als Arbeiter, der seine Arbeitskraft verkaufen muss, findet erst im Kapitalismus statt. Arbeiter werden in der kapitalistischen Produktion zum Anhängsel der Maschinen, haben keine Beziehung mehr zum Inhalt der Arbeit und werden der Früchte ihrer Arbeit beraubt. Das Individuum kann nur noch als »Charaktermaske« handeln, als entfremdeter Mensch. Zwischen einem feudalen Gutsbesitzer und seinen abhängigen Bauern bestand noch ein Verhältnis gegenseitiger Verantwortung. Zwischen dem Kapitalisten und dem »freien« Arbeiter bestehen keinerlei über den Arbeitsvertrag hinausgehende Verpflichtungen mehr, zumal, wenn massenhaft freigesetzte Arbeiter um die Arbeitsplätze konkurrieren. So ist die Lage der Arbeiter durch zunehmende Dequalifikation, Entfremdung und Verelendung gezeichnet.

Prognosen

Marx geht weiter davon aus, dass die Dynamik der kapitalistischen Entwicklung schließlich alle Gesellschaftsmitglieder erfasst, auch diejenigen, die wie Bauern und Handwerker noch unter vorindustriellen Produktionsbedingungen arbeiten (Reste alter Klassen im Übergang). Schließlich stehen sich nur noch zwei Klassen gegenüber, die große Arbeiterklasse und die im Konkurrenzkampf immer kleiner gewordene Kapitalistenklasse. Erst wenn die Arbeiterklasse völlig verelendet und vereinheitlicht, der kapitalistische Prozess also alle seine Stadien bis zur vollen Schärfe des Widerspruchs durchlaufen hat, können sich die Arbeiter ihrer Lage bewusst werden, um die Eigentums-, Rechts- und Herrschaftsverhältnisse umzustürzen und die Kapitalisten zu entmachten. Erst dann kann es den Arbeitern gelingen, eine klassenlose Gesellschaft zu errichten, in der die Produktionsmittel allen gehören und die Eigentums- und Herrschaftsverhältnisse verschwinden.

Solange dieser revolutionäre Umschwung nicht erfolgt, bleiben die Menschen entfremdet von ihrem eigentlichen »menschlichen Gattungswesen« und von ihrer eigentlichen Bestimmung abgeschnitten. Da *Marx* davon ausging, dass der gesamte Überbau – Rechtsverhältnisse, Ausbildungssystem, Religion usw. – von der gesellschaftlichen Basis der Produktionsbedingungen abhängig ist, erwartete er von einer Änderung der Produktionsbedingungen auch eine Änderung des gesamten Überbaus.

Indem *Marx* seine Theorie von der Entwicklung menschlicher Geschichte als »Naturgesetz« formulierte, (verhaftet dem naturwissenschaftlichen, positivistischen Denken seiner Zeit), hat er sich auch gleichzeitig der Kritik entzogen. *Marx*' Grundannahme, dass die materielle Basis der Produktion den Überbau, also auch Politik und Interessenvertretung, bestimme, macht Bewusstsein letztlich zur abhängigen Variablen.

Differenzierung der Klassengesellschaft

Es ist problematisch, *Marx*' Analyse auf moderne, kapitalistische Gesellschaften zu übertragen. Die heute anzutreffende Trennung von Kapitaleigentum und dessen Kontrolle durch Manager erschwert die Bestimmung der Kapitalistenklasse. Die Konzentration des Kapitals ist in einigen Wirtschaftsbereichen sehr hoch – entsprechend der Prognosen von *Marx* – in anderen Bereichen, im Werkzeugmaschinenbau beispielsweise, außerordentlich niedrig. Die Arbeiterklasse hat sich viel differenzierter entwickelt, als *Marx* sich vorgestellt hatte. Neben Dequalifizierungen haben erhebliche Qualifizierungsprozesse stattgefunden. Es hat sich zudem ab der zweiten Hälfte des 19. Jahrhunderts eine Wirtschafts- und Sozialpolitik entwickelt, die der von *Marx* prognostizierten Verelendung der Arbeiter entgegengewirkt hat.

Industrieller Konflikt

Im Rückblick zeigt sich, dass marxistische Ideen wesentlich dazu beigetragen haben, den Kapitalismus zu »zähmen«, so dass er uns heute als »soziale Marktwirtschaft« gegenübertritt. Die Sozial- und Wirtschaftspolitik sind seit Bismarcks Zeiten immer auch darauf ausgerichtet, Verelendung zu verhindern. Der alte Mittelstand hat selbst im Abstieg ein eigenes Bewusstsein beibehalten, beispielsweise besondere Ausbildungs- und Aufstiegsambitionen für seine Kinder. Zudem hat sich ein breites Spektrum »neuer Mittelschichten«, Angestellte, qualifizierte Dienstleistungsberufe u.a., gebildet. Vor allem aber hat die Institutionalisierung des industriellen Konfliktes zwischen Arbeitnehmern und Arbeitgebern zur Entschärfung des Klassenkonfliktes beigetragen. Der »Klassenkampf« findet weitgehend in Tarifverhandlungen oder im Aufsichtsrat am runden Tisch statt. Gewerkschaftliche und politische Interessenvertretung, die verfassungsmäßige Tarifautonomie, das Arbeitsrecht, Arbeitsschutz- und Arbeitssicherheitsgesetze, betriebliche und überbetriebliche Konfliktverhandlungsgremien, Betriebsräte, Schlichtungsausschüsse, Arbeitsgerichte – sie alle haben die Explosivität des Konfliktes eingedämmt, verrechtlicht und in geregelte Bahnen gelenkt.

5.2.1.2 Soziale Ungleichheit als Folge von Normsetzung und sozialer Kontrolle

Herrschaftskonflikte

Seit *Marx* konzentrieren sich Theorien sozialer Ungleichheit vor allem auf materielle Ungleichheiten und Verteilungsfragen. Daneben aber gibt es auch Ansätze, die auf symbolische Ungleichheit aufmerksam machen, zusammenhängend mit gesellschaftlicher Wert- und Normsetzung. Ein Beispiel dafür ist ein konflikttheoretischer Ansatz, der Ungleichheiten aufgrund von Produktionsmittelbesitz als Spezialfall grundsätzlicher Konflikte um Herrschaft, Normsetzung und Kontrolle sieht (*Dahrendorf,* 1959 und 1966). Die Gesellschaft wird nicht als ein harmonisch funktionierendes, sondern als ein sich in ständiger Auseinandersetzung befindendes Gebilde gesehen, in dem Herrschende und Beherrschte um die richtigen Werte und Normen streiten und unterschiedliche Macht haben, ihre Regeln und Gesetze durchzusetzen sowie deren Einhaltung notfalls mit Strafen (Sanktionen) zu kontrollieren. *Dahrendorf* betont, dass es in jeder Gesellschaft notwendig ist, Normen und Regelungen zu setzen und damit Recht zu verankern, da die menschliche Gesellschaft keine instinktgeleitete, sondern eine moralische ist. Sie muss ihr Wertesystem nicht nur selbst festlegen, sondern auch für die Einhaltung dieser Werte durch Normen sorgen. Diejenigen, die solche Normen und Regelungen definieren und deren Einhaltung kontrollieren, stehen grundsätzlich denjenigen gegenüber, die andere Normen wünschen und kontrolliert werden. Dieser Konflikt, was Recht und richtig und was Unrecht und unrichtig ist und wie die Kontrolle darüber ausgeübt wird, besteht grundsätzlich in allen gesellschaftlichen Organisationen, Verbänden, Gruppierungen. Dieser Ansatz erklärt jedoch nicht, wie einzelne Gesellschaftsmitglieder in ihre ungleichen Positionen kommen.

Gesellschaftliche Konflikte als Voraussetzung für politische Freiheit

Die Auseinandersetzung zwischen den Herrschenden und Beherrschten um die gesellschaftlichen Norm- und Zielsetzungen ist unausweichlich und auch notwendig, denn sie bringt die Gesellschaft gleichzeitig in steten Auseinandersetzungen voran. Der gesellschaftliche Konflikt und die politische Auseinandersetzung sind damit ein wichtiges Moment der Freiheit.

»Nach *Marx* realisiert sich menschliche Freiheit erst in einer Gesellschaft sozialer Gleichheit, nach *Dahrendorf* ist Freiheit nur über soziale Ungleichheit möglich« (*Hartfiel,* 1981; 42).

5.2.2 Schichtungstheorien

5.2.2.1 Soziale Ungleichheit als gesellschaftlich notwendiges Belohnungssystem

Gesellschaft als System

Schon *Dahrendorf* versucht, soziale Ungleichheit nicht nur kausal, aus der Perspektive ihrer Entstehung, zu erklären. Er stellt vielmehr das Zusammenspiel von sozialer Ungleichheit und von Freiheit und Weiterentwicklung der Gesellschaft heraus. Aus funktionalistischer Sicht wird nun geradewegs gefragt, wozu soziale Ungleichheit nützlich ist. Die Gesellschaft wird dabei als System betrachtet, als Wirkungszusammenhang aufeinander bezogener Elemente, wobei die Veränderung eines Elementes zu Veränderungen anderer Bestandteile des Systems führt. Als funktional gilt etwas, das zur Bestandserhaltung des Systems beiträgt. Dass die Gesellschaft als System Ungleichheiten zu ihrer Einhaltung und Weiterentwicklung benötigt, das ist die funktionalistische Vorvermutung. Gesucht wird dann die spezielle Funktion, die Ungleichheiten für die Gesellschaft übernehmen.

Belohnungen als Anreiz

Einen umfassenden derartigen Erklärungsansatz haben die amerikanischen Soziologen *Davis* und *Moore* (1973[2], zuerst 1945) versucht. Sie sehen die Erklärung für die Schichtung darin, dass die Gesellschaft ihre sozialen Positionen besetzen und die Inhaber veranlassen muss, die damit vorgegebenen Pflichten zu erfüllen. Sie gehen also davon aus, dass Menschen motiviert werden müssen, bestimmte gesellschaftliche Berufspositionen zu übernehmen. Als Bezugspunkt der sozialen Schichtung gelten also nicht Menschen, sondern Positionen. Da es aufgrund der Arbeitsteilung Positionen gibt, die mehr oder weniger wichtig für die Gesellschaft sind und unterschiedliche Talente und Qualifikationen erfordern, kann es nicht gleichgültig sein, wie diese Positionen besetzt werden. Die Gesellschaft braucht Belohnungen als Anreize zur Besetzung der Positionen; »Belohnungen und ihre Verteilung werden Bestandteil der sozialen Ordnung und verursachen so eine Schichtung« (*Davis/Moore,* 1973; 397). Als Belohnung ist dabei nicht nur die materielle Entlohnung anzusehen, sondern auch Immaterielles wie Privilegien, Anerkennung, Rechte, Sicherheit des Arbeitsplatzes und dergleichen. Die Anreizausstattung einer Position und damit der gesellschaftliche Rang einer Position hängen vor allem von der funktionalen Bedeutung für die Gesellschaft ab. Indikatoren für die funktionale Wichtigkeit sind dabei der Grad, in dem eine Position funktional einzigartige Aufgaben wahrnimmt und der Grad, in dem andere Positionen von ihr abhängig sind.

Funktionale Bedeutung von Positionen

Die für den Fortbestand der Gesellschaft wichtigen Positionen rangieren oben. Die Bedeutung der Positionen alleine ist jedoch nicht ausschlaggebend, sondern auch die Frage, unter welchen Schwierigkeiten sie besetzt werden können. Damit spielt die relative Knappheit der Bewerber hinsichtlich Talent und Ausbildung eine ebenso wichtige Rolle. Die Länge der Ausbildung, die für eine Position erforderlich ist, wird damit als weiterer Indikator für ihre Bedeutung angesehen (z.B. Arzt).

Die Grundannahmen dieses Ansatzes, dass Einigkeit besteht über eine gesellschaftliche Bedeutungshierarchie der Positionen und Belohnungen, dass Talente knapp sind und Positionen im freien Wettbewerb errungen werden, sind von vielen Kritikern als fragwürdig erkannt worden. Heute wird der Zusammenhang zwischen beruflicher Differenzierung und Hierarchisierung sowie sozialer Ungleichheit auch andersherum gesehen.

5.2.2.2 Soziale Ungleichheit bedingt durch das Bedürfnis nach Identität und Abgrenzung

Soziale Nähe und Distanz

In einem neuen Versuch, Schichten- und Klassenbildung zu definieren, voneinander abzugrenzen und zu begründen, entwickelt *Haller* zur sozialen Schichtung folgende Überlegungen. Er sieht den Unterschied zwischen

Klassenbildung und Schichtdifferenzierung vor allem darin, dass in einem Falle die grundlegenden ökonomischen Zwänge zur Produktion von Gütern und deren Verteilung und zur Erhaltung des Lebensunterhaltes, im anderen Fall das Bedürfnis, sich zu vergleichen und persönliche und soziale Identität zu wahren, ausschlaggebend sind (*Haller*, 1983; 144). *Haller* greift zurück auf *Goffmans* Grundannahmen, dass es menschliche Grundbedürfnisse nach Kontakt und Anerkennung gibt, dass Anerkennung ein »Publikum« voraussetzt, vor dem man sich ausprobieren kann und »Ensemblegenossen«, mit denen man sich »hinter der Bühne gehen lassen kann«. Ausgehend von diesen Grundannahmen wird Schichtenbildung als eine Form der Bestimmung von Zugehörigkeiten und Distanzierungen zur Wahrung und Bildung der eigenen Identität interpretiert. Enge Beziehungen, z.B. Heiratsbeziehungen, Freundeskreise werden auf Personen mit gleichem oder ähnlichem sozialen Status beschränkt.

> »Als Folge der Beschränkung solcher intimer sozialer Beziehungen auf Personen des gleichen sozialen Status entsteht eine langfristig dauerhafte gesamtgesellschaftliche Statusstruktur. Diesen makrosoziologisch folgenreichen Prozess der Verfestigung von Statusstrukturen mit Hilfe der Errichtung und Aufrechterhaltung von sozialer Distanz zwischen den Angehörigen verschiedener gesellschaftlicher Subgruppen bezeichnen wir als soziale Schichtung« (*Haller*, 1983; 104).

Soziale Ausschließung

Soziale Distanz verhindert die ständige Infragestellung des sozialen Status, der eigenen Identität, der eigenen Normen und Wertvorstellungen; folglich werden engere soziale Beziehungen nur mit Statusgleichen eingegangen. Die Heiratsmuster sind nach allen vorliegenden empirischen Daten schichtspezifisch gebunden (*Mayer, K. U.*, 1977; 174 ff.; *Handl*, 1988; 106 ff.). Interaktionsbarrieren und soziale Distanzierung sind die wichtigsten Instrumente zur Aufrechterhaltung schichtendifferenzierter Ungleichheit und damit implizit der Diskriminierung Angehöriger niedrigerer Schichten (*Haller*, 1983; 105 f.). Handelnde Einheit ist dabei die Familie als Ganzes, denn auch für die Kinder wird die Wahrung zumindest des eigenen Status angestrebt. Der Bildung kommt dabei statussichernde Funktion zu: Jugendliche werden schon im Bildungssystem in verschiedene Subgruppen je nach Schultyp vorsortiert (*Haller*, 1983; 109).

Während Klassenbildung dazu führt, dass deutlich abgegrenzte Konfliktparteien einander gegenüberstehen, führt Schichtenbildung durch Abschließungsprozesse nach unten zu einer latenten Diskriminierung und zu einer Vielzahl sozialer Abstufungen.

5.2.3 Mehrdimensionale Erklärungsansätze

5.2.3.1 Klassenlage und ständische Lage

»Objektive« Kriterien der Klassenlage

Bei *Max Weber* finden sich viele Ansatzpunkte für spätere Schichtungstheorien, obgleich er nur einige Grundbegriffe präzisiert hat. Er hat zu Anfang unseres Jahrhunderts bis in die Weimarer Republik hinein eine weiter entwickelte kapitalistische Gesellschaft als *Marx* vor Augen und gelangt daher zu genaueren Unterteilungen.

Er führt zur Bestimmung von Klassen mehrere Kriterien ein und eröffnet damit den Weg für differenziertere Gesellschaftsmodelle. Die Klassenlage bestimmt sich nach *Max Weber* nicht nur nach der Verfügung über Eigentum – wobei alle Formen von Eigentum, nicht nur der Produktionsmittelbesitz gemeint sind –, sondern auch nach der Verfügung über berufliche Qualifikationen und deren Marktschancen.

> »Klassenlage soll die typische Chance
> 1. der Güterversorgung,
> 2. der äußeren Lebensstellung,
> 3. des inneren Lebensschicksals
> heißen, welche aus Maß und Art der Verfügungsgewalt (oder des Fehlens solcher) über Güter oder Leistungsqualifikationen und aus der gegebenen Art ihrer Verwertbarkeit für die Erzielung von Einkommen oder Einkünften innerhalb einer gegebenen Wirtschaftsordnung folgt« (*Weber*, 1964; 223).

Mit dem zusätzlichen Kriterium »Leistungsqualifikation«, also berufliche Kompetenzen, trägt *Weber* der differenzierten Struktur der abhängig Beschäftigten Rechnung. Zusätzlich fügt er Marktgesichtspunkte ein; denn die Verfügung über brotlose Künste oder wertlosen Boden schafft keine besseren Lebensbedingungen. Aufgrund der unterschiedlichen Besitz- und Qualifikationsstruktur und der unterschiedlichen Stellung am Arbeits- und Kapitalmarkt z.B. ergeben sich viele differenzierte Klassenlagen. In der Zusammenfassung einzelner Klassenlagen kommt er zu vier sozialen Klassen: der Arbeiterschaft, dem Kleinbürgertum, der Intelligenz und der Besitzklasse.

Als Klasse fasst *Max Weber* solche einzelnen Klassenlagen zusammen, zwischen denen typischerweise Heirats- und Berufsmobilität innerhalb einer Generation oder zwischen den Generationen stattfindet. Zum Beispiel würden Lehrling und Meister, die sich in unterschiedlichen Klassenlagen befinden, zu einer Klasse gehören, weil diese Lebenslagen typischerweise in einer Biographie durchlaufen werden.

Subjektive Faktoren, Prestige, Tradition und Lebensstil

Zusätzlich zu den objektiven Bedingungen aber sieht *Weber* subjektive Faktoren, den Lebensstil, die Traditionen, in denen jemand aufgewachsen ist, den sozialen Status, Ehre und Anerkennung – die »ständische Lage«. Unter ständischer Lage versteht er positive oder negative Privilegierung in der sozialen Schätzung, die begründet ist in der Lebensführung, der formalen Erziehungsweise, dem Abstammungs- oder Berufsprestige. Im Alltag ist eine einheitliche ständische Lage verschiedener Gesellschaftsmitglieder vor allem daran zu erkennen, dass sie bevorzugt untereinander heiraten, miteinander verkehren, dass sie versuchen, privilegierte Erwerbschancen für die eigenen Angehörigen zu reservieren und ständische Konventionen und Traditionen pflegen. Neben den objektiven klassenspezifischen Bedingungen lässt sich also die Gesellschaft auch charakterisieren durch unterschiedliche Arten des Lebensstils, der Erziehung und des Prestiges.

Für *Max Weber* sind Klassenlagen und ständische Lagen nicht deckungsgleich. Beispielsweise kann die Klassenlage von Offizieren oder Studenten aufgrund ihres Vermögens und der sozialen Herkunft sehr unterschiedlich sein, die ständische Lage wird jedoch jeweils ähnlich sein, da sie sich durch Erziehung und Lebensführung von anderen Bevölkerungsgruppen deutlich unterscheiden (*Weber*, 1964; 223 ff.).

Wenn in Schichtungstheorien soziale Ungleichheit empirisch nicht nur an objektive Bedingungen geknüpft wird, sondern auch mit Berufsprestige, Status und subjektiven Schichtbarrieren erfasst wird, gehen diese Verfahren wesentlich auf *Webers* Grundüberlegungen zurück.

5.2.3.2 Disparität der Lebensbereiche

Die Beobachtung, dass ein großer Teil der Lebenschancen nicht mehr über Märkte ausgehandelt, verteilt und geregelt wird, sondern durch politische Entscheidungen determiniert ist, hat Anlass gegeben, auch die Folgen der Politik als Faktor für die Entwicklung sozialer Ungleichheiten zu entdecken. Ein großer Teil des Bruttosozialproduktes, also des gesellschaftlichen Gesamtvolumens an Gütern und Dienstleistungen, wird in staatlicher Trägerschaft erwirtschaftet oder verteilt. Um dem Rechnung zu tragen, wurde Ende der 60er Jahre ein Ansatz entwickelt, Ungleichheit unter den Bedingungen spätkapitalistischer Produktion und sozialstaatlicher Steuerung zu erklären. In die Grundannahmen gehen damit spezifische historische Bedingungen ein und auch die Voraussetzung, dass Politik unter der Maßgabe westlicher Demokratien stattfindet. Dieser Ansatz, zuerst von *Bergmann* und *Offe* vorgetragen, beansprucht wie auch die folgenden Neuansätze keine universelle Erklärungskraft mehr; das unterscheidet ihn von den klassischen Erklärungsansätzen sozialer Ungleichheit.

Staatliche Intervention

Bergmann und *Offe* betonen, dass in den Ungleichheitstheorien bisher die Staatsinterventionen vernachlässigt worden sind. Sie gehen nun aus von der Annahme, dass unter spätkapitalistischen, demokratischen Sozialstaatsbedingungen die Politik wesentlich an der Sicherung der wirtschaftlichen Stabilität, an der Vermeidung außen- und innenpolitischer Krisen und an der Sicherung von Massenloyalität interessiert sein muss. Politik gerät unter diesem Vorzeichen zur Krisenvermeidungsstrategie. Diesen Prämissen müssen sich alle großen Parteien unterwerfen. Dabei ist es unerheblich, welche Programme sie darüber hinaus vertreten. Klassengegensätze treten in den Hintergrund, da das Einkommen für große Teile der Bevölkerung, wie für Rentner, Sozialhilfeempfänger, Beamte, Studenten, politisch determiniert ist. Auch der Konsum wird weitgehend abhängig von staatlichen Leistungen, von kollektiven Gütern, wie Infrastruktur, Sicherheitsleistungen, Absicherung sozialer Risiken etc. Der Marktmechanismus insgesamt verliert damit an Bedeutung. Die »Verteilung« kollektiver Güter, die nicht individuell zu kaufen sind, sondern prinzipiell für alle zur Verfügung gestellt werden, wird wie ein Teil der privaten Gütererzeugung (Investitionshilfen) durch politische Entscheidungen legitimiert. Der Staat tritt also immer mehr als Interventionsstaat auf, der an gesicherten Steuereinkommen und damit an der Krisenvermeidung, am Florieren der Wirtschaft interessiert sein muss.

Kollektive Güter

Dies führt dazu, dass immer zuerst der Wirtschaftsbereich gefördert wird, und dass Bereiche wie Gesundheit, Bildung, Sozialhilfe etc. für nachrangig angesehen werden.

Konfliktfähigkeit

Die Organisations- und Konfliktfähigkeit von Wirtschaftsverbänden und Gewerkschaften sind zudem erheblich höher als die von Krankenhausbenutzern, von Eltern von behinderten Kindern oder von ähnlichen, kaum organisierbaren »Interessengruppen«. Hinzu kommt, dass das Störpotential der etwa von Kürzungen im Gesundheitswesen oder in der Sozialhilfe Betroffenen gering ist im Verhältnis zu demjenigen von Unternehmerverbänden und Gewerkschaften, die über Leistungsverweigerung ihre Interessen durchsetzen können. So kommt es, dass der einzelne im Laufe seiner Biographie und in seinem Alltag aufgrund dieser »Disparitäten« der Lebensbereiche in den Bereichen Arbeit, Freizeit, Gesundheit, soziale Versorgung unterschiedlichen Bedingungen unterliegen. Diese Disparitäten, also die unterschiedliche Versorgung einzelner Lebensbereiche, liegen quer zur klassischen Schichten- und Klassenstruktur (*Bergmann* u.a., 1969).

Untersuchungen über die Versorgung mit Einkommen, Wohnraum, Gesundheit, Bildung etc. (sogenannte Wohlfahrtsuntersuchungen) belegen auch empirisch solche Disparitäten. Auch ökonomisch Bessergestellte haben Defizite in einigen Lebensbereichen (*Berger,* 1984 a; 256 ff.).

Produktive und reproduktive Gestaltungsmöglichkeiten

Während aber produktiv Tätige die Lebensumstände aktiv beeinflussen können und gleichzeitig durch Streiks z.B. an neuralgischen Stellen in der Produktion erheblichen Druck ausüben können, haben andere Gesellschaftsmitglieder kaum Möglichkeiten, ihre Interessen durchzusetzen. Produktive Arbeit, wie die Erfindung und Bereitstellung neuer Medien, beeinflusst direkt die Welt von morgen. Reproduktive Arbeit, wie die Soziale Arbeit, kann nur durch Verweigerung Macht erlangen. Arbeit, die nicht einmal zur reproduktiven Erneuerung der Gesellschaft beiträgt, sondern ausschließlich der Bestandserhaltung dient (Behindertenwerkstätten, Arbeitslosenprojekte), kann nicht einmal sinnvoll verweigert werden. Einfluss ist in diesem Fall nur durch Destruktion möglich (*Kellermann,* 1985; 294 ff.). Was hülfe es einem alternativen Projekt, wenn es die Annahme von Zuschüssen der Kommune oder der Arbeitsverwaltung verweigerte?

Disparitäre Lebensbereiche

Anhand dieser Überlegungen lässt sich sehr gut der unterschiedliche Einfluss erklären, den Ingenieure im Vergleich zu Sozialarbeiterinnen und Sozialarbeitern auf die Gestaltung unserer Zukunft haben. Auch das Organisations-, Durchsetzungs- und Störpotential sind aufgrund der unterschiedlichen Beteiligung an gesellschaftlichen Produktions- und Reproduktionsprozessen sehr unterschiedlich. Betrachtet man zusätzlich die Situation der Klientel, die häufig faktisch keine Machtmittel in Händen hat – denn Sozialhilfe lässt sich nicht verweigern – so werden Disparitäten offenkundig. Dass es sich hier nicht um Schichtungsphänomene handelt, wird deutlich, wenn jemand aus gehobener Schicht z.B. durch einen Unfall aus dem Arbeitsleben ausscheiden muss und fortan auf Renten, Rehabilitationsmaßnahmen und Versicherungsleistungen angewiesen ist. Die Querlage von Disparitäten wird allen zum Problem – auch unabhängig von beruflichen Privilegierungen –, wenn er oder sie von heute auf morgen einen Kindergartenplatz suchen oder einen Pflegeplatz für ältere Familienangehörige. Natürlich können sich sozial besser Gestellte in gewissem Umfang von den Disparitäten im Bereich kollektiver Güter freikaufen, beispielsweise schulischen Benachteiligungen dadurch ausweichen, dass sie Privatschulen in Anspruch nehmen. Hier setzt auch die Kritik am Disparitätenkonzept an.

5.3 Empirische Zugänge zu sozialen Ungleichheiten

5.3.1 Schichtung und soziale Lagen

Empirische Klassenanalyse

Beflügelt durch theoretische Überlegungen, aber auch aufgrund rein methodischen Vorgehens gibt es seit langem Bemühungen, die Gesellschaft der Bundesrepublik empirisch abzubilden und ihre Ungleichheitslinien aufzuzeigen. Dabei hat es zunächst in den 60er und 70er Jahren eine Kontroverse gegeben, ob sich unsere Gesellschaft eher als Klassengesellschaft oder als geschichtete Gesellschaft darstellen lässt. In dieser Zeit wurden umfangreiche Klassenanalysen vorgenommen (Übersicht bei *Ballerstedt/Glatzer,* 1979) und große repräsentativ angelegte Schichtungsuntersuchungen. Die empirische Klassenanalyse tat sich schwer, marxistische Kategorien auf eine entwickelte Gesellschaft zu übertragen. In allen Untersuchungen, zuletzt *Bischoff* u.a., 1982, musste geklärt werden, ob zum Beispiel leitende Angestellte in die Kapitalisten- oder Arbeiterklasse gehören, welche Arbeitnehmer produktiv, also mehrwertschaffend tätig sind und welche aufgrund unproduktiver Tätigkeit in die Mittelklasse gehören, wo Sozialhilfeempfänger untergebracht werden und wer alles zur herrschenden Klasse gehört, auch ohne Kapitalist im engen Sinne zu sein (Literaturübersicht in *Bolte/Hradil,* 1984). Die Kontroverse wurde erst beendet, nachdem auch die Forschung auf immer neue Unübersichtlichkeiten stieß.

In den großen Untersuchungen zur Schichtenstruktur der Bundesrepublik sind empirische Verfahren entwickelt worden, deren Instrumente auch heute noch in vielen empirischen Untersuchungen zu unterschiedlichen Themen Verwendung finden. Denn in vielen Untersuchungen gilt die Schichtzugehörigkeit genauso als Sozialdatum wie Alter und Geschlecht. Die empirischen Verfahren sollen hier kurz skizziert werden, damit deutlich wird, dass es sich um eine Konstruktion handelt; denn Schichtzugehörigkeit ist kein direkt beobachtbares Phänomen.

Selbsteinschätzung

Alle empirischen Verfahren setzen zunächst einen konsistenten, hierarchischen gesellschaftlichen Schichtaufbau voraus. Das Verfahren der »sozialen Selbsteinschätzung« basiert auf Berufsprestigeskalen, die selbst wiederum in repräsentativen Untersuchungen erstellt und geeicht wurden. Dem Prestige bestimmter Berufsgruppen sollen sich die Befragten zuordnen. Eher »objektive« Verfahren messen Schichtzugehörigkeit mit Hilfe eines Index oder nur des Indikators Beruf. Bei der Indexbildung werden den Befragten entsprechend der Einzelindikatoren Einkommen, Berufsposition und Bildungsabschluss Punkte zugemessen. Die einzelnen Indikatoren können unterschiedlich gewichtet werden, ergeben aber auf jeden Fall

Schichtindex

einen gemeinsamen Indexwert auf einer Skala. In der Addition »verschwinden« dabei allerdings Unterschiede der Einzelindikatoren. Problematisch ist bei diesem Verfahren die Grenzziehung zwischen zwei Schichten an einem spezifischen Punktwert. Beide Verfahren sind empirisch leicht zu handhaben und führen zu außerordentlich ähnlichen Ergebnissen (vgl. *Bolte/ Hradil,* 1984; 199 ff.). Nach dem Verfahren der Selbsteinschätzung wird für 1974 etwa folgende Verteilung angegeben:

Bevölkerung der Bundesrepublik nach Prestigeschichten

8%	Oberschicht, obere Mittelschicht (Großunternehmer, Spitzenpolitiker, leit. Angestellte, hohe Beamte, Ärzte, Richter)
12%	mittlere Mittelschicht (gehobene Angestellte und Beamte, Elektroingenieure, mittlere Selbständige)
40%	untere Mittelschicht (mittl. Angestellte u. Beamte, Malermeister, Werkmeister, höchstqualifizierte Arbeiter, Kleinhändler)
27%	obere Unterschicht (Kellner, unterste Angestellte u. Beamte, Kleinsthändler, Industriearbeiter)
11%	untere Unterschicht (Straßenarbeiter, Landarbeiter, Matrosen)
2%	sozial Verachtete.

(vgl. *Kleining,* 1975; 275).

Schichtung als soziologisches Konstrukt

Heute schwankt das Berufsprestige einzelner Berufsgruppen deutlich stärker als früher. Auch die Antwortbereitschaft, sich und andere auf einer Prestigeskala einzuordnen, nimmt mit wachsendem Bildungsstand ab. Interessant sind Einzelergebnisse, wonach bei der Selbsteinschätzung sowohl Angehörige oberer als auch unterer Statusgruppen zur Mitte hin tendieren. So sehr sich auch Indizes und Selbsteinschätzungsverfahren als brauchbar erwiesen haben, so deutlich muss doch gemacht werden, dass es sich um Konstrukte handelt, dass so gemessene »Schichten« keine soziale Realitäten sind, wie z.B. gemessene Wohnfläche. Schon durch die empirischen Verfahren werden entweder hierarchische Prestigemodelle vorgegeben (bei der Selbsteinschätzung) oder komplexe Einzeldaten wie Bildungsabschluss und Beruf und Einkommen auf einen gemeinsamen Nenner zusammengerechnet. Einheitlichkeit und Hierarchie werden also immer vorgegeben Ein unreflektierter Umgang mit solchen Untersuchungsergebnissen kann zur Verfestigung der vermeintlichen Realität beitragen.

Subjektive Schichteinstufungen sind noch einmal von besonderem Interesse im Zuge der Transformationsforschung nach der Deutschen Wiedervereinigung. Die folgende Abbildung verdeutlicht, wie unabhängig von der sozialen Lage die subjektiv empfundene und aus der Tradition des Arbeiter- und Bauernstaates verständliche Selbsteinschätzung nachwirkt.

Subjektive Schichteinstufung – West- und Ostdeutschland, 1991

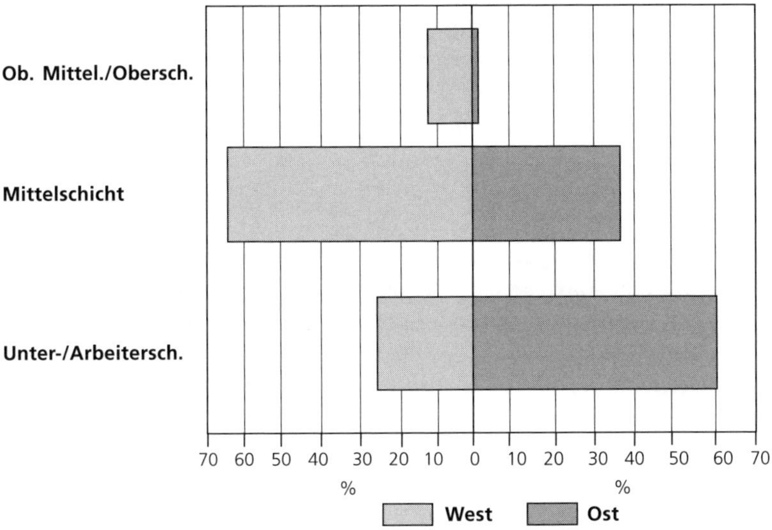

Quelle: Noll/Schuster, 1992, 214

Aufgrund vieler Einzelergebnisse aus der Transformationsforschung, z.B. zum Einfluss der Arbeitslosigkeit der Eltern auf die Bildungschancen der Kinder (*Becker/Nietfeld,* 1999) wird deutlich, dass die Angleichung der Lebensbedingungen sicherlich noch eine ganze Generation brauchen wird.

Seit Beginn der 80er Jahre werden vertikale Ungleichheitsbedingungen entdeckt, die quer zu den klassischen horizontalen Ungleichheiten von Bildungs- und Einkommensabstufungen liegen und gleichwohl ihre Wirkung im Alltag entfalten. Insbesondere die Frauen- und heutige Geschlechterforschung hat dazu einen wichtigen Anstoß gegeben.

Neue Dimensionen und Zuweisungsmerkmale sozialer Ungleichheit

Neue Dimensionen sozialer Ungleichheit, wie unterschiedliche Arbeitsbedingungen, Freizeit- und Wohnbedingungen, soziale Sicherheit im Hinblick auf Arbeit, Alter und Gesundheit, hat insbesondere *Hradil* aufgezeichnet (1987a u. 1987b). Auch neue Zuweisungsmerkmale sozialer Ungleichheit, wie Alter, Geschlecht, Region, Nationalität, selbst Zugehörigkeit zu starken oder schwachen Jahrgängen werden »entdeckt«, wie auch neue Ursachenfelder: der Staat, gesellschaftliche Kräfte, Organisationen und neue Bewegungen. Neue Lebensstile kommen hinzu, bedingt durch die Anhebung des Lebensstandards, durch wachsende Freiräume und Wertewandel.

Soziale Lagen

Es gilt nicht nur »eventuell vorhandene Unterschiede der Auswirkungen von, sondern auch eventuell unterschiedliches aktives Umgehen mit der eigenen Lage im Gefüge sozialer Ungleichheit zu identifizieren« (*Hradil,* 1987b; 97). Beispielsweise kann je nach Bildungsniveau, Gesundheit und sozialen Kontakten die soziale Lage von Rentnern nicht nur unterschiedlich sein, sondern auch bei gleichen Einkommen zu ganz unterschiedlichen Lebensstilen führen. Drei verschiedene Dimensionen sozialer Ungleichheit, ökonomische, wohlfahrtsstaatliche und soziale, werden als Ausgangspunkt zur Bestimmung sozialer Lagen genommen. *Soziale Lagen* werden definiert als »typische Kontexte von Handlungsbedingungen, die vergleichsweise gute oder schlechte Chancen zur Befriedigung allgemein anerkannter Bedürfnisse gewähren« (*Hradil,* 1987b; 153). Eine Typologie auf der Basis dieser unterschiedlichen Dimensionen sozialer Ungleichheit weist einzelne soziale Lagen, wie »Machtelite«, »Reiche«, »Studenten«, »Bildungselite«, »Normalverdiener mit hohen, mittleren oder geringen Risiken«, »Rentner« etc. aus, deren Lage jeweils durch eine primäre Dimension und mehrere sekundäre Dimensionen gekennzeichnet ist, z.B. »Arme«: primäre Dimension: niedriges Geldeinkommen, dazu weitere Dimensionen: niedriges Prestige, geringe soziale Absicherung, Freizeitbedingungen und soziale Beziehungen nur in mittlerer bis schlechter Qualität, ähnlich die Wohnbedingungen und die Beteiligung an demokratischen Institutionen (*Hradil,* 1987; 154 ff.).

5.3.2 Milieus und Lebensstile

Nachdem die Bedeutung vertikaler Ungleichheiten wie Alter und Geschlecht immer deutlicher in den Blick der Ungleichheitsforschung geriet und es zugleich als immer weniger aussagekräftig erachtet wurde, mit Schicht- und Klasseneinteilungen zu einer adäquaten Beschreibung unserer Gesellschaft zu gelangen, hat sich die Ungleichheitsforschung den unterschiedlichen Lebenswelten und den sozialen Lagen zugewandt und eine bunte Vielfaltsforschung entwickelt.

Lebensstile

Grundlage sind Untersuchungen zur Lebenswelt der Befragten, die nach Wertorientierungen, Lebenszielen, Arbeits- und Freizeitmotiven, Zukunftsvorstellungen, Lebensstilen und sozialem Status befragt werden.

Qualitative und quantitative Daten wurden so aufbereitet, dass es möglich wurde, Großgruppen zu isolieren, die über ähnliche Lebensauffassungen und Lebensweisen verfügen. Vor dem Hintergrund unterschiedlicher Lebensstile, Werthaltungen und Perspektiven werden die objektiven Lebensbedingungen interpretiert, und es bilden sich in Interaktionsprozessen typische Verhaltensmuster sozialer Gruppierungen heraus: Lebensstile. Lebensstile lassen sich als »raum-zeitlich strukturierte Muster der Lebensführung fassen, die von Ressourcen (materiell und kulturell), der Familien- und Haushaltsform und den Werthaltungen abhängen« (*Müller, H.P.,* 1989; 66, ähnlich auch Lüdtke, 1989). Ein soziales Milieu wird als »Gruppe von Menschen verstanden, die solche äußeren Lebensbedingungen und/oder innere Haltungen aufweisen, aus denen sich gemeinsame Lebensstile herausbilden« (*Hradil, 1987;* 165, statt Gruppe besser: Kategorie). Milieus wirken dabei wie Filter oder Verstärkungen objektiver Lebensbedingungen, »sie reproduzieren, präzisieren und modifizieren dabei diese Lebensbedingungen (z.B. geschlechtsspezifische Verhaltenserwartungen), sie produzieren aber auch gleichzeitig Lebensbedingungen für Mitmenschen (sie konfrontieren Milieufremde z.B. mit den milieuspezifischen Vorstellungen über die Rolle der Frau)« (*Hradil,* 1987; 167).

Milieu

Milieustruktur der deutschen Wohnbevölkerung Westdeutschland

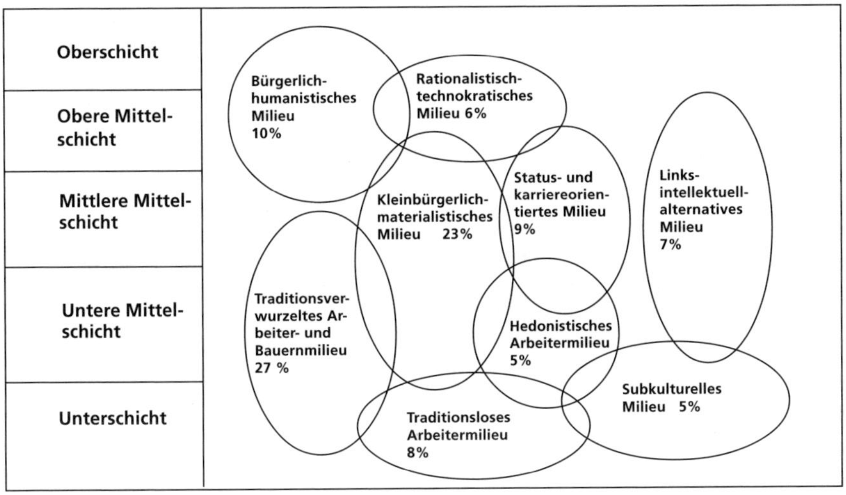

Ostdeutschland

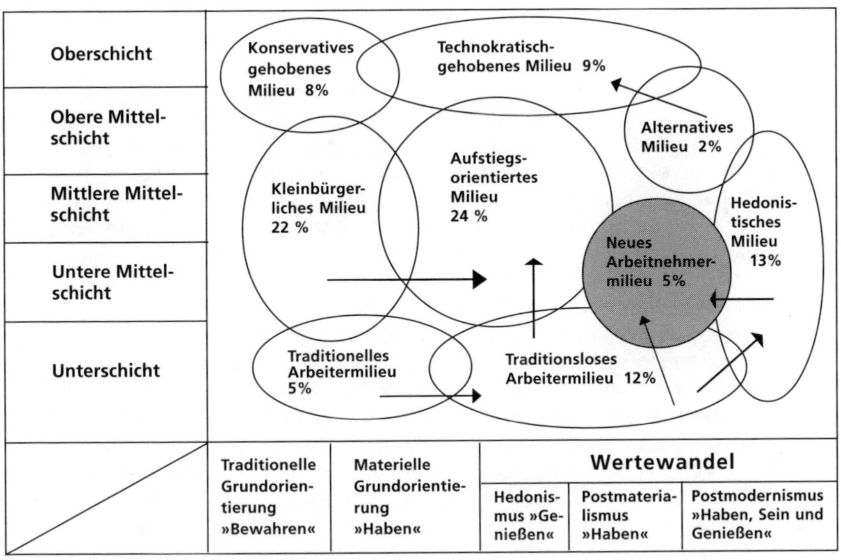

Quelle: Brock, 1998; 620
Die Pfeile zeigen quantitative Veränderungen des Milieuumfangs seit den 80er Jahren an.
Kurzbeschreibungen der Milieus bei Becker/Becker/Ruhland 1992, 90-98, 105 – 113.

Die folgende Beschreibung der Milieus ist *Georg* (1998; 109 f.) entnommen:

Das «*konservativ-gehobene Milieu*» umfasst ältere Personen am oberen Ende der sozialen Schichtung: Freiberufler, leitende Angestellte und Beamte sowie Akademiker. Die Lebensziele beziehen sich in diesem Milieu vor allem auf die

Erhaltung gewachsener Strukturen und eine angesehene gesellschaftliche Stellung. In einem distinguierten Lebensrahmen wird ein harmonisches Familienleben mit einem auch individuell erfüllten Privatleben verbunden. Bei einer Ablehnung alles Oberflächlichen und Übertriebenen bezieht sich der Lebensstil dieser Gruppe auf hohe Qualitätsansprüche und Stilsicherheit.

Im «*kleinbürgerlichen Milieu*» sind, wie sein Name schon andeutet, Berufsgruppen zusammengefasst, die von mittleren Angestellten oder Beamten bis hin zu kleinen Selbständigen und Landwirten reichen. Disziplin, Ordnung, Pflichterfüllung und Verlässlichkeit sind Werte, die in diesem Milieu geschätzt werden. Die eher bescheidene Aufstiegsaspiration dieser Gruppe drückt sich darin aus, dass Risiko und sozialer Ehrgeiz hier eher bedeutungslose Wertorientierungen sind. Hinsichtlich des Konsums werden zeitlosgediegene Produkte bevorzugt und die Übereinstimmung mit Konventionen ist die zentrale Bedeutungsdimension dieses Stils.

Das «*traditionelle Arbeitermilieu*» besteht vor allem aus an- und ungelernten Arbeitern, Facharbeitern und Rentnern mit kleineren oder mittleren Einkommen. Die Lebensziele in diesem Milieu beziehen sich vor allem auf die Befriedigung materieller Bedürfnisse, die Sicherheit des Arbeitsplatzes und der Altersversorgung sowie die Zugehörigkeit zu einer überschaubaren Gemeinschaft. Dem Lebensstil dieser Gruppe ist Prestigedenken und Modebewusstsein fremd, vielmehr werden solide und haltbare Produkte bevorzugt.

Im «*traditionslosen Arbeitermilieu*» sind an- und ungelernte Arbeiter mit niedriger Formalbildung und Arbeitslose überrepräsentiert. Ein wichtiges Lebensziel ist hier der konsumbezogene Anschluss an die breite Mittelschicht und die Anerkennung als «normal» und «bürgerlich». Bei einem spontanen und impulsiven Konsumstil werden oft die finanziellen Möglichkeiten überschritten, und Gedanken an die Zukunft werden verdrängt.

Das «*neue Arbeitermilieu*» ist ein Kind der Bildungsexpansion. Jüngere Personen (unter 25 Jahren) mit einem mindestens mittleren Bildungsabschluss, die entweder noch in Ausbildung sind (Auszubildende, Schüler, Studenten) oder über eine qualifizierte Berufsausbildung verfügen (Facharbeiter in der «Schrittmacherindustrie», qualifizierte Angestellte) bilden den Schwerpunkt dieses Milieus. Ein starkes Bedürfnis nach Lebensgenuss wird bei dieser Gruppe ergänzt durch eine Hochschätzung kreativer Berufe mit Autonomie und Verantwortung. In ihrem Lebensstil steht ein enttraditionalisiertes Weltbild der Aufgeschlossenheit für junge Freizeitkultur bei einer stilistischen Neigung zu «konventionellem Modernismus» im Konsum gegenüber.

Im «*aufstiegsorientierten Milieu*» sind vor allem Facharbeiter mit mittlerem bis hohem Einkommen vertreten. Man arbeitet überwiegend am beruflichen und sozialen Aufstieg, was sich auch in einem entsprechenden Prestigekonsum ausdrückt, der sich an den Standards der gehobenen Schichten orientiert.

Das «*technokratisch-liberale*» Milieu integriert vor allem die jüngere Bildungselite (Schüler, Studenten, leitende Angestellt und Beamte, mittlere und größere Selbständige und Freiberufler). Die Lebensziele dieses Milieus sind gleichzeitig an materialistischen (Erfolg, hoher Lebensstandard) und post-materialistischen Werten (Entwicklung der Persönlichkeit, Selbstverwirklichung im Beruf) orientiert. Als Trendsetter pflegt diese Gruppe einen avantgardistischen Stil, der Souveränität und Kennerschaft ausdrückt.

Der Altersschwerpunkt des «*hedonistischen Milieus*» liegt zwischen zwanzig und dreißig Jahren, wobei insbesondere Personen mit niedriger Formalbildung und «Abbrecher» überrepräsentiert sind. Das Distinktionsmuster dieser Gruppen bezieht sich vor allem auf kleinbürgerliche Werte, denen Spontaneität und Individualität entgegengesetzt werden. Der Konsumstil ist spontan, wobei ein Bedürfnis nach Luxus und Komfort mit dem Imperativ der Originalität und Authentizität verbunden wird.

Das *«alternative Milieu»* ist, neben dem technokratisch-liberalen Milieu, die Heimat junger Menschen mit hohen Bildungsabschlüssen, wobei, entsprechend einem hohen Studentenanteil, sowohl Gruppen mit niedrigem als auch sehr hohen Einkommen vertreten sind. In diesem Milieu werden am deutlichsten postmaterielle Werte bevorzugt, die sich vor allem auf Selbstentfaltung und die Entwicklung einer menschengerechten Gesellschaft beziehen. Im Konsumstil des alternativen Milieus drückt sich vor allem eine ökologische Orientierung und eine hohe Wertschätzung eines individualisierten Stiles aus.

Lebensstilisierung

Heute wird der Lebensstil als bewusstes Stilisierungsinstrument und Gestaltungsmittel erkannt und damit als »neue« Dimension sozialer Ungleichheit (*Lüdtke,* 1989; 39). Lebensstile erleichtern die Alltagsroutine und vermitteln Identität. Dabei werden Lebensstile nicht nur als eine von objektiven Bedingungen abhängige Variable betrachtet, sondern Lebensstilisierungen eröffnen gleichzeitig auch neue Chancen zur Distinktion und Abgrenzung des einzelnen (*Müller, H.P.,* 1988; 67 f.). Beispielsweise können Jugendliche mit ähnlichen sozioökonomischen Voraussetzungen in der Drogenszene, in einem Fußballfanclub oder in der kirchlichen Jugendarbeit angetroffen werden (vgl. Kap. 8.1.3.1). Das Lebensstilparadigma lässt sich charakterisieren durch eine gewisse Ganzheitlichkeit, durch Freiwilligkeit, Unverwechselbarkeit, Identifizierbarkeit, die gleichzeitig Abgrenzung schafft (*Müller, H.P.,* 1989; 56 ff.). Voraussetzung ist gesellschaftlicher Wohlstand und ein pluralistisches Wertesystem. Die *Stilisierungschancen* und Neigungen sind ungleich verteilt; denn die Muster der Lebensführung hängen nicht nur von den jeweiligen Werthaltungen ab, sondern wesentlich auch von den materiellen und kulturellen Ressourcen (*Müller, H.P.,* 1989; 66).

Erlebnisgesellschaft

Untersuchungen zum Lebensstil, stellen mittlerweile altersästhetische Wahlprozesse (Erlebnisgesellschaft, *Schulze,* 1992) stärker in den Vordergrund. Neuere Untersuchungen gelangen zu der Überzeugung, dass dem Alter die größte Bedeutung für die Wahl des Lebensstils zukommt. Wichtige soziale Randbedingungen sind aber auch das Geschlecht und die Familienphase. Erst danach prägen Bildung, Berufsstatus und Einkommen, die Wahl des Lebensstils (*Georg,* 1998). *Schulze* (1992) geht sogar soweit zu sagen, soziale Milieus werden nicht mehr durch Beziehungsvorgaben wie ökonomische Lage und Verwandtschaft vorgegeben, sondern durch Beziehungswahl konstituiert. Nach seinen Annahmen kommt dem *Erlebnis*, der Beeinflussung des eigenen Innenlebens durch *Situationsmanagement* im Alltag immer mehr Bedeutung zu, sei es bei Kaufentscheidungen, der Wahl von Freunden, der Freizeit oder der Wahl des eigenen Kleidungsstils. Entscheidungen werden nicht mehr durch die Knappheit geprägt, vielmehr muss angesichts der Fülle der Optionen der Einzelne sich nicht nur entscheiden, sondern auch über sich nachdenken, über die eigenen Wünsche, Vorlieben und Orientierungen. Und die Ästethisierung des Alltags fungiert als Kompass in der Fülle der angebotenen Güter und Dienstleistungen, wobei letztlich alles, auch soziale Beziehungen als Gestaltungselement der eigenen Erlebniswelt in Betracht kommen.

Rainer Geißler hält der bunten Vielfaltsforschung entgegen, dass die Ungleichheitsforschung zugunsten der Lebensstilforschung aus dem Blick gerät und damit »Kritik an sozialen Ungerechtigkeiten« (*Geißler,* 1996; 322).

Trotz Individualisierung prägen auch weiterhin der Berufsstatus und das Bildungsniveau die Lebenschancen. Der Prozess der Modernisierung hat nicht die Auflösung der Klassen und Schichten zur Folge, sondern wird durch die vertikalen Ungleichheitsstrukturen vielfach gebrochen (ebda. 331). Kennzeichen moderner Sozialstruktur ist u.a. ihre Latenz, bei gleichbleibender Geltung in der Tiefenstruktur und ihre Staffelung nach schwach schichtspezifischen und stark schichtspezifischen Elementen.

5.3.3 Soziale Mobilität

Intergenerationenmobilität

Neben Einkommens- und Vermögensdaten sind vor allem die Chancen zum sozialen Auf- oder Abstieg als wichtige Indikatoren für die Ungleichheitsstrukturen der Gesellschaft betrachtet worden. Unter sozialer Mobilität versteht man ganz allgemein die Bewegung einer Person von einer sozialen Position in eine andere. Im Hinblick auf soziale Ungleichheit sind vor allem berufliche und Heiratsmobilität zwischen den Generationen interessant, weil diese Daten Aufschluss geben können über das Eingeschlossensein im sozialen Herkunftsmilieu. Denn von Ergebnissen zur Intergenerationenmobilität, d.h. aus dem Vergleich zwischen dem Beruf des Vaters und der Kinder, ist Aufschluss darüber zu erwarten, ob die Kinder unabhängig von ihrer sozialen Herkunft beliebige Chancen haben, in beruflichen Hierarchien auf- und abzusteigen, oder ob ihr Berufsweg mit der sozialen Herkunft festgelegt ist.

Strukturelle Mobilität

Dabei muss jedoch berücksichtigt werden, dass es in entwickelten Industriegesellschaften ein erhebliches Maß an struktureller Mobilität gibt – Mobilität, die quasi erzwungen wird durch technisch-ökonomische Veränderungen im Berufesystem und die immer ganze Bevölkerungskategorien betrifft. Strukturelle Mobilität erzwingt heute immer häufiger auch berufliche Umorientierungen innerhalb eines Berufslebens (Intragenerationsmobilität).

Intragenerationsmobilität

Vor hundert Jahren war noch nahezu die Hälfte der Erwerbstätigen in der Landwirtschaft beschäftigt, heute ist dieser Anteil auf ca. drei Prozentpunkte geschrumpft. Im industriellen Sektor einschließlich Handwerk war noch 1970 nahezu jeder zweite beschäftigt, heute ist hier ein erheblicher Beschäftigungsrückgang zu verzeichnen. Der Dienstleistungssektor hingegen hat in den letzten hundert Jahren stetig zugenommen, wobei sich innerhalb dieses Sektors ein erheblicher Strukturwandel vollzog. Dienstleistungen in Privathaushalten sind fast verschwunden, bzw. in illegale Arbeitsverhältnisse abgedrängt, während staatliche Dienstleistungen zugenommen haben. Inzwischen ist längst der überwiegende Teil der erwerbstätigen Bevölkerung im Dienstleistungssektor tätig. Betrachtet man zusätzlich, dass ständig neue Berufe entstehen, z.B. im Zuge der Entwicklung neuer Informations- und Kommunikationstechnologien, wird deutlich, welche Bedeutung der sozialen Mobilität und der Bereitschaft zum Mobilsein heute zukommt.

Bildungsbarrieren

Dennoch belegen Untersuchungen zur Intergenerationenmobilität, dass vor allem in unteren sozialen Lagen von »Berufsvererbung« gesprochen werden kann; den Zugang zu Berufen in mittleren Lagen finden zwar die Kinder von Facharbeitern, typischerweise aber nicht die von Un- und Angelernten (*Meier,* 1977). Trotz aller Bemühungen um Chancengleichheit in der Bildungspolitik und Arbeitsmarktpolitik zählt die Vererbung von Bildungsarmut zu den beständigen, harten Strukturen sozialer Ungleichheit. *Jutta Almendinger* belegt anhand repräsentativer Daten von 1996, dass für Kinder von Vätern, die selbst keinen Schulabschluss haben, ein viel höheres Risiko besteht, selbst keinen Schulabschluss zu erwerben; bei den Töchtern ist es immerhin ein Viertel! Hat der Vater keinen Berufsabschluss, erlangt auch ein Fünftel der Söhne keinen Berufsabschluss, und über die Hälfte der Töchter erhalten keine Chance zu einem gesicherten Zugang zur Arbeitswelt (*Almendinger,* 1999; 44).

Während noch bis in die 80er Jahre die Bildungsabschlüsse als deutliche Barriere für berufliche Mobilität wirkten – Mobilität vollzieht sich in Deutschland eher als Inter-Generationen-Mobilität denn als Karrieremobilität (Intra-Generationen-Mobilität) – (*Müller/Haun,* 1994, Haller 1989) sinken in jüngster Zeit die relativen Bildungsrenditen (*Handl,* 1996), d.h. die Verbindung zwischen Bildungs- und Berufssystem ist brüchiger geworden; selbst ein Hochschulabschluss garantiert längst nicht mehr den Zugang zum Arbeitsmarkt. Dennoch kommt der schulischen Qualifikation im Rahmen der Arbeitsmarktsituation besondere Bedeutung zu, denn die Zutrittchancen zu den einzelnen Arbeitsmärkten richten sich in der Bundesrepublik wesentlich nach den Ausbildungsabschlüssen (*Blossfeld/Mayer,* 1988; 221). Dabei ist ein Paradox zu beobachten. Einerseits garantiert ein bestimmter Bildungsabschluss immer weniger einen entsprechenden Arbeitsplatz, andererseits wird eine gute Ausbildung immer wichtiger als Voraussetzung, um sich überhaupt erfolgreich bewerben zu können.

Heiratsmobilität

Das Bildungssystem strukturiert aber auch gerade angesichts der Zunahme weiterführender Ausbildungswege soziale Kontaktchancen und Ausgrenzungen und wirkt damit auf indirekte Weise ungleichheitsstabilisierend. Am Beispiel der Zunahme bildungshomogamer Heiraten lässt sich dieser Zusammenhang aufzeigen. Bildungshomogamie steigt mit der Verweildauer im Bildungssystem an (*Blossfeld, Tim,* 1994; 470). Das Bildungssystem strukturiert schulische und private Kontaktnetze und trägt dazu bei, insbesondere für Kinder aus sozial besser gestellten Elternhäusern die sozialen Verkehrskreise zu schließen (ebenda S. 470 f.).

Aufgrund der »Unterschichtung« der Gesellschaft der Bundesrepublik Deutschland durch Einwanderung, angesichts des Wirtschaftswachstums in der Nachkriegszeit und der damit einhergehenden Zunahme an Bildungsbedarf und an qualifizierten Positionen konnte lange Zeit Aufwärtsmobilität beobachtet werden. Im Bewusstsein von Eltern stellt sie sich dar in dem Wunsch, »unsere Kinder sollen es einmal besser haben«. Sozialer Abstieg ist erst im sozioökonomischen Wandel richtig thematisiert worden. *Martin Doehlemanns* plastische Beschreibungen von Selbstentwürfen und Lebensbildern von Absteigern (1996) bieten höchst lesenswerte Einsichten für die Soziale Arbeit.

5.4 Soziale Ungleichheit – aktuelle Entwicklungen und neue Sichtweisen

5.4.1 Nachindustrielle Gesellschaftsstrukturen

Zentrum und Peripherie

Seit Beginn der 80er Jahre ist Bewegung in die soziologische Ungleichheitsforschung gekommen. Theoretische Anstöße durch visionäre Gesellschaftsmodelle sind genauso aufgegriffen worden, wie empirische Einzelergebnisse aus der industriesoziologischen Forschung oder Arbeitsmarkt- und Bildungsdaten. Die These von der Arbeitsmarktsegmentierung ist von *Kreckel* aufgegriffen worden, um sie für die Theorien der sozialen Ungleichheit fruchtbar zu machen. Er unterscheidet nicht nur zwischen »Jedermann-Arbeitsmarkt« und fachlichen Arbeitsmärkten, sondern nimmt eine ganze Reihe abgestufter Bedingungen an, wobei im Zentrum die besten Arbeitsbedingungen herrschen, Durchsetzungsfähigkeit und Sonderrechte langer Betriebszugehörigkeit; an der Peripherie hingegen bei »Schwarzarbeitern« und inoffiziell Arbeitenden bestehen nicht einmal allgemeine Rechte und Arbeitssicherheitsvorschriften (*Kreckel,* 1983 und 1985). Die Gesellschaft lässt sich so als ein System konzentrischer Kreise und Kraftfelder beschreiben.

Qualifizierungseffekte

Die Auswirkungen der technologischen Entwicklung, der strukturellen Arbeitslosigkeit und Langzeitarbeitslosigkeit sind umfangreich erforscht worden. Seit Anfang der 80er Jahre ist bekannt, dass mit dem Einsatz neuer Technologien nur noch qualifizierte Arbeitsplätze geschaffen werden – keine weniger qualifizierten Restarbeitsplätze mehr, wie noch in früheren Technologieschüben (*Kern/Schumann*, 1984). Nur eine qualifizierte Berufsausbildung ermöglicht den Zugang zu relativer Beschäftigungssicherheit. Aber ein einmal erlernter Beruf bietet in einer sich rasch wandelnden Arbeitswelt längst keine Sicherheit mehr.

Die Beschäftigung mit der Teilung der Arbeitsmärkte führt also unversehens in den Nicht-Arbeitsmarkt. Der französische Soziologe *André Gorz* empfiehlt sogar den »Abschied vom Proletariat« (1980) und sieht in der Klasse der aus dem Arbeitsmarkt ausgeschlossenen die neue Unterklasse der Gesellschaft.

Integration und soziale Gerechtigkeit

Hondrich definiert Ungleichheit in diesem Sinne konsequent als »ein Problem des Ausgeschlossenseins von zentralen Vergesellschaftungsprozessen, ein Problem von teilhabenden Mehrheiten und randständigen Minderheiten« (*Hondrich,* 1984; 268 f., ähnlich *Neckel,* 1999). Die vom Produktionsprozess Ausgeschlossenen umfassen so heterogene Kategorien wie Schüler, Hausfrauen, Arbeitslose, Rentner etc. Sie bedeuten keine Systemgefährdung, weil sie am Arbeitsmarkt zum Teil ohnehin nicht gebraucht werden. Sie stellen die Gesellschaft also nicht vor »Macht- und Funktionsprobleme, sondern vor Integrations- und Solidaritätsprobleme« (*Hondrich,* 1984; 283). Dies wiegt um so schwerer, weil diese »Klasse« der Ausgeschlossenen nur noch eine Restkategorie, kein »Hoffnungsträger« mehr ist – wie es die Arbeiterklasse war. Das ist inzwischen anders geworden. Im Zuge anstehender politischer Entscheidungen über die Zukunft des Sozialstaats und angesichts der Globalisierung wird längst wieder darüber diskutiert, wie viel Ungleichheit eine Gesellschaft sich leisten kann und muss, um konkurrenzfähig zu bleiben. So hält z.B. *Gunther Hoffmann* (Die Zeit, 05.08.99) unter allen anstehenden politischen Fragen die nach der sozialen Gerechtigkeit für die wichtigste.

Wissensgesellschaft

Die »nachindustrielle Gesellschaft«, die *Daniel Bell* 1979 beschrieben hat, ist längst Wirklichkeit geworden. Wissen ist gegenüber der Produktion von Gütern vorrangig. Virtuelle Unternehmen, die auf der Basis modernster Informations- und Kommunikationstechnologien funktionieren, und sich selbst überholende mikroelektronische Revolutionen gehören zum Alltag. Der Dienstleistungssektor ist inzwischen der größte Arbeitsbereich und immer noch im Wachsen begriffen. Ob die »Klasse der Technokratie« die eigentlich herrschende geworden ist, wird noch kontrovers diskutiert, während schon die Wissensgesellschaft ausgerufen wird, in der die Teilsysteme der Gesellschaft eigenständig Wissen produzieren und der Staat zum »Supervisor« wird, der moderierend private und öffentliche Interessen zu verschränken versucht (*Wilke,* 1997).

Jenseits der Arbeitsgesellschaft

Inzwischen wird nicht nur Industriearbeit, sondern Arbeit selbst als zentrale Schlüsselkategorie für die Zuteilung von Lebenschancen in Frage gestellt. Einige Sozialwissenschaftler sind der Ansicht, dass Arbeit als zentrale Schlüsselkategorie für die Zuteilung von Lebenschancen an Bedeutung verliert. Das Absinken der Jahres- und Lebensarbeitszeit, die wohlfahrtsstaatliche Absicherung für diejenigen, die nicht arbeiten, die Diskontinuität der Beschäftigung, die wachsende Bedeutung der Freizeit und die dadurch immer geringer werdende einheitsstiftende Bedeutung der Arbeit – das sind nur einige Faktoren, die Zweifel aufkommen lassen, ob mit den traditionellen Kategorien der Industriegesellschaft heutige Probleme und Entwicklungen noch adäquat beschrieben werden können (*Offe,* 1984).

Andererseits lässt sich an der sozialen Lage von Frauen, die nicht kontinuierlich erwerbstätig sind oder waren, deutlich belegen, dass eigene Berufstätigkeit immer noch den Lebensstandard und die sozialen Handlungschancen entscheidend prägt: Das Einkommen von Alleinerziehenden, Geschiedenen und Rentnerinnen ist durchweg nur halb so groß wie das der jeweiligen Männer.

5.4.2 Globalisierung und soziale Verantwortung

Die soziologischen Kontroversen um die Beurteilung der Gesellschaft gehen sehr viel weiter. *Niklas Luhmann* hat vor kurzem sein Hauptwerk vorgelegt »Die Gesellschaft der Gesellschaft" (1997), in der allerdings das Verhältnis gesellschaftlicher Teilsysteme zu gesamtgesellschaftlichen Funktionssystemen analysiert wird, wohingegen Menschen ausgespart werden; denn sie gehören als psychische Systeme zur Umwelt der sozialen Systeme, die aus Interaktionen und nicht Personen bestehen. Da diese Gesellschaft, wie seine Kritiker zu Recht sagen, »keine Adresse [ist], an die man Handlungsaufforderungen schicken kann und schon gar nicht der Ort, an dem man Gleichheit und Gerechtigkeit im Namen eines autonomen Subjektes einklagen kann« (*Bechmann,* 1998; 169), sollen hier eher Ansätze besprochen werden, die sich den öffentlichen Streitfragen stellen. Ein Fülle empirischer und theoretischer Anregungen finden sich z.B. in den bereits eingangs zitierten Sammelbänden von *Heitmeyer*, der den Anomieansatz für Fragen sozialer Ungleichheit fruchtbar macht. Er sieht Anomie als »Disbalance *eingespielter Verhältnisse* zwischen den *relativen Aspirationsniveaus* gesellschaftlicher Teilgruppen und den darauf *eingepassten Zugangsregelungen* und Realisierungsmöglichkeiten verschiedener gesellschaftlicher Funktionsbereiche« (*Heitmeyer,* 1997a; 57).

Anomie

Typisch für viele neuere Veröffentlichungen ist, dass sie sich nicht auf eine Analyse der Gesellschaft beschränken, sondern werten und mahnen, klassische Denkschemata wie rechts und links aufbrechen (*Giddens,* 1997) oder warnen vor der »erniedrigenden Oberflächlichkeit« (*Sennett,* 1998; 131) der modernen Arbeitswelt. Biografien verlieren zunehmend ihre lineare Struktur angesichts der Entwertung von Qualifikationen und der erzwungenen Brüche im Berufsleben. *Amitai Etzioni* setzt mit der »Verantwortungsgesellschaft« (1997) der Analyse gleich die moralische Norm hinzu: »Achte und wahre die moralische Ordnung der Gesellschaft in gleichem Maße, wie du wünschst, dass die Gesellschaft deine Autonomie achtet und wahrt.« (*Etzioni,* 1997; 19) Er macht eine Fülle von Vorschlägen, die Institutionen der Gesellschaft bürgernäher zu gestalten, in moralische Wertediskussionen einzusteigen und die Institutionen und Prozesse zu fördern, die gesellschaftliche Bindungskräfte stärken. Hier ist die Soziologie bereits zur Politikberatung geworden (Kommunitarismus – vgl. Kap. 1.2.1.3).

Kommunitarismus

Globalisierung

Zu den Gesellschaftsanalysen bleibt noch ein wichtiger Aspekt zu ergänzen, der die Beschäftigung mit nur *einer* Gesellschaft geradezu anachronistisch erscheinen lässt – die Globalisierung (vgl. Sammelbesprechung *Friedrichs,* 1999 .... oben Kap. 1.2.1.3). Über die Folgen der Globalisierung wird bereits heftig debattiert, die Weltgesellschaft freilich zeichnet sich erst vage ab. »Globale Gesellschaft entsteht dort, wo Globalität das zentrale Anliegen von Menschen ist, die für internationale Organisationen, für multinationale Unternehmen, in weltumspannenden Bewegungen arbeiten« (*Albrow,* 1998b; 461 f.). Teile der Weltbürgerschaft sind diejenigen, »die das Globale in ihre Alltagsentscheidungen einbeziehen und sich wie Bürger einer globalen Gesellschaft verhalten« (ebda.; 432). Ist die »Weltbürgerschaft« also für die Privilegierten reserviert? Damit stellen sich die Probleme sozialer Ungleichheiten auf einem ganz anderen Niveau.

Globale soziale Ungleichheiten

Während *Dahrendorf* (1998) das Beharrungsvermögen lokaler Dienstleistungsqualitäten und regionaler Wirtschaftskulturen betont – so wie es einen italienischen und einen rheinischen Kapitalismus gibt –, sieht *Albrow* bereits eine herrschende Klasse heraufziehen, die dort zu suchen ist, wo sich die Globalisierungsgewinner befinden. Jedoch von einer transnationalen Bourgeoisie kann noch nicht einmal in den Chefetagen der großen Unternehmen die Rede sein, die sich immer noch national rekrutieren (*Hartmann, M.,* 1999). Einige Folgen der Globalisierung aber sind empirisch nachweisbar: Die Vergrößerung der sozialen Ungleichheit weltweit. Von der technischen Entwicklung, den Informations- und Biotechnologien profitieren zwei Drittel der Weltbevölkerung nicht und werden marginalisiert. Während Zeitgewinn und Mobilitätszuwächse auf der einen Seite die Illusion vom Weltbürgertum nähren, bleiben auf der anderen Seite die Menschen den lokalen Verhältnissen verhaftet, ohne Chance, am Reichtum der Welt Teil zu haben.

Glokalisierung

Dass Globalisierungsprozesse auch bei denjenigen, die selbst hochmobil sind, den Bezug zum Lokalen fördern, was deutlich im Europa der Regionen fassbar ist, ist oft hervorgehoben worden. In Anlehnung an *Robert Robertson* spricht *Baumann* (1998) daher lieber von »Glokalisierung«. Im Extremfall wirkt sich dieser lokale Bezug als »Tribalisierung« aus; die ethnischen und religiösen Kriege und Vertreibungen weltweit haben auch damit zu tun, dass der Anspruch auf Menschenrechte, Freiheit und die Ausübung der eigenen Kultur sich weltweit verbreitet hat und lokale Autonomie als wichtiger erachtet wird.

Soziosphären

Zu den Folgen der Globalisierung im sozialen Nahraum gehört, dass sich auch auf unseren Straßen und Plätzen gleichsam Teile der »Dritten Welt« etablieren. »Soziosphären« mit sehr unterschiedlicher Ausdehnung in Raum und Zeit bilden die neue soziale Landschaft, was dazu führen kann, dass am selben Ort ganz unterschiedliche soziale Welten nebeneinander herleben (*Allbrow,* 1998a) – ein Phänomen, das im Tourismus längst bekannt ist.

Globalisierungseffekte als interkulturelle Einflüsse hat es auch in der Vergangenheit gegeben und hybride Effekte auf Einzelkulturen. Alle Hochkulturen haben Elemente anderer Kulturen integriert. Neu ist wohl aber die Gleichzeitigkeit weltumspannender Wirtschafts-, Informations- und Kommunikationsmöglichkeiten, die dazu führen, dass jedes Reisebüro unmittelbar auf entfernte lokale Krisen reagiert, jeder Börsenkrach Nachbeben in der ganzen Welt verursacht. Die niederländische Ostindienkompanie konnte ihr über Jahrhunderte bestehendes Handelsimperium noch hundert Jahre weiter führen, bis die Kunde, dass sie längst bankrott war, sich herumgesprochen hatte. Neu ist wohl auch die Qualität der internationalen Beziehungen, die auf globale Umweltbedrohungen (Ozonloch) ebenso reagieren müssen, wie auf Verletzungen der Menschenrechte, so dass die Frage, was Demokratie, Politik, Staat und Gerechtigkeit im globalen Zeitalter eigentlich bedeuten, als die aufregendste betrachtet wird (*Beck,* 1998[e]; 9). Bislang ging mit der Aufnahme internationaler Wirtschaftsbeziehungen bislang immer eine gewisse Gegenseitigkeit einher, sei es das Interesse an Rohstoffen oder selbst Sklaven; heute hingegen werden die zwei armen und immobilen Drittel der Weltgesellschaft nicht gebraucht, weder als Reservearmee noch als Konsumenten (*Baumann,* 1998).

5.4.3 Die individualisierte Gesellschaft

Pluralisierung von Lebenslagen

Weit über Vorstellungen von der Ausdifferenzierung des Arbeitsmarktes geht *Ulrich Beck* hinaus, wenn er die »individualisierte« Gesellschaft im Entstehen begriffen sieht und damit das Ende der Großgruppenzusammenhänge von Klassen und Schichten überhaupt. Die Arbeitsmarktdynamik mitsamt ihren Qualifizierungs- und Mobilitätsanforderungen löst gewachsene Milieus und Traditionen auf. Die Lebenslagen pluralisieren sich. Die Gesellschaftsmitglieder werden aus Standesschranken, biografischen Mustern, geschlechtsspezifischen Rollen, Klassenethos und traditionellen Milieus entlassen und auf sich selbst verwiesen.

Die Niveauanhebung der Einkommen, des Bildungsstandes und der Gesundheitsversorgung in den letzten dreißig Jahren hat zu Freisetzungsprozessen geführt, zu höherem Lebensstandard und unterschiedlichen Lebensstilen auch in ähnlichen Lagen. Am Beispiel des Anstiegs des Reallohnniveaus von Industriearbeitern und des allgemeinen Konsumstandards macht *Beck* deutlich, dass der »Fahrstuhl-Effekt« (*Beck,* 2003; 124) für den einzelnen und seinen persönlichen Erfahrungshorizont wichtiger sein kann als der nach wie vor gleich gebliebene Abstand zu den nächsthöheren Einkommenslagen. Insbesondere die Niveauanhebung im Bildungsbereich führt tendenziell zur Aufhebung traditioneller Orientierungen, zu Aufstiegsorientierung und zwingt in Prüfungssituationen zu Abschottung und Konkurrenz. Mit steigendem Bildungsniveau wird die Herauslösung aus dem Milieu der Herkunftsfamilie Massenschicksal. Alle Formen von Mobilität – seien es Betriebs-, Orts- und Berufswechsel – führen zur Individualisierung von Lebensläufen.

Im Zuge der gesellschaftlichen Individualisierungsprozesse, die sich als Enttraditionalisierung, Freisetzung von biografischen und historisch vorgegebenen Sozialformen wie auch als Verlust von Sicherheit darstellen, tauchen immer mehr Wahlmöglichkeiten und -zwänge auf, die selbst wiederum zur Pluralisierung von Lebensstilen beitragen.

Individualisierung

Weitere Bedingungen für die Individualisierung von Lebenslagen und Lebenswegen sieht *Beck* neben den gesamten Niveauanhebungen von Einkommen und Bildung und der wachsenden Mobilität im Anstieg künstlicher Mobilität: Binnendifferenzierung innerhalb eigentlich homogener Berufsgruppen durch organisationsinterne Hierarchien. Berufliche Konkurrenzbeziehungen schaffen weitere Zwänge zur Abschottung des einzelnen. Die Arbeitsmarktdynamik erfasst zudem weitere Teile der Bevölkerung, insbesondere Frauen, und unterwirft auch sie neuen Individualisierungsschüben. Denjenigen, die den Individualisierungsprozessen des Arbeitsmarktes nicht ausgesetzt sind, nehmen sozialstaatliche Sicherung und Steuerung die Ansatzpunkte für Klassensolidarität. Die Auflösung traditioneller Nachbarschaften in urbane Großstadtbeziehungen tut ihr übriges zur Auflösung ständischer Milieus. Die Pluralisierung der Freizeitbedingungen ermöglicht wie das Absinken der Erwerbstätigkeit die Entwicklung unterschiedlicher Lebensstile und Stilisierungen (*Beck,* 1983; 35 ff.) außerhalb der Arbeitssphäre.

Der Begriff Individualisierung, der auch von *Beck* schillernd gebraucht wird, darf nicht so verstanden werden, als handele es sich um einen freigewählten Prozess zu mehr Individualität. Betont wird vielmehr, dass mit »Individualisierung« ein »historisch-spezifischer, widersprüchlicher Prozess der Vergesellschaftung« (*Beck,* 1983; 42) gemeint ist, also ein kollektiver Prozess, der sowohl durch gesellschaftliche Verhältnisse bedingt ist, als auch alle Gesellschaftsmitglieder erfasst. Empirisch fassbar und im Bewusstsein verankert ist er z.B. bei Frauen im »Anspruch auf ein Stück ›eigenes Leben‹« (*Beck-Gernsheim,* 1983).

Risiken im Individualisierungsprozess

Die kollektiven Individualisierungsprozesse bringen vielfältige Widersprüche mit sich. Einerseits wird der Einzelne aus sozialen Bindungen entlassen und auf sich selbst verwiesen; andererseits wird er immer abhängiger von politischen Regulierungen, weil kaum jemand seine private Existenz noch eigenständig gegen Risiken absichern kann. Der einzelne muss »zum Planungsbüro« für den eigenen Lebenslauf werden. Andererseits werden gerade, weil vermeintlich allen Gesellschaftsmitgliedern Ausbildungschancen offen stehen, Arbeitslosigkeit und Armut als persönliches Versagen angelastet. Die Massenarbeitslosigkeit wird den Menschen geradezu als persönliches Schicksal aufgebürdet (*Beck,* 2003; 144). Gleichzeitig löst sich mit dem Verschwinden traditioneller Milieus auch die kollektive Erfahrung von Armut und Arbeitslosigkeit auf. Arbeitslosigkeit trifft mit »klassenzusammenhangsloser Individualisierung« zusammen (*Beck*, 2003; 146). Gemeinsamkeiten müssen über langwierige Bewusstwerdensprozesse erst künstlich wiederhergestellt werden, z.B. in Arbeitsloseninitiativen.

»Gelungene« Individualisierung versus Atomisierung

Nachdem kritisiert wurde, dass Individualisierungschancen vor allem in mittleren und oberen Lagen vorhanden sind, hat *Beck* den Begriff eingegrenzt: »Von *Individualisierung* kann dort und so lange die Rede sein, wie durch die Systembedingungen geschützter Grundrechte die Menschen prinzipiell in der Lage sind, die Widersprüche der Moderne in der Organisation und Orientierung ihres eigenen Lebens und seiner sozialen und politischen Netzwerke zu bewältigen. Demgegenüber zielt der Begriff *Atomisierung* genau auf den Gegenfall, wo dies von den Systemvoraussetzungen her nicht oder kaum gelingen kann.« (*Beck,* 1998c; 393)

»Halbierung« der Moderne

Als Fazit ist zunächst festzuhalten (vgl. *Beck,* 1983; 67 ff.): Ungleichheit bleibt bestehen, ist aber nicht mehr in ständisch vermittelter Klassenlage erlebbar, sondern nimmt den Charakter statistischer, also nicht alltagswirklicher Verteilungsrelationen an. Mit dem Verschwinden fester kollektiver Bezugspunkte verblasst sogar die Idee sozialer Mobilität. Die alten kollektiven Schutzvorrichtungen Familie, Bildung und Beruf verlieren an Bedeutung; denn Bildung sichert nicht mehr den Zugang zu einem Beruf, und ein einmal erlernter Beruf ist keine lebenslange Garantie für eine Existenzgrundlage mehr. Auch auf die Familie, die ohnehin eine Art Insularexistenz führt, ist – wenn jede dritte Ehe geschieden wird – kein Verlass mehr, zumal innerfamiliäre Individualisierungsschübe – Emanzipation der Frauen – die Männer zusätzlich verunsichern. Im Zusammenhang mit geschlechtsspezifischer Individualisierung entwickelt *Beck* die These von der »Halbierung der Moderne«: »Der Vertragsförmigkeit der Beziehungen steht die kollektive

Gemeinschaftlichkeit von Ehe und Familie gegenüber. Individuelle Konkurrenz und Mobilität, die für den Produktionsbereich gefordert werden, treffen in der Familie auf die Gegenforderung: Aufopferung für den anderen, Aufgehen in dem kollektiven Gemeinschaftsprojekt der Familie« (*Beck*, 2003; 178). Bisher hat für Frauen eine ständische Rollenzuweisung als Hausfrau gegolten, die erst in den letzten Jahren aufgebrochen ist.

> »Mit der Durchsetzung der industriellen Marktgesellschaft über ihre geschlechtsspezifische Halbierung hinweg wird insofern immer schon die Aufhebung ihrer Familienmoral, ihrer Geschlechtsschicksale, ihrer Tabus von Ehe, Elternschaft und Sexualität, sogar die Wiedervereinigung von Haus- und Erwerbsarbeit betrieben« (*Beck*, 2003; 179).

Letzte Konsequenz in der Wahl zwischen Beruf und Familie wäre für Frauen die Entscheidung für ein Singledasein, Verzicht auf Kinder, Scheidung; denn ihre eigene Berufstätigkeit setzt voraus, dass Frauen nicht mehr die Hausarbeit für ihre Männer übernehmen müssen und ihre eigene private Arbeit so organisieren können, dass sie sich mit der Berufsarbeit vereinbaren lässt. Im Experimentieren mit Wiedervereinigungsformen von Arbeit und Reproduktion, Haus- und Erwerbsarbeit, in der Suche nach neuen Mustern wird das Private politisch (vgl. Kap. 5.4.5).

> »Die Gleichstellung von Männern und Frauen ist nicht in institutionellen Strukturen zu schaffen, die die Ungleichstellung von Männern und Frauen voraussetzen. Wir können nicht die neuen »runden« Menschen in die alten »eckigen« Schachteln der Vorgaben des Arbeitsmarktes, Beschäftigungssystems, Städtebaus, sozialen Sicherungssystems usw. zwängen« (*Beck*, 2002; 181).

Gegenwirkungen zur völligen Zersplitterung und Aufspaltung der Gesellschaft sind damit im Privatbereich zu suchen, in Alternativkulturen, in neuen sozialen Bewegungen.

Auch alte Gemeinsamkeiten wie das Aufleben regionaler kultureller Zusammenhänge, das Fortbestehen stabiler besitzständischer Milieus, Professionalisierung, Erhaltung ständischer Privilegien wirken den Individualisierungsprozessen entgegen. Nichtständische Klassensolidaritäten, die keinem bodenständigen Milieu entwachsen, sind schwer herzustellen, die gewerkschaftlichen Traditionen und Milieus z.B. werden ausgehöhlt.

»Zweite Moderne«

Inzwischen hat *Ulrich Beck* die zweite Moderne ausgerufen, denn im Zuge der »Anwendung der Prinzipien der Moderne auf sich selbst« im Sinne einer Reflexivwerdung der Gesellschaft und im Zuge der Individualisierung und Globalisierung erscheinen ihm die Rahmenbedingungen der »Industriemoderne« nicht mehr passend. Kennzeichnend für die zweite Moderne ist der radikale Zweifel an der Leistungsfähigkeit wissenschaftlicher Erkenntnis und die Frage nach den ungeplanten Nebenfolgen wie auch der Legitimität. *Anthony Giddins* (1997) hat auf das Paradox aufmerksam gemacht, dass wir einerseits »eine Welt der gescheiten Leute« haben, indem auch im Alltag gerade unter den Bedingungen der Individualisierung und Enttraditionalisierung ständig Expertenwissen nachgefragt wird, die Widersprüche konkurrierender Aussagen jedoch zur Verunsicherung und »Entzauberung von Wissenschaft« beitragen.

Planungsfallen

Und schließlich werden viele Institutionen wie z.B. Ehe und Beruf ihre eigenen Existenzvoraussetzungen untergraben. *Elisabeth Beck-Gernsheim* (1998) zeigt am Beispiel sich verändernder Familienstrukturen auf, wie auch das private Leben, je mehr es zum Planungsobjekt als Reaktion auf riskante Freiheiten wird, desto eher zur »Planungsfalle« gerät, z.B. indem sich das Scheidungsrisiko nach einer »Probeehe« erhöht und nicht etwa reduziert.

Die Differenzierung der Gesellschaft potenziert die Probleme der Koordination, Ungleichheit wächst (*Beck,* 1993) national wie international. Die »Weltrisikogesellschaft« skizziert *Beck* am Beispiel des Ozonlochs (*Beck,* 1998a). Statt der Fortführung linearer Rationalisierungsprozesse meint *Beck* die Suche nach Alternativen zu den Basisinstitutionen zu erkennen.

Selbst-individualisierung

Die Erkenntnis, dass Verwissenschaftlichung Verwissenschaftlichung untergräbt, ist nicht neu. Dem Reflexivwerden der Moderne kommt jedoch eine sehr viel grundsätzlichere Bedeutung zu. Wenn die Institutionen der Wissensproduktion und Sinngebung brüchig werden, ist jeder für sich allein aufgefordert, seine soziale Wirklichkeit selbst zu konstruieren. Die Enttraditionalisierung bewirkt im Prinzip die »Selbstauflösung der Moderne« und fordert den Menschen zur »Selbstindividualisierung« und »Selbstsozialisation« auf, also gleichsam zur Erschaffung der eigenen Sicht der Dinge (*Beck,* 1998b). Dazu gehört im gelungenen Fall der Individualisierung, sich auch nach Scheidungsfällen, beruflichen Brüchen und in multikulturellen Einflüssen zurechtzufinden, zu orientieren und den Wechsel von einer Bezugsgruppe zur anderen zu verkraften, ohne die eigene Identität zu verlieren. *Hitzler* hat den Begriff »Sinnbastler« dafür vorgeschlagen (*Hitzler, Hohner,* 1994). Im Gegensatz zum Begriff des Konstrukteurs meint er mit dem »Basteln« nicht-professionelles Gelegenheitstun unter Anwendung oft innovativer Mittel ohne langfristiges Konzept.

Ganz besonders gravierend wirkt sich dieser Zwang zur Selbsterschaffung der eigenen Welt in der Jugendphase aus, die nun im letzten Sinne aufhört, ein transitorischer Lebensabschnitt zu sein (*Brater,* 1998) (vgl. auch Kap. 3.3.1. und Kap. 3.3.2) Wenn keine festen Werte, Vorbilder, Normen und Regeln für die eigentlichen Lebensfragen mehr vorgegeben sind, ist Sozialisation nur noch als Selbstsozialisation und als »Selbsterfindung« möglich (*Beck,* 1998b). Selbstfindung und die Ausbildung von Ich-Identität geschehen nicht nur, indem alles hinterfragt wird, – das haben Jugendliche immer schon getan – sondern *obgleich* alles objektiv in Frage steht. Nötig ist also immer, einen inneren Kompass zu entwickeln und »radikaler Innenleitung« zu folgen (*Brater,* 1998; 151). Es liegt auf der Hand, dass Jugendsubkulturen dringend gebraucht werden und Verführbarkeit durch Scheinsicherheiten besteht. Bildungsinstitutionen müssten also Jugendliche dazu befähigen, sich selbst gültige Orientierungen zu schaffen und dafür Erfahrungsräume und Praxisfelder zur Verfügung stellen, »Probeidentitäten« ermöglichen und den Umgang mit persönlicher Freiheit einüben (*Brater,* 1998).

Demokratie und Globalisierung

In den Spannungsfeldern der zweiten Moderne werden die alten Institutionen brüchig. Zwar betont *Ulrich Beck*, dass Individualisierung nur vor dem Hintergrund des Rechts- und Sozialstaats möglich ist (*Beck,* 1998c; 395), andererseits meint er, die klassischen Institutionen des Sozialstaats gehören auf den Prüfstand. Parteien seien gar »Museen an der Regierung« (*Beck,* 1993; 224) und Parlamente werden angesichts der Globalisierung schleichend entwertet. Er sieht sich um nach Alternativen wie »Institutionen der großen Öffentlichkeit« z.B. Tageszeitungen und Rundfunk (ebda.; 226) oder allen Formen der Selbstorganisation und Subpolitisierung des Alltags bis hin zur verbraucherorientierten Demokratie, wobei der Kaufakt als Stimmzettel fungiert. Modelle »postparlamentarischer Demokratie« (*Beck*, 1998d; 34), die dem Souveränitätsdilemma zwischen Demokratie und transnationaler Kooperation begegnen können, sieht er in Möglichkeiten assoziativer Demokratie, wobei transnationale Organisationen durch unabhängige, pluralistisch besetzte Gremien kontrolliert werden, Nicht-Regierungsorganisationen sich beteiligen können, und ein globales Referendum möglich wird. Er hofft dabei auf die Dynamik der Individualisierungs- und Globalisierungsprozesse und dass die neuen Freiheitsspielräume der Menschen mit ihren Chancen und Zwängen zur Wahl auch auf der politischen Ebene zu einer neuen Ethik, zu einem »altruistischen Individualismus« (*Beck,* 1998a; 19) führen.

Weltrisikogesellschaft

Helen Wilkinson sieht bereits jetzt Anzeichen für eine zunehmende Bereitschaft zur sozialen Verantwortung (1998; 116 ff.). Letztlich hofft *Beck* auf die Wirkungen der Weltrisikogesellschaft: »Erst eine Gesellschaft, ... die die ökologische Frage als *Himmelsgeschenk der universellen Selbstreformation einer bislang fatalistischen Industriemoderne* begreift, kann das Potential der Helfer- und Heroenrollen ausschöpfen und aus ihnen den Schwung gewinnen, um daraus nicht nur ökologische Kosmetik im großen Stil zu betreiben, sondern tatsächlich Zukunftsfähigkeiten sichern« (*Beck,* 1993; 247).

Becks Plädoyer, brüchig gewordene Institutionen aufzulösen, um Platz zu machen für Formen der Selbstorganisation, für soziale Bewegungen, Bürgerarbeit und Verbraucherinitiativen, experimentelle und neue Lebensformen wird natürlich auch kritisch gesehen. Aus empirischer Sicht gibt es erhebliche Zweifel an den Grundannahmen (z.B. *Müller*, 1997); Anstoß genommen wird aber auch an der forschen, wortreichen Vehemenz, mit der die Soziologie noch einmal neu erfunden werden soll. »Das gelobte Land der zweiten Moderne – bevölkert von Milliarden selbstautonomisierter, selbstgenusssüchtiger und selbstaltruistischer Individuen, die – global im Denken, polylokal (praktischerweise auch polygam und multifamilial) im Handeln – ihre aus nichts als Dauerreflexion und Dauerdialog bestehenden, selbstgebastelten Traditionen/Institutionen wie Nomadenzelte mit sich tragen und nach Bedarf auswechseln, für ihr materielles Wohlergehen nichts als immer neue Gelegenheitsjobs [...], für ihre Sicherheit nichts als die Macht der begeisternden Rede brauchen – mag sich bei solchen Bemühungen wie eine Fata Morgana verflüchtigen.« (*Weiß,* 1998; 426)

5.4.4 Soziale Handlungschancen als kulturelle Ungleichheit

Beck hat auch Gegentendenzen zur Individualisierung ausgemacht. Vor allem die Entkopplung von Bildungs- und Berufssystemen und die stärkere Verlagerung der Statuszuweisungsfunktion in das Beschäftigungssystem hinein führen dazu, dass neben formalen Bildungsabschlüssen andere Kriterien in den Vordergrund rücken wie Auftreten, Einstellungen und Beziehungen. *Beck* sieht darin eine »Renaissance ständischer Zuweisungskriterien« (*Beck*, 2003; 248).

Ausgehend von der Beobachtung, dass sich sehr unterschiedliche Lebensstile, Geschmacksrichtungen und Vorlieben in den einzelnen sozialen Lagen entwickeln – ja geradezu unterschiedliche Persönlichkeitsideale –, fragt der französische Soziologe *Pierre Bourdieu* nach dem Zustandekommen und den Entstehungsbedingungen solcher Lebensstile und nach den Auswirkungen, die sie wiederum auf die Ungleichheitsstruktur der Gesellschaft haben.

Handlungsressourcen als »Kapital«

Bourdieu geht aus von der Grundannahme, dass die Menschen in gesellschaftlichen Tauschbeziehungen stehen und als soziale Akteure (auch unbewusst) Maximierungsstrategien verfolgen, das heißt, das Beste aus ihrer sozialen Lage machen wollen. Er übernimmt von *Marx* die Grundvorstellung, dass Kapital akkumuliert und transformiert werden kann. Für ihn bilden aber auch kulturelle Kompetenzen und soziale Beziehungen Kapital, weil sie ebenso wie jeglicher ökonomischer Besitz Handlungsressourcen darstellen, die dem einzelnen erlauben, strategisch im Feld seiner Möglichkeiten zu handeln (guter Überblicksartikel zu *Bourdieus* Ansatz, *Müller*, 1986, auch *Eder*, 1989). Die Sozialstruktur wird als mehrdimensionaler Raum vorgestellt, in dem die Kapitalsorten die Dimensionen bilden.
Kapitalsorten:

1. *Ökonomisches Kapital*: Hierunter fallen alle Arten von ökonomischem Besitz. Alles, was direkt oder indirekt in Geld umzuwandeln ist.
2. *Kulturelles Kapital*:
   a) *Verinnerlichtes (inkorporiertes) kulturelles Kapital*: Alle kognitiven, sozialen und ästhetischen Kompetenzen, aber auch Dispositionen, Einstellungen, Orientierungen, Geschmack. Nicht nur das angesammelte Wissen ist hier gemeint, sondern vor allem die Fähigkeit, sich Neues zu erschließen, Herangehensweisen, Unterscheidungsvermögen, Vorlieben wie auch Abscheu z.B. gegen Kitsch, Gespür für die richtigen Freunde, Geschmack für das, was zu einem passt. *Bourdieu* bringt ein französisches Sprichwort, das all das charakterisiert, was er hierunter versteht: »Bildung ist, was übrig bleibt, wenn man alles vergessen hat.«
   b) *Objektiviertes kulturelles Kapital*: Darunter versteht *Bourdieu* materiell übertragbare Güter, deren Nutzung jedoch kultureller Kenntnisse bedarf. Dinge, die gleichsam dekodiert werden müssen, z.B. eine alte Handschrift, der Familienstammbaum, ein Musikinstrument, das Notenkenntnis, Musikverständnis voraussetzt und dazu anleitet.
   c) *Institutionalisiertes kulturelles Kapital*: Alle Zeugnisse, Titel, Zertifi-

kate, Abschlüsse, die eine bestimmte kulturelle Kompetenz bescheinigen. Zeugnisse haben den Vorteil, dass sie Kompetenz zuschreiben wie auch eine gewisse Allgemeinbildung, wohingegen ein Autodidakt immer seine Kompetenz nachweisen muss.

3. *Soziales Kapital*: Hierunter versteht *Bourdieu* Beziehungskapital, Ressourcen, die aktiviert werden können, wie Ansehen, Kreditwürdigkeit, guter Ruf, gegenseitige Verpflichtungsverhältnisse.

Mit Hilfe der zwei wichtigsten Kapitalsorten, des ökonomischen und des kulturellen Kapitals als Achsen, konstruiert *Bourdieu* einen zweidimensionalen Raum der sozialen Positionen (*Bourdieu*, 1982; 212), in dem jeder Punkt eine unterschiedliche Kombination von hohem oder geringem Kapitalbesitz von Geld und kultureller Kompetenz bedeutet.

Im Unterschied zu marxistischen Klassenmodellen gehören die Intellektuellen, die über viel kulturelles Kapital und mittleres ökonomisches Kapital verfügen, auch zur »herrschenden Klasse«, denn kulturelles Kapital wird ebenso berücksichtigt wie ökonomisches.

Gesellschaft als sozialer Raum

Ausgestattet mit unterschiedlichem ökonomischen, kulturellem und sozialem Kapital verteilen sich die Gesellschaftsmitglieder so im sozialen Raum, dass einzelne Statusgruppen (*Müller*, 1986; 183) – *Bourdieu* spricht von Klassenfraktionen – mit ähnlicher Ausstattung an Ressourcen identifizierbar werden. *Bourdieu* berechnet keine Durchschnittswerte, wie in einem Schichtindex üblich, sondern betrachtet die spezifischen Kombinationen (z.B. haben arbeitslose Akademiker aufgrund ihres kulturellen Kapitals einen ganz anderen Lebensstil als Aushilfsarbeiter mit gleichem Einkommen, aber weniger kulturellen Kompetenzen).

Eine soziale »Klasse« (besser: Klassenfraktion oder Schicht) wird also bei *Bourdieu* nicht nur nach mehreren Merkmalen definiert, sondern durch ihre spezielle Position im gesamten sozialen Raum und »durch die Struktur der Beziehungen zwischen allen relevanten Merkmalen« (*Bourdieu,* 1982; 182). Denn die Kapitalsorten sind nicht unabhängig voneinander. So ist kulturelles Kapital nur erwerbbar um den Preis des Rückzugs aus der Sphäre der ökonomischen Notwendigkeit. Auch ökonomisches Kapital wird nicht nur als materielles Erbe weitergereicht, sondern auch die Art und Weise, damit umzugehen, es zu investieren, zu mehren, zu pflegen, zu erhalten, wird mitgegeben. Der Zeitdimension kommt zusätzlich besondere Bedeutung zu: Denn es ist ein Unterschied, ob kulturelles Kapital – gerade erst erworben – mit Beflissenheit oder mit der Selbstverständlichkeit langer Familientradition eingesetzt wird. Zeit ist auch deshalb wichtig, weil kulturelles Kapital nur unter Verbrauch von Zeit erworben werden kann.

Habitus: Bourdieu nimmt an, dass sich aufgrund der Verfügung über gesellschaftliche Ressourcen, also aufgrund der strukturellen Position, bestimmte unterbewusste Grundhaltungen ausprägen, die auf die Maximierung der eigenen sozialen Ressourcen ausgerichtet sind. Sparsamkeit wird dort als Tugend definiert, wo sie auch notwendig ist, Bildungsbeflissenheit herrscht, wo nur über eine gute Ausbildung den Kindern der Ausgangsstatus erhalten werden kann. Konservativ ist man oft dort, wo die eigene Berufsgruppe im Abstieg begriffen ist und das Heil in der Erhaltung der alten Ordnung gesucht wird.

Habitus

Solche Denkstrukturen, Grundhaltungen und Geschmacksausrichtungen, ohne die Entscheiden und Handeln nicht möglich sind, nennt *Bourdieu* »Habitus«. Umgangssprachlich wird eher das äußere Erscheinungsbild als die innere Haltung darunter verstanden. *Bourdieu* meint zwar auch das Auftreten, bis in die Körperhaltung und -form sich verfestigende Ungleichheit, aber auch vor allem die inneren Verfestigungen im Denken, Fühlen und Bewerten. Das innere Rüstzeug ist gemeint, mit dem die Menschen im Sozialisationsprozess ausgestattet werden, das ihnen gestattet, sich immer wieder neu zurechtzufinden, auch unter gewandelten Bedingungen mit sich selbst im Einklang zu bleiben. Dieser »Habitus« ist es auch, an dem im Märchen die Prinzessinnen zu erkennen sind, auch wenn sie in Lumpen und Asche gehen.

Im Habitus ist die grundsätzliche Art, die Welt zu interpretieren und sich selbst in ihr zu sehen, enthalten. Der Habitus ist nach *Bourdieu* ein Stück verinnerlichte Gesellschaft. Der individuelle, durch die persönliche Biographie geprägte Habitus ist nur eine Variante des Klassenhabitus (*Bourdieu,* 1987; 112 ff.). Vermittelt über die Sozialisation umfasst er Einstellungen, Dispositionen, Orientierungen, die unbewusst spezifische Verhaltensstrategien einleiten, die den objektiven Ausgangslagen. entsprechen und »die objektiv »geregelt« und »regelmäßig« sind, ohne irgendwie das Ergebnis der Einhaltung von Regeln zu sein, und genau deswegen kollektiv aufeinander abgestimmt sind, ohne aus dem ordnenden Handeln eines Dirigenten hervorgegangen zu sein« (*Bourdieu,* 1987; 99).

Das Habituskonzept sieht die Menschen nicht als Marionetten ihrer objektiven Lebensbedingungen; das Verhalten des Einzelnen ist nicht vorhersehbar. Vorhersehbar ist eher, was ihm und ihr verwehrt ist, welchen Geschmack sie haben, welchen Abscheu, welche Optionen und Handlungsmuster offen stehen. Kognitive Strukturen sind damit »verinnerlichte soziale Struktur«.

> »Der Habitus ist ein klassenspezifisch erworbenes Schema zur Erzeugung immer neuer Handlungen. Das erklärt gleichzeitig die Spontaneität, mit der die Handelnden Situationen für sich definieren und auf sie antworten, weshalb sie sich also nicht einfach als Normvollstrecker aufführen, sondern strategisch im Feld der gegebenen Möglichkeiten operieren. Nur so wird verständlich, wie Individuen sich nicht nur solidarisieren, sondern auch »distinguieren«. Andererseits erklärt diese Theorie auch die Begrenzung der Willkür des Einzelhandelns und die Tatsache, dass Menschen mit gleichem Habitus auch auf neue Situationen ohne Absprache ähnlich reagieren« (*Hahn,* 1989; 169).

Geschmack als sozialer Orientierungssinn

Die ästhetische Einstellung, der Geschmack, der dem jeweiligen Habitus eigen ist, fungiert als Handlungsanleitung im Alltag. Der Geschmack ist wesentliche Grundlage nicht nur dafür mit welchen Dingen man sich umgibt, wie man seine Wohnung einrichtet, was für einen Lebensstil man wählt, sondern auch für die Auswahl der eigenen Freunde. Er ist auch Grundlage dafür, wie man sich selbst einordnet und von anderen eingeordnet wird.

»Als eine Art gesellschaftlicher Orientierungssinn (Sense of one's place), als ein praktisches Vermögen des Umgangs mit sozialen Differenzen, nämlich zu spüren oder zu erahnen, was auf ein bestimmtes Individuum mit einer bestimmten sozialen Position voraussichtlich zukommt und was nicht, und untrennbar damit verbunden, was ihm entspricht und was nicht, lenkt der Geschmack die Individuen mit einer jeweiligen sozialen Stellung sowohl auf die auf ihre Eigenschaften zugeschnittenen sozialen Positionen als auch auf die praktischen Handlungen, Aktivitäten und Güter, die ihnen als Inhaber derartiger Positionen entsprechen, zu ihnen »passen« (*Bourdieu,* 1982; 728).

Sozialisationswirkungen

Ganz wesentlich für die Herausbildung des Habitus ist die frühkindliche Sozialisation: Denn einmal erworbene Grunddispositionen können nicht so leicht wieder abgelegt werden.

»Das umfassende und unmerklich vor sich gehende, bereits in frühester Kindheit im Schoß der Familie einsetzende Lernen, das als eine der Voraussetzungen schulischen Lernens in diesem sich zugleich vollendet, unterscheidet sich vom später einsetzenden methodischen Lernen im Schnellverfahren weniger, wie es die konservativen Bildungsideologien so gerne hätten, durch die Tiefe und Dauerhaftigkeit ihrer Wirkungen, als durch die Modalität des Bezugs zu Sprache und Kultur, die es zusätzlich vermittelt. Es verleiht mit der Gewissheit, im Besitz der kulturellen Legitimität zu sein, Selbstsicherheit und jene Ungezwungenheit, an der man die herausragende Persönlichkeit zu erkennen meint; es schafft jenes paradoxe Verhältnis der Sicherheit aus (relativer) Ignoranz und der Ungezwungenheit aus Vertrautheit, das den alt eingesessenen Bourgeois im Umgang mit der Kultur und Bildung, einer Art Familiengut, als dessen legitimen Erbe er sich betrachtet, kennzeichnet« (*Bourdieu,* 1982, 120 f.).

Lebensstile

Praxisformen: Ähnliche Habitus, die durch vergleichbare strukturelle Ausgangslagen geprägt sind, legen auch ähnlichen Geschmack und verwandte Sichtweisen nahe, führen also im Alltag zu ähnlichen Praktiken und Verhaltensweisen. So kommt es in der Praxis zu unterschiedlichen Lebensstilen in den einzelnen sozialen Lagen.

Soziale Ungleichheiten reproduzieren sich damit nicht nur durch Vererbung von Kapital und unterschiedliche Erziehung, sondern auch durch unterschiedlichen Geschmack und Lebensstil, ja geradezu durch die »Gestaltung« unterschiedlicher Persönlichkeitstypen, denen die Zukunft je nachdem als hoffnungsvoll und gestaltbar oder als unsicher und verbaut erscheint.

Unbewusste Abgrenzungen und Abwertungen

Das Wiedererkennen des eigenen Habitus in anderen führt zu spontaner Sympathie. Im alltäglichen Verhalten werden aber auch ganz unabsichtlich und unbewusst Grenzen und Abwertungen immer wieder neu aufgebaut und erhalten: Distinktion ohne distinktive Absicht.

In den unterschiedlichen Lebensstilen ist immer auch die Abwertung anderer Lebensstile enthalten. Die Sparsamkeit und das Pflichtbewusstsein des Kleinbürgers bedeuten auch, dass diejenigen abgelehnt werden, die »nicht arbeiten wollen« und nicht »wirtschaften« können. Die Aversion gegen fremde Lebensstile wird zur Klassenschranke (*Bourdieu,* 1982; 105).

Symbolische Bedeutung

Der Klassencharakter kommt also erst in der symbolischen Übersetzung vom »Haben« zum »Sein« richtig zur Geltung. Der analytisch angenommene Raum sozialer Positionen, die in unterschiedlichem Maße mit den verschiedenen gesellschaftlichen Kapitalsorten ausgestattet sind, wird zum Raum der Lebensstile. Damit ist von der Sozialstruktur der Bogen zur Praxis geschlagen, und die alte Frage, wie aus Struktur Verhalten wird, neu beantwortet. Die Menschen begreifen und interpretieren ihre Welt; daher reicht es nicht aus, nur die Verteilung der gesellschaftlichen Güter zu beschreiben. Die Güter selbst sind zugleich Zeichen der Distinktion und haben symbolischen Wert. Damit wird auch deutlich, warum objektiv gleiche soziale Tatsachen aus unterschiedlichen Perspektiven anders interpretiert werden können. So »geraten die Unterschiede aus der physischen Ordnung der Dinge in die symbolische Ordnung signifikanter Unterscheidungen« (*Bourdieu,* 1982; 284).

Besitzt ein Kind keinen eigenen Fernsehapparat, kann das Ausdruck von Armut sein und als Mangel empfunden werden, weil solch eine Medienausstattung weit verbreitet und begehrt ist. Dieser gleiche Tatbestand kann aber auch Teil eines wohlgeplanten Sozialisationsarrangements sein, um das Kind nicht an Medienkonsum zu gewöhnen und es stattdessen zu eigenen musischen Aktivitäten anzuregen.

Soziale Tatbestände lassen sich also nur erfassen, wenn neben dem objektiven Sachverhalt auch die unterschiedlichen symbolischen Bewertungen erfasst werden, die wiederum unterschiedlichen strategischen Wert haben. Wenn es »nur« darum geht, sich und den Kindern einen bestimmten Konsumstandard leisten zu können, verspricht das Statusgewinn allenfalls in den Augen derjenigen, die in ähnlichen Verhältnissen leben und über einen ähnlichen Habitus verfügen. Bei denjenigen aber, für die die finanzielle Seite außer Frage steht, die bewusst auf einen Kauf verzichten, um sich von Konsumzwängen zu distanzieren, stehen ganz andere symbolische Statusgewinne in Aussicht. Denn Distanz vom Konsumzwang dokumentiert: Da kann sich jemand nicht nur etwas leisten, sondern er leistet sich auch, sich darüber hinwegzusetzen (*Bourdieu,* 1982; 397 ff.). Distanziertheit bedeutet also immer auch Überlegenheit. Weil sie als Eigenschaft der Person interpretiert wird, sind die strukturellen Ausgangsbedingungen (das ökonomische und kulturelle Kapital u. der entsprechende Habitus) und die darin enthaltenen Ungleichheiten gleichsam neutralisiert. Die Person, »die über den Dingen steht«, aber hat es viel leichter, mit symbolischer Macht die eigenen Beurteilungen zu legitimen Maßstäben zu machen.

Bedeutung symbolischer Auseinandersetzungen

Bourdieus Überlegungen regen an, nicht nur die symbolischen Bedeutungen, welche die Akteure selbst ihren Handlungen geben, zu betrachten, sondern auch den tieferen symbolischen Sinn im Feld der gesellschaftlichen Auseinandersetzungen (*Bourdieu,* 1998) – z.B. nicht nur die Sorge um das Gemeinwohl, sondern auch, dass es eine nützliche Strategie ist, nicht den Eigennutz in den Vordergrund zu stellen. Nicht allein ökonomische Macht verschafft bessere Ausgangspositionen. Erst symbolische Macht, die eigenen Beurteilungen durchzusetzen, sich andere zu verpflichten oder sich Autorität verleihender Institutionen zu bedienen, sublimiert und legitimiert damit Klassenverhältnisse (*Bourdieu,* 1987; 254).

Erst in der symbolischen Bewertung des Lebensstils unterer sozialer Lagen wird auch Mangel richtig deutlich –, in einem Habitus, der die objektive Lage geradezu als Defizite der Person erscheinen lässt, in einem Geschmack, der scheinbar nichts Besseren würdig ist, in kulturellen Inkompetenzen, die die eigene Lage als gleichsam selbst verschuldet rechtfertigen. Der schulischen Benachteiligung von Kindern aus unteren sozialen Lagen (vgl. z.B. *Steinkamp*, 1982; *Meulemann*, 1985; 60 ff.) könnte vor diesem Hintergrund ein tieferes Verständnis entgegengebracht werden.

Auch Konflikte innerhalb der Gesellschaft sind vor allem symbolische Auseinandersetzungen. Klassenkonflikte sieht *Bourdieu* eher als Konflikte innerhalb der herrschenden Klasse (*Bourdieu,* 1982; 378 ff., 489 f.). Wenn Intellektuelle sich etwa für die Besserstellung »der Arbeiterklasse« einsetzen, hat das auch den verkannten Sinn, den Umtauschkurs für Arbeit im Vergleich zu Besitz zu erhöhen.

Aufdeckung symbolischer Macht

Bourdieus Analysen mögen auf den allerersten, flüchtigen Blick fatalistisch stimmen, weil er die Begrenzungen der sozialen Felder ausweist und damit die Enge der Handlungschancen der Menschen in den unterschiedlichen sozialen Positionen. Bei genauerer Hinsicht wird deutlich, dass alle seine Arbeiten letztlich die Aufdeckung symbolischer Macht zum Ziel haben, nicht nur, um gesellschaftliche Zusammenhänge zu verstehen, sondern auch, um das nötige Wissen für Veränderungsprozesse bereitzustellen. Viele seiner empirischen Studien lesen sich wie ein Fanal – z.B. das »Elend der Welt« (1997) und konfrontieren die Leserschaft mit sozialen Verhältnissen, die von den Medien und der Politik höchstens an der Oberfläche wahrgenommen werden. Für Probleme der Bildungsmisere der Einwanderer, der Arbeits- und Ausweglosigkeit ganzer Vorstadtbevölkerungen und des Rechtsextremismus eröffnet er eine Tiefensicht, die den strukturellen Blick für die spezifischen gesellschaftlichen Bedingungen verbindet mit dem genauen Hinhören auf die Weltsicht und das Selbstverständnis der Betroffenen.[1]

Bourdieu selbst mischte sich in den letzten Jahren – auch auf journalistischem Niveau – zunehmend in politische Debatten ein oder arbeitete in bildungspolitischen Gremien mit. Er betont, dass die sozialen »Gesetze« keine Naturgesetze sind, denen man sich unterwerfen müsste. »Die sozialen Regelmäßigkeiten treten als wahrscheinliche Verkettung auf, die man nur bekämpfen kann, falls man das für notwendig befindet, unter der Bedingung, dass man sie kennt.« (*Bourdieu,* 1997; 173)

5.4.5 Geschlechtstypische Ungleichheiten

Normalerweise wird im Zusammenhang mit der Problematik sozialer Ungleichheit allenfalls in Randbemerkungen auf geschlechtstypische Ungleichheiten eingegangen. Das Geschlecht (gender) ist zwar als »neues Zuweisungskriterium« sozialer Ungleichheit entdeckt (*Hradil,* 1987, 40 ff.), aber die

1 Am Ende seines Buches »Das Elend der Welt« (*Bourdieu* et al.; 1997) beschreibt er im Kapitel »Verstehen« ausführlich sein empirisches Vorgehen. Für alle diejenigen, die in der Sozialen Arbeit mit Menschen aus ganz unterschiedlichen Lebenslagen zu tun haben und sich immer wieder neu einfinden müssen in Lebensschicksale und neue Situationsbedingungen, ist dieser Text sehr anregend zu lesen.

inzwischen umfangreichen Erkenntnisse aus der Frauenforschung (z.B. *Beck-Schmidt, Knapp,* 1995) haben noch kaum Eingang gefunden in die Ungleichheitsdiskussion.

Berufliche Benachteiligungen von Frauen

Die berufliche Benachteiligung von Frauen spiegelt sich wider in ihrer Einkommenssituation, in ihrer Einstufung, in den Aufstiegschancen, in der Arbeitslosenstatistik. Zwar hat sich im Zuge der Bildungsreform die Schulbildung von Mädchen verbessert, im Schnitt sind Mädchen sogar erfolgreicher als Jungen; an ihren beruflichen Möglichkeiten aber hat sich wenig geändert (vgl. z. folgenden: *Bock-Rosenthal,* 1990). Frauen sind immer noch in typischen Frauenberufen und Niedriglohngruppen zu finden. Die Balance zwischen Beruf und Familie ist alleine von ihnen zu tragen: Halbtagsarbeit, Berufsunterbrechungen und Verzicht auf eigenständige berufliche Absicherung aber erhöhen das Armutsrisiko nach Scheidung, Verwitwung und im Alter. In gesellschaftlichen Führungspositionen in Politik, Wirtschaft und Verwaltung sind Frauen nur selten anzutreffen; so beträgt ihr Anteil in Eliteuntersuchungen nur 3,4% (*Wildemann* u.a., 1982; 22). Da drängt sich der Eindruck auf, dass Frauen weit schlechtere Chancen haben, in gesellschaftliche Machtpositionen aufzusteigen, als Männer, die unteren sozialen Lagen entstammen (vgl. dazu Daten in *Bolte/Hradil* , 1984; 186 ff.).

Geschlechterspezifische Umdefinition in Professionalisierungsprozessen

Frauen haben nur dann eine Chance, in Führungspositionen aufzusteigen, wenn sie eine bessere Ausbildung vorweisen können als ihre Konkurrenten oder weit qualifizierter sind. Sie entstammen in aller Regel der Mittelschicht oder oberen sozialen Lagen und brauchen längere Aufstiegszeit – z.B. länger bis zur Habilitation oder sind im Durchschnitt älter als die Männer, wie z.B. Politikerinnen im Bundestag (*Hoecker,* 1987; 83 f.). Frauen brauchen also zusätzliche Qualifikationen oder Anlaufzeiten, um die Nachteile, die sich an ihrem Geschlecht festmachen, auszugleichen. Berufe werden zudem gerade in Professionalisierungsprozessen geschlechtsspezifisch umdefiniert oder bzw. maskulinisiert. (*Wetterer,* 1995; *Neckel,* 1999; *Bock-Rosenthal,* 1999)

Vielleicht sind es gerade die Verbesserungen, die in den letzten Jahren erreicht wurden, die den Blick für diese soziale Ungleichheit schärfen. Frauenförderungsmaßnahmen und Gleichstellungspolitik haben zusätzlich das Bewusstsein nicht nur für den weiblichen Lebenszusammenhang, sondern auch für Geschlechterfragen geweckt. Die Bildungsangleichung kann auf Dauer nicht ohne Wirkung bleiben, und die Erwerbstätigenstruktur zeigt deutliche Angleichungen zwischen dem Erwerbsverhalten von Müttern und ledigen Frauen (*Willms-Herget,* 1985). Auf dem geschlechtsspezifischen Arbeitsmarkt aber wird weiterhin auf »Jederfrauarbeitsplätzen« geschlechtsspezifische Vorausqualifikation erwartet, aber nicht eigens honoriert. Hausarbeitsnähe und die Ansiedlung am unteren Ende beruflicher Hierarchien kennzeichnen weiterhin Frauenarbeitsplätze.

Keine partnerschaftliche Arbeitsteilung in der Familie

Die traditionelle Eheversorgung sichert Frauen immer weniger ab, wenn jede dritte Ehe geschieden wird, beruflicher Wiedereinstieg kaum möglich ist und die Altersrente trotz der Berücksichtigung von Babyzeiten weiterhin an der durchgängigen Berufstätigkeit orientiert ist. Hausarbeit ist zudem weitgehend unsichtbar, wird nicht entlohnt und honoriert, vermittelt weder gesellschaftliches Ansehen noch besondere Gestaltungschancen, wie sie qualifizierte Berufstätigkeit mit sich bringt, erfordert aber gleichwohl Managementqualitäten angesichts immer unübersichtlicherer Patchwork-Familienverhältnisse (*Beck-Gernsheim,* 1998). Partnerschaftliche Teilung der privaten Arbeit kommt in der Realität kaum vor (*Metz-Göckel/Müller,* 1986). Auch die Ehemänner berufstätiger Frauen beschränken sich auf Mithilfe bei Reparaturen, beim Einkaufen und spielen mit den Kindern (*Bertram/Bormann-Müller,* 1988). Die Verantwortung und die Hauptlast der privaten Arbeit liegen jedoch immer noch bei den Frauen. – Aber auch Frauen, die nicht durch familiäre Pflichten belastet sind, haben schlechtere berufliche Chancen als Männer, und auch in Frauenberufen wird die Führungsspitze meist von Männern eingenommen.

»Geschlechtsspezifisches Arbeitsvermögen«

Eine Erklärung für die berufliche Benachteiligung von Frauen wird gerade in dieser historisch gewachsenen Zuständigkeit für den Hausarbeitsbereich und den darin enthaltenen Qualifikationspotentialen gesehen (*Beck-Gernsheim,* 1976; 1980). Vermittelt durch die geschlechtsspezifische Sozialisation werden Frauen Hausarbeitsqualifikationen mitgegeben, die für die Familienarbeit notwendig sind: Kontaktbereitschaft, Suche nach Geborgenheit, Abhängigkeit und Anpassung statt Aggressivität, Angewiesenheit auf soziale Anerkennung statt auf sachliche Erfolgs- und Leistungsmotivation, gefühlsmäßige Personenbezogenheit statt sachlich rationaler Orientierung. Diese Fähigkeiten und Orientierungen sind in der familiären Arbeit außerordentlich wichtig. Frauen neigen dazu, Berufe zu wählen, die diesen inhaltlichen Interessen entsprechen. Das sind Arbeitsbereiche, in denen sie mit Menschen zu tun haben, heilen, helfen oder lehren können, also Reproduktionsberufe, aber auch Bereiche, in denen es auf Fingerfertigkeit, Hübsch-Sein, Monotonieresistenz ankommt. Vor allem sind es die unteren Ränge der beruflichen Hierarchien, die Frauen einnehmen, Sackgassenberufe oder Berufe, in denen die Geschicklichkeit von Frauen erwartet, aber nach männlicher Logik von Schwere und Leichtigkeit der Arbeit nicht entlohnt wird (frühere Leichtlohngruppen). Weibliches Arbeitsvermögen wird betrieblich vorausgesetzt, verwertet aber nicht eigens honoriert.

Aus dem Hausarbeitsbereich sind Frauen gewohnt, sich am Gebrauchswert dessen, was sie tun, zu orientieren und sich den Bedürfnissen anderer anzupassen. Im Beruf hingegen wird Tauschorientierung verlangt, die Wahrung eigener Arbeitnehmerinneninteressen – zur Not auch auf Kosten der anstehenden Arbeit oder gar der Klienten. Die Selbstaufopferungsbereitschaft in vielen Sozialberufen ist Beispiel dafür, wie gegensätzlich Gebrauchswert und Tauschwertorientierung einander gegenüberstehen. Fähigkeiten, die Frauen im Privatbereich, im Umgang mit Kindern und im Hausarbeitsbereich nützen, schaden ihnen jedoch im Beruf und in der Öffentlichkeit, in der geradezu komplementäre Verhaltensweisen erforderlich sind (*Beck-Gernsheim,* 1976; 75 ff.).

Doppelte Vergesellschaftung weiblicher Arbeitskraft

Am Konzept des geschlechtsspezifischen Arbeitsvermögens sind inzwischen die subjektivistische Ausrichtung und die Verengung auf Sozialisationsaspekte unter Aussparung von Gewalt, Zwang und Sexismus kritisiert worden (*Bennholdt-Thomsen,* 1983). Das Konzept »suggeriert, dass das Arbeitsvermögen von Frauen durchgängig geschlechtsspezifisch bestimmt ist« (*Knapp,* 1987; 254). Weder Sozialisationseffekte sind aber durchgehend geschlechtsspezifisch noch das Arbeitsvermögen von Frauen, dessen potentieller Charakter von *Gudrun-Axeli Knapp* viel stärker betont wird. Das Arbeitsvermögen umschließt auch das, was unterdrückt wird, was sich nicht entwickeln kann (*Knapp,* 1987; 250). Es ist reicher und breiter angelegt als die tatsächlich genutzte Arbeitskraft, die auf die Anwendungsbedingungen hin zurechtgestutzt ist. Das Arbeitsvermögen von Frauen unterliegt gleich zwei Herrschaftsbestimmungen, denen des Kapitalismus und des Patriarchalismus (*Knapp,* 1987; 242), die auf spezifische Art ineinander greifen und einander bedingen. Das Arbeitsvermögen von Frauen wird weitgehend geschlechtsunspezifisch genutzt, aber geschlechtsspezifisch nach patriarchalem Muster bewertet. Identifikation mit der Hausarbeit kommt auch durch Zwänge zustande – durch Gewalt und durch Identitätszwänge, die weit über Rollenzwänge hinausgehen und bis tief in die Persönlichkeit hineinwirken. Anlagen, Möglichkeiten und Selbstansprüche von Frauen werden durch solche Identitätszwänge auf Weiblichkeitsstereotype hingelenkt, so dass sich immer wieder die gesellschaftliche Normalkonstruktion von »Weiblichkeit« durchsetzt. Selbst der soziologische Ansatz des geschlechtsspezifischen Arbeitsvermögens hat insofern ideologisierende Funktion, weil er Klischees und Stereotypen gleichsam bestätigt (*Knapp,* 1987; 248).

Identitätszwänge

Hinzu kommt, dass qualifizierte Berufe eigentlich »1½-Personen-Berufe« sind. Es wird erwartet, dass eine Hausfrau alle privaten Probleme, alle Alltagsarbeit dem Berufstätigen abnimmt und ihn freihält für berufliches Engagement. Berufsarbeit setzt also familiäre Hintergrundarbeit voraus (*Beck-Gernsheim,* 1980). In der strukturellen Unvereinbarkeit der Lebensbereiche Beruf und Familie liegt die Benachteiligung von Frauen begründet, weil sie immer noch vorrangig die Familienarbeit zu leisten haben.

1½-Personen-Berufe

Traditionelle sexistische Abwertungen von Weiblichem und Höherbewertung von Männlichem finden sich zudem noch in fast allen Bereichen unserer Kultur. Der verschüttete Anteil von Frauen an der Geschichte muss erst mühsam von der Frauenforschung wieder an das Licht geholt werden. Die Sprache beispielsweise ist voller Aufwertungen für »Herrliches«. Treffen mit solch unterschiedlichem symbolischem Rüstzeug Frauen und Männer aufeinander, die vielleicht sogar über ähnliche ökonomische und kulturelle Ressourcen verfügen, aber geschlechtsspezifisch unterschiedliche Sozialisation durchlaufen haben, reproduzieren sich Benachteiligungen in Gesprächen von selber (linguistische Studien dazu z.B. von *Trömel-Plötz*, 1982 u. 1984). Männer werten Frauen ab, indem sie ihnen nicht zuhören, sie unterbrechen und für nicht bedeutend einschätzen; Frauen werten sich aber auch selbst ab durch ihre übervorsichtige, zurückhaltende Art der Kommunikation. So geraten Vorurteile und tatsächliches Verhalten, Interpretation von Verhalten und Bestätigung der Vorurteile aufs Beste ineinander, ohne dass irgendeiner Partei Absicht unterstellt werden müsste. Die Annahme einer bewussten Diskriminierung ist also gar nicht notwendig. Vielmehr reicht es aus, die Sozialisationsvorteile der Männer für die berufliche Öffentlichkeit zu sehen, sowie die Schwierigkeiten der Frauen, sich in dieser anderen Welt

Benachteiligung in Interaktionsprozessen

zurechtzufinden, die herrschenden Spielregeln zu verstehen und sich ihrer zu bedienen. Die Mechanismen der Diskriminierung sind deshalb so unterschwellig und so wunderbar zu leugnen, weil sie aus dem weiblichen und männlichen Habitus, dem weiblichen und männlichen Lebenszusammenhang hervorgehen. Der Klassenhabitus bricht allerdings vielfach den Geschlechtshabitus (*Frerichs*, 1997).

Weiblicher u. männlicher Habitus?

Im männlichen Habitus zeigt sich auch der Zwang, eine lebenslange Ernährerrolle übernehmen zu müssen, will ein Mann nicht auf Liebe, Ehe und Kinder verzichten. Im weiblichen Habitus zeigt sich, komplementär dazu, geschlechtsspezifisches Arbeitsvermögen, weil Frauen typischerweise nur in der Übernahme der privaten Arbeit sicher gehen können, nicht auf Liebe, Ehe und Kinder verzichten zu müssen. Durchsetzungs- und Einpassungsbereitschaft spiegeln die strukturellen Gegebenheiten wider und verlängern sie gleichzeitig in immer neue Strukturen hinein. Das Geschlecht ist zudem eine Strukturkategorie, der wir nicht entgehen können, Geschlechtsrollen und ihre Reproduktion im Alltag, »Doing Gender« (*West/ Zimmermann,* 1987) schwingen immer mit.

5.5 Armut

5.5.1 Armutsbegriffe

Wenn darüber gestritten wird, wie viel Armut es in der Bundesrepublik gibt, entsteht manches Missverständnis, weil unter Armut sehr Unterschiedliches verstanden wird. So kommt es zu einer Spannweite von Einschätzungen über das Ausmaß von Armut, das von nur wenigen Prozent bis zur These von der Zweidrittel-Gesellschaft reicht.

Aus wissenschaftlicher Seite gibt es keine Möglichkeit, Armut objektiv zu bestimmen. In alle Armutsbegriffe gehen Wertentscheidungen ein, ebenso wie in die Methoden der empirischen Erfassung. So wird einerseits versucht, Armut über mangelnde Ressourcen und *indirekte Armutsindikatoren*, wie Einkommen und Vermögen, zu definieren oder andererseits über Lebenslagen, wobei *direkte Armutsindikatoren*, wie Ernährung, Ausstattung, Chancen zur Teilhabe am öffentlichen Leben etc., betrachtet werden (vgl. *Noll,* 1997). Für beide Armutsbegriffe gibt es empirisch sehr unterschiedliche Vorgehensweisen, die wiederum die Grenze zwischen Armut und Nicht-Armut unterschiedlich definieren.

Absolute Armut

Üblicherweise wird auf zwei Wegen versucht, Armut zu bestimmen: Entweder wird eine *absolute Armutsgrenze* gesteckt, unter deren Niveau minimale Lebensbedürfnisse nicht mehr befriedigt werden können, oder es werden diejenigen als arm bezeichnet, deren Lebenschancen weit unter dem Durchschnittsniveau der jeweiligen Gesellschaft liegen. Eine absolute Armutsgrenze wird z.B. in der Bundesrepublik in den Regelsätzen der Sozialhilfe gesehen. Teile der Bevölkerung, die über ein Einkommen unterhalb der Regelsätze verfügen, werden als »absolut arm« definiert (*Glatzer,* 1977; 356 f.). In den letzten Jahren waren es ungefähr 3 Millionen Menschen in der Bundesrepublik, die Sozialhilfe bezogen. Von 1963 bis 1993 ist der Anteil der Sozialhilfeempfängerinnen und Empfänger im früheren Bundesgebiet von 2,6% auf 6,5% der Gesamtbevölkerung gestiegen (*Zimmermann,* 1998; 38 f.). Ursachen für diese Steigerung werden in der gestiegenen Langzeitarbeitslosigkeit, der zunehmenden Einwanderung und in der vermehrten Ausschöpfung von Sozialhilfeansprüchen gesehen. Von 1991 bis 1998 ist vor allem aufgrund rapiden Anstiegs in den ostdeutschen Ländern der Anteil der Menschen, die laufende Hilfe zum Lebensunterhalt erhalten um 1/3 gestiegen, wobei zu berücksichtigen ist, dass seit 1998 Asylbewerber und ähnliche Personen statistisch gesondert ausgewiesen werden (Die ZEIT/Globus, 09.09.1999, 33). Darüberhinaus gibt es erhebliche Dunkelziffern von Armen, die eigentlich sozialhilfeberechtigt sind, aber aus vielfältigen Gründen nicht zum Sozialamt gehen.

Relative Armut

Viel schwieriger und damit politisch umstrittener ist die Bestimmung von *relativen Armutsgrenzen*. Wird auf internationale Maßstäbe verwiesen, ist die Bundesrepublik ein reiches Land, in dem sogar Sozialhilfeempfänger im Vergleich zu Armen in Entwicklungsländern vergleichsweise gut leben. Als Bezugsgröße für relative Armut aber wird die eigene Gesellschaft gesehen. Dabei ist allerdings umstritten, wie viel Einkommensstreuung und Ungleichheit von Lebensqualität sich eine Gesellschaft leisten darf. In der Forschung wird üblicherweise eine »strenge relative Armutsgrenze« bei vierzig Prozent des durchschnittlichen Nettoeinkommens der privaten Haushalte gesetzt. Die »milde relative Armutsgrenze« wird bei sechzig Prozent des Nettoeinkommens angesetzt – in anderen Untersuchungen wird fünfzig Prozent als Maßstab genommen. Solche Festlegungen sollten jedoch nicht den Anschein erwecken, als sei die wissenschaftliche Bestimmung von Armut möglich. »Es gibt keine allgemeingültigen, objektiven, wissenschaftlich begründeten Kriterien, die festlegen, nach welchen Merkmalen Armut von Nichtarmut zu unterscheiden ist« (*Iben,* 1989; 276).

Auch die Sozialhilfe ist kein brauchbarer Maßstab, denn sie basierte lange Zeit auf einem künstlich zusammengestellten »Warenkorb« – inzwischen auf Preisindizes – und ist ursprünglich als befristete Hilfe konzipiert worden. Zudem öffnet sich die Schere zwischen der allgemeinen Lohnentwicklung und der Anhebung der Sozialhilfe erheblich. Diskrepanzen zwischen dem allgemeinen Lebensstandard und dem Leben mit Sozialhilfe werden in den Gerichtsurteilen des Bundessozialgerichts besonders deutlich, wenn Kinder zum Beispiel für einen Schulausflug ins Ausland keinen Zuschuss erhalten können, weil das die »normale Lebensführung« eines Sozialhilfehaushaltes übersteige.

Die Diskrepanzen zwischen gesellschaftlich Bessergestellten (vgl. *Huster,* 1997) und unter Armut Lebenden lassen sich am Deutlichsten aufzeigen im Verhältnis der Einkommen zum Durchschnittseinkommen. So liegen zum Beispiel sozialwissenschaftliche Längsschnittuntersuchungen aus dem sozioökonomischen Panel (SOEP) vor, in die ca. 7 000 Haushalte mit etwa 14 000 Personen eingehen. Basis für Einkommensuntersuchungen ist das verfügbare durchschnittliche Haushaltseinkommen, das jedoch mit Hilfe einer Gewichtung, die dem Bundessozialhilfegesetz entlehnt ist, die Zahl und das Alter der Haushaltsmitglieder in Rechnung stellt.

Berechnung des bedarfsgewichteten Pro-Kopf-Einkommens für einen Paarhaushalt mit zwei Kindern und einem Haushalts-nettoeinkommen von 3.400 DM

		Bedarfsgewichte	
Haushaltsvorstand		1,0	
Ehepartner		+ 0,8	
fünfjähriges Kind		+ 0,5	
achtjähriges Kind		+ 0,65	
	3.400 DM :	2,95 =	1.152,54 DM

Quelle: *Andreß*, 1999, 87

Das *Nettoäquivalenzeinkommen* ist also ein um die Haushaltsgröße und das Alter der Personen bereinigtes Durchschnittseinkommen. Für Ostdeutschland ergeben sich inzwischen deutliche Angleichungen an Westdeutsches Niveau, vor allem bezogen auf das Durchschnittseinkommen in Westdeutschland. Für den Zeitvergleich sei hier auf die Entwicklung in Westdeutschland über einen Zeitraum von 1985 bis 1995 verwiesen.

Reichtum und Armut in Westdeutschland 1984 – 1995[1] (in % der Wohnbevölkerung)

	Armutsgrenzen			Reichtumsgrenzen	
	bis 30%	bis 50%	bis 60%	über 150%	über 200%
	des durchschnittlichen Netto-Äquivalenzeinkommens				
	»Strenge Armut«	»Mittlere Armut«	»Niedrig-Einkommen«	»Wohlhabenheit«	»Reichtum«
1984	5,2	12,6	21,0	11,8	4,3
1985	5,0	11,9	20,9	12,9	4,6
1986	5,0	11,9	20,1	12,2	3,8
1987	4,5	10,7	19,9	11,7	4,1
1988	5,3	11,0	29,4	11,9	3,9
1989	4,8	10,3	19,5	12,4	4,2
1990	3,9	10,5	18,5	11,9	4,1
1991	4,3	10,0	18,4	12,7	4,3
1992	4,4	10,0	18,6	12,1	3,7
1993	5,2	11,1	19,8	12,6	4,3
1994	4,7	11,1	21,9	12,9	4,8
1995[2]	6,1	13,0	21,9	11,8	4,7

Quelle: *Krause/Wagner* 1997, 71

Auch andere vergleichbare Untersuchungen belegen, dass bezogen auf die mittlere Armutsgrenze von 50% des Durchschnittseinkommens etwa 13% der Wohnbevölkerung in Westdeutschland als arm zu gelten haben.

1 Äquivalenzgewichtung: 1984–89 nach der BSHG-Regelung vor 1990; 1990–95 nach der BSHG-Regelung seit 1990.

2 Erstmals werden Zuwanderer berücksichtigt, die seit 1984 zugezogen sind. Datenbasis: SOEP

5.5.2 Struktur der Armut und Umgang mit Armut

Feminisierung der Armut

Die Armutsforschung hat sich längst von einer eindimensionalen Betrachtung der Armut verabschiedet und erkundet Unterversorgungslagen, den Umgang mit Armut, aber auch vielfältige andere Armutsdimensionen wie Bildungsarmut (vgl. Kap. 5.3.3). Es sind vor allem Risiken des Arbeitsplatzverlustes, der mehr oder weniger freiwilligen Kinderpause oder der Berentung, die zur Armut führen. Während es noch in den 70er Jahren vor allem die Rentnerhaushalte waren, die unter die Armutsgrenze fielen, gerieten in den 80er Jahren immer mehr Frauen in den Armutsbereich (*Feminisierung der Armut*). Es handelte sich sowohl um Alleinerziehende, als auch Rentnerinnen, denen die Risiken der weiblichen Normalbiographie mit dem Ausscheiden aus dem Erwerbsleben und der diskontinuierlichen Arbeit zur Armutsfalle wurden (*Bock-Rosenthal,* 1990). Auch unter den Beziehern von Kleinsteinkommen befanden sich vor allem Frauen (*Weinert,* 1977). Fast jede zweite alleinerziehende Frau gerät auch heute noch in Abhängigkeit von Sozialhilfe! Dabei werden aus der Sicht der Betroffenen jedoch nicht nur Benachteiligungen empfunden. Offenbar wird «Sozialhilfe nicht selten als das kleinere Übel einer nicht nur finanziellen Abhängigkeit von einem Partner angesehen« – so *Mädge* und *Neusüß* (1994) in einer qualitativen Studie. Sie stellen auch heraus, dass die betroffenen Frauen Kindererziehung nicht nur als Privatangelegenheit sehen, sondern es auch als legitim erachten, dass «Vater Staat« sie materiell unterstützt. Aufgrund solcher qualitativen Untersuchungen lässt sich also durchaus auch ein schöpferischer Umgang mit der Sozialhilfe ans Licht bringen, indem die betroffenen Alleinerziehenden die Sozialhilfe quasi als Alternative für eine Versorgungsehe betrachten.

Infantilisierung der Armut

Die prekäre Situation der Alleinerziehenden deutet auf die neuesten Entwicklungen hin – nämlich die wachsende Armut unter den Kindern und Jugendlichen. Sie weisen inzwischen unter allen Altersgruppen die höchsten Armutsquoten auf. Der Anteil der Kinder und Jugendlichen an der Armutsbevölkerung (50% Grenze) liegt im Westen bei 25 – 26% und im Osten bei 37% (*Hauser,* 1997a; 76f.). Längst wird von einer *Infantilisierung der Armut* (*Hauser,* 1997b) gesprochen. Wenn über eine Million Kinder in einer Wohlstandsgesellschaft unter den Bedingungen und Regelungen des Bundessozialhilfegesetzes aufwachsen, sollte das zumindest ein Gefahrensignal für die Gesellschaft bedeuten. Diese hohe Armutsrate unter ostdeutschen Jugendlichen und vor allem ihre Perspektivlosigkeit bieten auch Erklärungen für die weitverbreitete Neigung zum Rechtsextremismus.

»Der nationalistische und rassistische Kollektivismus ist immer die politische Heimstatt derer, die sich von der sozialen Differenzierung nichts erwarten dürfen und daher von einer Gemeinschaft nur profitieren können, für deren Beitritt nichts weiter erforderlich ist, als dass, was einem nicht genommen werden kann. Volk, Nation und Rasse sind Prinzipien der Selbst- und Fremdbewertung, die auch dann noch gelten können, wenn alle anderen Prinzipien – Geld, Macht, Wissen und Prestige – schon versagt haben. Für Unterlegene fungieren sie als ethnozentrisches a priori sozialer Anerkennung, das um so mehr in den Vordergrund tritt, je weniger andere Quellen von Anerkennung verfügbar erscheinen, soziale und kulturelle Prozesse als demütigend empfunden werden« (*Neckel,* 1991; 169).

Armutsrisiken im Lebenszyklus

Nicht nur nach der Scheidung der Eltern besteht ein hohes Armutsrisiko für die Kinder; neben den Haushalten von Alleinerziehenden sind es in den letzten Jahren vor allem Familien mit mehreren Kindern, nur einem Einkommen, mit geringem Bildungsniveau und geringem Berufsstatus, die unter die Armutsgrenze fallen. Längsschnittuntersuchungen haben gezeigt, dass für viele Haushalte der Sozialhilfebezug eine vorübergehende Phase ist. »Armut ist [...] ›verzeitlicht‹, individualisiert, aber auch in erheblichem Maße sozial entgrenzt« (*Leibfried* et al., 1995; 9), wenngleich ein Kernbestand dauerhaft Armer übrigbleibt, wo typischerweise Mehrfachbenachteiligungen auftreten (*Krause/Wagner,* 1997). Lebenszyklisch variieren die Armutsrisiken vor allem von Haushalten mit gering qualifizierten Beschäftigten und traditionellen Geschlechtsrollen (Hausfrauen). Ihr Lebenslauf lässt sich als »Achterbahn« beschreiben. So lange noch keine Kinder da sind, oder wenn die Kinder aus dem Haus gehen, geraten diese Haushalte aus dem Armutsbereich heraus. In der Familienphase, in der die Kinder klein sind, wird diesen Haushalten »sozusagen zum ›Verhängnis‹, dass sie neben ihrem Risikofaktor niedrige Bildung, und den damit verbunden beruflichen Positionen auch noch die riskantere Lebensform, die traditionelle Hausfrauenehe mit (mehreren) Kindern, wählen« (*Andreß,* 1999; 228).

Niedriglöhne

In der Öffentlichkeit wenig bekannt ist die Erkenntnis, dass auch in Armutshaushalten in der Regel eine Person erwerbstätig ist. Haushalte, die nur von Transfers leben, sind selten (*Andreß,* 1999). In der politischen Diskussion wird noch über die Schaffung von Niedriglohnbereichen diskutiert, in der Realität gibt es bereits in einem großen Umfang Niedriglöhne, die vor allem von Frauen im Dienstleistungsbereich bezogen werden. 1990 waren immerhin 3 Millionen Erwerbstätige im Niedriglohnbereich zu finden (*Schäfer,* 1997).

Andreß hat in einer umfangreichen qualitativen und quantitativen Studie auch herausgestellt, dass Arme zwar geringere Kontakte zur weiteren Verwandtschaft und zu Bekannten pflegen, aber von Ausgrenzung, Isolation und besonders auffälligen Verhaltensweisen keine Rede sein kann. Interessant ist, dass die subjektive Einschätzung von Armutsgrenzen und Mindestbedarf für den Haushalt deutliche Unterschiede zur Sozialhilfe aufweist. Die Fixkosten eines Haushaltes werden weit höher eingeschätzt, der Mehrbedarf für weitere Haushaltsmitglieder jedoch geringer, als es nach Sozialhilfesätzen üblich ist (*Andreß,* 1999; 103).

Unsichtbarkeit von Armut

In einer individualisierten Gesellschaft, in der es keine Tradition im Umgang mit Armut mehr gibt, wird Armut nicht mehr als kollektives Problem erlebt, das einen Betrieb, eine Nachbarschaft, eine ganze Branche betrifft, sondern als höchst individuelles Problem. Wenn biografische Fehlentscheidungen, verpasste Gelegenheiten, zu langsam durchlaufene Statuspassagen zu Armutsrisiken führen, werden sie den Individuen als individuelles Versagen angelastet. Die Pluralisierung der Lebensstile hat auch die

Wahrnehmung von Armut verwischt. Nichtsesshafte, Bettelnde am Straßenrand werden übersehen, die Situation von Großfamilien, von alleinerziehenden Frauen wird wenig offensichtlich. Viele Arme tragen auch selbst zur Unsichtbarkeit von Armut bei, indem sie nach außen den Anschein von Wohlstand aufrechterhalten, auch wenn sie bereits hoch verschuldet sind.

Angesichts der Entgrenzung von Armut, »welche ihre Gefährdungszone weit in die Normalbevölkerung hinein erstreckt« (*Grohall,* 1998, 111), der Individualisierung und Verzeitlichung der Lebensbedingungen wird die Soziale Arbeit im Umfeld der Armut schwieriger, sofern sie sich nicht auf besondere Randgruppen konzentriert oder in der Schuldnerberatung kanalisiert wird.

5.6 Soziale Ungleichheit und Gerechtigkeit

Sieht man die Armutsproblematik eingebettet in die gesamtgesellschaftliche Wohlstandsentwicklung, wird die zunehmende relative Deprivation deutlich. Wachsende Teile der Bevölkerung profitieren inzwischen von privaten Vermögenserlösen und Globalisierungswirkungen und sind damit geringer von den Risiken des Arbeitsmarktes abhängig. Nur noch 40 Prozent aller Einkommen werden aus Arbeit bezogen, der Rest verteilt sich zu gleichen Teilen auf Transferleistungen und private Vermögenserträge (*Heuser,* 1997). Nimmt man die Wirkungen der voraussehbaren Erbschaftswelle hinzu, wird nicht nur die Diskrepanz zwischen arm und reich, Ost und West größer (*Szydlik,* 1999), sondern nimmt auch der Leistungsbezug ab. Lebenschancen hängen im oberen Drittel der Gesellschaft nicht nur von eigener Leistung, sondern zunehmend auch von den Zufälligkeiten einer Erbschaft oder eines Aktiengewinns ab; in den unteren, benachteiligten sozialen Lagen ist angesichts der strukturellen Arbeitslosigkeit die eigene Lage auch kaum aus eigener Leistung zu verbessern. Damit verliert das Leistungsprinzip an Bedeutung und soziale Chancen scheinen eher vom Glück oder Zufall bestimmt. Viel bedenklicher aber erscheint die Lage derjenigen, die am Arbeitsmarkt nicht gebraucht werden, die »Klasse der Entbehrlichen« (*Lenski*).

> »Solange für die unteren Schichten noch Ausbeutungsverhältnisse bestanden, musste mit ihnen die Verteilung des Reichtums noch ausgehandelt werden. Trotz immenser sozialer Unterschiede war darin der Kapitalismus zumeist noch eine Gesellschaft, die auf Regeln der Gegenseitigkeit beruhte. Die Ausgeschlossenen aber, herausgefallen aus zentralen Institutionen wie Arbeitsmarkt und Sozialpolitik, vermögen vor allem Leistungsgerechtigkeit gar nicht mehr einzuklagen.« (*Neckel,* 1999; 160 f.)

Neckel macht auch darauf aufmerksam, dass denjenigen, die ohne Veränderungsperspektive an den gesellschaftlichen Rand gedrängt werden, nicht einmal mehr der Neid bleibt; denn der würde soziale Nähe und Vergleichbarkeit voraussetzen und letztlich sogar anspornend und stabilisierend wirken. Kann die Wohlstandsgesellschaft nur noch aus der Distanz wahrgenommen werden, ohne Hoffnung auf Veränderung, entsteht eher ohnmächtige Wut, ohne Nutzen, Ziel und Regeln (*Neckel,* 1999). Dies trifft sicherlich nicht zu für all diejenigen, die nur zeitweise Sozialhilfe in Anspruch nehmen müssen, vielleicht aber für die Jugendlichen, die in Armutshaushalten aufwachsen, aufgrund ihrer Sozialisationsdefizite und mangelnden Schulbildung keinen Ausbildungsplatz erhalten und für sich keine Zukunftschancen sehen.

Angesichts dieser wachsenden gesellschaftlichen Diskrepanz lohnt es sich, über eine Stärkung der Integrationskräfte der Gesellschaft nachzudenken, nicht nur aus der Perspektive der Sozialen Arbeit. Zu den Hauptproblemen gehört sicherlich die zukünftige Gestaltung der Arbeit und sozialen Absicherung. Neugeschaffene Arbeitsplätze am Arbeitsmarkt erfordern typischerweise hohe Qualifikation, Flexibilität, Motivation und Unabhängigkeit – Kompetenzen, zu denen die Zugangschancen ungleich verteilt sind. Das Bildungssystem legitimiert Ungleichheiten im Endeffekt eher, als dass es sie wirklich abbaut.

Die Lebenschancen hängen auch weiterhin von eigener Arbeit oder dem Besitz ab, auch wenn der Gesellschaft die »Arbeit für alle« ausgeht. Appelle, die soziale Wertschätzung eines Menschen nicht mehr von der Arbeit abhängig zu machen, zumal wenn sie von denjenigen kommen, die selbst gesicherte Arbeitsplätze besitzen, bewirken für sich genommen wenig. Eine neue Balance von Arbeit, Lebensarbeit, Jahresarbeit, Freizeit, Bildung, Grundsicherung und Motivation muss sicher gefunden werden. Viel spricht dafür, dass neue sozialpolitische Regelungen, arbeitsmarktpolitische und steuerliche Maßnahmen mit mehr sozialer Ungleichheit einhergehen werden, weil die Kosten sozialer Absicherung angesichts der Altersstruktur explodieren.

Chancengerechtigkeit/ Wissensgesellschaft

Um so wichtiger scheint es mir, einen neuen Anlauf zur Förderung sozialer Chancengleichheit im Bildungssektor zu nehmen. Der Rückgang von Studierenden aus Arbeiterfamilien, die sinkende Inanspruchnahme von BaföG-Mitteln, das Fortbestehen stabiler Bildungsbarrieren für Kinder aus bildungsbenachteiligten Familien und die Ausgrenzung von jungen Ausländern aus dem Bildungssystem kann sich eine Gesellschaft nicht leisten, die schon aus Kostengründen weniger auf Verteilungsgerechtigkeit als auf mehr Chancengerechtigkeit setzen muss. Der Anschluss an die Wissensgesellschaft setzt Kompetenzen zur Nutzung moderner Informations- und Kommunikationstechnologien voraus. Neue Ungleichheitsgrenzen zwischen »Information Poor« und »Information Rich« werden befürchtet, die allerdings nicht vordergründig zu verstehen sind, etwa entlang der Internetkompetenz. Vielmehr ist zu befürchten, dass immer mehr Informationen immer weniger Wissen gegenüber stehen wird. Zusammenhänge und Hintergründe zu verstehen, die Relevanz von Informationen zu erkennen, Deutung und Sinn zu geben, setzen umfangreiches, kulturelles Kapital voraus. Obgleich die Wissenschaften längst entzaubert sind, gehört schon zum normalen Alltagsleben eine gehörige Portion wissenschaftlicher Begleitung von Alltagsentscheidungen. Werdende Eltern, die sich nicht mindestens hinsichtlich verschiedener Geburtsmethoden, musikalischer Früherziehung und neuer Erziehungsmethoden schlau gemacht haben, können nicht mehr mitreden. Wissen verpflichtet zu systematischer Planung und lässt im Extremfall sogar das In-die-Welt-setzen von behinderten Kindern als unverantwortlich erscheinen. Andererseits: »Je mehr wir die Zukunft zu kolonialisieren versuchen, desto wahrscheinlicher wird es, dass sie mit Überraschungen für uns aufwartet« (*Giddens*, 1996; 116).

Die vorausgehende Berücksichtigung von ungeplanten Folgen und Nebenfolgen kann sogar zu Handlungsblockaden führen und zum Hinauszögern von Entscheidungen. In zweifacher Hinsicht wird es also immer schwieriger, das »Planungsbüro für den eigenen Lebenslauf« zu betreiben, um den Individualisierungsrisiken zu begegnen: nicht nur, dass es immer weniger selbstverständliche Regeln und Normen gibt, auch neue technologische Möglichkeiten erfordern eine neue Ethik oder mindestens die Weiterentwicklung ethischer Maßstäbe. Gerade am Beispiel der Biotechnologie insbesondere der Möglichkeiten der Gentechnik wird deutlich, dass dies gesellschaftliche Aufgaben sind, die sich nicht an Ethikkom-missionen und professionelle Codes (vgl. Kap. 6.2.1.c) delegieren lassen, sondern sich letztlich als gesellschaftlicher Bildungsauftrag darstellen. Auch im engeren Bereich der Sozialpolitik, die sich unmittelbar ungleichheitsrelevant auswirkt, ist eine neue Ethik gefragt, die in die alten Interessenvertretungsinstitutionen nicht recht hineinpasst.

Sozialstaatsdebatte

Angesichts des Globalisierungsdrucks und der sich schon aus demografischen Gründen öffnenden Schere zwischen Steuerzahlenden und Transferempfangenden wird ein neues sozialstaatliches Arrangement gefunden werden müssen. Sozialleistungen betragen über ein Drittel des Bruttoinlandsprodukts (Der Spiegel, Nr. 37 vom 13.09.1999; 104). In der Debatte um die Neuregelung des Rentensystems, die Novellierung des Gesundheitssystems und der Steuerreform wird die Frage nach dem gewünschten Maß an sozialer Ungleichheit öffentlich diskutiert und vor allem Gerechtigkeit reklamiert. *Rawls*' (1993) Theorie der Gerechtigkeit gilt schon in der öffentlichen Debatte als Wegweiser. Soziale und ökonomische Ungleichheiten können dann auch unter Gerechtigkeitsaspekten akzeptiert werden – so *Rawls* – wenn sie zum größten zu erwartenden Vorteil für alle – insbesondere auch für die am wenigsten begünstigten – führen unter der Voraussetzung, dass faire Chancengleichheit besteht und gesellschaftliche Positionen allen offen stehen.

Generationen- und Geschlechtervertrag

In der Sozialstaatsdebatte spielen auch zwei querliegende Ungleichheitsdimensionen eine wichtige Rolle: Alter und Geschlecht. Mit einem neuen Generationenvertrag in der Sozialpolitik muss auch ein neuer Geschlechtervertrag gefunden werden. Noch immer liegt fast die gesamte Last der Kindererziehung, der Hausarbeit und der wachsenden Altenpflege bei den Frauen, die allerdings diese unbezahlte Arbeit zunehmend verweigern. Rückgehende Geburtenzahlen, Scheidungsraten und sinkende private Pflegeneigung sprechen dafür, dass Frauen zunehmend ökonomisch rational handeln und ihre beruflichen Chancen immer weniger mindern durch private Verpflichtungen. Solidarität zwischen den Generationen erfordert Solidarität zwischen den Geschlechtern.

> »Nur wenn es gelingt, auch die Männer [...] in höherem Maß an der familialen Wohlfahrtsproduktion zu beteiligen, darf erhofft werden, dass die gegenwärtige Verunsicherung der Frauen und die damit zusammenhängende Infragestellung der Familienkultur einer neuen kulturellen Stabilisierung der Familie Platz macht.« (*Kaufmann,* 1995; 193)

Weiterhin kommt der Sozialstaatsdebatte auch die Globa-lisierung in die Quere oder zu Pass – je nach Interessenlage. Die Globalisierung und die europäische Vereinigung wirken wie Gegengewichte zu der langen deutschen Sozialstaatstradition, die immerhin auf *Bismarck* zurückgeht. Eigentlich wäre zumindest ein europäisches Sozialrecht eine logische Folge des Binnenmarktes, womit allerdings die globalen sozialstaatlichen Ungleichheiten noch längst nicht aufgehoben wären.

Demokratie und Globalisierung

Das eigentliche Problem aber – und da hat *Ulrich Beck* recht – scheint mir die Frage nach der neuen Balance zwischen staatlichen, demokratischen Instanzen und globalen oder internationalen Instanzen zu sein. Unsere demokratischen Institutionen setzen den Nationalstaat voraus und überschaubare soziale Einheiten in Kommunen und Ländern. Globalisierung birgt die Gefahr, dass aus der Sicht der Einzelnen Politik nur noch als ein fernes Geschehen interpretiert werden kann. Wie Verantwortung und Partizipation im Gemeinwesen, im sozialen Nah- und Fernraum sich entwickeln werden, bleibt abzuwarten. Dass Fragen nach der sozialen Gerechtigkeit, nach dem Maß an tolerierbarer Ungleichheit, das die Gesellschaft sich zumuten will, und nach den Folgen der Globalisierung und Technisierung überhaupt wieder ernsthaft in einer breiten Öffentlichkeit diskutiert werden, lässt hoffen. Die Zivilgesellschaft von morgen lebt immerhin schon im Feuilleton.

Fragen nach dem Zustand der Gesellschaft sind nicht ohne empirische Grundlagen zu beantworten. Die Soziale Arbeit hat tiefe Alltagseinsichten in gesellschaftliche Zonen und Bereiche, in die Politik und Medien meist nicht vordringen. »Unformuliertes und unformulierbares Unbehagen, welches die politische Organisationen nicht wahrnehmen und [damit] erst recht nicht in ihre Verantwortung nehmen können« (*Bourdieu* et al., 1997; 823), kann auch die Soziale Arbeit in den öffentlichen Diskurs einbringen. Denn »nichts ist weniger unschuldig, als den Dingen einfach ihren Lauf zu lassen« (ebda., 826).

Teil II
Theorien sozialberuflichen Handelns

6 Soziale Arbeit als Beruf: Institutionalisierung und Professionalisierung Sozialer Arbeit

von Benno Biermann

Soziale Arbeit – ein Beruf?

Als Beruf war Soziale Arbeit nie eine Selbstverständlichkeit. Ist sie überhaupt ein *Beruf* – oder doch eher Mission und Berufung, gelebte Fürsorge und Solidarität, vielleicht auch nur Job und Aushilfstätigkeit? Ist sie wirklich *ein* Beruf – oder umfasst sie doch eher zwei oder vielleicht noch mehr Berufsgruppen? Hat sie einen eigenen Auftrag, eine exklusive Domäne wie andere Berufe auch – oder sind die Berufsangehörigen eher zuständig für alles Mögliche, für jene nicht mehr klassifizierbaren Restprobleme, die die etablierten Institutionen überfordern – Familie und Verwandtschaft, Schule und Betrieb –, die sich aber auch den Möglichkeiten spezialisierter Problemlösungsinstanzen entziehen – Sozialpolitik und Sozialhilfe, Gesundheitsversorgung und Therapie, Polizei und Strafverfolgung? Soziale Arbeit als Auffangnetz und Ausfallbürge, ihre Vertreterinnen und Vertreter Generalisten mit dem prekären Status tüchtiger, vielseitig verwendbarer und überdies preiswerter Arbeitskräfte – sind das die Perspektiven?

Erwartungen an die Soziale Arbeit

Seit zu Beginn des vergangenen Jahrhunderts Helfen und Erziehen als fachlich qualifizierbare Aufgaben entdeckt wurden, haben anspruchsvollere Bestimmungen von Funktion und Wesen der Sozialen Berufstätigkeit solchen Diskreditierungen entgegengewirkt. Die Theorie der Fürsorge (*Scherpner,* 1962; 122) entdeckte in der Hilfe nicht weniger als eine »Urkategorie des Gemeinschaftshandelns«. Nach verbreiteter Vorstellung war Soziale Arbeit ein »Helfer und Bedürftige einschließendes sowie die einzelnen Menschen übergreifendes Werk, das der gesellschaftlichen und kulturell-sittlichen Erneuerung dienen (...) sollte« (*Wendt,* 1983; 194). Speziell auf die Sozialpädagogik richteten sich immer wieder hohe Erwartungen, sei es auf umfassende »Volkserziehung« im Sinne der sozialpädagogischen Bewegung der 20er Jahre (*Hafeneger,* 1992; 46) oder etwa, sehr viel später, auf eine »Antikapitalistische« Jugendarbeit: Diese, auch nicht eben bescheiden, zielte ab »auf die Mobilisierung subjektiver Potentiale, die die kapitalistische Klassengesellschaft durch kollektiv-organisierte Anstrengung aus den Angeln heben können« (*Lessing/Liebel,* 1974; 168).

Sozialarbeit/ Sozialpädagogik

Was die Anzahl Sozialer Berufe betrifft, so ist immerhin festzustellen, dass die langwierige Diskussion über das Verhältnis von Sozialarbeit und Sozialpädagogik (*Mühlum,* 1982; *Grohall* 1997; 127 ff.), den beiden wichtigsten Ausprägungen Sozialer Arbeit, für die Bundesrepublik nunmehr anscheinend abgeschlossen wird: Die beiden bisher noch vielfach getrennten Ausbildungsgänge scheinen sich überall zu vereinigen. Weiterhin können wir zwar noch zwischen Erziehern, Heilpädagogen, Diplompädagogen und anderen Sozialberufen mit speziellerem Zuschnitt unterscheiden; auf bewährte Berufsbezeichnungen möchten ohnehin viele, der eigenen Überzeugung von der Identität von Sozialarbeit und Sozialpädagogik eigentlich widersprechend, keineswegs verzichten; sie befürworten einen unschönen Doppeltitel (»Dipl.-Sozialarbeiter/-Sozialpädagoge«), der gerade nicht die Identität, sondern die Kumulation zweier differenter Qualifikationen signalisiert. Faktisch scheint jedoch die Identität von Sozialarbeit und Sozialpädagogik in Ausbildung und Beruf beschlossene Sache; konsequenter Weise ist daher im folgenden Text in der Regel ausschließlich von Sozialarbeit und Sozialarbeitern die Rede. Die Probleme mit der Namensgebung werfen im übrigen ein Blitzlicht auf einige Ungereimtheiten des Vereinigungsprozesses, aber sie ändern wenig an der Tendenz: Soziale Arbeit wird ein singulärer Beruf – und die zweite unserer beiden Eingangsfragen scheint pragmatisch beantwortet.

Institutionalisierung Sozialer Arbeit

Die erste Frage – Ist Soziale Arbeit überhaupt ein *Beruf*? – wird im Folgenden ebenfalls in einer pragmatischen Version behandelt, also nicht als Versuch einer Wesensbestimmung des Sozialen Berufes, und ebenso wenig in der Absicht, den Berufsstatus der Sozialen Arbeit wie eine Errungenschaft zu sichern: In dieser beschwörenden Version entstammt die gestellte Frage in der Tat einer »überflüssigen Diskussion« (*Lempp*, 1997) – kein Mensch bestreitet heute ernsthaft, dass Soziale Arbeit Beruf im landläufigen Sinne ist. Wir fragen lediglich: Lässt sich Soziale Arbeit (unter anderem auch) als Berufsrolle im engeren, soziologischen Sinne, vielleicht sogar als professionalisierte Berufstätigkeit verstehen? Was gewinnt sie, und welchen Nutzen hat es für Soziale Fachkräfte, wenn Soziale Arbeit – von ihnen selbst und von jedermann – als Beruf – und eben nicht als Job, als Modus der Selbstverwirklichung oder als politischer Auftrag – definiert wird? Hinter solchen Fragen steht die Vermutung, dass es nicht die unzureichende Funktionszuweisung und -abgrenzung ist, die im beruflichen Alltag Probleme erzeugt – die meisten Praktikerinnen und Praktiker kennen ihre Aufgaben und sind auch in der Lage, sie in größere Zusammenhänge einzuordnen. Defizite scheinen dagegen in der Institutionalisierung der Sozialen Tätigkeiten zu bestehen, wenn man unter Institutionalisierung eine »Generalisierung und Typisierung von gegenseitig aufeinander bezogenen und stark habitualisierten Handlungen« versteht, »so dass sich relativ konstante Handlungs- und Beziehungsmuster herausbilden« (*Fuchs* u.a., 1994; 302). Institutionalisierung in diesem Sinne generiert Selbstverständlichkeiten, auf die das Alltagshandeln angewiesen ist, soll es sich nicht immer von Neuem in Sinnfragen und Definitionsproblemen verfangen, und in der Arbeitswelt gründen solche Selbstverständlichkeiten ganz wesentlich auf der Institutionalisierung von Berufen.

In den Sozialen Arbeitsfeldern scheint nun in der Tat ein gewisser Nachholbedarf an beruflicher Institutionalisierung – später sprechen wir von »Verberuflichung« und »Professionalisierung« – zu bestehen, wie die folgenden Hinweise belegen könnten:

- Mehr als jeder andere Beruf bietet Soziale Arbeit unverändert Gelegenheit und Anlass für »Zeitdiagnosen« (*Thiersch/Grundwald*, 1995), »Funktionsbestimmungen« (*Merten,* 1997) und andere Standortmarkierungen aus der Sicht der einschlägigen Erziehungs- und Sozialwissenschaften. Diese Dynamik steht in merkwürdigem Gegensatz zum unerschütterlichen Gleichmut der sozialberuflichen Praxis, deren durchschnittliche Vertreterinnen und Vertreter in der Regel eigene, erfahrungsbasierte und oft zugleich wissenschaftskritische, wenn nicht theoriefeindliche »subjektive Selbstkonzepte« (*Grohall*, 1995; 15) entwickeln. Am Grundsatzdiskurs der Wissenschaftler scheinen sie weder beteiligt noch sonderlich interessiert zu sein. Nicht die permanente Bearbeitung von Sinn- und Wesensfragen, wohl auch nicht die Ausarbeitung einer ultimativen Theorie der Fürsorge oder der Sozialarbeit wird anscheinend von der Wissenschaft erwartet, sondern allenfalls die Ausbildung berufspraktisch kompetenter Sozialarbeiterinnen und Sozialarbeiter, eine Aufgabe, die den Anstrengungen der Funktions- und Sinnsuche in der Tat gelegentlich zum Opfer zu fallen scheint

Sinn- und Funktionssuche

- Die im Sozialwesen häufige Zusammenarbeit von ehrenamtlichen und hauptamtlichen Kräften, die Kombination von bezahlter und unbezahlter Sozialer Arbeit, beispielsweise in Selbsthilfegruppen oder in der Familienarbeit der freien Verbände der Wohlfahrtspflege (siehe dazu *Hegner*, 1986; 167), belastet die hauptberuflichen Kräfte mit Problemen der Legitimation, der inhaltlichen Abgrenzung und der Darstellung ihrer beruflichen Rolle und Kompetenz. Hilfe und Erziehung als Beruf und Erwerbsquelle sind offenbar nicht für jeden eine institutionelle Selbstverständlichkeit. Die Lösung auch dieses Problems dürfte weniger von scharfsinnigen begrifflichen Abgrenzungen zwischen hauptamtlicher und ehrenamtlicher Arbeit abhängen als vom Erfolg eines Normalisierungsprozesses, in welchem Grundsatzfragen dieser Art schlicht an Interesse verlieren. Denn selbstverständlich sind andere qualifizierte Berufstätigkeiten – zum Beispiel von Psychologen, Geistlichen, Lehrern – dem Alltagshandeln im Durchschnitt nicht weniger nah verwandt, als die beruflichen Verrichtungen der meisten Sozialarbeiterinnen und Sozialarbeiter. Dort handelt es sich jedoch um etablierte Berufe, und so wird die Frage nach der genauen Grenze zwischen beruflichem und Laienhandeln meistens gar nicht erst gestellt.

Ehrenamtliche Arbeit

- Die Enttäuschung von Erwartungen an Erfolg, Problemlösungsvermögen und Kollegialität erzeugt beim Eintritt ins Berufsleben häufig Konflikte und Schockerlebnisse (*Fürstenberg*, 1972). Insbesondere ein in der Ausbildung der Sozialen Berufe vorherrschendes Leitbild des dienstleistungsorientierten Helfens und Erziehens ohne repressive und kontrollierende Handlungsanteile lässt sich am Arbeitsplatz oft nicht einlösen und kann daher zu einem Praxisschock beim Berufsanfang, vor allem aber zu Plausibilitätsverlusten im Verlauf der beruflichen Karriere beitragen (*Blinkert*, 1976; *Gildemeister*, 1984; 254). Schließlich scheinen die helfenden Berufe, sei es aufgrund einer besonders labilen »Helfer-Persönlichkeit« ihrer

Praxisschock und Plausibilitätsverlust

Träger (vgl. *Schmidbauer*, 1977), sei es, weil für den dauernden und meist nicht »erfolgreichen« Umgang mit den Leiden und Defiziten von Menschen kein sinnvolles Handlungsmodell geboten wird, der Gefahr der beruflichen Erschöpfung (»Burnout-Syndrom«) mehr als andere zu unterliegen (vgl. dazu *Enzmann/Kleiber*, 1989; *Burisch*, 1989). Die Wirkungen des so genannten Praxisschocks bei Berufsanfängern, des Plausibilitätsverlustes im Hinblick auf den Sinn der eigenen Tätigkeit bei älteren Kollegen sind zwar in fast allen Berufsfeldern bekannt, gelten aber in der Sozialen Arbeit als besonders gravierend. Eine nachhaltiger institutionalisierte Berufsrolle könnte jene Distanz zum beruflichen Handeln sichern, die die Person vor Beschädigungen durch berufliche Erfahrungen schützt.

Akquisitorischer Aufwand im Sozialen Beruf

- Soziale Fachkräfte, in der Arbeitshierarchie selten autonom und meist nicht in Spitzenpositionen platziert, gewinnen oft den Eindruck, dass weniger die Adressaten der Sozialen Arbeit als vielmehr Kollegen, Vorgesetzte, Anstellungsträger sowie fremde Hilfs- und Erziehungsinstanzen die tägliche Arbeit erschweren. Ein Großteil der beruflichen Energien muss »akquisitorisch« investiert werden, das heißt vornehmlich zur Sicherung der Möglichkeiten und Voraussetzungen beruflicher Tätigkeit (Absicherung der eigenen Stelle, Pflege kollegialer und anderer, beruflich wichtiger Beziehungen, Sicherstellung personeller und materieller Ressourcen u.ä.). Wie viel einfacher wäre dies, könnte man auf fraglose Erfordernisse einer anerkannten Berufsrolle verweisen!

Verberuflichung und Professionalisierung Sozialer Arbeit sind keine Problemlösungen per se. Aber sie schaffen strukturelle Voraussetzungen, damit sich Menschen mit institutionell verbürgter Selbstverständlichkeit, das heißt wenigstens zeitweilig entlastet von Legitimations-, Abgrenzungs- und Darstellungszwängen, ihren beruflichen Aufgaben widmen können.

6.1 Berufliche Soziale Arbeit – Rolle und Funktion

6.1.1 Berufsrollen: Entlastung durch Standardisierung

Berufsbegriff

»Beruf«, definiert *Max Weber* (1964; 104), »soll jene Spezifizierung, Spezialisierung und Kombination von Leistungen einer Person heißen, welche für sie Grundlage einer kontinuierlichen Versorgungs- und Erwerbschance ist«. Eine solche Definition, die man noch um einige Aspekte erweitern könnte, lässt sich auch auf die Soziale Arbeit beziehen. Das geschieht hier allerdings nicht Form des Dekrets, der abschließenden Verleihung des Berufsprädikats, sondern eher im Sinne eines Hypothesenkataloges. Dann wäre der Berufsbegriff eine Sammlung sinnvoll aufeinander bezogener Fragestellungen, an deren Beantwortung sich der berufliche Charakter der Sozialen Arbeit, der erreichte Grad und die besondere Form ihrer Beruflichkeit klären und verdeutlichen lassen.

Idealtypus

Die von *Max Weber* entwickelten »soziologischen Grundbegriffe« (Herrschaft, Bürokratie, Beruf, soziales Handeln etc.) haben ausnahmslos diese Funktion erkenntnisleitender Hypothesen. Er nennt sie Idealtypen (vgl. Kap. 7.2.1), allerdings nicht, weil sie ein »Ideal« im Sinne des Guten und Wünschbaren verkörperten – auch wenn der Ausdruck »idealtypisch« in der Öffentlichkeit meist in diesem Sinne missverstanden wird; ebenso wenig ist eine idealistische Bestimmung des unveränderlichen, inneren Wesens der Berufe, der Bürokratie oder eines anderen sozialen Grundsachverhaltes – im Unterschied zur äußeren Erscheinung – gemeint; der Idealtyp ist vielmehr ein Begriff, der in der Perspektive einer Theorie ein Phänomen in seinen zentralen, miteinander zusammenhängenden Merkmalen und ohne Berücksichtigung spezieller und wechselnder Details darzustellen sucht. Erst durch diese Abstraktion auf den »reinen« Typus wird es möglich, konkrete Einzelfälle mit ihren jeweiligen Modifikationen und Abweichungen vom allgemeinen Typ sinnvoll zu beschreiben (vgl. dazu *Weber*, 1964; insbesondere S. 14). Soziologische Begriffsbildung hat insofern erkenntnispraktische Motive und folgt keineswegs einem scholastischen Klassifikations- und Systematisierungszwang oder einer Leidenschaft für spitzfindige Definitionen.

a) Beruf als soziale Rolle

Soziale Rolle

Nicht im Widerspruch zum *Weber*'schen Berufsbegriff, aber doch im Sinne einer Erweiterung des Blickwinkels betrachten wir den Beruf als soziale Position und Rolle (vgl. *Lüscher*, 1968; 19). In der Sprache der soziologischen Rollentheorie gewinnt man durch den Beruf eine soziale Position (unter mehreren) im Sinne eines überdauernden und festdefinierten Platzes im Gefüge der gesellschaftlichen Beziehungen, auf die sich mehr oder weniger spezifische, normativ begründete »Verhaltenserwartungen« von Seiten verschiedener »Rollenpartner« richten. Die Gesamtheit dieser Erwartungen, ein sicherlich sehr komplexes, teilweise widersprüchliches und oft nur wenig transparentes Forderungsbündel, wird bekanntlich in der Soziologie »soziale Rolle« genannt (vgl. Kap. 1.2.2.5). Alle sozialen Erwartungen, denen jemand typischerweise in seinem Beruf unterworfen ist, machen demnach die Berufsrolle aus.

Da der Rollenbegriff (vgl. Kap. 1.2.2.5) und der Ausdruck »soziale Rolle« längst Allgemeingut, Teil des Alltagsdenkens und der Alltagskommunikation, geworden sind, müssen wir das Konzept gleichsam in die Soziologie zurückholen und uns bewusst machen, dass es ursprünglich etwas sehr Spezifisches, keineswegs Selbstverständliches meint. Weder lässt sich jedem Individualmerkmal umstandslos eine Rolle zuordnen, noch schließt das Rollenkonzept andere Betrachtungsweisen aus.

Der Rollenbetrachtung entziehen sich insbesondere

Grenzen des Rollenkonzepts
Rollendefizite

1. Merkmale, an die sich keine standardisierten, sozialen Erwartungen heften: »Musikliebhaber«, »Linkshänder«, »brünett«, »intelligent«, »leistungsmotiviert«, »Alkoholiker«. Im Sozialwesen trifft dies etwa auf die Pflegeeltern zu, deren notorische Rollenunsicherheiten und Rollendefizite (vgl. *Blandow*, 1972 *Biermann*, 1986) häufig eine Suche nach passenden Rollenvorbildern – »leibliche Eltern«, »professionelle Erzieher«, »ehrenamtliche Helfer« u.ä. – auslösen. Fachkräfte der Sozialen Arbeit

mögen in einer vergleichbaren Situation dazu neigen, sich die Rollen von Psychologen, Medizinern, Juristen, Marketingfachleuten oder ähnlich anerkannten, insgeheim wohl auch bewunderten Berufen ihres Arbeitsfeldes zum Vorbild zu nehmen, was man an einem nicht authentischen Habitus, Auftreten und Sprachgebrauch schnell erkennt;

Diffuse Erwartungen

2. sehr allgemein umschriebene Positionen, mit denen nur diffuse soziale Erwartungen verbunden sind, beispielsweise »Westeuropäer« oder »Erwerbsperson«. Sind die typischen Verhaltenserwartungen an »Sozialarbeiterinnen« oder »Sozialpädagogen« präziser? Oder müssen sie sich, um in den Genuss einer beruflichen Rolle zu gelangen, nach konkreteren Angeboten umsehen – Jugendamtsmitarbeiter, Altenpfleger, Heimerzieher? Interessant ist, dass umgekehrt auch allzu eng eingegrenzte Positionen – »65Jähriger«, »Hauptschullehrer«, »Heimerzieher in Außenwohngruppen« – mit ihrem speziellen Zuschnitt kein hinreichendes Fundament für eine soziale Rolle bieten – die Betroffenen müssen Anschluss an eine breiter definierte Rollenkategorie suchen: Heimerzieher, Erzieher, Sozialpädagogen;

Zurückweisung von Rollenerwartungen

3. Merkmale, die die Gesamtpersönlichkeit prägen, und die mehr oder weniger ausdrücklich mit einer Zurückweisung sozialer Erwartungen verbunden sind: Genies und Verbrecher, Originale und Charismatiker, Heilige und Helfer aus persönlicher Berufung folgen in der Regel nicht – oder zumindest nicht bewusst und freiwillig – den standardisierten Verpflichtungen einer sozialen Rolle. Könnte es sein, dass das Sozialwesen in besonderer Weise gerade solche Menschen anzieht, die in ihrem Beruf der Durchschnittlichkeit und Konventionalität sozialer Rollen entgehen wollen? Dann wäre das Rollenmodell in der Tat kaum passend, erfasst es doch Hilfe und Erziehung gerade nicht als persönlichen Auftrag und verliehenes Talent, sondern als Handeln nach generellen Erwartungen; nicht Tugend und Moral schlechthin bilden die Grundlage dieses Handelns, sondern die bescheideneren Mindestnormen beruflicher Zuverlässigkeit und Seriosität; vor allem aber werden sozialberufliche Verhaltensweisen nicht als existenzielle Äußerungen einer Helfer- oder Erzieherpersönlichkeit, sondern eben als Handeln nach gesellschaftlichen Vorgaben angesehen, das von der dahinterstehenden Person gelegentlich mehr verbirgt als offenbart.

Nutzen der Rollen-Perspektive

So gibt es verschiedene Gründe, Soziale Arbeit nicht unbesehen mit einer beruflichen Rolle gleichzusetzen. Was gewinnt sie aber mit dem Rollenkonzept und welche Gründe sprechen für eine stärkere Verfestigung des sozialarbeiterischen Handeln in einer standardisierten Rolle?

Identitätsbildung/ Rollentrennung

Dass soziale Rollen nicht nur Status verleihen, sondern auch Beziehungen ordnen, eigenes Handeln planbar, fremde Reaktionen kalkulierbar machen, dass sie eine Reflexion persönlichen Verhaltens ermöglichen – soweit Reflexion Selbsteinschätzung vor dem Hintergrund objektivierter Fremderwartungen und nicht meditatives Sinnieren meint – und auf diese Weise zu einem wichtigen Medium der Identitätsbildung werden, dass sie, um es zusammenzufassen, eine ideale Brücke von der konkreten Singularität der Person zur abstrakten Universalität gesamtgesellschaftlicher Strukturen schlagen, ist bereits an anderen Stellen dieser soziologischen Einführung zur Sprache gekommen. Erst definierte soziale Rollen ermöglichen auch eine Rollentrennung, also den entlastenden, zeitweiligen Rückzug aus dem Arbeitsbereich etwa in einen von beruflichem Stress nicht tangierten familialen Lebenskreis – wobei oft auch der umgekehrte Weg als stressmindernd erlebt werden mag. Statt dieser häufig erwähnten, gleichsam sozialhygienischen Vorteile einer separaten Berufsrolle sollen an dieser Stelle jedoch die entlastenden Wirkungen der Berufsrolle für das berufliche Handeln selbst hervorgehoben werden – wobei Entlastung nicht einfach als Steigerung des Berufskomforts, sondern auch als Beitrag zur beruflichen Tüchtigkeit und Wirksamkeit der Fachkräfte gesehen werden sollte.

Rollendistanz im Arbeitsalltag

Ohne soziale Rollen gibt es keine Rollendistanz (vgl. oben 2.1.3.4. c): Das Bewusstsein, dass die eigenen Neigungen, Meinungen und Motive mit den generellen Attributen der Berufsrolle nie ganz zur Deckung kommen können und brauchen, kurz: die Akzeptanz von Rollenambivalenzen bietet im Arbeitsalltag eine Möglichkeit des zeitweiligen, dosierten, vielleicht nur inneren Rückzugs aus dieser Rolle, ohne aber gänzlich inaktiv zu werden oder aus dem Felde zu gehen. Insbesondere in kleineren oder größeren beruflichen Krisen, wo man persönlich keinen Ausweg aus einer konflikthaft zugespitzten Situation sähe, wo Mitgefühl oder auch Ressentiment das persönliche Verhalten gegenüber einem Adressaten oder Kollegen bestimmen oder wo die persönliche Überzeugung vom geringen Erfolg beruflicher Aktionen das Handeln lähmen würden, die Helferpersönlichkeit also ungeschützt und hilflos wäre, bietet sich die Berufsrolle als Verhaltensstütze an, die das berufliches Handeln über Krisen hinweg aufrechterhalten und stabilisieren könnte.

Entlastung von Erfolgsdruck

Einmal als solche akzeptiert, entlastet sie mit ihren Routinen und Rezepten den Einzelnen von der unlösbaren Aufgabe, für jede Frage seines Berufsfeldes eine persönlich befriedigende Antwort, für jedes Problem eine überzeugende Lösung und in jedem Konflikt eine Position auf der richtigen Seite zu finden. So gibt es für das Hilfeplangespräch im Rahmen der Planung erzieherischer Hilfen gemäß § 36 KJHG, einen kleinen, aber hochbrisanten Ausschnitt aus dem sozialarbeiterischen Tätigkeitsspektrum, Verhaltensvorschriften und Durchführungsbestimmungen (z.B. LJA *Westfalen-Lippe*, 1993) die den Part aller Beteiligten im Sinne von Rollenbeschreibungen modellieren, und an denen man die legitimierende Funktion geregelter Verfahrensweisen (*Merchel*, 1998) und die entlastende Wirkung standardisierter Rollenerwartungen ebenso demonstrieren kann, wie die problematischen Folgen, die unpräzise und unrealistische Rollendefinitionen haben können (*Biermann*, 1998).

Parteilichkeit als Rollenattribut

Aber auch gegenüber Beziehungspartnern – Kollegen, Adressaten, Vorgesetzten – lässt sich das berufliche Handeln häufig besser vertreten, wenn es ihnen als eine Umsetzung gegebener Rollenerwartungen präsentiert und plausibel gemacht wird – und nicht als Dokument persönlicher Überzeugungen und Einstellungen. Wo etwa Fachkräfte der Sozialen Arbeit im Rahmen ihres Arbeitsauftrages vor allem Grenzen zu setzen und Kontrolle auszuüben haben – in der Arbeit mit Strafgefangenen, in der Gerichts- und in der Bewährungshilfe, in der Heimerziehung und in vielen anderen Arbeitsfeldern – oder wo sie – beispielsweise als Behindertenbeauftragte oder auch als »Anwalt des Kindes« nach dem neuen Kindschaftsrecht – spezifische, auch gegen andere gerichtete Interessen zu vertreten haben, können sie mit dem Hinweis auf ihre Rollenverpflichtungen im Grenzfall sogar bei nachteilig Betroffenen und Gegnern im Interessenkonflikt eine pragmatische Akzeptanz erreichen. Auch die häufig geforderte »Parteilichkeit« Sozialer Arbeit (*Böllert*, 1996; *Kavemann*, 1997) vermag kaum zu beeindrucken, wenn sie sich in erster Linie als persönliche Haltung, normativer Appell und als Versprechen darstellt, bedingungslos für eine Klientel einzustehen. Man fragt sich schlicht, aus welchem besonderen Grund die Klienten, warum die Öffentlichkeit solchen Beteuerungen feministisch oder anders engagierter Fachkräfte eigentlich vertrauen sollten. Gelingt es dagegen, Parteilichkeit als Attribut einer anerkannten Rolle zu institutionalisieren, wie man dies etwa beim Strafverteidiger kennt, und wie es auch in Sozialen Berufsfunktionen wie den eben genannten denkbar wäre, stellt sich die Glaubwürdigkeitsfrage oft erst gar nicht. Es ist die allgemeine Akzeptanz der etablierten Berufsrolle, die ihre Träger von immer neuen Rechtfertigungen und Vertrauensbeweisen entlastet (*Biermann*, 1999).

b) Berufsrollen und gesellschaftliche Arbeitsteilung

Berufe als gesellschaftliche Funktionen

Solche und andere berufspraktischen Vorteile von Berufsrollen wird geringer einschätzen, wer in ihnen nicht das Identifikationsangebot und die entlastende Handlungsvorlage, sondern eher Fremdbestimmung und Zwänge zur Unterordnung unter die Erwartungen des Marktes und die Funktionserfordernisse der gesellschaftlichen Arbeitsteilung erkennt. Das entspricht auch der Perspektive des klassischen soziologischen Funktionalismus – eines theoretischen Ansatzes (vgl. Kasten 2 in der Übersicht S. 33/34), der gesellschaftliche Erscheinungen in erster Linie auf ihren Beitrag zur Erreichung von Zielen des Sozialsystems hin befragt und analysiert. Hier repräsentieren Berufspositionen unmittelbar die gesellschaftliche Arbeitsteilung (siehe dazu *Bolte/Beck/Brater*, 1983; 62 ff.): Die Aufgaben, die in einem Gemeinwesen bearbeitet und gelöst werden müssen, werden nach mehr oder weniger rationalen Kriterien in Teilleistungen gegliedert und damit zur Spezialität verschiedener Berufe. Eine stark arbeitsteilige Gesellschaft weist folgerichtig mehr Berufe auf als eine weniger differenzierte (vgl. *Daheim*, 1967; 45); Berufe sind gesellschaftlich vorgegebene, unpersönliche Phänomene.

Berufe als eigenes System

Ohne diese Zusammenhänge zu leugnen, zögern heute jedoch viele Berufssoziologen, das System der gesellschaftlichen Arbeitsteilung unbesehen mit dem Berufssystem gleichzusetzen. Berufsrollen haben ihre eigene, von der Person und nicht allein vom sozialen Wandel angetriebene Dynamik:

Erwerbslose nicht berufslos

- Auch wer dauernd oder zeitweilig aus dem System der gesellschaftlichen Arbeitsteilung ausscheidet, behält bekanntlich seine Berufsrolle: Der arbeitslose Mediziner wird nicht zögern, sich zum Arztberuf zu bekennen, der Jurist unterliegt auch als Pensionär berufstypischen Erwartungen, die mit familialen Aufgaben ausgelastete Psychologin bleibt Psychologin, selbst wenn sie nie, wie man dies ausdrückt, »in ihren Beruf zurückkehren« würde – und so wird der Beruf, wie das ihm zugrundeliegende Diplom, oft zum lebenslangen, persönlichen Besitzstand. Nur in dieser persönlichen Bedeutung, und nicht lediglich als abstraktes Attribut einer spezifischen Position und Funktion im sozialen Leistungsgefüge, kann die Berufsrolle für viele Kristallisationskern ihrer Identität werden. Dies gilt verstärkt in Gesellschaften, in denen Arbeitsplätze zunehmend unsicher und oft von vornherein zeitlich begrenzt werden, wo also nicht alle Menschen dauerhafte, identitätsstiftende Bindungen an eine bestimmte Arbeitsorganisation entwickeln können. Hier kann man mit einem weiteren Bedeutungszuwachs der Berufsrollen rechnen.

Berufe ohne Beschäftigung

- Fragt man nach der gesellschaftlichen Akzeptanz, so sind nicht alle Berufe gesellschaftlich mit gleicher Dringlichkeit erwünscht und gefordert. So war die Beschäftigung von Diplom-Soziologen – ein in den späten sechziger Jahren entstandener Beruf – zeitweilig außerordentlich schwierig, und im Raster der gesellschaftlichen Arbeitsteilung war den Tätigkeiten von Soziologen eigentlich kein eigener Platz eingeräumt. Dennoch gab es den Beruf – und nach einiger Zeit auch Beschäftigungsmöglichkeiten für seine Mitglieder. Solche Brüche zwischen Berufs- und Beschäftigungsstruktur wären unter funktionalistischem Vorzeichen gar nicht möglich »Wieso und warum derartige Friktionen am Arbeitsmarkt auftreten können«, »was an Berufen (...) deren ›automatische‹ Anpassung an die veränderten Anforderungen des gesellschaftlichen Arbeits- und Problemlösungsprozesses« verhindert (*Beck/Brater*, 1977; 12) – dies bleibt verborgen, wenn man nicht zunächst zwischen Berufssystem und Arbeitswelt unterscheidet.

Funktionale Domänen

- Das Beispiel der Diplom-Soziologen zeigt, dass gesellschaftliche Arbeitsteilung keineswegs ausschließlich durch technische Zwänge, Rationalitätskriterien und Effektivitätsmotive gesteuert wird (vgl. *Bolte/Beck/Brater*, 1983; 65). Offenbar sind auch die Berufe selbst imstande, sich im arbeitsteiligen System eine »funktionale Domäne« zu erkämpfen, in deren Schutz sie ihr Leistungsangebot kultivieren können. So wird beispielsweise niemand ernsthaft behaupten, der Erfolg der therapeutischen Berufe in den letzten Jahren sei ausschließlich auf einen gewachsenen Therapiebedarf zurückzuführen und nicht auch auf die Bemühungen der betreffenden Berufsgruppen selbst, die Gesellschaft auf eine therapeutische Bearbeitung ihrer Persönlichkeits- und Beziehungsprobleme einzustimmen. Auch Sozialarbeiter müssen in verschiedenen Arbeitsfeldern, zum Beispiel in Krankenhäusern oder in Industriebetrieben, ihren Beruf erst noch in konkrete Arbeitsaufgaben umsetzen. So stehen vor der eigentlichen Berufstätigkeit oft langwierige Prozesse der Ressortabsteckung und der »Rollenwerbung« (*Bock-Rosenthal/Brücker/Doehlemann*, 1981; 167).

Beruf als standardisiertes Muster von Fähigkeiten

Entwicklung und Zustand des Berufssystems einer Gesellschaft folgen also keineswegs mechanisch den technischen und ökonomischen Gesetzen der Arbeitsteilung. Um dies nicht zu übersehen, wird man die »Leistungen einer Person« im Sinne des Weber'schen Berufsbegriffs nicht einfach mit den an einem bestimmten Arbeitsplatz geforderten Verrichtungen gleichsetzen, sondern sie zunächst unabhängig davon definieren: als Muster von Fähigkeiten, das über die Berufsposition und -rolle an eine Person gebunden ist, mit dem sich diese, wie mit jeder sozialen Rolle, identifiziert und aktiv auseinandersetzt, und für dessen Entwicklung und Zusammensetzung oft »gar nicht technisch-funktionelle, sondern (...) persönliche und soziale Interessenstandpunkte ausschlaggebend sind« (*Brater*, 1983; 60). Auch als Leistungspotential und Qualifikationsmuster von Einzelnen verkörpert der Beruf als »objektivierte Fähigkeitsschablone« (*Brater*, 1983; 57) standardisierte soziale Erwartungen, die sich mit individuellen Neigungen und Eignungen nicht decken müssen. Diesen Doppelaspekt von individuellem Besitz und gesellschaftlicher Normierung betont die soziologische Rollentheorie.

6.1.2 Das sozialarbeiterische Handlungsfeld

a) Bezugsinstanzen und Erwartungsträger

Die sozialen Erwartungen, die in ihrer Gesamtheit eine soziale Rolle ausmachen, sind standardisiert und institutionell verselbständigt. Hinter ihnen stehen nicht Einzelpersonen, die zufällig in Kontakt mit dem Rolleninhaber treten, sondern gesellschaftliche Instanzen mit typischen Erwartungslagen, die ihren Interessen Nachdruck verleihen können (vgl. Kap. 7.6.1). So kann man auch das berufliche Handlungsfeld von Sozialarbeitern nach sozialen Bezugsinstanzen ordnen. Die Anzahl solcher Instanzen hängt weitgehend von der Differenziertheit der Beobachtung ab. Hier sollen in einer sehr vereinfachenden Betrachtung zunächst nur drei Bereiche unterschieden werden:

Anstellungsträger

- *Arbeitsorganisationen des Sozialwesens*: Örtliche und überörtliche Träger der Sozial- und Jugendhilfe, Verbände und Vereine, Firmen, Behörden, Dienststellen und sonstige Einrichtungen, in denen Sozialarbeiter beruflich tätig sind, sowie deren Zusammenschlüsse (Spitzenverbände, Bundesvereinigungen u.ä.). Dass die aufgeführten Beispiele teilweise auf verschiedenen organisatorischen Niveaus und unterschiedlichen Ebenen der Klientennähe angesiedelt sind (Dienststellen, Behörden, Spitzenverbände), kennzeichnet nur die beträchtliche Differenziertheit des Bereichs. Die Zusammenfassung dieser Vielfalt unter einem gemeinsamen Etikett rechtfertigt sich durch die Annahme, dass die Zielvorstellungen der Einrichtungen und damit die Erwartungen, die aus dieser Richtung auf die sozialen Fachkräfte zukommen, sich in vielerlei Weise gleichen: Loyalität im Hinblick auf die Werte und Ziele der Arbeitsorganisation, hohe Arbeitsleistung im Sinne der organisationseigenen Effizienzkriterien, Beachtung gesetzlicher und administrativer Vorschriften und deren Durchsetzung gegenüber der Klientel, extrafunktionale Qualitäten wie Zuverlässigkeit, Ehrlichkeit, Pünktlichkeit, Sparsamkeit und sogenannte Schlüsselqualifikationen oder Soft Skills (Team-, Kommunikationsfähigkeit u.ä.).

Professionalisierungs-agenturen

- *Sozialberuflichen Professionalisierungsagenturen*: Einrichtungen und Vereinigungen, die sich vornehmlich der fachlichen Aus- und Weiterbildung von Sozialarbeitern widmen, beispielsweise Berufsverbände, Fachhochschulen und Berufsakademien, Forschungsinstitute, trägerunabhängige Weiterbildungseinrichtungen. Auch hier rechtfertigt sich die klassifikatorische Zusammenfassung des sehr heterogenen Bereichs durch die Unterstellung ähnlicher Interessenlagen: Produktion und Verbreitung wissenschaftlich fundierten beruflichen Wissens und fachlicher Gütemaßstäbe des beruflichen Handelns, Stärkung der fachlichen und normativen Autonomie der Mitglieder der Berufsgruppe u.ä.

- *Adressaten der Sozialen Arbeit*: Dies sind Einzelpersonen – ein alleinstehender, wohnungsloser Mann, eine drogenabhängige Minderjährige – oder soziale Gruppen wie desorganisierte Familien, konfliktbelastete Lebensgemeinschaften, therapeutische und Selbsthilfegruppen u.ä. Die Interessen von Adressaten Sozialer Arbeit können insofern mit aller Vorsicht als homogen bezeichnet werden, als in der Regel aus einer ökonomischen, sozialen, erzieherischen oder psychischen Notlage heraus eine Hilfe als Dienstleistung erwartet wird, deren Form und Umfang die Adressaten selbst bestimmen wollen, ohne dass mit der Hilfe soziale Kontrolle verbunden wäre. In vielen Fällen, insbesondere im Bereich der Sozialen Arbeit mit devianten Personen, dürften sich die Interessen der Adressaten schlechthin auf möglichst weitgehende Befreiung von sozialarbeiterischer Betreuung und Aufsicht reduzieren.

Adressaten

Die Grenzen der hier beschriebenen Bereiche sind oft unscharf und unterliegen der alltagspraktischen Definition: Sind die Eltern der drogenabhängigen Minderjährigen, die Kinder des obdachlosen Mannes Adressaten der Sozialen Arbeit? Sind neben dem Pflegekind auch die Pflegeeltern Klienten des Pflegekinderdienstes des Jugendamtes – oder sollte man sie eher als Partner bei den beruflichen Hilfebemühungen betrachten? Werden vielleicht auch ehrenamtliche Mitarbeiter, Mitglieder von Selbsthilfegruppen, Verwandte und Nachbarn einer »Problemfamilie« von den Fachkräften der Sozialen Arbeit wie Klienten wahrgenommen (und welche Konsequenzen hat dies für eine mögliche Kooperation)? Ähnliche Probleme der definitorischen Abgrenzung lassen sich für die beiden anderen Bereiche nachweisen.

b) Rollenkonflikte in der Sozialen Arbeit

Solche Unschärfen sind zu beachten, wenn man sich den Rollenkonflikten einer Berufsposition zuwendet, deren Inhaber gleichsam im Brennpunkt der Erwartungen der verschiedenen Instanzen agieren. Eine verbreitete Auffassung sieht die Sozialarbeiter in einem Feld widerstreitender Interessen handeln und verleiht ihnen gleichsam einen Platz zwischen allen Stühlen. Der Konflikt wäre danach nicht kritische Ausnahmesituation, sondern normaler Bestandteil ihres beruflichen Alltags. In soziologischer Betrachtung sind solche Spannungen nicht so sehr selbsterzeugt, biografisch bedingt und persönlichkeitsgebunden, als vielmehr mit den institutionellen Bedingungen des beruflichen Handlungsfeldes gegeben.

Rollenkonflikt als Modell

Vor der Erörterung von Interessenkonflikten ist zweierlei hervorzuheben: Erstens ist bei allen Konfliktanalysen ihr hypothetischer und relativer

Charakter zu beachten. Die Instanzen des Sozialwesens haben zunächst einmal ein *gemeinsames* Ziel, mit Hilfe und Erziehung zwar vage, aber doch unmissverständlich umrissen. Alle Konflikte entfalten sich gleichsam im integrierenden Rahmen dieser gemeinsamen Zielsetzung. Außerdem sind gerade in diesem Bereich Tatsachenbehauptungen oft vorschnell, da Interessenkonflikte zwar aus der jeweiligen Position der Partner sehr schlüssig gefolgert, aber doch nur im Ausnahmefall empirisch belegt werden können. So bleibt es beim hypothetischen Modell, das zu Fragen anregen soll.

»Klienteninteresse« als Abstraktion

Zweitens ist vor unzulässiger Pauschalisierung zu warnen. Natürlich ist es einfacher, und für bestimmte Fragestellungen auch erlaubt, an Stelle feinerer Differenzierungen beispielsweise »die« Anstellungsträger »den« Professionalisierungsagenturen im Sozialwesen gegenüberzustellen. Diese geläufige Darstellung darf aber nicht verdecken, dass jeder der drei Bereiche in sich hochdifferenziert und vor allem auch von Interessenkonflikten durchsetzt ist. So muss sich die Soziale Arbeit mit einer Gruppe von Jugendlichen, von obdachlosen Männern oder in einer Familie zu einem großen Teil mit Spannungen *zwischen* den Adressaten befassen, ist sogar oft erst durch diese veranlasst und erlaubt es den Fachkräften daher eigentlich nicht, sich als Anwalt eines abstrakten »Klienteninteresses« zu verstehen.

Konkurrenz der Berufe

Es gibt die Konkurrenz zwischen verschiedenen Fächern, Ausbildungsgängen und Berufsgruppen des Sozialwesens, wie sie bei jeder Studienreform jeder Änderung von Ausbildungs- und Prüfungsordnungen in Rechnung zu stellen ist, den Kampf um Anteile am Weiterbildungsmarkt oder die Mehrzahl bestehender Berufsverbände. Das Gegeneinander von wissenschaftlichem Gutachten und Gegengutachten (siehe dazu *Hartmann/Hartmann*, 1982; 208), im Sozialwesen beispielsweise bei Sorgerechtsstreitigkeiten nicht selten, bietet gleichfalls Einblicke in Verwerfungen im Bereich der Professionalisierungsagenturen und diskreditiert die Wissenschaft in der Öffentlichkeit.

Trägerkonflike

Ebenso scheinen die Interessen im Bereich der Anstellungsträger zu divergieren, wo Ämter und Dienststellen untereinander, Behörden mit Freien Verbänden und deren Einrichtungen, unterschiedliche soziale Dienste verschiedener freier Träger oft mehr schlecht als recht kooperieren, oft aber auch in handfestem Wettbewerb um die Klientel stehen. Das Subsidiaritätsprinzip der christlichen Soziallehre – danach soll, was kleinere, vorgeordnete, alltagsnahe Beziehungen und Gruppen von sich aus leisten können (Familie, Nachbarschaft, Selbsthilfe, freiverbandliche Arbeit), nicht von nach- oder übergeordneten Instanzen (Bürokratie und Staat) übernommen werden (vgl. *Frank*, 1992; 89) – ist als regulative Norm in solchen Konflikten wohl meistens überfordert (siehe dazu auch Kap. 7.5.3)

Behalten wir die internen Differenzierungen im Gedächtnis, so können wir nun zu dem einfacheren Bild des durch drei Hauptinstanzen strukturierten Handlungsfeldes Sozialwesen zurückkehren. Sozialarbeiter sind jeder der drei Instanzen, wenn auch nicht immer durch formelle Mitgliedschaft, so durch subjektive Zugehörigkeit und normative Orientierung, verpflichtet.

Soziale Arbeit als Berufsrolle: Handlungsfeld und Rollenkonflikte

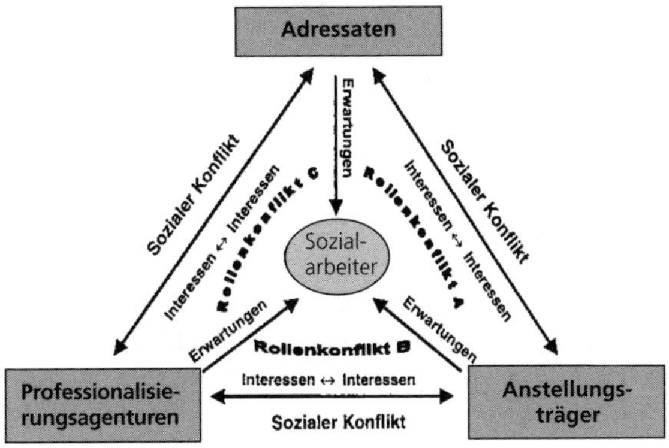

Soziale Konflike – Rollenkonflikte

So werden in der Position des Sozialarbeiters ursprünglich soziale Konflikte – strukturell vorgegebene Interessengegensätze zwischen gesellschaftlichen Instanzen des Handlungsfeldes – in Rollenkonflikte – widersprüchliche Verhaltenserwartungen, denen sich jemand in einer bestimmten Position ausgesetzt sieht – transformiert. Im vorgestellten Schema erkennt man dies an der »Umleitung« der direkten Pfeilverbindungen zwischen den drei Hauptinstanzen über die Position des Sozialarbeiters, wobei aus Interessenkonflikten Erwartungsdissonanzen, d.h. Rollenkonflikte werden. Je heftiger die Spannungen zwischen den gesellschaftlichen Instanzen (Arbeitsorganisationen, Professionalisierungsagenturen, Klientel), um so zermürbender auch die Rollenkonflikte jener Personen, die in ihrer Position allen Instanzen gleichzeitig verpflichtet sind. Die einzelnen Konfliktlagen lassen sich in folgender Weise differenzieren.

»Doppeltes Mandat«

- Arbeitsorganisation – Klientel (Grafik: Rollenkonflikt A). Zwischen diese Bezugsinstanzen platziert und beiden verpflichtet, erfahren sich Sozialarbeiter als Träger eines »doppelten Mandats« – eines Arbeitsauftrages also von Seiten ihrer Anstellungsträger und anderslautender Erwartungen ihrer Klientel. In einem bereits klassischen Text heißt es: »Das ›doppelte Mandat‹ des Sozialarbeiters (...) kann (...) als ein zentrales Strukturmerkmal seiner spezifischen sozialen Dienstleistungsfunktion verstanden werden. In dieser ist der Sozialarbeiter angehalten, ein stets gefährdetes Gleichgewicht zwischen den Rechtsansprüchen, Bedürfnissen und Interessen des Klienten einerseits und den jeweils verfolgten sozialen Kontrollinteressen seitens öffentlicher Steuerungsagenturen andererseits aufrechtzuerhalten« (*Böhnisch/Lösch*, 1972; 28).

Experten in Organisationen

- Anstellungsträger – Professionalisierungsagenturen (Rollenkonflikt B): Die Interessen der Verbände und Behörden im Sozialwesen einerseits – etwa an anwendungsbezogen ausgebildeten und vielseitig verwendbaren Fachkräften – der Ausbildungsinstitutionen andererseits – zum Beispiel an der Vermittlung spezialisierter und wissenschaftlich fundierter

Qualifikation – können miteinander in Widerspruch geraten (vgl. dazu *Bock*, 1995; 47). Für den Sozialarbeiter in der Arbeitsorganisation können daraus Erwartungskonflikte resultieren, etwa zwischen der professionell verinnerlichten Erwartung auf Teilnahme an Fort- und Weiterbildungsmaßnahmen und Fachkongressen, entgegengesetzten Ansprüchen der Arbeitsstelle auf das gesamte berufliche Zeitbudget ihrer Mitarbeiter. Verallgemeinert finden wir hier eine Vielzahl von Loyalitätskonflikten, denen gerade Experten in formalen Organisationen ausgesetzt sind: Die Orientierung an den universellen Werten und Normen der Fachgemeinschaft kollidiert mit den Zielen und Leitbildern der Arbeitsorganisation, die ihren partikulären Vorstellungen durch Vermittlung einer »Corporate Identity« Nachdruck zu verleihen sucht (vgl. Kap. 7.6.3).

Professionelle Abhängigkeit von Klienten

- Professionalisierungsagenturen – Klientel (Rollenkonflikt C): Der Interessengegensatz zwischen diesen Instanzen des Handlungsfeldes ist oft zugunsten einer etwas einseitigen Konzentration auf das Drama des Doppelten Mandates (Rollenkonflikt A) übersehen worden. Wenn professionalisierte Fachkräfte ihre Klientel vor Ansprüchen der Anstellungsträger in Schutz nehmen, können die Klienten durchaus in eine andere, nunmehr professionelle Abhängigkeit geraten; zu Unrecht »ist in den klassischen Studien zu den Diskrepanzen und Konflikten zwischen bürokratischen und professionellen Orientierungen ein Voranschreiten auf dem Weg zur Professionalisierung immer mit vermehrter Hilfe und verbesserter Orientierung an den Bedürfnissen und Interessen der Klientelgruppen gleichgesetzt worden« (*Olk*, 1986; 116). So dürften sich die Erwartungen der Klientel oft eher auf umgehende Lösung eines Problems gemäß den eigenen Vorstellungen, seltener aber auf den methodischen, pädagogischen oder gar therapeutischen Aufwand richten, mit denen Sozialarbeiter in Befolgung professioneller Rollenerwartungen an ihre Arbeit gehen.

Bearbeitung von Rollenkonflikten

Sieht man Sozialarbeiter in dieser Position eines dreifachen Rollenkonfliktes hinsichtlich der Erwartungen von Klientel, Arbeitsorganisation und Professionalisierungsagenturen, sollte man zur Vermeidung des Eindruckes einer durchgängigen Berufsmisere den hypothetischen Charakter des Modells in Erinnerung behalten. Wo sich aus dem Handlungsfeld der Sozialen Berufe heraus Konflikte ergeben, lassen sie sich zwar meistens unter das vorgestellte Modell subsumieren; wie häufig und wie belastend sie sind, verrät uns das Modell hingegen nicht. Vor allem zeigt es nicht, wie Fachkräfte sich im beruflichen Alltag gegen die Wahrnehmung von Erwartungskonflikten zu immunisieren pflegen (*Blinkert*, 1976; 116) und welche alltäglichen Taktiken des Umgangs mit als widersprüchlich erkannten Rollenerwartungen ihnen zu Gebote stehen (Vgl. Kap. 7.6.1). Dazu gehören etwa die Delegation von Teilen eines unvereinbaren Erwartungsmusters an andere Positionen, die gegenseitige Abschottung der Beziehungen mit konfligierenden Rollenpartnern, das Ausspielen der Bezugspartner gegeneinander, die Suche nach neuen, weniger konfliktträchtigen Bezugsinstanzen u.a. (*Goode*, 1967a; *Merton*, 1967).

Grundlegende Zweifel am Sinn der beruflichen Tätigkeit können die hier erörterten Konfliktlagen ohnehin schwerlich begründen, wenn Soziale Arbeit, wie jeder Beruf, nicht nur als beliebige soziale Rolle, sondern als wichtige Quelle der Identitätsbildung, als Medium der sozialen Integration und unverzichtbare Grundlage persönlicher Erfahrungsbildung erlebt wird.

6.1.3 Menschen und ihr Beruf

Vielfältige Bedeutung des Berufs

Reduziert auf eine soziale Rolle (unter mehreren), hat der Beruf gleichwohl beträchtlichen Einfluss auf das Selbstverständnis, die Einstellungen und Orientierungen und das persönliche Wohlbefinden der Menschen: »Auch in dieser teilhaften Bedeutung des Berufs für das menschliche Leben ist die Berufstätigkeit immer noch der wichtigste Faktor für die soziale Bestimmung des menschlichen Lebens in unserer Kultur« (*Schelsky*, 1972; 27). Man erhofft sich von ihm nicht allein die Entfaltung persönlicher Fähigkeiten und ein angemessenes Arbeitseinkommen. In einer vor allem von den audiovisuellen Medien gestalteten Erfahrungswelt zweiter Hand liefert das berufliche Handeln vielmehr auch, wie bereits *Schelsky* sehr zivilisationskritisch herausstellte, »die einzige ›Primärerfahrung‹, die (...) heute noch von der größeren sozialen Umwelt zur Verfügung steht« und bildet »den eigentlichen Realitätsbereich des modernen Menschen«, wo ihm (noch) kompetente Einflussnahme und Kontrolle möglich sind (ebenda 31). Der Beruf bestimmt nicht nur weitgehend »die Stellung der Arbeitenden in der hierarchischen Sozialstruktur der betrieblichen Arbeitsorganisation« (*Beck/Brater*, 1977; 54), sondern ist auch ein wichtiges Kriterium für die Zumessung von Sozialprestige und die Vermittlung von Lebenschancen im System gesellschaftlicher Ungleichheit (ebenda 55) als Inbegriff sozialer Schichtzugehörigkeit; allerdings erweist sich der Zusammenhang zwischen beruflicher und Schichtplatzierung heute eher als wechselseitig: Schichtzugehörigkeit vermag auch ihrerseits berufliche Karrieren zu eröffnen (vgl. Kap. 5.3.2, 5.3.3).

Vermittelt also die Berufsrolle nicht mehr wie von selbst einen Platz im arbeitsteiligen Leistungsgefüge der Gesellschaft, so fördert sie doch die Chancen auf soziale Teilnahme und Integration. Und schließlich erweist sich die Berufsposition im Statusensemble einer Person oft als die dominierende: Aus ihr gewinnt der einzelne die wesentlichen Züge seines Selbstbildes, die auf andere Handlungsbereiche wie Familie, Freizeit und Politik ausstrahlen und so durch die Vielzahl seiner sozialen Rollen hindurch die Einheit der Person zum Ausdruck bringen.

Beruflich vermittelte Identität

Auch in einer Gesellschaft, in der die Beanspruchung der Menschen durch Arbeit tendenziell zurückgeht und wesentliche Elemente vormalig qualifizierter Berufstätigkeit der Automation, Computerisierung und anderen Rationalisierungsprozessen anheimfallen, kann doch der Beruf noch soziale Identität (vgl. dazu Kap. 2.1.3.2) vermitteln. Entsprechend nennt Schelsky »Umweltstabilisierung und Innenstabilisierung der Person« die wesentlichste Leistung des Berufs (*Schelsky*, 1972; 32). Er hat offenbar, weitgehend unabhängig von seinen objektivierbaren Leistungs-, Funktions- und Kompetenzaspekten, eine hohe symbolische Bedeutung.

Was kann der Beruf symbolisieren, und welche persönlichen Selbstbilder unterstützt er? Es überrascht nicht, wenn sich in ihnen historische Vorstellungen über Sinn und Wesen beruflicher Tätigkeit wiederfinden lassen, mit denen die Menschen ihr Handeln sinnvoll erklärten und legitimierten. Woher stammt etwa das Ethos strenger Pflichterfüllung in Bürokratie und Verwaltung, mit dessen oft lobenswerten, oft auch bedenklichen Formen und Folgen (beispielsweise einem allzu starren Ressortdenken in der Administration) wir täglich konfrontiert werden? Welches Motiv treibt Menschen an, auf die allseitige Entfaltung ihrer Persönlichkeit im Beruf ein Leben lang zu verzichten und stattdessen als Experten in der ihnen zugewiesenen Sparte der technisch-industriellen Welt qualifizierte Leistungen zu erbringen? Und woher nehmen Menschen die gegenteilige Überzeugung, gerade im Beruf könnten noch die persönlichen Neigungen und Fähigkeiten in ihrer Vielfalt ausgelebt werden? Solche Einstellungen haben in der Regel eine lange Geschichte und stehen »in engem Zusammenhang mit religiösen, politischen und philosophischen Ideen, die die jeweilige Gesellschaft und die historische Periode geprägt haben« (*Bolte* u.a., 1970; 229).

Die folgenden Stichworte zu vier wichtigen Ausprägungen eines Berufsverständnisses können dieses Thema nur andeuten und vielleicht Interessen wecken (siehe dazu *Bolte*, 1970; 229 ff.; *Hesse*, 1968; 18 ff., *Neuloh*, 1973; 79 ff.):

Beruf als soziale Selbstverständlichkeit

- *Ständegesellschaft*: Die mittelalterliche Vorstellung einer naturrechtlich begründeten, von Gott gewollten Ordnung der menschlichen Beziehungen entspricht einer relativ statischen, hierarchisch aufgebauten Gesellschaft, in der Arbeit noch wenig differenziert und familial oder ständisch organisiert ist. In dieser Form gehört sie zu den gesellschaftlichen Selbstverständlichkeiten, die einer eigenen Sinndeutung eigentlich nicht bedürfen. Ein mittelalterlicher Berufsgedanke entwickelt sich daher zunächst nur im Mönchtum, und zwar im Sinne der außerweltlichen Berufung. Innerweltliche Tätigkeit gilt demgegenüber als zwar gottgewollte, aber sittlich eher indifferente, alltägliche Pflicht. Reste dieses traditionalistischen Berufsverständnisses finden sich im gewerblichen Mittelstand und in der Landwirtschaft; der Gedanke der religiös oder anders fundierten »Berufung« für eine Arbeit ist speziell im Sozialwesen auch heute keineswegs selten und steht in eigentümlichem Gegensatz zur Vorstellung einer spezialisierten und spezifizierten Erwerbstätigkeit im Sinne des *Weber'schen* Berufsbegriffs.

Beruf als Pflicht

- *Lutherischer Protestantismus*: Mit der reformatorischen Ablehnung der kirchlichen Institutionen und ihrer Gnadenmittel, (Sakramente und mönchische Askese) ist der Einzelne dem göttlichen Wohlwollen unmittelbar ausgeliefert. Rechtfertigung findet er nicht durch gute Werke, sondern allein im unerschütterlichen Glauben an die Gnade Gottes. Gottes Verherrlichung dient die sorgfältige Erfüllung aller Pflichten an der Stelle, an die ein Mensch im Alltag gestellt ist. Sie begründet jedoch keinen Anspruch auf Gnade und Erlösung. Ohne das Klischee des Beamten zu strapazieren, wird man doch Disziplin, Ritualismus (die »richtige« Verfahrensweise wird zum Wert an sich) und Regeltreue des Verhaltens, die die »bürokratische Persönlichkeit« (*Merton*, 1968) neben anderem auszeichnen, auch auf diese Ursprünge zurückführen dürfen.

Beruf als Leistungsanspruch

- *Calvinistischer Protestantismus*: Der Schweizer Reformator *Johannes Calvin* (1509 – 1564) gibt dem protestantischen Berufsgedanken eine dynamische Wendung, indem er die Hoffnung auf ewige Seligkeit an Leistung und tätige Bewährung im Diesseits – und nicht lediglich pflichtgetreues Ausharren im gegebenen Stand – bindet. Zu den in diesem Zusammenhang wichtigen Bausteinen der Lehre gehört zum einen die Vorstellung von der »Gnadenwahl«, d.i. der Glaube an die der göttlichen Allmacht entspringende Vorbestimmtheit jeglichen Geschehens, also auch des Gnadenschicksals des Einzelnen: Vor Anbeginn der Zeiten hat Gott entschieden, wer zur Gemeinde der Erwählten gehört und wer nicht. Dem Christen ist lediglich aufgegeben, mit strenger Zuversicht – wennschon nicht »puritanischem Hochmut« – an die eigene Erwähltheit zu glauben. Der zweite, ebenso wichtige Gesichtspunkt ist der Glaube an den innerweltlichen Erfolg als Zeichen der Erwählung. Dass sehr schnell aus diesem Zeichen ein Mittel wurde, sich des eigenen Gnadenstandes zu versichern, ja diesen Gnadenstand planmäßig herbeizuführen, ist psychologisch verständlich: Faktisch war auf individuelle Leistung, »rastlose Berufsarbeit«, Akkumulation von Kapital und rationale Gestaltung der sozialen und materiellen Umwelt eine »religiöse Prämie« gesetzt, und berufliches Streben wurde »zum vorzüglichsten, ja (...) einzigen Mittel, des Gnadenstandes sicher zu werden« (*Weber*, 1965; 185). Der Arme, der Erfolglose – um einen wichtigen Bezug des Themas zum Sozialwesen nicht außer acht zu lassen – hatte in diesem Weltbild eine prekäre Stellung, war doch »die ungleiche Verteilung der Güter dieser Welt ganz spezielles Werk von Gottes Vorsehung (...). Die mittelalterliche Ethik hatte den Bettel nicht nur geduldet, sondern in den Bettelorden geradezu glorifiziert (...). Es war der puritanischen Askese vorbehalten, an jener harten englischen Armengesetzgebung mitzuarbeiten, welche hierin grundsätzlichen Wandel schuf« (*Weber*, 1965; 184/185).

Innerweltliche Askese

Diese vieldiskutierte und bis heute umstrittene These *Max Webers*, zum ersten Mal im Jahre 1904 vorgelegt (»Die Protestantische Ethik und der Geist des Kapitalismus« – siehe dazu auch *Matthes*, 1969; insbes. 58 ff.), will nicht nur erklären, warum die großindustrielle Wirtschaftsform sich gerade in Mittel- und Nordeuropa entwickelte. Das »Einströmen dieser asketischen Tugenden in die Berufsarbeit« schuf auch einen ganz neuen Berufstyp: den »Fachmenschen« (heute sagen wir: den Experten), dessen »innerweltliche Askese« uns lehrt, »dass die Beschränkung auf Facharbeit, mit dem Verzicht auf die faustische Allseitigkeit des Menschentums, welchen sie bedingt, in der heutigen Welt Voraussetzung wertvollen Handelns überhaupt ist, dass also »Tat« und »Entsagung« einander unabwendbar bedingen« (*Weber*, 1965; 187). Im Sozialwesen ersetzte weithin »die Produktion von Fachlichkeit durch die Ausbildungseinrichtungen (...) die charismatische Motivation zur Sozialen Arbeit durch eine neue, rationale« (*Sachße*, 1986; 270).

Persönliche Entfaltung im Beruf

- *Romantik und Neu-Humanismus*: Nicht jeder fühlt sich zur »innerweltlichen Askese« hingezogen, und viele glauben weiterhin an ein »persönliches Aufgehen« im Beruf. Im 19. Jahrhundert verbinden sich Ideen der Aufklärung mit der Philosophie des Deutschen Idealismus zu einer Auffassung, nach welcher Menschen sich erst im Beruf durch Entwicklung ihrer vielfältigen Fähigkeiten, Neigungen und Möglichkeiten selbst verwirklichen und zur schöpferischen Persönlichkeit reifen. Wie die gesamte Romantik mit ihrer Rückwendung zum Mittelalter und speziell zum traditionalistischen Katholizismus ist auch diese Auffassung im Kern weniger emanzipatorisch als restaurativ: Beruf wird wiederum als persönliche Berufung verstanden; die »Persönlichkeit«, d.h. ein letztlich nicht rational erklärbares Potential, und nicht etwa technische Expertise und erwerbbares Wissen entscheiden über den beruflichen Erfolg. Unschwer erkennt man in diesen Ideen auch das Leitbild des charismatisch berufenen Erziehers und eine Quelle all jener pädagogischen Alltagstheorien, nach welchen Erziehung letztlich nicht erlernbar sei.

6.1.4 Helfen – ein Beruf?

Eine eigene Berufsrolle ins Erwerbsleben mitzubringen ist, wie wir sahen, nicht nur berufspraktisch nützlich, sondern auch hilfreich, wenn jemand seine Erwerbsarbeit als sinnvoll und persönlich wichtig erfahren will. Diese Vorteile ergeben sich aber nicht von selbst: Berufsrollen entstehen nicht aufgrund historischer Gesetzmäßigkeit oder naturwüchsig, sondern durch menschliche Entscheidungen, die berufliche Entwicklungen einleiten. Verberuflichung und Professionalisierung sind solche Entwicklungen, mit denen wir uns in einem späteren Abschnitt ausführlicher befassen werden. Sachliche Grundlage ist aber immer, um zur Definition *Max Webers* zurückzukehren, eine charakteristische Kombination von Leistungen, die ihrem Träger Aussichten auf einen Arbeitsplatz und ein angemessenes Einkommen bietet; in der Regel denkt man dabei auch an den Unterhalt für eine ggf. zugehörige Kernfamilie (*Daheim*, 1967; 27). Das ist gleichsam der materielle Kern jedes Berufes, mit dem ein sozialer Status, Identifikationschancen, Sinnerlebnisse, ein Kranz standardisierter Verhaltenserwartungen und was sonst die symbolische Bedeutung der Berufsrolle ausmacht, einhergehen können – oder auch nicht.

Hilfe und Erziehung als berufliche Leistung

In der Sozialen Arbeit bestimmen heute bekanntlich Hilfe – einschließlich von Funktionen der sozialen Beratung und Platzierung – und Erziehung außerhalb von Schule und Familie – von Sozialisationshilfen, Angeboten methodischer Pädagogik und Ausbildung bis hin zu Behandlungsansätzen nach therapeutischem Muster – in unterschiedlicher Spezialisierung und Kombination den Leistungsrahmen. Das ist ein spezifischer, nicht jedermann zugänglicher Aufgabenbereich, mit dem zweifellos auch dauerhafte Arbeitsplatz- und Einkommenschancen verbunden sind. Soziale Arbeit bietet mithin alle Voraussetzungen der Institutionalisierung als Beruf, der allerdings traditionale Formen der Hilfe als einer Form des Zusammenlebens in Frage stellt.

Hilfe als »Urkategorie«

So hat Soziale Arbeit als Beruf mit der bereits zitierten Hilfe als »Urkategorie des Gemeinschaftshandelns« im Sinne von *Scherpner* (1962; 122) nur noch wenig gemeinsam. Fast möchte man sogar annehmen, dass es Wesensbestimmungen wie die von Scherpner sind, die die Soziale Arbeit auf einer vorberuflichen Stufe geradezu festhalten. Denn eine Urkategorie des Gemeinschaftshandelns, wenn wir darunter eine von nur wenigen Hauptformen menschlicher Beziehungsgestaltung verstehen, ist Helfen heute allenfalls in den berufsentfernteren Lebensbereichen von Familie, Verwandtschaft und Nachbarschaft. Ganze Gesellschaften, die durch den Handlungstyp Hilfe gleichsam zusammengehalten werden, sind dagegen heute selten: Es sind dies eher archaische, traditionell geprägte, relativ übersichtlich strukturierte, auf Familien- und Stammeszugehörigkeit basierende Gemeinschaften, in denen Soziale Arbeit als Beruf in der Tat eine unpassende Erscheinung wäre. Hilfe ist hier, wie *Niklas Luhmann* zeigt, typischerweise wechselseitig (reziprok), allerdings »fehlt weithin eine bewusste Institutionalisierung der Reziprozität als solcher, als Form für Leistungsverbindungen, etwa nach Art des Vertrages. Man findet eine Institutionalisierung von Hilfspflichten (...) und eine Institutionalisierung von Dankespflichten je für sich« (*Luhmann*, 1972; 26), ähnlich wie noch heute häufig von Kindern erwartet wird, schlechthin »dankbar gegenüber den Eltern zu sein«, ganz unabhängig vom Umfang der tatsächlich erfahrenen Zuwendung (für die elterliche Fürsorgepflicht gilt dann umgekehrt dasselbe). Diese Reziprozität, die nicht an das Prinzip der Gleichheit von Leistung und Gegenleistung, das heißt: an starre Gerechtigkeitsnormen gebunden ist, bedeutet eine sehr elastische Regelung, die es einer Gesellschaft als sozialem System erlaubt, auf unvorhergesehene Herausforderungen (Naturkatastrophen, kriegerische Angriffe u.ä.) schnell und jeweils angemessen zu reagieren.

Reziproke Hilfe als Alltagshandeln

Spezialisierte Hilfe

Immer wieder gab es revolutionär, sozialromantisch oder kulturkritisch motivierte Versuche der Wiederbelebung solcher traditionalen Beziehungs- und Gemeinschaftsmuster: in neuerer Zeit etwa die Ideen des Kommunitarismus (vgl. Kap. 1.2.1.3). Bereits in der komplexeren »hochkultivierten« Gesellschaft drängt jedoch die Vielzahl der Bedürfnisse und die Unübersichtlichkeit der sozialen Beziehungen das einfache Reziprozitätsmuster zurück. »Hilfe« wird zunächst zur »Wohltätigkeit« und das »archaische Rollenerfordernis der Freigebigkeit zur Tugend hochstilisiert« (*Luhmann*, 1972; 28). Eine traditionell geprägte ehrenamtliche Arbeit, der wir auch heute noch in vielen Arbeitsfeldern des Sozialwesens begegnen, hat hier ihren Ursprung. In modernen, hochkomplexen Gesellschaften schließlich wird Hilfe in der Hauptsache von spezialisierten Organisationen und Institutionen übernommen und nach vorliegenden Programmen (Gesetzen, Vorschriften, wissenschaftlichen Theorien) abgewickelt; damit verblasst sie zwar endgültig als »Urkategorie des Handelns«, wird aber im zutreffenden Einzelfall auch zuverlässig erwartbar (*Luhmann*, 1972; 32). Soziale Arbeit wird zur spezialisierten, spezifizierten Leistung, zum Beruf mit dem Monopol effizienter Hilfe, der nur gelegentlich und in ausgewählten Arbeitsfeldern mit außer- und vorberuflichen Formen der Hilfe konfrontiert wird. Eine stabile berufliche Identität und eine gewisse Sensibilität für die Motive, Wertgrundlagen und Beziehungsformen nichtberuflicher Hilfen – die im folgenden Schema um die Selbsthilfe ergänzt sind – sollten Fachkräfte der Sozialen Arbeit befähigen, solche Beiträge nicht nur akzeptieren, sondern auch für Hilfeprozesse produktiv zu nutzen.

	Typen nichtberuflicher Hilfe		
	»familiale« Hilfe	**Ehrenamt**	**Selbsthilfe**
Auslöser	Reziprozität der Verpflichtungen	Moralische Pflicht, Hilfe als »Tugend«	Selbstbetroffenheit, Adressaten-Status
Orientierung	affektuell, traditional	wertrational	zweckrational
Organisation	familialer u. nachbarschaftlicher Alltag	Verein, freier Träger	Verband, soziale Gruppe
soziale Beziehung	traditionale Abhängigkeit, z. B. Eltern-Kinder	helfende Beziehung, »helferisches Gefälle«	egalitär
Beispiele	Pflege, Versorgung, Sozialisation und Erziehung in Familien, Nachbarschaftshilfe	Arbeit in soz. Brennpunkten, Flüchtlingsarbeit, Soziales Jahr	Selbsthilfegruppen, Betroffenen-Initiativen

Die entscheidende Differenz, die auch bestimmte Irritationen zwischen den nach diesen Mustern Handelnden, insbesondere aber auch zwischen ihnen und hauptberuflichen Sozialarbeitern, erklären könnten, liegt wohl in der handlungsleitenden Orientierung. Hier führt die tabellarische Übersicht *Weber'sche* Idealtypen der Handlungsorientierung auf, die im Original – selbstverständlich ohne Bezug zu unseren Themen der Hilfe und der Sozialen Arbeit – folgendermaßen definiert sind:

Idealtypen der Handlungsorientierung

»Wie jedes Handeln kann auch das soziale Handeln bestimmt sein

1. zweckrational: durch Erwartungen des Verhaltens von Gegenständen der Außenwelt und von anderen Menschen und unter Benutzung dieser Erwartungen als ›Bedingungen‹ oder als ›Mittel‹ für rational, als Erfolg, angestrebte und abgewogene eigene Zwecke, –
2. wertrational: durch bewussten Glauben an den – ethischen, ästhetischen, religiösen oder wie sonst zu deutenden – unbedingten Eigenwert eines bestimmten Sichverhaltens rein als solchen und unabhängig vom Erfolg, –
3. affektuell, insbesondere emotional: durch aktuelle Affekte und Gefühlslagen,–
4. traditional: durch eingelebte Gewohnheit« (*Weber*, 1964; 17).

Orientierungskonflikte

Vor allem wertrationale und zweckrationale Begründungen der Hilfe sind regelmäßig nur schwer zu vereinbaren. Der zweckrational eingestellte Helfer beurteilt den Wert des eigenen und fremden Handelns vornehmlich nach dem erreichten Ergebnis, und nur effiziente Hilfe kann vor seinem kritischen Blick bestehen. Gut und Gutgemeint, so stellt er nüchtern fest, sind selten dasselbe. Genau diese Identität gehört hingegen zur Grundüberzeugung wertrational eingestellter Helfer, die Hilfe als eine Form gelebter Solidarität, uneigennütziger Nächstenliebe und unbedingter Parteinahme, vielleicht auch als eine »Urkategorie des Gemeinschaftshandelns« verstehen – ein Enthusiasmus, vor dem sich die schlichte Frage nach dem praktischen Nutzen der Bemühungen eher kleinlich ausnimmt.

Zweckrationalität beruflicher Sozialer Arbeit

Dass berufliche Soziale Arbeit eher zweckrationalen Begründungen zuneigt, dass sie also im Zweifel leichter mit Selbsthilfegruppen – typischerweise ebenfalls zweckrational orientiert – als mit Helfern aus der ehrenamtlichen oder familial-nachbarschaftlichen Szene problemlos Arbeitsbündnisse eingehen kann, liegt nahe. Zu fremd sind ihr die wertrationalen Motive ehrenamtlicher Arbeit geworden, zu viele Bemühungen hat sie in die Aufgabe investiert, sich durch Verberuflichung und Professionalisierung von ihren eigenen wertrationalen Wurzeln zu emanzipieren. Der folgende Exkurs zur geschichtlichen Entwicklung der Sozialen Berufe bietet auch hierfür Anschauungsmaterial.

Exkurs: Soziale Arbeit als Beruf: Geschichtliche Entwicklung (*Dietrich Kühn*)

Anfänge beruflicher Sozialarbeit

Die Anfänge beruflicher Sozialarbeit liegen im deutschen Kaiserreich, genauer: im letzten Jahrzehnt des 19. Jahrhunderts. Diese Aussage bezieht sich auf die Herausbildung hauptberuflicher Erwerbstätigkeit von Fachpersonal, das seine Kenntnisse in speziellen Ausbildungseinrichtungen erworben hat. Damals zählten die Sozialarbeiter/innen einige Dutzend Personen; sie wurden noch »soziale Hilfsarbeiter« oder »Soziale Berufsarbeiter« genannt. In den beiden Jahren nach dem 1. Weltkrieg – 1919 und 1920 zusammen – wurden schon rund 1 100 hauptamtliche weibliche Fachkräfte, jetzt mit der neuen Berufsbezeichnung »Wohlfahrtspflegerinnen«, an 18 vollausgebauten sozialen Frauenschulen ausgebildet. 860 von ihnen fanden eine Anstellung (Soziale Praxis, 1921, Sp. 838). 1933 gab es nach der in diesem Jahr durchgeführten Reichsberufszählung in der Berufsklasse 388 – Wohlfahrtspfleger/innen – rund 13 000 Angehörige der Berufsgruppe (*Kühn*, 1988b; 47).

Expansionsdynamik Sozialer Berufe

Alle amtlichen Quellen zeigen einen kontinuierlichen Anstieg der in Sozialen Berufen beschäftigten Personen – wenn auch teilweise in Wellenbewegungen –; vor allem in den 70er Jahren kam es zu einem enormen Stellenboom. Selbst in der Zeit zunehmender Arbeitslosigkeit (90er Jahre) lässt sich die Expansionsdynamik klar erkennen.1997 waren im vereinigten Deutschland rd. 1 Mio. Erwerbspersonen in Sozialen Berufen tätig, allein in den alten Bundesländern wurden in den 90er Jahren rd. 250.000 zusätzliche Beschäftigungsverhältnisse geschaffen (*Rauschenbach*, 1999a; 27). Dabei ist zu beachten, dass ein großer Teil der in Sozialen Berufen Tätigen nicht an Hochschulen ausgebildet wurde. Auch der Anteil akademisch Ausgebildeter nimmt zu; gerade in dem besonders wichtigen Bereich der Kinder- und

Jugendhilfe zeigte sich ein ausgeprägter Trend des überproportionalen Zuwachses von AkademikerInnen. An den sozialpädagogischen Ausbildungsinstitutionen (Fachschulen, Fachhochschulen, Universitäten) studieren zur Zeit rd. 150.000 junge Menschen (*Rauschenbach*,1999b; 138). Die Zahl der Arbeitslosen (Sozialarbeiter/Sozialpädagogen) ist zwar 1997 im Vergleich zu 1996 bei Sozialarbeitern um 19% und bei den Sozialpädagogen um 11% gestiegen, insgesamt zeigt sich aber eine erhebliche Zahl von Vermittlungen. Gut ausgebildete, flexible und mobile Bewerber haben am Arbeitsmarkt – vor allem in den neuen Bundesländern – gute Chancen auf angemessene Beschäftigung.

»Das sozialpädagogische Jahrhundert«

Rauschenbach (1999a; 15 ff. u. 48 ff.) spricht sogar von dem »sozialpädagogischen Jahrhundert« und meint die erheblichen Entwicklungsschübe, »die die Soziale Arbeit in der relativ kurzen Phase ihres Aufstiegs hinter sich gebracht hat und – infolge der Permanenz von Wandel und Wachstum – jeweils von neuem bewältigen musste« (Ebenda; 15). Wie kam es zu dem Entstehen der neuen Berufsgruppe und zu dem rapiden Wachstum der Beschäftigtenzahlen?

Die folgenden Ausführungen zur Berufsentwicklung unterscheiden in Anlehnung an *Sachße/Tennstedt* (1981; 27) zwei Aspekte:

1. Die Entwicklung der *Beruflichkeit*, also die Entwicklung der Ausübung einer Tätigkeit zu Erwerbszwecken, und
2. die Entwicklung der *Fachlichkeit*, also die Entwicklung der für die Ausübung der Tätigkeit notwendigen spezifischen Kenntnisse und Fertigkeiten.

Der erste Abschnitt beschäftigt sich daher mit der Entstehung des Berufes, der Berufslage in einzelnen Zeitperioden, der Einführung von Berufsbezeichnungen und der Gründung von Berufsverbänden.

Der zweite Abschnitt behandelt die Entwicklung der Ausbildungsstätten, der Ausbildungsinhalte, das Theorie-Praxis-Verhältnis und die »Höhenlage« der Ausbildung. Mit Höhenlage wird die Zuordnung der Berufsausbildung zu Universitäten oder zu Schulen eigener Art thematisiert.

Sozialarbeit als weiblicher Dienstleistungsberuf

Entstehung des Berufes und die Berufslage in den nachfolgenden Zeitperioden: Die Entstehung der Sozialarbeit als weiblicher Dienstleistungsberuf ist durch drei historische Konstellationen beeinflusst worden, die zusammenwirkend die Berufsentwicklung in den letzten Jahren 19. Jahrhunderts vorangetrieben haben:

- Die bürgerliche Sozialreform mit der Ausbildung einer Arbeitersicherungspolitik dokumentierte die Überwindung der engen Armenpflege durch neue Aufgabengebiete der Fürsorge für Kinder, Mütter sowie Kranke (*Baron/Landwehr*, 1983; 1). Nunmehr wird auch eine staatliche Verantwortlichkeit für Lohnarbeiterrisiken anerkannt. Allerdings bleibt der Schutz noch gering und schließt die ärmsten Arbeiter (landwirtschaftliche Arbeiter, Heimarbeiter, unregelmäßig Beschäftigte) aus (*Sachße/Tennstedt*, 1981; 29).

- Die Quartiersarmenpflege nach dem sogenannten »Elberfelder System« kam Ende des 19. Jahrhunderts in eine Krise. Das System war die dominante Organisationsform der öffentlichen Armenpflege ab 1853 und beruhte hauptsächlich auf der Ehrenamtlichkeit der männlichen Armenpfleger und ihrer Bezirkszuständigkeit. Ein im Stadtquartier wohnender Armenpfleger (meistens Handwerker, Kaufleute) betreute dort 4 – 10 arme Familien. Er prüfte sorgfältig in kurzen Zeitabständen die persönlichen Verhältnisse der Armen (Besuchssystem), beantragte die Unterstützung für die Familie in der Bezirksversammlung, der er selbst mitangehörte, und verteilte die Unterstützung an die von ihm betreuten Armen. Das System beruhte auf der intimen, nachbarschaftlichen Kenntnis der sozialräumlichen Lebensverhältnisse der unterstützten Familien. Mit wachsender Industrialisierung und erhöhter Mobilität der Arbeiterschaft zerfielen jedoch die engen, längerfristigen Nachbarschaftsbeziehungen zwischen den Armen und dem Armenpfleger. Außerdem begannen die Städte das Ausgabenverhalten ihrer Armenpfleger immer stärker durch neu eingesetzte Berufsbeamte zu kontrollieren. Die ehrenamtlichen Kräfte waren den zunehmenden, komplexen Notlagen der Bevölkerung nicht mehr gewachsen: Es fanden sich immer weniger Männer für das Ehrenamt.

»Elberfelder System«

- Diese Krise der kommunalen Armenpflege fiel zusammen mit Forderungen der bürgerlichen Frauenbewegung, Frauen an der Armenpflege zu beteiligen. Seit 1868 versuchte die Frauenbewegung, die Zulassung der Frauen zur (ehrenamtlichen) Armenpflege zu erreichen; die Anstellung von Frauen stieß aber auf großen Widerstand der männlichen Armenpfleger. Die Frauen stellten nicht nur eine Konkurrenz dar, sondern sie gehörten oft einer anderen Schicht an (gehobenes Bürgertum) (*Peters*, 1984; 211).Die bürgerliche Frauenbewegung verfolgte ein »eigentümlich konservatives Emanzipationsideal«, das Leitbild der »geistigen Mütterlichkeit« (*Sachße*, 1986; 9; *Olk*, 1986; 43)

Frauenbewegung

Alice Salomon (1901; 5), eine der herausragenden Persönlichkeiten bei der Gründung der Sozialen Arbeit, betonte, dass die Frau eine Reihe von Fähigkeiten besitze, die sie zur Ausübung sozialer Hilfstätigkeit nicht nur ebenso tüchtig, sondern geeigneter mache als den Mann. Dazu gehörten Eigenschaften wie ihr ausgeprägtes Gefühlsleben,

> »ihre alles verstehende Milde und Nachsicht, die bei der Arbeit an Mutlosen, bei der Aufrichtung von Verzweifelten und Gesunkenen so wertvoll ist; ihre Sorgfalt und Gewissenhaftigkeit bei der Verrichtung auch kleiner, unbedeutender Aufgaben, die für die Organisationsarbeiten von größtem Vorteil ist; schließlich ihre Mütterlichkeit, die Fähigkeit, die Mutterliebe vom Haus auf die Gemeinde zu übertragen, auf die Welt, die dieser Kräfte so dringend bedarf«.

Entscheidend wird diese »besondere Bestimmtheit der Frau für die soziale Hilfstätigkeit« für die weitere Argumentation, einen neuen Sozialen Beruf zu schaffen. Voraussetzung für die Etablierung des Berufes wird eine entsprechende Ausbildung, die nunmehr von den Frauen energisch in Angriff genommen wird, während die in der ehrenamtlichen Armenpflege tätigen Männer wenig Interesse an einer Ausbildung zeigten, da die armenpflegerische Tätigkeit für sie keine Karriere bot (*Baron/Landwehr*, 1983; 3).

»Mädchen- und Frauengruppen für soziale Hilfsarbeit«

1893 kam es nach einem leidenschaftlichen Aufruf an junge Frauen in Berlin zur Gründung der »Mädchen- und Frauengruppen für soziale Hilfsarbeit«. 50 – 60 Mädchen und Frauen schlossen sich den Gruppen an und absolvierten Vorträge, Kurse und praktische Tätigkeiten. Die Mitgliederzahl stieg an und auch in anderen Städten Deutschlands wurden die Gruppen eingeführt. Im Jahre 1899 wurde erstmals ein Jahreskurs zur Ausbildung für die berufliche Arbeit in der Wohlfahrtspflege angeboten. »Soziale Berufsarbeit« im damaligen Sprachgebrauch wurde zunächst als nichtbezahlte Arbeit verstanden. Berufsarbeit wurde also eher im Sinne einer mit »Berufung« verbundenen Tätigkeit verstanden und nicht als eine nur nebenbei ausgeübte »Beschäftigung«. Vor dem 1. Weltkrieg war im Sozialwesen bezahlte Berufsarbeit noch die Ausnahme; im Weltkrieg nahm die volle berufliche Tätigkeit jedoch zu. Aus den Jahreskursen der Gruppen entwickelten sich die ersten sozialen Frauenschulen, z.B. die »Christlich-soziale Frauenschule« des Evangelischen Frauenbundes Hannover (1905) und die von *Alice Salomon* geleitete »Soziale Frauenschule« Berlin (1908).

Soziale Frauenschulen

Einen Hinweis auf den zunehmenden Bedarf an bezahlten Stellen gibt die bei der Eröffnung 1908 mitgeteilte neue Aktivität der Berliner Schule: »Als ein neuer Zweig der von den Gruppen bisher geleisteten Arbeit ist die Errichtung einer Stellenvermittlung für besoldete Soziale Berufsarbeiterinnen zu erwähnen« (Soziale Praxis, Nr. 2, 1909, Sp. 42). Die Nachfrage nach geschulten Kräften vergrößerte sich im Kriege (1914 – 18) immer mehr. Der konservative Bund Deutscher Frauenvereine übernahm daher den Aufruf zur »sozialcaritativen Mobilmachung« und begann ein »soziales Heer« aufzubauen. Frauen des »Nationalen Frauendienstes« unterstützten die Männer in den Stadtverwaltungen bei der Lebensmittelverteilung, der Familienfürsorge, der Arbeitsvermittlung u.s.w. Im Unterschied zu den Männern, die die Entscheidungen über die Vergabe der Unterstützungen fällten, übernahmen die weiblichen Hilfskräfte die Aufgabe der Ermittlungs- und Beratungstätigkeiten im Außendienst (vgl. *Olk*, 1986a; 82; *Landwehr*, 1983; 82). Außerdem entstand für die Betreuung der immer stärker in der Rüstung benötigten Arbeiterinnen ein neues Arbeitsfeld für »Fabrikpflegerinnen«.

Soziale Frauenarbeit wurde also von engagierten Frauen immer stärker gefordert. Sie schufen sich damit neue Arbeitsfelder und Qualifikationspotentiale. Der Einbau in die öffentliche Wohlfahrtspflege verfestigte sich, d.h. die »Verberuflichung sozialer Hilfsarbeit« wurde durch die Zwänge des Krieges gefördert, allerdings auch die schon erwähnte organisatorische Einstufung der Tätigkeit als Hilfstätigkeit ohne Entscheidungsbefugnisse bei schlechter Bezahlung. Eine 1918 erschienene kurze Mitteilung in der Wochenzeitschrift »Soziale Praxis« (Nr. 5, 1918, Sp. 75) dokumentiert anschaulich die Berufslage Ende des 1. Weltkrieges:

»Die Anstellung von Sozialbeamtinnen bei den Stadtverwaltungen ist im ständigen Wachsen, aber die Anstellungsbedingungen entsprechen in rechtlicher Hinsicht meist noch nicht der Wichtigkeit der Arbeit. Die Sozialbeamtinnen werden meist auf Privatdienstvertrag als Hilfskraft, womöglich nur auf Tagegelder eingestellt. Sie sind dadurch im Bureaubetrieb oft männlichen Beamten unterstellt, deren Vorbildung der ihren durchaus nicht gleichwertig ist und denen häufig das Verständnis für die Eigenart Sozialer Arbeit abgeht.«

»Sozialbeamtin«

Es wurden damals Forderungen gestellt, die über Jahrzehnte hin aktuell blieben: Aufrücken von reiner Hilfsarbeit zu verantwortlichen und leitenden Stellungen, Regelung von Arbeitszeit, Urlaub und Besoldung und die Möglichkeit der Erlangung der Beamteneigenschaft. Die Berufsbezeichnung »Sozialbeamtin« wurde übrigens für eine weibliche Fachkraft eingeführt, die berufsmäßige Arbeit leistete; sie sagte nichts über eine Beschäftigung im Beamtenverhältnis (nach dem Beamtengesetz) aus.

Die Zeit der Weimarer Republik ist die für die Entwicklung der Sozialen Arbeit bedeutsamste Periode. Die »Verberuflichung« der Sozialen Arbeit fand Ende der 20er Jahre ihren vorläufigen Abschluss; die Zeit des Nationalsozialismus brachte weitgehende Rückschritte. Nach 1945 wurde an der Fachdiskussion der 20er Jahre angeknüpft und außerdem wurden amerikanische Erfahrungen einbezogen.

Soziale Arbeit und Wirtschaftskrisen

Wirtschaftliche Probleme kennzeichneten große Teile der 20er Jahre: Lohnkämpfe, Arbeitslosigkeit und Hyperinflation dominierten die Fürsorge. Sie musste häufig als Ausfallbürge die wirtschaftliche Not auffangen, obwohl dazu die finanziellen, personellen und organisatorischen Voraussetzungen oft fehlten. Die Berufslage der sozialen Fachkräfte selbst war eng mit der wirtschaftlichen Entwicklung verbunden. In wirtschaftlichen Krisenzeiten stieg der Bedarf an materiellen und immateriellen Dienstleistungen. Trotzdem wurde die Zahl der Sozialarbeiter 1923/24, 1929/30 und 1933/34 zu Lasten der jeweils verbliebenen Kräfte reduziert, weil deren Bezahlung nicht gesichert war. Es lässt sich daher die noch heute geltende These bestätigen: In Krisenzeiten steigt der Druck der Rationalisierung der Sozialen Arbeit, tendenziell zur Deprofessionalisierung (verbunden mit geringerer Bezahlung) und zur Entberuflichung (Verlagerung auf ehrenamtliche Hilfskräfte) (vgl. *Bohle/Grunow,* 1981; 169).

Fortschritte in der Weimarer Republik

Trotzdem kam es in der Weimarer Zeit zu erstaunlichen Fortschritten, was die Konzeption der fachlichen Ausbildung, die rechtliche Absicherung sozialer Leistungen und die Berufsorganisation angeht:

- 1920: Staatliche *Prüfungsordnung* für Wohlfahrtspflegerinnen in Preußen; 1930: preußische Richtlinien für die Lehrpläne der Wohlfahrtsschulen (s.u.).

Reichsjugendwohlfahrtsgesetz 1922

- Bis heute weiterwirkende *gesetzliche Grundlagen* der Jugend- und Sozialhilfe wurden von 1922 – 24 geschaffen: Reichsjugendwohlfahrtsgesetz 1922; Verordnung über die Fürsorgepflicht 1924; Reichsgrundsätze über Voraussetzungen, Art und Maß der öffentlichen Fürsorge 1924; Jugendgerichtsgesetz 1923.

Berufsverbände

- 1927 erfolgte die *Öffnung des Berufes für Männer* durch den Erlass über die staatliche Anerkennung von Wohlfahrtspflegern.
- Die Vermehrung des Fachpersonals zeigte die Notwendigkeit einer Interessenvertretung und führte schon frühzeitig zur Gründung von *Berufsverbänden*. 1916 wurde der »Deutsche Verband der Sozialbeamtinnen« etabliert, der 1920 schon 2 029 Mitglieder zählte (*Sachße*, 1986; 289). Zur gleichen Zeit entstanden auch konfessionelle Berufsverbände: 1916 der »Verein katholischer Deutscher Sozialbeamtinnen«, 1917 der »Verband Evangelischer Wohlfahrtspflegerinnen Deutschlands«.

Berufsbezeichnungen

Ein Charakteristikum der Berufsentwicklung zeigte sich schon in den 20er Jahren und begleitet bis heute die Sozialen Berufe: die große Zersplitterung der Berufsverbände, die Aufteilung in unterschiedlich organisierte Ausbildungsstätten (s.u.) und die Uneinheitlichkeit der Berufsbezeichnungen. *Berufsbezeichnungen* konstituieren in der Öffentlichkeit ein bestimmtes, fachbezogenes Bild der Berufsangehörigen und ihrer Ausbildung, sie begünstigen das Zugehörigkeitsgefühl der Mitglieder und bieten Schutz gegen das Eindringen unausgebildeter oder berufsfremder Personen. In den 20er Jahren konnte man allein vier Berufsbezeichnungen feststellen (*Kühn*, 1988b; 14 ff.): Wohlfahrtspfleger/innen (so die offizielle Bezeichnung der weiblichen Fachkräfte in der Prüfungsordnung von 1920); Fürsorger/innen (als Bezeichnung der in der in der Familienfürsorge (Außendienst) der Ämter tätigen Fachkräfte); Sozialbeamte/innen (als allgemeine Kennzeichnung einer hauptamtlichen Fachkraft) und Sozialarbeiter/innen oder Soziale Berufsarbeiter (zur Charakterisierung der gesamten Berufsgruppe).

Nationalsozialismus

In der NS-Zeit kam es zu einer weiteren Abänderung und Ergänzung der Berufsbezeichnungen. Statt »Wohlfahrtspfleger/in« wurde die Bezeichnung »Volkspfleger/in« zur Dokumentation der dienenden Rolle der Fachkraft für das »Volk« im nationalsozialistischen Sinne eingeführt. Mitarbeiter/innen der neu etablierten staatlichen Gesundheitsämter erhielten 1934 die Bezeichnung »Gesundheitspfleger/in«. Erst 1959 wurde in Nordrhein-Westfalen als erstem Bundesland offiziell die Berufsbezeichnung »Sozialarbeiter/in« eingeführt, einerseits als Übersetzung von »social worker«, andererseits in Fortführung der alten Berufsbezeichnung aus den 20er Jahren.

Berufsbezeichnung »Sozialarbeiter/in«

Nach 1945 kam es zu einer rapiden quantitativen Entwicklung der Berufsgruppe vor allem in den 60er und 70er Jahren. Die Unterbewertung der Sozialen Arbeit als Frauenberuf blieb aber in den ersten Nachkriegsjahren erhalten. Auch die geschlechtsspezifische Arbeitsteilung zwischen geringer bewerteten Fürsorgerinnen im Außendienst und höher bewerteten männlichen Verwaltungsbeamten war noch vorhanden und wurde Anfang der 50er Jahre erneut heftig diskutiert.

Anteil der Männer am Beruf

Der anfänglich geringe Anteil der Männer im Beruf (1928 rund 10%) erhöhte sich in der Nachkriegszeit langsam auf heute rund 25 – 30%. Eine Gleichstellung der Sozialarbeiter mit den Verwaltungsfachkräften, seit langem gefordert, begann sich in den 60er/70er Jahren durchzusetzen. In den 60er Jahren galten die Sozialen Berufe als »Mangelberuf«, für den nachdrücklich geworben werden musste. Die Erhöhung der Ausbildungskapazitäten, die bessere Bezahlung/Einstufung und die Status- und Prestigeanhebung waren daher notwenig (*Pfaffenberger*, 1981; 97). Einen gewissen Schlusspunkt dieser Entwicklung bildete die Umwandlung der Höheren Fachschulen in Fachhochschulen bzw. die Neugründung staatlicher Fachhochschulen zu Beginn der 70er Jahre.

Beginn der Fachausbildung

Ausbildung in Sozialen Berufen: Die Ausbildung der »Mädchen- und Frauengruppen für soziale Hilfsarbeit« Ende des 19. Jahrhunderts bestand in einer Kombination von praktischer Tätigkeit (z.B. in Krippen, Horten; Einzelbetreuung), einer praktischen und theoretischen Einführung in die Armenpflege sowie einer theoretischen Einführung in Erziehungs- und Volkswirtschaftslehre. Diese theoretischen Ausbildungsinhalte waren das eigentlich Neue. Sie sollten das Verständnis sozialer Probleme fördern, eine planmäßige, qualifizierte Hilfstätigkeit ermöglichen und zugleich den Mitarbeiterinnen eine vertiefte Bildung vermitteln. Trotz der Gewinnung renommierter Lehrkräfte für die Kurse (wie z.B. *Max Weber*) blieb ihre Resonanz zunächst bescheiden (*Sachße*, 1986; 120). Teilnehmer an den Kursen waren Mädchen und junge Frauen des gehobenen, bürgerlichen Mittelstandes, deren Kräfte »brachlagen« und die durch fachliche Kenntnisse und soziale Motivation in die Lage versetzt werden sollten, durch kompetente soziale Hilfstätigkeit der spezifischen Kulturaufgabe der bürgerlichen Frau nachzukommen und zugleich ihre Emanzipation zu betreiben (Sachße, 1986; 145).

Ausbau der Sozialen Frauenschulen

Die Ausbildung der »sozialen Hilfsarbeiterinnen« wurde durch die Kriegsereignisse des 1. Weltkrieges vorangetrieben; denn die Nachfrage nach Fachkräften stieg enorm an. Es kam zu einer Reihe von Neugründungen von Sozialen Frauenschulen. 1919 gab es 8 von Vereinen getragene interkonfessionelle soziale Frauenschulen, 12 konfessionelle und 6 von öffentlichen Körperschaften getragene Schulen. 1916/17 warnten die Leiterinnen der bestehenden Sozialen Frauenschulen vor einer weiteren Vermehrung sozialer Schulen (Soziale Praxis, 1916/17, Sp. 576). Es wurde befürchtet, dass eventuell in Friedenszeiten nicht alle ausgebildeten Sozialbeamtinnen eine Stelle finden würden. Am 24.01.1917 trafen sich die Leiterinnen aller Sozialen Frauenschulen, um einheitliche Grundsätze für die Ausbildung zu Sozialen Berufen zu erarbeiten. Es wurden erste Erfahrungen ausgetauscht und über Richtlinien nachgedacht, z.B. über Aufnahmealter, Vorbildung, Verbindung von Theorie und Praxis u.a. (Soziale Praxis, 1917, Sp. 634).

Wohlfahrtsschulen, Wohlfahrtspflegerinnen

Die entscheidenden Weichen für die Anerkennung des neuen Berufes stellte nach dem Ende des Krieges das neugeschaffene preußische Ministerium für Volkswohlfahrt, dessen zuständige Dezernentin *Helene Weber* früher selbst die Kölner Frauenschule gegründet hatte. Die vertrauensvolle Zusammenarbeit zwischen der »Konferenz der sozialen Fachschulen« und dem Ministerium, die bis in die 30er Jahre anhielt, erlaubte die Verabschiedung einer Prüfungsordnung (1920), die bis in die 50er Jahre die Ausbildung bestimmte. Die sozialen Frauenschulen wurden als »Wohlfahrtsschulen« staatlich anerkannt, und die Berufsbezeichnung »Wohlfahrtspflegerin« etabliert (s.o.). Es konnten drei Hauptfächer gewählt werden: Gesundheitsfürsorge, Jugendwohlfahrtspflege, allgemeine und wirtschaftliche Wohlfahrtspflege (1925 umbenannt in »Wirtschafts- und Berufsfürsorge«). Folgende Lehrangebote sind nachweisbar: Allgemeine und spezielle Gesundheitslehre, Seelenkunde, Erziehungslehre, Volksbildungsfragen, Volkswirtschaftslehre, Sozialpolitik und Sozialversicherung, Staats- und Rechtskunde, Wohlfahrtskunde, Verwaltungslehre (ab 1926).

Soziologie im Fächerkanon

Es ist interessant, dass 1927 nur der Lehrplan der jüngsten Wohlfahrtsschule (Jena) das Lehrfach »Soziologie« aufführte. Es muss allerdings bedacht werden, dass soziologische Lehrinhalte in anderen Fächern integriert waren. Schon in den 20er Jahren wurden Forderungen laut, die Zahl der Lehrfächer zu verringern. »Wer an Wohlfahrtsschulen unterrichtet, der kennt die Seufzer der Schülerinnen über das einzelhafte Vielerlei des Gebotenen; der kennt das Auseinanderklaffen der verschiedenen Unterrichtsgebiete, den Mangel an innerem Zusammenhang in der Vermittlung des Lehrstoffes und die beinahe verwirrende Fülle von Lehrfächern« (*Stieve,* 1927, Sp. 39 f.). *Hedwig Stieve* regte daher an, Soziologie als »roten Faden« und als Verbindung zwischen den Lehrfächern zu etablieren.

Praxisbezug und ethische Fundierung der Ausbildung

In den Anfängen waren Studium und praktisches Berufshandeln eng verzahnt; die Ausbildung setzte berufliche Erfahrung vor Beginn der Ausbildung (z.B. staatliche Prüfung als Säuglings- oder Krankenpflegerin, Kindergärtnerin, Jugendleiterin u.a.) voraus und schloss ein praktisches Jahr nach der Beendigung der Ausbildung an (*Goeschel/Sachße*, 1981; 427). Neben der Praxisorientierung stand von Anfang an die berufsethische Komponente im Vordergrund. Nach den Vorstellungen von *Alice Salomon* sollte der Soziale Beruf sich zuerst durch seine soziale Gesinnung und den Dienst an anderen Menschen darstellen, also eher als »Eignungsberuf«, weniger als »Erwerbsberuf« (*Olk*, 1986a; 58). Die »Durchbildung der richtigen Persönlichkeit« stand vor der Akademisierung der Ausbildung. *Alice Salomon* strebte daher eine besondere »Höhenlage« des Ausbildungsniveaus an, die Eingliederung in die Universitäten wurde (im Unterschied zu England und den USA) nicht angezielt. Die zeitgenössischen Universitäten standen damals den sozialemanzipativen Ideen der bürgerlichen Frauenbewegung distanziert gegenüber. Sie konzentrierten sich auf wissenschaftliche Disziplinen, nicht aber auf die disziplinübergreifenden Intentionen eines neuen Sozialarbeiterberufes. Im Gegensatz zu Deutschland gingen die Soziologen in den USA von Anfang an eine enge Beziehung zur Sozialarbeit ein, indem sie sich auch als Theoretiker der Sozialen Arbeit verstanden (*Baron/Landwehr,* 1983; 8).

Distanz zur Universität

Die Entscheidung gegen eine Integration der Ausbildung von Sozialarbeitern in die Universitätsausbildung hatte zwei problematische Konsequenzen (vgl. *Goeschel/Sachße*, 1981; 435; *Olk*, 1986; 59):

- Es bildete sich ein spezifisches Theorie-Praxis-Verhältnisses heraus, das einen Praxisbegriff beinhaltete, der sich eng an die unmittelbaren Praxisanforderungen der Anstellungsträger anlehnt. »Konsequent unterfällt die Bestimmung dessen, was »richtige« Praxis sei und daher für diese zu erlernen, zunehmend der Definitionsmacht der Anstellungsträger« (*Goeschel/Sachße*, 1981; 435).

- Die Forschung wird immer mehr von den Ausbildungsstätten getrennt und verlagert sich letztlich an die Universitäten.

Auch nach 1945 blieben die offenen Fragen der 20er Jahre weiterhin in der Diskussion. So wurden 1952 als Konferenzthemen der wieder gebildeten »Konferenz der Wohlfahrtsschulen Deutschlands« genannt: Ranghöhe der Schulen, Aufhebung der Dreiteilung der Hauptfächer, Ausbildungsverlauf, Berufsbezeichnungen.

Ausbildungsreformen nach 1945

1959 wird in Nordrhein-Westfalen eine neue Ausbildungs- und Prüfungsordnung erlassen. Andere Bundesländer folgen nach. Die Ausbildungsdauer wird auf drei Jahre verlängert, das berufspraktische Jahr (Berufspraktikum) in die Verantwortung der Schulen gegeben; die bisherige Dreiteilung in wirtschaftliche, gesundheitliche und (jugend-) wohlfahrtspflegerische Fürsorge als Hauptfächer der Ausbildung abgeschafft.

Sozialpädagoge

Zusätzlich zu der bisherigen Sozialarbeiterausbildung wurden 1966 in Nordrhein-Westfalen zunächst vier Höhere Fachschulen für Sozialpädagogik als Schulversuch eingerichtet. Den Absolventen wurde nach dreijährigem Schulbesuch und einjährigem Berufspraktikum die Berufsbezeichnung »Sozialpädagoge« verliehen. Vorläufer dieser neuen Ausbildungsrichtung war der um die Jahrhundertwende entstandene Beruf der Jugendleiterin, welche Kindergärtnerinnen erst ein halbes, später ein ganzes Jahr weiterbildete (ab 1956: zwei Jahre). 1967 wird diese Ausbildung auch für Männer geöffnet und in Länge und Struktur der Sozialarbeiterausbildung angeglichen (*Pfaffenberger*, 1981; 95).

Diplom-Sozialarbeiter/in, Diplom-Sozialpädagoge/in

Der nächste größere Schritt einer Ausbildungsreform erfolgte 1971 durch die Umwandlung und Integration der Höheren Fachschulen in Fachhochschulen sowie die Neugründung von Fachbereichen Sozialwesen an Fachhochschulen in staatlicher Trägerschaft. Es vollzog sich eine engere Zusammenführung der Studiengänge Sozialarbeit und Sozialpädagogik häufig in einem Fachbereich. Im Rahmen der Anpassung der Landeshochschulgesetze an das Hochschulrahmengesetz wurde 1979 die seit 1971 vorgenommene Graduierung durch die Diplomierung (Diplom-Sozialarbeiter/in, Diplom-Sozialpädagoge/in) ersetzt. 1969 entstanden universitäre Studiengänge, die zum Diplom-Pädagogen führten und einen möglichen Schwerpunkt in Sozialpädagogik/Sozialarbeit hatten.

6.2 Professionalisierung Sozialer Arbeit

Sollte man der neueren Geschichte der Sozialen Berufe, ihrer Verfachlichung und gesellschaftlichen Etablierung, wie sie der Exkurs am Beispiel der Sozialarbeit nachgezeichnet hat, einen Namen geben, so läge der Ausdruck »Professionalisierung« nahe. Dies aber nicht, weil die Entwicklung besonders eindeutig und stringent und der Professionalisierungsbegriff entsprechend präzise und im Gebrauch konsistent wäre – das Gegenteil trifft eher zu. Der geschichtliche Verlauf erscheint komplex, teilweise widersprüchlich und nicht ohne Überraschungen: Abschied vom »reinen« Frauenberuf (unter

Beibehaltung eines hohen Frauen-Anteils), verbandliche Organisation der Berufsangehörigen (bei durchweg niedriger Organisationsquote), Verlagerung der beruflichen Qualifikationen von administrativen, juristischen, sozialmedizinischen und wirtschaftswissenschaftlichen auf pädagogische, psychologische und sozialwissenschaftliche Gebiete, Abstoßungs- und (neuerliche) Kooperationsprozesse zwischen beruflicher und »ehrenamtlicher« Sozialer Arbeit, Verlängerung und Anhebung der Ausbildung auf die Ebene der Hochschule (und Kritik an dieser Entwicklung vor allem seitens der öffentlichen und freien Träger der Wohlfahrtspflege) – solche und andere Beobachtungen lassen sich allenfalls in einem relativ weiten und nicht allzu präzisen Konzept integrieren.

»Professionalisierung« ist in diesem Sinne ein nützlicher Begriff: Er bezeichnet einen möglichen Trend, aber kein verpflichtendes Programm, lässt sich, wie alle Begriffe, als Frage an die Sozialen Berufe – und nicht als abschließende Feststellung – verwenden und liefert insofern nicht mehr als einen theoretischen Bezugsrahmen, um beruflichen Wandel im Sozialwesen zu diskutieren.

6.2.1 Verberuflichung und Professionalisierung

Ist »Profession« ein sozial etablierter, allgemein anerkannter Beruf, so könnte man »Professionalisierung« womöglich als eleganteres Wort für »Verberuflichung« einsetzen. Unter der Entstehung von Berufen und ihrer Professionalisierung versteht man jedoch nicht dasselbe.

a) Wie entsteht ein Beruf?

Verberuflichung

Verberuflichung als der Prozess, in welchem menschliche Arbeit sich die Attribute eines Berufes zulegt, ist im Vergleich zur Professionalisierung der elementarere, weil vorgelagerte und allgemeiner zu beobachtende Vorgang: Arbeitsleistungen, die bisher ehrenamtlich, nachbarschaftlich oder auf der Basis familialer Rollen erwartet wurden, werden aus dem Erwartungsbündel ausgegliedert und zum Gegenstand einer eigenständigen, spezialisierten Rolle mit eigenen Gratifikationen (Einkommen und eventuell Sozialprestige), einer von da an eigenständigen Entwicklung des Qualifikations- und Anforderungsprofils (vgl. *Parsons*, 1976; 256) und besonderer symbolischer Bedeutung für die Rolleninhaber. Die Entstehung von Berufen auch in neuerer Zeit folgt gelegentlich noch diesem Muster: Man denke an den Berufspolitiker oder an bestimmte Dienstleistungsberufe, etwa im pflegerischen Bereich. Dass die Sozialen Berufe, ob eher helfend oder eher erzieherisch und sozialisierend tätig, in der Regel so entstanden sind, bedarf hier nicht mehr des erneuten Nachweises.

Berufliche Differenzierung

Neue Berufe entwickeln sich heute allerdings seltener durch Verberuflichung vormals familial organisierter Tätigkeiten als durch einfache Berufsdifferenzierung: Von einer bereits etablierten Berufsrolle – einem komplexen und vielleicht überkomplexen Leistungs- und Fähigkeitenbündel – werden bestimmte Elemente abgezweigt und Funktionskern einer eigenen Berufsrolle. So ist uns heute der Unterschied zwischen dem Apotheker und dem Drogisten – früher durchaus unbekannt – selbstverständlich. Sozialarbeit und Sozialpädagogik gehen allerdings nicht auf einen gemeinsamen »Stammberuf« zurück, sondern haben sich gleichsam parallel entwickelt. Ihre Integration könnte als ein Prozess der beruflichen Entdifferenzierung angesehen werden, aus dem ein in seinen Leistungserwartungen nunmehr hochkomplexer, vereinheitlichter Sozialberuf hervorgehen würde.

Die Verberuflichung als Verselbständigung einer zuvor ehrenamtlichen oder familialen Rolle wäre kaum bemerkenswert, wenn sie nicht von charakteristischen Veränderungen der Beziehung zwischen denjenigen begleitet wäre, die an der Leistung, als Anbieter oder Empfänger, beteiligt sind. Im Unterschied zu ehrenamtlich oder familial erbrachten Leistungen wird berufliche Tätigkeit auf einem Markt angeboten. Nimmt man die berühmten »Orientierungsalternativen« (»pattern variables«) von *Talcott Parsons* (1951; 58) zum Maßstab, so unterscheiden sich die Orientierungen von Marktteilnehmern, idealtypisch betrachtet, erheblich von familialen Beziehungsmaximen (vgl. dazu auch *Parsons*, 1964):

Universalismus vs. Partikularismus

- Gilt hier eher das Gebot der Solidarität unter Verwandten, der Bevorzugung des Angehörigen vor dem Fremden, so unterstehen berufliche Beziehungen der Norm der Gleichbehandlung und der prinzipiellen Austauschbarkeit aller Beteiligten. In der Terminologie der *Parsons'schen* Orientierungsalternativen: Familialer *Partikularismus* steht gegen beruflichen *Universalismus*. Sind aber Hilfe und Erziehung nicht immer – auch außerhalb familialer Beziehungen – in dem Sinne partikularistisch, dass sie auf vorgegebene Zusammengehörigkeiten und Bindungen (sozialbiologisch, religiös, ethnisch, politisch-weltanschaulich) aufbauen? Schon die frühe Jugendbewegung zu Beginn des vergangenen Jahrhunderts verkündete, Jugend könne nur durch Jugend geführt werden (Später hieß dies: Traue keinem über dreißig!) , und auch in anderen Bereichen von Hilfe und Erziehung wird häufig ausdrücklich zu Parteilichkeit für diejenigen aufgerufen, mit denen die Helferin, der Helfer in gemeinsamer Betroffenheit – als Behinderter, als Frau, als Opfer von Gewalt – verbunden sind.

Affektive Neutralität vs. Affektivität

- Sind im familialen Kontext Gefühle als tragender Grund von sozialen Beziehungen nicht nur erlaubt, sondern sogar geboten, so gilt allgemein im Beruf das Gegenteil: Sympathie und Antipathie sollen die berufliche Leistung nicht beeinflussen; ihre Äußerung ist daher verpönt. Was bedeutet diese Forderung aber in einem Beruf, wo die aufrichtige Wertschätzung der Klientel und der Aufbau einer emotionalen Beziehung oft die eigentliche Leistung darstellen, und wo ein etwas unsensibler Berufsjargon sogar empfiehlt, »mit den eigenen Gefühlen zu arbeiten«? Hier dürfte die in anderen Berufen normale Forderung, Affektivität durch affektive Neutralität zu ersetzen, den Sinn der Tätigkeit weitgehend verfehlen. Ähnlich verhält es sich mit der Erwartung, im Verlauf der Verberuflichung eine für familiale Beziehungen typische Orientierung am Kollektiv – Beurteilung von Prozessen und Ereignissen vornehmlich in ihrer

Bedeutung für die Gruppe und aus der Sicht der Gruppe – zugunsten einer konsequent individualistischen Perspektive aufzugeben.

Funktionale Spezifität vs. Diffusheit

- Ist eine Tätigkeit im familialen Bereich Teil einer von vielerlei Leistungserwartungen geprägten, multifunktionalen oder »funktional diffusen« Rolle, so gerät sie mit der beruflichen Ausgliederung in eine »funktional spezifische« Perspektive: Die Berufsleistung, und nichts anderes, wird typischerweise in beruflichen Beziehungen erwartet, und sollte sich etwa ein Rechtsanwalt anbieten, an der therapeutischen Bearbeitung eines Partnerproblems seines Mandanten mitzuwirken, wird er in der Regel auf Befremden stoßen. Soziale Arbeit ist allerdings seit je her eher »funktional expansiv« eingestellt. Die vorherrschenden theoretischen Orientierungen – »systemische« und anderweitig »ganzheitliche« Arbeitskonzepte – bestreiten tendenziell die Möglichkeit »isolierter« Problembearbeitung mit dem Hinweis auf »Zusammenhänge« – psychischer Belastungen mit gesundheitlichen Defiziten, persönlicher Problemlagen mit sozio-strukturellen Ungleichgewichten, innerfamilialer Spannungen mit gesamtgesellschaftlichem Wertewandel, ökonomischer Schwierigkeiten mit Sozialisationsmängeln usw. Ob berechtigt oder nicht – diese Sichtweise unterstützt jedenfalls Vorstellungen einer umfassenden Zuständigkeit und Verantwortlichkeit Sozialer Arbeit, die oft nur schwer von helferischen Omnipotenzphantasien zu unterscheiden sind (*Mühlum/ Kemper*, 1988; 15).

Leistung vs. Zuschreibung

- In familial und verwandtschaftlich geprägten Sozialbereichen leiten sich unterschiedliche Erwartungen gegenüber verschiedenen Beteiligten häufig einfach aus bestimmten zugeschriebenen«, das heißt: durch persönliche Bemühung nicht veränderbaren Eigenschaften her – »Was Eltern dürfen, dürfen Kinder noch lange nicht« lautet eine entsprechende Regel, Zeugnis einer »positionalen« innerfamilialen Orientierung (vgl. Kap. 2.2.3.2.a) Dagegen geraten Tätigkeiten mit ihrer Verberuflichung in den Zusammenhang von Leistung und Gegenleistung, und Nutzen und Bedeutung einer Beziehung werden mehr oder weniger ausschließlich unter Leistungsgesichtspunkten gesehen. Ist eine derartige Leistungsorientierung auch in helfenden Beziehungen denkbar? In vielen Arbeitsfeldern des Sozialwesens stehen die Adressaten jedenfalls unter geringen Leistungserwartungen; ihre Ansprüche – sei es der Anspruch auf erzieherische Hilfen nach dem KJHG, auf Sozialhilfe nach dem BSHG – sind nicht an bestimmte Verhaltensweisen im Sinne von Gegenleistungen, sondern schlicht an das Vorliegen von Eigenschaften gebunden: Erzieherische Überforderung, Unterschreitung eines Mindesteinkommens.

Offensichtlich kann im Sozialwesen Verberuflichung nicht zur völligen Aufgabe der vorberuflichen Handlungsorientierungen führen. Die folgende, zusammenfassende Übersicht und die exemplarisch eingefügten Praxisformeln sollen vor allem dies zeigen: Beide Orientierungsmuster haben in der helfenden Beziehung ihre je eigene Plausibilität und Berechtigung.

Orientierungsalternativen nach Parsons als Maximen von Hilfebeziehungen	
»beruflich«	**»familial«**
Universalismus: Im Verhältnis zu allen denkbaren Beziehungspartnern gelten die gleichen Normen und Verhaltensmaximen. *»Jeder Bedürftige hat den gleichen Anspruch auf Hilfe und fachlichen Beistand.«*	*Partikularismus*: Die Beziehung kann und soll je nach persönlicher Stellung zum Partner (Verwandter, Freund, Fremder), unterschiedlich gestaltet werden. *»Nur Frauen können Frauen helfen.« »Soziale Arbeit muss parteilich sein.«*
Affektive Neutralität: Positive oder negative Gefühle sollen nicht in die Beziehung einfließen. *»Lass dich nicht von Mitleid hinreißen – handle nie im Zorn, kontrolliere deine Gefühle.«*	*Affektivität:* In der Beziehung gelten Gefühlsäußerungen als angemessen bzw. notwendig. *»Emotionale Wärme und Wertschätzung sind Basis jeder helfenden Beziehung.«*
Funktionale Spezifität: Die Beziehung soll sich lediglich auf spezielle Funktionen, Themen und Aufgaben konzentrieren. *»Du bist nicht für alle Probleme deiner Adressaten verantwortlich.«*	*Funktionale Diffusheit*: Die Beziehung ist ganzheitlich und soll keine Thematik ausschließen. *»Betrachte deine Adressaten als Menschen und nicht als Problemträger.«*
Leistungsorientierung: Die Beziehung besteht im Austausch von Leistungen, die nach Gütemaßstäben beurteilt werden. *»Grundlage der helfenden Beziehung ist ein Kontrakt, an den beide Seiten gebunden sind.«*	*Eigenschaftsorientierung:* Die Beziehung orientiert sich an vorgegebenen Merkmalen der Beteiligten. *»Anspruch auf Sozialhilfe besteht bei Unterschreitung eines bestimmten Mindesteinkommens.«*
Selbst-Orientierung: Das Handelnd soll und darf primär der Befriedigung eigener Bedürfnisse dienen. *»Tu Gutes und rede darüber.«, »Sage nicht Ja, wenn du Nein sagen willst.«*	*Kollektiv-Orientierung:* Das Handeln soll primär der Befriedigung gemeinsamer Bedürfnisse dienen. *»Gemeinwohl geht vor Eigennutz.«*

Berufliche und ehrenamtliche Orientierungen

Vielleicht erklärt sich das notorisch gespannte Verhältnis zwischen beruflicher und ehrenamtlicher Arbeit im Sozialwesen zu einem Teil gerade aus ihren irritierenden Ähnlichkeiten, nämlich aus der beträchtlichen Schnittmenge gemeinsamer, »familialer« Orientierungen, die die berufliche Seite zu besonderen Anstrengungen der Abgrenzung veranlasst. Vor allem aus der Sicht einer dezidiert »beruflich« orientierten Sozialarbeit könnte

- die starke Verpflichtung ehrenamtlicher Arbeit gegenüber partikularen gemeindlichen, politischen und weltanschaulichen Strukturen einem eher universalistischen Berufsverständnis widersprechen;

- das Charisma des berufenen Helfers (*Maòr*, 1975; 125), das häufig die ehrenamtliche Soziale Arbeit trägt und antreibt, mit Ansprüchen einer Zuständigkeit für Notlagen aller Art verbunden sein, das jede funktionalspezifische Rollendefinition ausschließt;
- den ehrenamtlichen Helfern eine der Vorstellung von affektiver Neutralität zuwiderlaufende, caritative Grundhaltung persönlichen Mitleids und einfühlender Nächstenliebe unterstellt werden;
- die Unentgeltlichkeit ehrenamtlicher Arbeit einen Nimbus der Selbstlosigkeit und Aufopferung schaffen, der nicht nur die beruflichen Formen Sozialer Arbeit diskreditiert, sondern vor allem auch verhindert, ehrenamtliche Arbeit einer Leistungs- und Effizienzkontrolle zu unterziehen. Nichts ist beispielsweise, in analoger Anwendung des Sprichworts vom geschenkten Gaul, schwieriger, als einerseits unqualifizierte Formen »selbstloser Hilfe« zurückzuweisen, andererseits qualifizierte ehrenamtliche Hilfe auf Dauer sicherzustellen und auch für ihre Fehler verantwortlich zu machen (siehe dazu *Hegner*, 1986).

b) Die Professionalisierung des Berufs

Professionalisierung: Verfachlichung, ethische Fundierung, berufliche Organisation

Der Aspekt der Professionalisierung vertieft die Betrachtung beruflicher Entwicklungen in charakteristischer Weise. Als Professionalisierung gilt nicht die Konsolidierung beliebiger Tätigkeiten zu einem Beruf, sondern eine besondere Form beruflicher Weiterentwicklung, die vor allem an einer verstärkten Verfachlichung und theoretischen Systematisierung der Wissensgrundlagen des beruflichen Handelns erkennbar wird. Darüber hinaus werden sich Berufe im Prozess der Professionalisierung nicht nur ihrer besonderen fachlichen Standards, sondern auch ihrer ethischen Verantwortung und ihrer gesellschaftlichen Bedeutung bewusst und geben dem unter anderem durch Aufbau einer Berufsorganisation Ausdruck. Die Professionalisierung im Sozialwesen kann durchaus als Alternative zu anderen Leitbildern, beispielsweise einem personal geprägten Berufungsgedanken, verstanden werden.

Profession/ Semi-Profession

Unter den »klassischen« Professionen versteht man, in Anlehnung an den anglo-amerikanischen Begriff der »professions«, eine kleine Gruppe von gehobenen, meist akademischen und vornehmlich mit persönlichen Dienstleistungen (in einem allgemeineren Sinne) befassten Berufen mit geregeltem Zugang, besonderer Autonomie, beträchtlichem Einkommen und hohem Sozialprestige, die sich auf der Basis komplexen und exklusiven beruflichen Wissens und besonderer berufsethischer Standards der Bearbeitung individuell und gesellschaftlich bedeutsamer Probleme widmen – in der Bundesrepublik in etwa gleichbedeutend mit den Freien Berufen: Rechtsanwalt, Arzt, Architekt u.ä. Schon frühzeitig wurde festgestellt, dass immer nur wenige Berufe diesen zweifellos attraktiven Status erreichen würden (*Wilensky*, 1972). Insbesondere der Sozialarbeit wurde in diesem Zusammenhang allenfalls der Status einer »Noch-nicht-Profession« (»semi-profession«) zugebilligt (*Toren*, 1969). Ihr fehlt vor allem das für die klassischen Professionen konstitutive Element der freien Praxis; ihre fachliche Autonomie endet in der Regel bei den von einer Arbeitsorganisation gesetzten Regeln und Kontrollen, das berufliche Wissen schafft keine eindeutigen Grenzen zum Laienpublikum und zu anderen, verwandten Berufen und die soziale Geltung ist entsprechend gemindert. Dennoch – vielleicht aber auch gerade weil die »Semi-Profession« sich nach wie vor am Ideal der etablierten Professionen orientiert – stand die Professionalisierungsdiskussion in der Sozialen Arbeit seit Anbeginn unter dem Verdacht, berufliche Illusionen – etwa den »Traum vom unabhängigen Experten« – zu fördern.

Professionalisierungsbegriffe

Um dem aus dem Wege zu gehen, trennt man sich heute bei der Anwendung von Professionalisierungskonzepten auf die Soziale Arbeit oder andere, neuere Berufe weitgehend von dem Vorbild der etablierten Professionen. Diese sind lediglich Ausgangspunkt der Betrachtung. Eine allgemeine Theorie der Professionalisierung ordnet die verstreuten Beobachtungen, indem sie von der Vielfalt konkreter Professionen zugunsten einiger entscheidender Merkmale abstrahiert. Damit erlaubt sie zugleich die Anwendung des Konzepts auf ein breiteres Spektrum von Berufen, insbesondere auch solchen, die wir kaum zu den Professionen im Sinne des geschichtlichen Typs zählen würden. Professionalisierung ist dann ein Prozess, der unterschiedlich weit vorangetrieben werden kann, der gelegentlich sogar zu weit gehen und eventuell auch rückläufig sein kann. Entsprechende Beobachtungen werden auch davon abhängen, ob man den erreichten Grad der Professionalisierung eines Berufes lediglich eindimensional »am Ausmaß des zur Rollenausübung erforderlichen spezialisierten und systematisierten Wissens« misst (*Daheim* 1967; 42), ob man den Begriff aus zwei logisch unabhängigen Dimensionen – Zunahme des systematischen Wissens *und* Ausweitung der beruflichen Orientierungen und Verantwortlichkeiten über die unmittelbare Arbeitsaufgabe hinaus auf größere soziale Zusammenhänge – gleichsam zusammensetzt (*Hartmann,* 1972), oder ob man dieses Konstrukt sogar noch um eine dritte strategische Variable erweitert, dass nämlich »die Berufsangehörigen in einem eigenen Berufsverband mit möglichst weitgehender Selbstverwaltung, insbesondere mit eigener Disziplinargewalt, und mit möglichst weitgehendem Einfluss auf die Berufszulassung, organisiert sind« (*Hesse*, 1968; 50). Komplexere Begriffe erlauben und erzwingen differenziertere Wahrnehmungen, und so wird man bei der Auswahl eines angemessenen Professionalisierungsbegriffs im einzelnen Fall wohl pragmatisch verfahren. Immer aber ist Professionalisierung ein Beitrag zur weiteren Institutionalisierung eines Berufes im Sinne der selbstverständlichen Akzeptanz und Respektierung beruflichen Rollenhandelns.

Professionalität kann als Attribut eines Berufes bzw. einer Berufsrolle, aber auch als persönliches Merkmal, als unterschiedlich ausgeprägtes Charakteristikum von Mitgliedern einer Berufsgruppe, betrachtet werden. Professionalisierung bezeichnet dann

Professionalisierung: Berufsentwicklung und individuelle Qualifikation

- zum einen den Prozess, in dem ein Beruf sich zunehmend auf ein Laien nicht zugängliches systematisches Expertenwissen stützt; dabei tritt an die Stelle der (wegen des professionellen Kompetenzmonopols) erschwerten öffentlichen und Laienkontrolle des beruflichen Handelns die Selbststeuerung durch eine Dienstleistungsethik, deren Einhaltung wiederum durch Fachkollegen und im Idealfall eine ständische Berufsorganisation kontrolliert wird;

- zum anderen aber auch individuelle Veränderungen in der Ausübung einer Berufsrolle – im Sinne der fachlichen Anhebung der eigenen Tätigkeit, die mit der persönlichen Verinnerlichung berufsethischer Handlungsmaßstäbe und dem Engagement in einem Berufsverband einhergehen kann; dieser zweite Aspekt von Professionalisierung wird hier nicht weiter vertieft. Er ist offensichtlich aus der sozialstrukturellen Betrachtungsweise abgeleitet und führt zu Fragen der unterschiedlichen Sozialisation, der Fort- und Weiterbildung, des Aufbaus beruflicher Identität und der Übernahme beruflicher Orientierungen bei den Fachkräften der Sozialen Arbeit.

c) Dimensionen der Professionalisierung

Systematisches Wissen

In beiden Versionen, der kollektiven wie der individuellen, steht im Zentrum des Professionalisierungssyndroms die Verwissenschaftlichung des Berufs und der Berufstätigkeit. Zum einen unterscheidet sich das Wissen, auf das sich professionalisierte Berufe stützen, von alltäglichen Kenntnissen und Erfahrungen, aber auch von durchschnittlichen beruflichen Wissensformen, im Grad der Systematisierung: Die Kenntnisse sind geordnet und strukturiert, folgen der Bemühung um vollständigen Behandlung einer Frage oder eines Fragenkomplexes an Stelle von impressionistischer Selektivität und betreffen nicht so sehr unmittelbar sogenannte Fakten und Einzeldaten, als allgemeine Begriffe, Konzepte und Theorien zur Ordnung, Erklärung und Bearbeitung von Einzelsachverhalten. So muss nicht jeder professionalisierte Sozialarbeiter Adressaten und Einrichtungen der Obdachlosenhilfe oder der Heimerziehung aus unmittelbarer Erfahrung kennen; wohl aber sollte er über theoretische Konzepte verfügen, um auch in diesen, ihm möglicherweise nicht vertrauten Arbeitsfeldern sein berufliches Handeln sinnvoll planen zu können.

Wissenschaftliches Wissen

Zum anderen ist professionelles Wissen wissenschaftliches Wissen, das sich auch einer eigenen Fachterminologie bedient. Allerdings kommt es weniger auf die verwendete Sprache und auf die Herkunft der Kenntnisse aus dem Bereich von Hochschulen, Forschungsinstituten und sonstigen Wissenschaftseinrichtungen an, als auf die Art und Weise, wie solche Kenntnisse verwendet werden. »Wissenschaftlichkeit« muss nicht – wie häufig im Alltagssprachgebrauch – als eine Art Etikett angesehen werden, das dem betreffenden Wissen das Gütesiegel höherer Wahrheit und besonderer »Objektivität« verleiht; im Gegenteil: Wissenschaftlich wird Wissen, indem es kritisch gehandhabt, wiederholt in Frage gestellt, nicht mit emphatischer Überzeugung und schon gar nicht als Offenbarung, sondern mit skeptischer Distanz vertreten wird (vgl. dazu *Prim/Tilmann*, 1997; 9). Das Ziel der wissenschaftlichen Ausbildung wäre demnach weniger an der Menge und fachlichen Breite der vermittelten Kenntnisse abzulesen – diese sind ohnehin bald veraltet und bedürfen stetiger, lebenslanger Pflege –, als an der Vermittlung von »Reflexionskompetenz« (*Dewe/Ferchhoff/Scherr/Stüwe*, 1995; 83), hier verstanden als das Vermögen, methodisch reflektiert und selbstständig zwischen Wissensangeboten auszuwählen, theoretische Konzepte nicht nur zu kennen, sondern auch zu verstehen, in den gesellschaftlichen Zusammenhang einzuordnen und in überlegter Weise für die Bearbeitung berufspraktischer Probleme zu nutzen. Auch die Fähigkeit, in der Argumentation zwischen Sachaussagen und Wertungen, im beruflichen Handeln zwischen fachlichen und normativen Begründungen zu unterscheiden, wäre ein Ausweis von Professionalität. Ein so verstandener Wissenschaftlichkeitsanspruch der Professionellen eignet sich im Übrigen kaum für Zwecke des beruflichen Imponiergehabes. Eher legen die Vorläufigkeit aller theoretischen Erkenntnis und ihr ebenso ungewisser Nutzen bei der Bearbeitung der Probleme der Adressaten berufspraktische Bescheidenheit nahe.

Professionalisierung als Konstrukt

Systematische Wissenschaftlichkeit im Beruf ist nicht die einzige Dimension des Professionalisierungsbegriffs. Die Herausbildung einer besonderen Berufsethik, die Organisation der Berufsangehörigen in einem Berufsverband, ihre gehobenen Einkommens- und Statusansprüche und andere Aspekte von Professionalität sind – bei verschiedenen Autoren durchaus unterschiedlich – an dieses zentrale Merkmal gleichsam angelagert und bilden in Kombination das typische Beispiel eines wissenschaftlichen Konstruktes: Darunter versteht man einen für Zwecke theoretischer Argumentation entwickelten, komplexen Begriff, der im außerwissenschaftlichen Alltag nicht oder zumindest nicht in gleicher Bedeutung gilt, und der in der sozialen Wirklichkeit auch nicht unmittelbar beobachtbar ist. Beobachten können wir allenfalls die Einzelsachverhalte, aus denen der Gesamtbegriff gleichsam konstruiert wird. Von den Dimensionen der Professionalisierung sollen in Bezug auf die Soziale Arbeit, zusätzlich zum Wissensaspekt, die berufsethische Fundierung professionellen Handelns und die berufliche Organisation näher beleuchtet werden.

Professionelle Ethik

Die Notwendigkeit einer besonderen professionellen Ethik liegt auf der Hand. Mit zunehmender Verfachlichung einer Tätigkeit, das heißt: mit ihrer Delegation an Experten, wird eine Außenkontrolle immer schwieriger: Weder Vorgesetzte noch Klienten, weder fachfremde Kollegen noch breitere Öffentlichkeit können letztlich sicher sein, dass der Experte seine exklusiven Kompetenzen in der Definition und Bearbeitung von Problemen nicht zum eigenen Vorteil oder für andere, sachfremde Zwecke missbraucht. Abgesehen davon, dass natürlich auch das Fachwissen selbst den Experten diszipliniert und alltägliche Willkür verbietet (*Müller*, 1991; 34), ist vor allem eine verinnerlichte Berufsethik Ersatz für externe Kontrollen. Auch im Sozialwesen lassen sich Arbeitsfelder und Funktionsbereiche benennen, in denen Sozialarbeiterinnen und Sozialarbeiter einen hohen Grad an professioneller Autonomie genießen, und in denen sie, auf der Grundlage spezialisierten Wissens und formaler Befugnis, folgenreiche Entscheidungen für und über andere Menschen treffen; hier erscheint eine besondere berufsethische Sensibilität der Fachkräfte unerlässlich, beispielsweise

Ethisch sensible Arbeitsbereiche

- bei allen anamnestischen und diagnostischen Aufgaben, wo den Fachkräften wichtige persönliche Daten ihrer Adressaten bekannt werden und sie auch die Verantwortung für eventuell stigmatisierende Folgen ihrer Diagnosen erkennen müssen;

- in Arbeitsfeldern, in denen professionelle Entscheidungen in die Biographien von Menschen eingreifen und diese nachhaltig verändern: Trennung und Fremdplatzierung von Menschen im Rahmen der erzieherischen Hilfen des KJHG, gerichtliche Stellungnahmen und Gutachten u.ä.
- bei der Sozialen Arbeit in devianten Milieus (Straßensozialarbeit, Arbeit mit Drogenabhängigen, Arbeit mit devianten Jugendlichen, Sozialarbeit in Strafanstalten), wo die Fachkräfte – möglicherweise im Bemühen um Festigung der helfenden Beziehung – selbst unter Devianzdruck geraten können (Verletzung von Mitteilungs- und Kontrollpflichten, Übernahme abweichender Verhaltensweisen von Klienten u.ä.)
- in sozial abgeschotteten Arbeitsbereichen, in denen die Adressaten in besonderer Weise von den Fachkräften abhängig sind: z.B. Wohngruppen in großen Einrichtungen der Heimerziehung, Einrichtungen der psychiatrischen Versorgung, soweit sie Merkmale der Totalen Institution (vgl. dazu Kap. 4.3.2.2) aufweisen: Ohne berufsethische Bindungen der Fachkräfte müsste man hier von kontrollfreien Räumen Sozialer Arbeit sprechen.

Legitimation durch Ethik

Berufsethische Normen dienen über die eher restriktive Kontrolle hinaus aber auch, ähnlich den beruflichen Fachkenntnissen, zur Steuerung und Legitimation des Handelns im Beruf. Insbesondere bei Problemstellungen, für die theoretisch haltbare und eindeutige Erklärungen fehlen, sichere methodische Hilfen nicht zur Verfügung stehen, das Fachwissen den Professionellen also sozusagen im Stich lässt, könnte der naheliegende Rückzug auf das schlichte Alltagsdenken und -handeln durch spezifische berufsethische Maximen immerhin abgefedert werden. Wird die professionelle Zweckrationalität fraglich, kann eine reflektierte Wertrationalität, in der sich die Fachkräfte beispielsweise der Integrität und Würde, dem Schutz der Privatsphäre, dem Anspruch auf Einhaltung von Vereinbarungen und Regeln und der Akzeptanz der Persönlichkeiten ihrer Adressaten bewusst und in besonderer Weise verpflichten, zumindest die gefährlichsten Risiken vermindern, die mit Hilfe und Erziehung in einem alltäglichen, d.h. in der Regel traditionalen oder affektuellen Kontext häufig verbunden sind: Dominanzbestrebungen, Vorurteile, Animositäten, Ressentiments und persönliche Vorlieben.

Berufskodex

Nach dem Vorbild der etablierten Professionen – Ärzte, Rechtsanwälte – würde man das Erfordernis einer eigenen Berufsethik am ehesten durch einen Katalog berufsverbindlicher Werte und Handlungsnormen, den sogenannten Berufskodex, erfüllt sehen. Der apodiktisch feststellende Stil solcher Normkataloge kann aber nicht darüber hinwegtäuschen, dass hier entweder – bei strengem Verständnis der Regeln – Unmögliches, bei einer eher pragmatischen Einschätzung aber Selbstverständliches gefordert wird. Der vorstehende Auszug aus den »Berufsethischen Prinzipien des Deutschen Berufsverbandes für Sozialarbeit, Sozialpädagogik und Heilpädagogik (DBSH)«, beschlossen 1997, macht dies deutlich.

3 Verhalten gegenüber Klientel

3.1 Die Mitglieder des DBSH achten die Privatsphäre und Lebenssituation der Klientel. Die Mitglieder des DBSH erkennen, respektieren und fördern die individuellen Ziele, die Verantwortung und Unterschiede der Klientel und setzen die Ressourcen der Dienststelle dafür ein.
3.2 Die Mitglieder des DBSH informieren ihr Klientel über Art und Umfang der verfügbaren Dienstleistungen sowie über Rechte, Verpflichtungen, Möglichkeiten und Risiken der sozialen Dienstleistungen und schließen darüber einen Kontrakt. Eine vorzeitige Beendigung dieses Kontraktes ist nur in Ausnahmefällen zulässig. Diese erfolgt wie die Verlängerung des Kontrakts, dessen Unterbrechung oder eine Vermittlung an andere Fachstellen ausschließlich im Benehmen mit der Klientel.
3.3 Die Mitglieder des DBSH wahren in ihren beruflichen Beziehungen oder Verpflichtungen Rechte, Güter und Werte der Klientel.
3.4 Die Mitglieder des DBSH nutzen ihre Beziehungen zur Klientel nicht zum ungerechtfertigten Vorteil. Sie gestalten ihre Beziehungen zur Klientel ausschließlich berufsbezogen.
3.5 Die Mitglieder des DBSH respektieren die Lebenssituation und Unabhängigkeit der beteiligten Menschen, bemühen sich um Verständnis und führen die Dienstleistung im Rahmen eines Kontraktes gewissenhaft und zuverlässig aus.
3.6 Die Mitglieder des DBSH sind verpflichtet, anvertraute persönliche Daten geheimzuhalten. Sie geben diese Daten nur weiter, wenn sie aus gesetzlichen Gründen offenbart werden müssen. Personen, deren Daten weitergegeben werden, sind darüber zu unterrichten.
3.7 Die Mitglieder des DBSH erheben und speichern nur jene Daten und Fakten, die für die Durchführung und Rechenschaft über die Intervention nötig sind. Die Verpflichtung zur Geheimhaltung besteht auch nach Abschluss der beruflichen Beziehung.
3.8 Die Mitglieder des DBSH ermöglichen der Klientel angemessenen Zugang zu allen sie betreffende Aufzeichnungen. Wenn Klientinnen/Klienten Zugang zu den Unterlagen erhalten, muss ausreichend Sorge dafür getragen sein, das die der Verschwiegenheit unterliegenden Informationen über Dritte geschützt sind.
3.9 Diejenigen Mitglieder des DBSH, für die kein Zeugnisver-weigerungsrecht besteht, bemühen sich um die Befreiung von der gesetzlichen Zeugnispflicht, wenn ihre Aussagen das Vertrauensverhältnis zur Klientel gefährden und dem keine ernstliche Gefährdung Dritter entgegensteht.

Quelle: Internet

Grenzen berufsethischer Kodizes

Alle wesentlichen Ausdrücke in diesem Normenkatalog sind natürlich interpretationsbedürftig: Was sind wirklich »persönliche« Daten (3.6), welche dieser Daten sind für die Durchführung einer Hilfe »erforderlich« (3.7), welcher Zugang zu den Akten für Klienten ist »angemessen« (3.8) usw. Aber selbst bei einem äußerst flexiblen Verständnis der Vorschriften kann man davon ausgehen, dass täglich vielfach gegen sie verstoßen wird – und verstoßen werden muss. Ist die Lebenssituation eines Drogenabhängigen und Kleindealers oder eines obdachlosen Mannes zu respektieren (3.1), zu verändern – oder ist beides zugleich möglich. Kann überhaupt bei Gewährung einer Sozialpädagogischen Familienhilfe oder bei der Herausnahme eines Kindes aus einer Familie die Privatsphäre der Klienten geachtet werden? (3.1) Werden die Klienten wirklich regelmäßig über ihre Leistungsansprüche umfassend informiert – und wäre die Hilfe in diesem Umfang überhaupt noch realisierbar? (3.2) Wo werden z.B. Klienten auf die Möglichkeit hingewiesen, zum Hilfeplangespräch nach § 36 KJHG einen persönlichen Berater oder sogar juristischen Beistand mitzubringen, wie dies ihr Recht ist (*Münder* u.a. 1993; 285) (3.2), und wie würde sich die Hilfeplanung gestalten, wenn dies Beispiel tatsächlich Schule machen würde? Worin besteht der »Kontrakt« (3.2, 3.5), wenn Eltern nur unter der offenen oder latenten Androhung eines Sorgerechtsentzuges auf die am Kindeswohl orientierten Hilfevorstellungen des Jugendamtes einzugehen bereit sind? Berufsethische Kodizes werden offenbar der Komplexität der Einzelsituation und der Pluralität der Lebenslagen und Normalitätsentwürfe immer nur unvollkommen gerecht, und deshalb bieten sie, wie Normenkataloge schlechthin, selten überzeugende Lösungen für berufsethische Probleme an. Oft fördern sie dagegen berufsethische Illusionen und wecken in der naiven Gradlinigkeit ihrer Formulierungen bei den Berufsangehörigen und in der Öffentlichkeit den Eindruck, berufsethische Normen und berufliches Handeln ließen sich im Regelfall ohne weiteres zur Deckung bringen. Nützlich sind sie allenfalls als Wegweiser einer berufsethischen Sensibilisierung, als Quelle und Anregung für die Reflexion, die das professionelle Handeln begleitet.

Berufsethische Reife

Denn auch im Beruf werden, nicht anders wie im Alltag, nicht so sehr moralische Konformität und konventioneller Regelgehorsam erwartet, als vielmehr – im Sinne der Theorie von *L. Kohlberg* (vgl. Kap. 2.1.3.3.b) – berufsethische Reife. Erst sie befähigt dazu, berufsethische Normen gegeneinander abzuwägen, anzuwenden und auf diese Weise das berufliche Verhalten ethisch zu begründen. Voraussetzung hierfür ist nicht unbedingt die Kenntnis eines differenzierten Normenkataloges, wohl aber »ethische Argumentationsfähigkeit« (*Mollenhauer*, 1992; 116), hier verstanden als das Vermögen, aus allgemeinen, grundlegenden Wertüberzeugungen Normen selbstständig zu begründen und für neuartige, ethisch noch unerschlossene berufliche Situationen zu generieren. Solche grundlegenden Werte könnten im Sozialwesen, will man nicht sogleich auf die allgemeinste Ebene des *Kant*'schen Kategorischen Imperativs zurückgehen, beispielsweise die Einhaltung und Förderung universell geltender Menschenrechte (*Staub-Bernasconi*, 1995), das Gebot der Beteiligung der Adressaten an allen sie betreffenden Planungen und Entscheidungen in Angelegenheiten von Hilfe und Erziehung oder auch der Grundsatz sein, nur Hilfebeziehungen auf der Grundlage der Freiwilligkeit zu unterhalten:

> »Dann aber muss das der Sozialarbeit institutionell vorgegebene Machtgefälle durch eine Berufsethik korrigiert werden, deren oberste Maxime darin besteht, die Zuschreibung von Hilfsbedürftigkeit nur konsensuell mit dem der Hilfsbedürftigkeit Verdächtigen vorzunehmen bzw. keine Hilfsmaßnahme ohne die durch freie Einsicht gewonnene Zustimmung der Klienten einzuleiten. Die-

se Maxime steht in striktem Gegensatz zu allen Ansätzen, die – sei es aus marxistischer, christlicher, psychoanalytischer oder lernpsychologischer Sicht – meinen, ›Hilfsbedürftigkeit‹ objektiv erkennen und aus solcher Erkenntnis heraus das Einleiten einer Maßnahme rechtfertigend ableiten zu können.« (*Brumlik*, 1992; 211)

Das würde die Soziale Arbeit auf Handlungsformen verpflichten, denen »kommunikativ erarbeitete Richtigkeitsvorstellungen« im Sinne des folgenden, von *Merten* (1997; 126) vorgeschlagenen Schemas unterschiedlicher Interventionsbedingungen zu Grunde liegen; die Übersicht verdeutlicht, wie nicht nur fehlende Freiwilligkeit, sondern auch Verständnisdefizite berufsethische Normen gefährden.

Interventionsbedingungen

Klientel		**Rekrutierung**	
		Freiwillig	**unfreiwillig**
Verständigungskapazität	**hoch**	kommunikativ erarbeitete Richtigkeitsvorstellungen	repressive Intervention
	niedrig	advokatorische Ersatzvornahme	vormundschaftliche Ersatzvornahme

Hilfeprozess als Konsensbildung

Ethisch reflektierte Professionalität wäre allerdings nicht unbedingt gehalten, sich selektiv nur solchen Problemlagen zu widmen, in denen das ideale Handlungsmuster von Beginn an realisiert werden kann; in vielen Arbeitsbereichen des Sozialwesens wäre dann Soziale Arbeit gar nicht möglich. Vertretbar wäre sicherlich auch eine Auffassung, nach der zunehmende Verständigung und Konsensbildung eine wesentliche Funktion im Hilfe-prozess selbst darstellt (vgl. *Olk* 1986; 260). Repressive Intervention, advokatorische und vormundschaftliche Ersatzvornahme wären dann vorläufige Handlungsformen, die im Verlauf der Hilfe mit den Vorstellungen der Klienten zur Deckung gebracht werden müssten.

Adressaten des Berufsverbandes

Die Bedeutung eines Berufsverbandes für die Sozialen Berufe schließlich ist eng mit dem Gewicht verbunden, das man den anderen hier erwähnten Elementen des Professionalisierungssyndroms – systematisches Wissen, berufsethische Fundierung der Berufsangehörigen – beimisst. Grundsätzlich lässt sich nämlich das Wirken von Berufsverbänden auf diese beiden thematischen Schwerpunkte beziehen; dabei können Adressaten der Aktivitäten zum einen die Berufsangehörigen, zum anderen die berufsexterne Öffentlichkeit sein: Klientel und Laienpublikum, Anstellungsträger, Ausbildungsinstitutionen, politische Instanzen u.ä. Ähnlich unterscheidet *Daheim* (1967; 234) in Anlehnung an Klassiker der Professionalisierungstheorie auf einem Kontinuum Berufsorganisationen vom Typ einer »Studiengesellschaft« – vornehmlich um Qualifikation und Kontrolle ihrer Mitglieder bemüht – und solche vom Typ der »expansiven Gewerkschaft«, deren Mitglieder sich vor allem »zur Wahrnehmung ihrer Interessen bezüglich der

Arbeitsbedingungen und der materiellen Entschädigungen zusammen*schließen« (Daheim,* 1967; 237). Als übergeordnetes Ziel berufsverbandlicher Aktivitäten kann dabei die Etablierung und Stabilisierung des Berufs als autonomer, gesellschaftlich respektierter und honorierter, kollektiver Sozialstatus gelten (Institutionalisierung des Berufs).

Funktionen von Berufsverbänden		
Adressaten	Berufsintern (»Studiengesellschaft«)	Berufsextern (»Expansive Gewerkschaft«)
Ziele	Vermittlung und Stützung beruflicher Identität (»Standesbewusstsein«)	Statusverbesserung (Arbeitsbedingungen, Einkommen u.a.)
Medien a) Wissen	Fort- und Weiterbildung, fachlicher Austausch, Mobilisierung v. Forschung, Regelung des beruflichen Zugangs durch Prüfungen	Einflussnahme auf die Ausbildung (insbes. Ausbildungs- und Prüfungsordnungen)
b) Soziale Orientierung	Entwicklung eines berufsethischen Kodex, Kontrolle der Einhaltung (»berufliche Ehrengerichte«) u.ä.	Berufsethische Außendarstellung, Betonung sozialer und politischer Verantwortlichkeit, Stellungnahmen zu allgemein polit. Fragen u.ä.

Chancen der Organisationen Sozialer Berufe

Ob die Vereinigungen der Sozialberufe – in Deutschland z.B. der DBSH – die dargestellten Möglichkeiten ausschöpfen, hängt sicherlich auch davon ab, inwieweit andere Organisationen mit ähnlicher Zielrichtung und in ähnlicher Weise tätig sind: Was die Funktionen des Berufsverbandes als »Studiengesellschaft« betrifft, so haben sich hier die öffentlichen und insbesondere die freien Anstellungsträger der Sozialarbeiter einen Teil der Funktionen gesichert, ob man nun an ihr reichhaltiges Fort- und Weiterbildungsangebot denkt oder an ihre allgemein akzeptierte Berechtigung, in Tendenzbetrieben mit diakonischer, caritativer oder anderweitiger Zielsetzung ihre Mitarbeiter nicht nur fachlich, sondern auch ethisch-weltanschaulich auszuwählen und zu kontrollieren. In ihren nach außen gerichteten Bestrebungen auf der anderen Seite kommen sozialarbeiterisch-sozialpädagogischen Berufsvereinigungen möglicherweise die etablierten Gewerkschaften zuvor, die die Interessen Sozialer Berufe als einer durchweg in Lohnarbeit erbrachten Leistung eventuell wirkungsvoller zu vertreten imstande sind als ein eher berufsständisch orientierter Verband.

Der DBSH ist:

Fachverband
- Einflussnahme auf die Fortentwicklung sozialpädagogischer Berufe
- Einflussnahme auf die gesellschaftliche Entwicklung
- Vielfältige Angebote von Informations-, Fort- und Weiterbildungsmöglichkeiten

Gewerkschaft
- Beratung und Vertretung in Fragen des Tarif-, Besoldungs-, Arbeits- und Sozialrecht
- Beteiligung an Tarifverhandlungen innerhalb der gemeinsamen Tarifkommission
- Arbeitskampfmaßnahmen

Vertretung Sozialer Berufe
- Dipl. SozialarbeiterInnen (FH)
- Dipl. SozialpädagogInnen (FH)
- ErzieherInnen
- HeilerziehungspflegerInnen
- Dipl.-PädagogInnen (Schwerpunkt Sozial- und Heilpädagogik, Uni)
- SupervisorInnen

Ziele des DBSH
- Verbesserung der Arbeitsbedingungen in der Sozialen Arbeit
- (Weiter-) Entwicklung von Qualitätsstandards für die Soziale Arbeit
- Darstellung des Berufsauftrages und der Funktion der Sozialen Arbeit
- Einflussnahme auf die Entwicklung der Berufe und Mitwirkung bei der Ausbildung
- Sicherung und Erweiterung der Fortbildungsmöglichkeiten
- Weiterentwicklung der fachlichen Grundlagen und Inhalte sowie deren Umsetzung in die Praxis
- Einflussnahme auf gesellschaftspolitische Entwicklungen, Gesetzgebung und Verwaltung
- Zusammenarbeit mit internationalen Fachverbänden und Organisationen

Quelle: Internet

d) Scheinprofessionalisierung und andere Professionalisierungsimpulse

Funktionalistische Perspektiven

Die funktionalistische Betrachtungsweise (siehe dazu auch oben Kasten 2 in der Übersicht S. 33/34) neigt dazu, die Professionalisierung von Berufen als zwingende Notwendigkeit zu sehen, gleichsam als Antwort des Berufs auf die angewachsenen Leistungsforderungen einer modernen Gesellschaft: »Der Fortschritt der Wissenschaft erschließt ein neues Gebiet und ermöglicht eine Verbesserung der Erledigung einer Aufgabe im Rahmen der gesellschaftlichen Arbeitsteilung. Die Position, die durch die Erledigung dieser Aufgabe definiert ist, erfordert von ihrem Inhaber mehr systematisiertes Wissen. Die Gesellschaft gibt dafür im Austausch einen höheren Anteil an Belohnungen« (*Daheim*, 1967; 53). So ließe sich auch als Motor der fortschreitenden Professionalisierung der Sozialen Berufe eine Vielzahl gesellschaftlicher Faktoren nennen: Die Verschärfung sozialer Ungleichheiten und Problemlagen, eine wachsende Sensibilisierung für Beziehungsprobleme, verbunden mit einer Psychologisierung des familialen Erziehungsalltags, steigende Ansprüche an die Leistungen der sozialen Hilfen und der Kinder- und Jugendhilfe und ein großes Angebot an theoretischen und methodischen Konzepten professioneller Problembearbeitung, verbunden mit einem allgemeinen Nachlassen der Selbsthilfekompetenz (*Erler* 1993; 36).

Scheinprofessionalisierung

Natürlich wissen auch soziologische Funktionalisten, dass Professionalisierung nicht immer und nicht nur eine Antwort auf gesellschaftliche Erfordernisse ist. Vielmehr treiben Berufsgruppen ihre Professionalisierung auch aus ganz eigennützigen Interessen voran; doch werden solche Prozesse mit dem Etikett der »Scheinprofessionalisierung« von vornherein zu unseriösen Ausnahmen erklärt: »Hier haben die organisierten Inhaber einer Berufsposition die Belohnungen einer anderen, meist voll- oder wenigstens halbprofessionalisierten Berufsposition als Ziel. Die Berufsgruppe strebt also für ihre Mitglieder nach höherem Prestige und nach höheren finanziellen Belohnungen und bedient sich dabei der Anforderungen an das systematisierte Wissen als Mittel: Gewissermaßen unnötigerweise wird die Ausbildung der Berufsangehörigen wesentlich verbessert, weil man weiß, dass sich in einer modernen Gesellschaft nur aus einer höheren Qualifikation ein Anspruch auf eine höhere Entschädigung herleiten lässt« (*Daheim*, 1967; 53).

Verwandte man in den frühen siebziger Jahren noch einige Bemühungen auf den Nachweis, dass die Professionalisierung der Sozialarbeit jedenfalls »echt«, also keine Scheinprofessionalisierung sei (*Lingesleben*, 1973; insbes. 63), so sieht man heute doch nüchterner, dass Berufe in der Regel gemacht (»konstituiert« – *Beck/Brater*, 1977) und berufliche Entwicklungen wie die Professionalisierung bewusst eingeleitet werden. Professionalisierung dürfte immer zu einem Teil auch »Scheinprofessionalisierung« sein, und überhaupt verbietet die Vielzahl möglicher Auslöser von Professionalisierung die einfache Polarisierung zwischen »echten« und »unechten« Professionalisierungsprozessen.

6.2.2 Professionalisierte Soziale Arbeit: Zweifel und Kritik

Seit je her hat Professionalisierung beim Publikum auch Unbehagen ausgelöst, und ein unfreundliches Bonmot nennt jede Profession »eine Verschwörung gegen den Laien«. Die Kritik ist teilweise recht grundsätzlich, indem sie bereits die Möglichkeit einer Professionalisierung der Sozialen Berufe in Zweifel zieht. Daneben wird die (von anderen abgestrittene) Professionalisierung beruflicher Hilfe und Erziehung als Fehlentwicklung beklagt, die durch Prozesse der Deprofessionalisierung oder zumindest durch eine Art »neuer« Professionalität korrigiert werden muss.

a) Professionalisierungsillusionen

Sozialer Aufstieg durch Professionalisierung?

Illusionär sind sicherlich Hoffnungen von Vertretern Sozialer Berufe, gleichsam kollektiv sozial aufzusteigen und Zutritt zum herausgehobenen Kreis der etablierten Professionen zu erlangen. Solche Vorstellungen, denen man in den siebziger Jahren etwa im Zuge der Verlängerung der Ausbildung von Sozialarbeitern und Sozialpädagogen, ihrer Anhebung auf die Ebene der Fachhochschulen oder der Einführung des Hochschuldiploms anstelle der früheren Graduierung begegnen mochte, sind durch die tatsächliche Entwicklung weitgehend widerlegt worden. Aber auch wenn man sich vom Vorbild der Ärzte oder der Rechtsanwälte freimacht und unter Professionalisierung die eventuell nur graduellen Veränderungen eines Berufes in ausgewählten Dimensionen – dem Umfang des angewandten, systematisch-theoretischen Wissens, der Orientierung der Berufsmitglieder an einer professionellen Dienstleistungsethik sowie ihrer Neigung, sich in einem Berufsverband zu organisieren – versteht, sind Zweifel daran erlaubt, dass Professionalisierungsprozesse im Sozialwesen über die erreichten Ansätze hinaus besondere Chancen haben.

Grenzen der Systematisierbarkeit des Wissens

Insbesondere das berufliche Wissen von Sozialarbeitern scheint immer nur begrenzt systematisierbar zu sein, versteht man unter einer Systematik ein Ordnungssystem, das den vielfältigen Problemen und Situationen des beruflichen Alltags ihre Einzigartigkeit nimmt und sie – mit dem Anspruch auf vollständige Erfassung – zu Kategorien gleichartiger Fälle zusammen fasst. *Peters* diagnostizierte geradezu ein Desinteresse der helfenden Berufe an der systematischen Klassifizierung von sozialen Schwierigkeiten, die diese als Mengenproblem, das heißt als Defizit größerer Personenkategorien ausweisen, ihre Behebung damit zu einer Aufgabe der Sozialpolitik machen würde. Soziale Arbeit würde so tendenziell entbehrlich. Der individualistische Ansatz »immunisiert die um ihre Professionalisierung bemühte Sozialarbeit gegen Konkurrenz; mit ihm wird die Substituierbarkeit von Sozialarbeit durch generelle Sozialpolitik bestritten« (*Peters*, 1973; 110). Auch das angewachsene Kompendium an sozialarbeiterischen Methoden, ein denkbarer Kristallisationskern authentischen professionellen Wissens der Sozialen Berufe (vgl. *Wendt*, 1985), muss sich von verschiedenen Vorbehalten erst noch befreien, so von dem Verdacht, sich jeder wissenschaftlich sanktionierten Mode (von der Psychoanalyse über Gruppendynamik, Psycho-Boom und Therapie-Welle, systemischen Ansatz bis zum Qualitätsmanagement) in raschem Wechsel zu unterwerfen (vgl. dazu *Hege*, 1981; *Müller*, 1981; *Burmester/Halfar*, 1995). Versuche, die Methoden Sozialer Arbeit in den systematischen Zusammenhang einer »Theorie der Sozialen Arbeit« zu stellen (*Heiner/Meinhold/von Spiegel/Staub-Bernasconi*, 1994) tragen solchen Bedenken Rechnung. Überhaupt scheinen die neueren Bemühungen um Entwicklung einer eigenständigen Sozialarbeitswissenschaft (siehe z.B. *Engelke*, 1992; *Wendt*, 1994), zu beträchtlichen Anteilen von der Absicht getragen zu sein, die Sozialen Berufe aus ihrer wissenschaftlichen Fremdbestimmung herauszulösen und mit einem eigenständigen fachlichen Leitbild zu versehen

b) Professionalisierung – ein Irrweg?

Professionalität als Bedrohung

Gewissermaßen im Widerspruch zu jenen Prognosen, die einer wirklichen Professionalisierung Sozialer Arbeit nur wenig Chancen einräumen, steht eine Kritik, die gerade die tatsächlichen Anzeichen dieser Professionalisierung insbesondere im Bereich des systematischen Fachwissens und der methodischen, pädagogischen und womöglich therapeutischen Expertise mehr oder weniger deutlich verurteilt. Auslöser mag unter anderem eine in den Sozialberufen verbreitete, deprimierende Erfahrung sein: Professionelles Wissen und wissenschaftlich fundierte Methodik haben bei den Adressaten von Hilfe und Erziehung oft keine hohe Geltung; Methodische Formen der Gesprächsführung, aufwändige psycho-soziale Diagnosen, systemische, symptomübergreifende Betrachtungsweisen werden häufig als fremd, künstlich und sogar bedrohlich empfunden.

Professionelle Inszenierungen

Das fachlich orientierte, methodisch gesteuerte berufliche Handeln gerät gelegentlich sogar unter den Verdacht der Inszenierung (in der erfahrene Klienten ihren Rollenpart oft ebenso gut, manchmal besser beherrschen als die Fachkraft), des professionellen Rituals, verpflichtend allenfalls in den geschützten Bezirken von helfender Beziehung, Therapie und methodischer Pädagogik, aber ohne besonderen Belang für das profane Leben der Klienten. Das wäre zunächst nur ein anderer Aspekt der professionellen Illusion, aber an sich noch kein Schaden. Die Professionalisierungskritik weist indessen darauf hin, dass Sozialarbeiter – als Mitarbeiter etwa eines Jugendamtes, einer Beratungsstelle für Obdachlose, einer Sozialpädagogischen Familienhilfe – in der Regel mit sozialem Einfluss, das heißt Macht und Autorität, ausgestattet sind, die es ihnen erlauben, ihre ambitionierten Perspektiven gegen die alltägliche Sichtweite der von ihnen abhängigen Klientel durchzusetzen. So müssen Eltern einsehen, dass das Schulproblem eines Kindes in Wirklichkeit nur Symptom einer die ganze Familie betreffenden Krise ist. Eine Mutter, die ihr Kind, das längere Zeit in einer Pflegestelle lebte, wieder zu sich nehmen möchte, muss akzeptieren, dass inzwischen eine emotionale Bindung zu den Ersatzeltern entstanden sei, die eine Rückkehr des Kindes ausschließe. Gestützt auf einschlägige psychologische Handreichungen (*Nienstedt/Westermann*, 1995) rät man ihr, die nunmehr zu reduzierenden Kontakte zu ihrem Kind für die »Trauerarbeit« zu nutzen. Ihr Widerstand gegen eine solche Entwicklung, unter alltäglichen Vorzeichen normal und angemessen, kann von den Fachkräften des Jugendamtes als »Unfähigkeit, das Kind loszulassen« diagnostiziert werden. In solchen Situationen können Klienten die Professionalität der Fachkräfte wohl nur als Entmündigung empfinden

Entmündigung durch Professionelle

So stehen professionelle Hilfen grundsätzlich unter dem Verdacht, den Laien ihre Problemkompetenz abzusprechen, nämlich die Befähigung und als Recht, die eigenen Probleme selbst zu definieren und nach Möglichkeit auch selbst zu lösen. Es sind etwa die folgenden Fragen, denen sich die Professionalisierung Sozialer Arbeit in dieser Hinsicht ausgesetzt sieht:

- *Wissenschaftsgläubigkeit*: Erhöht die Professionalisierung die Wirksamkeit sozialer Hilfe und Erziehung (siehe dazu *Bohle/Grunow*, 1981; 165), oder ist sie eher Zeichen einer Überschätzung der technologischen Potenz der beteiligten Fachdisziplinen und der Leistungsfähigkeit von Wissenschaft schlechthin bei der Bearbeitung psychosozialer Probleme?
- *Expertenherrschaft*: Verschafft eine Professionalisierung den Sozialen Berufen den erwünschten Zugang zu neuen und weniger randständigen Adressatengruppen – etwa im Milieu bürgerlicher Normalität – oder verhindert sie eine notwendige »Re-Privatisierung sozialer Dienste im Sinne der Zurückverlagerung in Familie, Verwandtschaft, Freundeskreise und Nachbarschaft« (*Bohle/Grunow*, 1981; 173) und lässt die Experten-

und Dienstleistungsideologie in sämtliche Lebensbereiche der Gesellschaft einfließen (*Illich*, 1979)?

- *Kolonialisierungstendenzen*: Bedeutet professionalisierte Soziale Arbeit den Verzicht auf ganzheitliche Vereinnahmung der Klientel zugunsten funktional streng begrenzter Kontakte – gleichsam den Rückzug der Helfer auf Dienststelle und Beratungszimmer –, oder ist im Gegenteil zu befürchten, dass gerade diese Form der Hilfe und Erziehung den gesamten Alltag ihrer Adressaten den eigenen fachlichen Kategorien unterstellt, sowohl Problemdefinitionen als auch -lösungen vorgibt und so die Lebenswelt der Klienten »kolonialisiert«?

Kolonialisierungsthese

In ihrer ursprünglichen Form (*Habermas*, 1981; Bd. 2; insbes. 452; 489 ff.) behauptet die These der »inneren Kolonialisierung der Lebenswelt« eine zunehmende Rationalisierung, Technisierung und Indienstnahme (»Mediatisierung«) alltäglicher Lebens- und Sinnzusammenhänge (z.B. in der Familie, der Nachbarschaft) durch die Steuerungs- und Kontrollerfordernisse des sozialen Systems, das in modernen Gesellschaften mit der subjektiv bedeutsamen Lebenswelt der Menschen nicht mehr identisch ist. Im Zeichen einer »Entkoppelung von System und Lebenswelt« (*Habermas*, 1981; Bd. 2; 229) wird diese Lebenswelt vielmehr auf ein gesellschaftliches Subsystem reduziert, in dem die überkommenen Mechanismen der sozialen Integration – Werte und Normen, kommunikative Verständigung und Vertrauen – noch fortgelten, während die systemische Integration auf gesamtgesellschaftlicher Ebene vor allem durch die »funktionalen Vernetzungen« der Arbeitsteilung und des Marktes, mit Geld und Macht als entscheidenden Steuerungsmedien, erreicht wird. Die zunehmende Unterwerfung der Lebenswelt unter Imperative des Sozialsystems jedoch erkennt man unter anderem an der Verrechtlichung, Ökonomisierung und Bürokratisierung, aber auch an der Therapeutisierung und Pädagogisierung sozialer Beziehungen; Therapie und Soziale Arbeit sind in dieser Sicht als Ausgleich für die Unangemessenheit einer an Systemerfordernissen orientierten Sozialpolitik, insbesondere der durchgängigen Monetarisierung und Anonymisierung der Hilfen, erforderlich. »An den paradoxen Folgen der sozialen Dienste, überhaupt einer Therapeutokratie, die sich vom Strafvollzug über die medizinische Betreuung von Geisteskranken (...) bis zu Jugendarbeit, öffentlichem Bildungssystem, Gesundheitswesen und generalpräventiven Maßnahmen aller Art erstreckt, zeigt sich die Ambivalenz des letzten, des sozialstaatlichen Verrechtlichungsschubs mit besonderer Deutlichkeit. In dem Maße, wie der Sozialstaat (...) ein Netz von Klientenverhältnissen über private Lebensbereiche ausbreitet, um so stärker treten die erwarteten pathologischen Nebeneffekte einer Verrechtlichung hervor, die gleichzeitig eine Bürokratisierung und Monetarisierung von Kernbereichen der Lebenswelt bedeutet« (*Habermas*, 1981; Bd. 2; 534/535).

Domänengefährdung

Neben diesen Vermutungen einer drohenden Entmündigung von Klienten stehen Befürchtungen des kollektiven und individuellen Statusverlustes der Berufsangehörigen im Verlauf des Professionalisierungsprozesses. Versteht man unter einer beruflichen Domäne einen berufsspezifischen Klientenkreis, einen abgegrenzten Katalog beruflicher Aufgaben und Funktionen, die für diesen erledigt werden, sowie einen entsprechenden Fähigkeits- und Wissenskanon (*Bohle/Grunow*, 1981; 164), so ist etwa zu fragen, ob die Professionalisierung Sozialer Arbeit dieser eine solche Domäne sichert – dieser Meinung könnte man auf Anhieb zuneigen –, oder ob sie im Gegenteil zu einer verstärkten Domänenkonkurrenz zwischen den helfenden, erzieherischen und therapeutischen Berufen führt – mit ungewissem Ausgang für die Soziale Arbeit.

6.2.3 Ausblick

»Neue Fachlichkeit«

Die Kritik an der Professionalisierung Sozialer Berufe hat nicht zur Verwerfung des Professionalisierungskonzepts geführt – ein Beweis für seine theoretische Fruchtbarkeit. Wohl ist die Forderung nach »reflektierter Deprofessionalisierung« der Sozialen Arbeit zu hören – nicht wissenschaftlicher Dequalifikation, sondern anderer, aufgeklärter Nutzung des beruflichen Wissens–, die indessen den begrifflichen Rahmen der Professionalisierungstheorie nicht verlässt (*Sachße,* 1984; 293). Daneben ist man auf der Suche nach einer anderen Form von Fachlichkeit und »neuer Professionalität«. Von der lässt sich freilich bislang vornehmlich sagen, dass sie die aufgeführten Schwächen des klassischen Programms vermeiden soll, wie, das ist weitgehend offen. Ob beispielsweise *Thierschs* Rat, angesichts der »methodisch so schwer zu fassenden, »schmuddeligen« Alltagsprobleme (...) nicht Professionalisierung prinzipiell infrage zu stellen, sondern nach einer neuen Form von Professionalität zu fragen, die in die Arbeitsaufgaben im Alltag methodisch reflektierte Handlungsmuster einbringt« (*Thiersch*, 1984; 205), nicht doch wieder auf die befürchtete Kolonialisierung des Klientenalltags hinausläuft, ist schwer zu entscheiden. Das gilt auch für jene verstärkt geforderte Deutungs-, Kommunikations- und Vermittlungskompetenz der Sozialarbeiter (*Dewe/Otto*, 1984), die sich in der verständnisvollen Einfühlung in fremde Problemperspektiven und Sinnzusammenhänge und in der Fähigkeit beweist, eine kommunikative Brücke zwischen den abstrakten Forderungen und Regeln von Sozial- und Rechtsstaat, Bürokratie und Ökonomie einerseits, den konkreten Alltagserwartungen und -vorstellungen betroffener Adressaten andererseits herzustellen. So gesehen würde Soziale Arbeit als intermediäre Instanz zwischen »System« und »Lebenswelt« vermitteln, (*Rauschenbach/Treptow*, 1984; insbes. 55), doch ist keineswegs ausgemacht, ob sie nicht auch hier Partei ist, und auf welcher Seite sie steht: »Gerade wenn das Alltagsleben der Klienten und deren subjektive Sinndeutungen zum Gegenstand des Expertenhandelns erklärt werden, löst sich die Struktur des Dienstleistungsmodells und der darin liegende Schutz vor den Übergriffen des Expertenhandelns vollends auf« (*Müller*, 1991; 52).

Sozialarbeitswissenschaft

So bietet die Professionalisierungstheorie, nachdem Beruflichkeit und Professionalität als solche selbstverständliche Attribute Sozialer Arbeit geworden sind, einen überdauernden begrifflichen Rahmen für die Erörterung und Beurteilung berufspraktischer und berufspolitischer Entwicklungen im Sozialwesen. Als wichtigste dieser Entwicklungen muss zur Zeit sicherlich das Bemühen um eine genuine Sozialarbeitswissenschaft und -theorie angesehen werden, mit der sich die Profession von der Dominanz verschiedener akademischer Disziplinen universitärer Herkunft zu emanzipieren sucht (zusammenfassend dazu *Grohall*, 1995). Nicht nur wird seit langem befürchtet, die forcierte Übernahme psychologischer und soziologischer Konzepte in die Soziale Arbeit könnte Sozialarbeiter in die einer eigenen Professionalisierung abträgliche Position potentieller Konkurrenten oder Assistenten dieser Berufsgruppen bringen (*Hege*, 1981; 159; *Wendt*, 1985; 3); Misstrauen weckt auch die Offerte der universitär geprägten Erziehungswissenschaft, einer Verwissenschaftlichung Sozialer Arbeit als »Leitdisziplin« (*Thiersch/Rauschenbach*, 1984; 986) voranzuschreiten; andere an der Ausbildung beteiligte akademische Disziplinen stehen unter dem Vorwurf der Fixierung auf ihre berufsfernen Fachsystematiken und der Praxisferne schlechthin; mit wachsendem Nachdruck wird nach der fachlichen Legitimation »berufsfremder« Professorinnen und Professoren für die Ausbildung von Sozialarbeiterinnen und Sozialarbeitern gefragt (*Grohall*, 1997; 59, 88), wobei die ausschließlich als Lehrende an der Hochschule tätigen Sozialarbeiterinnen und Sozialarbeiter als Berufsvertreter und damit fraglos als legitimiert gelten; und insgesamt bedrückend und einer professionellen Identität nicht förderlich empfindet man die Abhängigkeiten, »die sich in einseitigen Definitionen der Sozialarbeit durch Sozialwissenschaften, in einem quasi Lehrer-Schüler-Verhältnis und einer submissiven Haltung der Sozialarbeit manifestieren« (*Knieschewski*, 1978; 20).

Klientifizierung Sozialer Arbeit durch Wissenschaft

Insbesondere die Soziologie hat sich ja für die Sozialen Berufe seltener als Quelle praktischer Hilfen, dafür aber um so häufiger als Deutungsinstanz präsentiert, die die wirklichen Funktionen Sozialer Arbeit in der Gesellschaft unerbittlich aufdeckt (vgl. *Leitner*, 1981; 152 ff.) – sei es nun die Stigmatisierung der Klientel, die Reproduktion der industriellen Arbeitskraft im Kapitalismus oder die Legitimation des Sozialstaates. Es sei dahingestellt, ob sich in dieser Kritik sogar eine versteckt Ablehnung der Sozialen Berufe durch Wissenschaftler und Hochschullehrer artikuliert (*Brauns/Kramer*, 1986; 176); als Vermittler sozialberuflicher Identität wären sie damit wohl disqualifiziert. Jedenfalls gibt es eine latente Tendenz zur »Klientifizierung der Sozialarbeit durch wissenschaftliche Kontrolle« (*Knieschewski*, 1978; 20), und wenn man an der Realitätsnähe der These einer Kolonialisierung von Lebenswelten durch Soziale Arbeit seine Zweifel haben kann, so ist die Gefahr einer Kolonialisierung der Sozialen Arbeit durch die Wissenschaften wohl kaum von der Hand zu weisen.

Instrumentalisierung der Sozialarbeitswissenschaft

Solche und ähnliche Motive machen die Bemühung um eine eigenständige Sozialarbeitswissenschaft verständlich und mögen auch deren Notwendigkeit begründen. Ob der politische Entstehungszusammenhang aber auch der Sache selbst unmittelbar dienlich ist, bleibt abzuwarten. Denn offensichtlich folgt hier die Theoriebildung nur zu einem Teil der Absicht, bisher offene Fragen zu beantworten, neue Erkenntnisse zu gewinnen und ungelöste praktische Probleme fachkundiger zu bearbeiten. Es fällt schwer, überhaupt genuine Perspektiven oder Fragestellungen einer Theorie der Sozialarbeit zu entdecken, die nicht bereits in einer oder in mehreren jener akademischen Disziplinen – Psychologie, Erziehungswissenschaft, Soziologie u.a. – formuliert und bearbeitet wurden, von denen sich die neue Disziplin gerade abheben will. Stattdessen wird der noch gar nicht entwickelte theoretische Ansatz für Status- und Beziehungskonflikte instrumentalisiert (vgl. dazu *Vahsen*, 1996):

- zwischen Vertretern der Fachhochschulen – als Befürwortern einer Theorie der Sozialarbeit – und solchen der Universitäten, die diese Theorie – oft mit Hinweis auf die Leitbildfunktion der Erziehungswissenschaft für das gesamte Sozialwesen – zumindest für überflüssig halten;
- zwischen lehrenden Sozialarbeiterinnen und Sozialarbeitern an Fachhochschulen einerseits, »berufsfremden« Professorinnen und Professoren der herkömmlichen akademischen Disziplinen an Fachhochschulen andererseits, denen mit Hilfe einer autonomen Sozialarbeitswissenschaft vorhandene Statusvorteile streitig gemacht werden;
- zwischen den beiden herkömmlichen Berufssparten der Sozialen Arbeit – Sozialarbeit und Sozialpädagogik –, die sich im Lichte von Konzepten der neuen Sozialarbeitswissenschaft keineswegs harmonisch ergänzen; tendenziell werden vielmehr typische sozialpädagogische Perspektiven ausgegrenzt (*Thole*, 1995; 122)

Die berufspolitische Instrumentalisierung vor jeder inhaltlichen Konturierung ist eine Hypothek der neuen Sozialarbeitswissenschaft. Ihr Anspruch, die bisher im Sozialwesen dominierenden akademischen Disziplinen an Praxisnähe zu übertreffen, ist nicht viel mehr als ein Versprechen. Ob sie anderen Gütekriterien der Ausbildung von Sozialarbeiterinnen und Sozialarbeitern in besonderer Weise gerecht wird, ist ebenfalls durchaus offen. Feststeht lediglich, welche Interessen die neue Wissenschaft bedienen soll. Es ist aber kaum zu hoffen, aus dem Streit der Hochschulen unterschiedlichen Typs, der Lehrendengruppen an der Fachhochschule, der beruflichen Traditionen und wissenschaftlichen Schulen könne tatsächlich eine solide theoretische und fachpraktische Perspektive hervorgehen, stehen doch hinter diesen Auseinandersetzungen in der Regel materielle Interessen an Status (Einkommen, Sozialprestige) und Domänensicherung – man denke etwa an die chronischen Bestandsprobleme der erziehungswissenschaftlichen Studiengänge an den Universitäten, an die ungerechtfertigten Einkommensnachteile der lehrenden Sozialarbeiterinnen und Sozialarbeiter an Fachhochschulen im Vergleich zu ihren professoralen Kolleginnen und Kollegen oder an das prekäre, noch immer oft von Inferioritätsskrupeln einerseits, akademischem Dünkel andererseits bestimmte Verhältnis zwischen Fachhochschulen und Universitäten in unserem Lande.

Einen Beitrag zur Professionalität der Sozialen Arbeit wird eine Sozialarbeitswissenschaft auf jeden Fall dann leisten können, wenn sie sich auf die Entwicklung genuiner Fragestellungen und neuer, praxisrelevanter Perspektiven konzentriert, sich aus der drohenden Verstrickung in partikuläre Gruppeninteressen befreit und sich ausschließlich den universellen Standards wissenschaftlicher Erkenntnissuche verpflichtet.

7 Organisationen Sozialer Arbeit: Administrative Strukturen und Handlungsformen im Sozialwesen

von Dietrich Kühn

7.1 Vielfalt und Bestimmungsmerkmale von Organisationen: Die Unentrinnbarkeit der Organisationen

Im Jahre 1995 bezogen über 4 Mio. Bundesbürger Sozialhilfe, darunter befanden sich immerhin 1,4 Mio. Kinder und Jugendliche; 2,6 Mio. Haushalte waren auf Wohngeldzahlungen angewiesen und rd. 4,4 Mio. Menschen hatten sich im Jahresdurchschnitt 1998 arbeitslos gemeldet (Statistisches Bundesamt 1998; 122,463,479). Dies dokumentiert, dass eine große Zahl von Menschen Kontakt zu Ämtern der Sozialverwaltung aufnehmen musste, z.B. zum Sozialamt, zum Wohnungsamt und zum Arbeitsamt. Ein Teil der genannten Bürger kam nicht ohne die Hilfe aller drei Ämter aus. Alle diese Personen waren gezwungen, mehrmals Anträge zu stellen, Bescheinigungen vorzulegen, Sprechstunden der Ämter aufzusuchen und evtl. Hausbesuche zuzulassen. Empirische Untersuchungen über die Kontaktaufnahme zu den Ämtern zeigen, dass vor allem die Erstkontakte mit starken Gefühlen der Angst, der Scheu und Scham sowie der Minderwertigkeit verbunden waren. Die Sozialverwaltung wurde oft als etwas Anonymes, Allmächtiges, Unbegreifbares empfunden, das man möglichst meidet und nur dann aufsucht, wenn alle anderen Hilfemöglichkeiten erschöpft sind. Trotzdem zwingt die materielle Not eine immer größer werdende Gruppe (alleinstehende Mütter, Personen ohne Berufsausbildung, Behinderte, Pflegebedürftige, Ausländer u.a.), staatliche Hilfeleistungen in Anspruch zu nehmen. Diese Gruppen haben es meist am schwersten, ihre Rechte gegen die übermächtige »Verwaltung« durchzusetzen, da sie oft ohne ausreichende Informationen, ohne die von den Ämtern vorausgesetzte Artikulierfähigkeit und ohne den Rückhalt einer einflussreichen Gruppe im Machtgefälle zwischen Amt und Klient zu unterliegen drohen. Zwar werden die Sozialarbeiter der Sozialen Dienste von den Klienten positiver beurteilt als die Verwaltungsfachkräfte der Leistungsabteilungen der Sozialämter, aber auch sie sind eingebunden in die Verwaltungsorganisation und ihre Gesetzmäßigkeiten. Es bietet sich daher an, Organisationen Sozialer Arbeit mit Hilfe der Organisationssoziologie näher zu durchleuchten. Dabei ist zunächst zu beachten, dass Organisationen das Leben eines jeden Bürgers weitgehend bestimmen.

Einbindung von Sozialarbeitern in Organisationen

Die alltägliche Erfahrung zeigt die Allgegenwart von Organisationen auf:

Moderne Gesellschaft als Organisationsgesellschaft

Von der Geburt an, über Erziehung, Ausbildung, Beruf und Freizeit bis zum Tode begleiten uns, besser noch: umfassen und prägen uns Organisationen. Sobald Individuen oder Gruppen bestimmte Ziele erreichen wollen, die die Leistungsfähigkeit des einzelnen überschreiten, werden Zusammenschlüsse gebildet, die, wenn sie bestimmte Merkmale (s.u.) erfüllen, Organisationen genannt werden. Gemeinsam ist ihnen eine mehr oder weniger weitgehende Aufgabe eigener Entscheidungs- und Handlungsfähigkeit. Über Organisationen treten Individuen miteinander in Verbindung und passen sich in ein umfassendes Gesellschaftssystem ein. Die moderne Gesellschaft wird daher auch als »Organisationsgesellschaft« bezeichnet (*Büschges/Abraham*, 1997; 27). Organisationen sind Bindeglieder der Gesellschaft. Sie können aber auch Trennglieder (z.B. Heime, Gefängnisse) werden, wenn sie abgrenzen, ausgrenzen und abschieben. Über die Gestaltbarkeit und Veränderbarkeit der Organisationen ist damit noch nichts ausgesagt. Die Möglichkeit der totalen Vereinnahmung des einzelnen besteht ebenso wie die Dienstbarmachung der Organisationen als Instrumente zur Beschleunigung des gesellschaftlichen Wandels.

7.1.1 Begriffsmerkmale von Organisationen

Personifizierung von Organisationen

Die Alltagssprache redet allerdings selten schlechthin von Organisationen, sondern benennt jeweils spezifische Gebilde mit ihren Hauptcharakteristika, z.B. die Gewerkschaft Ver.di, die Partei SPD, die Universität Hamburg, das Sozialamt der Stadt Münster. Oft betrachtet man diese Organisationen als selbständig handelnde Wesen (*Büschges/Abraham*, 1997), ohne die Gebundenheit an Menschen zu erkennen. Nur Menschen handeln in und für Organisationen, allerdings eingefügt in komplexe Strukturen, Abhängigkeiten, Regeln und andere begrenzende Rahmenbedingungen. Durch die Personifizierung der Organisationen als Ganzes kann man sie im Alltag eher als Gegner oder Verbündete ausmachen. Man setzt sich dann gegen »die Verwaltung« zur Wehr, man kämpft für eine »Bürgerinitiative«. Da man diese personifizierten Organisationen nicht sehen kann, entwickelt sich ein Bild in den Köpfen der Mitarbeiter, Klienten und Bürger, das relativ lange Bestand hat. Dieses Bild wird geprägt durch die erkennbaren Teile der Organisation: Das Jugendamt identifiziert man mit den Bürogebäuden, den langen Fluren als Warteräumen und mit den Verhaltensweisen der Mitarbeiter; eine Hochschule stellt sich durch ihre Seminarräume und Bibliotheken sowie durch das Verhalten von Professoren und Studenten dar. Die jeweilige Organisation ist immer mehr als die Summe der sichtbaren Teile. Sie wird durch aufeinander bezogene Handlungen, durch geregelte Beziehungen der Mitglieder untereinander, die zudem gemeinsam in vorgegebene Strukturen und Abläufe eingepasst sind, kurz: durch ein komplexes soziales Netz bestimmt. Bei der Dominanz von Organisationen im Alltag und für den Lebenslauf jedes Menschen sollte man annehmen, dass frühzeitig eine einheitliche und eindeutige Definition für Organisationen gefunden wurde; dies ist nicht der Fall. Die Übernahme des umgangssprachlichen Begriffs reicht hier nicht aus. Für die

Organisationen als komplexes soziales Netz

Organisationsbegriff

Sozialwissenschaften wird eine exaktere Abgrenzung und inhaltliche Bestimmung durch die Fachsprache notwendig. Allerdings teilt der Organisationsbegriff das Schicksal vieler wissenschaftlicher Begriffe, nämlich dass man sich auf einen einheitlichen Begriff nicht einigen konnte. Dies führt einerseits zu Missverständnissen, nicht nur zwischen Wissenschaftlern gleicher und unterschiedlicher Disziplinen, sondern auch im Austausch mit Praktikern; andererseits bewahrt sich die Wissenschaft durch solche offenen Begriffsgrenzen ihre Dynamik und ihr kreatives Potential.

Mit Organisationen beschäftigen sich die Wirtschaftswissenschaften, die Psychologie und die Soziologie. Auch wenn man nur soziologische Definitionen vergleicht, bleibt eine oft verwirrende Vielfalt der genannten Elemente übrig. Sinnvoller als die Auflistung vorhandener Definitionen ist das Herausfiltern von wesentlichen Bestimmungsmerkmalen von Organisationen, die eine Abgrenzung zu anderen sozialen Phänomenen erlauben.

Merkmale von Organisationen

Es lassen sich folgende Bestimmungsmerkmale aufführen (vgl. *Büschges/Abraham*, 1997; 19f.; *Scott*, 1986; 42 ff.; *Kieser/Kubicek*, 1992; 41 f.):

1. Organisationen setzen sich aus Individuen und Gruppen zusammen, wobei der Mitgliederkreis angehbar und abgrenzbar ist. Es existiert ein Verfahren für die Aufnahme und den Ausschluss von Mitgliedern.
2. Organisationen sind auf bestimmte Ziele und Zwecke gerichtet.
3. Organisationen sind arbeitsteilig gegliedert; nicht alle Mitglieder erledigen die gleichen Aufgaben. Diese Aufgabenerledigung passt sich ein in eine differenzierte Binnenstruktur, die rational auf die Ziele und Zwecke hin gestaltet ist.
4. Organisationen sind soziale Gebilde, die für eine bestimmte längere, wenn auch gelegentlich begrenzte Dauer errichtet wurden.
5. Organisationen sind gegenüber ihrer Umwelt offene soziale Gebilde; die Grenzziehung zur Umwelt ist jedoch eindeutig möglich.
6. Organisationen sind Herrschaftsinstrumente. Sie besitzen eine Leitungsinstanz, die die Ziele formuliert, die Koordinierung der Arbeitsbeiträge der Mitglieder steuert und deren Ausrichtung auf die Organisationsziele sichert sowie die Außen- und Innenvertretung übernimmt (*Büschges/Abraham*, 1997; 37). Dieses letzte Charakteristikum wird hier ergänzend aufgeführt; in der Organisationswissenschaft ist das Merkmal in seiner Bedeutung als Definitionskriterium umstritten: Hat jede Organisation eine Leitungsinstanz? Gibt es nicht auch herrschaftsfreie Organisationen?

All diese Merkmale sind noch sehr abstrakt formuliert und teilweise in der konkreten Analyse schwer bestimmbar. Die Grenzen der Organisation zur Umwelt sind oft fließend. Hilfsweise wird man bei nicht klaren Trennungen zwischen Mitgliedschaft und Nichtmitgliedschaft von spezifischen Verhaltensweisen von Personen als Indikatoren ausgehen müssen, um auf Mitgliedschaft schließen zu können. Vorübergehende Menschenansammlungen, z.B. bei einem Demonstrationszug durch die Stadt, sind keine Organisationen. Wenn die Teilnehmer sich aber in eine Unterschriftenliste eintragen und sich regelmäßig zu Aktionen treffen und evtl. noch einen Sprecher wählen, ist der Schritt zur Organisation sicherlich getan. Organisationen werden also von sozialen Systemen anderer Art nicht als qualitativ andersartige Gebilde, sondern eher durch den Grad der Organisiertheit abgehoben (*Scott*, 1986; 44 f.).

Trennung der Organisationen von anderen sozialen Systemen

- Nicht zu den Organisationen werden gesamtgesellschaftliche Systeme wie Sippen, Stämme, Gemeinden, Nationen gezählt, da sie als »globale Gesellschaften« sämtliche sozial notwendigen Funktionen umfassen oder sich wie bei den Nationen aus einer Vielzahl von Organisationen zusammensetzen.
- Elementare Sozialsysteme (Mensch zu Mensch – Beziehungen), in denen eine kleine Anzahl von Menschen direkt miteinander umgeht, werden nicht zu den Organisationen gezählt, z.B. Familie, Freundeskreis. Dem widerspricht nicht, dass z.B. eine Familie in einem elementaren Sinne durchaus »organisiert« ist, weshalb Familiensoziologen mit Recht etwa von »familialer Desorganisation« sprechen (vgl. Kap. 2.2.3.3.)
- Eine Ausgrenzung erfolgt auch für Handlungszusammenhänge, die keine genauen Grenzlinien zur Umwelt haben, deren Mitglieder schwer identifizierbar sind bzw. laufend wechseln, z.B. Drogenszene, Friedensbewegung u.a.

7.1.2 Statisch-strukturalistische versus dynamisch-prozessuale Perspektive

Insgesamt wird von den Organisationswissenschaftlern darauf hingewiesen, wie vieldeutig die oben aufgeführten Begriffsmerkmale, wie wenig präzise die inhaltliche Bestimmung und wie stark die wissenschaftlichen Fragestellungen und damit auch die begriffliche Abgrenzung von Interessen und theoretischen Bezugsrahmen des jeweiligen Wissenschaftlers abhängig sind. Auch die Einzelwissenschaften (Wirtschaftswissenschaften, Psychologie oder Soziologie) folgen bei ihrer Organisationsanalyse einer bestimmten Perspektive (*Büschges/Abraham*,1997; 50 f.):

Organisationsanalyse aus der Sicht der Einzelwissenschaften

- *Die Organisation als Ergebnis (als Produkt) des Organisierens.* Man betrachtet einen Betrieb, einen Verband, ein Amt als Organisation im Sinne eines geschaffenen, geordneten, in Funktion befindlichen Gebildes mit einer formalen Struktur. Das Erkenntnisinteresse bezieht sich vor allem auf die zu einem bestimmten Zeitpunkt feststellbare Organisationsstruktur, auf das System von Regeln, auf Aufgabenverteilungen und Beziehungszusammenhänge zwischen Stellen, Mitarbeitern usw. Die Gebildestruktur (Aufbauorganisation) kann mit einem gedanklichen Schnitt durch eine konkrete Organisation aufgedeckt werden. Diese Perspektive ist eine eher statisch-strukturelle und steht für die Soziologie oft im Vordergrund. Die soziale Binnenstruktur spiegelt die Regelmäßigkeiten sozialen Handelns wider und zeigt die Beziehungen zwischen den Elementen der Organisation (Leitung, Mitarbeitern, Gruppen u.a.) auf. Man kann die Wirkungen der Außenbeziehungen (Technologieentwicklung, Klientenbeziehungen, Finanziers u.a.) auf die Organisationsstruktur und die Organisationsmitglieder (ihre Werte und Normen, ihre Verhaltensmuster) im Sinne eines zeitpunktbezogenen Netzes (Tableaus) darstellen und bewerten.
- *Das Organisieren als Tätigkeit* steht im Mittelpunkt der zweiten, von der Betriebswirtschaftslehre bevorzugten Perspektive der Organisationsanalyse. Eine Organisation befindet sich in einem laufenden geplanten oder ungeplanten Entwicklungs- und Veränderungsprozess, beginnend mit der Gründung, dem folgenden Wachstum oder Niedergang bis zur Auflösung. Oft übernehmen bestimmte Abteilungen, z.B. in der Unternehmung die Organisations- und Planungsabteilung, in der Kommunalverwaltung das

Hauptamt, die Aufgabe des Organisierens. Hierbei steht das Dynamisch-prozesshafte im Vordergrund der Betrachtung.

- *Der Grad der Organisiertheit als Eigenschaft eines sozialen Gebildes* steht im Mittelpunkt der dritten Perspektive. Man spricht z.B. von der schlechten Organisation einer Partei oder der Überorganisation eines Verbandes und meint den Grad der Strukturiertheit, die Angemessenheit in bezug auf das Ziel der Organisation und den Entwicklungsstand der Ordnung im sozialen Gebilde. Diese Perspektive ist heute weniger verbreitet.

7.2 Idealtypische Modelle der Organisation

7.2.1 Das Bürokratie-Modell

Max Weber als Begründer der Organisationssoziologie

Max Weber wird heute allgemein als der Begründer der Organisationssoziologie gewürdigt. Er hat die erste umfassende Organisationsanalyse (das Bürokratie-Modell) in seinem Hauptwerk »Wirtschaft und Gesellschaft« (1921) vorgelegt, die alle nachfolgenden organisationssoziologischen Ansätze entscheidend beeinflusst hat. Seine These von der zunehmenden »unentrinnbaren« Bürokratisierung der Gesellschaft (*Weber*, 1964; 164) hat heute die gleiche Aktualität wie damals. Auch heute wird auf internationalen Tagungen die Frage gestellt: Bürokratie als Schicksal? So trafen sich 1982, organisiert vom Gottlieb Duttweiler Institut, über 100 Wissenschaftler aus Westeuropa, USA, Indien und Afrika und diskutierten unterschiedliche Aspekte der Bürokratisierung (*Diamond/Narr*, 1985).

Bürokratisierung aller Lebensbereiche

Auf der ganzen Welt zeigt die Bevölkerung ein wachsendes Unbehagen an einer ausufernden staatlichen Bürokratie, aber auch an der Bürokratisierung anderer Lebensbereiche wie Banken, Kunst und Kulturbetrieb. In einer Eingangsthese formulierten daher *Diamond/Narr* (1985; 7): »Moderne Gesellschaften sind bürokratisiert in all ihren Äußerungen. Die bürokratische Realität überschattet alle künstlerischen und theoretischen Reflexionen«.

Umgangssprachlicher Begriff »Bürokratie«

An dieser Stelle muss zunächst auf die unterschiedliche Bedeutung des Begriffs »Bürokratie« in der Umgangssprache und in der wissenschaftlichen Diskussion hingewiesen werden. In der Umgangssprache bezeichnet Bürokratie oft etwas Negatives; eine umständliche, starre, unproduktive Verwaltung, die willkürliche Machtausübung zeigt und die die Bürger ständig durch Formulare und Vorschriften gängelt sowie Unternehmen in deren Wirtschaftlichkeit durch Einschränkungen gefährdet. Im Extremfall gilt die Bezeichnung »Bürokrat« als Schimpfwort, das eine engstirnige, voreingenommene und bürgerunfreundliche Person kennzeichnet.

Idealtyp

Dieser umgangssprachliche Begriff, der auch von Sozialarbeitern oft gebraucht wird, ist streng zu trennen von dem Bürokratie-Modell Webers, das eine rationale, höchst effiziente Verwaltung idealtypisch charakterisiert. Was ist gemeint, wenn man von einem Idealtyp spricht? Ein Idealtyp ist ein künstliches Gedankengebilde, das in seiner begrifflichen Reinheit nirgends in der Wirklichkeit empirisch vorfindbar ist (*Weber*, 1964; 14). Durch die einseitige Steigerung eines oder einiger Merkmale historisch vorfindbarer

Ordnungs- und Herrschaftsformen hat Weber ein universelles Modell entwickelt, das sich von seinem historischen Hintergrund gelöst hat. Es ist als reine Form eine Art Messlatte, um in der Realität vorfindbare Organisationen in ihrer Abweichung von der reinen Bürokratie messen zu können.

Gegenmodell zur Bürokratie (Idealtyp)

Dem bürokratischen Organisationsmodell wurde schon von *Weber* ein konträrer Idealtyp (Grenztyp) gegenübergestellt, der heute als teamartig-professionelles Organisationsmodell (siehe genauer Kap. 7.2.2) bezeichnet wird. Er stellt gleichsam den dem Bürokratie-Modell entgegengesetzten Schlusspunkt einer Reihe von Organisationsformen dar. Zwischen den beiden Idealtypen befinden sich empirisch nachweisbare Mischformen, die als Realtypen bezeichnet werden sollen:

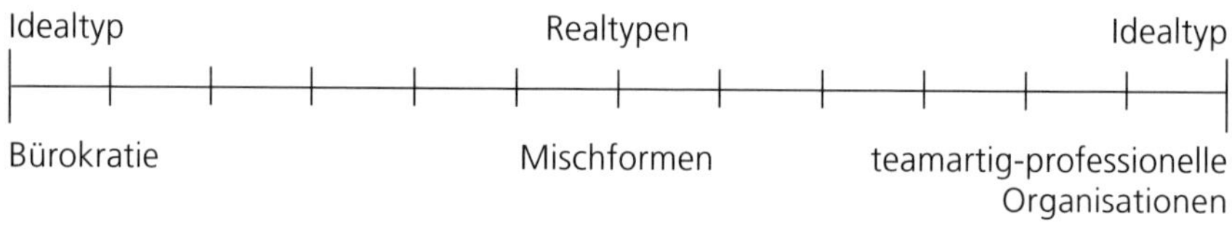

Begriff »Herrschaft«

Webers vergleichende, historische Analysen basieren auf der Anfang dieses Jahrhunderts dominierenden preußischen Militär- und Staatsverwaltung. Dabei ist zu beachten, dass damals die Ordnungs- und Polizeiaufgaben (Ordnungsverwaltung) im Vordergrund standen. Heute spielt dagegen die Leistungsverwaltung, zu der auch die Sozialverwaltung zu großen Teilen gehört, eine wichtigere Rolle. Weber entwickelte das Bürokratie-Modell als Teil seiner Herrschaftssoziologie (*Weber*, 1964; 157 ff.). Herrschaft wurde von ihm definiert als Chance, für spezifische (oder für alle) Befehle bei einer angebbaren Gruppe von Menschen Gehorsam zu finden. »Jede Herrschaft über eine Vielzahl von Menschen bedarf normalerweise (...) eines Stabes von Menschen (Verwaltungsstab), d.h. der (normalerweise) verlässlichen Chance eines eigens auf Durchführung ihrer generellen Anordnungen und konkreten Befehlen eingestellten Handelns angebbarer zuverlässig gehorchender Menschen« (*Weber*, 1964; 157). Herrschaft und Verwaltungsstab sind also untrennbar verbunden. Der Gehorsam des Verwaltungsstabes gegenüber dem Herrscher wird erreicht

- rein durch Sitte (traditionell)
- rein affektuell (durch persönliche Zuneigung)
- durch materielle Interessenslage
- durch ideelle Motive (wertrational)

Legitimitätsglaube

Ein weiteres Moment tritt normalerweise hinzu: der Legitimitätsglaube. Die »Herren« (Regierung, Herrscher) müssen immer den Glauben an die Legitimität ihrer Befehle herstellen und aufrechterhalten; nur dann erkennen die Beherrschten ihre Unterordnung an. Kernpunkt der Herrschaftssoziologie sind idealtypische Formen legitimer Herrschaft. Die Legitimitätsregelung kann nämlich primär sein (*Weber,* 1964; 159):

»1. rationalen Charakters: auf dem Glauben an die Legalität gesatzter Ordnung und das Anweisungsrecht der durch sie zur Ausübung der Herrschaft Berufenen ruhen (legale Herrschaft)
oder
2. traditionalen Charakters: auf dem Alltagsglauben an die Heiligkeit von jeher geltender Traditionen und die Legitimität der durch sie zur Autorität Berufenen ruhen (traditionale Herrschaft),
oder endlich
3. charismatischen Charakters: auf der außeralltäglichen Hingabe an die Heiligkeit oder die Heldenkraft oder die Vorbildlichkeit einer Person und der durch sie offenbarten oder geschaffenen Ordnungen (charismatische Herrschaft)«.

Legale Herrschaft

Im Folgenden interessiert vor allem der Typ legaler Herrschaft, der sich des bürokratischen Verwaltungsstabes als Instrument der Herrschaftsausübung bedient. Dieser bürokratische Verwaltungsstab (Beamtenapparat) führt eindeutig vorgegebene Befehle, Gesetze, Routineprogramme perfekt aus. Die Regierung ist z.B. legal nach der Verfassung gewählt worden; ihre Anweisungen sollen möglichst exakt, unbeeinflusst und schnell erfüllt werden. Der Verwaltungsstab setzt sich aus hauptberuflichen Einzelbeamten zusammen, die ihren Beruf in dafür eingerichteten Amtsräumen ausüben und die kein Eigentum an dem Amts- und Betriebsvermögen besitzen. Das Verhalten der Bürokratie (des Verwaltungsstabes) wird durch bestimmte Strukturmerkmale in die gewünschte Richtung – unbedingte Loyalität – gelenkt. Diese Strukturmerkmale (Aufbauprinzipien der Bürokratie) sind inzwischen allgemein bekannt und faktisch mit dem Bürokratie-Modell gleichgesetzt worden, obwohl sie nur einen Teil des Aussagegebäudes bilden.

Strukturmerkmale der Bürokratie

Die grundlegenden Strukturmerkmale sind (*Weber*, 1964; 160 ff., 551 ff.; *Kieser/Kubicek*, 1992; 35 f.; *Kieser*, 1999c; 48):

1. Es besteht eine feste Amts- und Autoritätshierarchie mit einem Instanzenzug, d.h. ein System der Über- und Unterordnung mit dem Recht des Übergeordneten, die Durchführung der Arbeit des Untergebenen zu steuern und zu kontrollieren. Jeder Untergebene hat nur einen Vorgesetzten (Monokratie), der von einer übergeordneten Instanz ernannt wird. Die Autorität des Vorgesetzten beruht auf seinem Amt (daher »Amts-Autorität«); die Anordnungen des Amtes werden befolgt, weil die Regeln der Stelle das Recht zur Erteilung solcher Anordnungen zuweisen (legale Autorität), und nicht etwa, weil der Amtsinhaber persönlich kompetent, überlegen oder sonst wie anerkannt ist.
2. Eine feste Arbeitsteilung der erforderlichen, regelmäßigen Tätigkeiten, die durch funktionelle, enge Spezialisierung erfolgt, d.h. die Gesamtaufgabe wird in kleine Teilaufgaben aufgespalten und spezialisierten Stellen zugewiesen. Die Aufgabenbereiche sind fest auf die Beamten übertragen, allerdings personenunabhängig durch Verwaltungsreglements (heute: Stellenpläne, Stellenbeschreibungen).
3. Ein System fester, abstrakter Regeln bestimmt die Amtsführung der Beamten, insbesondere deren Zuständigkeiten (Kompetenzen). Die zwischenmenschlichen Beziehungen bleiben unpersönlich (weitgehende Regelbindung und Formalisierung). Dieses 3. Merkmal bezieht sich auf die genau

festgelegte Struktur einer Organisation: jeder Beamte hat seine exakt bestimmte Position mit geregelten Befugnissen (Aufbauorganisation).

4. Nicht nur der Aufbau ist formalisiert, sondern auch das Arbeitsverfahren jeder Stelle ist durch abstrakte Anweisungen (z.B. Routineprogramme) genau festgelegt (Ablauforganisation). Alles läuft nach »berechenbaren Regeln« (*Weber*, 1964; 717) ab, der Beamte muss »maschinenhaft« die Regeln befolgen.
5. Ein System von festen, vertikalen Kommunikations- und Entscheidungswegen (Dienstwegen) ist vorgegeben, wobei vor allem Weisungen von oben nach unten und Rückmeldungen von unten nach oben fließen. Es tritt eine Konzentration der Informationen an der Spitze ein (Dienstwegprinzip).
6. Es gilt das Prinzip der Aktenmäßigkeit aller Vorgänge, d.h. alle Informationen, Entscheidungen, Regeln werden schriftlich vermittelt und dokumentiert. Die Akten sind Kontrollmittel und Gedächtnis der Verwaltung zur Sicherung der Rationalität und Kontinuität (z.B. Speichern von Präzedenzfällen).
7. Auswahl und Beförderung der Beamten erfolgt nach Fachschulung und beruflicher Leistung.
8. Schematisierte Laufbahnen regeln den Einstieg und Aufstieg der Beamten. Sie sind dabei vor allem von den Bewertungen ihrer Leistung durch den Vorgesetzten abhängig sowie vom Dienstalter.
9. Ständige hauptamtliche Anstellung und feste, »standesgemäße« Bezahlung der Beamten nach dem Rang.
10. Rationale Disziplin der Beamten (Amtsdisziplin), d.h. alle Anordnungen werden ohne Rücksicht auf eigene Vorstellungen und Wünsche durchgeführt.

Die ersten sechs Strukturmerkmale sind für den reinen Typ der Bürokratie besonders wichtig. Hierzu gehört, dass die Leitung von einer einzigen Person (1. Merkmal) wahrgenommen wird, *Weber* spricht dann von der bürokratisch-monokratischen Verwaltung; daneben kennt er auch kollegiale Behörden. Diese können die Herrschaft einer Person begrenzen. Sie haben aber (nach *Weber*) den Nachteil der mangelnden Schnelligkeit und Eindeutigkeit; sie führen zu Meinungskompromissen und sind wegen der Gefahr des Umschlagens der Meinungen instabil.

Bürokratie als rationalste Form der Herrschaftsausübung

Das stetige Vordringen von Organisationen des bürokratischen Typs lässt sich aus der nach Weber nicht zu übertreffenden »technischen« Überlegenheit der Bürokratie über jede andere Verwaltungsform ableiten: Sie ist die formal rationalste Form der Herrschaftsausübung und lässt sich mit einer Maschine vergleichen. Sie zeichnet sich aus durch Präzision, Stetigkeit, Disziplin, Straffheit, Verlässlichkeit, Eindeutigkeit, Kontinuierlichkeit, zusammengefasst durch ihre Berechenbarkeit sowohl für die Regierung als auch für die Interessenten (Klienten, Benutzer). Unsere oft ganz anderen Alltagserfahrungen mit bürokratischen Organisationen sollten nur daran erinnern, dass *Max Weber* nicht die Realität beschreibt, sondern einen Idealtyp entwickelt.

Die Vorteile der Bürokratie nach Weber werden im folgenden systematisiert:

Vorteile der Bürokratie nach M. Weber

Für den »Herrn« (die Regierung) ist die Bürokratie ein stabiles, perfektes und universales Mittel der Herrschaftsausübung. Die Regierungsprogramme werden wie durch eine Maschine ohne Reibungsverluste und Verfälschungen umgesetzt. Für die Beamtenschaft stehen die Amtspflichten im Vordergrund (Sachlichkeit der Pflichterfüllung; persönliche Einstellungen treten zurück). Disziplin und Geschultheit sind gesichert; das Fachwissen wird akkumuliert. Jeder Beamte ist von seinen Vorgesetzten abhängig, so dass eine Verkettung aller Mitarbeiter an den Apparat eintritt. Dafür sind der Aufstieg, der Rang, der Titel und die lebenslange Versorgung gesichert. Bei unbedingter Loyalität und Regelbefolgung können keine negativen Sanktionen erwartet werden. Für den Bürger beseitigt die Bürokratie die Abhängigkeit von der persönlichen Gnade und Willkür des Herrschers. Er kann auf die »sachliche« Erledigung seines Anliegens nach berechenbaren Regeln »ohne Ansehen« der Person rechnen.

Schwäche der Bürokratie nach M. Weber

Diese Stärke der Bürokratie ist gleichzeitig ihre Schwäche; denn die große Sachlichkeit dient nur den Personen, die Rechte und Ansprüche zu realisieren haben. Den besitzlosen Massen ist nach *Weber* (1964; 721) durch »formale Rechtsgleichheit und kalkulierte Rechtsfindung« nicht gedient. Materielle statt formale Gerechtigkeit ist gefordert. Die Bürokratie fördert nicht den Ausgleich der ökonomischen und sozialen Lebenschancen; denn die Gleichbehandlung akzeptiert zu wenig die unterschiedlichen persönlichen Schicksale, die hinter den »Fällen« stehen. Bei vielen Klienten fehlen die Voraussetzungen zur Inanspruchnahme ihrer Rechte (Kenntnisse und Artikulierfähigkeit).

Die Bürokratie dagegen kumuliert Fach- und Dienstwissen und erhöht daher ihre Distanz zum Bürger. Nur der kapitalistische Unternehmer mit seinem eigenen Expertenstab kann eigenes Herrschaftswissen aufbauen: »Er ist die einzige wirklich gegen die Unentrinnbarkeit der bürokratischen rationalen Wissens-Herrschaft (mindestens: relativ) immune Instanz« (*Weber,* 1964; 166).

Weber persönlich sah trotz der Herausstellung von vielen Vorteilen der Bürokratie Gefahren der Bürokratisierung, z.B. die Entstehung eines »Ordnungsmenschen« und die unpersönliche Behandlung des Menschen.

Für die Sozialarbeit sind diese Aussagen – wie später noch zu zeigen sein wird – von großer Bedeutung, da der Gegensatz zwischen nivellierender Verwaltung und auf individuelle Schicksale bezogener Sozialarbeit die gesamte Organisationsentwicklung der Ämter der Sozialverwaltung begleitet hat.

Heutige Forschungsfragen

Der Idealtyp der Bürokratie darf nicht dazu verleiten, ihn direkt mit der vorfindbaren Realität gleichzusetzen. Das Modell ist als reine Form nur Maßstab. Dabei hat Weber schon darauf hingewiesen, dass die obigen Strukturmerkmale vielfältigen Variationen unterliegen. Einen Einheitstyp gibt es, wie die an *Weber* anschließende Forschung nachweist, nicht (*Kieser*, 1999c; 62). Es wird daher heute die Frage gestellt, nicht ob, sondern in welchem Umfang die Strukturmerkmale vorfindbar sind. Obwohl seine Merkmale nicht als testbare Hypothesen zu verstehen sind, führte gerade die an *Weber* anschließende Kritik zu einer vielfältigen Weiterentwicklung der Organisationssoziologie. Drei grundlegende Kritikpunkte sollen hier thesenartig aufgeführt werden:

Kritik des Bürokratiemodells

- In *Webers* Modell ist der Beamte nur Verwalter eines Amtes. Eigene Interessen, Wünsche, freundschaftlich-emotionale Beziehungen der Mitarbeiter untereinander sind potentielle Störquellen und müssen durch Vorgesetzte mittels Kontrolle verhindert werden. Ein solch angepasster Beamter ist nur im Extremfall vorfindbar. Realistischer muss die Individualität des einzelnen Menschen berücksichtigt werden, um soziales Handeln in Organisationen verstehen zu können. Die sozialen Bedürfnisse sind in vielfältiger Weise mit den innerorganisatorischen Faktoren verbunden (*Kieser*, 1999b; 101 ff.). Im Anschluss an diese Kritik entwickelte sich eine Reihe motivationstheoretischer Ansätze, beginnend mit dem in den 20er Jahren entstandenen »Human-Relation-Ansatz« (siehe Kap. 7.6.).
- Nach *Weber* sind durch die Regierung eindeutige, widerspruchsfreie Ziele/Gesetze/Programme vorgegeben, die von der Bürokratie ausgeführt werden können. Solche widerspruchsfreien, klaren Ziele fehlen in der Realität. Außerdem ist oft nicht genau feststellbar, mit welchen Mitteln die Ziele am besten erreicht werden können (Ziel-Mittel-Relation). Heute wird daher die Interpretationsmacht der Verwaltung bis hin zur Zielbestimmung durch die Verwaltung selbst diskutiert. Die Bürokratie verliert ihren Charakter als Instrument der Regierung und verselbständigt sich. Verwaltung und Regierung sind außerdem in vielfältiger Weise – außerhalb der vorgeschriebenen Dienstwege – miteinander vernetzt.
- Verwaltungshandeln ist nach Webers Idealtyp unabhängig von Einflüssen der sich außerhalb der Organisationsgrenzen befindlichen Personen, Gruppen, Organisationen (keine Umweltabhängigkeit). Dies gilt nur im Extremfall der totalen Verrechtlichung des Verwaltungshandelns. In diesem Fall bearbeitet die Verwaltung entsprechend juristischen Selektionsmechanismen nur ganz eng begrenzte Probleme der Klienten. Sie öffnet – bildlich gesprochen – nur ein kleines Fenster zur Umwelt und erfasst nur Ansprüche, die durch diese Fenster passen. Diese Abschottung gegen Umweltveränderungen und -einflüsse ist eine unrealistische Annahme. Jede Organisation befindet sich in einer mehr oder weniger weitgehenden Abhängigkeit von der jeweiligen Situation der Umwelt (siehe Kap. 7.5.). Diese Fragestellungen wurden vom »situativen Ansatz« (Kontingenzansatz/Bedingtheitsansatz) weiterverfolgt (*Kieser*, 1999a; 169 ff.).

7.2.2 Das teamartig-professionelle Organisationsmodell

Das Gegenmodell zur Bürokratie stellt das teamartig-professionelle Organisationsmodell dar (andere Bezeichnungen in der Literatur: assoziatives, organisches, demokratisches Modell). Dieses idealtypische Modell kann nicht auf einen profilierten Vertreter bezogen werden, sondern hat sehr unterschiedliche Quellen. Als historische Vorläufer werden die Konzeptionen der freien Assoziationen, der Kommune oder der Räte bei *Saint-Simon*, *Marx* und *Engels* aufgeführt.

Außerdem müssen als Beeinflussungsfaktoren für die Modellkonstruktion die Demokratisierungstendenzen in der Gesellschaft und der zunehmende

Wunsch nach Selbstbestimmung und Selbstverwirklichung sowie empirische Studien der Organisationswissenschaften und daraus abgeleitete Organisationsprinzipien (z.B. für Industrieunternehmen) angesehen werden.

Teamprinzip

Als Leitbild des Modells gilt das Teamprinzip, d.h. die gleichberechtigte, partnerschaftliche Tätigkeit von Fachleuten, die gemeinsam an der Lösung einer (meist: schwierigen) Aufgabe arbeiten. Während die Bürokratie die vertikale Beziehung zwischen Vorgesetzten und Untergegebenen in den Vordergrund stellt, betont das teamartig-professionelle Modell die horizontale Beziehung zwischen gleichgestellten Mitarbeitern.

Merkmale

Entsprechend den zehn Strukturmerkmalen der Bürokratie werden nunmehr zehn (Gegen-)Merkmale des teamartig-professionellen Modells konstruiert:

1. Gleichberechtigung aller Organisationsmitglieder; daher auch keine Kontrolle durch Vorgesetzte, sondern fachliche Kontrolle durch Kollegen. Es dominiert fachliche Autorität (siehe Kap. 7.4.5).
2. Es gibt zwar eine professionelle Spezialisierung; sie bezieht sich aber nicht auf enge Tätigkeitsbereiche, sondern auf umfassendere Fachgebiete. Die Aufgabenverteilung ist nicht starr ein für allemal festgelegt, sondern wird je nach anfallenden Aufgaben verteilt.
3. Die Mitarbeiter arbeiten aufgaben- und zielorientiert und nicht regelorientiert. Der Regelungsgrad ist gering.
4. Die Arbeitsabläufe werden der Aufgabenstellung entsprechend flexibel und von Mitarbeitern eigenständig gestaltet.
5. Durch die Gleichstellung der Mitarbeiter treten die horizontalen Beziehungen in den Mittelpunkt. Dienstwege entfallen. Die Informationsvermittlung ist netzartig, offen und zumeist mündlich. Es werden fachliche Ratschläge und Sachinformationen vermittelt.
6. Die schriftliche Kommunikation wird auf das reduziert, was als Gedächtnisstütze unbedingt notwendig ist.
7. Bei der Auswahl der Mitarbeiter steht die fachliche Qualifikation im Vordergrund; eine Beförderung entfällt bei Gleichstellung. Die Anerkennung erfolgt durch fachliches Lob durch Kollegen.
8. Bewertungen durch Vorgesetzte entfallen. Es existiert eine Gesamtverantwortung der Gruppe für die Zielerreichung, die Einzelverantwortung tritt zurück.
9. Leistungsbezogene Bezahlung; alle werden bei gleicher Qualifikation und Leistung gleich bezahlt. Ständige hauptamtliche Anstellung ist gegeben.
10. Keine Disziplinarordnung; von allen mitgetragene Verhaltensnormen werden zu Grunde gelegt.

Für die Lösung welcher Aufgaben geeignet?

Die teamartig-professionelle Organisation eignet sich für folgende Arten von Aufgaben:

- Aufgaben, die ungleichförmig, vielschichtig, komplex sind,
- Aufgaben, die von sich laufend ändernden Bedingungen/Situationen der Umwelt abhängen und
- Aufgaben, die nur durch die Sammlung und Auswertung vielfältiger Informationen lösbar sind.

Beispiele hierfür sind Planungsprobleme, Änderung der Lebenssituation in Stadtteilen (Obdachlosengebiete, Sanierungsgebiete); Maßnahmen zur Lösung von Folgeproblemen der Jugendarbeitslosigkeit, Bearbeitung von schwierigen Familienproblemen. Ungeeignet ist das Modell für konstante Routinetätigkeiten (z.B. Sozialhilfeberechnung), die massenhaft und in immer gleicher Weise anfallen. Hier ist eine bürokratische Organisation geeigneter.

Realtyp (Mischform): Professionelle Bürokratie

Verlässt man die Analyse der Idealtypen und wendet sich konkreten Organisationstypen in der Realität zu, so findet man Mischformen beider Modelle vor. Eine solche Mischform stellte *Litwak* (1971; 121) vor und nannte sie »professionelle Bürokratie«. Dieser Realtyp entspricht eher der heute noch vorfindbaren Sozialverwaltung. In der professionellen Bürokratie werden die Routineaufgaben stärker bürokratisch organisiert, die ungleichförmigen, komplexen Aufgaben teamartig-professionell. Entscheidend wird die Koordination der beiden unterschiedlichen Organisationsprinzipien. Dies geschieht nach *Litwak* (1971; 123; *Kieser*, 1999c; 62) mit Hilfe von vier Segregationsmechanismen:

- Innerhalb einer Organisation existieren zwei Aufbauprinzipien; die zentralisierte Autoritätshierarchie und die lokalen, dezentralisierten Entscheidungsbefugnisse nach dem Teamprinzip.
- Die beiden unterschiedlich strukturierten Bereiche werden auch physisch getrennt. So könnte man die Leistungsabteilung des Sozialamtes (zuständig für die Berechnung und Auszahlung der Hilfe zum Lebensunterhalt und andere Routinetätigkeiten) bürokratisch organisieren und von der Abteilung Altenhilfe trennen, die Beratung und Dienstleistungen für die älteren Bürger der Stadt plant und organisiert. Diese Abteilung wäre teamartig aufzubauen. Ein anderes Beispiel ist die bürokratisch aufgebaute Hochschulverwaltung mit dem Kanzler an der Spitze, und die eher arbeitsgruppenbezogene Organisation der Fachbereichsräte oder der Forschungsteams für die Hochschullehrer.
- Nach *Litwak* gibt es bestimmte Berufe, die zwischen den verschieden strukturierten Teilen der Organisation vermitteln. Er nennt Ingenieure, die z.B. zwischen der Produktionsabteilung und der Forschungsabteilung stehen. Auch Sozialarbeiter/Sozialpädagogen übernehmen oft solche Vermittlerpositionen. Zum Beispiel erfüllen Sozialarbeiter in psychiatrischen Krankenhäusern sowohl Verwaltungsaufgaben als auch therapeutisch-beratende Aufgaben. Sie vermitteln zwischen Ärzten, Pflegern, Verwaltungsfachkräften und Patienten.
- Eine solche Mischform der beiden Organisationsmodelle erfordert eine genaue Prüfung der Frage, welche Stelle in der Organisation für bürokratische Aufbauprinzipien, welche für teamartig-professionelle geeignet ist. Dabei muss auch der Wandel der Aufgaben und damit der Umwelt mitbeachtet werden. Eine bisher bürokratisch organisierte Abteilung muss beim Wechsel der Aufgaben eventuell umstrukturiert werden. Im Bereich der Sozialverwaltung wurde in den letzten Jahrzehnten ein weitgehender Aufgaben- und Zielwandel (s.u.) vollzogen. Trotzdem dominiert heute noch die bürokratische Organisationsform. Eine Reihe von Städten hat allerdings versucht, ihre Sozialverwaltung durch Teams zu ergänzen (vgl. *Kühn*, 1994; 94).

Teilweise scheiterte die Einführung von Teams, da die Voraussetzungen für teamartig-professionelle Organisationen nicht mitgeschaffen wurden:

Voraussetzungen für die Einführung von Teams

Organisatorische Voraussetzungen: Die Aufgaben und die Zusammensetzung des Teams sowie seine Kompetenzen und Rechte müssen in einer Teamordnung niedergelegt werden. Bildet das Team einen Teil einer ansonsten bürokratischen Organisation, dürfen keine bürokratischen Standards an die Teamarbeit angelegt werden. Unbedingt zu vermeiden sind daher das Einsetzen eines Teammitgliedes als Vorgesetzten (eher als Teamsprecher), Einzelkontrolle von außen und fehlende Zeit für Teamberatungen. Es ist außerdem unabdingbar, dass die Leitungsinstanzen der Teamarbeit aufgeschlossen gegenüberstehen, sie als wichtigen Bestandteil der Organisationskultur ansehen und sie voll mittragen.

Teamfähigkeit

Persönliche Voraussetzungen der Teammitglieder: Diese werden unter dem Begriff »Teamfähigkeit« zusammengefasst und beinhalten:

- Kommunikationsfähigkeit, d.h. eigene Konzepte und Lösungen einbringen sowie die Ideen der Kollegen anhören und akzeptieren zu können,
- Kompromissfähigkeit, d.h. beim Unterliegen des eigenen Konzepts andere Lösungen annehmen zu können,
- Fachlichkeit, z.B. Fachsprache verstehen und Ansätze anderer Disziplinen nachvollziehen zu können, Fachwissen,
- Kreativität, d.h. das Verlassen der Routine zu Gunsten neuer Lösungen, auch wenn diese noch nicht erprobt wurden,
- Spontaneität, d.h. die Angst, andere an eigenen Überlegungen teilhaben zu lassen, abzubauen und Meinungen ohne Zögern zu äußern,
- personelle Unabhängigkeit, d.h. das Abblocken von Meinungsführern, das Lösen von »Vorgesetztenmeinungen« und
- Grundkenntnisse in gruppendynamischen Abläufen.

Teamfähigkeit wird zu wenig in Schule und Hochschule eingeübt, da hier nur die Einzelleistungen im Vordergrund stehen. Es werden daher Teamtrainings angeboten, insbes. ein »Rollentraining«, das den Gruppenmitgliedern erlaubt, verschiedene Rollen in der Gruppe zu sehen und zu verstehen. Teamfähigkeit entwickelt sich erst voll in der praktischen Gruppenarbeit, die möglichst durch Supervision begleitet wird.

7.2.3 Organisatorischer Wandel: Das Neue Steuerungsmodell

Das Neue Steuerungsmodell (NSM)

Die öffentliche Verwaltung – stichwortartig als bürokratische Verwaltung bezeichnet – wurde zwar schon immer von verschiedenen Gruppierungen der Gesellschaft kritisiert, neu ist aber die grundsätzliche, kompromisslose Infragestellung der bisherigen Organisation mit Hinweis auf mangelnde Effizienz und Effektivität. Die bürokratische Verwaltung wurde als perfektes, berechenbares Vollzugsinstrument konstruiert, um jede Willkür und Gesetzesabweichung auszuschließen. Die Regelbindung wurde so dominierend, dass die eigentliche Aufgabe des Dienstes am Bürger zurücktritt (s.

o.). Negativ ist vor allem die fehlende Innovationsfähigkeit der gesamten Organisation zu bewerten; es fehlt die Anpassungsfähigkeit an eine immer komplexere Umwelt (Globalisierung, neue Informations- und Kommunikationstechniken, mangelnde Beteiligung der Bürger, zunehmender Wertewandel und Individualisierung von Lebenslagen).

Dienstleistungs- und Kundenorientierung

Ab 1992 kommt es zu einer rasanten Veränderung der Kommunalverwaltung unter dem Leitbild: Dienstleistungsunternehmen Stadt. Auf der kommunalen Ebene herrscht die größte Reformdynamik vor; Bund und Länder folgen langsamer nach. Im internationalen Sprachgebrauch wurde dieser Organisationswandel mit dem Begriff »New Public Management« belegt (*Damkowski/Precht*, 1998; *Kißler* u.a., 1997). Betriebswirtschaftliche Managementtechniken werden auf ihre Übernahmefähigkeit für die öffentliche Verwaltung getestet, hierzu gehören: Dezentrale Fach- und Ressourcenverantwortung, Kontraktmanagement, Qualitätsmanagement, Budgetierung, Orientierung am Output der Verwaltungsleistung, Controlling sowie ein verstärktes Personalmanagement. Ziel ist als Idealbild die Dienstleistungs- und Kundenorientierung der Organisation sowie ihre »Wettbewerbsbezogenheit«.

In Deutschland hat die KGSt (Kommunale Gemeinschaftsstelle für Verwaltungsvereinfachung, Köln) mit ihrem »Neuen Steuerungsmodell« (NSM) den organisatorischen Wandel angestoßen und durch eine Vielzahl von Berichten und Empfehlung untermauert. Basis war zunächst das niederländische Tilburg-Modell, das an deutsche Verhältnisse angepasst wurde. Diese Modernisierung der öffentlichen Verwaltung umfasst einen Binnenaspekt (Reform der Strukturen und Prozesse innerhalb der Verwaltung auf den verschiedenen Handlungs- und Entscheidungsebenen) und einen Außenaspekt (Reform der Beziehungen der Verwaltung zur Umwelt z.B. Bürger, Kunden, Verbände). Das Neue Steuerungsmodell hat sich bisher vor allem auf die Binnenmodernisierung konzentriert, inzwischen erkennt man aber die besondere Bedeutsamkeit der Außenbezüge (vgl. *Kühn*, 1999; 125).

Die Wissenschaften beteiligen sich verzögert an der Modernisierungsdebatte; dies gilt auch für die Organisationssoziologie. Grundlegend bleibt dabei immer die Frage, inwieweit Managementkonzepte auf die öffentliche Verwaltung und insbes. die Sozialverwaltung übertragen werden können. In öffentlichen Verwaltungen dominiert nicht Markterfolg, höchster Umsatz und Gewinn, sondern Legalität, demokratische Legitimität, soziale Gerechtigkeit und im Sozialbereich Hilfe zur Selbsthilfe, Solidarität mit Benachteiligten und Ausgegrenzten, Lebensweltorientierung und Partizipation.

7.3 Organisationsziele

7.3.1 Beispielbereiche: Die kommunale Sozialverwaltung und die Wohlfahrtsverbände

Die folgenden Kapitel befassen sich mit einzelnen Frage- und Problemstellungen der Organisationssoziologie. Da diese in ihren Aussagen oft sehr abstrakt ist, sollen jeweils Beispiele aus dem Sozialwesen zur Konkretisierung herangezogen werden. Damit werden die Aussagen eher nachvollziehbar und vermitteln gleichzeitig Kenntnisse über Praxisfelder der Sozialarbeit. Aus der Vielzahl der Arbeitsorganisationen sollen zwei Bereiche herausgegriffen werden: die kommunale Sozialverwaltung und die Wohlfahrtsverbände. Bevor die Übertragung organisationssoziologischer Aussagen auf die Beispielbereiche erfolgen kann, müssen in knapper Form einige allgemeine Kenntnisse über die Beispielbereiche gesammelt werden. Die weitere Auffüllung des Bildes von der jeweiligen Organisation (z.B. dem Jugendamt) erfolgt schrittweise in den späteren Kapiteln zur Organisationsstruktur, zur Umweltabhängigkeit u.a.

Beispielbereich: Sozialverwaltung (Geschichte)

Die kommunale Sozialverwaltung gehört zur öffentlichen Verwaltung auf der Gemeinde- und Kreisebene. Unter dem Dach des Dezernates »Soziales« gibt es einen Bestand an Ämtern, die das Haupttätigkeitsfeld von Sozialarbeitern bilden: Jugendamt, Gesundheitsamt, Sozialamt und das Amt (oder die Abteilung) für soziale Dienste (ASD). Dieses letztgenannte Amt bildete den Außendienst für die drei Ämter und wurde früher als Abteilung für Familienfürsorge bezeichnet. Heute besitzt der ASD eigenständige Aufgaben als »Basisdienst« der Sozialverwaltung. Jedes Amt stützt sich in seinem Aufgabenbestand auf bestimmte gesetzliche Grundlagen (siehe unten) und stellt den örtlichen Träger der Jugendhilfe (Jugendamt), der Sozialhilfe (Sozialamt) und der Gesundheitshilfe (Gesundheitsamt) dar. Da die Organisationsgewalt bei den Kommunalverwaltungen liegt, haben sich sehr unterschiedliche Organisationsformen in der geschichtlichen Entwicklung ergeben, so dass hier nur zu allgemeinen Organisationsprinzipien Stellung bezogen werden kann. Die Zeit der Weimarer Republik war die bedeutsamste Periode für die Entwicklung der gesetzlichen und organisatorischen Grundlagen der Ämter. In der Zeit von 1922 – 1924 wurden wichtige, bis heute weiter wirkende gesetzliche Grundlagen der Sozial- und Jugendhilfe geschaffen: für die Jugendhilfe das Reichsjugendwohlfahrtsgesetz (1922); für die Sozialhilfe die Verordnung über die Fürsorgepflicht (1924) und die Reichsgrundsätze über Voraussetzung, Art und Maß der öffentliche Fürsorge (1924). Nur für das Gesundheitsamt entstand die gesetzliche Basis erst in der Zeit des Nationalsozialismus mit dem »Gesetz zur Vereinheitlichung des Gesundheitswesens« (VereinhG 1934). Diese »Hausgesetze« für die obigen Ämter sind zwar inzwischen mehrmals novelliert worden, sie gelten aber in ihren Grundaussagen bis heute. Das Reichsjugendwohlfahrtsgesetz schrieb die Zusammenfassung der Jugendpflege und Jugendfürsorge unter dem Oberbegriff Jugendhilfe sowie die Schaffung von Jugendämtern auf Stadt- und Kreisebene vor. Aus Finanzgründen konnten ab 1924 aber die Aufgaben der Jugendhilfe auf andere Ämter übertragen werden, d.h. es mussten keine eigenständigen Jugendämter errichtet werden. Das Jugendamt kämpfte daher von Anfang an um seine Selbständigkeit und Fachlichkeit. Mitte der 20er Jahre waren nur 20 – 30% der Jugendämter (vor allem in

Großstädten) selbständig; der größere Teil wurde als Abteilung des Wohlfahrtsamtes (Vorläufer des heutigen Sozialamtes) errichtet.

Dies führte zu negativen Auswirkungen auf die sozialpädagogische Aufgabenerfüllung des Jugendamtes. Das Wohlfahrtsamt dagegen hatte eine starke Stellung im Gefüge der Ämter, hier wurden alle Stellen, die wirtschaftliche Hilfe gewährten, zusammengeführt. Zweckmäßigkeitsgesichtspunkte und die Einsparung von Geldmitteln begünstigten die organisatorische Zusammenfassung vieler Aufgaben im Wohlfahrtsamt; auch das Gesundheitsamt bildete meist eine Abteilung des Wohlfahrtsamtes. Die Aufgabenerfüllung wurde in Innen- und Außendienst aufgesplittet. Im Innendienst, der die eigentlichen Entscheidungen über gesetzliche Leistungen traf, wurden fast nur Verwaltungskräfte (meist Männer) eingesetzt; im Außendienst, der den unmittelbaren Kontakt durch Hausbesuche zum Klienten herstellte, waren Fürsorgerinnen tätig. Der Außendienst arbeitete nach dem Prinzip der Familienfürsorge: Nur eine Fürsorgerin sollte die Familien in einem abgegrenzten Stadtteil betreuen. Die Unterbewertung der Fürsorgerinnen als »verlängerter Arm« des Innendienstes mit einer Mischung von Kontroll- und Ermittlungsaufgaben bei fehlender Entscheidungsbefugnis wurde schon damals kritisiert und hat bis heute die Organisation sozialer Dienste (heute: Allgemeiner Sozialer Dienst, als Amt oder Abteilung organisiert) belastet. In der Zeit des Nationalsozialismus kam es zu einer beispiellosen Aufwertung des Gesundheitsamtes, dem auch die Familienfürsorge zugeordnet wurde. Mit dem 1934 verabschiedeten »Gesetz zur Vereinheitlichung des Gesundheitswesens« wurden selbständige, staatliche Gesundheitsämter geschaffen, mit dem Amtsarzt an der Spitze. Dieses neue Amt übernahm Aufgaben der sog. Erb- und Rassenpflege und war an der Durchführung der Euthanasie und des Sterilisierungsgesetzes beteiligt. Das Jugendamt wurde in dieser Zeit bewusst im Aufgabenbestand und in der Organisation immer stärker reduziert zu einem bedeutungslosen »Restamt«. Erst in der Nachkriegszeit (ab 1953) begann das Jugendamt als nunmehr selbständiges Amt an Bedeutung zu gewinnen. 1961 wurde das Jugendwohlfahrtsgesetz (JWG) verabschiedet – ohne eine von der Fachöffentlichkeit geforderte grundlegende Reform der Jugendhilfe. Diese fand erst 1991 mit dem Inkrafttreten des Kinder- und Jugendhilfegesetzes (KJHG) statt, das ein modernes, präventiv orientiertes Leistungsgesetz darstellt. Das Gesundheitsamt verlor in den 50er und 60er Jahren immer mehr an Bedeutung; in den 90er Jahren kommt es zu einer »Wiederentdeckung« des Gesundheitsamtes, und eine Reihe von Bundesländern verabschieden Gesetze über den öffentlichen Gesundheitsdienst (so auch in Nordrhein-Westfalen).

Die Reform der öffentlichen Verwaltung hat auch die Sozialverwaltung erfasst und führt zu einer intensiven Diskussion der Chancen und Gefahren des Neuen Steuerungsmodells für den Sozialbereich (*Kühn*, 1995; 340 ff.; *Kühn*, 1999).Inzwischen werden im Rahmen dieser Reform die oben genannten Ämter zu Fachbereichen zusammengefasst; die Ämtergrenzen verschwimmen. Das Jugendamt ist in seiner Eigenständigkeit gefährdet, da einige Städte schon mit der Zusammenlegung der Ämter begonnen haben. Das KJHG betont aber die Eigenständigkeit des Jugendamtes, allerdings nicht in den alten Ämtergrenzen.

Die Wohlfahrtsverbände: Soziale Hilfen werden nicht nur durch (öffentliche Träger) Sozialverwaltungen erbracht, sondern auch durch »freie« Träger; hierzu gehören u.a. die Wohlfahrtsverbände. Sie haben in Deutschland eine herausragende Stellung. So halten sie z.B. einen Angebotsanteil von 70% der Plätze in Kindergärten und Jugendfreizeitheimen, von 60% der Altenheime und von 85% der Mütter- und Elternschulen; sie verfügen zur Zeit über knapp 3 Mio.

Betten/Plätzen in ihren Einrichtungen und Heimen. Diese Wohlfahrtsverbände haben sich im späten 18. und frühen 19. Jahrhundert als private, religiös motivierte Hilfsaktionen zur Linderung sozialer Not der Armen gebildet. Sie verknüpften zunächst die innere Missionsarbeit mit der sozialen Hilfsaktion. Heute sind die Verbände ihrem Selbstverständnis nach freiwillige Zusammenschlüsse – meist in der Rechtsform des eingetragenen Vereins – zur Hilfe in persönlicher Beratung, weniger in materieller Geldleistung. Die Hilfsmotive sind durch verschiedene religiöse und/oder weltanschauliche Ziele und Wertvorstellungen geprägt. Diese Wertekultur befinden sich heute in einem rapiden Wandel. Die Merkmale der Verbände sind (vgl. *Bauer*, 1987; 11; Bundesarbeitsgemeinschaft der Freien Wohlfahrtsverbände, 1985; 11 ff.):

- Freiwilligkeit (aus eigenem Entschluss tätig),
- Gemeinnützigkeit,
- Weltanschaulichkeit,
- gesetzlich nicht vorgeschriebene Hilfeleistung, aber den Gesetzen verpflichtet,
- Förderung der ehrenamtlichen Hilfe,
- das Wahlrecht der Hilfesuchenden in den Mittelpunkt stellend (Pluralität des Angebotes).

Es gibt sechs Wohlfahrtsverbände: Arbeiterwohlfahrt, Diakonisches Werk der Evangelischen Kirche in Deutschland, Deutscher Caritasverband, Paritätischer Wohlfahrtsverband, Deutsches Rotes Kreuz und der Zentralverband der Juden in Deutschland. Die große Bedeutung der Verbände wird durch die Gesamtzahl der (hauptamtlichen) Beschäftigten von fast 1,12 Millionen (1996) eindrucksvoll dokumentiert; allerdings nimmt die Zahl der Teilzeitbeschäftigten zu. Die Professionalisierung schreitet weiter fort, die Zahl der ehrenamtlichen Mitarbeiter stagniert bei geschätzten 1,5 Millionen.

Wettbewerb im Sozialbereich

Die zur Zeit stattfindende Modernisierung der öffentlichen Verwaltung (siehe das Neue Steuerungsmodell) beeinflusst auch die Wohlfahrtsverbände in so weitgehender Weise, dass nicht nur die Finanzen und die Beziehungen zu den öffentlichen Trägern betroffen sind, sondern auch die Wohlfahrtsverbände in ihrer inneren Struktur (Ziele, Organisation, Abläufe, Personal) wesentlich mitbestimmt werden. Die Verbände verlieren an Bedeutung als weltanschaulich bzw. religiös fundierte Träger (mit einer gewissen Exklusivität). Sie werden nunmehr Leistungserbringer im Wettbewerb untereinander, zu dem öffentlichen Träger (Kommune) und zu den privatgewerblichen Anbietern. Dabei spielt die größer werdende Forderung nach Wettbewerb im Sozialbereich durch die EU-Kommission eine Rolle. Auch in Deutschland zeigt die Gesetzgebung z.B. zur Pflegeversicherung ein weitgehendes Abgehen vom Korporatismus und vom relativen Vorrang der Wohlfahrtsverbände bei der Angebotsgestaltung (Subsidiaritätsprinzip, s.u.). In Zukunft werden diejenigen Anbieter bevorzugt, die bei gleicher Leistung am kostengünstigsten sind (*Münder*, 1998; 10). Außerdem werden neue Kooperations- und Finanzierungsformen (z.B. Leistungsvereinbarungen) entwickelt, die Anpassung an behördliche Strukturen durch enge Verquickung von Macht- und Politikinteressen müssen abgebaut werden.

7.3.2 Zielsysteme, Zielkonflikte

Im Rahmen der Abgrenzung von Organisationen wurde auf das Begriffsmerkmal »Zielgerichtetheit« hingewiesen. Neben dem Begriff Ziel findet man oft umgangssprachlich: Zielvorstellung, Leitlinie, Zweck.

Definitionen

Üblicherweise wird zwischen Ziel und Zweck unterschieden (vgl. *Etzioni*, 1973; 16): Das Ziel oder die Ziele sagen etwas über das »Ergebnis« des Organisationshandelns, über den angestrebten »Zustand«, den die Organisation zu erreichen sucht, aus. Der Zweck einer Organisation stellt auf etwas ab, das laufend erfüllt, das in der kontinuierlichen Leistung der Organisation erbracht wird. Im Folgenden sollen allerdings beide Begriffe synonym benutzt werden. Auch der Begriff »Leitlinie«, der im Gegensatz zu den Zielen etwas Unverbindliches, Unvollständiges und weniger Konkretes ausdrückt, soll hier nicht als Unterscheidung benutzt werden.

Bedeutung von Zielen

Ziele bestimmen den Aufbau, die Tätigkeiten und Prozesse in der Organisation. Eine voll entwickelte und funktionierende Organisation stellt daher »die Übersetzung eines Zieles in Struktur und Prozess« dar. Empirische Organisationsanalysen beginnen meist mit der Betrachtung der Ziele; diese Analyse ist eines der schwierigsten Vorhaben der Organisationsuntersuchung überhaupt.

An dieser Stelle soll eine Einschränkung eingefügt werden: Die Bedeutung der Ziele ist zwar groß, aber sie dürfen nicht überbewertet werden (vgl. *Scott*, 1986; 45). Nicht jede Verhaltensweise in der Organisation darf als organisationszielbezogen interpretiert werden. Eine Vielzahl von anderen Faktoren bestimmt die Verhaltensweise der Organisationsmitglieder, z.B. Werthaltungen der Mitglieder (Wertklima), persönliche Einstellungen und Interessen der Mitglieder, professionell-fachliche Orientierungen (siehe Kap. 7.6) und Machtaspekte. In der empirischen Analyse kann man, ausschließlich von den Zielen ausgehend, keine Organisation hinreichend genau beschreiben (*Büschges/Abraham*, 1997; 94,97). *Etzioni* (1973; 34) fordert daher die Aufgabe des Zielmodells der Organisationsanalyse (Analyse der gegenseitigen Abhängigkeiten von Zielen, Zielerreichungsgraden, Strukturen und Abläufen) und schlägt ein Systemmodell vor:

»Wir sollten besser die Arbeit der Organisationen miteinander vergleichen, statt sie an Idealen zu messen, die sie anstreben«. Dabei stellt er die Analyse von Spannungen, Konflikten, organisatorischer Flexibilität, Anpassungsfähigkeit an innere und äußere Veränderungen in den Mittelpunkt des Systemmodells.

Trotz dieses wichtigen Hinweises auf das Funktionieren der Organisation als solches kann – wie die weitere Entwicklung der Organisationssoziologie zeigt – nicht auf die Zielanalyse verzichtet werden; denn Ziele haben folgende wichtige Aufgaben zu erfüllen (vgl. *Büschges/Abraham*, 1997; 94):

Aufgabe von Zielen

- Ziele dienen der Erfolgskontrolle und sind Maßstab für die Bewertung des Handelns in Organisationen.
- Sie beeinflussen den anzustrebenden oder zu erhaltenden Organisations-

zustand, z.B. die Organisationsstruktur, die Organisationsvorschriften, die Technologie.

- Sie helfen bei der Selbstdarstellung nach innen und außen. Die Existenz der Organisation kann davon abhängen, dass klar wird, dass bestimmte Probleme durch die Organisation besser gelöst werden als ohne die Organisation.
- Sie sichern die Mittelbeschaffung (Finanzen, Personal u.a.). Sie unterstützen die Personalanwerbung, bestimmen die Ausbildung mit und entscheiden mit über die Personalbewertung.

Bevor auf die Zielsysteme und die Zielkonflikte eingegangen werden kann, muss eine Reihe grundlegender Differenzierungen vorgenommen werden:

Offizielle, formale Ziele

Die Unterscheidung zwischen offiziellen formalen Zielen und operativen, faktischen Zielen: Offizielle, formale Ziele sind nach außen bekannt gemachte, proklamierte Ziele, die sich aus veröffentlichten Quellen, Konzepten, Programmen, Selbstdarstellung der Organisation und auch aus Gesetzen für die öffentliche Verwaltung ablesen lassen. Sie dienen dem »Verkaufen« der Organisationsarbeit, der Legitimation und der Mittelbeschaffung (s.o.), sie sind oft generell und abstrakt abgefasst. Ziele sind oft mehrdeutig und leerformelhaft formuliert, um in der Praxis sofortige Anpassungen an gesellschaftlichen Wandel zuzulassen. Die faktischen, operativen Ziele zeigen sich im täglichen Handeln der Organisationsmitglieder. In Krisen- und Konfliktzeiten treten sie offen zu Tage. Offizielle und faktische Ziele müssen nicht übereinstimmen; so kann ein Amt der Sozialverwaltung z.B. bürgernahe Beratung als Ziel proklamieren, im Handeln aber eher Einsparungen betreiben. Außenstehende werden oft nur die offiziellen Ziele erkennen; faktische Ziele lassen sich durch intensive teilnehmende Beobachtung erfassen.

Operative, faktische Ziele

Bestandsziel (Überlebensziel)

Die Unterscheidung in inhaltlich-fachliche Ziele und das Bestandsziel (oder Überlebensziel): Jede Organisation wird der Erhaltung, dem Überleben Aufmerksamkeit widmen, z.B. der Bestandssicherung, der Finanzierung, der Auslastung der Organisation (*Kieser/Kubicek*, 1992; 9). In der kommunalen Sozialverwaltung ist zwar die Gesamtheit der Ämter durch Gesetze gesichert; das gilt z.B. für das Jugendamt (KJHG) und das Gesundheitsamt. Die Größe des Amtes, die Abteilungsgliederung, die Zahl der Mitarbeiter sind gesetzlich meist nicht gesichert (Ausnahme: Mindestgröße eines Jugendamtes). Es besteht auch die Möglichkeit, Ämter unter einem Dach als Fachbereich »Soziales und Wohnen« im Rahmen der Verwaltungsreform zusammenzulegen. Viele kleinere Organisationen des Sozialbereiches (Beschäftigungsinitiativen, Kleinstheime, Jugendclubs u.a.) sind von Arbeitsamtsmitteln (ABM-Kräften), Spenden, öffentlichen Zuschüssen abhängig und müssen einen Teil der Arbeitskraft auf die Sicherung der Finanzen des nächsten Jahres konzentrieren (Selbstdarstellung, Berichte, Verträge, Anträge u.a.). Daneben stehen die eigentlichen fachlichen Ziele der Organisation, z.B. die Aufnahme und Betreuung behinderter Kinder u.a.

Ordnung der Ziele, Zielsysteme

Es gibt kaum eine Organisation, die nur ein einziges Ziel verfolgt; i.d.R. existieren Vielzweckorganisationen. Eine wesentliche Frage jeder Organisationsanalyse ist die nach der Ordnung der Ziele. Es ist davon auszugehen, dass es vertikale und horizontale Beziehungen zwischen den einzelnen Zielen gibt. Dies führt zur Vorstellung eines Zielsystems, d.h. eines Beziehungsgeflechts relativ stabiler, geordneter Einzelziele. Die gebräuchlichste Strukturierung der Zielsysteme ist die Zielhierarchie (Zielbaum). An der Spitze steht das Oberziel (allgemeinste Zielebene, »Wurzel« des Zielbaumes) mit der umfassendsten und grundsätzlichsten Aussage, die oft inhaltlich so allgemein gehalten ist, dass alle Organisationsmitglieder zustimmen können. Unterhalb des Oberzieles werden weitere Einzelziele in Ebenen geordnet. Je weiter die Zielebene vom Oberziel entfernt ist, desto konkreter werden die Ziele; diese Teilziele der unteren Ebene sind gleichzeitig Mittel zur Erreichung der Oberziele (vgl. Schema 1, S. 333). Zielsysteme – auch im Sozialbereich – sind nie vollständig und widerspruchsfrei. Die in den 70er Jahren im Rahmen der Sozialplanung unternommenen Versuche zur Erstellung perfekter Zielbäume wurde inzwischen als zu zeitaufwendig und überholt aufgegeben.

Zielkonflikte

Widersprüche zwischen den Zielen eines Zielsystems treten auf (*Büschges/ Abraham*, 1997; 96), weil das Oberziel nicht eindeutig genug formuliert ist, oder weil oberste Ziele in sich widersprüchlich sind oder weil Ziele in ihrer Rangfolge nicht festgelegt sind. Diese Konflikte beeinflussen das gesamte System; denn diese Probleme setzen sich von Zielebene zu Zielebene fort. Klassische Beispiele sind die Zielkonflikte zwischen den beiden Oberzielen des Strafvollzugs: Resozialisierung versus Bestrafung. In Heimen und Anstalten (Altenheimen, psychiatrischen Krankenhäusern) treten Verwahrungsziele (kustodiale Ziele) gegen emanzipatorische/therapeutische Ziele an. Heute findet man Vermischungen beider Zielrichtungen; im Handeln der Organisationsmitglieder zeigen sich dann unterschiedliche Prioritätensetzungen. Zielkonflikte lassen sich auch festmachen, wenn mindestens

- zwei Untereinheiten einer Organisation (z.B. Jugendamt – Sozialamt) Oberziele unterschiedlich interpretieren,
- zwei unterschiedliche Berufsgruppen (z.B. Sozialarbeiter versus Verwaltungsfachkräfte) vorgegebene Oberziele auf der Basis ihrer unterschiedlichen beruflichen Sozialisation verschieden umsetzen,
- zwei unterschiedliche Machtgruppen unterschiedliche Zielfestlegungen im Rahmen von allgemeinen Oberzielen treffen und durchzubringen versuchen (vgl. Flügelkämpfe in Parteien),
- Abweichungen zwischen Organisationszielen und individuellen Zielen der Mitarbeiter auftreten (Mitarbeiter versuchen, ihre bisherigen Positionen und Tätigkeiten gegen Neuerungen der Aufgaben und Reformen der Organisation (NSM) zu erhalten).

7.3.3 Zielsetzungsprozess

Die bisherige Darstellung ging davon aus, dass die Ziele ein für allemal vorhanden sind und in ihren Bezügen analysiert werden können. Die ältere Organisationssoziologie unterstellte, dass Ziele vom »politischen Herrn«,

Schema 1: Zielsystem Altenhilfe

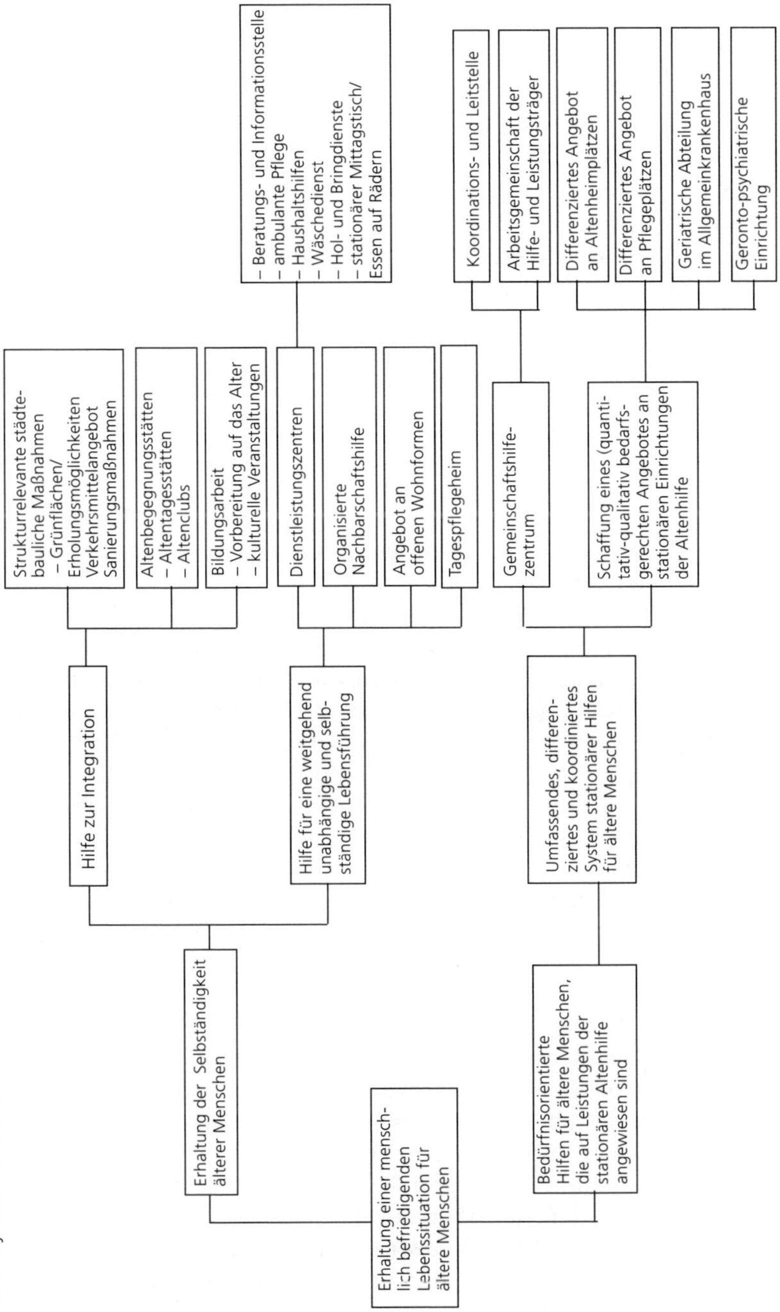

Quelle: Kühn 1982[2], 122.

vom Träger vorgegeben sind und mehr oder weniger unveränderlich über eine längere Zeitdauer bestehen bleiben. Heute wird die Zielsetzung als kollektiver Aushandlungsprozess zwischen Trägern, Organisationsleitung, Mitgliedern und Außenstehenden begriffen. Dieser Zielsetzungsprozess als sozialer Prozess soll nunmehr näher untersucht werden.

Monistische Zielsetzung

Als monistische Zielsetzung wird die Festlegung der Ziele durch eine einzige Instanz, z.B. den Eigentümer oder Unternehmer bezeichnet. Das Bürokratiemodell unterstellt z.B. einen außerhalb des Verwaltungsstabes stehenden politischen »Herrn« (die Regierung), der die Ziele extern durch Gesetze, Programme, Anweisungen setzt. Ziele sind nach diesem Konzept langfristig stabil und ohne Konflikte in Organisationsstrukturen übertragbar. In der Realität ist diese externe, monistische Zielsetzung kaum vorfindbar, da sich

- Diskrepanzen zwischen offiziellen und faktischen Zielen zeigen (s.o.)
- eine Regierung heute selten in der Lage ist, autonom Ziele zu setzen (Abhängigkeit von Interessenverbänden, Industrie, Globalisierung u.a.) und
- ein eindeutiger »Organisationsherr« kaum vorfindbar ist (Zerstrittenheit von Koalitionsregierungen, mangelnde Präzision der Ziele und Gesetze).

Kollektive Zielsetzung

Der monistischen Zielsetzung wird daher ein kollektiver Zielsetzungsprozess gegenübergestellt, der Ziele als Verhandlungsergebnis von Organisationsteilnehmern erklärt (vgl. *Kieser/Kubicek*, 1992; 8; *Büschges/Abraham*, 1997; 101). Hier ergibt sich als realistisches Konzept ein Aushandlungsprozess zwischen Organisationsleitung, Gruppen von Organisationsmitgliedern und Einzelpersonen, sowie politischen Gremien im Rahmen der Kommunalverwaltung, z.B. Rat und Ausschüsse. Die Zielsetzung ist dann ein politischer Prozess; die Ziele sind instabil, sie verändern sich im Rahmen der laufenden Interaktion, die jeweils mächtigste Gruppe setzt sich durch (Zielsetzung als Machtprozess). Auch wenn ein starker externer Träger vorhanden ist (z.B. die Kirche beim Caritasverband), der eine monistische Zielsetzung beabsichtigt, so ist dies kaum realisierbar; denn die beteiligten Organisationsmitglieder haben einen mehr oder weniger weitgehenden Interpretations- und Abänderungsspielraum, außerdem gehen als Rahmenbedingungen immer Anforderungen des Wirtschaftssystem und der Gesellschaft mit ein.

Zielsetzung als Machtprozess

Auch für die Ämter der Sozialverwaltung, die stark vom Gesetzgeber und den politischen Gremien (Rat, Ausschüsse) abhängig sind, gilt: Ziele bilden sich als Synthese von gesetzgeberischen Programmierungsakten, von strategischen Zielsetzungen der politischen Gremien, von Konkretisierungsleistungen in der Verwaltung und von Abstimmungen mit der Umwelt und der jeweiligen Situation (*Treutner*, 1982; 96). Die Festlegung übergeordneter Ziele gehört zu den Aufgaben auf der parlamentarischen Ebene. Da diese oft überfordert ist, tritt die Verwaltung – ursprünglich als politisch neutrales Instrument gedacht – hier als politischer Gestalter auf. Es entsteht ein permanenter politischer Interpretationsprozess.

Die Konzepte der Verwaltungsmodernisierung (z.B. im Neuen Steuerungsmodell) gehen von einer strikten Trennung der Politikebene (Rat,

Verhältnis Politik-Verwaltung im Neuen Steuerungsmodell

Ausschüsse) und der Verwaltungsebene (Fachbereiche) aus. Die Politik bestimmt das »Was« des Verwaltungshandelns (Ziele, Produkte), die Verwaltung erhält die Kompetenz, das »Wie« der Dienstleistungserbringung zu gestalten. Diese strikte Trennung ist bisher in der Realität so nicht vorfindbar und so weitgehend wohl auch nicht sinnvoll. In Zukunft werden die Parlamentarier sich immer mehr auf Leit- und Wertentscheidungen konzentrieren und Einzeleingriffe weit möglichst vermeiden.

Die Interessen der Klienten selbst und derjenigen, die an der Basis die Gesetze und die konkretisierten Ziele der Verwaltung ausführen (z.B. der Sozialarbeiter im ASD), treten bisher noch zurück: die politisch einflussreichere Organisationsspitze bestimmt über interne Kontrakte die Produktion von Dienstleistungen. Es ist daher wenig sinnvoll, nur von offiziellen Zielen der Gesetzgeber bzw. Regierungen auszugehen; eine intensive, detaillierte Zielanalyse wird für jede Organisation notwendig.

Historischer Bezug von Zielen

Zielsetzungen sind nie unabhängig von dem räumlich-zeitlichen Bezugssystem, d.h. Ziele entstehen zu einer bestimmten Zeit, z.B. bei der Gründung der Organisation, und sie ändern sich im Zeitablauf. Die heutigen offiziellen Ziele der Sozialverwaltung lassen sich nur als historisches Phänomen überhaupt umfassend erklären. So wurden schon auf die Entstehung und Ausdifferenzierung des heutigen Systems der Ämter in der Weimarer Republik hingewiesen. Auch heutige Zielsetzungen lassen sich nur vor dem Hintergrund des politisch-ökonomischen Systems verstehen. Es müssen die Mehrheitsverhältnisse im Bundestag/Bundesrat, die jeweiligen sozialpolitischen Vorstellungen der Parteien und die Wertvorstellungen der Gesellschaft beachtet werden.

7.3.4 Zielwandel

Zielwandel

Die Instabilität der Zielsysteme im historischen Ablauf rückt den Zielwandel in den Mittelpunkt der weiteren Organisationsanalyse. Organisationen sind einerseits abhängig vom gesellschaftlichen Wandel (z.B. Wertewandel, Forderung nach mehr Selbstbestimmung, Abbau von Expertenherrschaft); zum anderen beeinflussen sie den Wandel der Gesellschaft selbst. Gesellschaftliche Reformen und Innovationen sind dann in erster Linie Veränderungen in und von Organisationen; »denn nur über organisatorische Entscheidungsprozesse sind gesellschaftliche Strukturen planbar und veränderbar« (*Gabriel*, 1976; 320). Dieser gegenseitige, ineinander verwobene Wandlungsprozess lässt sich auch in der kommunalen Sozialverwaltung erkennen:

- Die Forderung nach einer stärkeren Demokratisierung der Gesellschaft schlug sich in der Sozialverwaltung in der Ausdehnung von Teamarbeit nieder; auch die angezielte Bürger- und Kundenorientierung gehört hierher.
- Das Erstarken der Bürgerinitiativen, die Orientierung der Bevölkerung an den Lebensverhältnissen in den Stadtquartieren wurden in der Verwaltung durch die stärkere Stadtteilorientierung sozialer Dienste aufgenommen und verstärkten die Bildung von Selbsthilfegruppen vor Ort.

Notwendigkeit eines fachlich fundierten Zielsystems

Die Weiterentwicklung der Ziele im Sozialwesen vollzieht sich sehr langsam; denn es besteht eine ausgeprägte Beharrungstendenz der Organisationen. Die Sozialverwaltung ist aber im Rahmen der Verwaltungsmodernisierung und durch die neuen gesetzlichen Grundlagen (KJHG, Gesetze über den öffentlichen Gesundheitsdienst) gezwungen, strategische und operative Ziele zu diskutieren. Die angezielten Vereinbarungen (Leistungsverträge) des Neuen Steuerungsmodells zwischen öffentlichen und freien Trägern funktionieren nur, wenn ein fachlich fundiertes, abgesichertes Zielsystem im Sozialbereich besteht. Hier wäre ein ausgebautes Sozialplanungssystem sehr hilfreich. Die Wohlfahrtsverbände berufen sich meist auf ihre größere Flexibilität auch im Zielbereich. Aber auch hier regen sich erhebliche Widerstände gegen Veränderungen; denn die »freien« Träger müssten bei Wandlungsprozessen von langjährigen Traditionen und liebgewonnenen Konzepten Abschied nehmen. Organisationsleitungen und Personal müssten sich an neue Ziele anpassen. Dies gefährdet aber eingespielte Macht- und Interessengewichte; d.h. jeder Ziel- und nachfolgender Strukturwandel greift in bestehende Einflussverteilungen ein und lässt sich nur gegen den Widerstand bisheriger Inhaber von Rangpositionen durchsetzen. Die heute fortschreitende Ökonomisierung der sozialen Dienstleistungen erzwingt eine größere Flexibilisierung auch der Verbände und eine Anpassung der Leitungsinstanzen an Managementkonzepte.

7.4 Organisationsstrukturen

7.4.1 Definition

Ein Beispiel soll die begriffliche Abgrenzung einleiten. Ein Berufsanfänger tritt seinen Dienst im Jugendamt an. In den ersten Tagen wird er in seinem Verhalten im Amt sehr unsicher sein. Er kennt seinen Arbeitsplatz noch nicht, er weiß nicht, wann sein Dienst beginnt, wann Pausen eingelegt werden, wie er Hausbesuche vorbereiten soll. Soll er sich zuerst beim Amtsleiter melden oder genügt es, zu warten, bis Kollegen ihm einige Erklärungen geben? Ist evtl. die Frühstückspause eine Möglichkeit, die Kollegen kennenzulernen und Informationen im beiläufigen Gespräch zu erfahren, oder soll er bei Dienstschluss die Kollegen zum Einstand im Amt einladen?

Auch die schon länger im Amt Beschäftigten wissen zunächst nicht, was sie dem Neuling erklären sollen. Vieles in ihren Verhaltensweisen hat sich »eingeschliffen«, ist Routine geworden. Vielleicht ist es sinnvoll, dem Neuen den Stellenaufbau des Amtes zu erklären, die Aufgaben und Personalbesetzungen der Abteilungen, Stellen zu erläutern, ihm etwas über die Eigenheiten der Vorgesetzten zu sagen und ihm die »Allgemeinen Dienstanweisungen« auf den Schreibtisch zu legen. Diese Eingangssituation zeigt, dass die schon lange im Amt beschäftigten Kollegen viele Handlungen, Interaktionen an bestimmte Regeln, Muster und Routinen angepasst haben, ohne lange vor jeder Tätigkeit darüber nachzudenken. Diese Regelmäßigkeiten werden in der Organisation als feststehend vorausgesetzt und nicht weiter hinterfragt. Der Neue muss sich dagegen erklären lassen, welche Regeln bestehen, wer wem Anweisungen erteilen darf, wer den größten Einfluss im Amt besitzt und wie schnell Anweisungen ausgeführt werden müssen.

Definition

Die Organisationsstruktur umfasst die der Organisation zugrunde liegenden Muster und Regelmäßigkeiten, die von allen anerkannt sind, die nicht laufend hinterfragt werden, sondern die das soziale Handeln in der Organisation bestimmen und für längere Zeit gelten. Die Mitglieder einer Organisation handeln »relativ beständig und in erwartbarer Weise im Sinne der Organisation; Strukturen – verstanden als verfestigte Handlungsmuster – bilden sich aus« (*Büschges/Lütke-Bornefeld*, 1977; 87). Diese Regelmäßigkeiten können schriftlich von der Verwaltungsspitze festgelegt sein (siehe die Allgemeinen Dienstanweisungen), sie spiegeln sich wider in Stellenplänen und Kompetenzabgrenzungen, sie können aber auch mündlich vermittelt sein oder sich als »Gewohnheitsrecht« eingeprägt haben. Dieses Gesamtgefüge von Strukturen stellt auch im Alltag das dar, was wir allgemein als Organisation erkennen und was die Organisation insgesamt ausmacht. »Organisationsstrukturen sind Instrumente zur Steuerung des Verhaltens der Organisationsmitglieder« (*Kieser/Kubicek*,1992; 10). Nicht nur die Verwaltungsspitze steuert das Ordnungsgefüge, sondern auch die nachfolgenden Hierarchieebenen (z.B. Abteilungsleiter) sind an der weiteren Konkretisierung und Präzisierung der Regeln beteiligt. Diese internen Regeln der Abteilungen dürfen allerdings den grundsätzlichen, übergeordneten Regeln und Zielen nicht widersprechen. Dabei wird unterstellt, dass die in der Organisationsstruktur festgeschriebenen Beziehungen und Verhaltensweisen immer auf die Organisationsziele bezogen sind, d.h. die Strukturierung geht von den Organisationszielen aus und gliedert sie zunächst in Hauptaufgaben auf. Im Rahmen der sogenannten Aufbauorganisation erfolgt eine weitere Zergliederung der Hauptaufgaben in Teilaufgaben, die Abteilungen, Gruppen und Stellen zugewiesen werden. Außerdem werden auch die Arbeitsabläufe in der sogenannten Ablauforganisation geordnet. Beide Strukturaspekte gehören zusammen.

Gesamtgefüge von Strukturen

Aufbauorganisation

Ablauforganisation

7.4.2 Dimensionen der Organisationsstruktur

Diese komplexe Struktur soll analytisch geordnet und nach bestimmten Merkmalen/Dimensionen gekennzeichnet werden. In der Literatur findet man dazu Merkmale, die in enger Verbindung zu *Max Webers* Bürokratie-Modell stehen (vgl. *Kieser/Kubicek*, 1992; 74 ff.; *Büschges/Abraham*, 1997; 117 f.):

- Differenzierung (Spezialisierung)
- Zentralisierung
- Standardisierung (Formalisierung)

Differenzierung/ Spezialisierung

Die Differenzierung (Spezialisierung) gibt die Art und Menge der Zerlegung und Untergliederung einer Gesamtaufgabe in Teilaufgaben, die jeweils bestimmten Mitarbeitern zugeordnet werden, an. Hier wird der Grad der Arbeitsteilung als Maßstab für die Organisationsstruktur benutzt. Die vertikale Differenzierung sagt etwas über die Zahl der Hierarchieebenen und über die Distanz zwischen Organisationsspitze und Basisebene aus.

Zwei Möglichkeiten der **horizontalen Differenzierung** sind denkbar, die segmentierende und die funktionale. Zur ersten Form gehört die Aufgliederung der Aufgaben auf einer Hierarchieebene in gleichartige Untersysteme, z.B. die Aufgliederung der Leistungsabteilung des Sozialamtes nach dem Buchstabensystem: Die Mitarbeiter erfüllen alle die gleichen Aufgaben, die Zuteilung der Fälle erfolgt nach dem Anfangsbuchstaben des Namens. Die zweite Möglichkeit horizontaler Differenzierung (als **funktionale Differenzierung** bezeichnet) besteht in der Aufteilung einer Gesamtaufgabe in Untereinheiten mit spezifischen (unterschiedlichen) Leistungen, z.B. die Aufgliederung der Abteilung Soziale Dienste in Spezialdienste für Behinderte, Alte, Obdachlose.

Zentralisierung

Die Dimension Zentralisierung bezieht sich auf die Entscheidungs- und Machtbefugnisse. Ein hoher Grad von Zentralisierung ist gegeben bei einer Konzentration von Entscheidungsbefugnissen in der Organisationsspitze (z.B. beim Amtsleiter des Jugendamtes). Ein hoher Grad von Dezentralisierung liegt vor, wenn fast alle Entscheidungsbefugnisse an die Basisebene abgegeben wurden, z.B. an den Sozialarbeiter im Allgemeinen Sozialen Dienst (ASD), der seine Fälle vollständig selbst bearbeitet und entscheidet. Eine volle **Dezentralisation** ist in der öffentlichen Verwaltung nicht möglich; der Amtsleiter kann seine Entscheidungsbefugnisse nur teilweise delegieren. In Konfliktfällen wird er seine Befugnisse wieder selbst wahrnehmen. Die Sozialarbeiter als Mitarbeiter der hierarchisch strukturierten Sozialverwaltung dürfen nicht vollständig selbständig handeln, sie bleiben am »Zügel« des Amtes. In diesem Fall spricht man von **Dekonzentration**, d.h. das Weisungsrecht der zentralen Stelle (hier der Amtsleiter) bleibt bestehen. Der Begriff »Dezentralisierung« dagegen bezeichnet die vollständige Selbständigkeit und Unabhängigkeit ausgegliederter Teile der Organisation.

Standardisierung/ Formalisierung

Die *Standardisierung* (*Formalisierung*) bedeutet die Festlegung der Kompetenzen und der Arbeitsabläufe durch unpersönliche Dauerregelung. Ein hoher Grad der Formalisierung bedeutet eine weitgehende Einschränkung der Handlungsalternativen der Mitglieder durch Regeln. Im Extremfall besteht überhaupt kein Handlungsspielraum, d.h. bei Eintritt bestimmter Voraussetzungen (Bedingungen) muss der Mitarbeiter in vorgegebener Weise handeln. Man spricht dann von **Konditionalprogrammen**. Das andere Extrem (niedrigste Formalisierung) ist dann gegeben, wenn nur bestimmte Zwecke vorgegeben sind und die Mitarbeiter ihre Handlungen selbst bestimmen können. Hier liegen **Zweckprogramme** vor.

Ein Vergleich mit den Merkmalen des Bürokratiemodells zeigt, dass eine Organisation als bürokratisch bezeichnet werden kann, die einen hohen Grad an Formalisierung, Zentralisierung und horizontaler und vertikaler Differenzierungen aufweist (*Gebert*, 1978; 40 ff.).

Die oben aufgezeigten Merkmale/Dimensionen der Organisationsstruktur bleiben noch sehr allgemein. Sie sollen durch folgende Fragestellungen in der weiteren Organisationsanalyse verfeinert werden:

Wie erfolgt die Rollenverteilung in einer Organisation (Rollenstruktur)? Wer fällt die Entscheidungen und besitzt die Macht, sie durchzusetzen (Entscheidungs- und Autoritätsstruktur)? Damit eng verbunden ist die Frage nach der Kontrolle der Handlungen von Mitarbeitern (Kontrollstruktur). Welche Informationen werden von wem auf welchen Wegen weitergeleitet (Kommunikations- und Informationsstruktur)? Welche beruflichen Qualifikationen besitzen die Mitarbeiter der Organisation, und wie werden sie eingesetzt und bewertet (Personalstruktur)?

Alle Fragestellungen sind eng miteinander verbunden; die Trennung ist eher künstlich, erleichtert aber die Organisationsanalyse. Bevor den einzelnen Fragen nachgegangen wird, soll die wichtige Unterscheidung in formale und informale Organisationsstrukturen problematisiert werden.

7.4.3 Formale und informale Strukturelemente

Formale Struktur/ Informale Struktur

Die Unterscheidung in formale (formelle) und informale (informelle) Strukturelemente entstand 1939 aus den Ergebnissen der Hawthorne-Studien, die empirisch nachgewiesen hatten, dass die tatsächlichen Verhältnisse in einer Organisation nicht unbedingt den formalen, d.h. den schriftlichen, offiziell geplanten und festgelegten Regeln und Ordnungsgefügen entsprachen. Die formalen Strukturen sind also bewusst geschaffen und haben offiziellen Charakter (*Kieser/Kubicek*, 1992; 17 f.). Es handelt sich um ein System, das von den persönlichen Eigenschaften der Mitarbeiter unabhängig ist. Außerdem aber existieren informale Strukturen; sie umfassen durch das tatsächliche Handeln gekennzeichnete Abläufe und Verhaltensformen und weichen von den formalen Strukturen mehr oder weniger stark ab. Diese informalen Verhaltensweisen ergeben sich aus der von *Max Weber* für die Bürokratie idealtypisch ausgeblendeten Tatsache, dass Mitarbeiter als menschliche Wesen in ihrem Verhalten von ihrer Sozialisation, ihrer Ausbildung, ihren Wünschen und Gefühlen mitbestimmt werden und nicht nur von Befehlen und Anweisungen. Außerdem spielen die Gruppennormen, die Gruppenidentitäten sowie die Beziehungen zwischen den Mitarbeitern und Vorgesetzten eine wichtige Rolle.

»Maschinen-Modell«

Die bis Ende der 30er Jahre vorherrschende Meinung (siehe Bürokratie-Modell), dass man eine Organisation bis ins letzte Detail per Anweisung und Strukturplan gestalten könne, so dass sie wie eine Maschine funktioniere (sogen. Maschinen-Modell), musste aufgegeben werden. Die informalen Strukturen sind also ungeplante, spontane Handlungszusammenhänge, Beziehungen und Gruppenbildungen, die offiziell nicht vorgesehen sind. Die *Hawthorne-Studien* (1927 – 1937) wurden im Auftrag der Western Electric Company in Hawthorne, einem Vorort von Chicago, unter der späteren Leitung von *Elton Mayo* durchgeführt. Ziel war es, die Arbeitsproduktivität in ihrer Abhängigkeit von verschiedenen Faktoren wie Beleuchtung des Arbeitsplatzes, physischen Arbeitsbedingungen und Entlohnung zu erforschen. Erst später kam man dahinter, dass die sozialen Beziehungen in der Arbeitsgruppe, der Führungsstil, persönliches Ansehen und andere soziologische und psychologische Faktoren bedeutsamer waren als die zuerst genannten Faktoren. Damit war der »Human-Relation-Ansatz« als Beginn weiterer motivationstheoretischer Ansätze entstanden (*Kieser*, 1999a; 109 ff.).

»Human-Relation-Ansatz«

Die Aufsplitterung in formale und informale Strukturen ist heute umstritten, da eine Reihe von Aspekten ungeklärt bleibt (vgl. *Scott*, 1986; 122 ff.):

- die genaue begriffliche Festlegung,
- die Frage, ob informale Strukturen pathologische oder sinnvolle Ausprägungen der Organisation sind,
- die Unterscheidung von formalisierten Erwartungen und konkreten Handlungen.

Außerdem wird die Meinung geäußert, informale Strukturen zeigen nur die Alltagsbeobachtung auf, dass Macht und Einfluss an jeder Stelle der Organisation angesiedelt sein können.

»Brauchbare Illegalität«

In der weiteren Analyse wird die Unterscheidung beibehalten, da sich gerade in Sozialverwaltungen neben den Sollvorschriften, Anweisungen und Regeln eine tatsächliche, informelle Struktur herausgebildet hat, die auch für die Organisationsleitungen nützlich sein kann, z.B. Kontakte zwischen den Kollegen, teilweises Umgehen der Dienstwege, die Bildung von informellen Gruppierungen neben der Hierarchie. Ein genauer »Dienst nach Vorschrift« kann die Verwaltungsabläufe stark verlangsamen, wie schon mehrmals durch den Einsatz als streikähnliches Instrument nachgewiesen. Informelle Strukturen können daher eine »brauchbare Illegalität« (*Luhmann*, 1976; 201 ff.) darstellen. Die Verwaltungsmodernisierung im Neuen Steuerungsmodell geht von einer Reduzierung der Hierarchieebenen aus; gleichzeitig werden an der Basis eher Teams installiert. Damit werden informale Strukturen umgewandelt in formale Strukturen.

7.4.4 Rollenstruktur

Die Rollenstruktur ist wesentliche Ausprägung der Organisationsstruktur. Auf Definitionen, Abgrenzungen und wesentliche Aussagen der Rollentheorie wurde schon an anderer Stelle dieser Einführung eingegangen (siehe Kap. 1.2.2.5). Die folgenden Ausführungen konzentrieren sich daher auf die Rollenverteilung in einer Organisation und arbeiten die Rolle des Sozialarbeiters in Verwaltungen und Verbänden heraus.

Rollenstruktur

Jede Organisation teilt ihr Aufgabenvolumen auf und weist die Erledigung von Teilaufgaben bestimmten Rollenträgern (Rolleninhabern) zu. Eine Rollenstruktur entsteht dann durch die Zuordnung von Organisationsrollen zu einzelnen Berufspositionen (in Verwaltungen: Stellen) und die Zusammenfassung von einer begrenzten Zahl von Rollenträgern zu Arbeitsgruppen und Abteilungen, die dann einen engen kommunikativen Zusammenhalt bilden. Zur Charakterisierung von unterschiedlichen Mustern der Rollenstruktur kann auf die oben angeführten beiden Arten der Differenzierung zurückgegriffen werden (siehe Kap. 7.4.2).

Segmentierende Rollendifferenzierung

Die segmentierende Rollendifferenzierung (*Büschges/Abraham*, 1997; 147) unterteilt die Aufgabenvolumen in inhaltlich gleichartige Teile, z.B. die Arbeitsaufteilung nach den Anfangsbuchstaben des Namens der Klienten. Dieses Buchstabensystem beruht auf bürokratischen, verwaltungsrationellen Gesichtspunkten. Denn die einzelnen Rolleninhaber sind untereinander austauschbar; beim Ausfall eines Rolleninhabers (Urlaub, Krankheit) können die anderen Rolleninhaber dessen Aufgaben übernehmen, ohne dass das Gesamtsystem gestört wird.

Funktionale Rollendifferenzierung

Eine funktionale Rollendifferenzierung ist bei komplexen, schwierigen Aufgaben notwendig. Die Gesamtaufgabe wird hier in unterschiedliche, fachspezifische Teile gesplittet, die erst zusammen die angestrebte Gesamtleistung ergeben. Beim Ausfall eines Rolleninhabers treten Probleme auf, da ein Ersatz nicht unmittelbar möglich ist. Ein Beispiel aus der Sozialverwaltung lässt sich bei der Aufgabe »Verhinderung von Obdachlosigkeit« aufgrund von Mietschulden finden. Hier arbeiten Sozialarbeiter des Allgemeinen Sozialen Dienstes (ASD) mit Verwaltungskräften des Sozialamtes, Mitarbeitern des Wohnungsamtes und Mitarbeitern der Schuldnerberatung zusammen.

Es ist an dieser Stelle nicht möglich, alle Fragestellungen zur Rollenstruktur herauszuarbeiten. Solche Fragestellungen beziehen sich z.B. auf die Intra- und Interrollenkonflikte, auf die Abweichungen zwischen formaler Rollenfestlegung und den realen Rollenausprägungen und auf die Handlungsspielräume, die Rollenbeschreibungen den Sozialarbeitern in verschiedenen Positionen zugestehen. Die letzte Fragestellung wird in Kap. 7.6 aufgegriffen. Es soll allerdings als Beispiel für eine traditionelle Ausprägung der Rollenstruktur in Sozialverwaltungen die historisch wichtige Arbeitsteilung zwischen Innen- und Außendienst herausgestellt werden.

Beispiel: Sozialverwaltung

Die Aufteilung nach Innen- und Außendienst wurde schon zu Beginn der Ämterentwicklung in den 20er Jahren vorgenommen und kennzeichnet die Einschätzung der Berufsrolle der Sozialarbeiter besonders deutlich. Der Außendienst (früher: Familienfürsorge, heute teilweise noch im ASD) für die drei klassischen Ämter (Jugendamt, Sozialamt, Gesundheitsamt) wurde mit Sozialarbeiterinnen besetzt, der Innendienst der drei Ämter vorwiegend mit Verwaltungsfachkräften. Der Innendienst prüfte die Rechtmäßigkeit eingehender Anträge, entschied über gesetzlich bestimmte Leistungen auf der Basis der vom Außendienst gelieferten Informationen nach »Aktenlage« und hielt alle Vorgänge in der Hauptakte fest. Die Arbeit im Innendienst wurde nach dem Buchstabensystem verteilt und konzentrierte sich auf die Gesetzesanwendungen und die sparsame Mittelverteilung. Der Außendienst arbeitete nach dem Bezirkssystem, d.h. der Bezirkssozialarbeiter war für alle Außenkontakte, Hausbesuche und Ermittlungen vor Ort eines Stadtteils (5 000 – 20 000 Einwohner) zuständig. Er ermittelte als verlängerter Arm des Innen-

Innen- und Außendienst

dienstes die Lebens- und Wohnverhältnisse und verfasste darüber Aktenvermerke, Berichte, Gutachten und Stellungnahmen. Neben der Ermittlung und Kontrolle für die Innendienste der Ämter blieb meist nur ein Rest an sogenannten »formlosen Betreuungen« übrig, der eine intensive sozialpädagogische Beratung und Betreuung zuließ. Am problematischsten war der Ausschluss von der eigentlichen Schlussentscheidung. Im Extremfall erfuhr der Sozialarbeiter noch nicht einmal die Entscheidungsergebnisse des Innendienstes.

Die bis Anfang der 70er Jahre dominierende und heute noch vereinzelt vorfindbare Arbeitsteilung zwischen Innen- und Außendienst wurde seit den 20er Jahren kritisiert und führte zu laufenden Konflikten zwischen beiden Berufsgruppen (Verwaltungsfachkräften und Sozialarbeitern):

- Niedrigste Einstufung der Rolle des Sozialarbeiters als eher zuarbeitendes, ausführendes Organ (reale Rollenausprägung), obwohl die formale Rollenfestlegung laut Stellenplan eher Beratungsleistungen im Vordergrund sah.
- Relativ geringer Handlungsspielraum des Sozialarbeiters durch die Abhängigkeit von Entscheidungen des Innendienstes.
- Mehr reaktives, zu spätes auftragsgemäßes Handeln, zu wenig eigeninitiatives Vorgehen im Sinne präventiver Sozialarbeit.
- Übergewicht an Kontroll- und Aufsichtsfunktionen bei zu wenig sozialpädagogischen Arbeitsinhalten; dies führte zu Rollenkonflikten zwischen der Kontrolleur- und Beraterrolle.

Neue Managementfunktionen

Im Rahmen der Verwaltungsreform der letzten Jahre hat eine Vielzahl von Städten und Kreise eine Aufwertung der Position des Sozialarbeiters vorgenommen durch die Zuweisung von Entscheidungsbefugnissen an die Basis (dezentrale Fach- und Ressourcenverantwortung), die dem Sozialarbeiter die Entscheidungskompetenz über die Ressourcen (Finanzen im Rahmen eines Sozialraumbudgets) zuordnet. Damit wird die Rolle des Sozialarbeiters um Managementfunktionen erweitert, die weiterhin auch darin bestehen, Leistungsvereinbarungen einschl. Entgeltvereinbarungen und Qualitätsentwicklungsvereinbarungen mit anderen Leistungsträgern (Wohlfahrtsverbände und gewerbliche Träger) abzuschließen.

7.4.5 Entscheidungs-, Kontroll- und Autoritätsstruktur

Autoritäts- bzw. Entscheidungsstruktur

Der zweite Schritt in der Analyse der Organisationsstruktur besteht in der Untersuchung der Verteilung von Entscheidungs-, Kontroll- und Autoritätsbefugnissen auf die einzelnen Rolleninhaber. Oft werden die Begriffe Entscheidungs- und Autoritätsstruktur gleichbedeutend verwandt und bezeichnen dann die festgelegte oder vorfindbare Verteilung von Entscheidungs- und Anordnungsbefugnissen der Vorgesetzten und von Ausführungs- und Gehorsamspflichten der Untergebenen. Der Entscheidungsbegriff umfasst eher den Vorgang der Auswahl einer Handlung aus einer vorgegebenen Menge von Handlungsmöglichkeiten, während der Autoritätsbegriff die Durchsetzungsmacht betont. Die Entscheidungsstruktur ist vom Träger oder der Verwaltungsspitze genau geplant und institutionalisiert (z.B. durch Stellenbeschreibungen); die Autoritätsstruktur kann mit dieser Entscheidungsstruktur übereinstimmen, muss es aber nicht.

Am besten lässt sich dies erläutern, in dem man nach den Quellen der Autorität fragt (vgl. die *Weber*'schen Formen legitimer Herrschaft):

Quellen der Autorität

- *Amtsautorität (oder positionale Autorität)*: Die Autorität der Person beruht auf dem ihr zugewiesenen Amt und der damit verbundenen Position. Meist wird die Zuweisung durch eine Ernennungsurkunde nach außen kenntlich gemacht und durch Organisationsvorschriften abgesichert (siehe 1. Bürokratie-Merkmal, Kap. 7.2.1).
- *Personale (oder charismatische) Autorität*: Sie basiert auf dem Glauben an herausragende Eigenschaften und auf der Ausstrahlung der Person.
- *Funktionale Autorität (oder Fach- und Sachautorität)*: Sie stützt sich auf die fachliche Kompetenz des Stelleninhabers.

Im ersten Fall ist die Autorität an die durch den Träger oder die Regierung verliehene Position (das Amt) und den damit für untergeordnete Mitarbeiter ausgesprochenen Anerkennungszwang gebunden. Personale und funktionale Autorität sind nicht unbedingt mit einer herausragenden Position verbunden. Nunmehr wird erklärlich, dass die Entscheidungsstruktur nicht mit der Autoritätsstruktur übereinstimmen muss. Der Verbandsdirektor hat z.B. vom Träger umfassende Entscheidungsbefugnisse bekommen; da er kein Fachmann ist, übt er sie aber nicht aus. Er konzentriert sich eher auf die Außendarstellung des Verbandes und auf repräsentative Pflichten und überlässt die Machtbefugnisse im Verband seinem Stellvertreter.

Entscheiden als zentrale Tätigkeit

Jede Organisation besteht aus einer Vielzahl von gleichzeitig bzw. nacheinander getroffenen Entscheidungen. Entscheiden ist damit die zentrale Tätigkeit der Organisation überhaupt. Voraussetzung für abgewogene Entscheidungen sind Informationen über die verschiedenen Handlungsmöglichkeiten. Diese Informationen werden dann im Entscheidungsprozess nach ihrer Wichtigkeit bewertet.

Mit der jeweiligen Entscheidungsbefugnis ist auch die Befugnis der Kontrolle der Ausführung verbunden, so dass Entscheidungs- und Kontrollstruktur zusammen zu sehen sind. Folgende Grundtypen von Entscheidungsstrukturen sind in der Literatur dokumentiert und im Sozialwesen anzutreffen. Zur Vorstellung werden Diagramme benutzt.

Diese Entscheidungs- und Kontrollstruktur basiert auf dem von Max Weber dokumentierten System der Über- und Unterordnung, das sich grafisch als Pyramide darstellt. Entscheidend für die Einlinigkeit ist, dass jeder Untergebene nur einen Vorgesetzten hat. Daraus ergibt sich konsequenterweise die Eine-Person-Leitung; danach verteilen sich die Entscheidungs-

Einliniensystem (hierarchische Struktur)

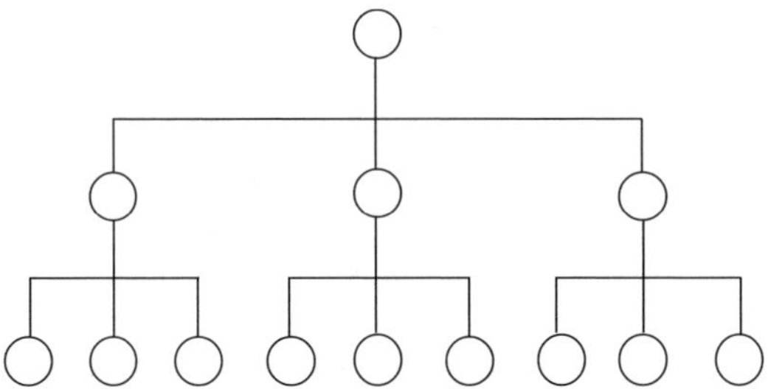

befugnisse kaskadenartig nach unten. Die Vertikale wird allein betont. Im Idealfall (Bürokratie-Modell) fehlt jegliche horizontale Verbindung zwischen den Kollegen auf gleicher Ebene. Die Linie kennzeichnet die Anweisungs- und Kontrollwege (Dienstwege) von oben nach unten sowie die Rückmeldungswege über ausgeführte Befehle nach oben. Dieses Hierarchieprinzip wurde zeitweise als Abbild quasi naturgesetzlicher Ausprägung von Organisationen verstanden: Jede Organisation entwickle auch gegen die erklärte Absicht der Gründer nach einiger Zeit eine Elite, die dann Herrschaft über die Organisationsmitglieder ausübe (Michels, 1912: »Ehernes Gesetz der Oligarchie«). Das Liniensystem schließt eine Spezialisierung bei den Leitern aus und hat die schon im Rahmen der Darstellung des Bürokratie-Modells aufgeführten Vor- und Nachteile (z.B. Vorteile: eindeutige Kompetenzbereiche, Vermeidung widersprechender Anweisungen; klare, übersichtliche Struktur, Betonung der Leitungsfunktion; Nachteile: große Länge der Dienstwege, Überlastung der Leitungsebene, große Probleme bei einer Fehlbesetzung der Spitze).

Beispiel: Sozialverwaltung

Die Entscheidungs- und Kontrollstruktur in der kommunalen Sozialverwaltung folgt großenteils formell diesem Einliniensystem, informell lässt sich eine Reihe von Durchbrechungen im Sinne der »brauchbaren Illegalität« durch teamartige Kooperationen von Kollegen auf gleicher Ebene feststellen. An der Spitze einer Verwaltung einer kreisfreien Stadt in Nordrhein-Westfalen steht der vom Bürger direkt gewählte Oberbürgermeister, der dem Rat als oberstem Entscheidungsgremium verantwortlich ist. Danach folgen in absteigender Linie (siehe Schema Nr. 2) der Sozialdezernent (Beigeordneter), der Amtsleiter des jeweiligen Amtes (neue Bezeichnung: Fachbereichsleiter), die Abteilungsleiter. Der früheren Sachbearbeiter an der Basis wird heute in Teams im Stadtteil eingebunden. Die seit Beginn der 90er Jahre rasant verlaufende Verwaltungsmodernisierung hat zu ersten Veränderungen der Entscheidungsstrukturen geführt. Zum einen wird die Hierarchie verkürzt, das mittlere Management (z.B. Sachgebietsleiter, evtl. sogar Abteilungsleiter) fällt teilweise weg. Die Führungsebene und die Sachbearbeiterebene stehen sich fast unvermittelt gegenüber. Zum Zweiten findet eine Übertragung bisher zentral wahrgenommener Zuständigkeiten (Hauptamt, Personalamt, Kämmerei) auf die Fachbereiche (früher Ämter) und die Basisebene statt. Man nennt dies dezentrale Fach- und Ressourcenverantwortung. Dies entspricht dem schon in den 70er Jahren diskutierten Ziel der »Delegation von Entscheidungsbefugnissen nach unten«. Das besonders bedeutsame Prinzip der dezentralen Fach- und Ressourcenverantwortung enthält zwei eng verbundene Entscheidungsprinzipien:

Dezentrale Fach- und Ressourcenverantwortung

- die Verknüpfung von bisher schon vorhandener Fachverantwortung der Fachbereiche – früher Jugendamt, Sozialamt und Gesundheitsamt – mit der Ressourcenverantwortung (Finanzen) bei der Durchführung der fachlichen Aufgaben,
- die Übertragung der Entscheidungsbefugnisse weitgehend auf die im Stadtteil tätigen Teams von Sozialarbeitern und Verwaltungsfachkräften.
- Die Fachbereich erhalten damit einen erhöhten Einfluss auf den Input und Output der sozialen Dienstleistungen; der Einfluss der Querschnittsämter (Hauptamt, Personalamt, Kämmerei) geht zurück. Daneben wird das Prinzip der Selbststeuerung und der größeren Selbstorganisation der Basisebene verwirklicht, d. h. die Problemlösungskapazitäten erhöhen sich und treffen

auf die höhere Verantwortung für Fach- und Ressourceneinsatz. Die Mitarbeiter werden in ihrer Fachlichkeit aufgewertet und ihre basisbezogenen Handlungskompetenzen für die Verwaltungsreformen genutzt; sie sind jetzt eigene Steuerungseinheit mit erhöhten fachlichen und finanziellen Kompetenzen. Diese grundlegende Veränderung der Entscheidungsstruktur ist nicht unproblematisch, wenn sie zu Überforderungen der Mitarbeiter (bei fehlender Weiterbildung) und zu Steuerungsdefiziten der Chefebene und der politischen Ebene führt z. B. durch steigende Fachbereichsegoismen. Es bleibt die Notwendigkeit der Ausbalancierung von zentraler Steuerung und dezentraler Selbstständigkeit.

Gefahren erhöhter dezentraler Verantwortung

Schema 2: Entscheidungsstruktur der Sozialverwaltung in einer Großstadt

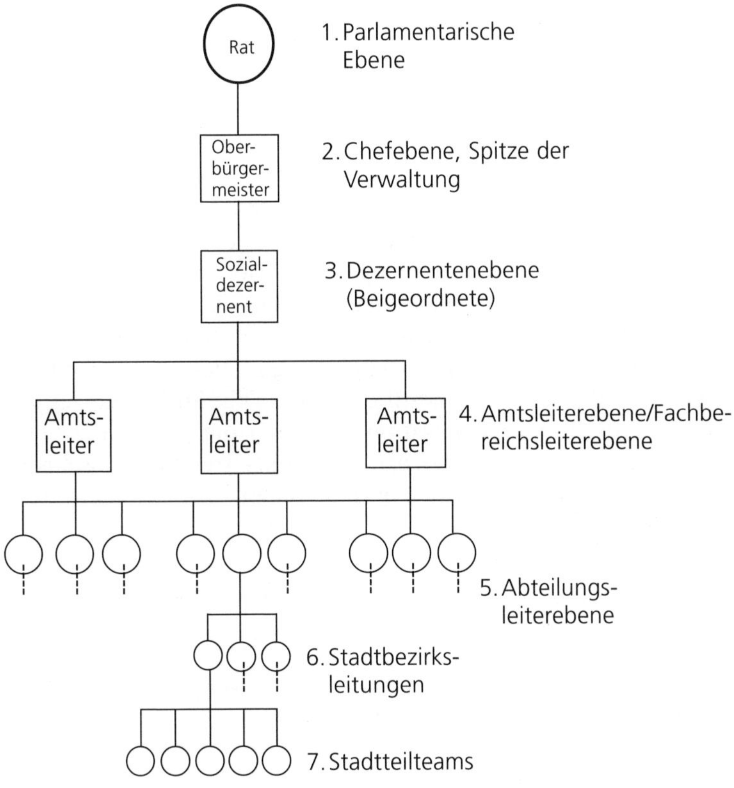

Mehrliniensystem (oder funktionales System) (wird hier nur kurz ausgeführt, da es im Sozialbereich selten anzutreffen ist) (*Kieser/Kubicek*,1992; 128).

Hier ist die Leitung spezialisiert, die Untergebenen sind mehreren Leitern unterstellt. Das Systems beinhaltet oft schwierige Zuständigkeitsabgrenzungen mit der Gefahr, dass der Untergebene Anordnungen von mehreren Vorgesetzten bekommt, die nicht abgestimmt sind und Konflikte in der Arbeitsaufteilung und -ausführung bedingen.

Mehrliniensystem

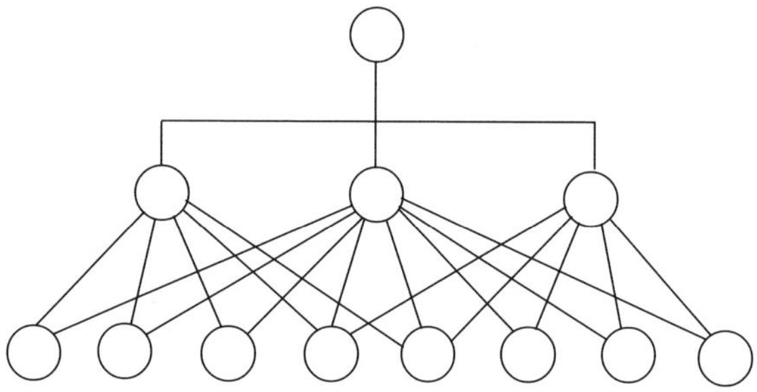

Die Linienorganisation wird durch Stäbe (Stab-Linien System) von Fachleuten ergänzt, welche die Entscheidungen von Leitungskräften vorbereiten und fachlich absichern. Stäbe haben keine Anweisungsbefugnisse und sind in ihrer Bedeutung von den Inhabern der Linienfunktion abhängig. Solche Stäbe werden oft den Dezernenten und Fachbereichsleiter zugeordnet. Bekannt geworden sind die z.B. für die Sozialplanung zuständigen Stäbe bzw. die Direktionsassistenten der Verbandsdirektoren. Solche Stäbe erlangen meist auch Einfluss auf die Linienorganisation (z.B. über die Person des Sozialdezernenten, über Planungsvorhaben u.a.); die strikte Trennung zwischen Stab und Linie wird daher heute informell durchbrochen.

Stab-Linien-System

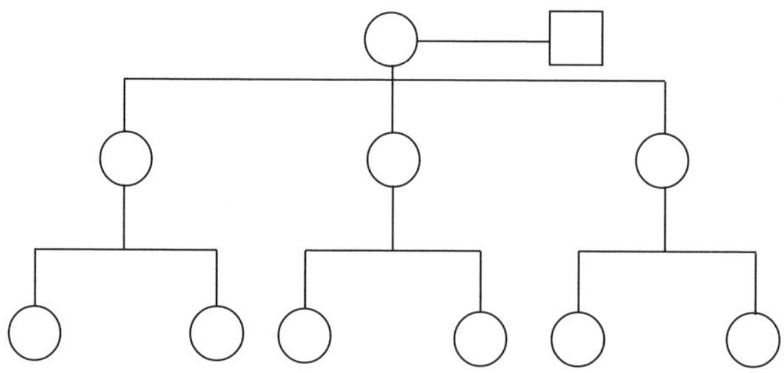

Matrixsystem

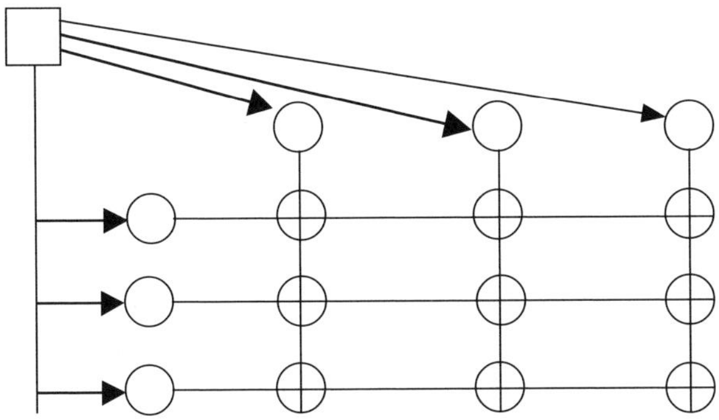

Der relativ neue Typ (Matrixorganisation) wird meist für zeitlich begrenzte Projekte, die die Zusammenarbeit hochqualifizierter Spezialisten erfordern, eingesetzt (z.B. Sonderkommission der Kriminalpolizei). Die Matrixorganisation ist auch im Sozialbereich in einigen wenigen Modellen zu finden. Bekannt wurde das Bremer Modell zur Neuorganisation der Sozialen Dienste (vgl. *Dolls/Hammetter*, 1988; 18). Der Leitung sind nunmehr zwei Bereiche unterstellt (*Endruweit*, 1981; 112 ff.; *Kieser/Kubicek*, 1992; 142):

- Fach- und Verrichtungsbereiche in der Waagerechten (z.B. Finanzen, Buchhaltung, Personal)
- Projekt-, Produkt- oder Objektbereiche in der Senkrechten (z.B. Obdachlosenhilfe, Flüchtlingshilfe, Unfalldienst).

Die kleinen Kreise im Schema (+) (Matrixknotenpunkte) bezeichnen Funktionen eines Projektbereiches, repräsentiert durch eine Person oder eine Personengruppe. Diese Person muss mit dem darüberliegenden Fachbereich jeweils funktionale Beziehungen aufnehmen, wenn seine Tätigkeiten es erfordern. Dieser übergeordnete Fachbereich ist dann weisungsbefugt. Die Personen sind horizontal (horizontale Linie) dem Projektleiter unterstellt, in der Vertikalen dem Fachleiter. Problematisch sind Machtkämpfe im Einfluss zwischen Projektleitung und Fachleitung, wenn sie auf dem Rücken der unterstellten Mitarbeiter ausgetragen werden. Bisher gibt es nur wenige Beispiele gut funktionierender Matrixorganisationen als längerfristige Organisationsentwicklungsprojekte, denn die Kooperations- und Kommunikationsprobleme dieser Organisationsform sind vielfältiger Art.

7.4.6 Kommunikationsstruktur

Formelle Kommunikation

Die Vermittlung von Informationen ist für jedes Organisationshandeln äußerst bedeutsam. In den meisten Organisationen ist der Informationsaustausch nicht beliebig, sondern folgt bestimmten Regeln, welche die Kommunikation festlegen (formelle Kommunikation). Daneben entwickelt sich aber ein nicht vorgeschriebener, spontaner, ungesteuerter Informationsaustausch, der jeweils von der Initiative und dem Wollen der Kommunikationspartner abhängt (informelle Kommunikation). Folgende Dimensionen kennzeichnen die Ausgestaltung der Kommunikationsstruktur:

Informelle Kommunikation

- der *Weg der Informationsvermittlung*: die Wege lassen sich zunächst aufteilen in eine vertikale Kommunikation zwischen den Hierarchieebenen und in eine horizontale zwischen einer Reihe gleichgestellter Kollegen. Daneben existiert eine Vielzahl von anderen Kommunikationsmustern, die hier nicht weiter aufgeführt werden können;
- die *Sender und Empfänger* (und ihre Zuordnung in der Organisation): Sender und Empfänger können Vorgesetzte, Kollegen, Klienten u.a. sein; es wird meist die Kommunikation innerhalb der Organisation von der nach außen (siehe Umweltbeziehungen Kap. 7.5) unterschieden, sowie die Zahl der Kontakte, die Initiative zur Informationsvermittlung, die Intensität u.a. untersucht;
- die *Art der Informationsvermittlung* (z.B. schriftlich oder mündlich): in bürokratischen Organisationen ist die schriftliche Kommunikation per Akte vorherrschend, während in Teams mündliche Kommunikation sinnvoll ist.
- die *Inhalte der Information:* die Inhalte der Kommunikation können Anweisungen, Befehle, Rückmeldungen über Vollzüge (siehe Bürokratie) oder fachliche Ratschläge, Hinweise, Daten (siehe teamartig-professionelle Organisation) umfassen.

Beispiel: traditionelle Sozialverwaltung

In der traditionellen Sozialverwaltung dominiert die vertikale Kette der Dienstwege (einlinig-vertikale Kommunikation); die Informationen werden meist schriftlich per Akte, Vermerke, Stellungnahme, Berichte weitergegeben. Es gibt genaue Regeln für die Abfassung von Berichten, Aktenvermerken, das Anlegen von Akten und die Führung von Statistiken. Diese formelle Kommunikationsstruktur entspricht der Entscheidungs- und Kontrollstruktur. Informationen laufen über alle Hierarchieebenen nach oben und sammeln sich bei Amts- und Abteilungsleitern. Allerdings werden sie auf jeder Ebene gefiltert; nur das unbedingt Notwendige wird weitergegeben. Auch Amtsleiter halten oft wichtige Informationen zurück und geben sie nicht nach unten weiter, um ihre Position durch diesen Informationsvorsprung abzusichern.

In Organisationen mit weitgehend professionalisiertem Personal kommt es oft zu einer Durchbrechung dieser formellen Struktur durch informellen Austausch. Dies gilt teilweise auch für die Sozialverwaltung. (Beispiele: Austausch in den Pausen, telefonische Absprachen, Treffen nach Dienstschluss). Diese informelle Kommunikation ist abhängig von günstigen Arbeitsplatzbedingungen und persönlichen Kontakten der Mitarbeiter. In Zeiten der Angst um den eigenen Arbeitsplatz und bei Konflikten in der Abteilung geht regelmäßig die informelle Kommunikation zurück. Sie ist daher kein Ersatz für eine dauerhafte, institutionell abgesicherte fachliche Kommunikation auf gleicher Ebene zwischen Kollegen.

Neues Steuerungsmodell

Im Rahmen des Neuen Steuerungsmodells wird die bisherige informelle Kommunikation zwischen Kollegen auf gleicher Hierarchieebene in eine formelle Kommunikation umgewandelt. Dies geschieht durch die stadtteilbezogenen Teams, die auch Büros in den Zentren der Stadtteil besitzen (Beispiel: Sozialbürgerhäuser in München ab 1997). Es entsteht nunmehr eine netzartige, eher mündliche, alle Teammitglieder einschließende Kommunikation, die sich nicht in Anweisungen erschöpft, sondern eher als kollegiale Beratung und Entscheidung charakterisiert werden kann. Informationen werden ausgetauscht; komplexe Fälle von Teammitgliedern eingebracht und entweder nur intern beraten mit Hinweisen für den einbringenden Sozialarbeiter oder als Teamentscheidung über die weitere Falllösung.

Stadtteilbezogene Teams

Controlling

Um die Arbeit der Stadtteilteams auch zentral steuern zu können, wird ein eigenes Berichtswesen im Rahmen des Controllings aufgebaut. Controlling ist nicht mit Kontrolle gleichzusetzen, sondern umfasst ein betriebswirtschaftliches Instrument der Managementunterstützung mit der zentralen Aufgabe der Koordination sowie der Informationsbeschaffung und -verwertung. Die Berichterstattungspflichten ergeben sich unmittelbar aus der dezentralen Fach- und Ressourcenverantwortung der Stadtteilteams. Im Sozialwesen werden inzwischen diskursive Verfahren des Controllings und der Informationsvermittlung vorgeschlagen, d. h. Daten bekommen ihre Aussagekraft erst, wenn sie fachlich durch Experten des Sozialbereichs zusammen diskutiert und interpretiert werden. Aktenführung und Schriftlichkeit bleiben ebenso wie die Berichterstattungspflichten – wenn auch wesentlich reduziert – im Rahmen der Verwaltungsreform bestehen; sie werden aber durch qualitative Verfahren der Überprüfung der Aussagefähigkeit ergänzt (siehe diskursives Controlling).

Diskursive Verfahren

7.4.7 Personalstruktur

Definition

Die Personalstruktur umfasst die Zusammensetzung und die Regelhaftigkeit bei der Rekrutierung von Personalgruppen, bei der Auswahl des Personals sowie bei der Aus- und Fortbildung der Berufsgruppen. Hierzu gehören außerdem Möglichkeiten des beruflichen Fortkommens, des Aufstieges und der Versetzung. Die Einstufung in Gehaltsklassen nach Tätigkeitsmerkmalen bestimmt die Personalstruktur ebenfalls mit.

Da Fragen der Sozialarbeit als Beruf an anderer Stelle behandelt wurden (Kap. 6), sollen hier nur einige wenige Beispiele aus der Sozialverwaltung und der Verbandsarbeit angesprochen werden.

Personaleinsatz von Sozialarbeitern

Soziale Arbeit litt in der Kommunalverwaltung seit Beginn ihrer Ausübung durch eine spezielle Berufsgruppe (früher: Wohlfahrtspfleger/Innen, Fürsorgerinnen; heute: SozialarbeiterInnen) unter dem Problem der Unterbewertung und des begrenzten Einsatzes für einige, wenige, ausgewählte Tätigkeiten, nämlich für den unmittelbaren Kontakt zum Klienten. Soziale Arbeit entwickelte sich ursprünglich als reiner Frauenberuf. Verwaltungsfachkräfte (Männer) erhielten in der Sozialverwaltung schon in den 20er Jahren oft höherrangige Positionen mit größeren Entscheidungsbefugnissen (Innendienst) und besseren Aufstiegsmöglichkeiten.

Sozialarbeiter werden heute meist nur im Sozialdezernat eingesetzt. Sie bilden die Mehrheit im Amt/Abteilung für soziale Dienste (früher Familienfürsorge) und im Jugendamt; ihr Anteil reduziert sich dagegen im Gesundheitsamt bis zum vereinzelten Einsatz im Sozialamt (z.B. Obdachlosenarbeit, Altenarbeit, Arbeit mit Langzeitarbeitslosen). Auch außerhalb des Sozialdezernates findet man Sozialarbeiter vereinzelt im Schulamt, Wohnungsamt, Planungsamt. In der gesamten öffentlichen Verwaltung sind Sozialarbeiter eine Minderheit und müssen sich ihre Anerkennung als Fachleute erkämpfen. Selbst in der Verwaltungsspitze herrscht oft noch das Vorurteil, dass Sozialarbeiter nur für die persönliche Hilfe und zur Analyse der psychosozialen Situation des Klienten geeignet seien. Die Rechtsanwendung und die Verausgabung von Haushaltsmitteln überträgt man lieber den Verwaltungsfachkräften, die hier besser geschult und im Verwaltungsdenken geübt seien. Dies beeinflusst natürlich die Stellenpläne der öffentlichen Verwaltung sowie die Aufstiegschancen der Sozialarbeiter. Erst langsam setzt sich die Auffassung durch, dass es darauf ankommt, unterschiedliche Berufsgruppen (mit unterschiedlichen Schwerpunkten der Ausbildung) im Hilfevollzug zugunsten der Verbesserung der Leistungen für den Klienten zusammenführen.

Wohlfahrtsverbände sind zwar in ihren Anstellungsbedingungen flexibler, lehnen sich aber meist an die Regelungen des öffentlichen Dienstes an. Sozialarbeiter/Sozialpädagogen mit Fachhochschulabschluss werden in den gehobenen Dienst eingestuft (ab BesGr. A9 für Beamte und ab BAT Vb für Angestellte).

7.5 Die Umwelt der Organisation

Bisher beschränkte sich die Analyse auf die Organisation selbst, ihre Ziele und ihre Binnenstruktur. Organisationen existieren aber nicht isoliert; sie sind Teil eines umfassenden sozialen Systems: der Gesellschaft, die aus einer nicht überschaubaren Zahl unterschiedlichster Organisationen besteht. Jede Organisation (z.B. die Sozialverwaltung) hat eine Vielzahl mehr oder weniger intensiver Außenbeziehungen

- zu Personen (z.B. Klienten),
- zu Personengruppen (z.B. Obdachlosen),
- zu anderen Organisationen (z.B. Wohlfahrtsverbänden, Regierungsstellen u.a.)

Organisationen als umweltoffene Systeme

Organisationen sind daher offene soziale Systeme; sie bilden Teile der Gesellschaft.

Die Beziehungen zur Umwelt wurden von der Organisationssoziologie erst in jüngster Zeit aufgegriffen. Ältere organisationssoziologische Ansätze vernachlässigen weitgehend die Umweltbeziehungen, wie schon für das Bürokratiemodell nachgewiesen werden konnte. Die Umweltbeziehungen sind äußerst komplex und bilden damit einen besonders schwierigen Theoriebereich, der heute noch eine Reihe von Erkenntnislücken zeigt.

7.5.1 Abgrenzung der Umwelt

Definition Umwelt

Schwierigkeiten bereitet schon die Grenzziehung zwischen Organisationen und ihrer Umwelt und damit die begriffliche Eindeutigkeit des Umweltbegriffs. Es ist zu beachten, dass Umwelt einen sozialwissenschaftlichen Tatbestand bezeichnet, keinen naturwissenschaftlichen im Sinne der natürlichen Umwelt des Menschen. Umwelt im organisationswissenschaftlichen Sinne ist zunächst einmal ein Sammelbegriff für bestimmte, außerhalb der Organisationsgrenzen sich befindende oder sich ereignende Dinge, mit denen die Organisation in einem noch nicht näher gekennzeichneten Austauschverhältnis steht. Die Organisationsgrenze ist aber nicht so einfach festlegbar; so bezeichnet z.B. das Gebäude des Rathauses nicht die Grenzen der Organisation »Kommunalverwaltung«. Der Sozialarbeiter im ASD handelt beim Hausbesuch außerhalb der Mauern des Rathauses als Teil der Sozialverwaltung. Auch der Hochschullehrer, der zu Hause seine Klausuren durchsieht, handelt innerhalb der Organisationsgrenzen. Wichtiger als die Mauern des Dienstgebäudes ist vielmehr, dass die Handlungen der Mitarbeiter ihrem Sinne nach zur jeweiligen Organisation gehören: »Organisationsgrenzen sind nicht physischer, sondern »sinnhafter« Art« (*Türk*, 1978; 51). Die Grenzen der Organisation sind daher nicht genau festlegbar; denn es muss jeweils geprüft werden, ob die jeweilige Handlung sinnhaft zur Organisation gehört.

Umweltsegmente

> Ein Sozialarbeiter des Allgemeinen Sozialdienstes (ASD) nimmt nach Dienstschluss an einer Versammlung der Bürgerinitiative zur Wohnfeldverbesserung in dem von ihm betreuten Stadtviertel teil: Tut er dies als Mitglied des ASD oder als Privatmann, der die Wohnprobleme seiner Stadt lösen möchte? Komplizieren könnte man das Problem noch dadurch, dass der Sozialarbeiter gleichzeitig Mitglied einer Partei ist, die die Wohnprobleme in ihr Kommunalprogramm an erster Stelle eingeordnet hat.

Eine Organisation reagiert immer nur auf Teile der Umwelt (Umweltsegmente) bzw. wirkt auf sie ein. Diejenigen Segmente sind wichtig, die in irgendeiner Weise die Zielerreichung der Organisation beeinflussen. Die Komplexität der Umwelt wird reduziert auf die entscheidungsrelevanten Außenbeziehungen. Damit entlastet sich die Organisation; denn sie wäre überfordert, wenn sie die gesamte »Welt« berücksichtigen würde. In einem komplexen Interpretationsprozess – vor dem Hintergrund der Ziele, der eigenen Situation und der Praxistheorien – wird die »Welt« auf die entscheidungsrelevante »Umwelt« reduziert. Es muss weiter beachtet werden, dass die Organisation sich in einer Wechselbeziehung zur Umwelt befindet (vgl. Schema Nr. 3):

- Bestimmte Umweltsegmente haben Auswirkungen auf die Struktur und die Abläufe der Organisation. Um ihre Existenz zu sichern, müssen die Organisationen sich in ihrer Struktur an Änderungen der Umwelt anpassen. Die Sozialverwaltung ist z.B. abhängig vom Gesetzgeber, von übergeordneten Ämtern und Verbänden, und von ihren Klienten/Kunden (s.u.).

- Die Organisation selbst beeinflusst Teile der Umwelt durch ihre eigenen Handlungen, z.B. die Situation einzelner Klienten oder ganzer Klientengruppen.

Im Folgenden soll versucht werden, die Umwelt durch Typen von Umweltsegmenten zu ordnen (vgl. *Kieser/Kubicek*, 1992; 366 ff.)

Domäne

Die Domäne einer Organisation bezeichnet den Umweltbereich, der für die Zielerreichung grundlegend ist, mit dem die Organisation sich laufend im Austausch befindet und den sie als ihren Einflussbereich verteidigt. Wohlfahrtsverbände versuchen sich meist eine eigene Domäne (einen spezifischen Klientenkreis) zu sichern und eine intensive Domänenkonkurrenz auszuschließen. Hierzu dienen Absprachen und andere Strategien (*Kühn*, 1986; 233), z.B. Koalitionsbildungen zwischen Verbänden, Parteien, Ratsfraktionen.

Territorium

Die Abgrenzung eines Territoriums, eines räumlichen Einzugsbereichs, ist eng mit der Domänensicherung verbunden. Organisationen versuchen eine führende Stellung (hoher Marktanteil) in einem bestimmten räumlichen Gebiet (Land, Region, Stadt, Stadtteil) zu erlangen. Für die kommunale Sozialverwaltung ist die örtliche und sachliche Zuständigkeit durch Gesetz bestimmt und deswegen unproblematisch. Wohlfahrtsverbände sichern sich oft eigene Territorien, z.B. durch Abgrenzung des Einzugsbereichs einer Kindertagesstätte oder einer Sozialstation. Die öffentlichen Träger unterstützen dies durch auf die zu versorgende Bevölkerungsgröße bezogene Förderrichtwerte (z.T. Personalrichtwerte).

Markt

Der Marktbegriff wird im Sozialbereich immer bedeutungsvoller. Die Verwaltungsmodernisierung des Neuen Steuerungsmodells verfolgt das Leitbild des »Dienstleistungsunternehmens Kommunalverwaltung« und versucht aus der Privatwirtschaft übernommene Managementkonzepte zu realisieren. Dabei ist auch eine marktähnliche Wettbewerbsorientierung angezielt. In den Markt der sozialen Dienstleistungen sind auch die Wohlfahrtsverbände und die privatgewerblichen Unternehmen einbezogen. Die letzteren haben z. B. im Bereich der ambulanten Pflegedienste einen hohen Marktanteil (50%) erreicht.

»Kundenbegriff«

Obwohl die öffentlichen und freien Träger im strengen Sinn des Wortes keine »Unternehmen« sind und ihnen Gewinnmaximierung verwehrt ist, werden doch vermehrt Begrifflichkeiten der Marktwirtschaft benutzt, z. B. der »Kundenbegriff«. Eine erste Analyse zeigt aber, dass Zielgruppen der Sozialen Arbeit nur in kleinen Teilen Kundeneigenschaften besitzen, wie Souveränität der Entscheidung, eigene Finanzmittel, Marktein- und übersicht, Kundenmacht.

Nische

Der Begriff der Nische erlangt in letzter Zeit auch im Sozialbereich eine größere Bedeutung. Nischen sind geschützte Bereiche, die einer Organisation das Überleben sichern. So können oft Großorganisationen, z.B. die großen Wohlfahrtsverbände, bestimmte Bedürfnisse der Klienten, die in bestimmter Weise organisiert, finanziert oder abgegrenzt sind, nicht abdecken. Selbsthilfegruppen, Initiativen, kleine Vereine versuchen, in diesen Nischen zu existieren, z.B.: Gesundheitsselbsthilfegruppen, ambulante Altenhilfe, soziale Beschäftigungsinitiativen, alternative Betreuung von Wohnungslosen u.a.

Eigenschaft der Umwelt

Neben dieser Typenbildung haben sich bestimmte Eigenschaftszuordnungen für die Umwelt herauskristallisiert (*Büschges/Abraham*, 1997; 210 f.):

turbulent	–	stabil
feindselig	–	wohlwollend
heterogen	–	homogen
technisch komplex	–	technisch einfach
restriktiv	–	permissiv (erlaubend)

Schema 3: Umweltbeziehungen des Sozialamtes/Teil des Fachbereichs »Soziales«

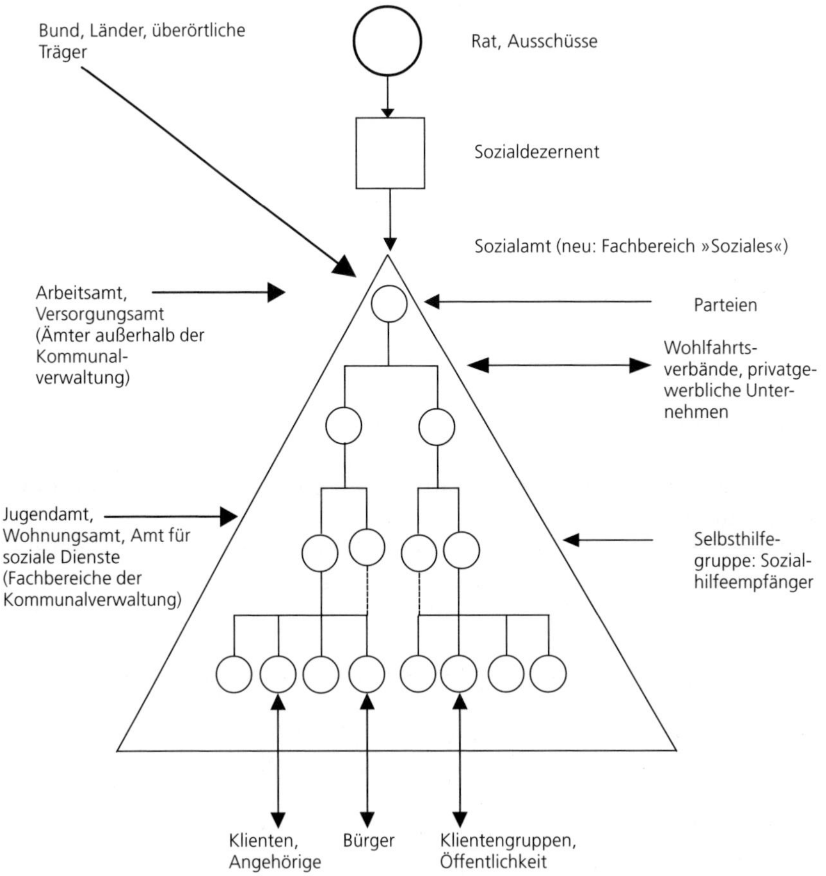

Diese Eigenschaften sind meist in ihrer Bedeutung sofort erkennbar; daher werden hier nur einige Erläuterungen für das Sozialwesen gegeben.

Die Organisationen der Sozialarbeit finden meist eine turbulente Umwelt vor, d.h. eine Umwelt, die sich laufend wandelt und die oft viele Interpretations- und Anpassungsprozesse erfordert. Die Turbulenz entsteht durch die Zunahme von sozialen Problemen (z.B. Arbeitslosigkeit, Wohnungsnot, Armut) und durch die Schwierigkeit, die Lebenswelt der Zielgruppe erkennen und beeinflussen zu können. Hieraus ergibt sich auch die Heterogenität der Umwelt. Außerdem unterliegt der Sozialbereich vielen Beschränkungen seiner Arbeit, die von außen auferlegt wurden, z.B. durch gesetzliche Begrenzungen, Finanzprobleme, negative Urteile über die Arbeit usw. Also passt hier das Eigenschaftswort restriktiv zur Beschreibung der Umwelt.

Fragen zur Analyse der Umweltbedingungen

Die Wechselbeziehungen zwischen Organisationen und Umwelt lassen sich in drei großen Fragestellungen zusammenfassen (vgl. *Kieser/Kubicek*, 1992; 371; *Scott*, 1986; 233): Die Frage nach

- der Komplexität der Umwelt (Anzahl und Verschiedenheit der Umweltsegmente);
- der Dynamik (Häufigkeit der Veränderung der Umweltsegmente);
- dem Grad der Abhängigkeit zwischen der Organisation und der Umwelt.

Diese Fragen kann man jeweils nur in einer Einzelanalyse einer bestimmten Organisation beantworten. Allgemein ist zu den hier behandelten Beispielbereichen feststellbar, dass die Umwelt von Sozialverwaltung und Verbänden meist von hoher Komplexität und Dynamik ist und ein hoher Grad von Abhängigkeiten zwischen bestimmten Umweltsegmenten besteht, z.B. zwischen Jugendamt und Jugendverbänden.

Die Komplexität der Umweltbeziehungen macht es notwendig, einen Versuch der Systematisierung und weiteren Gliederung vorzunehmen. Es werden in der folgenden Analyse abgegrenzt,

- die wechselseitige Durchdringung (Interpenetration) von Organisation und Gesellschaft,
- die Beziehungen der Organisation untereinander (Interorganisationsbeziehungen),
- die Beziehungen zwischen Organisationen und Einzelpersonen oder Gruppen (z.B. die Beziehungen zu den Klienten).

7.5.2 Die Durchdringung von Gesellschaft und Organisation

Interpenetration von Organisation und Gesellschaft

Organisationen agieren nicht im luftleeren Raum, sie sind keine Inseln, sondern Teile der Gesellschaft. Der gesellschaftliche Rahmen für organisatorisches Handeln wird durch vielfältige Handlungs-, Normen- und Wertmuster bestimmt. Konkreter kann man diese Werte und Normen fassen als politische Vorstellungen der Regierung, Gesetzesauslegungen, Grundströmungen der Gesellschaft, Technologieentwicklungen (z.B. Automatisierung und Computerisierung/Internet u.a.). Die Wirkrichtung ist dabei nicht einseitig von der Gesellschaft auf die Organisation, sondern in der neueren Organisationstheorie wird die Erweiterung des linearen Zusammenhangs in Sinne der »zirkulären Figur der Rekursivität« diskutiert, d. h. »dass die Organisationen eben jene gesellschaftlichen Strukturen und Institutionen, denen sie unterliegen, ihrerseits produzieren und reproduzieren – manchmal, wenn auch nicht immer, in durchaus strategischer Absicht« (*Ortmann, G.* u.a., 1997; 19 f.).

Rekursivität

Diese Autoren weisen daraufhin, dass Bewegung in die Organisationstheorie gekommen sei durch eine »Rückkehr der Gesellschaft – die Wiederentdeckung der Gesellschaft durch die Theorien der Organisation« (Ebenda; 9).

Wertewandel

In den letzten Jahren werden unter dem Stichwort Wertewandel (auch Wertkrise) z.B. die Ablösung der reinen Leistungsorientierung durch den Wunsch nach Selbstverwirklichung, der Rückzug ins Private, der Wunsch nach wachsender Selbstorganisation und stärkerer politischer Einflussnahme sowie die Forderung der Erhaltung der natürlichen Umwelt diskutiert. Dies führte zu einer wachsenden Zahl von Selbsthilfeorganisationen, die als Ergänzung, aber auch als Konkurrenz zu den etablierten Wohlfahrtsverbänden auftreten.

Diese neuen Wertmuster sind zwar auf gesamtgesellschaftlicher Ebene feststellbar, treffen aber auch unterschiedliche Aufnahmebedingungen vor Ort, z.B. auf eine kaum durchdring- und beeinflussbare Vernetzung von Parteien, Stadtverwaltung und Wohlfahrtsverbänden. Bekanntes Beispiel ist die Verbindung konservativ-kirchlicher Vorstellungen, die in bestimmten Parteien, Mehrheitsfraktionen der Stadtparlamente und bestimmten Wohlfahrtsverbänden kumulativ zusammenkommen. Ein solches Wertklima ist historisch gewachsen und prägt die politische und soziale Kultur der Stadt.

7.5.3 Interorganisationsbeziehungen

Interaktion zwischen Organisationen

In einer Gesellschaft, die eine Vielzahl von Organisationen umfasst, treten die Organisationen untereinander – vertreten durch ihre Mitarbeiter – in einen Austausch von Informationen, Leistungen, Produkten u.a. Diese Interaktion kann zwischen gleichberechtigten Partnerorganisationen stattfinden; es sind aber auch Über- und Unterordnungsverhältnisse denkbar. Die Interorganisationsanalyse konzentriert sich in einem ersten Schritt auf die Fokalorganisationsanalyse (die im Brennpunkt der Analyse stehenden Organisation) und arbeitet die relevanten wechselseitigen Beziehungen zu anderen Organisationen heraus. Diese Analyse stützt sich auf Fragen nach der Art und Intensität der Beziehungen, nach der rechtlichen Grundlage, nach den Machtbeziehungen und nach der Beständigkeit der Beziehungen. In einem zweiten Schritt wendet man den Blick von dieser »Paarbeziehung« ab und analysiert die gesamten Interaktionsstrukturen in einem Feld (z.B. alle Beziehungen von sozialen Organisationen in einer Stadt); diese bezeichnet man als organisatorische Netzwerke (vgl. *Büschges/Abraham*, 1997; 211 f.). Diese Ausweitung der Perspektive führt zu einer Vervielfachung der Kompliziertheit der Analyse.

Organisatorische Netzwerke

Beziehungen zwischen Sozialverwaltung und Wohlfahrtsverbänden

Im Folgenden werden beispielhaft die wichtigen Beziehungen zwischen der kommunalen Sozialverwaltung (Fokalorganisation) und den Wohlfahrtsverbänden behandelt. Es handelt sich hier um traditionelle – schon seit mehr als 60 Jahren problematisierte – Interorganisationsbeziehungen. Vorher sei angemerkt, dass die Interaktionen immer zwischen dem Personal der beiden Organisationen vor Ort abgewickelt werden. Bedeutsam wird dabei das Personal in den »Grenzstellen«. Die Grenzstelleninhaber bestimmen weit-

»Grenzstellen-inhaber«

gehend die Interaktionen. Diese Personen sind oft Rollenkonflikten ausgesetzt; sie besitzen aber auf der anderen Seite eine relativ große Macht und eine gewisse Autonomie von der eigenen Organisation. Die Grenzstelleninhaber haben meist mehrere Organisationsmitgliedschaften und sind Repräsentanten bzw. Vorstände ihrer Organisation. In vielen Städten findet man z.B. Grenzstelleninhaber als Direktoren von Wohlfahrtsverbänden, die neben ihrer Direktorenposition (z.B. Caritasdirektor) gleichzeitig Parteimitglieder (z.B. CDU-Mitglied) und Ratsmitglieder der jeweiligen Partei mit einer Mitgliedschaft in verschiedenen sozialrelevanten Ratsausschüssen sind. Der Geschäftsführer der Arbeiterwohlfahrt ist oft SPD-Parteimitglied und Ratsherr der SPD im Kommunalparlament. Auf der Seite der Sozialverwaltung sind der Sozialdezernent, weniger oft die Amtsleiter, Grenzstelleninhaber mit entsprechender Parteimitgliedschaft.

»Verfilzung« zwischen Verbänden und Verwaltung

Neben den formellen Interaktionsbeziehungen, die gesetzlich oder durch Verträge festgelegt sind, existieren in der Beziehung der Sozialverwaltung zu den Wohlfahrtsverbänden eine Vielzahl kaum überschaubarer, tatsächlicher informeller Beziehungen über die Grenzstelleninhaber. Z.B. treffen diese sich im Vorfeld der Ausschussberatungen, bei Parteiversammlungen und informellen Gesprächen, um Projekte und deren Finanzierung (außerhalb der offiziellen Beziehungen) abzusprechen. Die formellen und informellen Beziehungen weichen voneinander ab oder ergänzen und verstärken sich je nach politisch-ideologischen Verknüpfungen (*Kühn*, 1986; 227). In der Umgangssprache wird diese kaum überschaubare und kontrollierbare Mixtur von formellen und informellen Beziehungen unter dem Stichwort »Verfilzung« problematisiert. Diese benachteiligt kleine Verbände und freie Initiativen und entzieht die Interorganisationsbeziehungen jeglicher Kontrolle. Diese Problematik schwindet allerdings im Rahmen des verstärkten Wettbewerbs mit privatgewerblichen Unternehmen (s. u.).

Subsidiaritätsprinzip

Die offiziellen, formellen Beziehungen zwischen der Sozialverwaltung und den Wohlfahrtsverbänden beruhen auf dem Subsidiaritätsprinzip, das erstmals in den 20er Jahren auch im Jugend- und Sozialrecht Berücksichtigung fand. Es wurde durch die katholische Soziallehre und die Staats- und Gesellschaftslehren des Liberalismus mitbegründet. Es besagt, als naturrechtliches Prinzip, dass den Individuen von der Gesellschaft nur das abgenommen werden darf, was sie selbst nicht bewältigen können. Bei unbedingtem Hilfebedarf der Individuen hilft die jeweils übergeordnete Gemeinschaft. Als nächsthöhere Gemeinschaft über dem Individuum und seiner Familie stehen die Wohlfahrtsverbände und die Kirche. Erst wenn diese nicht mehr helfen können, tritt als letzte Gemeinschaft der Staat – repräsentiert durch die Sozialverwaltung – in den Hilfeprozess ein. Die staatlichen Stellen haben eine Schutz- und Unterstützungsfunktion für die Verbände, diese wiederum für die einzelne Familie.

Das Subsidiaritätsprinzip bestimmt bis heute das Verhältnis von freien und öffentlichen Trägern. Die unbedingte Vorrangigkeit der Selbsthilfe vor der Fremdhilfe ist heute allgemein akzeptiert. Die zweite Ausformung des Prinzips, die sich im Extremfall in einer absoluten Nachrangigkeit der Sozialverwaltung hinter der Hilfe durch die Wohlfahrtsverbände manifestiert, ist umstritten. Erst wenn die freien Träger keine Angebote machen können, muss als Letztverantwortlicher der öffentliche Träger in Gestalt der Sozialverwaltung einspringen. Das Bundesverfassungsurteil hat 1967 nochmals die Bedeutung der Wohlfahrtsverbände gewürdigt und eine vernünftige Arbeitsteilung und möglichst wirtschaftliche Verwendung öffentlicher und privater Mittel in den Vordergrund gestellt. Dieses Verhältnis von öffentlichen zu freien Trägern wird allgemein mit dem Begriff »Korporatismus« beschrieben.

»Neue Subsidiarität«

Die Subsidiarität wird inzwischen in Teilen zur Disposition gestellt; man geht davon aus, dass im Rahmen der EU-Entwicklung mit ihren strikten Wettbewerbsregelungen das deutsche Subsidiaritätsprinzip verschwinden wird, da andere Länder dieses Prinzip des relativen Vorrangs der Verbände nicht kennen. Dies ist aber bis heute nicht der Fall. Man spricht eher von einer »Neuen Subsidiarität« und meint damit sowohl rechtliche als auch sozialpolitische Aspekte (*Kühn*, 1999; 119 f.).

Schon in den 70/80er Jahren wurden die traditionellen korporatistischen Strukturen der Wohlfahrtsverbände in Frage gestellt; eine Vielzahl kleiner Initiativen, Vereine und Selbsthilfegruppen wurden nur sehr schwer in das alte System der großen Verbände integriert (meist in den Paritätischen Wohlfahrtsverband). Außerdem kam es zu einem Abbau der weltanschaulichen und kirchlichen Identität einiger großer Verbände, sie wurden langsam zu »normalen Leistungserbringern« mit einer betrieblichen Organisationsform (Sozialunternehmer) und müssen sich dem Wettbewerb am Markt sozialer Dienstleistungen und Einrichtungen stellen.

Sozialunternehmer

Neue Aushandlungsprozesse auf der Basis der Ökonomie

Neben den Veränderungen durch EU-Einflüsse stehen inzwischen gleichbedeutend Veränderungen im deutschen Sozialrecht. In der Pflegeversicherung ist von »freien Trägern« überhaupt nicht mehr die Rede, sondern nur noch von Leistungserbringern. Der relative Trägervorrang schwindet auch im Rahmen der Änderungen des BSHG (§ 93, Abs. 6): Vereinbarungen über die Höhe der Kosten (Leistungen in Einrichtungen der Behindertenhilfe und Pflegeeinrichtungen) sind nicht mehr vorzugsweise mit freien Trägern abzuschließen, sondern mit den Anbietern, die bei gleicher Leistung am kostengünstigsten sind (*Münder*, 1998; 10). Es treten nunmehr andere Kooperations- und Finanzierungsformen in den Mittelpunkt; die Spielregeln der Interorganisationsbeziehungen werden neu verhandelt, d. h. es gibt neue auf Rationalität und Ökonomie beruhende Aushandlungsprozesse, die auf Leistungen, Entgelte und Qualitätsentwicklung abstellen und nicht auf traditionelle Beziehungsgeflechte (vgl. auch § 78 KJHG).

Damit sind die formellen Interorganisationsbeziehungen festgelegt. Daneben existieren aber sowohl auf der Seite der Verbände als auch der Sozialverwaltung Strategien, um Störungen und Konflikte der Beziehungen zu reduzieren. Oft haben die Verbände trotz ihrer günstigen rechtlichen Position ein Misstrauen gegen Abhängigkeiten von der Sozialverwaltung entwickelt, und die Ämter sehen die Verbandsangebote oft als lästige und unberechenbare Konkurrenz beim Leistungsangebot für den Klienten. Heute kommen privatgewerbliche Anbieter als Produzenten von sozialen Dienstleistungen hinzu.

7.5.4 Klientenbeziehungen

Zu den Umweltbeziehungen der Organisationen rechnen auch die Beziehungen zu Einzelpersonen oder Gruppen (Konsumenten, Klienten, Kunden), die nicht in Organisationen zusammengeschlossen sind. Hierzu gehören im Beispielbereich »Sozialverwaltung und Wohlfahrtsverbände«

- Klienten und ihre Angehörigen (z.B. Kinder und deren Eltern)
- Personen und Personengruppen, auf deren Mithilfe soziale Organisationen bei der Problemlösung angewiesen sind wie z.B. die soziale Umgebung des Klienten, Nachbarn, Kollegen bis hin zur Öffentlichkeit des Stadtteils oder der Stadt (z.B. bei Diskriminierung von Obdachlosen und alleinstehenden Wohnungslosen).

Ähnlich wie bei der Analyse der Interorganisationsbeziehungen lassen sich hier folgende Fragen stellen. Die Frage nach

- Art und Intensität der Beziehungen zu den Klienten,
- Qualität der Klientenbeziehungen (symmetrische/asymmetrische Beziehungen; Kontrolle versus Hilfe),
- Inhalten der Beziehungen (Informationen, Beratung, Geldmittel).

Klientenbeziehungen (Übersicht)

Eine Reihe dieser Fragestellungen wird an anderer Stelle dieser Einführung behandelt. Hier soll thesenartig nur eine Übersicht zu den Klientenbeziehungen vorgestellt werden. Die sozialen Dienstleistungen erfolgen meist nach dem Uno-actu-Prinzip, d. h. für die Erbringung der Leistung ist eine gleichzeitige Anwesenheit von Produzent (Sozialarbeiter) und Hilfsbedürftigem notwendig, wobei die letzteren aktiv an der Problemlösung mitwirken. Soziale Dienstleistungen stellen immer auf den Prozesscharakter der Beziehung zu den Klienten ab. Hierbei dominieren situative Prozesse des Aushandelns und Agierens. Zunächst muss der Sozialarbeiter ein Vertrauensverhältnis aufbauen; auch das wechselseitige Verstehen wird mit entscheidend für den Erfolg der Hilfebeziehung. Die Klienten werden zu Koproduzenten der Leistung, ihre Kooperationsfähigkeit und -willigkeit muss erst gefördert werden. Wie *Ortmann* (1996;66) feststellt, sind Bildungs- und Verhaltensprozesse nicht im technischen Sinne steuerbar (Technologiedefizit); eindeutige Ziel-Mittel-Beziehungen können nicht konstruiert werden, sondern Kommunikations- und selbstreflexive Bewusstseinsprozesse gestalten die Qualität und die Wirkungen der Beziehungen zu den Klienten. Auch hat diese Beziehung teilweise immer noch Eingriffs- und Kontrollaspekte. Zum Beispiel greift das Jugendamt in Ausübung seines Wächteramtes in die Autonomie von Familien ein, überwacht Einrichtungen und handelt stellvertretend für Minderjährige. Außerdem besitzt der Sozialarbeiter in der Sozialverwaltung gegenüber den Klienten immer noch eine ausgeprägte Machtstellung. Das Verhältnis ist auch deswegen asymmetrisch, da der Sozialarbeiter ein großes Berufs- und Organisationswissen angesammelt hat, dem lediglich Alltagserfahrungen (oft negativer Art) des

Klienten als Koproduzenten

Beziehungen Sozialarbeiter – Klient

Klienten gegenüberstehen. Diese Umweltbeziehungen sind nicht frei, sondern unterliegen einer Vielzahl von Einschränkungen. Der Handlungsspielraum des Sozialarbeiters sollte aber nicht als unbedeutend unterschätzt werden; es kommt auf die fachliche Kompetenz und die volle Ausnutzung aller Möglichkeiten in den Organisationen an (siehe nächstes Kapitel).

Die Beziehungen zwischen Mitarbeitern der Wohlfahrtsverbände und Hilfebedürftigen sind freier und weniger regelorientiert. Auch dominieren eher Beratungsleistungen, weniger Geldleistungen. Außerdem dürfen die konfessionellen Begrenzungsfaktoren des Handelns in einigen Verbänden nicht übersehen werden (z.B. in der Ehe- und Schwangerschaftskonfliktberatung). Auch hier zeigt die Klientenbeziehung das oben beschriebene Machtgefälle. Die Betreuung kann aber – wegen geringerer Fallzahlen und weniger Kontrollaufgaben – intensiver und längerfristiger erfolgen.

Kostenträger und Leistungsanbieter

Nichtschlüssige Tauschbeziehungen

Daneben geschieht die Steuerung sozialer Dienstleistungen vorrangig durch die entscheidende Bereitstellung der Finanzen. Neben den Kostenträgern der öffentlichen Hand, den Kranken- und Pflegekassen und der Sponsoren werden die Anbieter (Produzenten) der Leistungen nämlich Sozialverwaltungen, Wohlfahrtsverbände und privatgewerbliche Institutionen entscheidend. Der Klient erhält zwar eine Leistung, bezahlt sie aber in der Regel nicht selbst, sondern ist auf die genannten Kostenträger mit ihren gesetzlichen Rahmenbedingungen, Programmen, Qualitätsstandards u.a. verwiesen. Man spricht hier – im Gegensatz zu den schlüssigen Tauschbeziehungen der privaten Marktökonomie – von nichtschlüssigen Tauschbeziehungen.

Zielvereinbarungen und Leistungsverträge

All dies dokumentiert die Komplexität der sozialen Dienstleistungsproduktion; die Prozesse und ihre Ergebnisse sind kaum überschaubar und greifbar. Im schon genannten Neuen Steuerungsmodell versucht man einen großen Teil der komplexen Dienstleistungen quasi marktökonomisch zu steuern mittels Zielvereinbarungen und Leistungsverträgen (§ 93 BSHG; § 78 KJHG) einschließlich der Vereinbarungen über die Qualitätsentwicklung. Außerdem werden die Klientenbeziehungen durch die starke Zentrierung auf den Kundenbegriff (s.o.) mit eher partnerschaftlichen, gleichberechtigten, nicht diskriminierenden und abwertenden Leistungszielen problematisiert; Machtbeziehungen sollen immer mehr abgelöst werden durch partizipative, offene und respektvolle Beziehungen zu den hilfsbedürftigen Bürgern.

7.6 Berufliches Handeln in Organisationen

7.6.1 Handlungsbedingungen, Handlungsspielräume, Handlungskompetenzen

Die meisten Menschen verbringen einen großen Teil ihres Lebens in Organisationen, die zunächst Arbeitsstelle und Ort, um Geld für den notwendigen Lebensunterhalt zu verdienen, darstellen. Für einen Teil der Menschen bedeutet die Arbeitsorganisation aber mehr als nur reine Verdienstquelle:

> »Den Organisationen kommt eine lebensräumliche Qualität zu für alle jene Menschen, die sich nur in ihnen und durch sie verwirklichen können, damit also eine Qualität, die jener widerstreiten kann, die aus der Zweckgerichtetheit organisatorischen Handelns resultiert« (*Büschges*, 1983; 32).

Auch für die Sozialarbeiter/Sozialpädagogen umfasst ihre Berufsausübung in Organisationen eine Verdienstmöglichkeit und Aufstiegschance; daneben können aber auch Lebensziele und -pläne realisiert werden. Berufswahlmotive kann man in dem Begriffspaar »Humanität und Caritas«, konkretisiert in den Motiven wie »Interesse am Menschen«, »Wunsch zu helfen«, zusammenfassen. Ob die Arbeitsorganisation für den Sozialarbeiter auch einen Lebensraum darstellt, in dem er seine Lebensziele verwirklichen möchte, hängt von einer Reihe von Bedingungen wie z.B. der Position in der Organisation, Kontakten zu Kollegen, Handlungsspielräume u.a. ab.

Erklärungen für das Handeln in Organisationen

Zu den Handlungsbedingungen gehören zunächst der Auftrag und die Ziele der Sozialarbeit, niedergelegt in gesetzlichen Vorgaben und Dienstanweisungen, sowie die Organisationsstruktur und -kultur sowie die Regelungen der Abläufe, wie in den vorigen Kapiteln aufgeführt (*Kieser/Kubicek*, 1992; 449 ff.).

Diese sehr wichtigen Bedingungen können aber alleine das Handeln in Organisationen nicht erklären. Es kommt als zweiter wichtiger Einflussbereich die Berufsrollendefinition des Sozialarbeiters hinzu, die sich in den Erwartungen an den Sozialarbeiter niederschlagen. Die Berufsrolle entsteht aber nicht nur als Fremdbild, sondern definiert sich auch als Selbstbild (Berufswunsch, Einstellung zum Beruf) und als Selbstverständnis der eigenen Arbeit. Auch dieser zweite Bereich bestimmt noch nicht hinreichend das Handeln in Organisationen. Eng mit dem zweiten Bereich verbunden sind die Ausbildung und die Qualifikationsmerkmale des Sozialarbeiters, die individuelle und berufsgruppenspezifische Motivation und die Formen der Interaktion und der Arbeitsteilung mit Kollegen und Vorgesetzten (siehe Kap. 6).

Das Handeln des Sozialarbeiters ist also durch ein Netz von Handlungsbedingungen und Handlungsanweisungen eingegrenzt. Trotzdem bleiben ihm Entscheidungs- und Ermessensspielräume. Wie groß sind sie? Wie füllt der Sozialarbeiter diese Spielräume aus?

Berufsrolle des Sozialarbeiters

Zur Bestimmung der Spielräume wird auf rollentheoretische Erkenntnisse zurückgegriffen (siehe Kap. 1.2.2.5). Die rollentheoretische Grundaussage der folgenden Ausführungen ist die Abkehr von der These, dass das Individuum nur seiner Rolle verhaftet sei und sie mechanisch und störungsfrei erfülle. Der einzelne wäre dann nur eine Marionette, die an den Fäden einer jede ihrer Bewegung kontrollierenden Gesellschaft – vertreten durch die Rollensender – hinge. Die Vorstellung von der vollkommenen Übereinstimmung von Rollenerwartungen und tatsächlichem Rollenverhalten wird aufgegeben und ein vom Individuum selbst bestimmbarer Spielraum festgelegt (*Merton*, 1967; 262 ff.; *Grunt*, 1977; 135; *Büschges/Abraham*, 1997; 143):

1. Der Handlungsspielraum kann in der sozialen Rollen selbst begründet sein. Die Rollenerwartungen sind zwar vorgeschrieben; sie sind aber nicht

so präzise, dass der Handelnde in konkreten Situationen genau in seinem Verhalten vorbestimmt ist.

2. Erwartungen an den Rolleninhaber gehen von einer Vielzahl von Personen und Gruppen (Rollensendern) aus. Diese Vielzahl der Erwartungen ist aber nicht widerspruchsfrei, sondern führt zu Rollenkonflikten. Hier muss das Individuum selbst eine Lösung suchen und damit gestalterisch tätig werden.
3. Der Rolleninhaber präsentiert sein Handeln in unterschiedlicher Weise der Umwelt. Er zeigt eine gewisse Distanz zur Rolle durch entsprechend differenzierte Verhaltensweisen nach außen.
4. Der Rolleninhaber versucht bewusst, seinen Rollenplan zu verändern, seine Rolle also selbst weiterzuentwickeln, d.h. sie über die bisherigen Grenzen hinweg zu bewegen.

Diese allgemeinen Aussagen sollen an Beispielen aus dem Sozialwesen erläutert werden:

Beispiele aus dem Sozialwesen

zu 1.: Der Sozialarbeiter kennt zwar die an ihn gerichteten Rollenerwartungen, d.h. was von ihm mit der Übernahme der Rolle erwartet wird. Die Umsetzung in konkretes Verhalten beinhaltet aber jeweils einen eigenen Interpretationsprozess. Diese Konkretisierung muss ihm zugestanden werden, hier zeigt sich ein erster individueller Beitrag, eine Eigenleistung. Bei reinen Verhaltensnormen (genau vorgeschriebenen, nicht veränderbaren Verhaltensregeln) ist der individuelle Beitrag gering. So kann z.B. der Sozialarbeiter bei der Berechnung der Hilfe zum Lebensunterhalt (nach dem BSHG) kaum eigenständige Leistungen erbringen; denn die gesetzlichen Voraussetzungen und die möglichen Handlungsergebnisse liegen fest. Gerade das Sozialwesen zeigt aber auch eine Vielzahl von Ermessensspielräumen, die in den Sozialgesetzen (Gestaltungsnormen) verankert wurden. Hier nimmt die Interpretations- und Konkretisierungsleistung zu; die Situation des Klienten und die Hilfemöglichkeiten werden durch den Sozialarbeiter definiert, z.B. bei der Abwägung zwischen Heimeinweisung und Unterbringung bei Pflegeeltern. Die Sozialverwaltung versucht auf diese Gestaltungsmöglichkeiten über Dienstanweisungen, Dienstbesprechungen und Kontrollen Einfluss zu nehmen, ist aber dem Hilfeplanverfahren (§ 36 KJHG) verpflichtet.

zu 2.: Auch der Sozialarbeiter befindet sich als Positionsinhaber (z.B. im ASD) in der Mitte eines Rollen-Sets, d.h. die Erwartungen von mehreren Personen, Gruppen und Organisationen strömen gleichzeitig auf ihn ein. Es kann daher zu Rollenkonflikten kommen. Ein fast schon klassischer Rollenkonflikt wird in den widersprüchlichen Erwartungen des Anstellungsträgers (Sozialamt: Erfüllung der Weisungen sparsamster Einsatz öffentlicher Mittel, restriktive Prüfung von Ansprüchen) auf der einen Seite und den Erwartungen der Klienten (Wunsch nach umfassender, sofortiger Hilfe; auf die eigenen Bedürfnisse bezogene Hilfe) auf der anderen Seite widergespiegelt. Der Sozialarbeiter kann durch selbstbestimmtes Handeln versuchen, diesen Rollenkonflikt zu lösen und einen Freiraum zu erhalten. Eine Möglichkeit ist das Abschirmen des eigenen Rollenhandelns gegenüber den Rollensendern (*Merton*, 1967; 264). Eine andere Möglichkeit der Erlangung von eigener Autonomie ist die Offenlegung widersprüchlicher Forderungen gegenüber den Mitgliedern des Rollen-Sets (*Grunt*, 1977; 139). Diese Mitglieder können sich dann selbst auseinandersetzen und sich einigen; dies wäre problematisch, da die Klienten meist an Fachwissen und Durchsetzungskraft unterlegen sind. Die Macht- und Autoritätsunterschiede der Rollensender sind damit angesprochen (vgl. *Merton*, 1967; 263); Inhaber mittlerer (und höherer) Positionen (wie die Sozialarbeiter) befinden sich oft im Mittelpunkt eines Rollen-Sets mit großen Machtunterschieden. Da die Macht des Dienstherren (z.B. des Jugendamtes) weitaus größer ist als die der Klienten, die nur als solidarische Gruppe Einfluss ausüben könnten, wird sich der Sozialarbeiter evtl. eher den Erwartungen des Anstellungsträgers anpassen.

zu 3.: Der Rollenträger kann durch nach außen wirkendes Verhalten eine gewisse Rollendistanz zwischen Rollenvorschrift und Rollenverhalten dokumentieren. Diese Rollendistanz wird zur Bewältigung konfliktreicher Erwartungen eingesetzt. Sozialarbeiter versuchen z.B., die Kontrolleur-Rolle herunterzuspielen, indem sie zu Beginn eines Hausbesuches erklären, dass sie die Zimmer der Wohnung nicht sehen wollen. Ein anderes problematisches Verhalten ist das Duzen der Klienten, um sich mit ihm auf eine Stufe zu stellen. In der Literatur werden noch andere Möglichkeiten genannt: schauspielerisch übertriebenes Rollenspiel, Ironie, Scherz, Humor; gleichzeitiges Ansprechen mehrerer Bezugspersonen (*Dreitzel*, 1972; 219).

zu 4.: Die letzte Form der Begründung eines Spielraumes besteht in der Veränderung der eigenen Rolle, letztlich, um damit einen sozialen Wandel einzuleiten. Dies kann bedeuten, dass der Rolleninhaber die Rollengrenzen überschreitet und in die Rollen anderer Mitarbeiter eindringt. Sozialarbeiter müssen sich zukünftig als Dienstleister sehen und Managementfunktionen mit übernehmen. Im Rahmen der Verwaltungsmodernisierung erhalten die Sozialarbeiter der Teams an der Basis immer mehr Entscheidungsbefugnisse (siehe dezentrale Fach- und Ressourcenverantwortung) und planen den Einsatz von Personal, Finanzen, Räumen u.a. immer mehr mit. Um Überforderungen durch die Rollenausdehnung bzw. Rollenüberschreitung aufzufangen, sind intensive Weiterbildungen der Mitarbeiter notwendig. Viele Fragen sind hier noch ungelöst: Bis auf welche Handlungsebene sollen Fach- und Ressourcenverantwortung delegiert werden? Wie ist die Gesamtverantwortung und Einheitlichkeit der Verwaltung zu garantieren? Wie erfolgt die Kooperation mit den Wohlfahrtsverbänden vor Ort? Die Aus- und Weiterbildung muss diesem Rollenwandel folgen, denn die Modernisierungskonzepte spiegeln neue Rationalitäten und Organisationskulturen wieder; entscheidend werden aber die Veränderungen der Handlungsroutinen der Mitarbeiter selbst.

Professionelle Handlungskompetenz

Die Ausschöpfung des eigenen Handlungsspielraums erfordert vom Sozialarbeiter eine Kompetenz, die hier als professionelle Handlungskompetenz bezeichnet werden soll. Der weniger weitgehende Begriff der Qualifikation stellt auf ein bei einer Person vorhandenes Bündel von vorhandenen Grundkenntnissen, Fertigkeiten, Verhaltensmustern und Orientierungen ab. Der Begriff der Handlungskompetenz geht darüber hinaus und fordert, dass derjenige, der die Qualifikation besitzt, auch gleichermaßen handlungsfähig und »zuständig« ist; zuständig meint hier nicht bzw. nicht nur ressortmäßige Zuständigkeit, sondern die Betroffenheit und das daraus entstehende Engagement für soziales Arbeiten. Dies bedeutet, dass der Sozialarbeiter sich im Handeln nicht nur auf den Klienten ausrichtet, sondern auch die Bedingungen, in denen die Probleme der Klienten entstehen – z.B. die sozioökonomischen Bedingungen an seinem Wohnort – miteinbezieht. Außerdem soll der Sozialarbeiter seine Qualifikation nicht als rein instrumentelle Fähigkeit, sondern als Fähigkeit kritischen Nachdenkens über seine Arbeit auffassen (Selbstevaluation) sowie als Fähigkeit, die Kommunikation zwischen Klient, Nachbarschaft, Stadtteil und Amt mitzugestalten. Die professionelle Handlungskompetenz ist daher aufzuteilen in

Selbstevaluation

- Fachkompetenz, das sind alle Kenntnisse und Fähigkeiten, die zur Erbringung des spezifischen fachlichen Beitrags der Sozialarbeit notwendig sind;
- Selbstkompetenz, d.h. die Fähigkeit, einen Zusammenhang zwischen eigener Persönlichkeit und sozialarbeiterischem Handeln herzustellen. Durch selbstreflexive Fähigkeiten kann der Sozialarbeiter sensibel auf die Probleme des Klienten eingehen;
- Kommunikative Kompetenz, d.h. die Fähigkeit, Kommunikationsprozesse zwischen Klienten und allen Organisationsmitgliedern zu initiieren, zu begleiten und zu steuern.

Fachkompetenz

Selbstkompetenz

Kommunikative Kompetenz

7.6.2 Motivation, Führung und Leitung

Motivation

Zur weiteren Erklärung des Handelns von Organisationsmitgliedern wird die Teilnahme- und Leistungsmotivation herangezogen (vgl. *Endruweit*, 1981; 162; *Büschges/Abraham*, 1997; 159 ff.). Handlungsbedingungen, Handlungsspielraum und Handlungskompetenz bezeichnen nur die Möglichkeiten des Handelns in Organisationen. Die Beziehungen zwischen Mitglied und Organisation im Handeln wird durch den zentralen Aspekt der Motivation weiter gekennzeichnet. Motivation entsteht als Ergebnis persönlichkeits- und situationsbezogener Bedingungen und bestimmt das Verhalten in Organisationen. Obwohl das Konzept der Psychologie entstammt, befasst sich auch die Organisationssoziologie mit Fragen der Motivation.

Intrinsische – extrinsische Motivation

Zur Analyse der Motivation unterscheidet man das Gegensatzpaar intrinsische – extrinsische Motivation. »Intrinsisch« bezeichnet einen Anreiz, der aus der Tätigkeit, ihren Zielen, Inhalten und Abläufen selbst herrührt; »extrinsisch« umschreibt Anreize, die äußerlich mit der Tätigkeit verbunden sind (*Endruweit*, 1981; 163). Zum ersten gehören Anreize durch Übereinstimmungen zwischen persönlichen Überzeugungen und Lebenszielen des Mitarbeiters und den Zielen der Organisation (z.B. der religiös orientierten Wohlfahrtsverbände); zum zweiten vor allem die Höhe des Gehaltes, das Ansehen der Person (Titel), der angenehme Arbeitsplatz, z.B. die freizügige Arbeitsgestaltung. Es deutet vieles darauf hin, dass Sozialarbeiter auch heute stark intrinsisch zur Aufnahme des Berufs und zu Berufsausübung motiviert sind.

Leistungsmotivation

Diese Differenzierung bleibt freilich noch wenig aussagefähig. Heute müssen weitere Aspekte wie die Arbeitsmarktsituation und die Arbeitsplatzsicherung mit herangezogen werden. Die Teilnahme- oder Mitgliedsmotivation konzentriert sich auf die Erklärung der Aktivitäten zum Eintritt in eine Organisation. Jede Übernahme einer Mitgliedschaftsrolle setzt eine gewisse Mindestmotivation voraus. Die Leistungsmotivation stellt auf die Bereitschaft des Personals ab, über eine Minimalleistung hinausgehend Leistungs- und Beteiligungsbereitschaft zu zeigen. Neben den schon erwähnten Einflussfaktoren der Organisationsziele und des Entlohnungssystems werden in der Literatur noch das Gruppenklima bei der Teamarbeit und der Führungsstil thematisiert.

Motivationspotential der Teamarbeit

Das Gruppenklima in kleinen Arbeitsgruppen (siehe teamartige-professionelle Organisation, Kap. 7.2.2) weist darauf hin, dass die größere Eigenständigkeit der Arbeit die gegenseitigen Hilfe-, Beratungs- und Lernprozesse sowie die höhere Kreativität bei Problemlösungen Anreizmittel darstellen. Allerdings darf das Motivationspotential der Teamarbeit nicht überschätzt werden, da wichtige Voraussetzungen personeller und institutioneller Art für das Gelingen gegeben sein müssen (siehe Teamfähigkeit, Kap. 7.2.2), um die angesprochenen Anreize wirksam werden zu lassen. Trotz dieser Einschränkungen deuten heute viele Organisationsveränderungen in der Sozialverwaltung auf einen zunehmenden Stellenwert der Teamarbeit – allerdings nicht für die oberen Positionen der Hierarchie – hin.

Führungsstil

Als weiterer Faktor wird der Führungsstil genannt, der wechselseitige Einflussprozesse zwischen Mitarbeitern und Vorgesetzten beinhaltet. Einem guten Führungsstil werden positive Wirkungen auf die Leistungsmotivation der Untergebenen zugesprochen. Die Führungsstilforschung ist in den Organisationswissenschaften sehr verbreitet (vgl. *Berger/Bernhard-Mehlich*, 1999; 138 ff.): Es werden drei Arten unterschieden:

1. autoritärer (vorgesetztenorientierter) Führungsstil,
2. kooperativer (demokratischer, untergebenenorientierter) Führungsstil,
3. laissez-faire (permissiver, nichtdirektiver) Führungsstil.

Autoritärer Führungsstil

Beim *autoritären Führungsstil* sind alle Entscheidungsbefugnisse auf den Vorgesetzten konzentriert, der sich jeweils auf seine Leitungsfunktion beruft und eher mit negativen Sanktionen (Strafe, Drohung) als mit positiven Anreizen führt. Diskussion und Widerspruch der Untergebenen sind unerwünscht; die Anweisungen müssen ohne Abstriche sofort umgesetzt werden. Der Vorgesetzte kontrolliert alles sehr genau. Beim Wegfall der Führung tritt Instabilität ein, da alle auf den Vorgesetzten fixiert waren und nicht selbständig arbeiten können. Die Arbeitsatmosphäre ist negativ gespannt (siehe Bürokratiemodell).

Kooperativer Führungsstil

Der *kooperative Führungsstil* zielt auf die Zustimmung und Mitwirkung der Untergebenen ab. Der Vorgesetzte führt eher mit inhaltlichen Ratschlägen und Hinweisen, die er allerdings aktiv einbringt. Bei komplexen, vielfältigen Aufgaben ist dieser Führungsstil angebracht (siehe teamartig-professionelle Organisation). Solidarische Beziehungen sind zwischen den Kollegen ausgeprägt.

Laissez-faire-Führungsstil

Der *Laissez-faire-Führungstil* dokumentiert in der Binnenorganisation einen weitgehenden Verzicht auf Führung; Entscheidungen werden nach unten delegiert. Solidarisches Verhalten ist etwas geringer als beim Zweiten ausgeprägt; evtl. entsteht eine große Instabilität der Organisation durch ständige Gruppenkämpfe.

Eine Bewertung des Führungsstils ohne genaue Analyse der jeweiligen Organisation und ihrer Aufgaben ist nicht möglich, da die Art der Aufgaben (einfache, massenhaft anfallende versus komplexe, vielfältige), die Qualifikation der Mitarbeiter sowie die Mitgliedergruppen, die sich evtl. ablehnend gegenüberstehen, bestimmend für die Regelungsintensität und die Führungsintensität sind.

Die bisherige Betrachtung zentriert sich meist auf die Person des »Führers«, »Leiters«, auf seine Persönlichkeit und fachliche Kompetenz. Neuere Ansätze ziehen allein Situationsvariablen heran, z.B. die Art der zu lösenden Aufgabe, Gruppenatmosphäre und die Umweltbedingungen der Gruppe oder kombinieren Persönlichkeits- und Situationsvariablen.

Sozialmanagement

In der Sozialarbeit werden in den letzten Jahren – unter dem Oberbegriff »Sozialmanagement« – Führen und Leiten in sozialen Diensten verstärkt analysiert (*Kühn*, 1995b; 38 ff.): Unter »Leiten« fasst man Handlungen, die sich auf die Gestaltung der Organisationsstruktur (Stellenpläne, Dienstwege, Dienstaufsicht) beziehen, zusammen. Unter »Führen« wird eher die Beeinflussung inhaltlicher Gestaltungsprozesse und der sozialen Dynamik der Organisation verstanden. Dies zeigt sich in der Einleitung von Aufgabenveränderungen, Konzeptentwicklungen, Plänen und Beratungen sowie in der Fachaufsicht.

Der kooperative Führungsstil wird von Sozialarbeitern in Wohlfahrtsverbänden oft praktiziert. In Verwaltungen findet man eher den autoritären Führungsstil, aber auch hier mehren sich die Forderungen der Sozialarbeiter nach kooperativem, fachlich orientiertem Führen. Entscheidend ist eine vertrauensvolle Zusammenarbeit zwischen Vorgesetzten und Mitarbeitern. Das Vertrauen entsteht aber nur, wenn das Verhalten des Vorgesetzten in großem Maße erwartbar und klar ist, die Mitarbeiter Lob und Rücksicht beim Vorgesetzten finden, eine wechselseitige intensive Kommunikation stattfindet und eine mit dem notwendigen Maß an Kenntnis von Nähe und Distanz ausgestattete persönliche Beziehung zwischen Vorgesetzten und Mitarbeitern aufgebaut wird. Dies setzt eine weitgehende Delegation von Aufgaben zur eigenverantwortlichen Erledigung an die Mitarbeiter voraus, die damit eine ausgeprägte Handlungsverantwortung erlangen. Die Führungsverantwortung des Vorgesetzten bleibt bestehen (Personalmanagement).

Personalmanagement

Zielvereinbarungen, Mitarbeitergespräche

Auch durch die Verwaltungsmodernisierung der Sozialverwaltung wird der früher eher autoritäre Führungsstil durch kooperative Formen abgelöst, der den Vorgesetzten nach abgeschlossener Delegation nach unten eher Aufgaben der Zielvereinbarung, Mitarbeitergespräche, der Information und der Regelung grundsätzlicher Fragen, der Außenvertretung und der fachlichen Beratung zuweist. Dies verlangt aber eine ausgeprägte fachliche Autorität des Vorgesetzten. Eine vollkommene Ablösung bürokratischer Verwaltung ist aber weder geplant noch realisiert worden.

7.6.3 Loyalitätskonflikte in Organisationen: »Experten«, »Bürokraten« und »Manager«

Die organisationswissenschaftliche Forschung hat sich mit den binnenorganisatorischen Konflikten und Spannungen zwischen Spezialisten (hier Sozialarbeitern) und den bürokratischen Organisationen (hier Sozialverwaltung und teilweise Verbänden) beschäftigt und unterschiedliche Reaktionen, Handlungsmuster und Anpassungsstrategien abgegrenzt. Die Spezialisten, zu denen hier die Sozialarbeiter trotz noch nicht abgeschlossener Professionalisierung gerechnet werden sollen, gehören zwei Systemen an: der Berufsgruppe (professionelles System) und der Organisation (bürokratisches System). Beide Systeme beruhen auf unterschiedlichen Organisationsprinzipien, die dann zu Konflikten führen (*Scott*, 1971; 201). Die bürokratischen Organisationsprinzipien (vgl. Kap. 7.2.1) wurden an anderer Stelle schon erläutert: Hierarchie, Amtsautorität, formale Regeln, Dienstweg, Aktenkommunikation, formale Kontrolle durch Vorgesetzte usw. Spezialisten (»Professionals«) orientieren sich dagegen an beruflichen Standards, Werten und Normen; die Kontrolle erfolgt internalisiert: 1. Man erwartet, dass der Fachmann einen großen Fundus an Expertenwissen hat, der sein professionelles Handeln leitet. 2. Die Selbstkontrolle wird durch die Kontrolle seiner Kollegen, die seine Arbeit übersehen können, ergänzt. Die Kollegengruppe – oft z.B. in einem Team tätig – übt die strikteste fachliche Kontrolle aus und ergreift bei schlechten fachlichen Leistungen Sanktionen (*Blau/Scott*, 1973; 125 f.).

Konflikte zwischen professioneller und bürokratischer Orientierung

Nach den Vorstellungen der Organisationswissenschaften der 50er und 60er Jahre entsteht ein schon »klassischer« Konflikt zwischen bürokratischen und professionellen Orientierungen. Auch heute noch werden diese Konflikte – erweitert um den Gegensatz Professionelle zu Managern – diskutiert. Vier Konfliktbereiche zwischen Spezialisten und bürokratischen Organisationen werden nach Scott aufgeführt (*Scott*, 1971; 205 f.; *Kieser*, 1999a; 64):

a) Widerstand der Spezialisten gegen bürokratische Regeln,
b) Zurückweisung bürokratischer Standards durch die Spezialisten,
c) Widerstand der Spezialisten gegenüber bürokratischer Überwachung,
d) bedingte Loyalität der Spezialisten gegenüber der Bürokratie.

Beispiel: Sozialverwaltung

Reduzierung von bürokratischen Regeln

zu a) Widerstand gegenüber bürokratischen Regeln: Der Sozialarbeiter als »Professional« möchte seine eigene Tätigkeit möglichst frei von zwingenden Vorschriften oder Einmischungen anderer auf die gewünschten Ziele hin ausrichten. Er fordert Selbständigkeit und will die Verantwortung für seine Arbeit voll übernehmen. Verfahrensregeln sind für ihn nur Mittel zum Zweck. Arbeitet der Sozialarbeiter in der Sozialverwaltung, muss er sich aber in ein Netzwerk von Regeln, Vorschriften usw. einpassen. Diese Vorschriften können bis zur genauen Arbeitsschrittfolge und zum einzuschlagenden Maßnahmenkatalog gehen. Die Frage ist nun, wie weit der Sozialarbeiter seine Autonomie opfern wird, um sich an organisationsinterne Regeln anzupassen. Hierbei spielt es eine Rolle, ob der Mitarbeiter eine stärkere professionelle oder bürokratische

Orientierung aufweist. Professionell orientierte Mitarbeiter werden rebellieren, wenn das Befolgen bürokratischer Normen zu einer Verletzung der Normen der Berufsgruppe führt. Diese Sozialarbeiter weichen dann eher zugunsten professioneller Hilfe von bürokratischen Vorschriften ab (*Scott*, 1971; 207; *Blau/Scott*, 1973; 135 f.). Die Sozialarbeiter sehen, dass die Vorschriften der Behörden, »besonders aber die Verpflichtung, den Forderungen der Klienten nicht zu weit entgegenzukommen, die Bearbeitung der Fälle erheblich stören« (*Blau/Scott*, 1973; 135). Sie stehen oft im Dilemma, entsprechend den Fallrichtwerten eine große Anzahl von Fällen oberflächlich nach Verwaltungsregeln richtig zu lösen oder eine kleinere Anzahl von Fällen nach professionellen Standards gut (aber nach Verwaltungskriterien schlecht) zu bearbeiten. Im Rahmen des Neuen Steuerungsmodells werden bürokratische Regeln reduziert und die Sozialarbeiter erhalten größere Handlungskompetenzen. Dies bedeutet aber auch, dass die Sicherheit der bürokratischen Routinen aufgegeben werden und teilweise ökonomische Effizienzkriterien an die Stelle der bürokatischen Regeln treten: Bürokratisierung wird durch Ökonomisierung ersetzt. Ob sich damit die Fachlichkeit der Sozialarbeit erhöht, ist zu diskutieren.

Ökonomisierung

Bürokratische Standards

zu b) Zurückweisung bürokratischer Standards durch die Spezialisten: Spezialisten erlangen in ihrer Berufsbildung eine Orientierung an professionellen Normen, Wertvorstellungen und Standards. Die Sozialverwaltung hat selbst im Laufe der historischen Entwicklung der Auseinandersetzung bzw. der Anpassung an externe Interessengruppen (z.B. an die Wohlfahrtsverbände, politische Gremien und Parteien) die gesetzlichen Grundlagen akzeptiert, Verwaltungsvorschriften sowie die eigenen Organisationsprinzipien zu einem Katalog eigener Werte, Normen und Programme (bürokratische Standards) entwickelt und drängt auf Einhaltung durch die Mitarbeiter. Kommt es zu Konflikten zwischen diesen Standards, beruft sich der professionalisierte Sozialarbeiter auf die Standards seiner Berufsgruppe und kritisiert die Verwaltung. Die bürokratischen Standards können im Rahmen der jetzigen Verwaltungsreform (NSM) zurücktreten und an deren Stelle können Qualitätsstandards installiert werden. Dieses sind professionelle Standards, die in Aushandlungsprozessen zwischen den beteiligten Akteuren (Politiker, Verbandsvertreter, Verwaltungsvertreter, Professionelle und evtl. Betroffene, Hochschulen) entstehen.

Qualitätsstandards

Einsparungsdruck

Letztlich werden sie in Leistungsvereinbarungen und -verträgen (Kontraktmanagement) innerhalb und außerhalb der Verwaltung konkretisiert. All dies steht aber oft unter dem Oberziel der Erhöhung von Effizienz und Effektivität, manchmal auch nur unter dem Druck von Einsparungen über Globalbudgets. Mehr eigene Entscheidungs- und Aushandlungskompetenzen der Sozialarbeiter werden dann erkauft durch ökonomischen Druck zur Einsparungen mit der Gefahr auch der Rücknahme fachlicher Standards.

Kontrolle

zu c) Widerstand der Spezialisten gegenüber bürokratischer Überwachung: In der Verwaltung beruhen Überwachung und Kontrolle auf der Amtsautorität, d.h. der Autorität der Hierarchiestellen von der Organisationsspitze bis zur Basis. Im professionellen Bereich basiert Kontrolle auf fachlicher, funktionaler Autorität. Grundsätzlich kann keine Organisation ohne Kontrolle auskommen. Sozialarbeiter wehren sich aber gegen formelle, nicht fachlich qualifizierte Kontrolle durch Überprüfung von Fallzahlen, Verfahrensrichtigkeiten usw. Die Amtsleitung beruft sich dagegen meist darauf, dass sie die institutionellen Ziele im Auge behalten muss. Die Verwaltungsmodernisierung setzt die bisherigen Kontrollen nicht voll außer Kraft, sondern bedient sich des wesentlich differenzierterem Instrument des Berichtswesens im Rahmen des Controllings. Controlling besitzt die Aufgabe der Managementunterstützung einschließlich

Neues Berichtswesen

Effizienzbewertung, Informationsbeschaffung und Auswertung unter betriebswirtschaftlichen Gesichtpunkten. Kombiniert mit der Sozialplanung als fachlich-inhaltlichem Steuerungsinstrument lassen sich bürokratische Kontrollen langsam überflüssig machen, ohne dass die Verwaltungsspitze ohne Führungsinstrument bleibt. Ein wichtiger Teil von Controlling und Sozialplanung bleiben Kennzahlen und ihre interkommunalen Vergleiche mit der Gefahr der Reduzierung von sozialen Dienstleistungen auf das Quantifizierbare (vgl. *Kühn*, 1996; 413 ff.)

Sozialplanung und Controlling

zu d) Bedingte Loyalität der Spezialisten gegenüber der Bürokratie: Die Bindung der Arbeitskraft an den Arbeitgeber wird von der Möglichkeit der Realisierung professioneller Standards beeinflusst. Loyalitätskonflikte treten dann auf, wenn der Fachmann eher am guten Ruf unter Fachkollegen interessiert ist als an der Zufriedenheit seiner Vorgesetzten mit seiner Arbeit. Die »Bürokraten« sehen oft nur den Aufstieg über das Wohlwollen der Vorgesetzten und werden daher größere Loyalität zeigen. Die Verwaltungsfachkräfte der Kommunalverwaltung wurden früher in eigenen Gemeindeverwaltungsschulen ausgebildet, die von leitenden Mitarbeitern als nebenamtlichen Lehrkräften geprägt wurden. Aufstieg war nur über die guten Beziehungen und Bewertungen des Vorgesetzten bzw. durch zusätzliches parteipolitisches Wohlverhalten erreichbar. Inzwischen wurden allerdings Fachhochschulen für öffentliche Verwaltung mit dem Ziel der späteren Integration in das allgemeine Hochschulsystem errichtet, so dass sich hier ein Wandlungsprozess vollzogen hat. Es kommt zu einer zunehmenden Professionalisierung auch der »Bürokraten«. Sozialarbeiter konnten dagegen über den Wechsel des Anstellungsträgers aufsteigen; ihre Mobilität war daher früher sehr viel größer als die der Verwaltungsfachleute.

Kunden-/ Klientenbindung

Dies ist heute wegen der schlechten Arbeitsmarktlage eingeschränkt. Sozialarbeiter haben außerdem Loyalität gegenüber den Klienten zu üben. Im Rahmen des Neuen Steuerungsmodells, das die Dysfunktionalität und Inflexibilität der Bürokratie abbauen will, wird die Bürger- und Kundenorientierung (Außenmodernisierung) propagiert. Trotz allen Grenzen des »Kundenprinzips« im Sozialwesen wird damit ein grundlegender Perspektivenwechsel eingeleitet, der die Bindung an den »Dienstherrn« ergänzt (evtl. sogar ersetzt) durch die Kunden-/Klientenbindung. Die Umsetzung des Prinzips steht aber noch aus. Außerdem setzt wiederum die Ökonomisierung der Sozialen Arbeit der Ausfüllung enge Grenzen.

7.6.4 Zukunftsperspektiven

Konflikte mit »Managern«

Die Konflikte und Probleme der Sozialarbeiter als Spezialisten in bürokratischen Organisationen werden neuerdings ergänzt durch die Konflikte mit »Managern« in sozialen Organisationen bzw. durch die Übernahme von Managementfunktionen durch die Sozialarbeiter selbst. Teilweise werden die oben genannten Konflikte mit der Bürokratie ersetzt durch die fachliche Auseinandersetzung mit Spezialisten des Controllings, der Leistungs- und Kostenrechnung, des Sponsorings und des Produktmanagements. Konflikte können sich dabei entwickeln

- durch Zielkonflikte zwischen fachlichen und ökonomischen Zielen,
- durch Qualitätsdebatten über die Dominanz von fachlichen Qualitätsstandards über Effizienzstandards,

- durch quantitative Messmethoden (Kennzahlensystem) versus qualitative (diskursive) Bewertungsversuche der sozialen Dienstleistungen.

Dominanz des Messbaren

Es besteht die Gefahr, dass das eindeutig Messbare, also das Quantitative überbetont wird und damit betriebswirtschaftliche Methoden der Sozialarbeit ohne ausreichende Reflexionen übergestülpt werden. Wird das Regelhafte, die Routine sowie die Formalisierung und Zentralisierung der Bürokratie ersetzt durch die Herrschaft der Kennzahlen, der Produktbeschreibungen und des Controllings? Die angestrebte Flexibilisierung der Sozialverwaltung , die Berücksichtigung der Komplexität und Differenziertheit des beruflichen Handelns im Sozialwesen würde in Frage gestellt durch dominierende Ökonomisierungen; es könnte sich eine »Neue Bürokratisierung« entwickeln. Hat die von Max Weber heraufbeschworene »Unentrinnbarkeit der Bürokratie« schon die Verwaltungsreformen erreicht?

Gefahr der »Neuen Bürokratisierung«

Chancen und Gefahren der Verwaltungsreform

Das Neue Steuerungsmodell hat auch fachliche Veränderungen angestoßen z. B. die Diskussion über strategische und operative Ziele der Sozialarbeit, über vergrößerte Entscheidungskompetenzen des Fachpersonals, über Qualitätsstandards und stadtteilbezogene Teams u.a. Es entsteht ein schwer durchschaubarer Mix an noch bestehender »alter« Bürokratie, erhöhter Anforderungen an die Fachlichkeit der Sozialarbeiter und neuen Managementkompetenzen. Vollziehen sich die Komponenten des Neuen Steuerungsmodells konflikthaft oder im Einklang mit der Entwicklung der Berufsrolle des Sozialarbeiters? Die Verwaltungsreform birgt immer sowohl Chancen als auch Gefahren/Risiken (*Kühn*, 1995a; 344; *Kühn*, 1999):

Chancen für die Berufsrolle:
- mehr Entscheidungsbefugnisse;
- Neudefinition von Leitungsfunktionen; Abbau von Hierarchie;
- Einleitung von Teamprozessen z. B. durch Stadtteilteams im Sozialraum;
- Überlegungen zur Qualitätsentwicklung in sozialen Diensten;
- Anerkennung der Professionalität des Sozialarbeiters;
- verstärkter fachliche Austausch zwischen öffentliche und freien Trägern;
- Klienten und Kunden als Partner und
- Wecken des öffentlichen Interesses für die Anliegen der Sozialbenachteiligten.

Gefahren/Risiken für die Berufsrolle:
- Dominanz ökonomischer Ziele und Methoden;
- Neue Bürokratisierung durch Produktbeschreibungen, Kennzahlensysteme u.a.
- Begrifflichkeit und Managementkonzepte, die der Komplexität sozialer Dienstleistungen nicht entsprechen;
- Reduzierung fachlicher Standards zwecks Einsparungen;
- Ersatz der Fachkräfte durch Hilfskräfte (Deprofessionalisierung);
- Abbau von Leistungen des sozialen Netzes und
- Reduzierung der Verbindlichkeit von Gemeinwohl, Solidarität mit Benachteiligten und sozialer Gerechtigkeit.

Sozialarbeiter als »Diener dreier Herren«

Soziale Organisationen befinden sich in einem gravierenden Umbruchprozess. Eine zu pessimistische Einstellung zur Zukunft des Berufes der Sozialarbeiter/Sozialpädagogen ist aber unangebracht. Einige Änderungen von Inhalten des

Studiums sind unbedingt angezeigt, ebenso wie eine Qualifizierungsoffensive im Bereich der Weiterbildung. Sozialarbeiter sind nicht mehr nur »Diener zweier Herren« (Bürokratie und Fachlichkeit) sondern müssen zusätzlich betriebswirtschaftliche Managementkonzepte mit aufnehmen. Wichtig wird nicht die einseitige Anpassung an neue Trends, sondern die Mitgestaltung der Veränderungsprozesse durch aktive Partizipation und Einmischung. Dies bedeutet eine intensive Beschäftigung mit den Verwaltungsreformen z. B. im Neuen Steuerungsmodell und seiner Umsetzung.

»Lernende Organisation«

Hier wird das Konzept der »lernenden Organisation« und des Wissensmanagements bedeutsam, d. h. eine neue Art des individuellen und kollektiven Lernens in der Organisation. Voraussetzung jeglicher Organisationsentwicklung ist das gemeinsame Lernen aller Beteiligten. Komponenten (*Wendt*, 1997; 177 ff.) bilden die ausgeprägte Kommunikations- und Lernfähigkeit aller Organisationsmitglieder, insbes. auch der Führungskräfte (Veränderungsbereitschaft, Vorbildfunktion). Die gesamte Organisation stellt sich aktiv und diskussionsoffen allen Veränderungsprozessen und der große Teil der Mitarbeiter steht positiv zum Reformkonzept und zur konkreten Umsetzung. Ängste um den Arbeitsplatz und eine Misstrauenskultur der Organisationsmitglieder untereinander ist schädlich und muss abgebaut werden. Kollektives Wissen (Berufswissen, Erfahrungswissen, Organisationswissen) ist in jeder Organisation vorhanden und muss offensiv genutzt werden.

8 Grundlagen der Gruppensoziologie und Gemeinwesenarbeit

von Erika Bock-Rosenthal

8.1 Soziologische Grundbegriffe

8.1.1 Begriffliche Klärungen

Die Soziale Arbeit und ihre Methoden beziehen die theoretischen Konzeptionen aus verschiedenen Wissenschaften. Im folgenden werden jedoch nur soziologische Grundlagen dargestellt. Freilich ist der Übergang zu sozialpsychologischen Fragestellungen oft fließend. Gruppensoziologie ist ein spezielles Fachgebiet in der Soziologie geworden. Die Vernachlässigung von Gruppenthemen ist angesichts der tatsächlichen Bedeutung von Gruppen im alltäglichen Leben zu verwundern (*Neidhardt*, 1982; 12).

Vorausgeschickt werden soll allerdings Folgendes: Soziologische Ansätze bieten Grundlagen für die methodische Arbeit mit Gruppen in dem Sinne, dass sie Probleme benennen, zu deren Klärung beitragen sowie zur Reflexion anregen. Diese Erklärungen aber sind nur in seltenen Fällen zur sozial-technischen Anwendung geeignet, weil ein Gruppenprozess allemal komplexer ist, als dass ihm mit technischen Mitteln beizukommen ist. Die Veränderung eines Elementes in einer Gruppe kann so viele ungeplante Veränderungen nach sich ziehen, dass die ursprüngliche Arbeit ins Gegenteil verkehrt wird. Hinzu kommt: Der Soziologie ist in den letzten Jahren der naive Fortschrittsglaube abhanden gekommen, dass zwischen Sozialwissenschaften und Praxis ein einseitiges Rationalitätsgefälle besteht. Es hat eine alltägliche Versozialwissenschaftlichung stattgefunden, »weil die Gesellschaft in vielen Handlungsfeldern soziologische Grundeinsichten ›aufgesogen‹ hat« (*Beck/Bonß*, 1984; 383) Dieses Selbstverständlichwerden bedeutet einerseits ein Verschwinden und Unkenntlichwerden der Soziologie, andererseits aber auch wachsende Kompetenz, Autonomie und Kritikfähigkeit der »Abnehmer«. Von Gegengutachten und Methodenkritik wird ganz selbstverständlich Gebrauch gemacht. Die Entzauberung der Welt »greift auf die Entzauberer selbst über« (*Beck/Bonß*, 1984; 400).

Alltägliche Versozialwissenschaftlichung

Gruppendefinition

Der Gruppenbegriff entsteht in Deutschland erst im 18. Jahrhundert und wird danach noch lange recht undifferenziert für Familie, Stamm und wirtschaftliche Organisationen gebraucht (*Schäfers,* 1999). Die Soziologie und die Psychologie entwickeln je eigene Gruppenbegriffe, die in ihrer Vielschichtigkeit, Widersprüchlichkeit, ihren Überschneidungen und Abgrenzungen hier nicht im einzelnen wiedergegeben werden sollen.

Die gängigen soziologischen Gruppendefinitionen beinhalten folgende Elemente:

- Bei einer Gruppe handelt es sich um eine Anzahl von Mitgliedern, deren Obergrenze bei einer Kleingruppe zwischen 8 und 20 Personen liegt. Für Großgruppen werden meistens keine genauen Obergrenzen genannt.
- Die Mitglieder stehen über eine gewisse Zeit hinweg in Interaktion miteinander – in der Regel in Face-to-Face-Kommunikation.
- Es gibt gemeinsame Gruppenziele und Teilnahmemotive der Mitglieder.
- Gemeinsame Normen und Wertvorstellungen lassen ein »Wir-Bewusstsein« entstehen und damit Unterscheidung und Abgrenzung nach außen.
- Es entwickeln sich Rollendifferenzierung und Arbeitsteilung, bezogen auf das Gruppenziel.

Angesichts der Vielfalt in der Praxis vorhandener Gruppen – Familien, Freundeskreise, Selbsthilfegruppen, Arbeitsgruppen, Jugendcliquen – stellt sich die Frage, wie sich soziale Gruppen von anderen sozialen Gebilden unterscheiden. Was ist ihre Besonderheit im Vergleich zu einer flüchtigen Begegnung von Menschen oder einer »statistischen Gruppe«, einer Kategorie, deren Mitglieder nur ein gemeinsames Merkmal haben (z.B. Berufsgruppe)?

Wenngleich auch Fußgänger an einer Ampel einander nicht auf die Füße treten – also interagieren – soll dieses einfache System nicht als Gruppe bezeichnet werden. In unserem Verständnis soll eine längere Zeit des Beisammenseins und ein höheres Maß an Interaktion vorausgesetzt werden.

Interaktion

> »Als Interaktion soll dasjenige Sozialsystem bezeichnet sein, dass sich zwangsläufig bildet, wenn immer Personen einander begegnen und dadurch genötigt sind, ihr Handeln in Rücksicht aufeinander zu wählen« (*Luhmann*, 1979; 273).

Ein Aggregat, eine Menge, eine Ansammlung sind bessere Bezeichnungen für eine Anzahl von Menschen, die sich gemeinsam zur gleichen Zeit an einem Ort befinden. Erst wenn eine Ansammlung von Menschen z.B. zwei Tage auf eine Fähre wartet, kann es zu Gruppenbildungsprozessen kommen, weil ein höherer Grad an Interaktion entstehen kann und damit ein Sinnzusammenhang, gemeinsame Verhaltensweisen und Grenzen nach außen.

Von Interaktion wird im folgenden gesprochen, wenn die Menschen ihr Verhalten aneinander orientieren. Einfache Reiz-Reaktionsschemata gehören ebenso dazu wie die Entwicklung einer gemeinsamen Definition der Situation. Wenn Menschen interagieren, müssen sie nicht unbedingt miteinander kommunizieren. Beispielsweise kann ein Verkehrsteilnehmer Rücksicht auf ein spielendes Kind nehmen, das ihn nicht einmal bemerkt. Wird dennoch nebenbei die Hupe betätigt, also Gefahr signalisiert, dann

Kommunikation

erst liegt ein Kommunikationsprozess vor. Von Kommunikation wird üblicherweise erst gesprochen, wenn von einem »Sender« ein Signal an einen »Empfänger« ausgeht, der das Signal richtig entschlüsseln, bzw. richtig decodieren muss, um die darin enthaltenen Informationen zu verstehen. Diese Informationen können aus Gefühlen, Erfahrungen und Wissen bestehen. Die richtige Deutung von Zeichen, Verschlüsselung und Entschlüsselung ist Voraussetzung für eine gelungene Kommunikation. Es können auch nichtsprachliche (nonverbale) Kommunikationsformen vorkommen: Gestik und Mimik, z.B. auch nur ein Augenzwinkern.

Für jeden Kommunikationsprozess gilt: Verfügt keiner über den entsprechenden Code, die Information zu entziffern und zu entschlüsseln – wie bei den Schriften verschollener Kulturen –, kann der Sinn nicht entschlüsselt werden. In der grundsätzlichen Absicht zur Sinnübermittlung, die dem Kommunikationsprozess innewohnt, liegt die Besonderheit im Verhältnis zu anderen Interaktionsformen. Dieser Sinn muss nicht einmal immer bewusst sein: dass eine Selbstmorddrohung eigentlich ein Hilfeappell sein kann, der sich an die Umwelt richtet, wird den Betroffenen oft nachträglich erst bewusst. Watzlawick sagt daher auch: »Man kann nicht nicht kommunizieren« (*Watzlawick* u.a., 1971[2]).

Masse

Bevor eine Anzahl von Menschen als Gruppe bezeichnet wird, muss also ein relativ hohes Maß an Interaktion gegeben sein. Damit wird auch ein Begriff wie Masse, womit eine Menge von Menschen bezeichnet wird, die lediglich auf ein gemeinsames Ziel ausgerichtet ist, abgegrenzt. Der Begriff Masse wird heute jedoch nur noch selten verwendet; denn er hat einen kulturkritischen Beigeschmack. Eine Demonstration, die Zuschauer in einem Stadion wären Beispiele für eine Masse, in der sogar ein Mindestmaß an Interaktion vorhanden sein kann, wenn beispielsweise ein ganzes Stadion auf eine Schiedsrichterentscheidung reagiert.

Soziale Kategorie

Häufig werden Träger eines gemeinsamen Merkmals, z.B. die Arbeitslosen, als Gruppe bezeichnet. Solche rein »statistischen Gruppen« sollten besser als »soziale Kategorie« bezeichnet werden. Wenn man beispielsweise versucht, die »Gruppe«.der Arbeitslosen in einem Stadtteil für eine Initiative zu interessieren, wird man schnell merken, dass es sich um keine Gruppe handelt, sondern um höchst heterogene, in keiner Beziehung zueinander stehende Menschen mit sehr unterschiedlichen Interessen, Zielen und Orientierungen, die aber zu einer Gruppe zusammenfinden könnten. Haben die Mitglieder einer sozialen Kategorie zugleich bestimmte Werte und Normen gemeinsam, wie beispielsweise die Mitglieder von Gewerkschaften oder Parteien, wird auch von einem Kollektiv gesprochen.

Zweierbeziehung/ Gruppengröße

Schwieriger als die Abgrenzung gegenüber verwandten Begriffen ist die Klärung verschiedener Gruppenformen und Gruppenarten (als einen Versuch der Klassifikation vgl. etwa: *Schneider*, 1975; 29 ff.). Zunächst können Gruppen nach der Anzahl der Mitglieder klassifiziert werden. Schon die Frage, welche Mindestzahl von Personen eine Gruppe haben muss, ist strittig. Eine Zweierbeziehung, ein Paar, eine Dyade ist in den Augen einiger Autoren bereits eine Gruppe, für andere jedoch nicht, weil viele Verhaltensweisen, wie z.B. Koalitionen, erst dann vorkommen, wenn mindestens drei Gruppenmitglieder vorhanden sind. Die meisten empirischen Untersuchungen beziehen sich auf Kleingruppen bis etwa acht Personen. Viele Autoren sprechen jedoch erst ab einer Mitgliedschaft von ca. 20 Personen von Großgruppen. Zwischen Kleingruppen und Großgruppen bestehen aber nicht nur zahlenmäßige Unterschiede, sondern vor allem qualitative. Allein dadurch, dass sich die Kommunikationsmöglichkeiten mit steigender Mitgliederzahl exponentiell erhöhen und damit gar nicht mehr wahrgenommen werden können, muss sich der Interaktionsprozess in größeren Gruppen stärker strukturieren. Die menschliche Aufnahmekapazität begrenzt die Kommunikationsfähigkeit in einer sehr großen Gruppe. Folglich sind Ergebnisse und Erkenntnisse der Kleingruppenforschung nicht ohne weiteres auf große Gruppen zu übertragen.

Primär-Sekundärgruppe

Nach dem Standort des Einzelnen wird zwischen Eigen- und Fremdgruppe unterschieden und nach dem Intimitätsgrad und der Sozialisationswirkung zwischen Primär- und Sekundärgruppen. Primärgruppen zeichnen sich durch eine besonders intime und direkte, grundlegende Beziehung aus (Familie).

Formelle Gruppe

Nach dem Grad der Verfestigung von Erwartungen an die Gruppenmitglieder und der planvollen, organisatorischen Festlegung von Verhaltensregeln wird zwischen formellen und informellen Gruppen unterschieden. Insbesondere wenn die Ziele der Gruppe und die Rollenverteilung explizit formuliert sind, bezeichnet man eine Gruppe als formell. Formelle Gruppen wie Arbeitsteams oder Vereine sind entweder Teil formeller Organisationen oder selbst eine kleine Organisation. Im Alltag werden sie jedoch als Gruppen bezeichnet, und viele gruppentheoretische Überlegungen gelten auch für solche »Gruppen«. Daher werden hier Organisationen gruppaler Art nicht von vornherein ausgeschlossen. Aber es wird deutlich zu differenzieren sein, ob von formellen oder von informellen Gruppenelementen die Rede ist. Unter Formalisierung ist eine planvolle organisatorische Festlegung von Regeln zu verstehen, mit denen (z.B. der Arbeitsteilung) Problemlösungen auf Dauer gestellt werden. In informellen Gruppen werden die Gruppenprozesse hingegen überwiegend durch Gefühle geregelt. Die Grade der Formalisierung sind abgestuft, so dass besser von eher formellen und eher informellen Gruppen gesprochen werden sollte.

Organisation

> »Von einer Organisation sprechen wir dann, wenn eine Personenmehrheit sich aus primär instrumentellen Zwecken zusammentut, ein Handlungsprogramm entwickelt, das sich im Laufe der Zeit stabilisiert und insofern das Verhalten standardisiert. Im Gegensatz zu sozialen Gruppen wird das Verhalten in Organisationen weniger durch spontane Interaktion – unter Umständen in jeder Situation neu – geregelt, sondern vielmehr über Aufgabenzuweisung und zumindest eine gewisse Formalisierung relativ dauerhaft gesteuert. Die Organisationsmitgliedschaft wie auch die Organisationsexistenz ist prinzipiell nicht von der jeweils konkreten Gesamtpersönlichkeit abhängig, sondern von den partialen, häufig sehr speziellen Fähigkeiten, eine bestimmte – in der Regel vorbestimmte – Position einnehmen zu können, oder von der speziellen (...) Interessen- und Einstellungslage« (*Türk*, 1978; 4 f.).

Informelle Gruppe

Auch in informellen Gruppen bilden sich Regeln heraus, allerdings implizit; Ziele und Regeln werden nicht ausdrücklich verabredet, sondern ergeben sich selbstverständlich im Gruppenprozess. Ein Neuling kann in einer formellen

Arbeitsgruppe die formellen Regeln in Form von Dienstanweisungen und dgl. viel schneller erfahren als die informellen Regeln, die sich ihm durch Versuch und Irrtum erst langsam erschließen. Ein Merkmal der Formalisierung ist die Personenunabhängigkeit der Rollen: Eine Selbsthilfegruppe, die als eingetragener Verein konstruiert ist, kann z.B. weiterexistieren, auch wenn alle Mitglieder ausgewechselt sind.

8.1.2 Grundannahmen der Gruppentheorien

Hypothesen über die Entwicklung von Gruppen und über die Formen des Zusammenlebens können nur entwickelt werden, wenn Vorausannahmen, z.B. über menschliche Grundbedürfnisse, gesetzt werden. Schon aufgrund dieser Voraussetzungen ist es verständlich, dass sich sehr unterschiedliche Theorien, Ansätze und Modelle finden lassen. Hier soll auf die verschiedenen Ansätze, die unter jeweils unterschiedlichen Perspektiven Organismus-, Konflikt- oder Gleichgewichtsmodelle entwickeln, bzw. Gruppen als Mechanismen oder kybernetische Systeme sehen, nicht im einzelnen eingegangen werden (Übersichten bei: *Mills*, 1976; 22 ff. und *Schütz*, 1989; 32 ff.). Auf einer abstrakteren Ebene lassen sich Ansätze mit gleichen Grundannahmen zusammenfassen.

Gruppe als System

Einer ganzen Reihe von gruppentheoretischen Ansätzen liegen Gleichgewichtsvorstellungen zugrunde. Diese Gleichgewichtsmodelle gehen von der Annahme aus, dass Gruppen nur Bestand haben können, wenn sie bei äußeren oder inneren Störungen ihr altes Gleichgewicht (so im Organismusmodell) oder ein Gleichgewicht auf anderen Ebenen (so im Wachstumsmodell) erreichen.

Eine Gruppe wird dabei als ein System betrachtet, dessen Erhalt problematisch ist, und das aus einzelnen Elementen besteht (z.B. Rollen und Normen), die in einem Zusammenhang stehen. Die Veränderung eines einzelnen Elementes (z.B. Austausch von Personen oder Veränderung von Zielen) hat Auswirkungen auf das Gesamtsystem. Dienen einzelne Elemente der Bestandserhaltung des Systems, werden sie als funktional bezeichnet, schwächen sie das System, sind sie dysfunktional. Haben Veränderungen Auswirkungen auf die Umwelt, die das System selbst nicht berühren, also keine Funktion haben im Hinblick auf das System selbst, bezeichnet man sie als Folgen. Gruppen können aber auch Elemente eines größeren Systems sein, z.B. Arbeitsgruppen in einer Organisation. Unter diesem Blickwinkel müssen Gruppen auch in einem Gleichgewicht zu ihrer Umwelt stehen, deren veränderten Bedingungen sie sich z.B. anpassen müssen, um zu überleben bzw. die eigenen Ziele zu erreichen.

Austauschtheoretische Grundannahmen

Eine zweite, eher ökonomisch orientierte Grundannahme, die in viele Gruppentheorien einfließt, ist die Vorstellung, dass Menschen in wechselseitigem Austausch von Belohnungen nach möglichst hohem Ertrag streben. Austauschtheorien nehmen an, dass Kosten für die Anpassung und Fügung des Individuums in die Gruppenregeln gegen den Nutzen, den die Mitgliedschaft gewährt, z.B. Hilfe und Anerkennung, aufgerechnet werden.

Vielfältige Formen von Aufwand und Ertrag werden dabei gleichsam auf einen gemeinsamen Nenner gebracht. Auf die gleiche Art und Weise kann auch über Mitgliedschaftsalternativen entschieden werden. So ist zu erwarten, dass ein Individuum sich der attraktivsten Gruppe anschließt, wenn es vor der Wahl steht, sich unter mehreren Gruppen entscheiden zu müssen. Austauschtheorien setzen oftmals lerntheoretische Grundannahmen voraus. Homans berühmte Feststellung, dass Personen, die häufig miteinander in Interaktion stehen, dazu tendieren, einander zu mögen und vice versa (*Homans,* 1978; 125 ff.), ist nur vor dem Hintergrund zu verstehen, dass belohntes Verhalten häufiger auftritt und nicht belohntes abnimmt. Auch als Ursache für die Bildung von Gruppen ist der gemeinsame Nutzen für die Mitglieder empirisch häufig festgestellt worden (*Schneider*, 1978; 48). Gerade in Fällen freiwilliger Gruppenmitgliedschaft sind mit austausch- und gleichgewichtstheoretischen Ansätzen manche Einzelphänomene erklärbar, z.B. dass Leistungsungleichgewichte in Machtungleichgewichte münden.

Während Austausch- und Gleichgewichtsmodelle davon ausgehen, dass sich Konflikte im Austausch von selbst regeln und zu neuen Gleichgewichten führen, betrachten Konfliktmodelle Konfliktabläufe in Gruppen und Auseinandersetzungen mit anderen Gruppen als ihren Hauptgegenstand (vgl. Kap. 8.3.2). Dabei werden Konflikte auch in ihren stabilisierenden und integrierenden Funktionen gesehen (*Coser*, 1972). Manche therapeutische Gruppe hofft auf die integrierende Funktion von Konflikten.

8.1.3 Gruppenfunktionen: Sozialisation und Orientierung

Die Mitgliedschaft in einer Gruppe hat sowohl für das Individuum – ein Kleinkind kann nicht einmal überleben ohne eine Gruppe wie die Familie – als auch für die Gesellschaft große Bedeutung; denn Gruppen wie Familie, Vereine, Nachbarschaft und Verbände übernehmen als intermediäre Instanzen Vermittlungsfunktionen zwischen der Gesamtgesellschaft und ihren einzelnen Mitgliedern. Im Folgenden sollen vor allem Sozialisations- und Orientierungsfunktionen von Gruppen für den Einzelnen näher betrachtet werden (vgl. dazu auch Kap. 2).

8.1.3.1 Peer-groups

Der Gleichaltrigengruppe – auch Peer-group genannt – kommt für Jugendliche in der Phase der Ablösung vom Elternhaus besondere Bedeutung zu. Die Verlängerung der Jugendphase durch Schule und Ausbildung ermöglicht nicht nur das Zusammen sein mit Gleichaltrigen, sondern erfordert auch eigenständige, von der Erwachsenenwelt unterschiedliche Verhaltensformen von Jugendlichen. Denn die Schüler- und Lehrlingsrollen sind durch reduzierte Verantwortung gekennzeichnet.

Sozialisationsfunktion der Peer-group

Notwendigen Ausgleich bieten Peer-groups, in denen gleichzeitig der Generationskonflikt verarbeitet und kulturelle Alternativen durchgespielt werden können. In einer Welt, die den Jugendlichen immer weniger einheitliche

Werte nahe legt, die immer weiter enttraditionalisiert wird, in der es immer weniger feste Milieus und traditionelle Rollenvorschriften gibt, die sie einbinden, werden Sicherheit und sozialer Zusammenhalt, wie eine Gruppe sie vermittelt, immer wichtiger. Daneben haben Jugendliche die Chance, innerhalb ihrer eigenen Clique oder Gruppe verschiedene Rollen zur Probe durchzuspielen, was gerade in der mit der Pubertät beginnenden Phase der Selbstfindung besonders wichtig ist. Sie finden also ein Übungsfeld für verschiedene Selbstkonzepte und Lebensstile. Die Peer-Gruppe übernimmt dabei nicht nur Schutz- und Ausgleichsfunktion, sondern eine wichtige Sozialisationsfunktion, indem sie Sicherheit, Orientierung und Status vermittelt. Die Peer-group bietet den Jugendlichen auch die Möglichkeit, sich gegenüber den Erwachsenen zu behaupten und Alternativen zu entwerfen; der Preis ist jedoch, dass sie sich dem Verhaltens- und Erwartungsdruck der Gruppe weitgehend unterordnen, auch wenn das von Jugendlichen im allgemeinen nicht so empfunden wird. Ob es nur modische Standards sind, die eingehalten werden müssen, oder ein bestimmter Gruppenjargon verbindlich ist; Anpassungs- und Integrationsfunktionen der Peer-group zeigen sich allenthalben – auch und gerade, wenn sich ihre Vorlieben auf besonders »Unangepasstes«, der Erwachsenenwelt Entgegenstehendes, richten.

Im Unterschied zur Primärgruppe Familie handelt es sich bei der Gleichaltrigengruppe um einen freigewählten Zusammenschluss von Jugendlichen. Dabei ist zu beobachten dass es sich um eine echte Wahl handeln kann, weil Jugendliche heute eine beachtliche Auswahl unter verschiedenen Jugendkulturen und Verhaltensmustern haben. Die Mitgliedschaft in Cliquen nimmt wegen dieser Auswahlchancen vermutlich auch an Bedeutung zu (*Allerbeck/Hoag*, 1985; 38).

Die Wahlfreiheit bei der Suche nach einer eigenen Freundesgruppe findet jedoch deutliche Grenzen in der sozialen Herkunft der Jugendlichen, die schon nach Schularten vorsortiert werden und sehr unterschiedliche Chancen haben, sich sozusagen grenzüberschreitend näher kennenzulernen. Schicht- und milieuspezifische Einstellungen, Orientierungen und sozioökonomische Hintergründe kommen durch Prozesse sozialer Ausschließung erst richtig zum Tragen (vgl. dazu Kap. 5.2.2.2 u. Kap. 5.4.4). Dazuzugehören und mithalten zu können ist folglich für Jugendliche außerordentlich wichtig.

Peer-groups und jugendliche Subkulturen wurden bisher schichtenspezifisch und generationsspezifisch betrachtet, doch in den letzten Jahren vermehrt auch unter geschlechtsspezifischem Blickwinkel.

Mädchen und Jungen in Gruppen

»Erst bei genauerem Hinsehen erweisen sich viele Jungenuntersuchungen als Jungenuntersuchungen, in denen die Mädchen nur als Anhängsel der Clique oder ihres Freundes vorkommen,« so die Autorinnen des 6. Jugendberichts (*Fromm* u.a., 1984; 20). Festzuhalten bleibt, dass gerade in Jugendgruppen auf die Situation der Mädchen besonders geachtet wegen muss, will man allen Gruppenmitgliedern gerecht werden. Für Mädchen, die aufgrund der stärkeren Kontrolle durch die Familie ein besonderes Interesse haben, sich einer Peer-group anzuschließen, bringt ein jungendominiertes Gruppenleben neue Zwänge. Sie fungieren nicht nur in Jugendzentren oftmals als Anhängsel der Jungen, sondern müssen selbst in der alternativen Szene der männlichen Aggressivität standhalten (*Fromm/Savier,* 1984). Oft werden sie in geschlechtsspezifische Rollen der »Bräute« oder der »Mütter« gedrängt.

Mädchenarbeit im Bereich der offenen Jugendarbeit, in Vereinen und im Bildungsbereich setzt genau hier an und trägt dazu bei, Freiräume für Mädchen und eigenständige Entwicklungsmöglichkeiten in geschlechtshomogenen Gruppen zu schaffen (stellvertretend für inzwischen umfangreiche Literatur: Schlapeit-*Beck*, 1987; *Loer*, 1990).

8.1.3.2 Bezugsgruppen

Bezugsgruppe: Orientierung statt Gruppencharakter

Die Klärung des Einflusses von sozialen Gruppen auf das Empfinden, Denken und Handeln von Einzelpersonen ist Gegenstand der Bezugsgruppentheorie. Verhalten, das mit den Werten und Normen der eigenen Gruppe übereinstimmt, ist vielfach festgestellt worden. Erklärungsbedürftig aber ist die Orientierung an Fremdgruppen. Trennt man die Gruppe, in der eine Person Mitglied ist (Mitgliedsgruppe), analytisch von der Gruppe, aus der eine Person ihre handlungsbestimmenden Leitvorstellungen und Maßstäbe nimmt (Bezugsgruppe) (*Gukenbiehl*, 1999; 115), sind auch solche Phänomene erklärbar. Unabhängig also von der Frage der Mitgliedschaft lässt sich die Bezugsgruppentheorie etwa wie folgt darstellen: Der Einzelne bezieht seine Normen, Wertvorstellungen und Bedeutungsmaßstäbe von der Gruppe, der er sich zurechnet oder mit der er sich verbunden fühlt. Dabei kommt es gar nicht auf den Gruppencharakter dieser Bezugsgruppe an, es kann sich auch um Einzelpersonen oder um eine Organisation handeln. Wichtig ist, dass Orientierungen für Handeln, Wertmaßstäbe, das Weltbild und die Selbsteinschätzung im Vergleich zu anderen einen Fixpunkt haben – dieser kann eine Bezugsgruppe sein, eine Bezugsperson oder eine Bezugskategorie. Je nach Handlungsdimension sind auch unterschiedliche Bezugsgruppen denkbar. So mögen Jugendliche in sportlicher Hinsicht andere Vorbilder und Orientierungen haben als in politischer, in Bezug auf schulische Leistungen andere Vergleichsmaßstäbe anlegen als bei Freundschaften. Ebenso kann in einem Fall die eigene Freundesgruppe, im anderen Fall vielleicht eine Organisation wie »Green-peace« als Bezugsgruppe in Frage kommen.

Die Bezugsgruppentheorie steht an einer entscheidenden Nahtstelle zwischen Soziologie und Psychologie, indem die Einzelperson im Blickpunkt steht, ihre Wahrnehmungen, Orientierungen, Einstellungen und Motive. Der Ansatz erlaubt Erklärungen und Vorhersagen von Einstellungen und Verhaltensweisen, z.B. die häufig festgestellte Orientierung an Gruppen, deren Mitgliedschaft angestrebt wird: antizipatorische Sozialisation (Merton).

Anspruchsvoraussetzungen und Vergleichsmaßstäbe von Personen werden mit der Wahl der Bezugsgruppe sichtbar und damit auch implizit Abgrenzungen und Ausschließungen. Es wird ein Menschenbild vorausgesetzt, das dem einzelnen Individuum Freiheitsspielräume und Reflexion zubilligt und es als sinngebende und sinnsuchende Person sieht. Positive wie negative Bezugsgruppen können für den einzelnen Orientierung geben. Im Falle der negativen Bezugsgruppe sind ein bewusstes Abgrenzen, Andersdenken und Sich-anders-Verhalten-Wollen beobachtbar.

Unabhängig davon, ob es sich um positive oder negative Bezugsgruppen, Bezugspersonen oder Bezugskategorien handelt, können sie ähnliche Funktionen haben:

1. *Normative Funktion*: Standards, Orientierungen und Normen werden von einer Bezugsgruppe hergeleitet und ihre Einhaltung kontrolliert (in Mitgliedsfällen eventuell durch die Gruppe selbst, bei Nichtmitgliedschaft z.B. durch das eigene Gewissen).
2. *Komparative Funktion*: Eine Gruppe bietet Vergleichsmaßstäbe für die Beurteilung des eigenen Handelns wie auch für das Handeln anderer.
3. *Perspektivfunktion*: Die Bezugsgruppe liefert die signifikanten Symbole und Zielperspektiven und trägt damit zur eigenen Weltanschauung und Identität bei.

Anhängerschaft, Sympathie und Mitgliedschaft verschaffen einer Gruppe Macht und Einfluss, sogar relativ stabile Macht, da die Anhänger oder Mitglieder sich ja freiwillig an den Normen und Wertvorstellungen der Gruppe orientieren. Umgekehrt kann auch eine Gruppe das Handeln des einzelnen kontrollieren und ggf. sanktionieren, wenn er sich nicht an die Gruppenmaßstäbe und Normen hält. Für die Erklärung abweichenden Verhaltens kann diese Kontroll- und Steuerungsfunktion der Bezugsgruppe wichtig sein.

Insbesondere in individuellen Statuspassagen, wie z.B. beim Eintritt in das Erwachsenenalter oder unter Bedingungen sozialer Mobilität; wo in hohem Maße Interpretations- und Orientierungsbedürfnisse auftauchen, kommt der Orientierung an Bezugsgruppen besondere Bedeutung zu. Ergebnisse aus der Forschung zur sozialen Ungleichheit legen nahe, dass als Vergleichsgruppe eher Angehörige benachbarter sozialer Lagen herangezogen werden und als Orientierungsgruppe die nächst höhere Statusgruppe dient. Jedenfalls wird mit dem Bezugsgruppenkonzept auch verständlich, dass für empfundene Benachteiligungen nicht die sogenannte »objektive« soziale Lage maßgebend ist, sondern die gewählten Vergleichsmaßstäbe (*Gukenbiehl*, 1999).

8.2 Gruppenstrukturen

8.2.1 Kommunikationsstrukturen

Miteinander kommunizieren zu können, ist eine existenzielle Voraussetzung für Gruppenbildung. Zusammengehörigkeitsgefühl und Traditionen bilden sich erst in Kommunikationsprozessen heraus. Besteht für längere Zeit keine Kommunikation, zerfallen Gruppen. Vor allem wenn Selbstvergewisserung gefragt ist oder Meinungen, deren Richtigkeit nicht – z.B. physikalisch – überprüfbar ist, ist der einzelne auf Kommunikation angewiesen. Für eine Rechenaufgabe gibt es eine logische Lösung, aber Entscheidungen, ob ein Bild ein Kunstwerk ist oder welche Politik richtig ist, sind nur im Austausch mit anderen zu »lösen«. Nur im Austausch mit anderen kann soziale Realität aufgebaut werden; nur so kann sich der einzelne der Zustimmung zu seiner Sicht der Welt vergewissern, Verhaltenssicherheit erlangen und aus der Vielfalt seiner Eindrücke diejenigen auswählen, die gemeinsam als wichtig bestimmt worden sind (Reduktion von Komplexität).

Kommunikative Kompetenz und soziale Ungleichheit

Fähigkeiten zur Verschlüsselung und Deutung von Informationen werden in Sozialisationsprozessen erworben. Die entsprechend dem jeweiligen Milieu unterschiedliche Art zu sprechen, sich auszudrücken, sich als Person einzubringen, ist ein wichtiges Medium sozialer Ungleichheit und Ausgrenzung – auch ohne besondere Absicht. Auch wenn die gleiche Sprache gesprochen wird, werden doch Kindern in unterschiedlichen sozialen Lagen verschiedene Sprachkompetenzen, Syntax und Ausdrucksweisen mitgegeben – Fähigkeiten und Möglichkeiten, die je nach Situation aktiviert werden können (vgl. hierzu auch Kap. 4.4.4). Die differenzierte Sprache in der Schule kann so von Kindern aus unteren sozialen Lagen gleichsam als Fremdsprache empfunden werden. Auch wenn heute in der Bundesrepublik Deutschland nicht mehr von festen schichtspezifischen Sprachstilen im Sinne *Bernsteins* (1972) gesprochen werden kann und je nach Situation unterschiedliche »Schnoddrigkeit« oder Artikuliertheit angesagt sein mag, ist doch festzuhalten:

> »Die hierzulande wahrnehmbaren statusspezifischen Sprachdifferenzierungen bestehen darin, dass in bessergestellten Gruppen im allgemeinen überhaupt mehr gesprochen und geschrieben wird, dass die Sätze länger sind und der verwendete Wortschatz größer, die Inhalte sich z.T. auf höherem Abstraktionsniveau bewegen und apodiktische Aussagen sowie vorhersagbare Wendungen (Floskeln, Redensarten) eher vermieden werden« (*Bolte/Hradil*, 1984; 304).

Solche Unterschiede im kommunikativen Verhalten sollten bei der Gruppenarbeit in Rechnung gestellt werden. In Praxisberichten werden immer wieder die Schwellenängste und Schwierigkeiten von Angehörigen unterer sozialer Lagen, sich zu Wort zu melden, dokumentiert. Aufgabe der Sozialen Arbeit ist es auch, solche Ängste abzubauen und Hilfestellung zu geben.

Geschlechtsspezifische Kommunikation

Unterschiedliche kommunikative Kompetenzen sind auch in geschlechtsbezogener Hinsicht zu berücksichtigen. Frauen fällt es im Durchschnitt leichter als Männern, über sich selbst zu sprechen, Versagen zuzugeben, Gefühle zu äußern. In Gruppenprozessen haben sie deshalb manchmal eine wichtige Auslöserfunktion. Erst wenn die Frauen sich überwinden, ihre Probleme offen anzusprechen, gelingt es auch den Männern, ihre Hemmungen zu überwinden (vgl. z.B. *Richter*, 1972; 71 ff.). In therapeutischen Gruppen können Männer in dieser Hinsicht häufig als sozial benachteiligt angesehen werden, weil sie u.U. lange brauchen, bis sie Gefühle zulassen und ansprechen können (siehe Kap. 5.4.5).

In Gruppenzusammenhängen, in denen es auf Leistung, Öffentlichkeit, Durchsetzungsvermögen und Anerkennung ankommt, sind Frauen hingegen eher im Nachteil. Ob in Elterngruppen, Arbeitsteams oder Vereinen – überall bietet sich in etwa das gleiche Bild: Frauen melden sich in gemischtgeschlechtlichen Gruppen seltener zu Wort als Männer, trauen sich weniger zu, drücken sich vorsichtig und zurückhaltend aus und wagen sich weniger zu bewerten (linguistische Untersuchungsergebnisse dazu in *Trömel-Plötz*, 1982 u. 1984). Dadurch werden Männer in dem Eindruck bestärkt, dass Frauen nichts Wichtiges zu sagen hätten. So werden Frauen viel häufiger unterbrochen als Männer, nicht nur, weil sie Gesprächsüberlappungen weniger gut aushalten als Männer, sondern weil es auch eine Machtfrage ist, das Wort einfach zu ergreifen bzw. überhaupt angemessen zu Wort gekommen zu sein. Frauen wählen nicht einen netteren Gesprächsstil, sie müssen oft so reagieren; denn die typisch weiblichen und männlichen Verhaltensweisen spiegeln nur die strukturellen Ungleichheiten zwischen Männern und Frauen wider (vgl. *Bock-Rosenthal*, 1990). Benachteiligungen werden so in jedem Gespräch neu rekonstruiert.

In der Mädchenarbeit und inzwischen auch in der Erwachsenenbildung wird mit speziellen Angeboten Frauen die Möglichkeit gegeben, ihren eigenen Kommunikationsstil zu pflegen und Durchsetzungsstrategien einzuüben.

Ebenen der Kommunikation

Weil Ausgrenzungen, Sympathiebekundungen oder Machtansprüche äußerst subtil in die Kommunikation einfließen, ist es nützlich, verschiedene Kommunikationsebenen zu unterscheiden. Zunächst lassen sich Inhalts- und Beziehungsebene unterscheiden. Inhaltsaspekte betreffen Informationen über alle beliebigen Sachverhalte. Gleichzeitig mit der Informationsübertragung werden oft die Beziehungen der Gruppenmitglieder untereinander in Frage gestellt oder festgelegt. Wenn sich jemand bereitfindet, einen Neuling über die Gruppe zu informieren, dient das neben der reinen Wissensvermittlung auch zur Klärung von Positionen und Zuständigkeiten. Auf der Beziehungsebene wird dabei auch vermittelt, dass es dem Neuling beispielsweise noch nicht ansteht, schon in allem mitreden zu wollen, oder dass die Länge der Zugehörigkeit einen gewissen Rang verleiht.

Verbale und nonverbale Kommunikation

Weiterhin lassen sich verbale und nonverbale Kommunikation voneinander abgrenzen. Mimik, Gestik und Körperausdruck sind nonverbale Ausdrucksmittel, aber auch das Gesamtarrangement des Auftretens wie Kleidung und Stil, räumliche Distanz und Sitzordnung. Verbale, also sprachliche Mitteilungen, werden oft erst im Zusammenhang mit Mimik und Haltung verständlich. Ein und derselbe Satz kann höchst unterschiedlich gemeint sein und verstanden werden, je nachdem, ob er mit lachendem oder zornigem Gesicht ausgesprochen wird. Es kommt auch vor, dass auf beiden Ebenen Gegensätzliches mitgeteilt wird, wenn z.B. mündlich eine Rüge erteilt wird, ein Augenzwinkern aber Verständnis signalisiert (typische Form von Rollendistanz).

Asymmetrie des Kommunikationsprozesses

Je komplexer soziale Rollen und Situationen sind, desto häufiger ist damit zu rechnen, dass auf unterschiedlichen Ebenen kommuniziert wird. Je länger eine Gruppe beisammen ist, desto größer wird in der Regel der nonverbale Anteil. Nach längerem Umgang miteinander versteht man sich häufig auch ohne Worte. Von nonverbaler Kommunikation ist jedoch Selbstkommentierung zu unterscheiden. Schweißperlen auf der Stirn oder Zornesröte sind solche Selbstkommentierungen, die das Gegenüber wahrnimmt, die aber eigentlich nicht zur Mitteilung bestimmt sind. *Goffman* spricht hier von einer fundamentalen Asymmetrie des Kommunikationsprozesses, weil der einzelne sich nur des einen Ausdrucks, den er sich selbst gibt, bewusst ist. Der Beobachter hingegen nimmt die bewusste Darstellung *und* die unfreiwillig ausgestrahlten Signale wahr. Dringt solch unfreiwilliger Ausdruck ins Bewusstsein – z.B. Erröten –, führt das in der Regel zu weiterer Unsicherheit oder sogar zu Kommunikationsstörungen (*Goffman*, 1972; 10 ff.). Diese Asymmetrie und die Komplexität sozialer Situationen erfordern von jedem/jeder Akteur/in eine sorgfältige Darstellung seiner/ihrer selbst, um Missverständnissen vorzubeugen und um zu gewährleisten, dass er/sie so verstanden wird, wie er/sie verstanden werden möchte.

Metakommunikation

Werden die Kommunikationsprozesse selbst zum Gegenstand der Kommunikation, dient das neben der Verständigung über Bedeutungen der Klärung von Beziehungen (wenn diese Klärung sich nicht in gegenseitigen Anschuldigungen erschöpft). Solche Metakommunikation braucht Zeit, Entlastung von unmittelbarem Handlungsdruck und setzt die Bereitschaft und Fähigkeit zur Bewusstmachung und Verbalisierung voraus. Supervision und auch gelungene Teambesprechungen beinhalten Formen der Metakommunikation.

Kommunikationsnetze

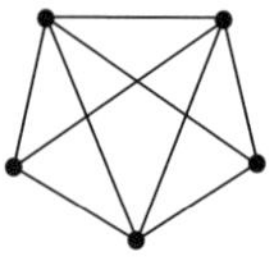

Totalstruktur

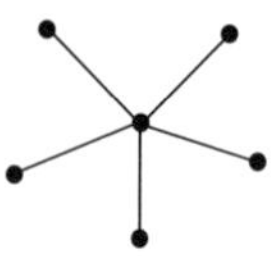

Stern

Kette

Ypsilon

Kreis

Gruppen werden in der Sozialpsychologie häufig als Kommunikationsnetze beschrieben. Entsprechende Forschungsergebnisse sind häufig in hochkünstlichen Laborsituationen mit eigens dazu zusammengestellten Gruppen gewonnen worden. (vgl. *Schneider*, 1975; 84 ff.).

Wenn alle Gruppenmitglieder miteinander kommunizieren können, spricht man von einer Totalstruktur. Dabei scheint die Zufriedenheit der Mitglieder am größten zu sein. Schon optisch wird der hohe Kommunikationsaufwand bei der Totalstruktur sichtbar. Der »lohnt« sich nur, wenn darin das eigentliche Gruppenziel liegt oder komplexe Aufgaben zu lösen sind. Bei einfachen Lösungsaufgaben erweist sich eine »autoritäre« Kommunikationsstruktur wie ein »Stern« als leistungsfähiger, weil rasch Informationen und Aufgaben verteilt werden können. Daneben sind Kreis- und Y-Formen untersucht worden. Dort müssen die Aufgabenverteilung und Organisationsstruktur zunächst geklärt werden, bevor sich die Gruppe an die Lösung von Aufgaben begeben kann.

Bei allen Vorbehalten gegen die Künstlichkeit der Forschungsbedingungen regen die Ergebnisse doch einen Vergleich von realen Gruppen mit solchen fiktiven Kommunikationsnetzen an, um herauszufinden, wie die Kommunikationsketten verlaufen oder ob es zentrale Personen gibt, die als Rangierstelle im gruppeninternen Kommunikationsprozess dienen. Auch für die Planung von Sitzordnungen ist es nützlich, im Voraus zu überlegen, ob eine Totalstruktur gewünscht wird, also jeder mit jedem reden soll, oder ob eher Informationsübermittlung erwartet wird.

Jede Rhetorikschulung liefert Beispiele dazu, wie durch sprachlichen Ausdruck und Auftreten, Sitzordnung und Körpersprache soziale Situationen vorstrukturiert werden können. Die Gestaltung eines angstfreien

Gesprächsklimas gehört zur professionellen Handlungskompetenz Sozialer Berufe. Kommunikationskompetenz ist eine wichtige Voraussetzung für die Ausübung Sozialer Berufe, wenn es darum geht, andere zu »Verstehen«, sich selbst verständlich auszudrücken, in Berichten und Protokollen nicht stigmatisierend zu formulieren oder Gesprächsarrangements zu treffen.

Mit Methoden der Gesprächsführung, mit Rollenspielen und u.a. auch mit gruppendynamischen Trainings vielfältiger Art stehen professionelle Methoden zur Verfügung, die Kommunikationskompetenz zu schulen und zu verbessern. In der Gruppendynamik wird »die Gruppe zum Medium von Bildungsprozessen, die auf Verhaltensänderung in der Gruppe zielen« (*Schütz*, 1989; 97). Die verschiedenen gruppendynamischen Methoden haben folgende Arbeitsprinzipien gemeinsam: Aufwärmphasen zu Beginn des Gruppenprozesses, die Konzentration auf das »Hier und Jetzt« und die ständige Rückkoppelung (Feedback), wodurch zur Reflexion der Vorgänge in der Gruppe angeregt wird (z.B. *Richter*, 1972; *Fengler*, 1981; *Nau*, 1983).

8.2.2 Emotionale Strukturen

Kulturelle Deutung von Emotionen

In der Realität lassen sich kommunikative Strukturen und Prozesse, emotionale Beziehungen und Machtaspekte nicht trennen. In soziologischer Erkenntnisabsicht aber ist es sinnvoll, diese einzelnen Dimensionen analytisch zu trennen.

Emotionen, d.h. Gefühle bilden sich, ganz allgemein gesprochen, im Zusammenspiel der Systeme Organismus, Persönlichkeit, Sozialstruktur und Kultur. Unter soziologischer Perspektive sind vor allem die letzten beiden Ebenen wichtig (vgl. zum folgenden *Gerhards*, 1988). Gefühle sind nicht einfach existent, sondern unterliegen in ihrer Ausprägung »kulturellen Geboten« des »richtigen« Fühlens und des »angemessenen« Ausdrucks. So ergießen sich also Abschiedstränen in gleichsam kulturell dafür vorbestimmte und vorgeformte Bahnen. Kulturell vorgegebene Deutungen beeinflussen auch die Interpretation der Sozialstruktur, ob z.B. Macht als angemessen empfunden wird. So kann Macht Schuldgefühle hervorrufen und Machtlosigkeit Ängste; fehlt es an Anerkennung ohne eigenes Verschulden, können Depressionen vorkommen (*Gerhards*, 1988; 192). Schließlich werden auch Selbstbild und Identitätskonzepte kulturell geformt.

> »Kultur prägt das Fühlen zum einen direkt via Gefühlsregeln, zum zweiten durch Codierung von Sozialstruktur und zum dritten durch kulturelle Definition der Identität« (*Gerhards*, 1988; 197).

Gruppenzusammenhalt

Im Zusammenspiel von Psyche, Organismus, Sozialstruktur und Kultur, die unabhängig voneinander funktionieren und vielfache Filter und Brechungen aufweisen, lassen sich keine einlinigen Prognosen abgeben, welche Emotionen die einzelnen Akteure jeweils entwickeln. Auch der emotionale Gruppenzusammenhalt selbst ist Produkt des Interaktions- und Kommunikationsprozesses in der Gruppe. Die Kohäsion oder der Gruppenzusammenhalt wird definiert durch den

»Grad der gegenseitigen Zuneigung und Abneigung der einzelnen Gruppenmitglieder, die Bedeutung der Gruppe als Instrument zur Befriedigung von Bedürfnissen und die allgemeine Zufriedenheit der Gruppe« (*Schneider*, 1975; 193).

Die gegenseitigen Abneigungen und Zuneigungen der Gruppenmitglieder werden oftmals mit soziometrischen Methoden gemessen. Sie gehen zurück auf den Arzt und Psychiater Moreno (1934). Die Methode erlaubt, kleinere, bereits existierende Gruppen auf ihre Präferenzbeziehungen (Anziehung und Ablehnung) hin zu untersuchen, z.B. Schulklassen, Kinder- und Jugendheime und Arbeitsgruppen.

Eine eindeutige, verständliche Frage wird allen Mitgliedern der Gruppe gestellt (z.B.: Neben wem möchtest Du sitzen? Mit wem möchten Sie am liebsten zusammenarbeiten?) Auch negative Wahlen können erfragt werden. Zusätzlich kann nach einer Selbsteinschätzung gefragt werden: Wer, meinen Sie, wird Sie wohl wählen? Als Antwort können einfache Nennungen erwartet werden oder auch Rangfolgen (*Ardelt*, 1984; 184). Die Antworten werden ausgewertet. Für eine Gesamtübersicht eignet sich zuerst eine Soziomatrix.

Soziomatrix

Soziomatrix der Arbeitsgruppe

Gewählte ⟶ Summe d. abgegebenen Stimmen

Wähler ↓

Vp	A	B	C	D	E	F	G	positiv	negativ	
A		+				–		1	1	
B	+					–		1	1	
C				+				1	0	
D			+		–			1	1	
E		+				–		1	1	
F		+	–					1	1	
G		+						1	0	
pos.	1	4	1	1	0	0	0			Summe
neg.	0	0	1	0	1	3	0			
total	1	4	2	1	1	3	0			
								Summe		

Summe d. erhaltenen Stimmen

(Quelle: *Roth*, 1984; 187)

Soziogramm

Soziogramm der Arbeitsgruppe,

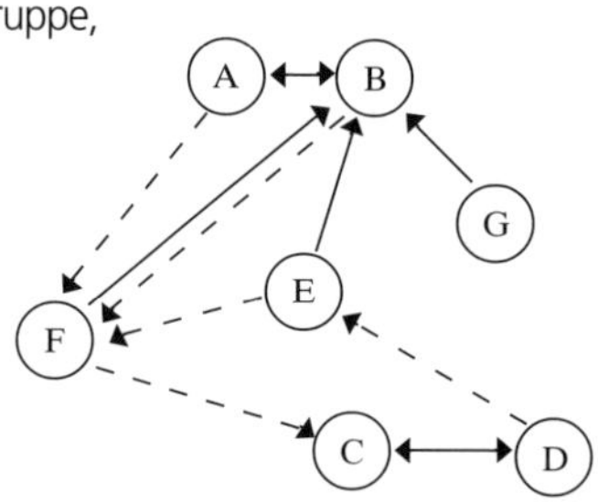

(Quelle: eigene Darstellung)

In den Summenspalten lassen sich für jeden Gewählten die Anzahl der positiven und negativen erhaltenen Wahlen ablesen. So ist z.B. B häufig gewählt und nie abgelehnt worden, F hingegen in einer Außenseiterposition wird von vielen abgelehnt. An den Zeilensummen ist zu erkennen, dass jeder nur jeweils eine positive und negative Wahl treffen durfte, aber nicht alle von der Möglichkeit einer Abwahl Gebrauch gemacht haben. Gegenseitige Wahlen sind an der spiegelbildlichen Anordnung um die Diagonale zu erkennen. Aus der Matrix lässt sich ein Soziogramm anfertigen, das die emotionale Struktur bildlich darstellt. Die Pfeile mit durchgehenden Linien deuten Wahlen an, die mit gestrichelten Linien Ablehnungen. Gegenseitige Wahlen sind am Doppelpfeil deutlich erkennbar.

Die Darstellung kann auch als Kreisdiagramm erfolgen, indem der am häufigsten Gewählte in der Mitte angesiedelt wird. Durch Indexbildung können Wahl- und Zurückweisungsstatus bestimmt werden, z.B.:

$$\text{Wahlstatus der Person X} = \frac{\text{Anzahl d. Personen, die X wählen}}{N - 1}$$

(N = Gesamtzahl der Gruppenmitglieder)

Weitere Indizes können Aufschluss über die Gruppenkohäsion geben, wenn z.B. die Zahl der erwiderten Wahlen zur Anzahl der möglichen Wahlen ins Verhältnis gesetzt wird (gute Übersicht zum empirischen Verfahren *Friedrichs*, 1972; 261 ff.). Ein interessantes Ergebnis ist auch, dass ein hoher soziometrischer Status mit einer guten Einsicht in die Beziehungsverhältnisse der Gruppe einhergeht (weitere Untersuchungsergebnisse *Friedrichs*, 1973; 265 f.; *Schneider*, 1975; 203 f.).

Gerade im Bereich emotionaler Zusammenhänge sind Ursache und Wirkung oft kaum auseinander zu halten. Die Homanssche Regel, wonach Personen, die häufig miteinander in Interaktion stehen, dazu tendieren, einander zu mögen, gilt auch umgekehrt. Personen, die einander mögen, neigen dazu, oft zusammenzutreffen (*Homans*, 1978; 125 ff.). Ähnliches gilt auch für Gruppengrenzen. Negative Gefühle gegenüber Außenstehenden und eine Abnahme der Interaktion nach außen führen dazu, dass die Gruppe selbst stärker zusammenwächst, weil Interaktion und Stärke der positiven Gefühle innerhalb der Gruppe zunehmen (*Homans*, 1978; 127).

Gefühle und Äußerungen haben in informellen Kleingruppen eine besondere Funktion. Sie sind nicht nur Produkt, sondern ein wichtiges Steuerungsinstrument des Gruppenprozesses. In informellen Gruppen unterhalb jeglicher Formalisierungsschwelle gewähren vor allem Gefühle Zusammenhalt, Verlässlichkeit und Schutz.

In diesem spezifischen Sinne definiert *Neidhardt* die Gruppe als ein soziales System, »dessen Sinnzusammenhang durch unmittelbare und diffuse Mitgliederbeziehungen sowie durch relative Dauerhaftigkeit bestimmt ist,« und bezeichnet damit nur informelle Gruppen als »Gruppen« (*Neidhardt*, 1999).

Soziale Gruppen sind damit angesiedelt zwischen einfachen Systemen (wie einer Ansammlung von Menschen in einem Aufzug) und Organisationen, wo Mitgliederbeziehungen spezifisch geregelt sind. Nach dem Kriterium der Unmittelbarkeit der Beziehungen sind der Gruppengröße deutliche Grenzen gesetzt. Im Unterschied zu Organisationen, in denen auch kleine formelle Gruppen mit face to face-Beziehungen vorkommen, sind in (informellen) Gruppen die Mitgliederbeziehungen überwiegend diffus. Ebenso sind die informellen Beziehungen innerhalb von formellen Gruppen durch diffuse, ganzheitliche, nicht aufgabenspezifische, sondern personenbezogene Elemente gekennzeichnet (vgl. auch Kap. 8.4.3).

Verantwortung

In solchen Gruppen, die über keine formalen Regeln verfügen, »regeln« sich Absprachen, Konsens und Konflikte im Austausch von Emotionen wie Anpassungsdruck und Enttäuschung, Ermutigung und Vertrauen. Der einzelne wird als eigenständige Person wahrgenommen. *Persönliche Handlungszurechnung ist Voraussetzung für die Entwicklung von Identitätsbewusstsein und Verantwortung.* Der Einzelne kann sich nicht hinter formelle Rollen zurückziehen, sondern wird als Person auf sein Verhalten hin angesprochen und zur Rechenschaft gezogen.

Voraussetzungen für den Gruppenzusammenhalt sind »Bindemittel« wie Liebe, Treue, Sehnsucht. Liebe ist z.B. als »unbegründete« primäre Kategorie einfach da (*Nedelmann*, 1983; 178). Sekundäre Bindemittel, wie Treue, ergeben sich aus längerem Gruppenzusammenhalt und bleiben auch erhalten, wenn andere Gefühle erlöschen. Gruppen müssen das Verhalten erwartbar machen. In Organisationen geschieht dies durch Formalisierung, in Gruppen sind Gefühle funktionales Äquivalent dafür. Vor allem die Entstehung persönlichen Vertrauens (*Neidhardt*, 1999) schafft die Voraussetzungen dafür, dass Verhalten erwartbar wird.

Vertrauen

> Vertrauen bedeutet »die generalisierte Erwartung, dass der andere seine Freiheit, das unheimliche Potential seiner Handlungsmöglichkeiten, im Sinne seiner Persönlichkeit handhaben wird – oder genauer im Sinne der Persönlichkeit, die er als die seine dargestellt und sozial sichtbar gemacht hat« (*Luhmann*, 1973; 7).

Vertrauen, das einmal gewachsen ist, fungiert als Vorschuss und kann sogar Enttäuschungen bis zu einem gewissen Maße verkraften. Vertrauen heißt auch, daran zu glauben, »dass mir nicht gefährlich wird, was ich am anderen nicht sehe, dass nicht feindlich ist, was mir als fremd erscheint« (*Neidhardt*, 1983; 20). Gravierender Vertrauensbruch zieht in Gruppen sofort Reaktionen nach sich, und die soziale Identität des Vertrauensbrechers steht auf dem Spiel. Vertrauen und Zuneigung spannen Brücken selbst dort, wo keine Pfeiler sind: Oft ersetzen Konsensfiktionen tatsächlichen Konsens (*Hahn*, 1983). Vertrauen und Sympathie ermöglichen auch das Aushalten von Dissens und von unterschiedlichen Wertvorstellungen (*Neidhardt*, 1999). Vertrauen führt also zur Reduktion von Komplexität, schafft Berechenbarkeit und Erwartungssicherheit.

Auch die innere Komplexität muss reduziert werden, weil die Mitglieder über mehr Facetten ihrer Persönlichkeit verfügen als in die Gruppe hineinpassen. In Organisationen werden innere Befindlichkeiten einfach durch formale Regeln ausgeschlossen, die verhindern, dass der einzelne »aus der Rolle fällt«. Je umfassender aber Gruppen das Individuum vereinnahmen, desto wichtiger werden Grenzziehungen nach innen.

Gruppen haben einen beachtlichen Wahrnehmungsüberschuss im Hinblick auf die Selbstdarstellung ihrer Mitglieder. Aber

> »die Gruppe kann nicht alle Erfahrungen, Argumente und Leidenschaften ihrer Mitglieder gleichermaßen zulassen« (*Neidhardt*, 1999; 142).

Takt

Wenn es sich nicht um eine therapeutische Gruppe handelt, in der Ausbrüche und Aufwallungen gesteuert und aufgefangen werden, muss die Gruppe selbst mit Taktgefühl gewährleisten, dass dem einzelnen Individuum nicht sein Recht auf »Privateigentum an seinem seelischen Sein« (*Simmel*, 1968; 468) genommen wird und andererseits die Gruppe nicht mit allzu Persönlichem überfrachtet wird. Taktgefühl kann das höchst prekäre Gleichgewicht zwischen Zudringlichkeit und Distanz, zwischen Offenheit und Sich-Entziehen immer wieder neu schaffen und erhalten.

> »Der Takt ist eine Emotion, die die Individuen zur Befolgung der Norm zur Diskretion anleitet« (*Nedelmann*, 1983; 195).

Taktvoll sein heißt vor allem, fehlerhafte Selbstdarstellungen anderer als ungeschehen zu betrachten – sei es einen Versprecher oder ein Aus-der-Fassung-Geraten.

Scham

In Gruppen, die geselliges Beisammensein pflegen, kommt dem Takt besondere Bedeutung zu. Als ungesellig werden diejenigen empfunden, die ihre Stellung oder ihr Wissen zu sehr betonen, aber auch diejenigen, die allen mit ihrem persönlichen Schicksal auf die Nerven gehen (*Simmel*, 1970; 55). Wird ein Gruppenmitglied indiskret, verletzt es die Intimsphäre des anderen, lässt es Takt vermissen, entsteht auf der anderen Seite Schamgefühl. Schamgefühl setzt verinnerlichte Schranken der Selbstdarstellung voraus. Dabei werden das eigene Ich und dessen Unzulänglichkeit, die Normverletzung ins Bewusstsein gehoben (*Nedelmann*, 1983; 192 ff.). Schamanlässe ergeben sich vor allem auf mittlerer Distanz: Ganz Fremden gegenüber, die einem gleichgültig sind, braucht sich niemand zu schämen, auch ganz Vertrauten gegenüber nicht. Anonymität und Vertrautheit bieten gleichermaßen Schutz.

Unternimmt die ganze Gruppe etwas, wofür der einzelne sich schämen würde, kann in der kollektiven Normverletzung die Schamgrenze des einzelnen Mitläufers herabgesetzt sein. So mancher Betriebsausflug bietet dafür Beispiele. Diejenigen, die sich für die ganze Gruppe verantwortlich fühlen, können sich auch für ihre Gruppe schämen, ohne selbst beteiligt gewesen zu sein.

Komplementär aufeinander bezogene Takt- und Schamgefühle sorgen also dafür, dass Balance gehalten wird. Welche Bedeutung Takt und Scham für die Aufrechterhaltung der gemeinsamen Ordnung einer Gruppe auch in den kleinen Dingen des Alltags haben, macht Dreitzel deutlich:

Peinlichkeit

»Peinliche Situationen haben die Eigenschaft, jeden Zuschauer, der sich unbeteiligt und distanziert gibt, zum Voyeur zu machen. Gefordert ist, anders als bei schuldhaftem Verhalten, jedermanns Teilnahme an einer sofortigen Wiederherstellung der sozialen Ordnung, und sei es nur durch ein So-tun als sei gar nichts geschehen« (*Dreitzel*, 1983; 149).

Auslösend für Peinlichkeiten sind unwillkürliche Verletzungen kultureller Standards und Erwartungen. Ist jemand betrunken, wird das als peinlich empfunden; kommt dies öfter vor, wird das Verhalten umdefiniert, zunächst als schuldhaft und schließlich als krankhaft (*Dreitzel*, 1983; 151). Langandauernde Peinlichkeit wird also nicht geduldet, und wenn gemeinsame Anstrengungen, die Situation zu retten, nicht fruchten, wird das Verhalten in einen anderen Rahmen gestellt und anders bewertet.

Das Übersehen eines Fauxpas, die Geistesgegenwart, eine peinliche Situation mit einem Witz zu entschärfen, gar über sich selbst zu lachen, erfordern beachtliche Interaktionskompetenz. Formale Höflichkeiten helfen, solche Situationen zu vermeiden, je informeller aber der Umgang untereinander wird und je unterschiedlicher die Normen verschiedener gesellschaftlicher Gruppierungen, desto häufiger treten Verlegenheiten und Orientierungsschwierigkeiten auf (Soll man sich nun duzen oder nicht? – ein typisches Beispiel).

Soziale Kompetenz im Umgang mit unterschiedlichen Normen und Erwartungen

»Wer über entsprechende seismografische Fähigkeiten verfügt, wird in Situationen, bei denen Menschen aus unterschiedlichen Verkehrskreisen zusammentreffen, deshalb sein Verhalten in der Regel an denjenigen orientieren, die bei gegebenem Anlass vermutlich die stärksten Peinlichkeitsgefühle entwickeln werden. Darin muss sich nicht gleich Konformismus äußern; vielmehr ist die durch Erfahrung belehrte Orientierung an vermutlich auftretenden Peinlichkeitsgefühlen guter Maßstab eines Taktgefühls, dessen wir umso mehr bedürfen, je bunter und vielgestaltiger die Lebensstile werden ...« (*Dreitzel*, 1983; 158).

Konflikte zwischen unterschiedlichen Bezugsgruppen, Lebensbereichen und Erwartungen können vermieden werden durch räumliche und zeitliche Trennungen und durch Abschottung der Privatsphäre.

Insgesamt bleibt festzuhalten: Von Gruppenmitgliedern wird erhebliche soziale Kompetenz verlangt. Sie müssen mit der Gruppenkomplexität umgehen können, Einfühlungsvermögen und Rollendistanz aufbringen, Widersprüche aushalten können und soviel Takt besitzen, mit unterschiedlichen Schamgrenzen umzugehen.

8.2.3 Arbeitsteilung und Machtstruktur

Entwicklung von Arbeitsteilung

Wenn Gruppen vielfältige Aufgaben zu erledigen haben, um in ihrer Umwelt überleben und ihre Ziele erreichen zu können, bildet sich Arbeitsteilung heraus und damit in aller Regel auch Macht- und Herrschaftsstrukturen. Auch wenn die Gruppenmitglieder wie z.B. in Frauenselbsthilfegruppen eigentlich Macht vermeiden wollen, stellen sich mit zunehmender Arbeitsteilung ungleiche Durchsetzungschancen ein. Aufgabenteilung ist schon aufgrund der unterschiedlichen Fähigkeiten der einzelnen Mitglieder sinnvoll, so dass urwüchsige Formen von Arbeitsteilung auch schon in kleinen informellen Gruppen entstehen, die im eigentlichen Sinne keine besonderen »Aufgaben« zu bewältigen haben. Aber auch sie müssen wie Gruppen, die ganz bestimmte Ziele verfolgen, die Funktionsvoraussetzungen für den Fortbestand der Gruppe gewährleisten.

In einer kleinen Gruppe können die Mitglieder noch spontan und abwechselnd, wie es sich gerade ergibt, unterschiedliche Funktionen übernehmen. Schon »Charakterrollen« und »Gruppenfiguren« wie Clown, Träumer oder Draufgängerin beinhalten Ansätze zur Rangdifferenzierung und Hierarchie im jeweiligen Verhältnis der Rollen zueinander. Unter Leistungsdruck wird die Gruppe nicht dem Spaßmacher folgen, sondern den Organisatoren und Expertinnen (vgl. *Neidhardt*, 1999). Oft kommt verschärfend hinzu, dass die Umwelt – z.B. bei der Bewilligung von Zuschüssen – von einer (Selbsthilfe-)Gruppe einen Sprecher oder eine Vorsitzende erwartet, die verantwortlich gegenzeichnen kann.

Auseinandersetzungen mit der Umwelt werden auch schon deshalb in die Gruppe hineingetragen, weil jedes Mitglied seine Außenprobleme auch als »innere Umwelt« (*Neidhardt*) mit in die Gruppe bringt.

Unter Außendruck gewinnen handlungsrelevante Ressourcen der Mitglieder wie Geld und Wissen an Bedeutung. Im Gruppenalltag stabilisieren sich Rangordnungen, indem z.B. ranghöhere Gruppenmitglieder zuerst reden und damit die Diskussion erheblich vorstrukturieren und vielleicht schon Definitionsmacht ausüben.

> »Macht und Status stellen zwei unterschiedliche Weisen dar, wie die gesellschaftlich notwendige, wechselseitige Orientierung der Handelnden aneinander gewährleistet werden kann. Unterscheidungskriterium zwischen der Macht- und der Statusdimension ist das Merkmal der Freiwilligkeit bzw. Unfreiwilligkeit der Orientierung an den Wünschen des anderen (...) Die Statusdimension steht für die freiwillige, zwanglose Gewährung von Gunstbeweisen, Belohnungen und Privilegien, die, inhaltlich nicht bestimmt, unterschiedliche Währungen einnehmen können (...)« (*Gerhards*, 1988; 191).

Von der Anerkennung der herausragenden Fähigkeiten eines Gruppenmitglieds bis zum zähneknirschenden Sich-Fügen, weil keine andere Möglichkeit offensteht, aber ist es oft nicht weit. Macht soll im Sinne Max Webers verstanden werden:

Macht

> »Macht bedeutet jede Chance, innerhalb einer sozialen Beziehung den eigenen Willen auch gegen Widerstreben durchzusetzen, gleichviel, worauf diese Chance beruht« (*Weber*, 1964; 38).

Derjenige, auf den Macht ausgeübt wird, sieht sich in seinen Entscheidungsmöglichkeiten eingeengt und ist gezwungen, die für ihn ungünstigeren zu wählen (*Luhmann*, 1975; 12). Macht kann viele Gründe haben. Sie kann z.B. auf Gewaltpotentialen beruhen, auf der Möglichkeit, zu belohnen oder zu bestrafen (vgl. *Hradil*, 1980; 20 – 65). Nicht erst wenn Machtmittel eingesetzt werden, liegt Macht vor, sondern oft genügt es, wenn ein Interaktionspartner über mobilisierbare Ressourcen verfügt, seinen Willen durchzusetzen.

Die Chance einzelner Gruppenmitglieder, ihre Interessen durch zusetzen, kann auch durch ungleiche gegenseitige Abhängigkeit zu Stande kommen.

> »Die Macht einer Einheit in einem sozialen System ist umso stärker, je mehr positive oder negative Leistungen sie im Vergleich zu anderen Einheiten des Systems erbringt und je wichtiger die Leistungen im Vergleich zu anderen Einheiten sind« (*Hondrich*, 1973; 62).

Autorität

Erfolgreiche Durchsetzung in der Vergangenheit, Hierarchien und vertragliche Regelungen erleichtern den Vergleich von Macht. Daher muss nicht ständig neu geklärt werden, wie die Machtverhältnisse sind. Macht bedeutet Zeitgewinn für denjenigen, der seinen eigenen Willen durchsetzen kann, ohne erst Machtmittel wie Gewalt, Liebesentzug, Aufkündigung von Kooperation wirklich einsetzen zu müssen (*Luhmann*, 1975; 10 f.). Akzeptierte und legitimierte persönliche Macht wird eher als Autorität bezeichnet.

> »Die Macht einer Einheit in einem sozialen System verwandelt sich um so mehr in Autorität, je mehr sie auf positiv bewerteten Leistungen beruht« (*Hondrich*, 1973; 79).

Je nach Legitimitätsgrundlage kann es sich dabei um Amtsautorität, Sachautorität oder personale Autorität handeln. Autorität, die satzungsmäßig oder gesetzlich abgesichert ist, also Amtsautorität, ist im Sinne *Max Webers* Herrschaft.

Leitung

In der Gruppenarbeit wird eher von »Führung« und »Leitung« gesprochen. Beide Begriffe werden z.T. synonym gebraucht, aber auch differenziert verwendet. Der Begriff »Gruppenleitung« wird dabei vor allem in organisatorischen Zusammenhängen, also zur Kennzeichnung formaler Koordinierungs- und Leitungsfunktionen verwendet; der Begriff »Gruppenführung« dient eher zur Bezeichnung personaler und (auch oft informaler) Macht und als Charakteristikum von Personen.

Führung

Nach diesem letzten Verständnis werden Personen, die über einen hohen Status in der Gruppe verfügen und über die Macht, für andere Interaktionen einzuleiten, als Gruppenführer bezeichnet (so *Homans*). Häufig haben empirische Studien duale Führungsrollen festgestellt. Ein »expressiver« Führer, eine Person mit hohem Beliebtheitsgrad, dominiert im emotionalen Bereich und sorgt für Motivation, Entspannung und gutes Klima. Eine »instrumentelle« Führerin dominiert bei der Leistungserbringung. Aus dem Kreis der Gruppenmitglieder heraus werden oft diejenigen zu Gruppenführerinnen und -führern erkoren, die besonderes Ansehen genießen.

> »Je mehr sich ein Einzelner oder eine Untergruppe in allen Aktivitäten der Erreichung der Normen der Gruppe als ganzer annähert, um so höher wird der soziale Rang des Einzelnen oder der Untergruppe sein« (*Homans*, 1978; 185).

In diesem Sinne sind diejenigen Gruppenführer, die die Normen der Gruppe am besten repräsentieren. Diese Regel gilt allerdings oft nicht mehr, wenn Führungspositionen formalisiert sind. Zu berücksichtigen ist auch, dass GruppenführerInnen mehr als andere Gruppenmitglieder die Möglichkeit haben, Normen zu setzen und zu verändern.

Gruppenführer sind also auf vielerlei Weise auch eingebunden in die Gruppe, von der ihr Ansehen oder ihre Wiederwahl abhängt. Machtungleichgewichte können aber in Gruppen mit freiwilliger Mitgliedschaft nur ein begrenztes Ausmaß annehmen. Wenn die Gruppenmitglieder leicht in eine attraktive Fremdgruppe hinüberwechseln können, ist der Konsensbedarf besonders hoch; zu starke Hierarchisierung muss vermieden werden, weil sonst möglicherweise die Mitglieder davonlaufen (wie in Wohngemeinschaften). In Zwangsgemeinschaften hingegen, wenn kein Austritt möglich ist (Gefängnisse, Heime, auch manche Familien), steigen die Chancen für ausbeuterische Beziehungen aufgrund unterschiedlicher Machtpotentiale der Gruppenmitglieder (*Popitz*, 1968).

Dass »Arbeitsgruppen« mit einer Hierarchie, Vorgesetzten und dienstrangungleichen Mitgliedern (wie z.B. therapeutische »Teams«) keine Gruppen sind, zeigt sich, wenn hierarchische Entscheidungen gegen »Gruppenentscheidungen« durchgesetzt werden. Mögen solche Teams auch Gruppencharakteristiken aufweisen, sie sollten besser als Organisationen betrachtet werden.

Macht und Ohnmacht im Alltag

Macht hat in vielen Alltagszusammenhängen den Ruch des Anstößigen. Wenn in helfenden Beziehungen ein Abbau der Asymmetriesituation gegenüber den Klienten gefordert wird, schwingt mit, dass Macht vermieden werden sollte. Aber schon aufgrund der Informationsvorsprünge gegenüber der Klientel wird diese Asymmetrie kaum ganz abzubauen sein. Gerade, wenn Machtungleichgewichte verringert werden sollen, ist es besser, sie zunächst zur Kenntnis zu nehmen. – Auf der anderen Seite gibt es genug Beispiele dafür, dass Macht und Autorität sehr nützlich sein können, um die Ausweitung von Konflikten zu vermeiden. Schon in einem Jugendzentrum kann es schwierig sein, sich den Respekt zu verschaffen, um z.B. Alkoholverbote auch durchzusetzen.

Wer machtlos und darum hilflos zusehen muss, wie sich ein Jugendlicher und ein Nachbar des Hauses zu später Stunde schlagen, nur weil eine über den Zaun geworfene Flasche das Fass zum Überlaufen gebracht hat, und erleben muss, dass die Appelle an die Streitenden nichts nützen, wird schmerzlich die eigene Ohnmacht empfinden, die dann auch noch im folgenden Gerichtsverfahren begründet werden muss. In solch einer Situation müsste dem Jugendlichen gegenüber soviel Amtsautorität aufgebracht werden können, dass er sich zurückhält, und dem Nachbarn gegenüber soviel personale Autorität, dass er sich ebenfalls mäßigt.

8.3 Ausgewählte Probleme

8.3.1 Beobachtungsverfahren

Gruppenarbeiterinnen und -arbeiter werden nicht umhin können, sich auf dem Wege von Beobachtungen Information über Gruppen und einzelne Klienten zu verschaffen.

> »Alltägliches und wissenschaftliches Beobachten ist die zielgerichtete Erfassung der aktuellen Umwelt durch die Sinnesorgane (nicht nur mit den Augen!) und die Registrierung des Erfassten in Informationseinheiten« (*Atteslander*, 1985; 144).

Beobachtungsverfahren

Beobachtungsverfahren können in der empirischen Sozialforschung danach unterschieden werden, ob die Beobachteten wissen, dass sie beobachtet werden oder nicht: *offene* oder *verdeckte* Beobachtung. Der Beobachter selbst kann nur Protokoll führen oder sich an der Interaktion der Gruppe beteiligen, entsprechend wird zwischen *teilnehmender* und *nicht teilnehmender* Beobachtung unterschieden. Wird ein Beobachtungsschema verwendet, liegt eine *strukturierte* Beobachtung vor, bleibt die Beobachtung weitgehend spontan, so handelt es sich um eine *unstrukturierte* Beobachtung. Wichtig ist auch, ob eine Beobachtung im Feld, also in natürlichen Situationen stattfindet oder in künstlich hergestellten Situationen unter Laborbedingungen in Form von Versuchsanordnungen. Die Übergänge sind jedoch dabei fließend. Wenn z.B. in einer Beratungsstelle ein erstes Treffen mit einem Kind stattfindet und versucht wird, mit ihm ohne Eingreifen der Eltern Kontakt aufzunehmen, hat das in gewisser Weise auch Laborcharakter.

Selektivität der Beobachtung

Es ist wichtig zu bedenken, dass Beobachtung immer nur selektiv sein kann. Die ganze Komplexität einer Situation kann – übrigens auch im Alltag – nie erfasst werden. Das Augenmerk richtet sich immer auf Dinge und Ereignisse, die als wichtig erachtet werden. Zudem können Verzerrungen in der Beobachtung schon aus Sympathie oder Antipathie auftreten. Es können Ausstrahlungseffekte zu Fehlern in der Beobachtung führen. Oft hat der Beobachter auch das Bedürfnis, Logik in die Situation hineinzuinterpretieren (*Schnell* u.a., 1988; 364).

Beobachtungsfehler

Bei einer unstrukturierten Beobachtung, wenn kein Beobachtungsbogen die Aufmerksamkeit systematisch lenkt, sind solche Beobachtungsfehler zu befürchten. Insbesondere besteht immer dann die Gefahr, in das Geschehen etwas hineinzuinterpretieren, wenn es um Phänomene geht, die nicht unmittelbar beobachtbar sind (z.B. wenn den Akteuren Motive unterstellt werden). Beobachtung kann ohnehin nur ausschnitthaft sein, begrenzt durch die menschlichen Sinnesorgane und Verhaltensweisen der Beobachteten (*Lamnek*, 1995; 243).

Fehlerquellen in der Beobachtung können auch dadurch entstehen, dass der Beobachter keine plausible Rolle einnehmen kann. Schon Praktikanten, die an einem Beratungsgespräch teilnehmen, können ohne ihr Wollen die Situation so beeinflussen, dass kein übliches Beratungsgespräch abläuft.

Bei voller Integration des Beobachters in die Gruppe besteht aber die Gefahr, dass der Beobachter seinen Sonderstatus aufgibt und einfach die Sicht der Akteure übernimmt. Die Notwendigkeit, Distanz und Übersicht zu behalten, wird folglich in vielen praktischen Anleitungen zur Gruppenarbeit betont. Sind zwei Beobachter vorhanden, können sie sich gegenseitig kontrollieren. Auch Supervision und Teambesprechungen können solche Kontrollfunktion haben.

In allen alltagsnahen Beobachtungssituationen ohne feste Beobachtungskriterien ist die Gefahr, der Interpretation der Akteure »aufzusitzen« oder selber verzerrt zu beobachten, besonders groß. *Friedrichs* (1973; 271 f.) empfiehlt, die Selektionsprozesse im Rahmen von Beobachtungen bewusst zu steuern:

1. Selektive Zuwendung: definieren, welche Inhalte zu beobachten sind.
2. Selektive Wahrnehmung: genau definieren, worauf bei ausgewählten Inhalten zu achten ist; Beobachtungszeit festlegen.
3. Möglichst systematische Aufzeichnung mit Hilfe eines Beobachtungsschemas oder mit audiovisuellen Hilfsmitteln.

Das bekannteste Beispiel eines Kategorienschemas zur Beobachtung stammt von Bales. Es wurde entwickelt zur Analyse von Interaktionen in problemlösenden Gruppen. Für jedes Gruppenmitglied wird erfasst, ob es Vorschläge macht, Meinungen äußert. Die Inhalte der Äußerungen sind dazu aber auch inhaltsanalytisch zu beurteilen (*Friedrichs*, 1973; 276 ff.; *Cromrey*, 1983; 192 f.).

Das Kategorienschema erfasst die emotionalen Äußerungen und den Aufgabenbereich und zielt auf dazugehörige Gruppenprobleme wie Orientierung, Bewertung, Kontrolle, Entscheidung, Spannungsbewältigung und Interpretation. (Weitere Kategorienschemata finden sich z.B. bei *Friedrichs*, 1973; 291 ff.)

In besonderen Fällen wird auch in der Praxis Sozialer Arbeit auf solche Beobachtungsschemata zurückgegriffen. Viel häufiger aber wird eine unstrukturierte Form der Beobachtung angewendet; denn äußere Bedingungen und Teilnehmerstatus lassen oft eine systematische Aufzeichnung während der Gruppensitzung nicht zu.

Zuverlässigkeit und Gültigkeit

Zuverlässigkeit und Gültigkeit des Beobachtungsverfahrens müssen, soll es über Alltagseindrücke hinausgehen, gewährleistet sein. Als zuverlässig gilt ein Beobachtungsverfahren, das auch bei wiederholter Anwendung zu gleichen Ergebnissen führt. Die Zuverlässigkeit lässt sich am besten kontrollieren, wenn zwei verschiedene Beobachter unter gleichen Bedingungen zu gleichen Ergebnissen kommen. Ist dies personell nicht möglich, sollte mindestens Nachvollziehbarkeit gewährleistet sein, d.h. Offenlegung aller Beobachtungsschritte und aller Beobachtungsbedingungen, so dass zumindest eine nachträgliche Zuverlässigkeitsprüfung möglich wird.

Noch schwieriger ist die Prüfung der Gültigkeit (Validität) und damit die Klärung der Frage, ob auch tatsächlich das beobachtet wurde, was beobachtet werden sollte. Hierzu ist erstens zu prüfen, ob der Vorgang der Be-

Bales' System der Beobachtungskategorien

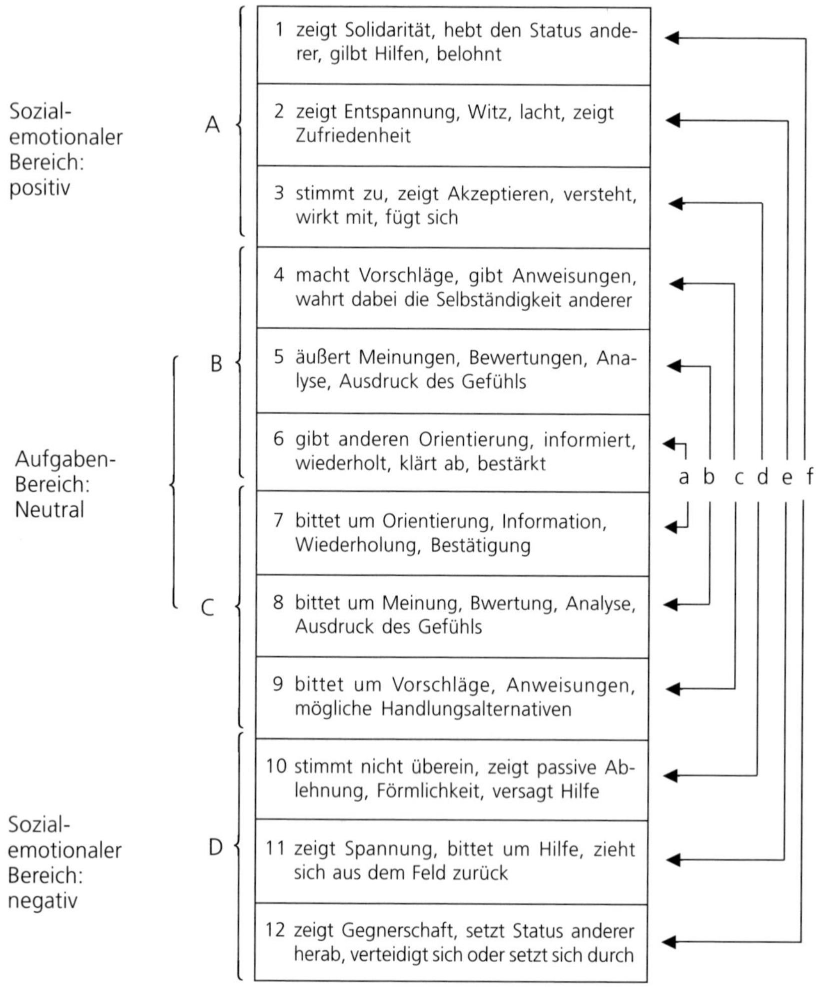

Schlüssel:
a) Probleme der Kommunikation
b) Probleme der Bewertung
c) Probleme der Kontrolle
d) Probleme der Entscheidung
e) Probleme der Spannungsminderung
f) Probleme der Wiedereingliederung

A Positive Reaktionen
B Versuchte Antworten
C Fragen
D Negative Reaktionen

(Quelle: *Olmsted,* 1971; 131)

obachtung die Untersuchungssituation verändert hat. Will man auf verdeckte Beobachtung verzichten, sind vertrauensbildende Maßnahmen nötig bzw. genaue Kontrolle des Beobachtereinflusses. Zweitens muss gesehen werden, dass Beobachtung vielfach an der Oberfläche bleibt, dass Bedeutung und Sinn nicht einfach beobachtbar sind. Gültigkeitsprüfungen aber setzen genaue Begründung der Interpretation und Auflistung der dazugehörenden Beobachtungsdaten, die eine Interpretation stützen, voraus.

Beispielsweise muss die Beobachtung von Verhaltensauffälligkeiten bei einem Kind und deren Deutung als Anzeichen für sexuellen Missbrauch sehr sorgfältig, selbstkritisch und systematisch durchgeführt werden, bevor überhaupt daran gedacht werden kann, dieses Kind behutsam anzusprechen.

Systematisierung von unstrukturierten Beobachtungen

Um Beobachtungsverfahren auch ohne umfangreichen personellen Aufwand, Strukturierungen und Medieneinsatz systematisch durchzuführen, schlägt Atteslander folgende systematische Schritte vor:

- »Welche Informationen zur Problemstellung habe ich, welche sonstigen Informationen habe ich?
- Wie lauten meine Interpretationen?
- Welcher allgemeine theoretische Zusammenhang erlaubt mir diese Interpretation?
- Auf welche Informationen stütze ich meine Interpretationen tatsächlich?
- Habe ich Informationen (gesucht), die gegen die Interpretationen sprechen?
- Wie lauten meine neuen Interpretationen?« (*Atteslander*, 1984; 183)

Ein wichtiger Unterschied zur Alltagsbeobachtung liegt darin, dass auch nach Signalen gesucht wird, die nicht zur bisherigen Interpretation passen (Falsifikationsversuche). Im Alltag wird eher nach Bestätigung einmal gefasster Meinungen und Interpretationen gesucht. Zur wissenschaftlichen Beobachtung aber gehört gerade, dass alternative Hypothesen überprüft und dass gewohnte Orientierungen und vorgefasste Meinungen hinterfragt werden.

Beobachtungsprotokoll

Beobachtungsaufzeichnungen müssen entweder noch in der Beobachtungssituation oder unmittelbar danach vollständig angefertigt werden. Als Gedächtnisstütze kann z.B. die räumliche Anordnung oder eine Nummerierung der Personen dienen. Stichworte reichen in der Regel nicht aus; denn spätere Eindrücke können zu Verzerrungen führen. Möglichst umgehend sollte ein vollständiges Beobachtungsprotokoll angefertigt werden.

Bei der Deutung und Protokollierung der Beobachtungssignale ergibt sich das Problem, dass komplexe Eindrücke in verbale Informationen übersetzt werden müssen. Bei diesem Transformationsprozess können Informationen verzerrt werden oder verloren gehen. Daher ist es oft besser, die beobachteten Verhaltensweisen genau zu protokollieren, anstatt gleich zusammenzufassen und vielleicht vorschnell zu interpretieren. (Also nicht, um bei dem Beispiel zu bleiben: »Das Kind zeigt übermäßige Scham«, sondern: »Das Kind mag sich zum Schwimmen nicht vor anderen Kindern ausziehen«.) Genaue Einzelinformationen lassen auch die nachträgliche Überprüfung anderer Hypothesen zu.

Zwischen einzelnen Beobachtungsphasen sollte mindestens ein selbstkritisches Mit-sich-zu-Rate-Gehen möglich sein, besser noch eine Supervision.

Zugang zum Beobachtungsfeld

In den Fällen, in denen erst einmal Zugang zu den Beobachteten gesucht werden muss, ist es ganz wichtig, dass eine plausible Rolle zur Verfügung steht, die eingenommen werden kann, um eine Vertrauensbasis herzustellen. Ein Beobachter ist kein Möbelstück im Raum: ihm wird eine Identität zugeschrieben (*Atteslander*, 1984; 163 f.). In einer Vorphase gilt es, Einverständnis zu erreichen und möglichst sogar Interesse an der Teilnahme des Beobachters oder der Beobachterin zu wecken. Den Beteiligten müssen Ziel und Auftrag der Beobachtung mitgeteilt werden. Gerade der Eingangsphase kommt besondere Bedeutung zu. Mit der Begrüßung sollte erreicht werden, dass die Beobachter akzeptiert werden und ihnen ein Standort zugewiesen wird.

Verständnisfragen werden dann in aller Regel auch akzeptiert wie bei jedem Neuling in einer Gruppe. Zu eifrige Überanpassung an den Gruppenjargon wird jedoch eher als deplaciert empfunden. Nach der ersten Phase stellen sich Gewöhnungseffekte ein, die die Teilnehmer vergessen lassen, dass sie beobachtet werden.

Problematisch ist es eigentlich, die Rolle des neutralen Beobachters durchzuhalten und nicht in die Meinungsbildung der Gruppe verwickelt zu werden. Die notwendige Zurückhaltung unterscheidet Beobachterverhalten von Alltagsverhalten. Anders ist es, wenn Aktionsforschung betrieben wird, die Betroffenen also ausdrücklich aktiviert werden sollen, und die Beobachtung als Instrument dient, um mit ihnen ins Gespräch zu kommen. In diesem Fall wird eine Reaktion auf die Untersuchung ausdrücklich beabsichtigt. Gerade diese Reaktion auf den Beobachter und die Tatsache der Beobachtung ist ansonsten aber unerwünscht; denn sie verändert ja die eigentlich zu beobachtende Situation. Nach der Beobachtung muss noch einmal Anonymität zugesichert und evtl. eine Rückmeldung der Ergebnisse versprochen werden.

8.3.2 Konflikte in Gruppen

Konflikte tauchen im Gruppenprozess immer wieder auf. In vielen Untersuchungen sind vier typische Gruppenphasen herausgestellt worden, die jedoch nicht unbedingt nacheinander durchlaufen werden. Eine Gruppe kann durchaus in eine frühere Phase zurückfallen (vgl. *Schneider,* 1975: 67).

Gruppenphasen

1. »forming«: Ausprobieren verschiedener Verhaltensmuster, Suche nach Orientierung;
2. »storming«: Zusammenraufen der Gruppenmitglieder, Spannung zwischen persönlicher Freiheit und Gruppenziel;
3. »norming«: Gruppenzusammenhalt und Wir-Gefühl wachsen, gemeinsame Normen entstehen, Informationsaustausch;
4. »performing«: Lösung von Gruppenproblemen und Aufgaben.

Besonders in der zweiten Gruppenphase sind Konflikte an der Tagesordnung. Denn »arbeiten« kann die Gruppe dann erst richtig, wenn sie ihren inneren

Zusammenhalt geklärt hat. Praktische Anleitungen zur Gruppenarbeit berücksichtigen solche Phasenmodelle. Die Gruppenleitung hat in den jeweiligen Phasen andere Aufgaben und ist selbst Konflikten mit den Gruppenmitgliedern ausgesetzt.

Konformität und Gruppendruck

Üblicherweise sind in Gruppen Prozesse der Angleichung von Meinungen festzustellen (zu Konformitätstendenzen in Kleingruppen: *Girgensohn-Marchand*, 1999 und *Schneider*, 1975; 107 ff.). Beispielsweise folgt der einzelne bereitwillig der ersten Einschätzung oder der Mehrheitsmeinung der Gruppe, wenn er sich bei Schätzwerten nicht sicher ist. Kaum jemand wagt unter Bedingungen von Unsicherheit eine abweichende Meinung. Besonders Personen mit mittlerem sozialem Status in der Gruppe zeigen hohe Konformitätsbereitschaft. Eine Aufgabe der Gruppenarbeit ist es auch, zuviel Gruppendruck von einzelnen Mitgliedern fernzuhalten. Gerade in Fragen der Bestimmung gemeinsamer Normen übt die Gruppe u.U. erheblichen Druck aus. Wenn z.B. ein Kaufhausdiebstahl als Mutprobe erwartet wird, kann sich dem ein an der Anerkennung durch die Gruppe interessierter Jugendlicher kaum entziehen. Genau umgekehrt kann in Selbsthilfegruppen für Alkoholiker gerade im Gruppendruck ein positiver Effekt liegen.

Konflikt

Neben allen Vereinheitlichungs- und Harmonisierungstendenzen treten in Gruppen aber auch immer wieder Konflikte auf. Als Konflikte sollen hier sowohl »objektive« Gegensätzlichkeiten verstanden werden – z.B. Anpassungsdruck und Rollenzumutungen versus Freiheitsspielraum und Vorlieben des Einzelnen – wie auch deren »subjektive« Bewusstwerdung und Thematisierung. Wird ein Konflikt thematisiert, können sowohl konkurrierende Interessen als auch ein Dissens über unterschiedliche Wert- und Zielvorstellungen zugrunde liegen.

Interessenkonflikt

Typisches Beispiel für einen Interessenkonflikt ist die Auseinandersetzung um knappe Mittel. So mögen z.B. einzelne Mitglieder einer Selbsthilfegruppe ein vorrangiges Interesse daran haben, mehr Personal einzustellen, um die Öffnungszeiten der Beratungsstelle zu verlängern, andere die Renovierung der Räume als vordringlich betrachten. Solch ein Interessenkonflikt muss nicht zu Feindseligkeiten führen: sachliche und faire Auseinandersetzungen sind möglich – insbesondere wenn allgemein eingesehen wird, dass die Mittel ohnehin nicht reichen. Die Gruppe wird in einem Aushandlungsprozess i.d.R. einen Kompromiss suchen oder den Versuch unternehmen, neue Finanzquellen zu erschließen. Solch ein Interessenkonflikt kann die Parteien also zusammenführen bei der Suche nach gemeinsamen Lösungen (vgl. *Aubert*, 1973; 180 ff.).

Dissens

Anders hingegen stellen sich Konfliktverläufe dar, in denen ein Dissens ausgetragen wird, z.B. eine Auseinandersetzung darüber, ob die Gruppe sich um einen Modellversuch bewerben soll oder nicht. Der Streit darüber, ob mit den einzugehenden Verpflichtungen der Gruppe nicht ihre Selbständigkeit genommen wird, kann durchaus zur Verfeindung von Untergruppen führen, im Extremfall sogar zur Aufspaltung der Gruppe. Dissens bewirkt also eher, dass die Parteien einander aus dem Weg gehen. Kompromisse sind nicht erstrebenswert; denn wer wirklich überzeugt ist, hält sie für einen Verrat an der Sache. Konflikte, denen ein Dissens zugrunde liegt, werden in aller Regel offener und aggressiver ausgetragen als Interessenkonflikte, bei denen nur die Verteilung von Ressourcen, nicht der Wert der Sache selbst zur Disposition steht.

Funktionalität von Konflikten

Erfolgreiche Konfliktbewältigung trägt zum Zusammenhalt der Gruppe bei; Konflikte haben eine Sicherheits- und Ventilfunktion (*Coser*, 1972; 54 ff.). Sie zeigen Probleme auf und tragen dazu bei, dass die Gruppe »Lösungen« dafür findet. Aufgestaute Spannungen können sich entladen.

> »Ohne die Möglichkeit, Aggressionen gegeneinander los zu werden und Ablehnung auszudrücken, könnten Gruppenmitglieder sich vom Ganzen erdrückt fühlen und derart reagieren, dass sie sich zurückziehen. Indem der Konflikt unterdrückte Aggressivität freilässt, dient er dazu, die Beziehungen aufrecht zu erhalten« (*Coser*, 1972; 54).
>
> »Indes sind nicht alle Konflikte positiv funktional für eine Beziehung, nur jene, die Ziele, Werte oder Interessen betreffen, die nicht den Grundvoraussetzungen zuwiderlaufen, auf denen die Beziehung gegründet ist. Locker strukturierte Gruppen und offene Gesellschaften schaffen Schutzvorrichtungen gegen jene Art von Konflikt, die den grundlegenden Konsensus bedrohen würde, indem sie Konflikte zulassen; dabei beschränken sie die Gefahr von Divergenzen über ihre fundamentalen Werte auf ein Minimum. Die Interdependenz antagonistischer Gruppen und das Kreuz und Quer der Konflikte innerhalb dieser Gesellschaften, die ›das soziale System zusammenklammern‹ helfen, da die Konflikte sich gegenseitig aufheben, verhindern so die Desintegration einer einzigen entscheidenden Spaltung wegen« (*Coser*, 1972; 94 f.).

Konfliktregelungen

Werden Konflikte verdrängt, unterdrückt und umgelenkt, kann das dazu führen, dass sie in neuer Gestalt und an anderer Stelle wieder auftauchen. Überhaupt sollte besser von der »Regelung« von Konflikten gesprochen werden; denn die meisten Konflikte sind nicht lösbar. Es gilt vielmehr, vernünftige Konfliktregelungen zu schaffen (z.B. Schiedsrichter, Wahlen oder Gerichtsverhandlungen). Solche Konfliktregelungen sind eigentlich Meta-Konflikte. Es wird ein abgrenzbarer, eigener Konflikt inszeniert, an dem oft nur Vertreter der Konfliktparteien beteiligt sind (z.B. Verhandlung); das Wahlergebnis oder der Schiedsspruch müssen dann nur noch von den eigentlichen Parteien akzeptiert werden und zur entsprechenden Regelung des tatsächlichen Konfliktes führen (*Aubert*, 1973). Findet eine Gruppe Regeln des Aushandelns von Konflikten, anstatt wie in einer Kindergruppe Konflikte durch »Prügelei« beenden zu müssen, lassen sich die seelischen und sozialen Kosten der Konfliktaustragung erheblich niedriger halten. Im Konfliktprozess kann sich der »Streitwert« verändern: Wie im Streit um eine Vase diese selbst kaputt gehen kann, können auch die Konfliktparteien in ihrem Ansehen und ihrer Glaubwürdigkeit beschädigt oder gestärkt hervorgehen.

Wenn bei informelle Kleingruppen Gruppenmitglieder selbst als Schiedsrichter fungieren und damit die Partei des neutralen Dritten übernehmen, gewährleisten sie, dass ein Mindestmaß an Fairness gewahrt bleibt, weil schon allein angesichts der Öffentlichkeit sich der Sieger bremsen muss (*Neidhardt*, 1999). Nicht wohlwollende Dritte können die Konfliktparteien aber auch aufstacheln und unerbittlich auf dem Ausfechten des Konfliktes bestehen.

Drohungen

Vorstufe zur Konflikthandlung sind oftmals Drohungen. Bevor jemand, der über Machtmittel verfügt, solche einsetzt, droht er. Auf der Stufe der Drohung wird das Konfliktfeld abgesteckt: »Wenn ihr euch nicht an die Verabredungen haltet, arbeite ich nicht mehr mit«. Der Drohende bindet sich selbst und geht damit das Risiko ein, die Drohung wahrmachen zu müssen. Seine Glaubwürdigkeit steht auf dem Spiel (*Paris/Sofsky*, 1987; 18 ff.). Wenn die »Strafe« nicht greift, kann die Drohung sogar wirkungslos sein. In kooperativen Beziehungen sind Drohungen besonders wirkungsvoll:

> »Der Sachzwang schiebt sich vor den sozialen Zwang der Drohung. Damit erlangt der Drohende, der im Namen der gemeinsamen Aufgabe spricht, die Aura des einzig kompetenten Sachwalters, der nur in wohlverstandenem Interesse aller, nur zum Vorteil der Bedrohten droht« (*Paris/Sofsky*, 1987; 32).

Nicht nur dem Drohenden stehen Aggressivität und Distanzmanöver zur Verfügung. Auch der Bedrohte hat verschiedene Reaktionsmöglichkeiten (*Paris/Sofsky*, 1987; 35 ff.). Die Bedrohten können die Drohung antizipieren, vorauseilenden Gehorsam zeigen, ausweichen, ablenken oder vorsorglich Schiedsrichter und Öffentlichkeit herbeirufen oder sogar selber drohen, bevor der andere diesen Schritt tut.

Erfolgt trotzdem die vorausgehende Drohung, kann man durch Zeitgewinn, Bagatellisieren, Überhören und Nichtstun die Drohung zunächst einmal ins Leere laufen lassen. Der Drohende ist dann am Zug und muss überlegen, ob er die Drohung wiederholt oder sie stillschweigend zurücknimmt. Gelingt es dem Bedrohten, die Situation wieder zu versachlichen (Modulation), kann der Drohende nachträglich die Drohung ungeschehen machen und als unbedacht oder als Scherz bezeichnen. Diese indirekten Formen des Umgangs mit Drohungen erlauben beiden Parteien, nach einer Weile die Drohung zu vergessen oder als ungeschehen zu betrachten. Andere Verläufe nehmen Drohungen, wenn direkte Reaktionen erfolgen. Drohungen, die eigentlich Furcht und stumme Fügsamkeit bezwecken, haben ihre eigentliche Wirkung schon verfehlt, wenn der Bedrohte Gegenwehr erhebt. Der Bedrohte tritt in eine Diskussion ein mit dem Drohenden, die *Paris* und *Sofsky* mit folgender »Grammatik« skizzieren (1987; 37):

a. Willst Du mir *drohen*?
b. *Willst* Du mir drohen?
c. *Du* willst mir drohen?
d. *Mir* willst Du drohen?

Wird scheinbar nur eine Bestätigung des Drohaktes verlangt (a), gerät doch der Drohende in Zugzwang und muss sich zu der Drohung bekennen. In der nächsten Stufe (b) stehen schon die Legitimität und Glaubwürdigkeit der Drohung auf dem Spiel. Der Drohende gerät in Beweiszwang (c), seine Karten auf den Tisch zu legen. Damit steht seine Autorität auf dem Spiel, und zur Gegendrohung (d) ist es nicht mehr weit. Es besteht die Gefahr einer Drohspirale.

Eine weichere Art der Konfliktaustragung sind Formen des Aushandelns. Daran sind oft nicht alle Gruppenmitglieder beteiligt, sondern Delegierte. Aushandeln wird auch als »Macht, sich zu binden«, definiert (*Schelling*, 1973). Je glaubwürdiger eine Verhandlungsdelegation machen kann, dass sie mit dem Rücken zur Wand steht und dass weitere Kompromisse von der eigenen Gruppe nicht akzeptiert würden, desto besser ist ihre Verhandlungsposition.

Ebenso wie erfolgreiche Konfliktbewältigung die Gruppe stabilisieren kann, sind auch Konflikte mit der sozialen Umwelt, mit anderen Gruppen z.B., nicht von vornherein von Nachteil für eine Gruppe. Konflikte mit anderen Gruppen können sogar zur Aktivierung der Gruppenmitglieder und zum stärkeren Zusammenhalt beitragen:

> »Der Konflikt mit anderen Gruppen trägt zur Schaffung und zur Festigung der Gruppenidentität bei und erhält die Grenzen gegenüber der Umwelt« (*Coser*, 1972; 41).

Voraussetzungen für Konfliktbewältigung

Gruppen müssen aber über Ressourcen verfügen, um gegen Außendruck bestehen zu können. Familien in unteren sozialen Lagen, die mit der Außenwelt in ständiger Auseinandersetzung stehen, mit dem Jugendamt, Gerichten, Gläubigern und dem Sozialamt, brechen eher auseinander, als dass sie an solchen Konflikten erstarken. Gruppen, die in ständiger Auseinandersetzung mit der Außenwelt liegen, neigen zu Intoleranz nach innen, denn sie können sich keine abweichenden Meinungen leisten (*Coser*, 1972; 121). Außendruck wird durch hohen Innendruck kompensiert.

Sowohl für Außenkonflikte als auch für interne Auseinandersetzungen gilt: Ideologien verschärfen Konflikte. Politisch oder religiös motivierte Auseinandersetzungen aus Überzeugung werden intensiver und gewalttätiger ausgetragen als andere Konflikte.

8.4 Großgruppen und Netzwerke

8.4.1 Großgruppen und Untergruppen

Besonderheiten von Großgruppen

Großgruppen sind nicht unmittelbar mit Kleingruppen zu vergleichen. Ein Verein, eine Selbsthilfegruppe oder der Jugendwohlfahrtsausschuss einer Kommune sind auch »Gruppen« in dem Sinne, dass selbst fünfzig Mitglieder von Angesicht zu Angesicht miteinander kommunizieren können und dass jeder auf einzelne Gruppenmitglieder reagieren kann. Auch Großgruppen können noch ein »Wir-Gefühl« nach innen und außen entwickeln. Die Erkenntnisse der Kleingruppenforschung, vor allem über informelle Gruppen, können jedoch nicht ohne weiteres auf große Gruppen übertragen werden. Allein die um ein vielfaches ansteigenden Kommunikationsmöglichkeiten, die mit wachsender Gruppengröße rasant zunehmen, übersteigen menschliches Fassungsvermögen, Abstimmungsprozesse und Meinungsaustausch können schon aus zeitlichen Gründen unter fünfzig Mitgliedern nicht so verlaufen wie in einer Fünfergruppe. Außerdem sind die Meinungen und Wertvorstellungen in einer großen Gruppe entsprechend vielfältiger und der unmittelbare Anpassungsdruck niedriger, so dass sich damit typischerweise Untergruppen herausbilden. Hinzu kommt, dass in einer großen Gruppe die Scheu, sich zu äußern und mit seiner eigenen Meinung zu exponieren, wächst.

Fraktionen und Untergruppen

Großgruppen sind fast immer Organisationen, weil mindestens einige Regeln und Abläufe organisiert sind (z.B. Mitgliedschaftsregelungen in einem eingetragenen Verein). Empirische Untersuchungen über Gruppensitzungen wie Tagungen, Konferenzen belegen, dass relativ schnell ein Wertehorizont abgesteckt wird, in dem für Arbeits- und Entscheidungsprozesse eine Art Leitrationalität festgelegt wird, und sich ein spezieller Interaktionsstil ausprägt. Im Unterschied zur Kleingruppe sind im weiteren Verlauf des Gruppenprozesses nicht ständige Angleichungen von Meinungen zu beobachten, sondern eher das Gegenteil. Unterschiedliche Einstellungen und Gewichtungen bleiben erhalten und nehmen sogar im Laufe der Zeit deutlichere Konturen an (*Rauch*, 1983; 260). Es gibt unterschiedliche Meinungsrichtungen in solchen Gruppen und oft deutlich abgrenzbare Fraktionen und Untergruppen, die von ein bis zwei Wortführern angeführt werden. Die »gemütliche« Kleingruppenatmosphäre besteht nicht mehr. Der Anpassungsdruck auf den einzelnen weicht; es ist möglich, passiv teilzunehmen und seine eigentliche Meinung zurückzuhalten. Viele Autoren sprechen deshalb auch schon nicht mehr von einer Gruppe, weil der Einzelne nicht mit seiner ganzen Persönlichkeit involviert ist. Solche Gruppen bieten weniger Nahrung »für Zugehörigkeits- und Wirgefühl« (*Rauch*, 1983; 261). Die wachsende Fraktionierung und schwierigere Überschaubarkeit erfordern eine hohe Verarbeitungskapazität beim Einzelnen. Die sich bildenden Formalisierungen, die Stellung im sozialen Raum werden wichtiger als die persönlichen Beziehungen. Die Großgruppe ist weniger affektiv strukturiert als die Kleingruppe. Überhaupt sollte vielleicht eher von einer Organisation gruppaler Art gesprochen werden.

Sitzungsszenarien

Was geschieht nun, wenn vierzig oder fünfzig Leute aufeinander treffen und sich in unterschiedliche Meinungen, Denkrichtungen und Fraktionen aufspalten? Es lassen sich, zwei unterschiedliche Szenarien vorstellen: ein Sitzungsszenarium und ein Theaterszenarium, z.B. bei einer Podiumsdiskussion (*Rauch*, 1983; 259). Im letzteren Fall können die Zuhörer einer Podiumsdiskussion nur mit Zwischenrufen, Applaus oder Fragen eingreifen. Das Podium übersteigt nicht die Größe einer Kleingruppe. Genauer betrachtet werden soll hier das Sitzungsszenarium, das als Hauptversammlung, Ausschusssitzung, Mitarbeiterbesprechung, Mitgliederversammlung vielfältigerweise im Alltag vorkommt. Schon in einer halben Stunde bis einer Stunde gibt sich eine Großgruppe selbst Konturen. Schon in Kürze entwickeln sich Normen, Regelungen, deren eine solche Gruppe bedarf, um nicht chaotisch und unüberschaubar zu werden oder zu bleiben.

Sprecher und schweigende Mehrheit

Wer bei der Festlegung von Maßstäben mitbestimmen will, wer an der Institutionalisierung eines bestimmten Umgangsstils interessiert ist, der muss sich sofort zu Wort melden. Spätere Einwürfe werden eher als Nörgelei oder Unruhestiftung interpretiert (*Rauch*, 1983; 260 f.) Die ersten Meinungsäußerungen, ohne die Meinungen anderer zu kennen, bergen das größte Risiko. Sie stellen aber gleichzeitig die größte Chance dar, die fortschreitende, nachfolgende Diskussion, ihre Themen und Inhalte aktiv mitzubestimmen. Alltagserfahrungen und empirische Untersuchungen belegen, dass nur wenige Hauptsprecher auftreten, dass die Anzahl derjenigen, die schweigen, mit wachsender Gruppengröße zunimmt (*Rauch*, 1983; 262). Die Anzahl der Sprecher übersteigt fast nie die Größe einer Kleingruppe und pendelt sich bei maximal acht Personen ein. Man könnte geradezu von einer »Galerie« und von einer »Arena« sprechen, in der die Aktiven agieren und Bestätigung, Zuspruch oder negative Resonanz von der Galerie der mehr oder weniger Schweigenden erhalten. Dabei werden sich diejenigen, die sich nicht aktiv beteiligen, in der Regel einem der Sprecher zugehörig fühlen oder zustimmen, so dass sie für ihn als eine Art Hinterland fungieren (*Rauch*, 1983; 262). Redner, die über kein Hinterland, keine Fraktion, keine Anhänger verfügen und auch nicht zur Kenntnis nehmen, dass keiner ihnen beipflichtet, werden schließlich überhört und ausgeschlossen aus der Arena. Die verbleibenden Hauptsprecher sind gleichsam Delegierte ihrer jeweiligen Untergruppen und müssen deren Erwartungen entsprechen und gleichzeitig in der Arena agieren. Die Passiven sind oft übrigens keineswegs unbeteiligt; sie scheuen offenbar das Risiko, sich zu exponieren.

Die Hauptsprecher und Sprecherinnen in der Arena bilden keine Kleingruppe. Sie sind Sprecher ihrer Fraktion und handeln unter besonderer Anspannung, denn sie müssen die Vorstellungen ihrer eigenen Fraktion zum Tragen bringen. Die direkt oder subtil ausgeführte Auseinandersetzung mit den anderen Sprechern erfordert Diplomatie und Kompromissbereitschaft. Die doppelte Gefahr, mit der persönlichen Meinung von der Fraktionsmeinung abzuweichen und mit dem Beharren auf der Fraktionsmeinung im Kompromiss- und Aushandlungsprozess ins Abseits gestellt zu werden, besteht immer (vgl. *Rauch*, 1983; 263). Das eigene Hinterland muss mobilisiert werden, um Resonanz zu erreichen. Gleichzeitig muss – in für Beobachter kaum nachzuvollziehenden, doppelbödigen Kommunikationsprozessen – die kollektive Meinungsbildung vorangetragen werden, sei es durch Ignorieren, Belächeln, Aufeinander-Eingehen und Aushandeln von Kompromissen. Pausen sind notwendig, um Orientierungen einzuholen, Frustrationen und Toleranzen auszuloten.

Ordnungsdilemma

Hat eine solch große Gruppe Aufgaben zu bewältigen, müssen die Unübersichtlichkeit und Unordnung und die damit verbundenen Zeitprobleme in irgendeiner Form geregelt werden. Dieses Ordnungsdilemma spielt sich zwischen »Zucht und Ordnung« einerseits und »Unordnungsstress« und den damit verbundenen Unzufriedenheiten andererseits ab.

> »In der Großgruppe wird so ein Grundproblem sozialer Systeme klar sichtbar: einen Ausweg aus dem Dilemma zwischen kollektivem Erfordernis (primär Ordnung und Übersicht als Voraussetzung kollektiver Kooperation und Leistung) und individuellem Bedürfnis (primär Freiheitsraum zur Selbstdarstellung und Selbstentfaltung) finden zu müssen« (*Rauch*, 1983; 267).

Dieses Dilemma wird typischerweise durch Festlegung von Normen und Rollen, also durch Herrschaftsverteilung geregelt. Dieser Charakter einer Welt im kleinen kommt großen Gruppen auch deshalb zu, weil das umgebende Sozialsystem in die Gruppe hineinwirkt.

Festzuhalten bleibt: Deutliche Einflussmöglichkeiten haben nur die Fraktionsführer und der Vorsitzende. Ferner ist davon auszugehen, dass mit einer großen Gruppe anders gearbeitet werden muss als mit einer kleinen Gruppe. Um Abstimmungschaos und entsprechende Frustration zu vermeiden, müssen Regelungen getroffen werden, die einen organisierten Diskussionsprozess ermöglichen. Organisation aber setzt dem einzelnen und seinen Bedürfnissen Grenzen.

Verband von Kleingruppen

Ähnliche, aus der Sicht des Gruppenmitglieds noch einschneidendere Probleme ergeben sich, wenn Kleingruppen sich zu einem Verband zusammenschließen. Die Kleingruppen sind dann genötigt, eine Person als Delegierte zu wählen, und sind damit gezwungen, eine Person besonders herauszustellen. Die VertreterInnen der einzelnen Gruppen bilden dann ihrerseits auch eine Gruppe, allerdings auf höherer Ebene. Die Interessenvertreter sind höchst widersprüchlichen Anforderungen ausgesetzt: Einerseits sind sie Mitglied der Entsendungsgruppe und haben sich dort als Gleiche unter Gleichen zu rechtfertigen, was ihre Erfolge und Misserfolge im übergeordneten Gremium angeht. Andererseits sind sie gegenüber den anderen Gruppenvertretern Repräsentanten ihrer Gruppe und gleichzeitig eingebunden in die Gruppendynamik der Vertretergruppe (*Claessens*, 1999).

Um überhaupt handlungs- und kompromissfähig sein zu können, dürfen die einzelnen Gruppen ihre Sprecher und Sprecherinnen nicht mit einem absolut imperativen Mandat in das gemeinsame Gremium entsenden: Dann wäre kein Aushandeln möglich. Die Vertreter brauchen einen Ermessensspielraum, und die Gruppe muss darauf vertrauen, dass sie von einem ehrlichen Makler vertreten wird, der ihre Interessen nicht so blockiert, dass die Gruppe ins Abseits gerät.

Auf der zweiten Gruppenebene der InteressenvertreterInnen werden notgedrungen auch Homogenisierungsprozesse ablaufen. Z.B. wird sich auf der Verbandsebene eine eher analytische Sprache entwickeln, die sachlich, pragmatisch, aktuell orientiert ist und soweit generalisierend, dass weder der Bezug zu ganz speziellen Problemen noch zu den Grundsatzfragen hergestellt wird (*Claessens*, 1999).

Gruppensprecher und Basis

Schon allein die Tatsache, dass die GruppenvertreterInnen auch Mitglied einer Vertretergruppe sind, wo sich eigene Gruppenzwänge und Beziehungen entwickeln, entrückt die Vertreter ein Stückchen ihren jeweiligen eigenen Gruppen. Die Informationsvorsprünge, die eine Rotation von vornherein als fragwürdig und uneffektiv erscheinen lassen, verstärken diese Sonderrolle. Auch dass sich gegnerische GruppensprecherInnen untereinander auf ein pragmatisches Verhandlungsklima einlassen, lässt aus der Sicht der Basis die Vertreter in suspektem Licht erscheinen. Viele solcher Probleme, die im Alltag als ganz persönliche Schuldzuweisungen behandelt werden, erweisen sich so als strukturell angelegt. Dass die Gruppe der InteressenvertreterInnen auch eine Gruppe ist, wird zu gerne vergessen. Aber auch auf dieser zweiten Ebene sind Koalitionen notwendig, selbst opportunistisches Verhalten gegenüber Gegnern, wofür auf lange Sicht deren Kompromissbereitschaft erhalten wird. Sogar Solidarisierungseffekte gegenüber der Basis kommen vor, wenn die GruppenvertreterInnen sich ungerechtfertigt angegriffen fühlen; die Gruppe zweiter Ordnung entwickelt ihre eigene Solidarität (*Claessens*, 1980; 141). Folglich muss die entsendende Gruppe einen gewissen Verlust an Selbständigkeit und Spontaneität hinnehmen, wenn sie sich einem Verband anschließt und ihre Sprecher mit Spielraum ausstattet. Schließlich muss sie diese Sonderrolle ihrer Vertreterin oder ihres Vertreters hinnehmen, was wiederum Auswirkungen auf die Gruppe haben wird. Auch im Falle des Zusammenschlusses kleiner Gruppen zu einem Verband stellt sich also ein »Zwischenklima zwischen Intimität und Organisation« ein (*Claessens*, 1980; 144).

8.4.2 Soziale Netzwerke

»Das soziale Netzwerk enthält auch Teile des sozialen Lebens, die zwar nicht in eine Gruppenentwicklung münden, zur Gruppe aber dennoch eine gewisse Ähnlichkeit aufweisen« (*Schenk*, 1983; 92). Beispiele sind soziale Beziehungen zu Bekannten, Verwandten, Freunden, Kollegen; auch indirekte Beziehungen zu Freunden oder Bekannten der Freunde gehören dazu.

> »Das Netzwerkkonzept (...) ist im Grunde von »bemerkenswerter Schlichtheit«. Veranschaulicht am Beispiel von unregelmäßig geknüpften Fischernetzen (...) wird lediglich, dass zwischen einer bestimmten Anzahl von Personen oder Gruppen (den Knotenpunkten) eine bestimmte Anzahl von Verbindungen und Verknüpfungen (dem Garn) existiert« (*Nestmann*, 1989; 107).

Beziehungen zwischen Personen und Strukturen

Nicht nur persönliche soziale Beziehungen, sondern auch strukturelle Beziehungen können erfasst werden. Soziale Einheiten, die miteinander verknüpft sind, können auch Positionen, Rollen und Organisationen sein. Die Netzwerkanalyse ermöglicht damit, eine Brücke zu schlagen zwischen dem einzelnen, seiner unmittelbaren Umgebung und den übergreifenden Strukturen von Arbeitsplatz, Wohnsiedlung und Gemeinde. Ähnlich wie in Gruppen können soziale Netzwerke auch unterstützende Funktionen haben, dem einzelnen Schutz und Hilfe bieten.

»Zudem wird allein durch das Eingebettetsein in die sozialen Bezüge ein soziales Immunsystem errichtet, welches unabhängig von auftretenden Belastungen existiert und von vornherein, also quasi präventiv, gegen potentielle Beeinträchtigungen von Wohlbefinden und, Gesundheit wirkt« (*Nestmann*, 1989; 108).

Unterschieden werden können starke (dauerhafte, wechselseitige und intensive) Beziehungen und schwache (lose) Beziehungen, die oft Brücken zwischen verschiedenen Netzwerken schlagen. Es lassen sich Cluster und Cliquen ausmachen, dichte abgrenzbare Netzwerkgruppen und Netzwerkrollen, die als zentral, peripher oder als Brückenrollen zwischen zwei Netzwerken identifizierbar sind. Die Dichte eines Netzwerkes wird gemessen am Verhältnis tatsächlicher Relationen zu den potentiell möglichen (vgl. *Schenk*, 1983).

Unterstützung durch soziale Netzwerke

Ansatzpunkte für professionelle Interventionen bieten sich auf verschiedenen Ebenen (vgl. *Nestmann*, 1989; 116 ff.):

1. Unterstützung von existierenden Netzwerken
   - Gestaltung und Wiederaufbau von Netzwerkstrukturen, z.B. zur Wiedereingliederung von psychisch Kranken oder zur Entlastung der unmittelbaren Angehörigen von Langzeitkranken,
   - Laienhelferschulung etc.,
2. Neuschaffung künstlicher Netzwerke
   - Initiierung von Selbsthilfeaktivitäten von Menschen mit gleichen und ähnlichen Problemen,
   - Förderung und Beratung von Selbsthilfegruppen,
3. Nachbarschafts- und Gemeindenunterstützungsprogramme
   - Verknüpfung vorhandener Gruppen und Laienpotentiale mit professionellen Versorgungsnetzen,
4. Sozialökologische Sicherung von sozialen Netzwerken
   - Erhaltung von gewachsenen Nachbarschaften,
   - Gestaltung der öffentlichen Umwelt.

8.5 Soziologische Aspekte der Gemeinwesenarbeit *(Dietrich Kühn)*

8.5.1 Was versteht man unter Gemeinwesenarbeit?

Community Work

Der Begriff Gemeinwesenarbeit entstand aus einer Übersetzung des im angelsächsischen Raum verwendeten Begriffs »Community Work« (auch Community Organization, Community Development). Warum wurde der Begriff »Community« mit Gemeinwesen gleichgesetzt, obwohl noch andere deutsche Begriffe wie Gemeinschaft oder Gemeinde in Frage kamen? Einer der ersten Artikel nach 1945, der die amerikanischen Erfahrungen in Deutschland bekannt machen sollte, war z.B. überschrieben mit »Amerikanische Methoden der Gemeinschaftshilfe – Community Organization for Social Welfare« (*Kraus,* 1951; 184).

Begriff »Gemeinschaft«

Der Begriff »Gemeinschaft« wurde von Ferdinand Tönnies schon 1887 dem Begriff »Gesellschaft« gegenübergestellt. Gemeinschaft sagt etwas über die Art der Interaktion aus und betont die natürlich gewachsenen Gemeinsamkeiten, die auf Sympathie, persönlichem Kontakt und Gewohnheit beruhen, d.h. auf einer engen emotionalen, persönlichen Verbundenheit, die die gesamte Einzelperson umfasst (vgl. *Reimann* u.a., 1984; 118). Beispiele sind Blutsgemeinschaft, Ortsgemeinschaft, Jugendgemeinschaft. Da die persönlichen emotionalen Aspekte der Interaktion im Vordergrund stehen, ist der Begriff Gemeinschaft als zu eng für die Übertragung von »Community Work« ins Deutsche anzusehen (*Mesle*, 1978; 58).

Soziologischer Begriff »Gemeinde«

Der soziologische Begriff »Gemeinde« stellt auf die Raumbezogenheit (lokale Einheit, Gemeindegebiet) ab und umfasst die sozialen Interaktionen zwischen Personen und Familien mit gemeinsamem Wohnsitz, wobei diese Personen teilweise übereinstimmende Bindungen, Interessen und Verhaltensmuster zeigen (*König*, 1972; 1; *Hahn* u.a., 1979; 11). Auch dieser

Begriff wird als zu eng angesehen, da zusätzliche politische Aspekte der Verwaltungsstrukturen und der Machtausübung betrachtet werden müssen (*Mesle*, 1978; 58). Außerdem umfasst der Begriff »Community« nicht nur geografisch, sondern auch auf andere Weise verbundene Personengruppen. Bindungen entstehen z.B. durch die Religions- oder Nationalitätenzugehörigkeit (*Boer/Utermann*, 1970; 26).

Politisch-administrative Gemeinde

Meist wird in Deutschland außerdem der Gemeindebegriff mit der politisch-administrativen Gemeinde in Verbindung gebracht. Die Gemeinde als unterste Gebietskörperschaft ist nach Art. 28 GG geschützt. Sie bildet, wie in § 1 der Gemeindeordnung Nordrhein-Westfalens (GONW) formuliert, die »Grundlage des demokratischen Staatsaufbaues«. »Sie fördert das Wohl der Einwohner in freier Selbstverwaltung durch ihre von der Bürgerschaft gewählten Organe.« Das Gebiet der Gemeinde soll so bemessen sein (§ 15 GONW), »dass die örtliche Verbundenheit der Einwohner gewahrt und die Leistungsfähigkeit der Gemeinde zur Erfüllung ihrer Aufgaben gesichert ist«. Auch dieser juristische Begriff ist als zu eng anzusehen; denn Gemeinwesenarbeit richtet sich nicht nach den Gemeindegrenzen, sondern stellt auf die gemeinsamen Problemlagen und Lebensverhältnisse einer Gruppe von Menschen ab. Beispiele sind – wie noch genauer gezeigt wird – randständige Neubaugebiete, Sanierungsgebiete, Obdachlosensiedlungen. Gemeinwesenarbeit zielt auf die Verbesserung der Lebensbedingungen eines abgegrenzten Siedlungsbereiches, der Teile einer politischen Gemeinde oder auch die gesamte Gemeinde umfassen kann.

Begriff »Gemeinwesen«

Der Begriff »Gemeinwesen« schließt territoriale, politische und soziale Elemente mit ein und betont den personalen, menschlichen Faktor (Boer/Utermann, 1970; 30). Die Beziehungen von Einzelnen und Gruppen untereinander sind durch gemeinsame Interessen, gemeinsamen Wohnsitz, gemeinsame Lebensbedingungen, d.h. insgesamt durch eine übereinstimmende Identität und Zugehörigkeit zu einem Ganzen bestimmt.

Fachbegriff »Gemeinwesenarbeit« Merkmale

Der deutsche Fachbegriff »Gemeinwesenarbeit« ist durch folgende Merkmale (*Oelschlägel*, 1983; 173 ff.) gekennzeichnet:

- Gemeinwesenarbeit ist eine professionelle Tätigkeit von Mitgliedern Sozialer Berufe. Zu den Sozialen Berufen werden hier auch Personen mit theologischer Ausbildung wie Diakone und Pfarrer gerechnet. In anderen Ländern besteht diese Begrenzung auf Soziale Berufe nicht.
- Gemeinwesenarbeit richtet sich entweder auf den Lebenszusammenhang der Bewohner eines räumlich begrenzten Gebietes (territoriale Gemeinwesenarbeit) oder befasst sich mit der Verbesserung von einzelnen Lebensbereichen wie Wohnen, Verkehr, Arbeit, Bildung (funktionale Gemeinwesenarbeit) oder greift die Probleme einzelner – meist benachteiligter – Gruppen wie z.B. Obdachloser, ausländischer Minderheiten (kategoriale Gemeinwesenarbeit) heraus.
- Gemeinwesenarbeit versucht, die Verursachung sozialer Probleme z.B. im Stadtteil zu erkennen. Die einseitige Betonung individueller Verursachungsfaktoren wird abgelehnt. Gesamtgesellschaftliche und lokale Aspekte (z.B. Wohnungsmarkt, Mietpreiserhöhungen, Arbeitslosigkeit, feh-

lende Ausstattung mit sozialen Einrichtungen, Umweltschutzgesichtspunkte, kommunalpolitische Entscheidungen) sollen in ihrer Interdependenz gesehen werden.

- Gemeinwesenarbeit bedient sich aller Methoden und Instrumente der Sozialarbeit und bezieht politische Aktionen mit ein. Die Auffassung, Gemeinwesenarbeit sei dritte Methode neben der Einzelfallhilfe und Gruppenarbeit, wird heute abgelehnt. Gemeinwesenarbeit umfasst eine sozialökologische Sichtweise der Sozialarbeit, d.h. sie sieht soziale Probleme durch die gesamtgesellschaftliche und lokale Umwelt verursacht (s.o.).
- Gemeinwesenarbeit zielt immer auf eine Aktivierung und Mobilisierung der betroffenen Wohnbevölkerung ab. Ausgangspunkt der Arbeit sind i.d.R. gravierende soziale Probleme und Konflikte, die eine größere Personenzahl betreffen und die mit den herkömmlichen Mitteln der Verwaltungsarbeit (z.B. finanzieller Hilfe, Beratung) nicht gelöst werden können, da sie aus dem größeren Zusammenhang des Stadtteils, der Stadt und der Gesellschaft entstanden sind.
- Gemeinwesenarbeit soll Lernprozesse der Betroffenen auslösen, d.h. die Einsicht in ihre Lage und deren überindividuelle Bedingtheit. Erst dann können solidarische Aktionen durchgeführt werden.

8.5.2 Die Wurzeln der heutigen Gemeinwesenarbeit

Die Auffassungen von Zielen, Inhalten und Methoden der Gemeinwesenarbeit haben sich im Zeitablauf verändert; *die Gemeinwesenarbeit* gibt es daher nicht. Gemeinwesenarbeit ist in England und den USA vor rund 120 Jahren entstanden und in Theorie und Praxis weiterentwickelt worden. In Europa besitzen neben England nur die Niederlande (nach 1945) eine ausgeprägte Tradition und vielfältige Praxiserfahrungen in diesem Arbeitsfeld. In Deutschland war Gemeinwesenarbeit nach 1945 ein »Import« aus den USA und zwar nicht durch die in der Praxis stehenden Sozialarbeiter, sondern durch die Lehrenden an den Ausbildungsstätten. Die akademisch induzierte, eher von oben aufgesetzte Gemeinwesenarbeit hatte daher immer große Schwierigkeiten, Anerkennung zu erlangen und sich auf breiter Basis durchzusetzen.

Zunächst sollen die Wurzeln der Gemeinwesenarbeit im angelsächsischen Raum freigelegt werden. Hierzu gehören die Settlement-Bewegung sowie »Community Organization« und »Community Development«.

Settlement-Bewegung

Das Pfarrerehepaar Samuel und Henrietta Barnett gründete 1884 im Londoner Stadtteil Whitechapel – einem Arbeiterwohngebiet im Londoner Osten – eine erste Niederlassung (Settlement) »Toynbee Hall«, die bis heute dort besteht. In das Pfarrhaus zogen Studenten, Professoren und Akademiker für einen begrenzten Zeitraum ein, um die Arbeiter und deren Lebensverhältnisse durch Bildung, Organisation gemeinsamer Einrichtungen und Aktionen zu beeinflussen. Die Akademiker gingen während des Tages ihren eigenen Arbeitspflichten nach.

Ihre Freizeit widmeten sie vielfältigen Projekten z.B. der Erwachsenenbildung, der Schulangebote, der Erholungsmaßnahmen im Stadtteil. Sie gründeten Clubs, Büchereien, führten Bilderausstellungen durch und kümmerten sich um den Wohnungsbau. Soziales Elend sollte hier »von oben« durch Selbsthilfe, nicht aber durch solidarische Selbstorganisation behoben werden, d.h. der politisch-aktivierende Aspekt der späteren Gemeinwesenarbeit fehlte noch. Ziel war die Veränderung des einzelnen durch Bildungsarbeit (*Oelschlägel*, 1984; 177).

Begriff: »Community Organization«

Die Idee der Settlements verbreitete sich in den größeren Städten der USA sehr schnell. Ziel war hier vor allem die Integration der Einwanderer aus Europa in das Gemeindeleben. Die in Ghettos unter schlechtesten Bedingungen wohnenden Einwanderer der verschiedenen Nationalitäten mussten in die neue Umgebung eingewiesen werden. Auch hier erkennt man den Versuch, auf Stadtteilebene grundlegende Probleme wie Arbeitslosigkeit und Wohnungsnot durch wohltätige, meist kirchlich vernetzte Aktivitäten aufzufangen, da eine staatliche Sozialpolitik damals noch nicht existierte. Die Schaffung von besseren Lebensbedingungen in den Stadtteilen erhielt die Bezeichnung »Community Organization«.

Begriff: »Community Development«

Eine zweite Ausprägung der Gemeinwesenarbeit ergab sich durch die Hilfe bei den Gemeindegründungen im Mittleren Westen der USA. Die nach Westen ziehenden Siedler benötigten nach der Landnahme Hilfe bei der landwirtschaftlichen Nutzung ihrer Gebiete und beim Zusammenwachsen der verstreuten Farmen zu Gemeinden mit entsprechenden Gemeinschaftseinrichtungen wie z.B. Schulen. Die US-Regierung beauftragte daher die landwirtschaftlichen Hochschulen, beim Gemeindeaufbau (Community Development) zu helfen.

Diese beiden Wurzeln der Gemeinwesenarbeit wurden erst in den 20er und 30er Jahren in der Gemeinwesenarbeit zusammengeführt und wissenschaftlich aufgearbeitet. Gemeinwesenarbeit bezog sich nicht nur auf das Sozialwesen, sondern auf alle Probleme des Gemeinwesens, z.B. auf Wirtschaft, Verkehr, Bildung. Drei Zielrichtungen bestimmten die damalige Gemeinwesenarbeit:

- die Integration von (Neu-)Bürgern in ein Gemeinwesen,
- den Abbau von Demokratie-Defiziten durch Bürgerbeteiligung und
- die Koordination einer Vielzahl von Einrichtungen und Aktivitäten.

Settlement-Bewegung in Deutschland

Auch in Deutschland wurde die Settlement-Bewegung Anfang dieses Jahrhunderts aufgegriffen und einige Niederlassungen gegründet. Bekannt wurden vor allem das Hamburger Volksheim (Gründung 1901 durch *Peter Walter Classen*) und die »Soziale Arbeitsgemeinschaft Berlin-Ost« (Gründung 1910 durch *Friedrich Siegmund-Schultze*) (vgl. *Buck*, 1982; 127 ff.).

Trotz der Gründung einiger weniger Nachbarschaftsheime in Deutschland erlangte die Settlement-Bewegung in Deutschland bei weitem nicht die Bedeutung wie in den angelsächsischen Ländern. Dies mag an der Konkurrenz der klassenbewussten, proletarischen Selbsthilfeorganisationen der Arbeiterbewegung gelegen haben. Wichtiger scheinen aber Unterschiede in den politischen, ökonomischen und sozialen Rahmenbedingungen zu sein. In den USA besteht eine ausgeprägte Tradition der Nachbarschaftshilfe; die Sozialpolitik forciert außerdem die »wild wachsenden« privaten Aktivitäten (Stiftungen, Vereine) bei gleichzeitiger Zurückhaltung des Staates. Es gibt kaum staatliche Vorgaben für die Kommunen und deren Förderung sozialen Engagements. In Deutschland dagegen wurde schon relativ früh (Bismarck'sche Sozialgesetzgebung) ein staatliches System der sozialen Sicherung aufgebaut. Auf der lokalen Ebene bestimmen die Gemeinden entsprechend der ihnen zugebilligten Allzuständigkeit die sozialen Angelegenheiten selbst, ergänzt durch einige größere Wohlfahrtsverbände (siehe Kap. 7.3.1), die meist eng mit der Gemeindeverwaltung zusammenarbeiten. Allerdings wird die »kommunale Selbstverwaltung« durch den »goldenen Zügel« der Subventionierung durch die Länder sowie durch die Abhängigkeit von Industrieansiedlungen (Gewerbesteuer) eingeschränkt.

Grundlegende Positionen der Gemeinwesenarbeit

In den 40er und 50er Jahren kristallisierten sich in den USA drei grundlegende Positionen zu Zielen und Methoden der Gemeinwesenarbeit heraus, die auch – zeitversetzt – die Diskussion in den Niederlanden und Deutschland in den 60er und 70er Jahren stark beeinflusst haben (vgl. *Mesle*, 1978; 69 ff.; *Buck*, 1982; 23 ff.; *Mangold*, 1985; 105 ff.; *C.W Müller*, 1988; 113 ff.).:

Integrative, harmonische Position (Ross)

1. Sozialkonservative, integrative, harmonische Position (Hauptvertreter: *Murray G. Ross*): Das Konzept von *Ross* (1968) beruht auf der strukturfunktionalen Systemtheorie (siehe oben Kasten 2 im Schaubild Kap. 1.2.2.1/2), ohne dass dies von Ross ausdrücklich betont wird.

   Ross geht von einer Störung des gesamtgesellschaftlichen Gleichgewichtes aus, hervorgerufen durch Veränderungen der Produktionsformen sowie durch vermehrte Industrialisierung und Verstädterung. Auf lokaler Ebene geraten historisch gewachsene Lebenswelten ins Wanken, verbindende Wertvorstellungen zerbrechen und das Zugehörigkeitsgefühl zu einem Gemeinwesen kann nicht entstehen (*Ross*, 1968; 92 ff.). Der einzelne wird herausgelöst aus seinen sozialen Bezügen; Einsamkeit, Depressionen, Neurosen und Ängste sind die Folgen. Letztlich kommt es auch zu einem Verlust an Gemeinschaftsleben und Demokratie. Gemeinwesenarbeit soll den einzelnen durch gemeinsame Aktionen befähigen, sich wieder in das Gemeinwesen zu integrieren. Die Gemeinwesenintegration, in dessen Verlauf kooperative Haltungen und Zusammenarbeit eingeübt werden, führt am Schluss zu

   - einem erhöhten Interesse und Teilhabe an den gemeinschaftlichen Angelegenheiten,
   - einer vermehrten Identifizierung mit dem Gemeinwesen und
   - gemeinsamen Wertvorstellungen und den Möglichkeiten, sie zu verwirklichen (*Ross*, 1968; 66).

   Durch Versammlung der Stadtteilbevölkerung werden in diesem von dem Gemeinwesenarbeiter angeregten und gesteuerten Prozess allgemein interessierende Anliegen festgestellt, Gruppen zur Erarbeitung von Lösungen gebildet, Kontakte zu Stadtverwaltung und allen wichtigen Persönlichkeiten des Stadtteils hergestellt. Der Prozess findet seinen Abschluss in gemeinsamem Handeln von Bürgern des Stadtteils (z.B. Bau eines Kinderspielplatzes), immer unterstützt durch Geldmittel und Experten der Stadtverwaltung und der Verbände. Der Gemeinwesenarbeiter bedient sich kollektiv-kooperativer Taktiken (Versammlungen, Diskussionen, An-einen-Tisch-Setzen). Auf keinen Fall sollen Protest- und Konfliktmaßnahmen eingesetzt werden; denn sie verhindern den Aufbau von »Gemeinschaft«. Somit lassen sich nur Probleme/Konflikte bearbeiten, die von allen als bedeutsam angesehen werden und deren Lösungen nicht gegen die Interessen von Parteien, Verwaltung und Verbänden verstoßen.

»In der Tat gilt diesen kleinen, systemimmanenten Konflikten die ganze Zuwendung des Autors. Der Zustand unserer Straßen, der Milchpreis, die mangelnde Fürsorge für alte Leute, das zu geringe Spendenaufkommen für gemeinnützige Aktionen ...« (*Müller*, 1988; 113). Der harmonische Ansatz ist in den USA, den Niederlanden und teilweise in Deutschland (60er/70er Jahre) sehr verbreitet gewesen, obwohl – oder gerade weil – die angezielten Veränderungen von geringer Tragweite waren. Die Grenzen einer solchen harmonischen Gemeinwesenarbeit liegen in den Einflusssphären großer Gruppen und mächtiger Persönlichkeiten und in der durch die Ziele der Mehrheitsfraktion bestimmten Stadtverwaltung.

Sozialreformerische Position (Specht)

2. Sozialreformerische Position (Hauptvertreter: *Harry Specht*): Diese Position beruht auf einer kritischen Gesellschaftsanalyse und wurde stark durch die Studentenbewegung der Jahre 1968 bis 1970 und durch den Kampf der Bürgerrechtsbewegung in den USA bestimmt. Sie wird konfliktbezogenen Ansätzen der Gemeinwesenarbeit zugerechnet und lässt sich am ehesten mit den Vorstellungen der »Aktivierenden Sozialforschung (Aktionsforschung)« vergleichen (siehe oben Kasten 5 im Schaubild Kap. 1.2.2.2/1). *Specht* (1971; 208 ff.) geht von den Missständen der amerikanischen Gesellschaft aus, die sich in Rassismus, Armut und sozialen Ungerechtigkeiten dokumentieren. Die Allgegenwart von Gewalt, ausgeübt von einer kleinen Gruppe Privilegierter, lässt sich nicht mit harmonischen, integrativen Mitteln beheben, sondern erfordert den Einsatz sogen. »disruptiver Taktiken« der Gemeinwesenarbeit, z.B. öffentlichen Ungehorsam, Boykott, Streiks bis hin zu Gesetzesverletzungen (Hausbesetzungen), wenn die Gesetze von einem Großteil der Bevölkerung als moralisch verwerflich abgelehnt werden. Disruption (= Unterbrechung) ist geeignet, das Handlungssystem des Konfliktgegners für eine begrenzte Zeit »an seiner üblichen, kontinuierlichen Arbeit zu hindern, d.h. diese Taktiken unterbrechen das Zielsystem, aber sie verletzen, verwunden oder zerstören es nicht« (*Specht*, 1971; 219). Das Gesellschaftssystem ist prinzipiell akzeptabel; die heutige Ausprägung muss allerdings durch eine »Reform mit härtesten Mitteln« geändert werden. Am Schluss des Reformprozesses steht auch bei Specht eine harmonische, versöhnte Gesellschaft. Die durch Gewalt und Ungerechtigkeit charakterisierte Gesellschaft ist durch gestörte zwischenmenschliche Be-

Disruption

ziehungen und durch die Unmoralität politischer Macht bedingt, nicht dagegen durch die kapitalistischen Produktionsverhältnisse im Sinne einer marxistischen Gesellschaftsanalyse (*Seippel*, 1976; 28).

Basisdemokratische Position (Alinsky)

3. Basisdemokratische Position (Hauptvertreter: *Saul Alinsky*): *Alinsky* (1971; 194) kommt zu einer ähnlichen kritischen Sichtweise der amerikanischen Gesellschaft wie *Specht*. Seine Lösungsmöglichkeiten bestehen in der Bildung basisdemokratischer »Volksorganisationen«. Die Machtlosigkeit Sozialbenachteiligter – vor allem Bewohner von Slumgebieten – kann nur durch den Aufbau von Gegenmacht überwunden werden. Da die Benachteiligten kein Kapital besitzen, können sie nur durch ihre große Zahl und ihre Solidarität die Lebens- und Wohnverhältnisse verändern. *Alinsky* hatte selbst seine Kindheit in einem Slumgebiet von Chicago verbracht und kannte daher alle Chancen und Widerstände einer basisdemokratischen »Volksorganisation«. Die etablierte Sozialarbeit lehnte er ab; er stützte sich auf in seinem eigenen Institut ausgebildete »Organisatoren« und auf die sog. »informellen Führer« der Volksgruppe. Diese sind die »natürlichen, einheimischen« Meinungsführer eines Stadtteils, die von der Bevölkerung selbst als Führer anerkannt sind (*Alinsky*, 1971; 197). Der Aufbau der Volksorganisation gelingt nur durch die Vermittlung der informellen Führer, denn man »spricht mit der Bevölkerung durch ihre Führer«. Informelle Führer haben nichts gemeinsam mit den von Ross favorisierten Vertretern der Stadtverwaltung, der Verbände oder der politischen Parteien. Die Aufgabe des »Organisators« besteht in dem Auffinden der informellen Führer, ihrer Schulung und in der am Anfang sehr aktiven, später sich zurücknehmenden Mithilfe bei den Aktionen. Alinsky bevorzugt aggressive Methoden, »eine Mischung von strenger Disziplin, brillantem Auftreten (showmanship) und dem Instinkt eines Straßenkämpfers für die rücksichtslose Ausnützung der Schwächen der Gegner« (*Iben*, 1971; 86). Es ist eine Vielzahl erfolgreicher und spektakulärer Aktionen bekanntgeworden wie z.B. die Niederlegung toter Ghetto-Ratten in einer feierlichen Zeremonie auf den Stufen des Rathauses von Chicago, um auf die unwürdigen sanitären Verhältnisse in den Slums hinzuweisen.

»Informelle Führer«

Insgesamt erreichte *Alinsky* zwar die Sanierung einiger Slumgebiete, aber eine grundlegende Besserung der Lebenssituation Sozialbenachteiligter blieb aus. Die in den sanierten Slumgebieten wohnende Bevölkerung verlor das Interesse an weiteren solidarischen Aktionen für andere Slumbewohner. *Alinsky* versuchte daher die »schweigende Mehrheit« – die untere Mittelschicht, die sich an Wahlen nicht beteiligt – zu aktivieren; hierzu liegen aber keine Erfahrungen vor.

Alinsky und *Specht* sahen die Gesellschaft als ein aus Interaktionen bestehendes System, dessen Machtungleichheiten sie beschreiben (*Seippel*, 1976; 32). Veränderungsmöglichkeiten wurden in der Überwindung der »verborgenen, bösartigen Trägheit« des einzelnen gesehen, weniger in einer grundlegenden Gesellschaftsveränderung.

Die sozialkonservative Position wurde von den Kommunen und Wohlfahrtsverbänden in den 60er Jahren aufgegriffen, um soziale Probleme in der abflachenden Wachstumsperiode der Bundesrepublik ab 1965 durch Gemeinwesenarbeit aufzufangen, etwa in Neubaugebieten wie dem Märkischen Viertel in Berlin. Die Ansätze von *Alinsky* und *Specht* sind in der Gemeinwesenarbeit Deutschlands kaum zu Kenntnis genommen worden; eine wesentlich größere Bedeutung erlangten die Vorgehensweisen Alinskys für die Arbeit der Bürgerinitiativen (vgl. *Mangold*, 1985; 110).

Niedergang der Gemeinwesenarbeit in Deutschland

Nach einer relativ kurzen Phase der Hochkonjunktur für Gemeinwesenprojekte in Deutschland von 1970 – 74 führte das Ende der Reformeuphorie und die mit der »Ölkrise« einhergehende Verengung kommunaler Finanzierungsspielräume zu einem jähen Absturz der Projekte. 1975 verfassten daher einige Gemeinwesenarbeiter in Berlin eine »Todesanzeige«, die den vorläufigen Abschluss der Entwicklung der Gemeinwesenarbeit in Deutschland dokumentieren sollte (*C.W. Müller*, 1988; 131):

»Nach einem kurzen, aber arbeitsreichen Leben verstarb unser liebstes und eigenwilligstes Kind Gemeinwesenarbeit an:

- Allzuständigkeit, Eigenbrötlerei und Profilierungsneurose
- methodischer Schwäche und theoretischer Schwindsucht
- finanzieller Auszehrung und politischer Disziplinierung«.

Diese scherzhaft-resignative Anzeige erwies sich als verfrüht; Anfang der 80er Jahre lebte die Fachdiskussion wieder auf, auch eine Reihe von Projekten hatte überlebt.

8.5.3 Entwicklungstendenzen der Gemeinwesenarbeit

Schwerpunkte des traditionellen Arbeitsfeldes

Gemeinwesenarbeit als traditionelles Arbeitsfeld der Sozialarbeit ist weiterhin in einem Schrumpfungsprozess begriffen. Allerdings müssen die drei Schwerpunkte des Arbeitsfeldes – Neubaugebiete, Obdachlosengebiete und Sanierungsgebiete – einzeln betrachtet werden. Die meisten Projekte der 70er Jahre bezogen sich auf Neubaugebiete. In vielen Großstädten waren Trabantenstädte entstanden, die durch Gettoisierung, fehlende Infrastruktur und einseitige Bevölkerungszusammensetzung, z.B. junge Familien mit Kindern, gekennzeichnet waren. Es waren »Schlafstädte«; die Arbeitsplätze und die Einkaufs- und Freizeitmöglichkeiten wurden an anderer Stelle konzentriert. Das »soziale Klima« dieser isolierten Hochhaussiedlungen sank ab, soziale Verflechtungen, Nachbarschaftsbeziehungen und Zugehörigkeitsgefühle fehlten. Der Bau von Wohnungen schuf nicht automatisch ein funktionierendes »Gemeinwesen«. Die Kommunalverwaltungen, aber auch die Kirchen sahen in der Gemeinwesenarbeit einen Ansatz, Gemeindeaufgaben zu betreiben und soziale Probleme abzufangen. Da heute keine Trabantenstädte mehr gebaut werden, die bestehenden durch vielfältige Umfeldverbesserungen saniert oder in wenigen Fällen aufgegeben wurden, hat sich die Bedeutung der Projekte in diesem Bereich stark vermindert (*Boskamp/Kaspers*, 1986; 13).

Sanierungsgebiete

Einen geringen Bedeutungszuwachs erlangte die Arbeit in sozialen Brennpunkten wie z.B. in Obdachlosengebieten und in Stadtteilen mit hohem Sanierungs- und Modernisierungsbedarf (Altbaugebiete in Innenstadtnähe). Hier sollen nur die Sanierungsgebiete kurz angesprochen werden (Beispiel: Berlin-Kreuzberg). Die Sanierungsgebiete, charakterisiert durch schlechte Bausubstanz, fehlende sanitäre Ausstattung, wenig Grünflächen und fehlende öffentliche Einrichtungen, werden von Personen bewohnt, die gerade noch die relativ niedrige Miete zahlen können, wie z.B. älteren Menschen mit niedriger Rente, kleinen Gewerbetreibenden, ausländischen Arbeitnehmern. Positiv sind noch intakte soziale Netze und eine sonst kaum vorfindbare ausgeprägte Mischung von Wohnen und Arbeiten anzumerken. In diese innenstadtnahen Gebiete drängen oft Grundstücksspekulanten und gewerbliche Nutzer, um durch Abriss, Umbau oder Umnutzung aus der Knappheit von Boden und von Wohnungen Kapital zu schlagen. Teilweise unterstützen die Stadtverwaltungen diese Veränderungen alter Bewohnerschichten durch die Ausweisung von Sanierungsgebieten und die Genehmigung von Umnutzungen. Zwar gibt es kaum noch Flächensanierungen mit dem Abriss ganzer Häuserzeilen, aber auch die heutigen »behutsamen« Erneuerungen führen zu vielfältigen sozialen Problemen. Gemeinwesenarbeiter sollten diese Probleme durch Beratung, Organisation von Bürgerbeteiligung und Mitwirkung bei der Sanierungsplanung auffangen. Auch die Bürger wehrten sich durch »Instandbesetzungen« und verdeutlichen den Konflikt zwischen den Verwertungsinteressen der Hauseigentümer und Spekulanten und den Überlebensinteressen der Mieter und Bewohner alter Stadtteile. Insgesamt lässt sich trotz zunehmender Aufgaben in sozialen Brennpunkten eine Zurückentwicklung der Gemeinwesenarbeit als eines eigenständigen, abgegrenzten Arbeitsfeldes feststellen.

»Gemeinwesenarbeit als Arbeitsprinzip«

Gemeinwesenarbeit als Arbeitsprinzip: *Oelschlägel* (1985; 15) erkannte nach einer Durchsicht der Stellenausschreibungen für Sozialarbeiter Ende der 70er Jahre, dass in vielen Arbeitsfeldern Sozialer Arbeit – von den sozialen Diensten der Sozialverwaltung bis zur Heimerziehung und Jugendarbeit – immer häufiger Tätigkeitsmerkmale angefragt wurden, die eng mit Gemeinwesenarbeit verbunden sind, wie z.B. Stadtteilorientierung, Methodenvielfalt, Aktivierung der Zielgruppe u.a. Er stellte daher die These zur Diskussion, dass Gemeinwesenarbeit tendenziell zum Arbeitsprinzip Sozialer Berufstätigkeit überhaupt werde. Das Arbeitsprinzip meint »eine zu entwickelnde, zu entfaltende Grundorientierung, Haltung, Sichtweise professionellen Handelns, eine grundsätzliche Herangehensweise an soziale Probleme, wo auch immer im Bereich Sozialer Berufsarbeit im weitesten Sinne« (*Oelschlägel*, 1985; 16).

Stadtteilorientierte Soziale Arbeit

Gemeinwesenarbeit als »Stadtteilorientierte Soziale Arbeit und Beratung«: *Hinte* (1986; 33) kritisiert das Konzept Oelschlägels und meint, Gemeinwesenarbeit als durchgängiges Prinzip Sozialer Arbeit zu etablieren, sei gescheitert. Außerdem habe es die Gemeinwesenarbeit in den letzten 15 Jahren versäumt, eine eigenständige Theorie zu entwickeln und sich systematisch mit der Lebenswelt der Betroffenen zu beschäftigen. Der Begriff »Gemeinwesenarbeit« sei zum Reizwort bei den Institutionen Sozialer Arbeit geworden, und er würde zu inflationär für alles »Fortschrittliche« gebraucht.

Es sei sinnlos, den »Illusionen aus wilder Zeit« (siehe die konfliktorientierten Ansätze) nachzuhängen; ein pragmatisches, ganzheitliches, sozialökologisches Konzept ohne überzogene pädagogische und politische Zielsetzung sei gefragt.

Aufbauend auf den Erfahrungen eines seit mehreren Jahren laufenden Projektes der Universität-Gesamthochschule Essen, der Stadt Essen und der Arbeiterwohlfahrt wurde von *Hinte, Springer* und *Metzger-Pregizer* (Institut für stadtteilbezogene Soziale Arbeit und Beratung 1989; 17 ff.) das Konzept »Stadtteilbezogene Soziale Arbeit« entwickelt und in den Essener Stadtteilen Hörsterfeld und Katernberg-Beisen umgesetzt. Folgende Elemente kennzeichnen den Ansatz:

- Soziale Arbeit muss sich der gesamten Lebenswelt der Betroffenen stellen und sie als Handelnde in einem größeren sozialen Kontext (Familie, Peergroup, Stadtteil, Gemeinde, Stadt) verstehen.
- Arbeitsabsprachen aller im Stadtteil arbeitenden Fachkräfte sind unabdingbar, um Mehrfachbetreuung und »Überpädagogisierung« zu verhindern und um Effektivität herzustellen.
- Eine Kooperation und fachliche Diskussion schließt alle Träger einschließlich Sozialverwaltung, Planungsverwaltung, politische Gremien, Wohlfahrtsverbände ein; das wechselseitige »Feindbild« Gemeinwesenarbeiter – Verwaltung muss abgebaut werden.
- Da die Gesamtsicht der Probleme im Stadtteil im Vordergrund steht, ist zielgruppenübergreifende Arbeit erforderlich. Die Konzentration auf Arbeitsgruppen, Nationalitäten, Problemgruppen (siehe kategoriale Gemeinwesenarbeit) wird abgelehnt.
- Vorgängige Zieldefinitionen pädagogischer und politischer Art werden zurückgewiesen; denn sie tragen zu einer eingeschränkten, häufig auch »respektlosen« Sichtweise der Lebenswelt der Bewohner bei.

Pragmatische, kooperative Vorgehensweise

Unterschiede zu bisherigen Auffassungen von Gemeinwesenarbeit liegen in dem Zurückschrauben hochgesteckter Ziele, in der Aufgabe einer parteilichen Arbeit für die Benachteiligten und in der Rückkehr zu der schon in der Anfangszeit der Gemeinwesenarbeit angezielten Koordination sozialer Dienste. Eine pragmatische, kooperative Vorgehensweise schließt auch die Suche nach Verbündeten in Parteien und Verwaltungen ein. Die oft langwierige und kontinuierliche Kleinarbeit vor Ort (im Stadtteil) verdrängt die großen Entwürfe und Ziele der Gemeinwesenarbeit der 70er Jahre. Sie hat den Vorteil, dass das Scheitern der Projekte nicht schon durch die Zielformulierung vorprogrammiert wird, aber auch den Nachteil, dass evtl. eine aktive »Einmischung« in viele Politikbereiche der Kommune zu Gunsten der Stadtbevölkerung unterbleibt.

Lebensweltorientierte Gemeinwesenarbeit

Lebensweltorientierte Gemeinwesenarbeit: Seit Anfang der 90er Jahre wird eine lebensweltorientierte Gemeinwesenarbeit in Armutsstadtteilen als Hinwendung zum Alltag und zur Lebenswelt diskutiert (*Oelschlägel*,1991; 114; *Oelschlägel*,1994; 23). Dieser Ansatz geht auf die Anfang der 80er Jahre intensiv geführte Debatte des System-Lebenswelt-Theorem von *Habermas* zurück (siehe genauer Kap. 6.2.2). Dabei wird Lebenswelt als Ort bezeichnet, wo der Mensch als Individuum oder als Gruppe alltäglich handelt. Die Lebenswelt ist Teil der Gesellschaft, die als weiteres Strukturelement das »System« als Ort des strategischen Handelns mit den Bestandteilen Wirtschaft, öffentliche Verwaltung und Politik sowie der zweckorientierten Kommunikation kennt. Gemeinwesenarbeit befindet sich auf der Schnittfläche zwischen System und Lebenswelt; sie agiert in der Lebenswelt und versucht sie zu unterstützen bzw. zu schützen, ist aber gleichzeitig abhängig von der Kommunalverwaltung und damit Teil des Systems. Als eine solche »intermediäre« Instanz zielt die Gemeinwesenarbeit auf eine Stärkung der Lebenswelt ab; sie versucht als Dienstleistungsagentur eine Verbesserung der Kommunikations- und Handlungsfähigkeit der Betroffenen zu erreichen. Der Schutz der Lebenswelt vor Angriffen und Übergriffen des Systems ist ein wichtiges und konfliktreiches Anliegen der Gemeinwesenarbeit.

»Professionelle Nachbarschaft«

Gefragt ist ein Einfühlen in die Lebenswelt oder besser in mehrere Lebenswelten im Stadtteil, verbunden mit dem Bereitstellen von Ressourcen zur Stärkung der Lebensbedingungen als nützliche Dienstleistung durch die Gemeinwesenarbeit. Es wird eine Art »professioneller Nachbarschaft« entwickelt, ein lebensweltliches Netz des Überlebens installiert z.B. durch Nachbarschaftsläden, Treffs, Bereitstellen von Räumen, Aufbau von Lebensberatung, Mitfahren und Hilfe beim Aufsuchen von Ämtern insbes. Sozialamt, Jugendamt, offene Hilfsangebote und Tauschbörsen.

Gemeinwesenökonomie

Gemeinwesenökonomie: Eine eng mit der Lebenswelt in den ausgegrenzten Stadtteilen verbundene neue Perspektive der Gemeinwesenarbeit ist die Gemeinwesenökonomie (*Elsen*, 1997; 32 ff). Ziel ist die Existenzsicherung und Selbsthilfe der Bewohner, die von der Marktwirtschaft abgeschrieben wurden und im informellen Sektor überleben müssen. Es geht dabei um die Wiedergewinnung kollektiver und ökonomischer Handlungskompetenzen, die durch Marktmechanismen zerstört wurden. Nicht Marktgesetze und individuelle Interessen im Konkurrenzkampf stehen im Vordergrund, sondern Vertrauen und Solidarität, Kooperation und Vernetzung ökonomischer Kräfte im Stadtteil. Ohne eine lokale Wirtschaftsförderung und kommunale Sozialpolitik lässt sich eine solche Selbsthilfe kaum aufbauen. Es gibt aber eine Vielzahl von Arbeitsfeldern (Ebenda; 136), die für eine Gemeinwesenökonomie erschlossen werden können: Sanierungen, Gestaltungen von Wohn- und Wohnumfeldbereichen, wohnortnahe Versorgung, regionalspezifisches Handwerk, Betreuung von alten Menschen, häusliche Pflege und Tausch- und Talentbörsen. Gemeinwesenarbeit als Dienstleistung (Quartiersmanagement) regt Gemeinwesenökonomie an, begleitet und vertritt sie, liefert für die Bewohner von Armutsstadtteilen Ressourcen und Anregungen zum ökonomischen, sozialen und kulturellen Überleben.

Gemeinwesenarbeit als Dienstleistung (Quartiersmanagement)

Literatur

Abrahams, F. F/Sommerkorn I. N., 1976: Arbeitswelt, Familienstruktur und Sozialisation, in: Hurrelmann, K (Hg.): Sozialisation und Lebenslauf. Empirie und Methodik sozialwissenschaftlicher Persönlichkeitsforschung, Reinbek b. Hamburg, S. 70 – 89.

Adam, C/Rohrmann; E./Vahle, A., 1986: Armut. Analyse aktueller Verschärfungen und staatlicher Reaktionen, in: Franz, H.-W. u.a. (Hg.): Neue alte Ungleichheiten, Opladen, S. 37 – 54.

Adorno, Th. W. u.a., 1968: Der autoritäre Charakter. Studien über Autorität und Vorurteil, Amsterdam.

Alber, J., 1989: Der Sozialstaat in der Bundesrepublik 1950 – 1983, Frankfurt/M.

Albrow, M. 1998: Abschied vom Nationalstaat. Staat und Gesellschaft im globalen Zeitalter, Frankfurt/M.

Albrow, M., 1998 a: Auf Reisen jenseits der Heimat. Soziale Landschaften in einer globalen Stadt. in: Beck, U. (Hg.): Kinder der Freiheit, Frankfurt. S. 288 – 314.

Albrow, M., 1998b: Auf dem Weg zur globalen Gesellschaft?, in Beck, U. (Hg.): Perspektiven der Weltgesellschaft, Frankfurt, S. 411 – 434.

Alinsky, S., 1971: Die Rolle informeller Führer beim Aufbau von Volksorganisationen, in: Müller, C. W./ Nimmermann, P: Stadtplanung und Gemeinwesenarbeit, München, S. 194 – 207.

Alinsky, S., 1984: Anleitung zum Mächtigsein, Ausgewählte Schriften, Bornheim-Merten.

Allerbeck, K./Hoag, W, 1985: Jugend ohne Zukunft? Einstellungen, Umwelt, Lebensperspektiven, München/Zürich.

Almendinger, J., 1999: Bildungsarmut: Zur Verschränkung von Bildungs- und Sozialpolitik, in: Soziale Welt, 50. Jg., S. 35 – 50.

Andreß, H.-J., 1999: Leben in Armut. Analysen der Verhaltensweisen armer Haushalte mit Umfragedaten, Opladen, Wiesbaden.

Ardelt, E., 1984: Soziogramm, in: Roth, E. (Hg.): Sozialwissenschaftliche Methoden, München/Wien, S. 184 – 195.

Atteslander, P., 1984: Methoden der empirischen Sozialforschung, 5., völlig neu bearb. u. erw. Aufl., Berlin/New York.

Aubert, V., 1973[2]: Interessenkonflikt und Wertkonflikt: Zwei Typen des Konflikts und der Konfliktlösung, in: Bühl W. L. (Hg.): Konflikt und Konfliktstrategie. Ansätze zu einer soziologischen Konflikttheorie, München. S. 178 – 205.

Baarda, B. D. u.a. 1990: Der Einfluss von Arbeitslosigkeit auf Kinder, in: Schindler, H. u.a. (Hg.): Familienleben in der Arbeitslosigkeit, Heidelberg.

Bäcker, G./Dieck, M./Naegele, G./Tews, H.-P., 1989: Ältere Menschen in Nordrhein-Westfalen, Ministerium für Arbeit, Gesundheit und Soziales des Landes Nordrhein-Westfalen (MAGS), Düsseldorf.

Badry, E., 1992: Grundlagen und Grundfragen des Pädagogischen, in: Badry, E., Buchka, M., Knapp, R. (Hg), Pädagogik. Grundlagen und Arbeitsfelder, Neuwied/Kriftel/Berlin, S. 29 – 86.

Bahrdt, H.P., 1973: Wandlungen der Familie, in: Claessens, D./Milhoffer, P. (Hg.): Familiensoziologie. Ein Reader als Einführung, Frankfurt a. M., S. 110 – 122.

Ballerstedt, E./Glatzer, W., 1979[3]: Soziologischer Almanach. Handbuch gesellschaftlicher Daten und Indikatoren, Frankfurt/New York.

Balluseck, H. von, 1978: Abweichendes Verhalten und abweichendes Handeln. Ein Lehr- und Arbeitsbuch, Frankfurt/M./New York.

Baltes, M. M./Carstensen, L. L., 1996: Gutes Leben im Alter: Überlegungen zu einem Prozessorientierten Metamodell erfolgreichen Alterns, in: Psychologische Rundschau, 47, S. 199 – 255.

Baltes, P. B./Baltes, M. M., 1989: Optimierung durch Selektion und Kompensation. Ein psychologisches Modell erfolgreichen Alterns, in: Zeitschrift für Pädagogik, 35, S. 85 – 105.

Bango, J. 1994: Soziologie für Soziale Berufe. Grundbegriffe und Grundzüge, Stuttgart.

Bargel, T./Fauser, R./Mundt, J. W., 1982: Lokale Umwelten und familiale Sozialisation: Konzeptualisierung und Befunde, in: Vaskovics, L. A. (Hg.): Umweltbedingungen familialer Sozialisation. Beiträge zur sozialökologischen Sozialisationsforschung, Stuttgart, S. 204 – 236.

Barker, E., 1997: Der Käfig der Freiheit und die Freiheit des Käfigs, in: Beck, U. (Hg.): Kinder der Freiheit, Frankfurt/M.

Baron, R./Landwehr, R., 1983: Von der Berufung zum Beruf. Zur Entwicklung der Ausbildung für die Soziale Arbeit, in: Baron, R. (Hg.): Sozialarbeit und soziale Reform, Weinheim und Basel, S. 1 – 36.

Bauer, R., 1987: Anatomie der Wohlfahrtsverbände – Warum, womit und wo sie helfen, in: Brennpunkte Sozialer Arbeit: Sozialarbeit und Wohlfahrtsverbände – Hilfe mit beschränkter Haftung? Frankfurt, S. 9 – 26.

Baumann, Z., 1998: Schwache Staaten. Globalisierung und die Spaltung der Weltgesellschaft, in: Beck, U. (Hg.): Kinder der Freiheit, Frankfurt/M., S. 315 – 332.

Bechmann, G., 1998: Alteuropa und wir, in: Soziologische Revue, 21. Jg., S. 165 – 174.

Beck, U., 1983: Jenseits von Klasse und Stand?, in: Kreckel R. (Hg.): Soziale Ungleichheiten. (Sonderband 2 der Sozialen Welt), Göttingen, S. 35 – 74,

Beck, U., 1993: Die Erfindung des Politischen, Frankfurt/M.

Beck, U., 1998a: Kinder der Freiheit: Wider das Lamento über den Werteverfall, in: Beck, U. (Hg.): Kinder der Freiheit, Frankfurt/M., S. 9 – 33.

Beck, U., 1998b: Demokratisierung der Familie, in: Beck, U. (Hg.): Kinder der Freiheit, Frankfurt/M., S. 195 – 219.

Beck, U., 1998c: Ursprung als Utopie: Politische Freiheit als Sinnquelle der Moderne, in: Beck, U. (Hg.): Kinder der Freiheit, Frankfurt/M, S. 382 – 401.

Beck, U., 1998d: Wie wird Demokratie im Zeitalter der Globalisierung möglich?, in: Beck, U. (Hg.): Politik der Globalisierung, Frankfurt/M., S. 7 – 66.

Beck, U., (Hg.): 1998e: Perspektiven der Weltgesellschaft, Frankfurt/M.

Beck, U., 2001: Was ist Globalisierung? Irrtümer des Globalismus – Antworten auf Globalisierung, Frankfurt/M.

Beck, U., 2002: Macht und Gegenmacht im globalen Zeitalter. Neue weltpolitische Ökonomie, Frankfurt/M.

Beck, U., 2003: Risikogesellschaft. Auf dem Weg in eine andere Moderne, Frankfurt/M.

Beck, U./Bonß, W. (Hg.), 1989: Weder Sozialtechnologie noch Aufklärung?, Frankfurt/M.

Beck, U./Brater, M., 1977: Problemstellungen und Ansatzpunkte einer subjektbezogenen Theorie der Berufe, in: Beck, U./Brater, M. (Hg.): Die soziale Konstitution der Berufe. Materialien zu einer subjektbezogenen Theorie der Berufe, Bd. 1, Frankfurt/New York, S. 5 – 62.

Becker, H. S., 1973: Außenseiter. Zur Soziologie abweichenden Verhaltens, Frankfurt/M.

Becker, R./Nietfeld, M., 1999: Arbeitslosigkeit und Bildungschancen von Kindern im Transformationsprozess. Eine empirische Studie über die Auswirkungen sozio-ökonomischer Deprivation auf intergenerationale Bildungsvererbung, in: Kölner Zeitschrift für Soziologie und Sozialpsychologie, 51.Jg., S. 55 – 79.

Becker-Schmidt, R./Knapp, G.-A. (Hg.), 1995: Das Geschlechterverhältnis als Gegenstand der Sozialwissenschaften, Frankfurt/New York.

Beck-Gernsheim E., 1976: Der geschlechtsspezifische Arbeitsmarkt. Zur Ideologie und Realität von Frauenberufen, Frankfurt/M.

Beck-Gernsheim E., 1980: Das halbierte Leben. Männerwelt Beruf, Frauenwelt Familie, Frankfurt/M.

Beck-Gernsheim, E., 1988: Von der Pille zum Retortenbaby: Neue Handlungsmöglichkeiten, neue Handlungszwänge im Bereich des generativen Verhaltens, in: Lüscher, K./Schultheis, F./Wehrspaun, M. (Hg.): Die »postmoderne« Familie. Familiale Strategien und Familienpolitik in einer Übergangszeit, Konstanz, S. 201 – 215.

Beck-Gernsheim, E., 1998: Was kommt nach der Familie? Einblicke in neue Lebensformen, München.

Bedau, K.D., 1987: Einkommensverteilung, in: Krupp, H. J./Schupp, J. (Hg.): Lebenslagen im Wandel: Daten 1987, S. 61 – 87.

Behnken, I., 1985: Jugend in Selbstbildern. Band 4 von: Jugendliche und Erwachsene '85, Hrsgg. vom Jugendwerk der Deutschen Shell, Leverkusen.

Belardi, N. (Hg.), 1980: Soziale Arbeit, Bd. 3. Gesellschaftsentwicklung und soziologische Grundlagen, Frankfurt/M. u.a.

Bell, D., 1979: Die nachindustrielle Gesellschaft, Reinbek.

Bennholdt-Thomsen, V., 1983: Die Zukunft der Frauenarbeit und die Gewalt gegen Frauen, in: Beiträge zur feministischen Theorie und Praxis 9/10, Köln, S. 202 – 222.

Berger, P.A., 1994: Individualisierung und Armut, in: Zwick, M. (Hg.): Einmal arm, immer arm? Neue Befunde zur Armut in Deutschland, Frankfurt/New York, S. 21 – 46.

Berger, P. L./Berger, R., 1984: In Verteidigung der bürgerlichen Familie, Frankfurt/M.

Berger, P. L./Luckmann, Th., 1969: Die gesellschaftliche Konstruktion der Wirklichkeit. Eine Theorie der Wissenssoziologie, Frankfurt/M.

Berger, R., 1984: Zusammenhänge und Abhängigkeiten zwischen Lebensbereichen, in: Glatzer, W./Zapf, W. (Hg.): Lebensqualität in der Bundesrepublik. Objektive Lebensbedingungen und subjektives Wohlbefinden, Frankfurt/New York, S. 249 – 263.

Berger, U./Bernhard-Mehlich, I.,1999: Die verhaltenswissenschaftliche Entscheidungstheorie, in: Kieser, A. (Hg.): Organisationstheorien, 3. Aufl., Stuttgart, S. 133 – 168.

Bergmann, J. u.a., 1969: Herrschaft, Klassenverhältnis und Schichtung, in: Adorno, Th. W. (Hg.): Spätkapitalismus oder Industriegesellschaft?, Stuttgart.

Bernstein, B., 1972: Ein soziolinguistischer Ansatz zur Sozialisation, in: Bernstein, B. (Hg.): Studien zur sprachlichen Sozialisation, Düsseldorf.

Bernstein, B., 1973: Ein sozio-linguistischer Ansatz zur Sozialisation: Mit einigen Bezügen auf Erziehbarkeit, in: Claessens, D./Milhoffer, P. (Hg.): Familiensoziologie. Ein Reader als Einführung, Frankfurt a. M., S. 241 – 270.

Bertram, H., 1982: Von der schichtspezifischen zur

sozialökologischen Sozialisationsforschung, in: Vaskovics, L. A. (Hg:): Umweltbedingungen familialer Sozialisation. Beiträge zur sozialökologischen Sozialisationsforschung, Stuttgart, S. 25 – 54.

Bertram, H./Borrmann-Müller, R., 1988: Von der Hausfrau zur Berufsfrau?, in: Gerhardt, U./Schütze, Y. (Hg.): Frauensituation. Veränderungen in den letzten zwanzig Jahren. Frankfurt/M., S. 251 – 272.

Bettmer, F., 2001: Abweichung und Normalität, in: Otto, H.-U./Thiersch, H. (Hg.): Handbuch Sozialarbeit-Sozialpädagogik, 2. völlig überarbeitete Auflage, Neuwied-Kriftel, S. 1 – 6

BFSFJ – Bundesministerium für Familie, Senioren, Frauen und Jugend (Hg.), 1995: Fünfter Familienbericht. Familien und Familienpolitik im geeinten Deutschland – Zukunft des Humanvermögens, Bonn 1995.

BFSFJ – Bundesministerium für Familie, Senioren, Frauen und Jugend (Hg.), 1998: Zehnter Kinder- und Jugendbericht. Bericht über die Lebenssituation von Kindern und die Leistungen der Kinderhilfen in Deutschland, Bonn 1998.

Biermann, B., 1986: Elternrolle und kindliche Identität: Erziehung in der Pflegefamilie, in: Biermann, R./Wittenbruch, W. (Hg.): Soziale Erziehung. Orientierung für pädagogische Handlungsfelder, Heinsberg, S. 246 – 258.

Biermann, B., 1997: Abschluss oder Abbruch: Wie endet die Fremdplatzierung? Möglichkeiten der Auswertung von Einzeldaten, in: Rauschenbach, Th./Schilling, M. (Hg.), Die Kinder- und Jugendhilfe und ihre Statistik, Band II: Analysen, Befunde und Perspektiven, Neuwied/Kriftel/Berlin, S. 87 – 114.

Biermann, B., 1998: Nicht Erziehung und nicht Hilfe: Erziehungshilfen als Kom-munikationsproblem, in: Grohall, K.-H./Michatsch, H. (Hg.), Zeitschnitte. Beiträge zum Verständnis kommunikativer Wirklichkeit. Zum 65. Geburtstag von Peter Pleyer, Münster, S. 1 – 18.

Biermann, B., 1999: Parteilichkeit in Sozialen Berufen, in: Hartwig, L., Merchel, K. (Hg.): Parteilichkeit in der Sozialen Arbeit. Münster/New York/ München/Berlin.

Biermann, B., 2004: Verordnete Dienstleistung – Öffentliche Erziehungshilfen in Deutschland, in: Flock, W./ Jungblut, H.-J./ Lapetina, A./ Monestier, B./Sauerwald, G. (Hg.), Kinder- und Jugendhilfe in Deutschland und Uruguay. Políticas Sociales de Infancia y Juventud en Uruguay y Alemania. Münster/New York/München/Berlin, S. 137 – 150

Biermann, B./Wälte, D., 1991: Erziehung außerhalb der eigenen Familie: Einrichtungen, Zielgruppen und Vermittlung. Eine empirische Untersuchung in Heimen und Jugendämtern in Westfalen-Lippe, Münster (Schriftenreihe »Praxis und Forschung« des Fachbereichs Sozialwesen der Fachhochschule Münster 4).

Bischoff, J. u.a., 1982: Jenseits der Klassen? Gesellschaft und Staat im Spätkapitalismus, Hamburg.

BJFFG – Bundesministerium für Jugend, Familie, Frauen und Gesundheit (Hg.), 1986: Vierter Familienbericht: Die Situation der älteren Menschen in der Familie, BtDrs. 10/6145, Bonn.

BJFG – Bundesministerium für Jugend, Familie und Gesundheit (Hg.), 1975: Zweiter Familienbericht: Familie und Sozialisation. Leistungen und Leistungsgrenzen der Familie hinsichtlich des Erziehungs- und Bildungsprozesses der jungen Generation, Bonn.

BJFG – Bundesministerium für Jugend, Familie und Gesundheit (Hg.), 1979: Dritter Familienbericht: Die Lage der Familie in der Bundesrepublik Deutschland, Bonn.

BJFG – Bundesministerium für Jugend, Familie und Gesundheit (Hg.), 1985: Nichteheliche Lebensgemeinschaften in der Bundesrepublik Deutschland, Stuttgart/Berlin/Köln/Mainz

Blandow, J., 1972: Rollendiskrepanzen in der Pflegefamilie: Analyse einer sozialpädagogischen Institution, München.

Blau, P. M./Scott, W. R., 1973: Professionale und bürokratische Orientierungen in formalen Organisationen – dargestellt am Beispiel der Sozialarbeiter, in: Otto, H.-U./Utermann, K. (Hg.): Sozialarbeit als Beruf, Auf dem Weg zur Professionalisierung?, 2. Aufl., München, S. 125 – 139.

Blinkert, B., 1976: Berufskrisen in der Sozialarbeit. Eine empirische Untersuchung über Verunsicherung, Anpassung und Professionalisierung von Sozialarbeitern, Weinheim/Basel.

Blossfeld, H.-P./Mayer, K.-U., 1988: Arbeitsmarktsegmentation in der Bundesrepublik Deutschland, in: Kölner Zeitschrift für Soziologie und Sozialpsychologie 2/88, S. 262 – 283.

Blossfeld, H.P./Timm, A., 1997: Der Einfluss des Bildungssystems auf den Heiratsmarkt. Eine Längsschnittanalyse der Wahl des ersten Ehepartners im Lebenslauf, in: Kölner Zeitschrift für Soziologie und Sozialpsychologie, 49. Jg., S. 440 – 476.

Blumer, H., 1973: Der methodologische Standort des Interaktionismus, in: Arbeitsgruppe Bielefelder Soziologen (Hg.). Alltagswissen, Interaktion und gesellschaftliche Wirklichkeit Bd. 1, S. 80 – 146.

Blumer, H., 1975: Soziale Probleme als kollektives Verhalten, in: Hondrich, K.O. (Hg.): Menschliche Bedürfnisse und soziale Steuerung, Reinbek b. Hamburg.

Bock, Th., 1995: Was leistet berufliche Sozialarbeit für die Gesellschaft? Erfahrungen und Perspektiven, in: Wendt, W. R. (Hg.), Soziale Arbeit im Wandel ihres Selbstverständnisses. Beruf und Identität, Freiburg i.Br., S. 43 – 56

Bock-Rosenthal, E., 1990: Strukturelle Diskriminierung – nur ein statistisches Phänomen? in: Bock-Rosenthal, E. (Hg.): Frauenförderung in der Praxis. Frauenbeauftragte berichten, Frankfurt/New York, S. 11 – 54.

Bock-Rosenthal, E., 1999: Von der Krankenschwester zur Managerin – Akademisierung oder Professionalisierung, in: Bock-Rosenthal, E. (Hg.): Professionalisierung zwischen Praxis und Politik. Der Modellstudiengang Pflegemanagement an der Fachhochschule Münster, Berlin-Göttingen-Toronto-Seattle, S. 17 – 41.

Bock-Rosenthal, E./Brücker, H./Doehlemann, M., 1981: Handlungsspielräume und Konfliktbewältigung in der betrieblichen Sozialarbeit, in: Neue Praxis 2/81, S. 160 – 173.

Boer, J./Utermann, K., 1970: Gemeinwesenarbeit. Community Organization – Opbouwwerk, Stuttgart.

Bohle, H./Grunow; D., 1981: Verberuflichung Sozialer Arbeit, in: Projektgruppe Soziale Berufe (Hg.): Sozialarbeit: Professionalisierung und Arbeitsmarkt. Expertisen III, München, S. 151 – 176.

Böhnisch, L./Lösch, H., 1972: Das Handlungsverständnis des Sozialarbeiters und seine institutionellen Determinanten, in: Otto, H.-U./Schneider, S. (Hg.): Gesellschaftliche Perspektiven der Sozialarbeit, 2. Halbband, Neuwied-Berlin, S. 21 – 40.

Böhnisch, L., 1999: Abweichendes Verhalten. Eine pädagogisch-soziologische Einführung, Weinheim-München.

Böhnisch, L., 2001: Anomie, in: Otto, H.-U./Thiersch, H. (Hg.): Handbuch Sozialarbeit-Sozialpädagogik, 2. völlig überarbeitete Auflage, Neuwied-Kriftel, S. 52 – 60

Böllert, K., 1996: Sexuelle Gewalt und sozialpädagogische Interventionen. Parteilichkeit als professionelles Prinzip, in: Karsten, M.-E. und Otto, H.-U. (Hg.), Die sozialpädagogische Ordnung der Familie. Beiträge zum Wandel familialer Lebensweisen und sozialpädagogischer Interventionen, 2. Aufl., Weinheim-München, S. 165 – 173.

Bolte, K.M., 1979: Leistung und Leistungsprinzip, Opladen.

Bolte, K.M./Aschenbrenner, K./Kreckel, R./Schultz-Wild, R., 1970: Beruf und Gesellschaft in Deutschland. Berufsstruktur und Berufsprobleme, Opladen.

Bolte, K.M./Beck, U./Brater, M., 1983: Beruf als Kategorie soziologischer Analyse – Einige Erkenntnisschritte und Problemperspektiven der neueren Berufssoziologie, in: Bolte, K.M./Treutner, E. (Hg.): Subjektorientierte Arbeits- und Berufssoziologie, Frankfurt-New York, S. 62 – 81.

Bolte, K.M./Hradil, S., 1984: Soziale Ungleichheit in der Bundesrepublik Deutschland, Opladen.

Bösel, M., 1976: Arbeitssituation und Familie, in: Braun, H./Leitner, U. (Hg.): Problem Familie – Familienprobleme, Frankfurt/New York.

Bosetzky, H./Fischer, K.-D./Tiefensee, H.-J., 1973²: Soziologie, Eine Einführung für Angehörige des öffentlichen Dienstes, Herford.

Boskamp, P./Kaspers, H., 1986: Gemeinwesenarbeit zwischen Anspruch und Wirklichkeit, in: KFH aktuell IV, S. 6 – 37.

Boudon, R./Bourricaud, F., 1992: Soziologische Stichworte. Ein Handbuch, Opladen.

Boulet, J.J./Krauss, E.J./Oelschlägel, D., 1980: Gemeinwesenarbeit als Arbeitsprinzip, eine Grundlegung, Bielefeld.

Bourdieu, P., 1982: Die feinen Unterschiede. Kritik der gesellschaftlichen Urteilskraft, Frankfurt/M.

Bourdieu, P., 1987: Sozialer Sinn. Kritik der theoretischen Vernunft, Frankfurt/M.

Bourdieu, P., 1996: Störenfried Soziologie, in: Fritz-Vannahme, J. (Hg.): Wozu heute noch Soziologie? Opladen.

Bourdieu, P., 1998: Praktische Vernunft. Zur Theorie des Handelns, Frankfurt/M.

Bourdieu, P. et al., 1997: Das Elend der Welt. Zeugnisse und Diagnosen alltäglichen Leidens an der Gesellschaft, Konstanz.

Brater, M., 1983: DieAktualität der Berufsproblematik und die Frage nach der Berufskonstitution, in: Bolte, K.M./Treutner, E. (Hg.): Subjektorientierte Arbeits- und Berufssoziologie, Frankfurt-New York, S. 38 – 61.

Brater, M., 1998: Schule und Ausbildung im Zeichen der Individualisierung, in: Beck, U. (Hg.): Kinder der Freiheit, Frankfurt/M., S. 149 – 174.

Braun, H., 1976: Der Rückzug der Kinder aus dem Familienzusammenhang, in: Braun, H./Leitner, U. (Hg.): Problem Familie – Familienprobleme, Frankfurt/New York, S. 70 – 79.

Brauns, H. J./Kramer, D., 1986: Die Ausbildung von Sozialarbeitern. Anforderungen an Hochschulen und Einrichtungen der Fortbildung von morgen, in: Oppl, H./Tomaschek, A. (Hg.): Soziale Arbeit 2000, Bd. 2, Modernisierungskrise und soziale Dienste, Freiburg, S. 173 – 186.

Brock, D., 1998: Soziale Ungleichheiten, Klassen und Schichten, in: Schäfers, B./Zapf, W. (Hg.): Handwörterbuch zur Gesellschaft Deutschlands, Opladen, S. 608 – 622.

Bronfenbrenner, U., 1976: Ökologische Sozialisationsforschung (hg. v. K. Lüscher), Stuttgart.

Bronfenbrenner, U., 1981: Die Ökologie menschlicher Entwicklung, Stuttgart.

Brumlik, M., 1992: Normative Grundlagen der Sozialarbeit (1978), in; Ders., Advokatorische Ethik. Zur Legitimation pädagogischer Eingriffe, Bielefeld, S. 204 – 212.

Bruner, J. S., 1970: Poverty and Childhood, Detroit.

Buchholz, S., 1998: »Suchen tut mich keiner« – Obdachlose Jugendliche in der individualisierten Gesellschaft, Münster.

Buck, G., 1982: Gemeinwesenarbeit und kommunale Sozialplanung, Berlin.

Bundesarbeitsgemeinschaft der Freien Wohlfahrtspflege (Hg.), 1985: Die Spitzenverbände der Freien Wohlfahrtspflege – Aufgaben und Finanzierung, Freiburg.

Bundesministerium für Familie, Senioren, Frauen und

Jugend (Hg.), 1998: 2. Altenbericht: Wohnen im Alter, Bonn, Bt.Dr. 13/9750.
Burisch, M., 1989: Das Burnout-Syndrom. Theorie der inneren Erschöpfung, Heidelberg.
Burmester, J./Halfar, B. 1995: Moden in der Sozialen Arbeit. Die Zeiten sind hart, aber modern, in: Sozialmagazin, Heft 12, Dezember 1995, S. 15 – 21.
Büschges, G., 1983: Einführung in die Organisationssoziologie, Stuttgart.
Büschges, G./Abraham, M.,1997: Einführung in die Organisationssoziologie, Stuttgart.
Büschges, G./Lütke-Bornefeld, P., 1977: Praktische Organisationsforschung, Reinbek bei Hamburg.
Bussmann, K. D./Kreissl., R. 1996: Vorwort, in: Bussmann, K.D./Kreissl, R.: Kritische Kriminologie in der Diskussion. Theorien, Analysen, Positionen, Opladen, S. 13 – 15.

Caesar, B., 1972: Autorität in der Familie. Ein Beitrag zum Problem schichtenspezifischer Sozialisation, Reinbek b. Hamburg.
Claessens, D., ^{3}1974: Rolle und Macht, München.
Claessens, D., 1972: Familie und Wertsystem. Eine Studie zur »zweiten, soziokulturellen Geburt« des Menschen und der Belastbarkeit der »Kernfamilie«, Berlin.
Claessens, D., 1983: Die Gruppe unter innerem und äußerem Organisationsdruck, in: Neidhardt, F. (Hg.): Gruppensoziologie. Perspektiven und Materialien (KZfSS Sonderheft 25), Opladen, S. 484 – 496.
Claessens, D., 1999: Gruppenverbände als Zusammenschluss kleinerer Gruppen zu einer Großgruppe, in: Schäfers, B. (Hg.): Einführung in die Gruppensoziologie. Geschichte, Theorien, Analysen, Heidelberg, S. 157 – 176.
Claessens, D./Menne, F. W., 1973: Zur Dynamik der bürgerlichen Familie und ihrer möglichen Alternativen, in: Claessens, D./Milhoffer, P. (Hg.): Familiensoziologie. Ein Reader als Einführung, Frankfurt/M., S. 311 – 346.
Cloward, R. A., 1968: Illegitime Mittel, Anomie und abweichendes Verhalten, in: Sack, F./König, R. (Hg.): Kriminalsoziologie, Frankfurt/M., S. 314 – 338.
Cloward, R. A./Ohlin, L. E., 1960: Delinquence and opportunity. A theory of delinquent gangs, New York (Deutsche Übersetzung: Jugendkriminalität und Chancengefüge, Neuwied 1975).
Cohen, A. K., 1961: Kriminelle Jugend. Zur Soziologie des Bandenwesens, Reinbek.
Cohen, A. K., 1968: Abweichung und Kontrolle, München.
Coser, L. A., 1972: Theorie sozialer Konflikte, Neuwied/Berlin.
Cumming, E./Henry, W., 1961: Growing old: The process of disengagement, New York.
Daheim, H., 1967: Der Beruf in der modernen Gesellschaft. Versuch einer soziologischen Theorie beruflichen Handelns, Köln-Berlin.
Daheim, H., 1972: Soziale Herkunft, Schule und Rekrutierung der Berufe, in: Luckmann, Th./Sprondel, W. M. (Hg.): Berufssoziologie, Köln.
Dahrendorf, R., 1958: Homo Sociologicus. Ein Versuch zur Geschichte, Bedeutung und Kritik der Kategorie der sozialen Rolle, Opladen.
Dahrendorf, R., 1959: Class and Class Conflict in Industrial Society, Stanford/London.
Dahrendorf, R., 1966^{2}: Über den Ursprung der Ungleichheit unter den Menschen, Tübingen.
Dahrendorf, R., 1998: Anmerkungen zur Globalisierung, in: Beck, U. (Hg.): Politik der Globalisierung, Frankfurt/M., S. 41 – 54.
Damkowski, W./Precht, C. (Hg.), 1998: Moderne Verwaltung in Deutschland, Public Management in der Praxis, Stuttgart.
Davis, K./Moore, W. E., 1973^{2}: Einige Prinzipien der sozialen Schichtung, in: Hartmann, H. (Hg.): Moderne amerikanische Soziologie, Stuttgart, S. 394 – 410.
Deichsel, W., 1993: Nichtintendiert, nicht so intendiert, nicht so unintendierte Folgen von Diversion. Diversion als Botschaft, dass Strafe doch sein muss, in: Peters, H. (Hg.): Muss Strafe sein? Zur Analyse und Kritik strafrechtlicher Praxis, Opladen, S. 171 – 183.
Deutscher Verein (Hg.), 1980 (Deutscher Verein für öffentliche und private Fürsorge): Fachlexikon der Sozialen Arbeit, Frankfurt a. M.
Deutsches Zentrum für Altersfragen, 1982: Fachbericht zur Situation älterer Menschen in der Bundesrepublik Deutschland, Berlin.
Dewe, B./Ferchhoff, W./Scherr, A./Stüwe, G., 1995: Professionelles soziales Handeln. Soziale Arbeit im Spannungsfeld zwischen Theorie und Praxis, Weinheim-München
Dewe, B./Otto, H.-U., 1984: Professionalisierung, in: Eyferth, H./Otto, H.-U./Thierscb, H. (Hg.): Handbuch zur Sozialarbeit/Sozialpädagogik, Neuwied u. Darmstadt, S. 775 – 811.
Diamond, St./Narr, W.-D./Homann, R. (Hg.), 1985: Bürokratie als Schicksal?, Opladen.
DJI – Deutsches Jugendinstitut (Hg.), 1987: Handbuch Beratung im Pflegekinderbereich, München.
Doehlemann, M., 1991: Langeweile? Deutung eines verbreiteten Phänomens, Frankfurt/M.
Doehlemann, M., 1996: Absteiger. Die Kunst des Verlierens, Frankfurt/M.
Doehlemann, M., 2001: Die Kreativität der Kinder. Anregungen für Erwachsene. Mit einem Beitrag von Norbert Rath, Münster/New York/München/Berlin.
Doehlemann, M., 2001: Dummes Zeug. Zur kulturellen Konstruktion von Unsinn, Münster/New York/München/Berlin.

Doehlemann, M., (Hg.) 2003: LebensWandel. Streifzüge durch spätmoderne Beziehungslandschaften, Münster/New York/München/Berlin.

Dolls, M./Hammetter, V., 1981: Zur Neuorganisation der Sozialen Dienste in Bremen I/II, in: VOP (Verwaltungsführung, Organisation, Personalwesen), Heft 3 u. 4, S. 164 ff., S. 239 ff.

Dolls, M./Hammetter, V., 1988: Zielgruppen- und stadtteilorientierte Soziale Arbeit, Neuorganisation der Sozialen Dienste in Bremen-Süd, Frankfurt (Institut für Sozialarbeit und Sozialpädagogik).

Dreitzel, H.P., [3]1980: Die gesellschaftlichen Leiden und das Leiden an der Gesellschaft, Stuttgart.

Dreitzel, H.P., 1983: Peinliche Situationen, in: Baethge, M./Eßbach, W. (Hg.): Soziologie: Entdeckungen im Alltäglichen. Hans Paul Bahrdt Festschrift zu seinem 65. Geburtstag, Frankfurt/M., S. 148 – 173.

Driebold, R., 1993: Sanktionsverzicht? Zur Entwicklung strafrechtlicher Reaktionen seit den 50er Jahren, in: Peters, H. (Hg.): Muss Strafe sein? Zur Analyse und Kritik strafrechtlicher Praxis, Opladen, S. 27 – 51.

Durkheim, E., 1964: The Division of Labor in Society (original. De la division du travail social, Paris 1893).

Durkheim, E., 1966: Über die Anomie, in: Mills, C. W. (Hg.): Klassiker der Soziologie. Eine polemische Auslese, Frankfurt/M., S. 394 – 436.

Durkheim, E., 1973: Der Selbstmord, Darmstadt-Neuwied.

DV (Deutscher Verein für öffentliche und private Fürsorge), 1976: Empfehlungen zur Teamarbeit in sozialen Diensten, Frankfurt.

Ebel, H./Eickelpasch, R./Kühne, E., 1984: Familie in der Gesellschaft. Gestalt – Standort – Funktion, Opladen.

Eckart, K./Hacker, J./Hampel, S. (Hg.), 1998: Wiedervereinigung Deutschlands. Festschrift zum 20jährigen Bestehen der Gesellschaft für Deutschlandforschung, Berlin.

Eder, K. 1989: Klassentheorie als Gesellschaftstheorie, in: Eder, K. (Hg.): Klassenlage, Lebensstil und kulturelle Praxis. Theoretische und empirische Beiträge zur Auseinandersetzung mit Pierre Bourdieus Klassentheorie, Frankfurt/M.

Eisenstadt, S. N., 1966: Von Generation zu Generation. Altersgruppen und Sozialstruktur, München.

Elias, N., 1976: Über den Prozess der Zivilisation. Soziogenetische und psychogenetische Untersuchungen, Bd. I und II, Frankfurt/M.

Elias, N., [9]2000: Was ist Soziologie?, München.

Elsen, S., 1997: Gemeinwesen als Ort der Existenzsicherung, in: Ries, H.A. u.a. (Hg.): Hoffnung Gemeinwesen: Beiträge zu einem neuen Verständnis wohnortnaher Lebensqualität, Neuwied-Kriftel-Berlin, S. 123 – 151.

Endruweit, G., 1981: Organisationssoziologie, Berlin/New York.

Engelhardt, K., 1976: Die Logik der Kriminalisierung. Bemerkungen zur Dialektik von Konformität und Kriminalität, in: Michel, K. M./Wieser, H. (Hg.): Kursbuch 44 »Unsere Unterwelt«, Berlin, S. 86 – 120.

Engelke, E., 1992: Soziale Arbeit als Wissenschaft. Eine Orientierung, Freiburg i.Br.

Engstler, H., 1999: Die Familie im Spiegel der amtlichen Statistik, hg. v. Bundesministerium für Familie, Senioren, Frauen und Jugend, Bonn.

Enzmann, D./Kleiber, D., 1989: Helfer-Leiden. Stress und Burnout in psychosozialen Berufen, Heidelberg.

Erbslöh, B. u.a., 1988: Klassenstruktur und Klassenbewusstsein in der Bundesrepublik Deutschland, in: Kölner Zeitschrift für Soziologie und Sozialpsychologie 2/88, S. 245 – 261.

Erdheim, M., 2000: Adoleszenz und Kulturentwicklung, in: Die gesellschaftliche Produktion von Unbewusstheit, Frankfurt/M.

Erikson, E. H., [5]2003: Jugend und Krise. Die Psychodynamik im sozialen Wandel. Stuttgart.

Erlemeier, N., 1998: Alternspsychologie: Grundlagen für Sozial- und Pflegeberufe, Münster.

Erler, M., 1993: Soziale Arbeit. Ein Lehr- und Arbeitsbuch zu Geschichte, Aufgaben und Theorie, Weinheim – München 1993.

Etzioni, A., 1973[4]: Soziologie der Organisationen, München.

Etzioni, A., 1998: Die Entdeckung des Gemeinwesens. Ansprüche, Verantwortlichkeiten und das Programm des Kommunitarismus, Stuttgart.

Etzioni, A., 1997: Die Verantwortungsgesellschaft. Individualismus und Moral in der heutigen Demokratie, Frankfurt/New York.

Fend, H., 1988: Sozialgeschichte des Aufwachsens, Frankfurt/M.

Fengler, J., 1981: Grenzen der Gruppendynamik, in: Bachmann, C. H. (Hg.): Kritik der Gruppendynamik. Grenzen und Möglichkeiten sozialen Lernens, Frankfurt/M., S. 118 – 157.

Ferchhoff, W./Neubauer, G., 1997: Patchwork-Jugend. Eine Einführung in postmoderne Sichtweisen, Opladen.

Flitner, A., 1984: Kindheit, in: Eyferth, H./Otto, H.-U./Thiersch, H. (Hg.): Handbuch zur Sozialarbeit/Sozialpädagogik, Neuwied/Darmstadt, S. 624 – 635.

Frank, H., 1992: Die gebündelten Interessen der Demokratie. Interessenvermittlung in der pluralistischen Demokratie, in: Lange, D./Weth, H.-U. (Hg.): Politik. Politische Beteiligung im Sozialstaats. Studienbücher für Soziale Berufe, Neuwied-Kriftel-Berlin, S. 73 – 97.

Franke, W./Franke-Sander, U., 1998: Methodisches Lösen sozialer Probleme, Köln.

Frerichs, P., 1997: Klasse und Geschlecht 1. Arbeit, Macht, Anerkennung, Interessen, Opladen.

Friederichs, J., 1973: Methoden der empirischen Sozialforschung, Reinbek b. Hamburg.
Friedrichs, J., 1999: Globalisierung, in: Soziologische Revue, 22. Jg., S. 143 - 158.
Fromm, C./Savier, M., 1984: Widerstandsformen von Mädchen in Subkulturen, in: Fromm, C. u.a.: Alltagsbewältigung: Rückzug - Widerstand (Alltag und Biografie von Mädchen 7), Opladen, S. 11 - 48.
Fuchs, W/Zinnecker, J., 1986: Nachkriegsjugend und Jugend heute, in: Hurrelmann, K. (Hg.): Lebenslage, Lebensalter, Lebenszeit, Weinheim/Basel.
Fuchs, W./Klima, R./Lautmann, R./Rammstedt, O./ Wienold, H. (Hg.) 1994³: Lexikon zur Soziologie, Opladen.
Fürstenberg, E., 1962: Das Aufstiegsproblem in der modernen Gesellschaft, Stuttgart.
Fürstenberg, E., 1972: Normenkonflikte beim Eintritt in das Berufsleben, in: Luckmann, Th./Sprondel, W.(Hg.): Berufssoziologie, Köln, S. 276 - 288.

Gabriel, K., 1976: Organisationen und sozialer Wandel, in: Büschges, G. (Hg.): Organisation und Herrschaft, Reinbek b. Hamburg, S. 301 - 324.
Gebert, D., 1978: Organisation und Umwelt: Probleme der Gestaltung innovationsfähiger Organisationen, Stuttgart.
Gehlen, A., 1964: Urmensch und Spätkultur. Philosophische Ergebnisse und Aussagen, Frankfurt/M./ Bonn.
Geißler, R., 1996: Kein Abschied von Klasse und Schicht. Ideologische Gefahren der deutschen Sozialstrukturanalyse, in: Kölner Zeitschrift für Soziologie und Sozialpsychologie, 48. Jg., S. 319 – 338.
Georg, W., 1998: Soziale Lage und Lebensstil. Eine Typologie, Opladen.
Gerhards, J., 1988: Die sozialen Bedingungen der Entstehung von Emotionen. Eine Modellskizze, in: Zeitschrift für Soziologie 3/88, S. 187 – 202.
Geulen, D., 1977: Das vergesellschaftete Subjekt. Zur Grundlegung der Sozialisationstheorie, Frankfurt/M.
Giddens, A., 1988: Die Konstitution der Gesellschaft, Frankfurt/Main
Giddens, A., 1996: Leben in einer posttraditionalen Gesellschaft, in: Beck, U./Giddens, A./Lash, S.: Reflexive Modernisierung. Eine Kontroverse, Frankfurt/M.
Giddens, A., 1997: Jenseits von Links und Rechts. Die Zukunft radikaler Demokratie, Frankfurt/M., S. 113 - 194.
Gildemeister, R., 1984: »Berufliche Identität« als integratives Konzept sozialpädagogischer Kompetenz, in: Müller, S./Otto, H.-U./Peter, H./Sünker, H. (Hg.). Handlungskompetenz in der Sozialarbeit/ Sozialpädagogik II - Theoretische Konzepte und gesellschaftliche Strukturen, Bielefeld, S. 251 - 271.
Girgensohn-Marchand, B., 1999: Ergebnisse der empirischen Kleingruppenforschung, in: Schäfers, B. (Hg.): Einführung in die Gruppensoziologie, Heidelberg/ Wiesbaden, S. 54 - 79.
Glatzer, W., 1977: Einkommenspolitische Zielsetzungen und Einkommensverteilung, in: Zapf, W. (Hg.): Lebensbedingungen in der Bundesrepublik. Sozialer Wandel und Wohlfahrtsentwicklung, Frankfurt/M., S. 323 - 384.
Gloger-Tippelt, G., 1989: Familie als Gegenstand psychologischer, insbesondere entwicklungspsychologischer Forschung, in: Zeitschrift für Familienforschung 1.1, S. 20 - 39.
Goeschel, H.D./Sachße, Chr., 1981: Theorie und Praxis der Sozialarbeit. Ein Rückblick auf die Anfänge Sozialer Berufsausbildung, in: Jahrbuch der Sozialarbeit 4, Reinbek b. Hamburg, S. 422 - 443.
Goffman, E., 1967: Stigma. Über Techniken der Bewältigung beschädigter Identität, Frankfurt/M.
Goffman, E., 1969: Wir alle spielen Theater, München.
Goffman, E., 1973: Asyle. Über die soziale Situation psychiatrischer Patienten und anderer Insassen, Frankfurt/M.
Goffman, E., 1973a: Interaktion: Spaß am Spiel – Rollendistanz, München.
Goode, W.J., 1967a: Eine Theorie des Rollen-Stress, in: Hartmann, H. (Hg.): Moderne amerikanische Soziologie, Stuttgart, S. 269 - 286.
Goode, W.J., 1967b: Soziologie der Familie, München.
Gorz, A., 1980: Abschied vom Proletariat, Frankfurt/M.
Gottschalch, W., 1985: Sozialisation. Theoretische Annäherungen und Gegenwartsprobleme, Weinheim/Basel.
Groenemeyer, A., 2001: Soziale Probleme, in: Otto, H.-U./Thiersch, H. (Hg.): Handbuch Sozialarbeit-Sozialpädagogik, 2. völlig überarbeitete Auflage, Neuwied-Kriftel, S. 1693 - 1708.
Grohall, K.-H., 1995: Soziale Arbeit. Auf dem Weg zur Wissenschaft?, in: Grohall, K.-H. (Hg.): Soziale Arbeit – Auf dem Weg zur Wissenschaft? Texte zu aktuellen Fragen, Münster, S. 7 – 26.
Grohall, K.-H., 1997: Studienreform in den Fachbereichen für Sozialwesen. Materialien, Positionen, Zielsetzungen, Freiburg i.Br.
Gross, P., 1994: Die Multioptionsgesellschaft, Frankfurt/M.
Grunow, D., 1986: Das Konzept des Familienzyklus und der Lebensphasen in der sozialen Gerontologie: Ansätze zur Revision örtlicher Altenhilfeplanung, in: Brennpunkte Sozialer Arbeit, Sozialarbeit mit alten Menschen, Frankfurt, S. 34 - 49.
Grunow, D., 1988: Bürgernahe Verwaltung, Theorie, Empirie, Praxismodelle, Frankfurt/New York.
Grunt, M., 1977: Individueller Handlungsspielraum, eine rollentheoretische Interpretation, in: Soziale Welt, S. 133 - 143.
Gukenbiehl, H. L., 1999: Bezugsgruppen, in: Schäfers, B. (Hg.): Einführung in die Gruppensoziologie. Geschichte, Theorien, Analysen, Heidelberg, S. 113 – 134.

Habermas, J., 1968: Technik und Wissenschaft als »Ideologie«, Frankfurt a.M.
Habermas, J., 1973: Stichworte zu einer Theorie der Sozialisation, in: Habermas, J.: Kultur und Kritik, Frankfurt/M., S. 118 – 194.
Habermas, J., 2001: Theorie des kommunikativen Handelns. Band 2: Zur Kritik der funktionalistischen Vernunft, Frankfurt/M.
Hafeneger, B., 1992: Jugendarbeit als Beruf. Geschichte einer Profession in Deutschland, Opladen.
Hafeneger, B., 1995: Jugendbilder. Zwischen Hoffnung, Kontrolle, Erziehung und Dialog, Opladen.
Hahn, A. (Rez.),1989: Pierre Bourdieu. Sozialer Sinn. Kritik der theoretischen Vernunft, in: Kölner Zeitschrift für Soziologie u. Sozialpsychologie 1/89, S. 168 – 170.
Hahn, A., 1983: Konsensfiktionen in Kleingruppen, in: Neidhardt, F. (Hg.): Gruppensoziologie. Perspektiven und Materialien (Sonderheft 25 KZfSS), Opladen, S. 210 – 232.
Hahn, A./Schubert, H.-J., 1979: Gemeindesoziologie, Stuttgart.
Haibach, S., 1999: Das »erste Mal« – immer früher, in: Frankfurter Rundschau 117 vom 22. – 24.5.1999.
Haller, M., 1983: Theorie der Klassenbildung und sozialen Schichtung, Frankfurt/New York.
Haller, M., 1989: Klassenstrukturen und Mobilität in fortgeschrittenen Gesellschaften. Eine vergleichende Analyse der Bundesrepublik Deutschland, Österreichs, Frankreichs und der Vereinigten Staaten von Amerika, Frankfurt/New York.
Hamann, B., 1988: Familie heute: Ihre Funktion als gesellschaftliche und pädagogische Institution, Frankfurt a.M.
Handl, J., 1996: Hat sich die berufliche Wertigkeit der Bildungsabschlüsse in den achtziger Jahren verringert? Eine Analyse der abhängig erwerbstätigen, deutschen Berufsanfänger auf der Basis von Mikrozensusergebnissen, in: Kölner Zeitschrift für Soziologie und Sozialpsychologie, 48. Jg., S. 249 – 273.
Hartfiel, G., 1981[1]: Soziale Schichtung, München.
Hartmann, H., 1964: Funktionale Autorität. Systematische Abhandlung zu einem soziologischen Begriff, Stuttgart.
Hartmann, H., 1972: Arbeit, Beruf, Profession, in: Luckmann, Th./Sprondel, W. (Hg.): Berufssoziologie, Köln, S. 36 – 52.
Hartmann, H./Hartmann, M., 1982: Vom Elend der Experten: Zwischen Akademisierung und Deprofessionalisierung, in: Kölner Zeitschrift für Soziologie und Sozialpsychologie 2/82, S. 193 – 223.
Hartmann, M., 1999: Auf dem Weg zur transnationalen Bourgeoisie? Die Internationalisierung der Wirtschaft und die Internationalität der Spitzenmanager Deutschlands, Frankreichs, Großbritanniens und der USA, in: Leviathan , 27. Jg., S. 113 – 141.
Hauser, R., 1997: Vergleichende Analyse der Einkommensverteilung und der Einkommensarmut in den alten und neuen Bundesländern 1990 – 1995, in: Becker, I./ Hauser, R. (Hg.): Einkommensverteilung und Armut. Deutschland auf dem Weg zur Vierfünftel-Gesellschaft?, Frankfurt/M.
Heckmann, F./Kröll, F., 1984: Einführung in die Geschichte der Soziologie, Stuttgart.
Hege, M., 1981: Die Bedeutung der Methoden in der Sozialarbeit, in: Projektgruppe Soziale Berufe (Hg.): Sozialarbeit: Ausbildung und Qualifikation. Expertisen I, München, S. 145 – 161.
Hegner, F., 1981: Sozialarbeit als Verwaltungshandeln. Fachliches und administratives Handeln im Bereich des Allgemeinen Sozialdienstes und des psychiatrischen Dienstes der kommunalen Sozialverwaltung, in: Projektgruppe Soziale Berufe (Hg.): Sozialarbeit: Problemwandel und Institutionen. Expertisen II, München, S. 43 – 81.
Hegner, F., 1986: Sozialarbeit im Spannungsfeld zwischen Selbsthilfe und Sozialstaat, in: Oppl, H./Tomascbek, A., (Hg.): Soziale Arbeit 2000, Bd. 2, Modernisierungskrise und soziale Dienste, Freiburg, S. 151 – 172.
Heiland, H.G./Schulte, W., 1993: Strafe und Verhalten – oder: Wie viel Strafe ist nötig? in: Peters, H., (Hg.): Muss Strafe sein? Zur Analyse und Kritik strafrechtlicher Praxis, Opladen, S. 61 – 76.
Heiner, M./Meinhold, M./von Spiegel/H., Staub-Bernasconi, S., 1994: Methodisches Handeln in der Sozialen Arbeit, Freiburg i.Br.
Heitmeier, W. (Hg.), 1997b: Was hält die Gesellschaft zusammen? Bundesrepublik Deutschland: Auf dem Weg von der Konsens- zur Konfliktgesellschaft, Bd. 2, Frankfurt/M.
Heitmeier, W. (Hg.), 1997a: Was treibt die Gesellschaft auseinander? Bundesrepublik Deutschland: Auf dem Weg von der Konsens- zur Konfliktgesellschaft, Bd. 1, Frankfurt/M.
Heraud, B. J., 1973: Soziologie und Sozialarbeit. Perspektiven, Probleme, Freiburg.
Hesse, H. A., 1968: Berufe im Wandel. Ein Beitrag zum Problem der Professionalisierung, Stuttgart.
Heublein, U. u.a., 2002: Studienabbruchstudie 2002. Die Studienabbrecherquoten in den Fächergruppen und Studienbereichen der Universitäten und Fachhochschulen, Hannover.
Heuser, U. J., 1997: Wohlstand für wenige, in: DIE ZEIT Nr. 44 v. 24. Okt. 1997.
Hinte, W., 1986: Wider die Illusionen aus wilder Zeit, in: Sozial extra 10, S. 33 – 34.
Hitzler, R./Honer, A., 1994: Bastelexistenz. Über subjektive Konsequenzen der Individualisierung, in: Beck, U./Beck-Gernsheim, E. (Hg.): Riskante Freiheiten, Frankfurt/M., S. 307 – 315.
Hoecker, B., 1987: Frauen in der Politik. Eine soziologische Studie, Opladen.
Hoffmann-Lange, U., 1983: Eliteforschung in der Bundesrepublik Deutschland. In: Aus Politik und Zeitgeschichte, S. 11 – 25.

Hofmann, G., 1999: Die Sehnsucht nach Gleichheit, in: DIE ZEIT Nr. 32 v. 5. Aug. 1999, S. 3.
Hohmeier, J., 1978: Alter als Stigma, in: Hohmeier, J./ Pohl, H. J. (Hg.): Alter als Stigma oder Wie man alt gemacht wird, Frankfurt, S. 10 – 30.
Höhn, C., 1988: Familienpolitische Implikationen des Familienzyklus-Konzepts, in: Lüscher, K./Schultheis, F./Wehrspaun, M. (Hg.): Die »postmoderne« Familie. Familiale Strategien und Familienpolitik in einer Übergangszeit, Konstanz, S. 55 – 72.
Höhn, C./Dorbritz, J., 1995: Zwischen Individualisierung und Institutionalisierung – Familiendemografische Trends im vereinten Deutschland, in: Nauck, B./Onnen-Isemann, C. (Hg.): Familie im Brennpunkt von Wissenschaft und Forschung. Rosemarie Nave-Herz zum 60. Geburtstag gewidmet, Neuwied/Kriftel/Berlin, S. 149 – 174.
Homans, G. C., 1968: Elementarformen sozialen Verhaltens, Köln/Opladen.
Homans, G. C., 1978[7]: Theorie der sozialen Gruppe, Opladen.
Hondrich, K. O., 1973: Theorie der Herrschaft, Frankfurt/M.
Hondrich, K. O., 1984: Der Wert der Gleichheit und der Bedeutungswandel der Ungleichheit, in: Soziale Welt 3/84, S. 67 – 293.
Honig, M.-S., 1992: Verhäuslichte Gewalt. Sozialer Konflikt, wissenschaftliche Konstrukte, Alltagswissen, Handlungssituationen. Eine Explorativstudie über Gewalthandeln von Familien, Frankfurt a.M.
Horkheimer, M./Adorno, Th.W., 1973: Familie, in: Claessens, D./Milhoffer, P. (Hg.): Familiensoziologie. Ein Reader als Einführung, Frankfurt a.M., S. 63 – 78.
Hradil, S., 1980: Die Erforschung der Macht: Eine Übersicht über die empirische Ermittlung von Machtverteilungen durch die Sozialwissenschaften, Stuttgart/Berlin/Köln/Mainz.
Hradil, S., 1983. Die Ungleichheit der »Sozialen Lage«, in: Kreckel, R. (Hg.): Soziale Ungleichheiten (Sonderband 2 der Sozialen Welt), Göttingen, S. 101 – 120.
Hradil, S., 1987[a]: Die »neuen sozialen Ungleichheiten« – und wie man mit ihnen (nicht) theoretisch zurechtkommt, in: Giesen, B./Haferkamp, H. (Hg.): Soziologie der sozialen Ungleichheiten, Opladen. S. 115 – 145.
Hradil, S., 1987[b]: Sozialstrukturanalyse in einer fortgeschrittenen Gesellschaft, Opladen.
Hradil, S., 1995: Lebensstil, in: Schäfers, B. (Hg.): Grundbegriffe der Soziologie, 4. Aufl., Opladen, S. 180 – 184.
Huf, S., 1998: Sozialstaat und Moderne. Modernisierungseffekte staatlicher Sozialpolitik, Berlin.
Hummel, K., 1982: Öffnet die Altenheime!, Weinheim und Basel.
Hurrelmann, K., [7]2004: Lebensphase Jugend. Eine Einführung in die sozialwissenschaftliche Jugendforschung, Weinheim/München.
Huster, E.-U. (Hg.) 1997: Reichtum in Deutschland. Die Gewinner in der sozialen Polarisierung, Frankfurt/New York.

Iben, G., 1971a Kompensatorische Erziehung, München.
Iben, G., 1971b: Saul Alinsky (USA) und die Überwindung der Ohnmacht der Bürger durch Organisation, in: Neues Beginnen, Nr. 3, S. 82 – 89.
Iben, G., 1989: Zur Definition von Armut, in: Blätter der Wohlfahrtspflege 11 – 12/89, S. 276 – 279.
IGfH – Internationale Gesellschaft für Heimerziehung (Hg.), 1977: Zwischenbericht Kommission Heimerziehung der Obersten Landesjugendbehörden und der Bundesarbeitsgemeinschaft der Freien Wohlfahrtspflege: Heimerziehung und Alternativen – Analysen für Ziele und Strategien, Frankfurt.
Illich, I., 1979: Entmündigende Expertenherrschaft, in: Illich, I. u.a.: Entmündigung durch Experten. Zur Kritik der Dienstleistungsberufe, Reinbek b. Hamburg, S. 7 – 36.
Institut für Stadtteilbezogene Soziale Arbeit und Beratung (Hg.), 1989: Zwischen Sozialstaat und Selbsthilfe; stadtteilbezogene Soziale Arbeit als Handlungsansatz in beruflicher Praxis und studentischer Ausbildung, Essen.

Jugend '97. Zukunftsperspektiven. Gesellschaftliches Engagement. Politische Orientierung. Hrsgg. vom Jugendwerk der Deutschen Shell, Opladen 1996.
Jugend 2000. Hrsgg. vom Jugendwerk der Deutschen Shell, Bd. 1, Opladen 2000.
Jugend 2002. Zwischen pragmatischem Idealismus und robustem Materialismus. Hrsgg. vom Jugendwerk der Deutschen Shell, Frankfurt/M. 2002.

Karstedt, S., 1996: Soziale Ungleichheit und Kriminalität – Zurück in die Zukunft? in: Nussmann, K. D./Kreisel, R. (Hg.): Kritische Kriminologie in der Diskussion. Theorien, Analysen, Positionen, Opladen, S. 45 – 72.
Karsten, M.-E., 1996: Die »arme» Krisenfamilie ist die Familie der Sozialarbeit, in: Karsten, M.-E. und Otto, H.-U., Die Sozialpädagogische Ordnung der Familie. Beiträge zum Wandel familialer Lebensweisen und sozialpädagogischer Interventionen, 2. Aufl. Weinheim – München, S. 202 – 220.
Kaufmann, F.-X., 1995: Zukunft der Familie im vereinten Deutschland, München.
Kaufmann, F.-X., 1997: Herausforderungen des Sozialstaates, Frankfurt/M.
Kavemann, B., 1997: Zwischen Politik und Professionalität: Das Konzept der Parteilichkeit, in: Hagemann-White/C., Kavemann, B./Ohl, D., Parteilichkeit und Solidarität: Praxiserfahrungen und Streitfragen zur Gewalt im Geschlechterverhältnis, Bielefeld, S. 179 – 235.
Kern, H./Schumann, U., 1984: Das Ende der Arbeits-

teilung? Rationalisierung in der industriellen Produktion, München.
Kerner, H. J., 1974: Kriminalstatistik, in: Kaiser, G. (Hg.): Kleines Kriminologisches Wörterbuch, Freiburg i.B., S. 190 – 193.
Kerschke-Risch, P., 1993: Gelegenheit macht Diebe – doch Frauen klauen auch. Massenkriminalität bei Frauen und Männern, Opladen 1993.
Keuchel, I., 1984: Psychologische Alternstheorien, in: Oswald, W. D. u.a. (Hg.): Gerontologie, Stuttgart, S. 176 – 183.
Kiefl, W./Lamnek, S., 1986: Soziologie des Opfers. Theorien, Methoden und Empirie der Viktimologie, München.
Kieser, A., 1975: Der Einfluss der Umwelt auf die Organisationsstruktur der Unternehmung, in: Türk, K. (Hg.): Organsations-theorie, Hamburg, S. 32 – 52.
Kieser, A., 1999a: Der Situative Ansatz, in: Kieser, A., Organisationstheorien, 3. Aufl., S. 169 – 199.
Kieser, A., 1999b: Human Relations- Bewegung und Organisationspsychologie, in: Kieser, A. (Hg.): Organisationstheorien, 3. Aufl., Stuttgart, S. 101 – 132.
Kieser, A., 1999c: Max Webers Analyse der Bürokratie, in: Kieser, A. (Hg.): Organisationstheorien, 3. Aufl., Stuttgart, S. 39 – 64.
Kieser, A./Kubicek, H., 1992: Organisation, 3. Aufl., Berlin-New York.
Kißler, L. u.a., 1997: Moderne Zeiten im Rathaus? Reform der Kommunalverwaltungen auf dem Prüfstein der Praxis, Berlin.
Kleining, G., 1975: Soziale Mobilität in der Bundesrepublik Deutschland, in: Kölner Zeitschrift für Soziologie und Sozialpsychologie, S. 273 – 292.
Klie, Th./ Schmidt, R., 1999: Die Pflegeversicherung ist unter strategisch-politischen Gesichtspunkten ein großer Erfolg – allerdings besteht Reformbedarf!, in: Theorie und Praxis der Sozialen Arbeit, 2, 50. Jg., S. 48 – 53.
Knapp, G.-A., 1987: Arbeitsteilung und Sozialisation: Konstellationen von Arbeitsvermögen und Arbeitskraft im Lebenszusammenhang von Frauen, in: Beer, U. (Hg.): Klasse Geschlecht. Feministische Gesellschaftsanalyse und Wissenschaftskritik, Bielefeld, S. 236 – 273.
Knieschewsky E., 1978: Sozialarbeiter und Klient. Eine empirische Untersuchung, Weinheim/Basel.
Kohlberg, L., 1974: Zur kognitiven Entwicklung des Kindes, Frankfurt/M.
Kohli, M., 1984: Erwachsenensozialisation, in: Eyferth, H./Otto, H.-U./Thiersch, H. (Hg.): Handbuch zur Sozialarbeit/Sozialpädagogik, Neuwied/Darmstadt.
Kohli, M., 1995: Lebenslauf, in: Schäfers, B. (Hg.): Grundbegriffe der Soziologie, 4. Aufl., S. 177 – 180
König, R., 1969: Soziologie der Familie, in: König, R. (Hg.): Handbuch der empirischen Sozialforschung, II. Band, Stuttgart, S. 172 – 305.
König, R., 1972: Einige Bemerkungen zur Soziologie der Gemeinde, in: König, R. (Hg.): Soziologie der Gemeinde, Opladen, S. 1 – 11.
Krappmann, L., 1969: Soziologische Dimensionen der Identität, Stuttgart.
Kraus, H., 1951: Amerikanische Methoden der Gemeinschaftshilfe – Community Organization for Social Welfare, in: Soziale Welt, S. 184 – 192.
Krause, P./Wagner, G., 1997: Einkommens-Reichtum und Einkommens-Armut in Deutschland, in: Huster, E.-U. (Hg.):Reichtum in Deutschland. Die Gewinner in der sozialen Polarisierung, Frankfurt/ New York, S.65 – 88.
Kreckel, R., 1983: Soziale Ungleichheit und Arbeitsmarktsegmentierung, in: Kreckel, R. (Hg.): Soziale Ungleichheiten (Sonderband 2 der Sozialen Welt), Göttingen, S. 137 – 162.
Kühn, D. u.a., 1982: Leitfaden für kommunale Sozialplanung, Schriften des Deutschen Vereins für öffentliche und private Fürsorge, Frankfurt.
Kühn, D., 1986: Die informellen Abstimmungs- und Entscheidungsprozesse der Wohlfahrtsverbände und der kommunalen Sozialverwaltung im Vorfeld der Arbeit der Ausschüsse und Arbeitsgemeinschaften, in: Tränhardt, D. u.a. (Hg.): Wohlfahrtsverbände zwischen Selbsthilfe und Sozialstaat, Freiburg, S. 224 – 238.
Kühn, D., 1988a: Ausbildung und Berufslage männlicher Fachkräfte der Sozialarbeit in der Weimarer Republik und im Nationalsozialismus, in: Grohall, K.-H. u.a.: Erinnerungsarbeit für Sozialberufe: Soziale Arbeit zwischen Wohlfahrts- und Rassenpflege, Münster, S. 28 – 58.
Kühn, D., 1988b: Die Entwicklung der Berufsbezeichnungen für »Sozialarbeiter/innen« von 1900 bis heute, in: Grohall, K.-H. u.a.: Erinnerungsarbeit für Sozialberufe: Soziale Arbeit zwischen Wohlfahrts- und Rassenpflege, Münster, S. 9 – 27.
Kühn, D., 1994: Jugendamt – Sozialamt – Gesundheitsamt: Entwicklungslinien der Sozialverwaltung in Deutschland, Neuwied – Kriftel – Berlin.
Kühn, D., 1995a: Neue Steuerungsmodelle der Sozialverwaltung – Chancen und Gefahren, in: neue praxis, 4/95, S. 340 – 348.
Kühn, D., 1995b: Sozialmanagement – Konzepte und ihre Relevanz für die Sozialen Dienste, in: Soziale Arbeit, 2, S. 38 – 44.
Kühn, D., 1996: Die Bedeutung der Kennzahlen für die Neuen Steuerungsmodelle der Sozialverwaltung, in: Soziale Arbeit, 12, S. 413 – 418.
Kühn, D., 1999: Reform der öffentlichen Verwaltung: Das Neue Steuerungsmodell in der kommunalen Sozialverwaltung, Köln.
Kury, H./Lerchmüller, H. (Hg.),1981: Diversion. Alternative zu klassischen Sanktionsformen, 2 Bände, Bochum.

Lamnek, S., 1993: Theorien abweichenden Verhaltens. Eine Einführung für Soziologen, Psychologen, Pädagogen, Juristen, Politologen, Kommunika-

tionswissenschaftler und Sozialarbeiter, 5. Aufl., München (UTB 740).
Lamnek, S.,1994: Neue Theorien abweichenden Verhaltens, München (UTB Nr. 1774).
Lamnek, S., 1995³: Qualitative Sozialforschung, Bd. 2. Methoden und Techniken, Weinheim.
Landesamt für Datenverarbeitung und Statistik Nordrhein-Westfalen, 1985: Statistische Berichte: Die Obdachlosigkeit in Nordrhein-Westfalen am 30.06.1985, Düsseldorf.
Landeshauptstadt München, Sozialreferat, 1988: Soziale Leistungen in Zahlen 1980 – 1986, München.
Landesjugendamt Westfalen-Lippe, 1988 : »...ich kann hier so lange leben, bis ich selber weg will«. 12 Jahre Westfälische Erziehungsstellen, Münster.
Landesjugendamt Westfalen-Lippe 1993: Empfehlungen zum Hilfeplanverfahren gemäß § 36 KJHG, in: Mitteilungen des Landesjugendamtes – Beiträge, Entscheidungen und Informationen zur Jugendhilfe – Nr. 115, Münster, S. 31 – 40.
Landwehr, R., 1983: Funktionswandel der Fürsorge vom 1. Weltkrieg bis zum Ende der Weimarer Republik, in: Landwehr, R./Baron, R. (Hg.): Geschichte der Sozialarbeit, Weinheim/Basel, S. 73 – 138.
Lange, A., 1999: Veränderungen der Familie – Entwicklungen der Familienforschung: Ein Trendbericht. Internet-Dokumenteserver der Universitätsbibliothek Konstanz.
Lange, E., 1991: Jugendkonsum, Opladen.
Lauterbach, W./ Lüscher, K. 1999: Wer sind die Spätauszieher? Oder: Herkunftsfamilie, Wohnumfeld und die Gründung eines eigenen Haushaltes, in: Zeitschrift für Bevölkerungswissenschaft, 24. Jg.
Lebert, B., ⁸2001: Crazy. Roman, Köln.
Leggewie, C. (Hg.) ³1993: Multi Kulti. Spielregeln für die Vielvölkerrepublik, Berlin.
Lehr, U., 1974²: Psychologie des Alterns, Heidelberg.
Lehr, U., 1979a: Die mütterliche Berufstätigkeit und mögliche Auswirkungen auf das Kind, in: Neidhardt, F. (Hg.): Frühkindliche Sozialisation. Theorien und Analysen, Stuttgart, S. 230 – 269.
Lehr, U., 1979b: Gero-Intervention – das Insgesamt der Bemühungen, bei psychophysischem Wohlbefinden ein hohes Lebensalter zu erreichen, in: Lehr, U. (Hg.): Interventionsgerontologie, Darmstadt, S. 1 – 49.
Leibfried, S. et al., 1995: Zeit der Armut. Lebensläufe im Sozialstaat, Frankfurt/M.
Leisering, L., 1997: Identitätsprobleme der Sozialarbeit. Folgen sozialer Entgrenzung von Armut, in: Müller, S./Otto, U.(Hg.): Armut im Sozialstaat. Gesellschaftliche Analyse und sozialpolitische Konsequenzen, Neuwied/Kriftel/Berlin, S. 245 – 264.
Leitner, U., 1981: Sozialarbeit und Soziologie in Deutschland. Ihr Verhältnis in historischer Perspektive, Weinheim-Basel.
Lemert, E. M., 1951: Social Pathology. A Systematic Approach to the Theory of Sociopathic Behavior, New York.
Lemert, E. M., 1975: Der Begriff der sekundären Devianz, in: Lüdersen, K./Sack, F. (Hg.): Seminar abweichendes Verhalten I. Die selektiven Normen der Gesellschaft, Frankfurt/M., S. 433 – 476.
Lempp, J. H., 1997: Ist Sozialarbeit überhaupt ein Beruf? Beitrag zu einer eigentlich überflüssigen Diskussion, in: Sozialmagazin, Heft 2, Februar 1997, S. 16 – 26.
Lessing, H./Liebel, M., 1974: Jugend in der Klassengesellschaft. Marxistische Jugendforschung und antikapitalistische Jugendarbeit, München.
Lingesleben, O., 1973: Die Berufssituation der Sozialarbeiter und Tendenzen der Professionalisierung, in: Otto, H.-U/Utermann, K. (Hg.): Sozialarbeit als Beruf. Auf dem Weg zur Professionalisierung?, München, S. 31 – 66.
Link, J., 1998: Versuch über den Normalismus. Wie Normalität produziert wird, 2. Aktualisierte und erweitere Auflage, Opladen/Wiesbaden.
Litwak, E., 1971: Drei alternative Bürokratiemodelle, in: Mayntz, R. (Hg.): Bürokratische Organisation, Köln und Berlin, S. 117 – 126.
Loer, B., 1990: Mädchen – Unsichtbar und pflegeleicht?, in: Bock-Rosenthal, E. (Hg.): Frauenförderung in der Praxis. Frauenbeauftragte berichten, Frankfurt/New York, S. 146 – 163.
Lombroso, C., 1890/1894: Der Verbrecher in anthropologischer, ärztlicher und juristischer Beziehung, 2 Bde., Hamburg.
Lüdtke, H., 1989: Expressive Ungleichheit. Zur Soziologie der Lebensstile, Opladen.
Luhmann, N., 1969: Normen in soziologischer Perspektive, in: Soziale Welt, 20. Jg.
Luhmann, N., 1970 – 1987: Soziologische Aufklärung. 4 Bände, Köln/Opladen.
Luhmann, N., 1970: Funktion und Kausalität, in: Ders., Soziologische Aufklärung. Aufsätze zur Theorie sozialer Systeme, Köln/Opladen, S. 9 – 30.
Luhmann, N., 1972: Formen des Helfens im Wandel gesellschaftlicher Bedingungen, in: Otto, H.-U./ Schneider, S. (Hg.): Gesellschaftliche Perspektiven der Sozialarbeit, 1. Halbband, Neuwied-Berlin, S. 21 – 43.
Luhmann, N., 1973²: Vertrauen. Ein Mechanismus der Reduktion sozialer Komplexität, Stuttgart.
Luhmann, N., 1975: Macht, Stuttgart.
Luhmann, N., 1976: Auszug aus: »Funktionen und Folgen formaler Organisation«, in: Büschges, G. (Hg.): Organisation und Herrschaft, Reinbek bei Hamburg, S. 195 – 225.
Luhmann, N., 1979: Schematismen der Interaktion, in: Kölner Zeitschrift für Soziologie und Sozialpsychologie 2/79.
Luhmann, N., 1984: Soziale Systeme. Grundriss einer allgemeinen Theorie, Frankfurt/M.
Luhmann, N., 1997: Die Gesellschaft der Gesellschaft, Bd. 1 u. 2, Frankfurt/M.
Lukesch, H., 1988: Von der »radio-hörenden« zur »verkabelten« Familie – Mögliche Einflüsse der Entwicklung von Massenmedien auf das Familienleben

und die familiale Sozialisation, in: Nave-Herz, R. (Hg.): Wandel und Kontinuität der Familie in der Bundesrepublik Deutschland, Stuttgart, S. 173 – 197.

Lüschen, G., 1988: Familial-verwandschaftliche Netzwerke, in: Nave-Herz, R. (Hg.): Wandel und Kontinuität der Familie in der Bundesrepublik Deutschland, Stuttgart, S. 145 - 172.

Lüscher, K., 1968: Der Prozess der beruflichen Sozialisation, Stuttgart.

Lüscher, K., 1995: Familie und Postmoderne, in: Nauck, B./Onnen-Isemann, C. (Hg.), Familie im Brennpunkt von Wissenschaft und Forschung. Rosemarie Nave-Herz zum 60. Geburtstag gewidmet, Neuwied/Kriftel/Berlin, S. 3 – 15.

Machwirth, Z., [3]1999: Die Gleichaltrigengruppe (peergroup) der Kinder und Jugendlichen, in: Schäfers, B. (Hg.): Einführung in die Gruppensoziologie. Geschichte, Theorien, Analysen, Heidelberg.

Mädge, E./Neusüß, C., 1994: Alleinerziehende Sozialhilfeempfängerinnen zwischen sozialpolitischem Anspruch und gesellschaftlicher Realität, in: Zwick, M. (Hg.): Einmal arm, immer arm? Neue Befunde zur Armut in Deutschland, Frankfurt/M., S. 134 – 155.

Malinowski, P./Münch, U., 1975: Soziale Kontrolle. Soziologische Theoriebildung und ihr Bezug zur praktischen Sozialen Arbeit, Neuwied/Darmstadt.

Mangold, J., 1985: Soziologie-orientierte Ansätze Sozialer Arbeit, in: Maas, U. (Hg.): Sozialarbeit und Sozialverwaltung, Weinheim und Basel, S. 102 – 117.

Maòr, H., 1975: Soziologie der Sozialarbeit, Stuttgart-Berlin-Köln-Mainz.

Marx, K., 1962: Frühe Schriften I, hrsgg. von Lieber, H. J. und Fuhrth, P., Stuttgart.

Marx, K., 1972: Zur Kritik der Politischen Ökonomie. Marx-Engels-Werke Bd. 13, Berlin.

Marx, K., Engels, F., 1963: Manifest der Kommunistischen Partei, in: Ausgewählte Schriften in zwei Bänden, Bd. I, Berlin.

Matthes, J., 1969: Kirche und Gesellschaft. Einführung in die Religionssoziologie II, Reinbek b. Hamburg.

Mayer, K. U., 1977: Soziale Ungleichheit und Mobilität, in: Zapf, W (Hg.): Lebensbedingen in der Bundesrepublik: Sozialer Wandel und Wohlfahrtsentwicklung, Frankfurt, S. 149 – 208.

Mayer, K. U./Blossfeld, H. P., 1989: Die gesellschaftliche Konstruktion sozialer Ungleichheit, in: Berger, P. A./Hradil, S. (Hg.): Ungleichheit und Lebenslauf (Sonderband 7 der Sozialen Welt), Göttingen.

McClung Lee, A., 1969[2]: Soziale Probleme, in: Bernsdorf, W. (Hg.): Wörterbuch der Soziologie, Stuttgart, S. 986.

Mead, G. H., 1975: Geist, Identität und Gesellschaft aus der Sicht des Sozial-behaviorismus, Frankfurt/M. (stw 28).

Meier, A., 1990: Abschied von der sozialistischen Ständegesellschaft, in: Aus Politik und Zeitgeschichte, April, S. 3 – 14.

Merchel, J., 1998: Hilfeplanung bei den Hilfen zur Erziehung § 36 SGB VIII, Stuttgart-München-Hannover-Berlin-Weimar-Dresden 1998.

Merten, R.,1997: Autonomie der Sozialen Arbeit. Zur Funktionsbestimmung als Disziplin und Profession, Weinheim-München.

Merton, R. K., 1967: Der Rollen-Set: Probleme der soziologischen Theorie, in: Hartmann, H. (Hg.): Moderne amerikanische Soziologie, Stuttgart, S. 255 - 267.

Merton, R. K., 1968. Bürokratische Struktur und Persönlichkeit, in: Mayntz, R. (Hg.): Bürokratische Organisation, Köln-Berlin, S. 265 - 276.

Merton, R. K., 1968: Sozialstruktur und Anomie, in: Sack, F./König, R. (Hg.): Kriminalsoziologie, Frankfurt/M, S. 283 ff.

Mesle, K., 1978: Praxis der Gemeinwesenarbeit heute, Heidelberg.

Messelke, K., 1993: Handlungstheorie, in: Edruweit, G. (Hg.): Moderne Theorien der Soziologie, Stuttgart.

Metz-Göckel, S./Müller, U., 1986: Der Mann, Weinheim/Basel.

Meulemann, H., 1985: Bildung und Lebensplanung. Die Sozialbeziehung zwischen Elternhaus und Schule, Frankfurt/New York.

Meulemann, H., 2001: Ankunft im Erwachsenenleben, in: Zeitschrift für Sozialisationsforschung und Erziehungssoziologie, 21. Jg., H.1.

Miller, W. B., 1968: Die Kultur der Unterschicht als Entstehungsmilieu für Bandendelinquenz, in: Sack, E./König, R. (Hg.): Kriminalsoziologie, Frankfurt/M, S. 339 – 359.

Mills, T. M., 1976[1]: Soziologie der Gruppe, München.

Mollenhauer, K./Brumlik, M./Wudtke, H., 1978: Die Familienerziehung, München.

Mollenhauer, K., 1992: Jugendhilfe. Modernitätsanforderungen und Traditionsbestände für die sozialpädagogische Zukunft, in: Rauschenbach, Th./Gängler, H. (Hg.): Soziale Arbeit und Erziehung in der Risikogesellschaft, Neuwied-Kriftel, S. 101 – 117.

Mühlfeld, C., 1982: Ehe und Familie, Opladen.

Mühlum, A., 1982: Sozialpädagogik und Sozialarbeit. Eine vergleichende Darstellung zur Bestimmung ihres Verhältnisses in historischer, berufspraktischer und theoretischer Perspektive, Frankfurt a.M.

Mühlum, A./Kemper, E., 1988: Sozialarbeit – Kompetenz statt Omnipotenz, in: Mühlfeld, C./Oppl, H./Weber-Falkensammer, H./Wendt, W. R. (Hg): Mehr Professionalität – mehr Lösungen? Die professionspolitische Zerreißprobe der Sozialarbeit, Frankfurt/M., S. 11 – 30.

Müller, B., 1981: Methoden und berufliche Identität, in: Projektgruppe Soziale Berufe (Hg.): Sozialarbeit: Ausbildung und Qualifikation. Expertisen I, München, S. 162 – 187.

Müller, B., 1993: Sozialpädagogisches Können. Ein Lehrbuch zur multiperspektivischen Fallarbeit, Freiburg/i. B.

Müller, B., 1991: Die Last der großen Hoffnungen. Methodisches Handeln und Selbstkontrolle in Sozialen Berufen. Völlig überarbeitete Neuausgabe, Weinheim-München.

Müller, C. W., 1999: Generationsbeziehungen im Umbruch – Alt gegen Jung – Jung gegen Alt?, in: Theorie und Praxis der Sozialen Arbeit, 1, S. 9 – 13.

Müller, C. W., 1988: Wie Helfen zum Beruf wurde, Band 2, Eine Methodengeschichte der Sozialarbeit 1945 – 1985, Weinheim und Basel.

Müller, H.-P., 1986: Kultur, Geschmack und Distinktion, in: Neidhardt, F. u.a. (Hg.): Kultur und Gesellschaft (KZfSS Sonderheft 27), Opladen, S. 162 – 190.

Müller, H.-P., 1989: Lebensstile. Ein neues Paradigma der Differenzierungs- und Ungleichheitsforschung?, in: Kölner Zeitschrift für Soziologie und Sozialpsychologie 1/89, S. 53 – 71.

Müller, S., 1993: Erziehen-Helfen-Strafen. Zur Klärung des Erziehungsbegriffs im Jugendstrafrecht aus pädagogischer Sicht, in: Peters, H. (Hg.): Muss Strafe sein? Zur Analyse und Kritik strafrechtlicher Praxis, Opladen, S. 218 – 232.

Müller, W., 1997: Sozialstruktur und Wahlverhalten. Eine Widerrede gegen die Individualisierungsthese, in: Kölner Zeitschrift für Soziologie und Sozialpsychologie, 49. Jg., S .747 – 760.

Müller, W./Haun, D., 1994: Bildungsungleichheit im sozialen Wandel, in: Kölner Zeitschrift für Soziologie und Sozialpsychologie, 46. Jg., S. 1 – 42.

Münder, J. u.a., 1993: Frankfurter Lehr- und Praxiskommentar zum Kinder- und Jugendhilfegesetz, Münster.

Münder, J., 1998: Von der Subsidiarität über den Korporatismus zum Markt, in: neue praxis, 1, S. 3 – 12.

Naegele, G. u.a., 1995: Bedarfsplanung in der kommunalen Altenpolitik und -arbeit in Nordrhein-Westfalen, Bd. 1 u. 2, Dortmund.

Naegele, G./Tews, H. P., 1993: Theorieansätze und -kritik zur Altersentwicklung – Neue und alte sozialpolitische Orientierungen, in: Naegele, G./Tews, H. P. (Hg.): Lebenslagen im Strukturwandel des Alters: Alternde Gesellschaft – Folgen für die Politik, Opladen, S. 329 – 367.

Napp-Peters, A., 1985: Ein-Elternteil-Familien. Soziale Randgruppen oder neues familiales Selbstverständnis, Weinheim/München.

Nave-Herz, R., 1988: Kontinuität und Wandel in der Bedeutung, in der Struktur und Stabilität von Ehe und Familie in der Bundesrepublik Deutschland, in: Nave-Herz, R. (Hg.): Wandel und Kontinuität der Familie in der Bundesrepublik Deutschland, Stuttgart, S. 61 – 94.

Nave-Herz, R., 1997: Familie-Jugend-Alter, in: Korte, H./Schäfers, B. (Hg.), Einführung in die Praxisfelder der Soziologie, Opladen, S. 9 – 28

Neckel, S., 1991: Status und Scham. Zur symbolischen Reproduktion sozialer Ungleichheit, Frankfurt/M.

Neckel, S., 1999: Blanker Neid, blinde Wut? Sozialstruktur und kollektive Gefühle, in: Leviathan, 27. Jg., S. 145 – 165.

Nedelmann, R., 1983: Georg Simmel – Emotion und Wechselwirkung in intimen Gruppen, in: Neidhardt, F. (Hg.): Gruppensoziologie. Perspektiven und Materialien (KZfSS Sonderheft 25), Opladen, S. 174 – 209.

Neidhardt, F., 1975: Die Familie in Deutschland. Gesellschaftliche Stellung, Struktur und Funktion, Opladen.

Neidhardt, F., 1979: Systemtheoretische Analysen zur Sozialisationsfähigkeit der Familie, in: Neidhardt, F. (Hg.): Frühkindliche Sozialisation. Theorien und Analysen, Stuttgart, S. 162 – 187.

Neidhardt, F., 1983: Themen und Thesen zur Gruppensoziologie, in: Neidhardt, F. (Hg.): Gruppensoziologie. Perspektiven und Materialien (KZfSS Sonderheft 25), Opladen, S. 12 – 35.

Neidhardt, F., 1999: Innere Prozesse und Außenweltbedingungen sozialer Gruppen, in: Schäfers, B. (Hg.): Einführung in die Gruppensoziologie. Geschichte, Theorien, Analysen, Heidelberg, S. 135 – 156.

Nestmann, F., 1989: Förderung sozialer Netzwerke – eine Perspektive pädagogischer Handlungskompetenz? In: Neue Praxis 2/89, S. 107 – 123.

Neuberger, Chr., 1997: Auswirkungen elterlicher Arbeitslosigkeit und Armut auf Familien und Kinder, in: Otto, U., (Hg.): Aufwachsen in Armut. Erfahrungswelten und soziale Lagen von Kindern armer Familien, Opladen.

Neuloh, O., 1973: Arbeits- und Berufssoziologie, Berlin/New York.

Nienstedt, M./Westermann, A., 1995: Pflegekinder: psychologische Beiträge zur Sozialisation von Kindern in Ersatzfamilien, – 4. Aufl. – Münster.

Noll, H.-H., 1997: Sozialberichterstattung: Zielsetzung, Funktionen und Formen, in: Noll, H.-H. (Hg.): Sozialberichterstattung in Deutschland. Konzepte, Methoden und Ergebnisse für Lebensbereiche und Bevölkerungsgruppen, Weinheim/München.

Noll, H.-H./Schuster, F., 1992: Soziale Schichtung und Wahrnehmung sozialer Ungleichheit im Ost-West-vergleich, in: Glatzer, W./Noll, H.H. (Hg.): Lebensverhältnisse in Deutschland: Ungleichheit und Angleichung. Soziale Indikatoren XVI, Frankfurt/New York, S. 209 – 230.

Oelschlägel, D., 1984: 100 Jahre Toynbee Hall, in: Oelschlägel, D. (Hg.): Jahrbuch 1 Gemeinwesenarbeit, München, S. 171 – 187.

Oelschägel, D., 1985: Strategiediskussion in der Sozialen Arbeit und das Arbeitsprinzip Gemeinwesenarbeit, in: Brennpunkte Sozialer Arbeit: Gemeinwesenarbeit, Frankfurt, S. 7 – 22.

Oelschlägel, D., 1983: Zur Entwicklung der Gemeinwesenarbeit in der Bundesrepublik Deutschland, in: Peters, F. (Hg.): Gemeinwesenarbeit im Kontext lokaler Sozialpolitik, Bielefeld, S. 171 – 186.

Oelschlägel, D., 1991: Zwischen Möglichkeiten und Behinderungen – Gemeinwesenarbeit als berufliche Strategie in sozialen Feldern, in: Rundbrief, 1, S. 4 – 9.
Oelschlägel, D., 1994: Sozialarbeit braucht Antworten auf Armut, in: Caritas, 95, 1, S. 20 – 32.
Oerter, R., 1985: Aspekte einer entwicklungspsychologischen Beratung im Jugendalter, in: Brandstätter, J./Gräser, H. (Hg.): Entwicklungsberatung unter ein Aspekt der Lebensspanne, Göttingen
Oerter, R./Dreher, E., [5]2002: Jugendalter, in: Oerter, R./Montada. L. (Hg.): Entwicklungspsychologie, Weinheim.
Offe, C., 1984: »Arbeitsgesellschaft«: Strukturprobleme und Zukunftsperspektiven, Frankfurt/New York.
Olk, Th., 1986: Abschied vom Experten, Weinheim/München.
Opp, K.-D., 1970: Methodologie der Sozialwissenschaften. Einführung in Probleme ihrer Theorienbildung, Reinbek b. Hamburg.
Ortmann, F., 1996: Neue Steuerungsformen der Sozialverwaltung und der Sozialen Arbeit, in: Nachrichtendienst des Deutschen Vereins (NDV), 2, S. 62 – 67.
Ortmann, G./Sydow, J./ Türk, K. (Hg.), 1997: Theorien der Organisation – Rückkehr der Gesellschaft, Opladen.

Papathanassiou, V., 2002: Abweichendes Verhalten, in: Endruweit, G./Trommsdorf, G. (Hg.): Wörterbuch der Soziologie, 2. Aufl., Stuttgart (UTB 2232), S. 661 - 667
Paris, R./Sofsy, W., 1987: Drohungen. Über eine Methode der Interaktionsmacht, in: Kölner Zeitschrift für Soziologie und Sozialpsychologie 1/87, S. 15 – 39.
Parsons, T., 1951: The Social System, London.
Parsons, T., 1964: Die akademischen Berufe und die Sozialstruktur, in: Parsons, T.: Soziologische Theorie, herausgegeben und eingeleitet von D. Rüschemeyer, Neuwied-Berlin, S. 160 – 179.
Parsons, T., 1967: Einige Grundzüge der allgemeinen Theorie des Handelns, in: Hartmann, H. (Hg.): Moderne amerikanische Soziologie. Neuere Beiträge zur soziologischen Theorie, Stuttgart, S. 153 – 171.
Parsons, T., 1976: Zur Theorie sozialer Systeme, herausgegeben und eingeleitet von S. Jensen, Opladen.
Pechstein, J., 1978: Sozial behinderte Kinder, in: Hellbrügge, Th. (Hg.): Kindliche Sozialisation und Sozialentwicklung, München/Wien/Baltimore.
Peters, D., 1984: Mütterlichkeit im Kaiserreich, Die bürgerliche Frauenbewegung und der Soziale Beruf der Frau, Bielefeld.
Peters, H., 1973: Die misslungene Professionalisierung der Sozialarbeit, in: Otto, H.-U./Utermann K. (Hg.): Sozialarbeit als Beruf. Auf dem Weg zur Professionalisierung?, München, S. 99 – 123.
Peters, H., 1989: Devianz und soziale Kontrolle. Eine Einführung in die Soziologie abweichenden Verhaltens, Weinheim/München.
Peters, H., 1996: Als Partisanwissenschaft ausgedient, als Theorie aber nicht sterblich: der labeling approach, in: Kriminologisches Journal, 2/96, S. 107 – 115.
Petri, H., 1989:Erziehungsgewalt. Zum Verhältnis von persönlicher und gesellschaftlicher Gewaltausübung in der Erziehung, Frankfurt a.M.
Pfaffenberger, H., 1981: Zur Situation der Ausbildungsstätten, in: Projektgruppe Soziale Berufe (Hg.): Sozialarbeit: Ausbildung und Qualifikation, Expertisen I, München, S. 89 – 119.
Pfeiffer, K. D./Scherer, S., 1975: Kriminalsoziologie. Eine Einführung in Theorien und Themen, Stuttgart/Berlin/Köln/München.
Piaget, J., 1986/1947: Psychologie der Intelligenz, Stuttgart/Zürich.
Plessner, H., 1928: Die Stufen des Organischen und der Mensch, Berlin/Leipzig.
Popitz, H., 1976[3] Prozesse der Machtbildung, Tübingen.
Prim, R./Tilmann, H., 1997[7]: Grundlagen einer kritischrationalen Sozialwissenschaft. Studienbuch zur Wissenschaftstheorie Karl R. Poppers, Wiesbaden

Quensel, St., 1972: Sozialarbeit und Jugendkriminalität, in: Schmidtobreick, B. (Hg.): Kriminalität und Sozialarbeit, Freiburg i. B., S. 53 – 56.

Rauschenbach, Th., 1999a: Das sozialpädagogische Jahrhundert. Analysen zur Entwicklung der Sozialen Arbeit in der Moderne, Weinheim-München.
Rauschenbach, Th., 1999b: »Dienste am Menschen« – Motor oder Sand im Getriebe des Arbeitsmarktes?, in: neue praxis, H. 2, S. 130 – 147.
Rauschenbach, Th./Treptow, R., 1984: Sozialpädagogische Reflexivität und gesellschaftliche Rationalität. Überlegungen zur Konstitution sozialpädagogischen Handelns, in: Müller, S./Otto, H.-U./Peter, H./Sünker, H. (Hg.): Handlungskompetenz in der Sozialarbeit/Sozialpädagogik II – Theoretische Konzepte und gesellschaftliche Strukturen, Bielefeld, S. 21 – 71.
Rawls, J., 1993: Eine Theorie der Gerechtigkeit, Frankfurt/M.
Redeker, A., 1993: Abweichendes Verhalten und moralischer Fortschritt. Zur Steuerungsfunktion der Normenkritik in der theologisch-ethischen Reflexion, Frankfurt/Berlin/Bern/New York/Paris/Wien.
Regenbogen, A., 1998: Sozialisation in den 90er Jahren. Lebensziele, Wertmaßstäbe und politische Ideale bei Jugendlichen, Opladen.
Reimann, H. u.a., 1984[3]: Basale Soziologie: Hauptprobleme, Opladen.
Richter, H. E., 1970: Patient Familie. Entstehung, Struktur und Therapie von Konflikten in Ehe und Familie, Reinbek b. Hamburg

Richter, H. E., 1972: Die Gruppe. Hoffnung auf einen neuen Weg, sich selbst und andere zu befreien, Reinbek b. Hamburg.

Richter, I., 1995: Von der Freiheit, Kinder zu haben – Verfassungsfragen der gesellschaftlichen Reproduktion, in: Nauck, B./Onnen-Isemann, C. (Hg.), Familie im Brennpunkt von Wissenschaft und Forschung. Rosemarie Nave-Herz zum 60. Geburtstag gewidmet, Neuwied/Kriftel/Berlin, S. 37 – 46.

Riesman, D., u.a.1958: Die einsame Masse. Eine Untersuchung der Wandlungen des amerikanischen Charakters, Reinbek b. Hamburg.

Rolff, H.G., 1980: Sozialisation und Auslese durch die Schule, Heidelberg.

Rosenmayr, L. u. H., 1978: Der alte Mensch in der Gesellschaft, Reinbek b. Hamburg.

Rosenmayr, L., 1982: Wider die Harmonie-Illusion. Praxisbeziehung als Herausforderung zur Neubestimmung der Soziologie, in: Beck, U. (Hg.): Soziologie und Praxis. (Soziale Welt: Sonderband 1), Göttingen.

Rosenmayr, L., 1984: Gerosoziologie, in: Oswald, W. D. u.a. (Hg.): Gerontologie. Medizinische, psychologische und wissenschaftliche Grundbegriffe, Stuttgart, S. 176 – 183.

Rosenmayr, L., 1994: Altersgesellschaft – bunte Gesellschaft? Soziologische Analyse als Beitrag zur politischen Orientierung, in: Journal für Sozialforschung, 2, S. 145-172.

Ross, M. G., 1968: Gemeinwesenarbeit, Theorie, Prinzipien, Praxis, Freiburg.

Rössner, L., 1975: Theorie der Sozialarbeit. Ein Entwurf, München/Basel.

Roth, G., 2003: Fühlen, Denken, Handeln. Wie das Gehirn unser Verhalten steuert. Neue, vollständig überarbeitete Ausgabe, Frankfurt/Main

Rückert, W., 1992: Bevölkerungsentwicklung und Altenhilfe, Schriften Reihe Forum des KDA, Bd. 18, Köln.

Rückert, W., 1997: Von Mensch zu Mensch. Hilfe und Pflege im Alter, Funkkolleg Altern, Studienbrief 7, Tübingen, S. 1 – 37.

Rudinger, G., 1983: Altern und Leistung, in: Lehr, U.: Altern – Tatsachen und Perspektiven, Bonn, S. 103 – 122

Sachße, Chr., 1984: Die Pädagogisierung der Gesellschaft und die Professionalisierung der Sozialarbeit, in: Müller, S./Otto, H.-U./Peter, H/Sünker, H. (Hg.): Handlungskompetenz in der Sozialarbeit/ Sozialpädagogik II – Theoretische Konzepte und gesellschaftliche Strukturen, Bielefeld, S. 283 – 295.

Sachße, Chr., 1986: Mütterlichkeit als Beruf. Sozialarbeit, Sozialreform und Frauenbewegung 1871 – 1929, Frankfurt/M.

Sachße, Chr./Tennstedt, F., 1981: Zur Einführung: Von der Armutspolitik zur fachlichen Sozialarbeit, in: Sachße, Chr./Tennstedt, F. (Hg.): Jahrbuch der Sozialarbeit 4, Geschichte und Geschichten, Reinbek b. Hamburg, S. 11 – 43.

Sack, E., 1973: Abweichendes Verhalten. Folgerungen für die Sozialarbeit, in: Otto, H.-U./Schneider, S. (Hg.): Gesellschaftliche Perspektiven der Sozialarbeit I, Darmstadt/Neuwied.

Sack, F., 1996: Kriminologie – populär gemacht, in: Kriminologisches Journal 2/96, S. 116 – 120.

Salomon, A., 1901: Die Frau in der sozialen Hilfstätigkeit, in: Lange, H./Bäumer, G. (Hg.): Handbuch der Frauenbewegung, Berlin, S. 1 – 122.

Schachtner, C. , 1994: Vom Verschwinden des Alters, in: Kade, S. (Hg.): Individualisierung und Älterwerden, Bad Heilbrunn.

Schäfer, C., 1997: Empirische Überraschung und politische Herausforderung: Niedriglöhne in Deutschland, in: Becker, I./Hauser, R. (Hg.): Einkommensverteilung und Armut in Deutschland auf dem Weg zur Vierfünftel-Gesellschaft?, Frankfurt/New York, S. 83 – 112.

Schäfers, B. (Hg.) unter Mitarbeit von Gukenbiehl, H. L./Peuckert, R./Zimmermann, G. E., 1995: Grundbegriffe der Soziologie, Opladen.

Schäfers, B., 1985: Sozialstruktur und Wandel der Bundesrepublik Deutschland. Ein Studienbuch zu ihrer Soziologie und Sozialgeschichte, 4. neu bearb. und aktualisierte Auflage, Stuttgart.

Schäfers, B., 1993: Die Grundlagen des Handelns: Sinn, Normen, Werte, in: Korte, H./Schäfers, B. (Hg.): Einführung in die Hauptbegriffe der Soziologie, Opladen.

Schelling, T. C., 1973². Versuch über das Aushandeln, in: Bühl, W. L. (Hg.): Konflikt und Konfliktstrategie. Ansätze zu einer soziologischen Konflikttheorie, München, S. 235 – 263.

Schelsky, H. 1953: Wandlungen der deutschen Familie in der Gegenwart, Stuttgart.

Schelsky, H., 1972. Die Bedeutung des Berufs in der modernen Gesellschaft, in: Luckmann, Th./Sprondel, W. M. (Hg.): Berufssoziologie, Köln, S. 25 – 35.

Schenk, M., 1983: Das Konzept des sozialen Netzwerkes, in: Neidhardt, F. (Hg.): Gruppensoziologie. Perspektiven und Materialien (Sonderheft 25 KZfSS), Opladen, S. 88 – 105.

Scherpner, H., 1962: Theorie der Fürsorge, Göttingen.

Scherr, A., 1995: Soziale Identitäten Jugendlicher. Politische und berufsbiografische Orientierungen von Auszubildenden und Studenten, Opladen.

Schilling, J., 1997: Soziale Arbeit. Entwicklungslinien der Sozialpädagogik/Sozialarbeit, Neuwied/Kriftel/Berlin.

Schindler, H., u.a. (Hg.) 1990: Familienleben in der Arbeitslosigkeit, Heidelberg.

Schlapeit-Beck, D. (Hg.), 1987: Mädchenräume. Initiativen – Projekte – Lebensperspektiven, Hamburg.

Schmidbauer, W., 1977: Die hilflosen Helfer. Über die seelische Problematik der helfenden Berufe, Reinbek b. Hamburg.

Schmidt-Relenberg, N./Luetkens, Ch./Rupp, K.-J., 1976: Familiensoziologie. Eine Kritik, Stuttgart/ Berlin/Köln/Mainz.

Schneider, J., 1999: Gut und Böse – Falsch und Richtig. Zur Ethik und Moral der Sozialen Berufe, Frankfurt/M.

Schneider, N. F./Rosenkranz, D./Limmer, R., 1998: Nichtkonventionelle Lebensformen. Entstehung, Entwicklung, Konsequenzen, Opladen.

Schnell, R./Hill, P. B./Esser, E., 1988: Methoden der empirischen Sozialforschung, München/Wien.

Schone, R., 1987: Empirische Untersuchung zu Zielgruppen, Umfang und Wirksamkeit ambulanter Hilfen zur Erziehung als Alternativen zur Erziehung außerhalb der eigenen Familie (hgg. v. Institut für Soziale Arbeit – ISA – Münster), Münster.

Schröder, A./Leonhardt, U., 1998: Jugendkulturen und Adoleszenz. Verstehende Zugänge zu Jugendlichen und ihren Szenen, Neuwied/Kriftel.

Schröder, H., 1995: Jugend und Modernisierung, Weinheim/München.

Schulz, M., 1989: Sequenzanalyse von familienrelevanten Ereignissen, in: Herlth, A./Strohmeier, K. P. (Hg.): Lebenslauf und Familienentwicklung, Opladen, S. 111 – 146.

Schulze, G., 1992: Die Erlebnisgesellschaft. Kultursoziologie der Gegenwart, Frankfurt/New York.

Schulze, H.-J., 1985: Autonomiepotentiale familialer Sozialisation. Personale und soziale Differenzierung als Grundlage der neuorientierten sozialstrukturellen Sozialisationsforschung, Stuttgart.

Schumann, K. F., 1989: Positive Generalprävention. Ergebnisse und Chancen der Forschung, Heidelberg.

Schütz, K.-V., 1989: Gruppenforschung und Gruppenarbeit. Theoretische Grundlagen und Praxismodelle. Mainz.

Schütze, Y./Wagner, M., 1995: Familiale Solidarität in den späten Phasen des Familienverlaufs, in: Nauck, B./Onnen-Isemann, C. (Hg.), Familie im Brennpunkt von Wissenschaft und Forschung. Rosemarie Nave-Herz zum 60. Geburtstag gewidmet, Neuwied/Kriftel/Berlin, S. 307 – 327

Schwägler, G., 1973: Die Anfänge einer Familiensoziologie bei Wilhelm Heinrich Riehl und Frederic LePlay, in: Claessens, D./Milhoffer, P. (Hg.): Familiensoziologie. Ein Reader als Einführung, Frankfurt/M., S. 15 – 37

Schweitzer, R. v./Hagemeier, H., 1995: Die Pluralität von Lebensformen im Spiegel der Leistungen und Belastungen von Familien im Lebenszyklus, in: Nauck, B./Onnen-Isemann, C. (Hg.), Familie im Brennpunkt von Wissenschaft und Forschung. Rosemarie Nave-Herz zum 60. Geburtstag gewidmet, Neuwied/Kriftel/Berlin, S. 533 – 559

Scott, W. R., 1971: Konflikte zwischen Spezialisten und bürokratischen Organisationen, in: Mayntz, R. (Hg.): Bürokratische Organisation, Köln/Berlin, S. 201 – 216

Scott, W.R., 1986: Grundlagen der Organisationstheorie, Frankfurt/New York

Seippel, A., 1976: Handbuch Aktivierende Gemeinwesenarbeit, Band 1, Gelnhausen.

Sennett, R., 1998: Der flexible Mensch. Die Kultur des neuen Kapitalismus, Berlin.

Sidler, N., 1989: Am Rande leben, abweichen, arm sein. Konzepte und Theorien zu sozialen Problemen, Freiburg/i.B.

Silbereisen, R. K./Kastner, P., 1985. Entwicklungstheoretische Perspektiven für die Prävention des Drogengebrauchs Jugendlicher, in: Brandstätter, J./ Gräser, H. (Hg.): Entwicklungsberatung unter dem Aspekt der Lebensspanne. Göttingen.

Silbereisen, R. K./Vaskovics, L. A./Zinnecker, J., 1996: Jungsein in Deutschland. Jugendliche und junge Erwachsene 1991 und 1996, Opladen.

Simmel, G., 1968: Soziologie. Untersuchungen über die Formen der Vergesellschaftung, Berlin.

Simmel, G., 1970: Die Geselligkeit, in: Simmel, G. (Hg.): Grundfragen der Soziologie, Berlin, S. 48 – 68.

Specht, H., 1971: Disruptive Taktiken in der Gemeinwesenarbeit, in: Müller, C. W./Nimmermann, P: Stadtplanung und Gemeinwesenarbeit, München, S. 208 – 227.

Spitz, R., 1959: Die Entstehung der ersten Objektbeziehungen, Stuttgart.

Stange, H., 1993: Jugend – Identität – Sexualität. Zur Ambivalenz von Individualisierungsprozessen unter erschwerten Lern- und Lebensbedingungen, Dortmund.

Statistisches Bundesamt (Hg.), 1997: Datenreport 7. Zahlen, Fakten über die Bundesrepublik Deutschland, Bonn.

Statistisches Bundesamt,1993: Statistisches Jahrbuch für die Bundesrepublik Deutschland 1993, Wiesbaden.

Statistisches Bundesamt ,1998: Statistisches Jahrbuch für die Bundesrepublik Deutschland 1998, Wiesbaden.

Staub-Bernasconi, S., 1991: Das Selbstverständnis Sozialer Arbeit in Europa: frei von Zukunft – voll von Sorgen?, in: Sozialarbeit 2/23, S. 2 – 32.

Staub-Bernasconi, S., 1995: Das fachliche Selbstverständnis Sozialer Arbeit – Wege aus der Bescheidenheit. Soziale Arbeit als »Human Rights Profession«, in: Wendt, W. R. (Hg.): Soziale Arbeit im Wandel ihres Selbstverständnisses. Beruf und Identität, Freiburg i.Br., S. 57 – 104.

Steinkamp, G., 1982: Arbeitsplatzerfahrung und familiale Sozialisation. Ergebnisse und Probleme einer empirischen Untersuchung Eltern und Kindern, in: Vaskovics, L. A. (Hg.): Umweltbedingungen familialer Sozialisation. Beiträge zur sozialökologischen Sozialisationsforschung, Stuttgart, S. 120 – 142.

Stieve, H., 1927: Zum Lehrplan der Wohlfahrtsschulen, in: Soziale Praxis, Sp. 39 ff.

Stolz, M., 1996: Quo vadis , Jugend? Generation XY ungelöst, in: Deese, U. u.a. (Hg.): Jugend und Jugendmacher. Das wahre Leben in den Szenen der Neunziger, Düsseldorf/München.

Strohmeier, K. P., 1995: Familienpolitik und familiale Lebensformen – Ein handlungstheoretischer Bezugsrahmen, in: Nauck, B./Onnen-Isemann, C. (Hg.), Familie im Brennpunkt von Wissenschaft und Forschung. Rosemarie Nave-Herz zum 60. Geburtstag gewidmet, Neuwied/Kriftel/Berlin, S. 17 – 36.
Sutherland, E. H., 1968: Die Theorie der differentiellen Kontakte, in: Sack, F./König, R. (Hg.). Kriminalsoziologie, Frankfurt/M., S. 365 – 399.
Sykes, G. M./Matza, D., 1968: Techniken der Neutralisierung. Eine Theorie der Delinquenz, in: Sack, F./ König, R. (Hg.): Kriminalsoziologie, Frankfurt/M.
Szydlik, M., 1999: Erben in der Bundesrepublik Deutschland. Zum Verhältnis von familialer Solidarität und sozialer Ungleichheit, in: Kölner Zeitschrift für Soziologie und Sozialpsychologie, 51. Jg., S. 80 – 104.

Tartler, R., 1961: Das Alter in der modernen Gesellschaft, Stuttgart.
Tertilt, H., 1996: Turkish Power Boys. Ethnographie einer Jugendbande, Frankfurt/M.
Tews, H. P., 1971: Soziologie des Alterns, Heidelberg.
Tews, H. P., 1987: »Neue Alte«? Veränderungen des Altersbildes und des Altersverhaltens, in: Universitas, 42, S. 868 – 879.
Tews, H. P., 1996: Von der Pyramide zum Pilz. Demografische Veränderungen in der Gesellschaft, in: Funkkolleg Altern, Studienbrief 2, Tübingen, S. 6 – 46.
Thiersch, H., 1984: Sozialpädagogische Handlungskompetenz, die Frage nach der Tradition pädagogischen Handelns und das Konzept der Krisenidentität, in: Müller, S./Otto, H.-U./Thiersch, H./Peter, H./Sünker, H. (Hg.): Handlungskompetenz in der Sozialarbeit/Sozialpädagogik II – Theoretische Konzepte und gesellschaftliche Strukturen, Bielefeld, S. 193 – 214.
Thiersch, H./Grundwald, K. (Hg.) 1995: Zeitdiagnose Soziale Arbeit. Zur wissenschaftlichen Leistungsfähigkeit der Sozialpädagogik in Theorie und Ausbildung, Weinheim, München.
Thiersch, H./Rauschenbach, Th., 1984: Sozialpädagogik/Sozialarbeit: Theorie und Entwicklung, in: Eyferth, H./Otto, H.-U./Thiersch, H. (Hg.): Handbuch zur Sozialarbeit/Sozialpädagogik, Neuwied u. Darmstadt, S. 984 – 1015.
Thole, W., 1995: »Ansonsten kann diesen Job auch 'n Maurer machen«. Anmerkungen zur »Sozialarbeitswissenschaft« und sozialpädagogischen Ausbildung zwischen Theorie und Praxis, in: Thiersch, H./Grunwald, K. (Hg.): Zeitdiagnose Soziale Arbeit. Zur wissenschaftlichen Leistungsfähigkeit der Sozialpädagogik in Theorie und Ausbildung, Weinheim, München, S. 119 – 145.
Thomae, H., 1983: Alternsstile oder Altersschicksal? Ergebnisse und Probleme der Bonner Gerontologischen Längsschnittstudie, in: Lehr, U. (Hg.): Altern – Tatsachen und Perspektiven, Ergebnisse interdisziplinärer gerontologischer Forschung, Bonn, S. 147 – 160.
Thrasher, F. M., 1936: The Gang. A Study of gangs in Chicago, Chicago.
Tokarski, W., 1993: Lebensstile: Ein brauchbarer Ansatz für die Analyse des Altersstrukturwandels? In: Naegele, G./Tews, H. P. (Hg.): Lebenslagen im Strukturwandel des Alters: alternde Gesellschaft – Folgen für die Politik, Opladen, S. 116 – 132.
Tönnies, F., 1963: Gemeinschaft und Gesellschaft (Erstveröffentlichung 1887), Darmstadt.
Toren, N., 1989: Semi-Professionalism and Social Work: A Theoretical Perspective, in: Etzioni, A. (Hg.): The Semi-Professions and Their Organization, New York.
Treutner, E., 1982: Planende Verwaltung zwischen Recht und Bürgern, Frankfurt/New York.
Trömel-Plötz, S., 1982: Frauensprache. Sprache der Veränderung, Frankfurt a.M.
Trömel-Plötz, S., 1987: Gewalt durch Sprache. Die Vergewaltigung von Frauen in Gesprächen, Frankfurt a.M.
Türk, K., 1978: Soziologie der Organisation, eine Einführung, Stuttgart.
Tyrell H., 1979: Familie und gesellschaftliche Differenzierung, in: Pross, H. (Hg.): Familie – wohin? Leistungen, Leistungsdefizite und Leistungswandlungen der Familien in hochindustrialisierten Gesellschaften, Reinbek b. Hamburg, S. 13 – 77.
Tyrell, H., 1983: Zwischen Interaktion und Organisation II: Die Familie als Gruppe, in: Neidhardt, F. (Hg.): Gruppensoziologie. Perspektiven und Materialien, Opladen, S. 362 – 390.

Vahsen, F., 1996: Sozialarbeit auf dem Wege zur Sozialarbeitswissenschaft. Einige Anmerkungen zur Debatte, in: Sozialmagazin, Heft 10, Oktober 1996, S. 36 – 42.

Walzer, M., 1992: Sphären der Gerechtigkeit. Ein Plädoyer für Pluralität und Gleichheit, Frankfurt a. M./New York.
Wangler, W., 1998: Bürgschaft des inneren Friedens. Sozialpolitik in Geschichte und Gegenwart, Opladen.
Watzlawick, P./Beavin, J. H./Jackson, D. D., 1996[9]: Menschliche Kommunikation. Formen, Störungen, Paradoxien, Bern/Stuttgart/Wien.
Weber, M., 1964: Wirtschaft und Gesellschaft. 2 Halbbände, Köln/Berlin.
Weber, M., 1965 (1904/1906): Die protestantische Ethik und der Geist des Kapitalismus, in: Weber, M.: Die protestantische Ethik. Eine Aufsatzsammlung, München u. Hamburg, S. 27 – 277.
Weber, M., 1973: Die »Objektivität« sozialwissenschaftlicher Erkenntnis, in: Gesammelte Aufsätze zur Wissenschaftslehre, Tübingen.
Weber, G./Schneider, W., 1992: Herauswachsen aus der Sucht illegaler Drogen, Münster.
Weinert, A., 1997: Das Geschlecht des Reichtums ist männlich, was sonst, in: Huster, H.U. (Hg.): Reich-

tum in Deutschland. Die Gewinner in der sozialen Polarisierung, Frankfurt/M., S. 200 – 216.
Weiss, J., 1998: Die Zweite Moderne – eine neue Suhrkamp Edition, in: Soziologische Revue, 21. Jg., S. 415 – 426.
Welsch, W., 1997: Transkulturalität, in: Schneider, J./ Thompsen, Chr. W.: Hybridkultur – Medien – Netze, Köln.
Wendt, W. R. (Hg.), 1994: Sozial und wissenschaftlich arbeiten. Status und Position der Sozialarbeitswissenschaft.
Wendt, W. R., 1983: Geschichte der Sozialen Arbeit. Von der Aufklärung bis zu den Alternativen, Stuttgart.
Wendt, W. R., 1985: Einführung, in: Wendt, W. R (Hg.): Studium und Praxis der Sozialarbeit, Stuttgart, S. 1 – 9.
Wendt, W. R., 1989: Gemeinwesenarbeit. Ein Kapitel zu ihrer Entwicklung und zu ihrem gegenwärtigen Stand, in: Ebbe, K./Friese, P.: Milieuarbeit, Stuttgart, S. 1 – 24.
Wendt, W. R., 1997: Auf dem Wege zur lernenden Organisation, in: Blätter der Wohlfahrtspflege, 9, S. 177 – 183.
West, C./Zimmermann, D., 1987: Doing Gender. Gender und Society 1, S. 125 – 151.
Wetterer, A. (Hg.) 1995: Die soziale Konstruktion von Geschlecht in Professionalisierungsprozessen, Frankfurt/New York.
Wildenmann, R. u.a., 1982: Führungsschicht in der Bundesrepublik Deutschland 1981 (Tabellenband), Mannheim.
Wilensky, H. L., 1972: Jeder Beruf eine Profession?, in: Luckmann, Th./Sprondel, W. (Hg.): Berufssoziologie, Köln, S. 198 – 215.
Wilk, L., 1987: Familie und »abweichendes«Handeln, Weinheim.
Wilke, H., 1997: Supervision des Staates, Frankfurt/M.
Wilkinson, H., 1998: Kinder der Freiheit. Entsteht eine neue Ethik individueller und sozialer Verantwortung? in: Beck, U. (Hg.): Kinder der Freiheit, Frankfurt/M., S. 85 – 123.
Willms-Herget, A., 1985: Frauenarbeit. Zur Integration der Frauen in den Arbeitsmarkt, Frankfurt/New York.
Wingen, M., 1980: Bevölkerungsentwicklung, München.
Wiswede, G., 1973: Soziologie abweichenden Verhaltens, Stuttgart/Berlin/Köln/Mainz.
Wurr, R./Trabandt, H., 1980: Abweichendes Verhalten und sozialpädagogisches Handeln. Lehr- und Arbeitsbuch zur Sozialpädagogik, Stuttgart/Berlin/ Köln/Mainz.
Wurzbacher, G., 1977: Die Familie unter den Aspekten eines lebenslangen Sozialisationsprozesses des Menschen, in: Wurzbacher, G. (Hg.): Die Familie als Sozialisationsfaktor. 2. Auflage, Stuttgart.

Zeiher, W., 1983: Die vielen Räume der Kinder. Zum Wandel der räumlichen Lebensbedingungen seit 1945, in: Preuss-Lausitz, U. u.a.: Kriegskinder, Konsumkinder, Krisenkinder, Weinheim/Basel.
Ziehe, Th., 1998: Bindungen und Selbsterprobungen – Jungen-Pubertät im Prozess der kulturellen Modernisierung, in: Hafeneger, B. u. a. (Hg.): »Mit fünfzehn hat es noch Träume ...«. Lebensgefühl und Lebenswelten in der Adoleszenz, Opladen.
Ziehlke, B., 1993: Deviante Jugendliche. Individualisierung, Geschlecht und soziale Kontrolle, Opladen.
Zigann, H., 1977: Einführung in die Familiensoziologie, Kronberg/Ts.
Zimmermann, G. E., 1998: Armut, in: Schäfers, B./Zapf, W. (Hg.): Handwörterbuch zur Gesellschaft Deutschlands, Opladen, S. 34 – 49.
Zinnecker, J., 1985: Jugend der Gegenwart – Beginn oder Ende einer historischen Epoche, in: Baacke, D./Heitmeyer, W. (Hg.): Neue Widersprüche. Jugendliche in den 80er Jahren, Weinheim/München.

Sachregister

Die Autoren/in

(alle tätig oder ehemals tätig am Fachbereich Sozialwesen der Fachhochschule Münster)

Benno Biermann
Dr. sc. pol., Dipl.-Volkswirt, Professor für Soziologie

Erika Bock-Rosenthal
Dr. sc. pol., Dipl.-Volkswirt, Professorin für Soziologie

Martin Doehlemann
Dr. rer. soc., MA, Professor für Soziologie

Karl-Heinz Grohall
Dr. soz. wiss., Dipl.-Soziologe, Dipl.-Sozialarbeiter, Professor für Soziologie

Dietrich Kühn
Dr. rer. pol., Dipl.-Volkswirt, Professor für Organisation und Management